新时代 北京卷
教育文库

北京市通州区潞河中学

潞河教育
为学生的终身发展奠基

徐 华◎主编

中国言实出版社

图书在版编目（CIP）数据

潞河教育：为学生的终身发展奠基 / 徐华主编 . --
北京：中国言实出版社，2022.11
（新时代教育文库 . 北京卷）
ISBN 978-7-5171-4133-4

Ⅰ . ①潞… Ⅱ . ①徐… Ⅲ . ①中学教育—文集 Ⅳ .
① G63-53

中国版本图书馆 CIP 数据核字 (2022) 第 225449 号

潞河教育——为学生的终身发展奠基

责任编辑：张　丽
责任校对：代青霞

出版发行：中国言实出版社
　　　　地　　址：北京市朝阳区北苑路180号加利大厦5号楼105室
　　　　邮　　编：100101
　　　　编辑部：北京市海淀区花园路6号院B座6层
　　　　邮　　编：100088
　　　　电　　话：010-64924853（总编室）　010-64924716（发行部）
　　　　网　　址：www.zgyscbs.cn　　电子邮箱：zgyscbs@263.net

经　　销：新华书店
印　　刷：北京中科印刷有限公司
版　　次：2023年1月第1版　　2023年1月第1次印刷
规　　格：710毫米×1000毫米　　1/16　　40.5印张
字　　数：705千字

定　　价：128.00元
书　　号：ISBN 978-7-5171-4133-4

本书主编简介

徐华，潞河中学党委书记、校长，北京市特级校长，中学正高级教师。全国民族教育专家委员会委员，教育部国家乡村振兴重点帮扶县教育人才"组团式"帮扶工作专家顾问委员会委员，北京市人民政府督学，北京教育学会副会长，北京师范大学校长培训学院兼职教授，教育部中小学名校长领航班第二期广东省培养基地和第三期清华大学培养基地、北京教育学院培养基地实践导师。先后获得通州区杰出人才、通州区名校长，中国可持续发展教育项目教育管理专家，中国可持续发展教育20年优秀人物等荣誉。

"潞河人格教育"在传承中不断发展

北京市通州区潞河中学校长　徐　华

　　"人格教育"作为一种教育理论，强调身心协调、知情意统一、个性与群性一致、德智体美劳"五育"并举等理念，并且主张独立人格的价值和人格的自由发展，特别强调"以人格育人格"的实施主张。北京市通州区潞河中学（以下简称潞河中学）首任中国校长陈昌祐先生于1927年把"人格教育"理念引入办学实践至今，成为潞河中学教育改革与发展的重要理论支撑和实践探索。

　　"潞河人格教育"是以一切为了学生发展为办学宗旨，以健全人格潞河人培养为育人目标，以历史传承与发展为教育特色，以多元开放为发展特征，以人格教育为理论支撑的学校教育实践体系，是基于生活、创造生活的教育，也是不断实践着的实现人本位与社会本位相统一的现代学校教育。

一、"潞河人格教育"的传承与发展

　　潞河中学作为早期的教会学校经历了通州男塾、潞河书院、协和书院、华北协和大学、私立潞河中学等阶段。1951年成为公立完全中学，先后改名为河北省通州中学、北京市通县第一中学，1988年恢复现校名。一代代潞河人牢牢把握教育的本质属性，主动适应时代发展的要求，适时更新教育观念，牢固树立"以人为本"的办学理念，坚持"健全人格"的培养目标，开展"人格教育"的办学实践，使潞河教育具有旺盛的生命力。

　　1927年，潞河中学首任校长陈昌祐先生制定并明确提出"智、德、体三育齐备"的"人格教育"理念。1930年《潞河半月刊》第三十三期《潞河精神》一文指出："潞河精神，一是共勉中追求高尚的人格。二是'一'的精神，有至高合作的态度。三是救国的精神。"1934年，《河北省私立潞河中学校详章》明确学校办学宗旨为："造就健全人格，培植升学和职业知能并养成农村领袖。"学生操行考核表在"体格、精神、服装、用费、态度、公德、言语、卫生、行为、思想、性情、情感、课程、服务、反应"等十七个方面提出具体且可操作性标准。

1953年，方田古校长根据当时国家的教育方针和学校的办学实践，将"一切为了祖国"作为校训写到了学校的办学旗帜上。在激发学生爱国情感、培养学生自立精神和社会责任感等方面进行了一系列教育实践，取得了显著成绩。

1998年，学校在道德情感、主体精神、创新意识等三个方面对"健全人格潞河人"明确了培养标准，提出要使学生具有自我选择、自我发展、在多样变换的社会风浪中把握自己命运、保持自己追求的精神力量和鲜明的个性特长，具有崇尚卓越、追求完善的人生理想和追求。这是潞河人对潞河教育传统的传承，也是对"社会·教育·人"相互关联的深刻思考。"潞河人格教育"逐渐成为潞河教育的品牌。

《2011—2020年潞河中学发展规划》进一步明确：学校坚持教育以学生为本，强化人人成才观念，让学校成为每个学生健康成长的乐园；坚持办学以教师为本，尊重教师创造性劳动，让学校成为教师幸福工作的精神家园；坚持"三个面向"，重视内涵发展，让学校成为素质教育实践的田园；坚持先进文化引领，提升教育品位，让学校成为引领师生崇尚卓越的首善之地。"潞河人格教育"的承诺——"秉承'人格教育'的理念，牢记'一切为了祖国'的校训，践行'爱国、乐群、自律、修身'的校风，主动发展，追求卓越，做具有健全人格的潞河人"已经成为潞河师生共同的教育理念和价值追求。

二、"潞河人格教育"的实践体系

（一）构建多元、多层次课程体系

潞河中学的普通高中学生、艺术体育特长生、新疆民族学生、长期接受学历教育的外国学生、选择英国普通高中课程和美国AP课程毕业后出国深造的学生构成了潞河多元一体的学生生态现状。为满足多元、多层次的学生发展需求，按照服务学生主体、满足个性发展、保证动态开发、实现系统优化的课程设置原则，根据塑造学生人格，突出地域文化、学校特点和学科特色的要求，立足知识的核心与拓展、学生的兴趣和能力、健全人格的培育和时代精神的内涵建立起了包括基础必修课程、拓展选修课程、创新提高课程三个层次细化为十六个类别的学校课程体系，满足不同层次学生个性发展的需要。

（二）深化课堂教学改革

学校通过在初中部开展"讲学合一"的教学模式实验，实现学生的自主、合作、探究。高中教学以"激发学习兴趣、指导学习方法、培养学习习惯、夯实基础知识、提高思维和实践能力、突出创新意识"为重点，既关注学生知识的增加又关注能力的形成，不断提高课堂教学的针对性和实效性；既关注学生学习的进步又关注学生品德与行为方式的完善，实现以尊重为核心、以公正和责任为任务的价值理念，培养学生与他人共事、合作解决问题能力。

（三）开展丰富多彩的社团活动

学校社团活动是拓展类课程的重要组成部分，也是"潞河人格教育"重要的组成部分。在实践过程中我们没有满足于顶层设计、纳入课表、强力推动等方面，而是着力于学校社团文化的营造。由学生、教师自主申请，自主管理，学校提供必要条件，创设一种主动发展追求卓越的氛围。目前学校有金鹏天文团、金帆艺术团、太阳雨合唱团、潞园文学社、模拟政协、摄影社等精品社团十余个，有气候酷派、国艺社、特斯拉科技制作社、心理学社、生物学社等普通社团三十余个。这些由学生自己组织的社团活动充分体现着学校对其独立性、自主性的尊重，在挖掘学生创新潜质、培养学生健康的生活方式和社会责任感方面起着不可替代的作用。

（四）强化学校主题教育

按照学校教育周期性的特点，结合潞河教育传统，精心设计主题教育并且固定下来，形成传统，产生一定影响力，让其成为"潞河人格教育"的一种文化标识。如每周一的旗下讲话都要介绍荣誉升旗手，以他们的事迹鼓励全校师生主动发展追求卓越；每学年开学典礼上全校师生公开承诺，要让学校精神在师生心中永驻；感动潞河人物评选是每年4月进行的一次全校范围的活动，学生个人、班级、年级推选，全校师生投票选举出十位学生，在5月4日举行颁奖典礼，让潞河卓越文化通过潞河人的故事口口相传；还有成人礼、毕业典礼等，每一项活动都成为学校着力打造人格教育的重要载体。

（五）组建教师学习共同体

教师的人格修养、学识水平和教学能力在"潞河人格教育"的实施过程中起着至关重要的保障作用。教师群体的人格特征通过学校中与教师相关的组织特点加以体现。目前，我们在学校教师组织常见的两极体系——教研室和年级组的基础上建立了第三极，即通过课题研究组建学习共同体。有教师专业发展课题研究的教师团队，如特级教师工作室、班主任导师团、青年教师学术沙龙、学术委员会；有学校可持续发展教育研究课题组；有学生心理健康发展的指导团队；有初中整体实验的课题组等。新型的学术组织构建出新形势下的学习共同体，实现了学校组织文化的重构，也为潞河人格教育的实施打造了可持续发展的教师队伍。

（六）建立"潞河人格教育"可持续发展的保障体系

潞河人格教育是一个动态的教育实践过程，正常的良性的发展需要制度加以保障。以学校章程为核心构建的学校制度体系以及规范的学校内部组织机构、组织体系既是潞河中学学校文化的一个有机组成部分，又是"潞河人格教育"发展强有力的保障。目前我们所着力打造的潞河制度文化，就是要营造平等、自由、公平、公正的教育生态环境，让潞河师生人人想说话，人人能说话，每个人的意愿都能够得到充分合理的尊重，实现对高品位潞河人格教育的追求。

三、"潞河人格教育"培育的学生

一直以来，潞河中学以培养健全人格为育人目标，一代代潞河学子的人格特征或可从下面的案例窥见一斑。

具有环保意识的"气候酷派"社团。学生们调查发现潞河中学一个年级一周消费5000瓶饮料，制作这些塑料瓶要消耗近1吨石油。面对调查数据，"瓶踪归来小队"成立了，他们坚持不懈地进行少喝瓶装水的宣传，从小学、中学到大学，再到社区，做出很多努力。"瓶踪归来小队"的刘琼玢同学因此被选为中国青少年气候变化大使，到丹麦哥本哈根参与联合国气候变化框架公约第十五次缔约方会议。

民族教育培育潞园诗人——麦麦提敏·阿卜力孜。2008年，他从新疆和田来到潞河中学读书，先是用维吾尔语后学着用汉语写诗，在老师的指导帮助下其诗作《我的老爸是个农夫》在《中国教育报》发表。高三上学期经潞园文学社指导老师推荐，中国文史出版社出版了他的诗集《返回》，他以一个高中生的身份亮相诗坛，一鸣惊人。2012年7月，参加第十届"叶圣陶杯"全国中学生新作文大赛现场决赛，荣获"全国十佳小作家"第一名。

海外归来的 2004 届毕业生，率领自己的电影摄制组自费为学校拍摄《潞河交响曲》；还有近三年的毕业生在网上发起为母校生日献祝福的活动，一张张照片组成一段长长的视频，带着他们在各自大学里书写的对母校的深情传回母校，他们在片头的文字中写道："坐在大学的教室里，心里想的全是潞河。"

一所学校区别于其他学校的教育特质，是在长期办学实践中逐步积淀形成的教育特色和学校文化。人格教育作为潞河文化之根、之魂，是基于生活、创造生活、重视生活化的教育，在学生成长中发挥着潜移默化的作用，留下鲜明印记，当他行走在世界各地时他会自豪地说："我是潞河人！"

目　录

管理创新

课程研究

教学探索

德育实践

潞河中学
LU HE HIGH SCHOOL

管理创新

百年学校的使命与担当

——潞河中学文化建设的思考与实践

徐　华

关于"文化"，古今中外许多大家都从不同角度给予过或广义或狭义的解释，从中国几位近现代思想家的解释中更能深刻地领悟出"文化"与"人"的关系。梁启超说："文化者，人类心能所开释出来有价值的共业也。"胡适说：文化是"民族的生活样式"，梁漱溟先生的解释是"人的生活样法"。从"人类"到"民族"再到"人"，从泛指到有所限制再到特指，"文化"直接与生命个体"人"联系在一起。那么我认为，文化，应该是人所拥有和不断追求创造的有价值的生活样式和方法。学校教育具有文化传承和文化实践的作用，学校文化建设的任务就是使受教育者拥有追求创造有价值的生活样式的能力。本文旨在梳理潞河中学文化建设的过程，探讨潞河中学文化建设的特点，为新时期学校文化管理提供一些实践层面的案例。

一、潞河中学文化建设的思考

（一）关于学校文化

"文化"一词在汉语中最早见于《易经》："观乎天文，以察时变；观乎人文，以化成天下。"在这里，"人文"与"化成天下"紧密联系，文化中"人文教化"的思想十分明确。"人"是受教的对象，"文"是基础和工具，包括语言和文字；"教化"是指通过教育手段使人群产生、传播并认同、传承其精神活动和物质活动的共同规范的过程以及达到的结果。可见，汉语中的"文化"是"人文教化"的简称，现代学校的职能与它有着与生俱来的密切联系。

现代学校教育肩负着将传统的文化内容经过价值批判和取舍，去粗取精，去伪存真，传播给下一代的重要功能，它要使一个个鲜活的生命个体顺利完成社会化过程，同时具有追求、创造有价值的生活样式和方法的能力——这便是"人文教化"。为此，学校文化建设的核心是充分利用各种教育因素，通过适当的教育形式，让学校独特的办学思想、育人方法、校园环境和制度体系等学校文化特质固化在学校成员的头脑深处，达到内化于心、外塑其行、见之于行的教育效果。

学校成员在长期的学校生活中共同创造了具有独特个性的生活样式，如学校传统、教育和管理观念、行为规范、人际关系、风俗习惯、教育环境和制度体系以及由此而体现出来的学校校风和学校精神，它是学校作为一个社会群体独特的存在样式，包括对学校功能及其社会责任的理解，对人性的理解、教育的理想或追求，对学习、工作的态度以及对集体的看法等。它的存在能够使学校的所有成员受到行为上的规范和价值观念上的引领。

（二）关于学校文化建设的价值取向

1. 学校文化是一个学校的灵魂，它体现着高尚的精神追求和价值取向，对学校每一个成员都具有引导作用

学校文化作为一种文化形态，通过丰富多彩的内容和各种各样的教育形式对学生的价值观念、道德情操、行为模式和处事能力的形成和发展有着深刻的影响。它是一种客观的、实际的环境力量，起着制约和规范人们行为的作用。所以，一旦形成人们的意识，就会变成一股巨大的导向力量。特别是培养目标、校训、校风，就是一面鲜明的旗帜，它引导着广大青年学生成才的道路和方向。

1927 年我校首任国人校长陈昌祐先生积极倡导"智、德、体三育齐备"，明确提出学校办学宗旨"造就健全人格，培植升学和职业技能，并养成农村领袖"，规定了学生修养标准"养成正直公民及党国健全分子、养成善用余暇之良好习惯、培植公诚温敏之品格、增进师生合作相见以诚相接以礼彼此互助之精神、陶融青年忠孝仁爱信义和平之国民道德"。1951 年潞河中学成为公立学校，校长方田古先生提出"一切为了祖国"的校训。世纪之交潞河人对"健全人格"从道德情感、主体精神、创新意识三个方面进行了全面解读，提出要使学生具有自我选择、自我发展的能力，坚持自己信仰、把握自己命运的精神力量，崇尚卓越、奉献社会的人生追求。这份解读既是潞河人对潞河教育的传

承，又凝聚了潞河人对"社会·教育·人"相互关联的深刻思考。

2. 学校文化是一个学校的品牌，是一种精神象征，一种价值理念，是品质优异的核心体现，具有旗帜一样的感召力和凝聚力

陈昌祐先生执掌潞河中学期间明确提出了"人格教育"的校训，1930年《潞河半月刊》第三十三期一篇题为《潞河精神》的文章，将潞河精神概括为"一是共勉中追求高尚的人格。二是'一'的精神，有至高合作的态度。三是救国的精神"。正因如此，国难当头时，学校先是成立"伤病救助所"救治伤员为救国出力；后来不愿做亡国奴的潞河师生又在陈校长带领下辗转数千里，最后在古城西安创办西安潞河中学。全体师生衔国恨争生存，团结一心，艰苦奋斗，保持着优秀的教学质量。短短三年时间，潞河中学在后方西安为危难中的国家培养出一大批优秀学生。从那时起，"人格教育"就成为潞河教育的品牌，吸引着一代代青年学子走进潞河中学，度过他们人生的黄金时光。潞河中学潞友体育馆中悬挂的"今天我为潞河骄傲，明日潞河为我自豪"的标语至今已有近二十年的时间，它化作一代代潞河学子刻苦学习不断进取的精神力量，鼓舞着学生们不断克服生活道路上的困难，攀登人生征途上一个又一个高峰。

3. 学校文化是学校一把无形的标尺，衡量和制约着每一个成员的思想行为，具有一定的规范作用

学校文化建设旨在营造一个健康向上的育人环境，它把师生的共同利益、共同理想、共同追求紧紧联系在一起，形成一种共同意志。所以，它又具有一定的约束规范作用，使每个成员都受到必要的制约，自觉约束和规范自己的行为。学校文化形成的学校内部的精神环境，像一种无形的模具，衡量着每一个人的言行举止，引导着人们自我形象的塑造。

潞河中学每年开学典礼除了一般学校的常规内容以外，还有潞河的法定内容——全校师生共同聆听悠扬的红楼钟声，寓意是警钟长鸣催人奋进；共同吟唱校歌，寓意是奋发崛起为祖国腾飞担起重任；共同承诺，寓意是让潞河人时刻用校风规范自己的言行。

二、潞河中学文化建设的实践

学校文化建设是教育者为了使学生顺利地完成社会化过程，根据社会的特定要求及社会的主流文化的基本特征，对进入学校领域的各种复杂的社会文化

因素，进行精心取舍、组织、设计和有意安排的实践活动，是一个连续不断的动态过程，更是一个综合各种因素的整体推进的过程。为此，我们制定了潞河中学文化建设的行动策略——传承、创造和经营。

我们一方面在挖掘、传承潞河教育历史文化下功夫，另一方面在学校文化建设的本质与核心、机制与保障、载体与途径三方面着力，通过精神引领、组织重构、制度规范、课程落实、活动实现、故事传颂、榜样示范、仪式激励、环境熏陶等方式构建和经营新时期学校文化体系，将潞河文化发扬光大，让百年老校永葆青春的活力。

（一）进一步明确学校发展愿景，引领学校文化建设方向

2011年3月学校八届一次教代会制定了学校新的十年发展规划，2012年通过学校建设三年行动计划，两份文件对潞河教育文化的追求做了如下诠释：坚持教育以学生为本，强化人人成才观念，让学校成为学生幸福成长的乐园；坚持办学以教师为本，尊重教师创造性劳动，让学校成为教师愉快工作的家园；坚持"三个面向"，注重内涵发展，让学校成为素质教育实践的田园；坚持先进文化引领，提升教育品位，让学校成为引领师生崇尚卓越的首善之地。"三园一地"的和谐校园成为学校新时期的发展愿景，引领着潞河人的教育理想和行动的方向。

（二）进一步梳理潞河文化传统，规范潞河学校文化精神

潞河中学的办学理念："人格教育"——坚持人本位与社会本位相统一的教育观，坚持一切为了学生发展的办学宗旨，坚持健全人格的培养目标，坚持多元开放的发展方向。

校训：一切为了祖国。

校风：爱国、乐群、自律、修身。

承诺：秉承"一切为了祖国"的校训，践行"爱国、乐群、自律、修身"的校风，主动发展，追求卓越，做具有健全人格的潞河人。

（三）挖掘百年学校深厚的历史文化底蕴，把潞河特有的学校文化做成珍品

搞好"一大三小"专题展览。"一大"是指潞河中学校史馆，"三小"是指体育专题展览、课程专题展览和信息技术专题展览。由"潞河之光"、"潞河之韵"、"潞河之梦"等几部分组成的校史展览是潞河中学校史研究的主要成果，厚重的学校历史文化展示成为揭示潞河教育一脉相承的见证，参观校史馆也是每一个潞河新人的必修之课；三个专题展览分别从课程文化、体育文化、技术改变生活等不同的维度揭示了潞河教育的追求。

（四）构建多元多层次可选择的课程体系，为学生全面发展个性成长搭建平台

校园文化建设的一个重要载体是学校课程的建构。我们扎实进行课程建设，面向全体学生构建多元多层次可选择的课程体系，为各方面有潜质的学生成才搭建平台，创设弘扬主体精神，激发主动发展的氛围。按照塑造"学生健全人格，突出地域文化、学校特点和学科特色"的要求开设了各类校本课程。

1. 学生成长系列指导课程

成长系列指导课程是高一至高三学生的必选课，包括心理健康指导与咨询课程，学科学法指导课程，德博诺 Cort 思维训练课程，学生性格、气质与职业选择指导课程，学生心智训练课程，生命伦理课程。

2. 丰富和完善人格教育的各领域选修课程

按照高中新课程要求，针对学生发展的实际需要，在高一和高二开设科学实践类课程、人文拓展类课程、艺术修养类课程、体育健身类课程等各类校本课程。

3. 实验类课程

针对学生中各类有特殊才能的资优学生，分别开设不同类型的实验课程，为多样化人才的发现和培养，创造独特的有利条件。如文科、理科实验班实验课程，艺术特长生实验课程，体育特长生实验课程。

4. 民族班课程

针对新疆学生性格特点、生活习惯和学习基础，创造有利于学生健全人格养成的良好文化氛围，围绕"五观"和"四个认同"的培养要求，进一步完善新疆学生民族团结教育课程。如"新疆预科年级衔接课程"、"新疆学生高中文化知识补充课程"、"新疆学生独立生活指导课程"、"民族团结教育活动课程"。

5. 跨文化交流课程

重视多元文化交流在塑造学生健全人格方面的重要作用，开展中外基础教育课程比较研究。如"中英高中实验课程"、"美国高中实验课程"、"外国学生学历教育课程"、"外国学生短期中国文化体验课程"和"中国学生短期外国文化体验课程"以及中外友好交流项目——"AFS 项目"、"YFU 项目"和"AYUSA 项目"等。

丰富多彩的学校课程构筑起学校文化建设雄厚的基础，在我们的课堂上师生一起思考、批判、质疑、讨论，学生丰富、生动的表情坚定了我们继承、创新的信念和勇气，学生们表现出难能可贵的"舍我其谁"的自信和积极主动的态度，展现出的创新才能令老师瞠目，所迸发出的激情和才智令老师感叹。学生们体会到了自主和自由的精神，老师们感受的则是职业带给他们的深深的幸福。

（五）精心设计主题教育，提高潞河教育影响力

按照学校教育周期性的特点，结合潞河教育传统，我们精心设计主题教育并且固定下来，形成传统，产生一定影响力，让其成为学校的一种文化标识。如每周一的旗下讲话都要介绍荣誉升旗手，通过他们事迹的介绍鼓励全校师生主动发展追求卓越；每学年开学典礼的全校师生公开承诺让学校精神在师生心中永驻，各种奖学金的颁奖让潞河学子心中拥有楷模；学校体育节、科技艺术节是学生们自己的节日，孩子们迸发出来的热情、无限的创意以及团队合作的精神在活动中得到了充分的体现；感动潞河人物评选是每年4月进行的一次全校范围的活动，学生个人、班级、年级推选，全校师生投票选举出十位学生，在5月4日举行颁奖典礼，让潞河卓越文化通过潞河人的故事口口相传；还有成人礼、毕业典礼等，每一项活动都成为学校着力打造学校文化的重要载体。

（六）通过课题研究组建学习共同体，实现新形势下学校组织文化的建构

学校中教师文化是通过相关的组织特点加以体现。我们在目前学校教师组织常见的两极体系即教研室和年级组的基础上建立了第三极，即通过课题研究组建学习共同体。有关于教师专业发展课题研究的教师团队，如特级教师工作室、班主任导师团、青年教师学术沙龙、学术委员会；有关于学校可持续发展教育研究课题组；有关于学生心理健康发展的指导团队；有关于初中整体实验的课题组等。新型的学术组织构建出新形势下的学习共同体，实现了学校组织文化的重构。

（七）扶持学生社团建设，彰显主动发展追求卓越精神

2007年北京市实施高中新课程实验，我们把学校社团建设作为校本课程的重要组成部分，在实践过程中我们也没有满足于顶层设计、纳入课表、强力推动等方面，而是着力于学校社团文化的营造。由学生、教师自主申请，自主管理，学校提供必要条件，创设一种主动发展追求卓越的氛围。目前学校有太阳

雨合唱团、潞园文学社、模拟联合国、气候酷派等精品社团十余个，有街舞、国艺社、特斯拉科技制作社、心理学社、生物学社等普通社团三十余个。每年的社团招新、社团活动展示成为潞园文化一道亮丽的风景线。

（八）开展全员阅读活动，着力打造书香校园

通过承接中国教育学会中学语文教学研究会有关阅读教学的研究课题，承办阅读推广中心全国范围的阅读教学研讨会，学校成为全国首家阅读推广实验学校。学校开展刘绍棠作品品读会、麦麦提敏诗歌朗诵会；举办班级间演讲比赛、辩论赛；在学生中开展读一本好书就是和许多高尚的人谈话的活动。同时，学校还充分利用阅览室、图书馆的资源，变封闭集约型的传统借阅方式为开放式的读书阅览环境，让环境影响学生的成长。鼓励年级组充分利用校园里和教学楼的开放空间设立年级、班级图书角，使其成为有处室、年级、班级特色的文化展示窗口。

（九）靠制度保障学校文化建设可持续发展

学校文化建设是一个长期的动态的过程，正常的良性的发展需要制度加以保障。以学校章程为核心构建的学校制度体系以及规范的学校内部组织机构、组织体系既是潞河中学学校文化的一个有机组成部分，又是学校文化发展强有力的保障。目前我们所着力打造的潞河文化，就是要营造平等、自由、公平、公正的教育生态环境，让潞河人人想说话，人人能说话，每个人的意愿都能够得到充分合理的尊重，实现对高品位潞河教育的追求。

三、结束语

学校文化对于学生而言，犹如植物生长所需要的阳光、空气和水一样不可缺少。我们教育者的使命，就是要尽力营造适合学生成长的环境，让年轻的生命鲜活而强健。

2013届毕业生费圣轩同学告别母校的文章《走》中的一段话，也许能够体现潞河中学文化的力量：

> 依稀记得，三年前的我，仅从照片上看到这座学校，便深深地为其吸引，敬仰它逾百年的悠久历史，向往它厚重非凡的文化积淀，幻想着有朝一日可以进入这所学校读书。当我踏进潞园之时，青涩的脸庞上绽着浅浅的笑，睁着一双懵懂的眼睛，好奇地审视着眼前这座美丽的大花园：协

和湖畔，清风徐来，水波潺潺；红楼钟声悠悠，庄严肃穆；叔和楼古朴大方，似一忠厚长者，欢迎高一新生的到来；文昭楼明亮而充满活力，如一奋进青年，让高二学生激情澎湃；天钦楼严肃紧张，恰如高三学生备考复习的生活。还有宽敞气派的潞友体育馆，引领我们探索科学奥秘、享受艺术之美的黄昆楼，为我们搭建展示自我舞台的解放楼，更有校友岳璞书写的《校赞》朗朗上口，尽书校友的一片赤子之心……

我深深以能成为这座美丽的校园的一分子而自豪。还记得，第一次开年级会的时候，体育馆里悬挂的红色条幅，"今天我为潞河骄傲，明天潞河为我自豪"。我便觉得，从那一刻开始，我是一个"潞河人"了！

高中三年所获得的，绝不仅仅是一个高考的分数，或是一纸大学的录取通知书。这些卷子和复习资料会被扔掉，但忘不掉的是这三年的时光，是潞园给予我三年的美好生活，是那些陪我一起度过，和我一起成长或者帮助我成长的师长和同学们。毕业前走在协和湖畔，看着潞园的一草一木，山湖相映，风景如画，总有一种恨不得化作一块顽石，融进这美丽的潞园的冲动，这样我就可以和它永远在一起了！只可惜我不能。我能做的，只有把这美丽的景色，和更美丽的人，一起融进我的记忆里，凝固在记忆中的时间不会流逝，因为那是永恒，是我人生中永远无法磨灭的印记。

我欣慰而坚定地感到，在青春萌动的最初阶段，高品位的潞河文化滋润了孩子们的心田，让他们带着强健的身体和丰沛的内力走向未来，走向生命的制高点。他们的心中，永远闪亮着潞河文化的波光；他们的血液里，永远流淌着潞河文化的灵魂；他们的生命中，永远凝聚着潞河文化的风骨！

"人格教育"让每一个生命鲜活而强健

徐　华

在学校教育的诸多描述中，"人格教育"是一种基于"本我"、锤炼"自我"、实现"超我"的教育，是对学生在知识学习、能力培养、性格养成、人生观价值观塑造等方面有目的、有计划的体验和历练，是使学生能对国家、社会的需要有明确的认知和价值判断，在社会规范中完善个性，实现自己的生命价值和人生追求的学校教育的生动实践。

"人格教育"实现学校教育的价值追求。立德树人是教育的根本任务，党的教育方针为新时期学校实践"人格教育"指明了方向。"人格教育"的学校实践是一个复杂系统工程，潞河中学"人格教育"实践就是建构以"培养健全人格"为目标的教育体系。核心部分是健全人格的培养目标，涵盖了道德情感、主体精神和创新能力3个方面18个要素的内容，其次是影响健全人格培养目标的诸多要素。其中学校内部要素包括学校的使命与愿景、学生与教师、课程与教学、资源与保障、诊断与评价、物质基础和校园环境等。外部因素包括教育法律法规、社会需求、家长期望、媒体舆论等。教育体系内外要素相互正向作用，创生出让每一名潞河学子的生命都有积极发展的可能性、主动成长的自觉性和价值追求的独特性，让他们的学校生活乃至今后的人生绽放出绚烂多姿的色彩。

"人格教育"终极指向的是人。当前学校的"人格教育"首先要关注学生的幸福感。人的一生发展，总是与教育相伴。基础教育是为学生终身发展奠基的重要阶段，也是学生幸福成长、追求幸福生活的重要阶段。在这一阶段，学校的"人格教育"实践必须使学生体验到成长的愉悦，决不能因为为下一阶段做准备而侵蚀学生学校生活的幸福感。

"人格教育"要激发学生的活力，实现学生全面而有个性的发展。学生的求知欲是与生俱来的，按照生命教育学派的观点，学生发展需求是全方位、多层次、多侧面的，而且具有主观能动性，必须把学生的发展从单纯知识层面提升到生命发展层面。人的最本质特征就是发展的自主性和能动性，学生发展的需求，向我们展示了丰富的生命个体，每一个生命个体都有成长、发展的欲望，年轻的生命又孕育着旺盛的成长活力。因此满足学生发展的需求，激发起生命的活力，实现学生全面而有个性的发展也应成为"人格教育"的重要追求。

"人格教育"要关注学生的内心世界。教育不同于其他事业，教育是心灵与心灵的沟通，灵魂与灵魂的交融，人格与人格的对话。自20世纪80年代起，独生子女现象已成为学校教育的关注点。他们在成长过程中缺少玩伴和挚友，使其幼年时期群性养成和交往能力欠缺。更缺少心理倾诉与焦虑宣泄的渠道，加之娇惯与高期待的双重压力，衍生出众多的心理问题。这使得教育对学生心理世界的关注更为迫切，也给学校"人格教育"实践提出新的课题。

"人格教育"要培植学生的主体意识。长期以来，升学、考试为导向的教育使学生的主体意识严重缺失。听命于他人（家长或教师）成为习惯，不会提问只会答题，不会发现只会解释成为学生中普遍存在的问题，乃至在高中选课和升学填报志愿个性化、自主性很强的事项上存在障碍。新时期学校"人格教育"实践就是要创新课程设置、丰富活动安排，唤醒学生的主体意识，实现学生思想上自强、学习上自主、心理上自信、行动上自律，实现全面而有个性的发展，帮助他们成为理想中的自己。

"人格教育"要成为学校师生共同的价值追求。"人格教育"不应是口号性的宣讲或墙面上的标语，而应浸润于师生日常的学习、工作和生活。学校教育如春风化雨润物无声，教师既要关注学生知识的增加、能力的形成，不断提高课堂教学的针对性和实效性，还要关注学生品德与行为习惯的养成，鼓励他们遇到困难和挫折时不放弃，勇敢面对一切挑战，不断地超越自己；培养学生与他人共事，合作解决问题的能力，实现以尊重为核心，以公正和责任为己任的价值理念，让每一个年轻的生命鲜活而强健，生活越发充满意义。

构建课程生态环境　立体化培育健全人格

徐　华

学校作为实施素质教育的基本场所，培育学生健全人格的主要阵地，如何落实"尊重学生个体的多样性、独特性，关注个体的差异"、"使每一个学生都得到充分的、全面的发展，关注学生个体潜能的实现"等新课程理念的要求，把"潞河人格教育"三个方面十八个要素的健全人格培养目标落地，实现尊重健全人格发展的内在需要，把学习方式和内容的选择权利交给学生，把学习时间和空间的使用权利还给学生，把主动学习追求卓越的发展权利赋予学生，我们从构建学校课程生态环境方面着力，立体化开展潞河中学人格教育实践活动。

一、多元多层次课程体系为"潞河人格教育"奠定基础

犹如植物生长需要阳光、空气和水一样，健全人格的培育也需要适宜的课程和活动。学校课程是老师、学生、教材、教学时空等因素相互作用的生态系统，是健全人格培育的物质基础，是开展教育教学活动的基本依据，是师生生命交往的共同载体。课程种类的选择、课程标准的确立、课程实施与评价活动的开展都要围绕"人格教育"这条主线展开，为此，我们开始了学校课程终极目标、保障目标、建构目标的三位一体的课程建设实践活动。

课程的终极目标是促进学生健康和谐发展，培养具有健全人格的潞河人，使学生在学校生活中体验成长的乐趣。在传承潞河中学"人格教育"基本内核的基础上，课程建设要有利于培养具有良好的道德情感、鲜明的主体精神、突出的创新能力为本质特征的健全人格的潞河人。

课程的保障目标是打造具有高尚师德、敬业爱生、专业水平高、富于职业奉献精神的教师队伍，促进教师专业化水平的提高，提升教师教育教学品位，使教师享受职业的欢乐、尊严与价值。通过课程建设培养和锻炼具有能够引领学校科学发展、专业水平高、管理能力强、年龄结构合理、被师生高度认可的管理团队。

课程的建构目标是根据学生多元、多层次的结构，构建多元开放的课程体系。目前，学校建立起了包括国家课程、实验课程、民族教育补充课程、涉外课程和 10 类校本选修课程为主要内容的课程体系，能够满足不同层次的学生个性发展的需要。

（一）健全人格教育的德育课程建设项目

学校的一切活动都具有教育功能，健全人格的培育必须通过活动加以落实。我们分析学生健全人格的基本要素，研究学校教育活动的基本形式，设计契合度高针对性强的教育活动，实现全员参与，多途径、多渠道构建人格教育德育课程体系。

1. 开展在学科教学中渗透健全人格教育的研究

发挥课堂教学这个德育主渠道的作用，与学科特点、教学内容和教学目标相结合，注重教学过程中师生平等的对话与沟通，使学生在探究体验的过程中既享受到知识学习的乐趣，又能在态度、情感、价值观方面受益，实现志趣、知识、能力、个性品质不断地生成与建构。

2. 加强学生健全人格的养成教育的研究

从大处着眼、小处入手，着重探索有利于培养学生健全人格的各方面良好思维方式和行为习惯的方法和途径，学会与他人、与社会自然相处，充分体验与领悟生存的价值和生命的意义。

3. 开展健全人格教育的专题德育课程建设

用课程建设的要求设计健全人格教育的常规工作与重大的活动，既突出健全人格教育的显性课程作用，又发挥健全人格教育隐形课程的作用。活动中学生独立思考自主判断，从而引发学生明理、觉悟和警醒，由此使学生逐渐形成健全的个性和独立的人格。

4. 发挥校外教育基地的作用

通州图书馆、韩美林艺术馆、北苑街道办事处、北京科技馆、天安门管理处、松堂关怀医院、盘山烈士陵园、中国民兵武器装备陈列馆、昌平励志国防教育培训学校相继成为学生校外教育实践基地，同时学校还有自己的学工基地、学农基地。社会教育实践活动成为学生了解、认识社会，增强社会责任感，促进知、情、意统一，形成职业认同的有效途径。

5. 发挥家长在促进学生健全人格形成中的重要作用

完善家长学校的建设，丰富家长学校的教学内容，指导家长对孩子的教育方式方法，争取家长对学校塑造学生健全人格工作的支持和配合，发挥家庭教育对学生健全人格形成的重要作用。

（二）健全人格教育的校本课程建设项目

校本课程体现了一所学校课程文化的价值追求，是实现学生自主选择、自我管理的重要载体，也是人格教育落到实处的具体体现。我们以满足学生发展需求为本，按照"塑造学生健全人格，突出地域文化、学校特点和学科特色"的要求，进一步丰富和完善了健全人格教育的各类校本课程。

1. 开设学生成长系列指导课程

成长系列指导课程是高一至高三学生的必选课，包括心理健康指导与咨询课程，学科学法指导课程，德博诺 Cort 思维训练课程，学生性格、气质与职业选择指导课程，学生心智训练课程，生命伦理课程等。

2. 丰富和完善人格教育的各领域选修课程

按照高中新课程要求，针对学生发展的实际需要，在高一和高二开设科学实践类课程、人文拓展类课程、艺术修养类课程、体育健身类课程等各类校本课程。

3. 调整实验类课程

针对学生中艺术、体育、科技特长生及各类有特殊才能的资优学生，分别有针对性的实验课程，安排专任教师和专用场地，为多样化人才的发现和培养，创造独特的有利条件。

4. 补充民族教育课程

针对新疆"内高班"学生性格特点、生活习惯和学习基础，创造有利于学生健全人格养成的良好文化氛围，围绕"五观"和"四个认同"的培养要求，进一步补充民族团结教育的文化知识和活动体验课程。

5. 提供跨文化交流的课程和活动体验

重视多元文化交流在塑造学生健全人格方面的重要作用，开展中外基础教育课程比较研究，开设英国、美国高中课程供有到国外留学意愿的学生选择，提供长短周期不同的国外体验课程。

二、课程的组织与实施为"潞河人格教育"提供保障

为保障潞河人格教育课程体系科学有效地实施，我们成立了领导小组，负责课程的领导、统筹协调和保障工作，制定了《潞河中学高中自主课程实验方案》、《潞河中学学生导师制实施方案》、《潞河中学研究性学习课程实施方案》、《潞河中学社区服务实施方案》、《潞河中学社会实践活动实施方案》、《潞河中学模块考核和学分认定方案和实施办法》、《潞河中学学生综合素质评价的方案及实施办法》和《潞河中学自主会考方案和实施办法》等，对课程的实施提供了有力的指导和保障。

学校以各学科教研室主任为核心制定学科课程实施方案，落实必修和选修模块教学安排，完成校本选修课程研发等任务；以各年级备课组长为核心，年级任课教师负责课程方案的具体实施和落实，反馈实践中的经验和问题等；科研处和教学处负责全校课程方案的制定、实施、评价、反馈和指导工作。

组建学生发展课程指导中心，负责全校学生生涯规划、选课指导、思想教育和心理辅导工作。以各班班主任为核心，以各班任课教师为成员，成立各班的学生导师组，负责研究班级学生具体需求和问题，制订工作计划，协调学生各项工作。由聘任的任课教师担任学生导师，负责学生个体生涯规划、选课指导、研究性学习指导、综合素质评价和思想、心理指导等工作。教学处、学生处和科研处统筹学生发展课程指导工作，协调相关教育教学活动，反馈和指导学生教育教学活动。

根据学生的需求组织教师、专家开设相关课程，有计划、有目标地规划校本选修课程，实现对校本课程的质量追求。通过《校本课程申请表》、《校本课程选课指南》、"选课超市"、"校本课程教学日志"等形式，严格校本课程常规管理。十年间，学校校本课程的发展在先期量的积累上逐步完成了追求精品课程、追求特色课程的转变。

为了方便学生自主地选课，学校开发了协作与分享的校园信息化教育教学平台。允许学生按照自己对课程的喜好程度依次选择4门课程，系统在分配学生的时候优先考虑第一志愿，完全实现了教师在线课程申报、教学处在线审核课程、学生网上报名和修改及选课结果的查询，班主任和任课教师按照权限查询本班学生报名情况和相应课程的报名情况。选课系统简化了程序，强化了功

能，方便了师生。

充分发挥国家自主课程实验学校的优势，按照潞河学生的个性发展需求，在国家课程各领域相关学科进行模块整合，调整教材内容和编排顺序，编制潞河中学学科课程读本。充分利用学校空间大、设施全、师资力量雄厚的优势，大幅度增加学生自主学习的时间与空间，组织丰富多彩的学生社团活动。把体育、艺术、技术课程融入学生的生活和成长过程之中。体育课程采用"6选9"（6个班同时上体育课，学生根据自己的兴趣特长从9个选项中选择1项）的形式分项教学，按照学生不同选项进行走班形式的分项教学，每学期每个学生可以换选1个体育特长选项；艺术课程开足开齐所有必修和选修模块，采取分项分层走班的形式，增加学校合唱团、民乐团的活动时间，培育各种艺术社团；技术课程采取分层选修项目学习方式，增加学生动手实践的机会，提供更多展示自我的舞台。

潞河人格教育课程体系坚持了培育学生健全人格促进学生个性发展的办学宗旨，体现了关注生命、注重学生可持续发展的基本要求，展示出对人性的尊重和浓厚的人文情怀，为学生自主选择、主动发展提供了健康和谐的成长环境。

秉承百年潞河精神　锻造优质教师团队

徐　华

潞河教育以健全人格发展为宗旨，以悠久的学校历史传承为特色，以多元开放的文化融合为特征，形成了人本性与社会性相统一的现代学校教育。百余年来，潞河中学"人格教育"的旗帜历久弥新，不仅是其薪火相传的教育理念，更是因为潞河教育中形成的潞河精神也涵养造就了一支具有高度专业素质和道德修养的教师队伍。

"潞河精神"，是1930年《潞河半月刊》第三十三期《潞河精神》一文提出的，那篇文章还强调指出："潞河精神是没有疆域的，所以凡有潞河精神都是潞河的一体；潞河精神也是不分师长与学生的，师长与学生各在各的地位上表现潞河精神。"潞河精神的传承和涵养效果已经在百余年来各业潞河学子的成就中得以显现，本文不再赘述。下面只就一代代潞河教师在潞河精神的涵养中锐意进取，传承创新，不断提高的队伍建设成果与收获做一点总结，与业界同人分享以期得到有益指导，使我们的工作更上一层楼。

一、用鲜明的办学指导思想引领教师队伍建设

"坚持办学以教师为本，尊重教师创造性劳动，让学校成为教师幸福工作的精神家园；坚持先进文化引领，提升教育品位，让学校成为引领师生崇尚卓越的首善之地"——这是潞河教育针对教师队伍的建设理念。

每一个潞河教师都是学校办学指导思想的主动实践者——坚持人本位与社会本位相统一的教育观，坚持一切为了学生发展的办学宗旨，坚持健全人格的培养目标，坚持多元开放的学校发展方向；他们还是潞河教育培养目标的具体

实施者——继承潞河中学"人格教育"的基本内涵，结合时代和社会发展对人才特质的需求，以学习能力、科学态度、人文素养、主体精神、现代意识、国际视野和创新与实践能力为目标，培养合格公民，全面提高学生的综合素质，塑造学生健全人格，促进学生个性化发展。

明确的指导思想和培养目标使教师产生了坚定的信念，从而化作有效的行动。从新教师入职第一天的培训开始，学校的办学思想和培养目标便作为一个合格潞河人的必修课铭刻在他的心中，并融入他以后的教育实践之中。新老潞河人在统一的指导思想和行动目标的引领下，形成潞河教育的合力，保障"人格教育"的理念深入人心，潞河精神代代相传，潞河教师人人是"人格教育"的主动追求者和实践者。

二、以"潞河精神"为动力源泉促进师生共同成长

"潞河精神"的内涵之一是"共勉中追求高尚的人格"，它体现在校园生活的方方面面，是先进校园文化构成中最重要的人格支撑。"共勉中追求"，是指教育者及被教育者互为主体，共同促进，共同成长，形成学校综合发展最强劲的力量，也是学校文化中最美丽的风景。"潞河精神"还包括"至高合作的态度"和"救国的精神"，它贯穿在整个潞河教育中，通过潞河教师与学子的全方位互动，得到具体体现。

（一）班主任——润物无声的心田灌溉者

潞河"人格教育"最直接的体现者是班主任。潞河的班主任以爱和尊重为信条，关爱着一代代潞河学子的成长。因为学生构成的复杂（几乎每个班级都包含国际生、民族生，还有不同教育背景和成长经历的几十个学生），他们除完成教学任务之外，还要对每个学生的日常表现细致观察，及时发现孩子们学习和生活中出现的问题并给予必要的解决。平时，有给学生家长的联系信函；假日，有对学生的家庭走访；更多的是日常生活中的细节关怀。班主任的教育，不是单纯的管理和训导，而是把学生放在主体地位的心灵沟通。每周一次的班会，是班主任与全班同学共享的专用时间，每一个主题班会，都是一次心灵的碰撞，完成师生甚或家长间共同的情感升华和人格铸炼。正因如此，班主任成为在潞河度过青春期的学子们与学校保持联系的重要联络人，他们成长的收获和发展的成就以及对母校的感激大都通过班主任反馈给学校。

（二）导师团队——"至高合作态度"的体现者

潞河教育的强大力量还体现在班主任之外的导师团队。为强化与学生的及时沟通，每个班级除了班主任之外，还配备了由本班科任教师担任的学生导师。每个导师带四五个学生，随时与学生联系沟通，既能在第一时间了解学生的需要，真正做到"一切为了学生发展"，又减轻了班主任的负担，提高了工作效率。导师团队的设置，使潞河师生以自己的行动诠释了"潞河精神"中"一"的内涵，都体会到分工合作的重要和必要，增强了集体认同感，对师生的人格历练和成长都很重要。

（三）社团指导教师——多元校园文化的培育者

除了班主任和导师团之外，潞河还有一支社团指导教师队伍，负责学生课外活动的有效指导工作。学校根据师生共同意愿，配备社团指导教师，使"一切为了学生发展"和"以教师为本，尊重教师创造性劳动"的办学理念落到实处。学校对参加人数多的社团配备了专职教师（如文学社）或多个教师（如合唱团），充分满足学生的个性发展需要。指导教师在指导学生个性发展的同时，还对学生在专业发展中表现出来的问题进行纠正和指导。比如，"气候酷派"社团引导学生关注"环境、生态与民生、国计"的问题，使学生不至于把眼光只聚焦在单纯的"爱护环境"、"废物利用"等浅层次的问题上；文学社引导学生在大部头作品中把单纯表现青春情爱的故事融进社会历史背景中，以体现个人命运与社会发展的必然联系，从中体会作家对社会的责任感和使命感。指导教师在社团活动中引导学生关注社会与人生，培养他们的社会责任感，又是对"潞河精神"中的"救国精神"在新时代的继承与发展。

教师教育团队的优化配置，使教师的专业特长得到发挥，收获个性被尊重的快乐，其教育成果自然也收获非凡。近年毕业生对母校教育的感念便充分证明了这一点。

三、以学校可持续发展为目标规划教师队伍建设

"人格教育"对人的发展不仅具有即时的价值，而且具有延时的、久远的和增值的价值，从而对人的终身发展产生主导性作用。为保障教师队伍的专业素质和道德修养的高标准，保障"人格教育"得以落实，保障学校的可持续发展，在尊重教师主动发展的前提下，我们在教师队伍建设中还遵循以下原则。

（一）师德为先原则

要求每位潞河教师必须坚持以人为本的教育理念，坚决拥护和支持教育改革，自觉地将本职工作和国家、民族的振兴紧密地联系在一起，从而激发起做好本职工作的积极性和创造性。

（二）整体性原则

着眼于教师群体素质的提高和教师个体诸方面素质的均衡发展，大幅度提高教师队伍的群体素质，优化教师队伍的结构，从根本上推进我校的教育教学改革，促进学校办学水平的提高及办学思想的落实。

（三）差异性原则

针对不同的教师群体，制定不同的培养发展目标。对新教师重点落实"零点培养计划"，对中青年骨干教师重点落实"名师工程"，对中老年教师重视专家型人才的培养。学校还鼓励教师发展自己的业务专长，尽快形成独特的教学风格。

（四）制度保障原则

学校通过完善的管理制度（包括各类培训、岗位聘任、评价体制和奖励规定等），营造教师渴求发展的环境与氛围，提倡并积极支持教师业务进修，提供教师自主发展、施展才华的条件与空间，建设具有我校特色的教师队伍优化机制。

四、以校本课程和特色活动为主要载体鼓励教师专业发展

学校开展的一系列校本课程和特色活动都要求教师参与课程实施和活动指导。既促进了学生的发展，也成就了教师个性的发挥，从而完善了以学生和教师发展为本的学校内涵发展模式，促进学校的可持续发展。

（一）开发校本课程，使教师的专业素质及个性修养大幅提升

学校鼓励教师参加校本课程开发，给教师们提供一个充分展示学识水平和个性才华的空间。学校建立了包括国家课程、实验课程、民族教育补充课程、涉外课程和10类校本选修课程为主要内容的课程体系。教师结合自己的专业知识和个性所长，在课程开发过程中不断探索和反思，进一步提高专业水平和实践能力。

（二）开展课题研究和各级各类研讨活动，造就具有教科研能力的教师队伍

学校鼓励老师们参与各种教研活动，由单一的教学型人才向集教学与科研于一身的复合型人才发展。近年来，我校参与了国家与地方多项课题研究活动，还多次承担北京市各级各类研讨会，形成了浓郁的教育科研氛围，大批教师参与到教科研活动中来，教育教学水平大幅提高。

（三）树立教师终身学习的理念，提高教师的综合素质

为更好地适应课程改革的新形势，我们采取走出去、请进来的教师培训策略，为教师专业发展拓展思路、开阔视野。通过一系列各具特色而行之有效的活动的开展，老师们在人才观、学生观、质量观上有了高度的认识，在课改意识提升，教学过程优化等方面大有改观。一支勇于创新、大胆实践、在反思中不断成长提高的教师队伍已经形成并不断发展壮大。

潞河是一方广阔的天地，使教师拥有全方位的自我发展空间，既有科学与人文的深厚底蕴，又有与时俱进的宽广视野，还有终身学习的持久动力，真正具备可持续发展的能力，从而实现校内人力资源的最优化，为潞河百余年的跨越式发展提供了坚实有力的支撑。潞河中学的老师们以自己平凡的工作，传承着百年潞河"人格教育"的理念，让潞河教育的精神不断发扬光大。

办好教育　让人民满意①

徐　华

全国教育大会上，习近平总书记指明了教育工作的总体目标，全市教育大会也为新时代首都教育发展指明了方向。面对北京城市副中心落户通州、教育现代化步伐日益加快，提升通州区整体教育质量迫在眉睫的新形势，我们全体教育工作者深感使命崇高，责任重大。作为通州教育领头羊的潞河中学，更要担当起提升通州教育品质，办人民满意教育的时代重任！

"培养什么人、怎样培养人、为谁培养人"，这是教育的根本性问题，也是我们要用鲜活的教育实践必须作答的关键问题。这一系列围绕人展开的问题直接指向我们要做怎样的教育？曾有一位网友在八通网上发起"在潞河中学上学是一种什么样的体验"的帖子，引发了师生关于潞河教育的各种讨论。一名潞河毕业生网上回复："在重视应试教育的今天素质教育就稍显奢侈，但二者并不冲突。潞河教育就兼具二者之风范，是顶级奢侈教育资源。从小学到一路读研，通州、北京城、国内、国外我都有求学经历，但是提到母校，第一反应永远是潞河。"是啊，每一位潞河学子在学期间时刻受到"一切为了祖国"校训的教诲，每天践行"主动发展，追求卓越"的潞河精神，走出潞园的孩子们刻上了深深的"潞河印"，这就是教育的魅力和引领作用。

这种引领作用，首先体现在对习近平总书记提出的教育工作总目标的落实——凝聚人心、完善人格、开发人力、培育人才、造福人民；而落实这一崇高的教育目标，离不开"好老师、好教育、好学校、好学生"的良性循环，我们要为尽快实现这个循环而不懈努力！

---

① 本文为作者 2019 年 5 月在通州区教育大会上的发言，有删改。

优质教育最需要的是好老师，教师是学校的第一资源。培养一支师德高尚、结构合理、高素质、专业化、创新型教师队伍才能真正解决"靠谁培养人"的问题。我们崇尚教育规律和学生成长规律，把尊重、启发、引领、鼓励，培养健全人格、主动发展、追求卓越的精神作为教育工作的重中之重。潞河中学有足够的开放胸怀，我们有责任与兄弟学校一道，共同提升通州整体的教育质量，把孩子们教育好。目前，潞河中学有特级教师、市区骨干教师101人，占学校专任教师的近1/3，在通州区60个名教师工作室中，潞河中学有47名教师参与并主持27个工作室。通州区运河计划领军人才，潞河中学有19名教师参与，占全部领军人才数量的近25%。潞河中学教师还与大杜社中学、潞河中学附属学校、北京五中通州分校等校教师开展了师徒帮教一对一的活动。今后，我们会继续实施学校教师零点培养计划及名师培养工程，加大优秀管理人才及优秀教师的引进力度，培养一支适合现代教育的高素质、专业化优秀教师队伍。

好老师带来好教育，好教育如春风化雨，浸入学生的心田，使他们发育成积极向上的一代新人。促进每一个学生全面而有个性地成长，为学生的终身发展奠基，是当前潞河好教育的标准。

会聚好老师，形成好教育，自然造就了好学校。好学校眼中有人，以人为本，为孩子的成长提供良好的环境，为他们的发展打开广阔的空间。随着北京市新一轮教育综合改革的深入，我校正在对学校课程体系进行重构、完善，注重融合运河文化、中华优秀传统文化，引入高校科研院所的重点研究项目、重点实验室等前沿资源，建设高质量、有特色、可选择、多门类、开放性的课程体系，重点打造"1+3"初高贯通"钱学森班"创新人才培养项目。设立潞河中学创新人才培养中心，开展城市副中心英才培养计划，重点突破带动整体发展，推动潞河中学成为高层次人才聚集高地，为杰出学生成长创造条件。同时，我们也遵循教育规律，既重视学生的升学需要，更重视他们的终身发展；促使全体学生正面成长，让他们在任何社会环境下选择正道直行。这才是好学校对国家和社会最大的贡献。

我们深知，好老师、好教育、好学校才能造就好学生。前几天，一场风雨突如其来，一幅学生雨中给交通协管员撑伞的照片刷爆朋友圈，很多人留言点赞"满满的正能量""美德好青年"。这个撑伞的男孩儿就是潞河中学2018级钱学森2班的学生——齐屹涛。引起关注后，孩子这样说，交通协管员冒着风雨指挥乘客和公交车安全地通行，这种爱岗敬业的精神感动了我，于是我把伞伸向真正有需要的人。消息传到学校，同学们也纷纷表示以他为榜样，做一个有利于他人、有利于社会的人。作为校长，我为孩子的行为点赞，为潞河教育感到自豪，更深深地感觉到学校教育育人功能的重要。

好老师、好教育、好学校、好学生——形成良性循环、生生不息的教育生态，远非十几个字写出来那么简单，需要我们脚踏实地，从一点一滴做起。道虽迩，不行不至；事虽小，不为不成。我们有决心、有信心，走好脚下每一步，努力达到理想的目标——当好老师，做好教育，办好学校，育好学生。立德树人，让党放心；启思明智，让人民满意。

乘好风去，长空万里，立足当下，放眼未来。我们要以咬定青山不放松的精神、智慧与勤奋并举的奋力实干，为通州区教育现代化的美景蓝图增辉添彩！

在健全人格的教育教学实践中践行可持续发展与生态文明教育

徐 华

党的十九大报告提出"坚持节约资源和保护环境的基本国策，形成绿色发展方式和生活方式，建设美丽中国"的基本方略，由此可见学校如何开展可持续与生态文明教育成为新时期学校教育的重要使命。潞河中学在健全人格的教育教学实践中探索了以国家课程渗透、以校本课程推进、以实践活动践行、以师生共建绿色校园多维立体的可持续与生态文明教育育人模式。

一、学校多元多层次的课程培养学生可持续发展与生态文明理念

在继承学校悠久办学传统和优良办学文化基础上，潞河中学把课程建设的最终目标，牢牢地定位为："促进学生全面、健康、可持续发展，培养学生健全人格"，并对学校课程体系进行了整体设计和规划。我们以"良好的道德情感、鲜明的主体精神、突出的创新意识"为内涵，以"人文底蕴、科学精神、学会学习、健康生活、责任担当、实践创新"为目标，以"自主选择、主动发展、完善个性、追求卓越"为重点，从"德、智、体、美、劳"五个维度，构建基础必选、分类选修、拓展选修三个层面十三类别的课程体系。学校以三大层面十三类别的课程，以有效衔接课内课外、校内校外、课程与活动的路径，将气候变化、生物多样性、降低灾害风险、可持续消费和生产等问题纳入课程中，注重从通州、首都、京津冀、中国、世界面临的社会经济环境与文化可持续发展问题入手，培养学生绿色生活、共建共享、可持续消费、传承文化的可持续

生活理念，培养学生自然、环保、节俭、健康的生活方式。

2019 年 UNESCO 中国可持续发展教育全国工作委员会秘书处、北京可持续发展教育协会与潞河中学共建生态文明建设背景下 E-STEAM 课程实验工作室，共同开发建设生态文明背景下 E-STEAM 课程。实验教师以生态文明与可持续发展教育的六个专题为基础，开发 E-STEAM 课程。本次研讨会的 16 节课都在这 6 个专题中，并且以跨学科融合、学科课不同形式加以展现：可持续生活方式专题中，数学、化学、地理融合的《垃圾去哪儿》，外语、化学、生物融合的《塑料与环境》、《低碳生活——共享单车》；生态环境专题中的《生命系统与环境》；生态经济专题中的《能源的开发与利用》；生态人居专题中的《从"城市看海"到"海绵城市"》、《参与共建共治共享，助力社区垃圾分类》、《北京城市副中心建设》；生态文化专题中，数学、物理、音乐融合的《跨民族乐器音色融合的成因》、《读论语三则，悟可持续发展》、《我们的家园：八景绘通州》、《六百年后话郑和》、《通州与大运河》，剪纸、书法、绘画打造的《大运河文化创意产品设计》。

通过这些课程，教师通过教学实现了可持续发展与生态文明教育价值观的渗透，使学生体会人与自然的相互依赖、和谐统一；并把可持续发展与生态文明教育价值观转化为自身的绿色消费理念与绿色消费行动；促使学生从自己做起、从身边的小事做起，在生活中养成低碳的行为习惯，认同并践行低碳生活方式，增强关心和爱护环境的社会责任感；在教学过程中，不用教师任何语言，学生就会意识到生态危机，并提出应对危机的各种方法，并对自身行为进行反思，从而实现可持续发展教育以尊重为核心、以公正和责任为任务的价值理念。

二、学校校本课程推进并践行可持续发展与生态文明生活方式

我们有这样一类课程，它以自然和文化为主题，以游学实践为主要形式，以培养学生保护生态、传承中国文化为目的，穿越学科边界、课堂边界、时空边界，师生共同探寻自然和文化之源远流长。

（一）认知国际文化——涉外课程

涉外课程——认知世界文化，宣传中国文化。我校是北京市联合国教科文组织俱乐部成员，是北京市获得政府批准的招收外国学生的学校之一。我们开

设了旨在增进国际了解、不同文化间的沟通和学术交流的 AFS、YFU 和爱优生项目课程；为在潞河短期文化交流和长期学历教育的外国学生开设了对外汉语课程、传承中华民族非物质文化遗产的中国文化体验课程。在对外课程中促进不同国家的学生相互了解，在弘扬中华优秀传统文化的同时，教育学生理解文化的多样性，尊重不同国家、不同民族的文化。

（二）传承中国文化——研学旅行课程

研学旅行课程——传承中国文化。我们带领学生触碰闽南文化，走进客家土楼；溯源京杭运河，探寻吴越今古；匡庐奇秀甲天下，千年瓷都寻风采；探访多彩贵州，细观天眼之奇；探秘锦官城，寻梦天府国；一生痴绝处，无梦到徽州；探访六朝古都南京；探秘吴越文化苏杭……学生们写下了这样的诗作：

> 千年神树荫庇小溪潺潺戏水青鸭
>
> 百代徽人守护儒孝悠悠白墙黑瓦

通过研学旅行课程，学生不仅欣赏祖国的自然风光，感受到中国传统文化和非物质文化遗产的独特魅力，更能养成保护生态的价值观和行为习惯，增强对伟大祖国和中华文化博大精深的认同感和提升自身的文化自信。

（三）光大地域文化——"潞河溯源"活动课程

我校地处北运河起点通州。为此我校深度挖掘运河文化资源，以大运河为主线，以"运河文化"为主题，开发了多学科融合活动课程《潞河溯源》：学生走近漕运码头，走访运河古镇，走进运河人家，溯地理之源，溯历史之源，溯文化之源，溯精神之源。我校开展了"潞河溯源之五河交汇"地理、语文、数学、历史等多学科融合活动课程；开展了"潞河溯源之古镇张家湾"政治、历史、地理、化学、物理等多学科融合活动课程。

多学科融合的实践活动课程培养了学生将学科知识逐步融合应用到实践中的能力；通过野外考察，让学生体会到野外考察的艰辛，团队合作的力量；学生通过实地调研，了解家乡的生态发展现状，积极投身到绿色家乡的建设中，培养了学生"知家乡"、"爱家乡"的家国情怀；学生更是从中学会了尊重生命、尊重他人、尊重社会、尊重自然的可持续发展价值观、责任感与行为方式，形成并践行关注和解决社会、文化、环境与经济可持续发展实际问题的责任意识。

三、以各种实践活动践行可持续发展与生态文明行为

（一）在德育实践活动中践行可持续生活方式

我们的德育系列活动正是对学生进行以尊重为核心、以公正和责任为任务的价值观教育。学生在开学典礼、毕业典礼、升旗仪式的庄严肃穆中懂得了学习的责任；在成人仪式、感动潞河人物活动中感受到了亲情友情和榜样的力量；在志愿者活动中得到了服务社会的喜悦同时更增强了社会责任感；在"低碳行动、美好生活、我承诺"等各种主题活动和班会中体会到团队的作用，并调查了解社会的、学校的、班级的各种问题，力图找出解决办法，承担起从自身做起的责任。

（二）在社团活动中践行可持续生活方式

潞园活跃着各种各样依学生兴趣而建的社团。潞园文学社、气候酷派社团、模拟法庭、模拟联合国、机器人社团、电视台，还有生物学社、特斯拉科技制作社、心理学社、动漫社、话剧社，等等。学生自己组织的社团活动无疑在传递可持续发展与生态文明价值观、培养学生可持续发展的生活方式上发挥着不可替代的作用。

"气候酷派"社团作为其中之一，成立"瓶踪迹划"小队，研究中国能源紧缺的今天，我们该如何对待瓶装饮料及废旧的塑料瓶；成立了"绿碳使者"小队，主要研究植物对气候的影响；成立了"节电 ING"小队，在社区、学校进行节电宣传；开展了"碳知汇——低碳菜园项目"；参加渴望宣言组织举办的节水活动；现在他们在践行"垃圾分类绿色环保"理念，在全校进行宣讲签名活动。

学生通过社团活动用自己的行动践行可持续发展与生态文明价值观和生活方式，切身感受和履行作为社会普通公民的责任。

（三）在科技创新活动中践行可持续生活方式

我们引导学生进行环保专题的研究性学习；依托北京市雏鹰计划开展绿色北京建言活动，交关于环境保护、绿色生活建言 300 余条；依托北京市翱翔计划与清华大学、北京大学、中科院、北京交通大学、北京科技大学、北京工业大学、中国公安大学合作，立足我校实际，跨领域、跨学科进行创新人才培养，学生们通过他们的智慧，为可持续发展做着自己的贡献。

同学们通过对可持续与生态文明课题的研究，开始关注身边的各种生态问题，关注我们赖以生存的水资源、土壤、环境、交通，理解了国家建设生态文明的意义，并立志于通过自身的行为和能力开展科技创新，保护环境、解决现实生活中存在的问题，主动承担起青少年在社会可持续发展中的社会责任和历史使命。

四、结束语

"潞河人格教育"是以一切为了学生发展为办学宗旨，以培养健全人格潞河人为育人目标，以历史传承与发展为教育特色，以多元开放为发展特征，以人格教育为理论支撑的学校教育实践体系，是基于生活、创造生活的教育，也是不断实践着的人本位与社会本位相统一的教育，更是以培养面向未来的人才为使命的现代学校教育。

我们深刻地知道：可持续发展教育的目的就是为了所有学习者学会可持续发展，为了所有学习者塑造一个更美好的明天——而明天必须始于今天！

提高课堂教学有效性的几点认识与思考

祁京生

提高课堂教学的有效性，是教学的一个永恒话题，也是一个现实问题，涉及学科本质、学科价值、教学目的、学习规律、学生特点、教学内容、教学过程、教学方法、教学手段、教师角色和教学评价等诸多方面内容，既有根本的教学观念问题，也有具体教学方式和方法问题。结合平时的实践积累，对如何提高课堂教学有效性问题，谈谈自己的几点认识与思考。

一、让学科教学实现其独特的学科思维价值

把握学科本质，充分体现学科独特的思维价值，是追求课堂教学实效应该考虑的重要问题。

曾听过一节《几何概型》的公开课，这是一节典型的数学概念和公式教学课，老师从生活中的游戏和求解古典概率问题入手，通过逐步改变问题情境，把古典概率问题，变成几何概率问题，从对有关长度、面积、体积问题概率的认识和解法的探索中，在与古典概型的类比中，归纳概括出几何概型的概念、研究思想和方法，再通过学生对几何概型问题的应用，不断深化对概念的理解和方法的掌握。老师从一个一个细节入手，把这节课设计成学生自己对数学知识"再发现"和"再创造"的探究过程，让数学课堂教学成为学生从已知到未知、从简单到复杂、从有限到无限、从近似到精确、从试验到论证、从具体到抽象的数学思维活动的教学。尤其是通过从熟悉到陌生、从一维到多维、从静止到变化、从正例到反例、从正向到逆向，一系列好的问题和问题情境设置，比较好地实现了数学学科对学生的类比、归纳、抽象、概括和逻辑推理等能力

培养的独特的思维价值。

这节课上得深刻、自信和大气，除了采用了通过正例和反例深化概念理解、利用对比明晰概念、运用变式完善概念认识、对概念精致化、注意概念的多元表征和将概念算法化一系列概念教学策略指导外，更重要的是在这些做法的背后，对数学学科本质特点和学科价值的深刻理解和全面把握。正像数学大师波利亚指出的："数学有两个侧面，一方面是亚里士多德的严谨科学，从这个角度来看，数学像是一门演绎科学；但另一方面，创造过程中的数学看起来像一门实验性的归纳科学。"数学的抽象性与经验性这两重特性，决定了在数学教育中既要讲演绎又要讲归纳，既要重视数学内容形式化、抽象化的一面，更要重视数学发现、创造过程中的具体化、经验化的一面。许多时候，想清楚了学科"是什么"的本质问题和"为什么"的目的问题，在很大程度上也就确定了"怎么做"的方法问题，自然也决定了课堂教学的有效问题。

英国学者 P. Ernest 把教师对数学的看法分为三种不同的类型：第一种是动态的、易谬主义的数学观，把数学看成人类的一种创造性活动，从而，数学主要就是一种探索的活动，并一定包含有错误、尝试和改进的过程，更必然地处于不断的发展和变化之中。第二种是静态的、绝对主义的数学观，把数学看成不可怀疑的真理的集合，这些真理是很好地组织起来的，即构成了一个高度统一且十分严密的逻辑体系。第三种是工具主义的数学观，把数学看成适用于各种不同场合的事实性结论、方法和技巧的汇集。这三种观念，实际上是分别着眼于数学的形成过程、数学的逻辑体系和数学的应用角度而言的。如果一个数学教师所具有的是"静态的、绝对主义的数学观"，那么，他无疑会倾向于把数学知识看成是一种可以由教师传递给学生的纯客观的东西，教学就可能采取类似"照本宣科"式的纯粹"灌输"的方式，教师处在课堂的主宰地位，学生的任务就是接受，不存在学生的学习探索活动，也不允许学生学习出现错误。如果教师所持有的是"工具主义数学观"，那么，教师就会突出强调教师的示范作用，学生的职责就是记忆和模仿。但是，如果教师所持有的是"动态的、易谬主义的数学观"，那么，教师就会采取把教学过程设计为学生对数学知识的"再发现"、"再创造"的探索活动过程的策略，在学生"创造"数学知识过程中，对学生出现的学习错误和问题采取比较宽容的态度，容许学生出现学习错误，重视错误对学生学习、创新的必要性和价值，让学生做课堂学习的主角，鼓励学生积极、主动地参与教学过程，在获得丰富背景经验的活动过程中建构起合理的认知结构。

会当凌绝顶，一览众山小！许多教育大家之所以有所作为，是因为悟透了学科和学科教育的本质。已故特级教师孙维刚老师培养学生"把不聪明的头脑变得聪明起来，让聪明的头脑变得更聪明"的常规做法之一，就是从来不把现成的知识直接端给学生，而是在常规课堂里把一节节要学习的内容化作学生自己猜想、发现和归纳的探索过程，鼓励学生超越老师，自主开展探究学习、发现学习，使学生从不自觉到自觉，从哲学高度、辩证的观点、系统的方法，探求规律，掌握方法，领会知识，培养能力，达到"高屋建瓴，势如破竹；漫江碧透，鱼翔浅底；八方联系，浑然一体"的境界。20世纪90年代，上海的语文特级教师于漪老师经历20年的思考和实践探索，从理论、实践和哲学等角度，首次提出了语文学科基本特点是"工具性"与"人文性"相结合的学科观和"教文育人"的语文教学观，由此引发出语文教育目的观、功能观、传承观、教材观、教法观、质量关、测试观、体制观等一系列的变革，在理论和实践方面对摆脱过去语文教育的弊端、推动语文课程改革的开展、促进语文教育质量的提高，做出了突出的贡献，形成了自己独特的教育风格，成为语文教育的一代大家。有什么样的观念，就有什么样的行为。教育观念附着于教育者脑中，形成心理定式，有意识地或不完全地指挥着教学行为。数学教育如此，语文教育如此，其他学科是否也如此？

二、让每一个问题都在学生自己的手底下解决

20世纪40年代，陶行知先生曾提出：教育，要解放儿童的头脑，使之能想；要解放儿童的双手，使之能干；要解放儿童的眼睛，使之能看；要解放儿童的嘴，使之能说；要解放儿童的空间，使之能接触大自然和大社会；要解放儿童的时间，使之能学习自己渴望学习的东西。70多年后，在提倡培养创新意识和实践能力的今天，解放学生，解放学生的创造力，让学生做课堂学习的主人，让每一个问题都在学生自己的手底下解决，仍是需要我们不断大胆探索和实践的课题。

学校曾组织部分高中骨干教师去山东考察学习，在杜郎口中学和昌乐二中，课堂上学生所表现出积极和主动的学习状态，给大家留下了非常深刻的印象。无论是预习时的知识梳理，还是自学时的静谧思考；无论是交流时的各抒己见，还是展示时的板演讲解；无论是拓展时的深入探究，还是总结时的归纳

概括；大部分时间，都是学生在独自思考，踊跃交流，轮流上讲台展示，争先恐后讲解法、说答案、论原理、做补充，学生俨然成了课堂学习的主人，给人带来耳目一新的感觉。对比我们"还是老师讲的过多，教学不敢放手，总是怕讲不到、讲不全、讲不透和讲不完"的现象，考察的老师深有感触地谈到，必须解放思想，转变教学观念，决不能再在填鸭式教学和题海战术中徘徊了。

新课程改革已经进入深水区，聚焦课堂，探索有效的教与学的方式，把先进的教学理念转化为有效的教学行为，始终是最受关注的焦点。但在教学实践中，以教代学、以讲代练，独占课堂，不自觉的满堂灌，过度的讲解，形式上的学生活动，走过场式的讨论，表面的小组合作，刻意的虚假表演……都说明课堂教学改革的任重道远。课堂是学生学习的场所，一堂课上得好坏，不是看老师讲的如何，关键是看学生学得如何。毕竟，学习是谁也代替不了的事情。教师要抵制满堂灌和一言堂的诱惑，不做替学生想、替学生说、替学生做等许多劳而无功甚至适得其反的事情。教师应该学会在课堂上适时隐身，让出讲台和黑板，让学生想、让学生说、让学生写、让学生议、让学生做，给学生尽可能多的思维和活动的时间、空间，让学生自己去发现问题、提出问题、分析问题和解决问题，让每一个问题都在学生自己的手底下解决。从而使学生获得更多的经验、更深刻的理解、更大的提高和更积极的体验。

可喜的是，考察回来后，我们不少教师也做出了自己的积极探索。不久前，听了王友珍老师一节《探究现代散文的虚与实之情感把握》的课，感受到了老师对教学的新探索和对自己的新突破：一是把研究性学习方式引入课堂——让学生自选课题进行专题内容的研究性学习，把过去语文教学的一课一课的逐节讲解，变成打破课文界限的专题课题研究，变教师讲为学生学，变学生被动接受为学生主动发现和探究；二是注重让学生获得积极的学习体验——把讲台让给学生，让学生展示自己研究成果，把思考的空间和时间留给学生，让学生思维深度参与研究过程，把评价权交给学生，让学生用自己发现的规律方法从学科内部获得内在的奖赏；三是利用课堂动态生成增加课堂教学资源——通过课堂讨论、师生互问和课堂互评，变教师向学生的单向信息传递，为教师与学生、学生与学生之间的多维多向信息交流，形成动态的、新的智力资源；四是注重课堂效果的落实——安排新的练习和新的检测，用新的材料和新的情境，当堂反馈，巩固强化；五是恰当发挥教师的作用——或激励、或组织、或参与、或质疑、或示范、或引导、或提升……在一堂课中多种角色灵活而又恰当转换，既不替代学生学习，又把学生引领到学生自己无法独自到达的高度。

"在人的心灵深处都有一种根深蒂固的需要，这就是希望感到自己是一个发现者、研究者、探索者，而儿童的精神世界里，这种需要特别强烈。"（苏霍姆林斯基）曾经在几个场合多次听到过同一个故事，说的是多元智能理论创始人加德纳在中国讲学的一段经历。每次回到旅馆，加德纳和家人都要先从服务生那里拿到房门钥匙，然后再去开门。加德纳的小孩非常好奇，每次都争着拿过钥匙，反复尝试着想把门打开。但每次服务生只要路过，都会非常热心、麻利地替孩子打开房门。在房间里，孩子常常自己用网球拍玩网球，网球经常滚落到桌椅下面或角落里，只要有服务生在场，每次都热情地弯腰替孩子捡起球。一次这样，两次还这样，几次都这样，加德纳终于忍不住了，表示出了强烈的不解：我们是孩子的监护人，每次孩子尝试开门或满地找球时，我们都只是在一边静静地看，只要没有危险，我们并不出手帮助，服务生为什么在孩子并不需要帮忙时非要伸手呢？加德纳认为，对孩子而言，用钥匙开锁，满地寻找失落的球，都是世界上非常新奇、有趣的事情，服务生为什么非要剥夺孩子的兴趣呢？用从没用过的工具和方式开门，弯下腰趴在地上搜寻桌椅底下和房间角落，是孩子动手探索世界、发现知识的特有活动方式和活动经历，服务生为什么非得替孩子做而泯灭孩子的发现和创造的天性呢？孩子自己每次打开门或找到丢失的球后，都表现得兴高采烈，对自己的成就有一种内在的得意和满足，服务生为什么偏偏剥夺孩子获得这种感受和体验呢？更何况，孩子做事如果养成依赖他人的习惯，以后怎么能够独立生活呢？

在教育问题上，特别是在课堂教学中，我们做教师的，千万不要像那个服务生一样，"好心"却办了"坏事"。大道至简！在课堂上，让每一个问题在学生自己的手底下解决，虽然简单，但正如苹果公司创始人乔布斯所说，简单和专注，一旦你做到了，便可以创造奇迹。

三、让学生自己"再发现"、"再创造"出学科知识

在我校举行的全国"新课程改革与校园文学研究论坛暨第三次新课程改革与校园文学研究课题工作会议"上，由张丽君老师指导，韩丽老师上了一节《孔雀东南飞》语文公开课。在学生自己创作的背景音乐烘托下，身着古装的学生们用课本剧的形式，把主人公刘兰芝和焦仲卿的命运遭遇演绎得如泣如

诉，凄婉动人。演出在男女主人公双双化蝶的翩翩起舞中达到了动人的最高潮。整个课堂学习，学生完全处于激情"再创造"状态。之前，在教师的指导下，以课本为参考学生自己用五言诗编写出整个剧本，又把文本的剧本进行舞台表演的创造。到上课时，学生在正式舞台上已经是第三次进行人物和情节的创造了。因此，学生的演出格外投入，人物的塑造格外认真。课上，在任课教师高屋建瓴的及时点评中，学生对课文知识的理解，对写作方法的掌握和情感和对态度、价值观的体验，又一次得到升华。这节课，在张丽君和韩丽两位老师的指导下，定位于更加关注学生、关注学生的学习活动、学习经历和学习体验的价值取向，特别是"再创造"形式的教与学方式，得到了与会专家和教师的高度好评。

这里，实际上涉及了新课程实施中各个学科都面临的一个非常重要的问题——国家课程的二次开发问题。一方面，利用我们自主课程设置的优势，如何对学科内容结构进行合理的系统设计，如何打破模块界限，整合模块内容，调整模块顺序，组合必修选修；另一方面，按照课程标准和学生实际情况，如何对学科教学内容进行必要的增减删补，以适应我们学生和培养目标的需要；再一个方面，非常重要的是在国家课程的课堂教学中，如何对学科内容进行创造性的教学法加工，把教材内容的逻辑顺序加工成符合学生认知特点的心理顺序，让学生在深度参与的学科探究活动中，自己"再创造"、"再发现"出学科知识。生物学有一个重要规律——重演律，揭示的是人类个体在成长发育中以浓缩的形态重演和再现生物进化史和人类史——在胎儿期展现的是生物进化史；初生婴儿只是高级哺乳动物，通过使用工具开始完成从猿到人、从古代人到现代人的人类史；到十八九岁，通过基础教育完成个体的社会化。我们的课堂教学本质上也应该是以浓缩的"再创造"、"再发现"形式重演和再现人类获取知识的探索过程。

我们的教学不仅要培养学生基本的学习能力，还要培养学生可持续发展能力。世界经济合作与发展组织提出，可持续发展学习能力包括四大能力：第一，个体独立自主的行动能力，包括顾全大局能力、制定人生自我规划能力、维护个人权益和兴趣的能力；第二，处理个体与群体之间关系的能力，包括管理与处理冲突的能力、与他人联系的能力、与人合作的能力；第三，使用工具行动的能力，包括使用语言、文字、符号、媒体和技术获取信息、加工信息的能力；第四，学习与创新能力。课堂教学采取探究性的"再创造"方式，着眼的是学生创新意识、实践能力的提高和可持续发展能力的增强。学生通过自身"再创造"、"再发现"活动所得到的学科基础知识比由旁人硬塞的理解要深刻、认识要透彻、掌握要迅速，一般来说可以保持长久的记忆，也善于迁移应用；同时，"再创造"的学习方式有利于学生掌握学科的基本方法、基本思想和基本技能，解决他们以前未曾见过的问题；更重要的，发现是一种乐趣，发现的经历、成功体验可以从学习内部激发学生的学习兴趣，使学习具有可持续发展的动力。

聚焦课堂教学，改善学习方式和教学方式，提高教学有效性，最根本的价值取向是促进学生的发展——不仅是认知的发展，而且是身心的全面发展；不仅是当下的发展，而且是长远的可持续发展；不仅是个体的发展，而且是与他人、环境、资源、社会、经济和文化的协调发展。可持续发展教育从尊重他人、尊重差异、尊重环境和尊重资源的价值观的高度，以促进当下和长远发展的目光，用服务于每个人、个人与他人、当代人与后代人、资源、环境、社会和文化协调可持续发展的宽宏视野，以建立可持续发展的生活方式、学习方式和工作方式为立足点，为我们学科课堂教学思路的拓展、内涵的深化和品位的提升，提供了非常崭新的研究视角和广阔的探索空间。

四、让基础落实到"知其然，更知其所以然"

美国几个专业学会共同评出的影响人类 20 世纪生活的 20 项重大发明中，没有一项由中国人发明；中国学子每年在美国拿博士学位的有 2000 人之多，为非美裔学生之冠，比排第二的印度多出 1 倍。美国专家评论，虽然中国学子成绩突出，想象力却大大缺乏。

这份统计资料发人深省！旧的教学模式禁锢了学生创造力。解放学生的想象力和创造力，只有从改进平时的课堂教学做起，实现由"单纯知识教育"向"知识与能力并重教育"的转变，由培养"分析问题能力"和"解决问题能力"的"双能"向培养"发现问题能力"、"提出问题能力"、"分析问题能力"和"解决问题能力"的"四能"转变，由长期静态地注重"基础知识"和"基本技能"的"双基"向注重"基础知识"、"基本技能"，还有"基本思想"和"基本活动经验"的"四基"转变。

从概念而言，由"双基"到"四基"所增加的"基本思想"和"基本活动经验"，本身就是知识的有机组成部分。认知心理学有关"知识"的概念是广义的，既包含陈述性知识——一般意义上的"基础知识"，也包括程序性知识——"基本技能"，还涵盖策略性知识——"基本思想"和"基本活动经验"。广义知识观有助于我们统一对已有的"知识"与"能力"的认识。把传统的知识、技能、思想方法和能力的矛盾可以统一在一个完整的"知识"概念下予以理解，不仅可以帮助我们完善对"知识"应有的完整认识，避免课改中容易出现的不自觉地窄化和弱化知识教学的问题，还可以有助于我们厘清它们之间的内在关系，通过增加学生活动经验，增加程序性知识和策略性知识的习得，达到培养能力和发展智力的目的，使能力培养在教学实践中更具有操作性。

从认知发展规律而言，皮亚杰把儿童的认知发展分为四个阶段：感知运动阶段、前运算阶段、具体运算阶段和形式运算阶段。这些阶段是连续发展的、互相有重叠的。比如，形式运算思维者并不总是以形式运算思维进行活动，而是经常地借助前一阶段水平的思维。面临新知识，他们常常重新回到具体运算甚至前运算思维上去。他们在进入到抽象水平之前，总是要先获得新知识领域的具体活动经验。由此我们得出，初中生的思维发展开始向抽象逻辑思维发展，并且逐渐走向成熟，但具体形象思维仍在继续发展，在进行抽象逻辑思维时，仍要借助具体形象。高中生的抽象逻辑思维进一步发展和完善，但学生在学习时有时仍需依靠具体形象思维甚至是直观动作思维。所以，学生具体活动经验对教学来说是必不可少的，是支持学生高水平学习、促进学生思维向抽象概括更高水平发展的必要工具。

从学习的过程而言，第一，基本活动经验和原有的知识背景是支持学生学习发生的基础。学生总是以头脑中原有的知识经验来理解新接触的事物，按照自己的想法去解释所学的东西，就像在创造一种理论去弄懂这些东西，即用原有知识同化新的知识；或者他们不是简单地复习学过的知识，而是用新的观点来改造原有的想法，即改造原有知识顺应新的知识。这种同化或顺应的结果，是形成新的认知结构，这种新的认知结构既含有结构性知识又含有大量非结构性的活动经验。第二，基本思想在同化、顺应中具有独特的固着作用。基本思想所具有更高的抽象性、概括性和更广的包摄性，便于在原有认知结构中为学生即将学习更分化、更详细、更具体的材料提供必要的固着点，而且与一般基础知识相比这个固着点更稳定、更清晰；同时，还可以清楚地表明同新学习的知识的联系，避免机械学习。第三，基本思想还可以指导新知识的学习，为新知识的学习提供"脚手架"和"先行组织者"，促进新知识的习得。

许多教师很早就在改进课堂教学实践中做出了由"双基"向"四基"、由"双能"向"四能"转变的积极的探索。我校白志峰、任雅群、张如意、黄萍、赵月灵和郭淑慧六位老师的课，在这方面就做出了有益的实践：第一，都十分重视知识形成过程和思维活动过程的教学。教学设计和教学策略用心、精致，把教学过程设计成学生观察、比较、分析、归纳、综合、抽象和概括的对知识"再发现"、"再创造"活动过程，对问题的发现、提出、分析和解决的思维活动过程，在过程中追求知识与技能、过程与方法、情感态度与价值观三维目标的实现。第二，都十分注重学生的学习体验。教师尊重学生学习的主体地位，透彻了解学生，把课堂还给了学生，让学生想、让学生说、让学生做，课堂氛围民主，尽可能多地给学生多种方式活动的空间和时间，既有动脑思维，又有动手实践，同时注意多元分层次教学，注重教学实效性。第三，都非常重视数学基础知识、基本思想、基本方法的教学和学生基本能力培养。对新课程的理解和把握准确到位，领会新课程理念，充分挖掘教学内容中蕴含的数学基础知识、基本思想、基本方法，精选内容，精编问题，一题多解、一题多变、一题多用，暴露问题，注重反思，突出通法。第四，在课前充分预设的前提下都比较注意关注课上动态生成。教师敬业精神强，学科基本功扎实，老教师授课经验丰富，亲切稳重，年轻教师能够关注不同层次的学生，并有效处理课堂突发问题，课堂教学充满灵动和激情。

遵循教育规律和人才成长规律，注重学思结合、知行统一、因材施教，创新教育教学方法，倡导启发式、探究式、讨论式、参与式教学，激发学生好奇心，发挥学生主动精神，鼓励学生进行创造性思维，改变单纯灌输式的教育方法，把中小学生从繁重的课业负担下解放出来，使广大青少年在发掘兴趣和潜能的基础上全面发展。这是我们今后更新教学观念、变革教学方法、改进课堂教学、提高课堂教学质量的着力点。

五、让学生在课堂教学中暴露问题

在课堂教学中，由于诸多因素的影响，学生常常出现学习上的错误。在平时听课中发现，有的教师因受个人教学观念、教学任务、教学时间等主客观因素的影响，在课堂上怕学生出错，常常高暗示性地牵着学生往老师指定的"胡同"走，学生刚刚出现与教师想让其说的不一致的地方或错误，就不让学生往下说，简单地否定、训斥学生，或干脆代替学生回答，搞"一言堂""满堂灌"。这样做表面上教学进行得挺顺利，但实际上却隐藏了不少问题：一是缺乏课堂中的信息多层面、多方向的交流与反馈。学生的问题虽没暴露在课堂上，却遗留在学习中了，出现教师一想就巧、一讲就对，学生一听就会、一做就错的现象，不利于学生对知识的理解、掌握。二是学生思维量小，思维肤浅、不深刻，不利于学生思维能力的发展。三是学生长期处于学习被动、消极状态，不利于学生学习积极性和主动性的发挥，使学生因失去学习乐趣而产生厌学情绪。四是学生因为担心学习出错受到教师训斥而背上沉重的心理负担，会逐渐失去自信，逐渐丧失创新热情、意识和能力，不利于他们在未来社会中的生存和发展。

教师应该如何正确看待学生在课堂学习中出现的错误呢？

在学习的基本理论中，行为主义心理学家桑代克的研究成果告诉我们，学生的学习，在一定程度上表现为尝试错误的过程。例如，学生解决一个问题，不知道用什么方法，就试着用某一方法去解，失败了，找出失败的原因，再试着用另一种方法去解，直到最后解出为止。用这样的方法学习解决问题，不仅仅得到的是一个问题的解答，而且还可以得到许多解决问题的经验。认知学派心理学家认为，学生的学习是新旧知识相互作用包括不断调整、纠正、改变、扩充与新知识不相适应的原有的观念的过程。所以在此过程中不要怕学生出错、失败，有时故意让学生出错，使学生从自己的失败过程中得到经验教训，最后达到通往成功之路。

从教学论观点来看，现代教学论观点之一是突出学生的主体性地位，教师通过激发学生的学习动机，调动学生积极参与教学过程，把教学过程当作知识的发现、探索过程，学生通过调控自己的内部状况和外部行为，克服学习中出现的困难、挫折、失败，进行知识的再发现和再创造，从中获得积极的、成功的自我体验和自我评价。"正如儿童需要从错误中学习一样，学生学习也需要有不断的探索过程。教师应当为他们提供这样的环境，允许他们有反复的余地"，从长远来说，真正重要的事情不只是记住一些知识结论，而是树立一种自信心。

从社会的发展而言，未来社会需要的是创造型人才。而创新与不怕失误、敢于探索是连在一起的，失败是成功之母。曾任美国电话电报公司董事长的詹姆士·奥尔森也十分赞许错误的必要性和价值，他希望人们换个角度去看待错误，把错误作为一个起点，作为一种激励，去用不同的眼光看待问题："因为当今只有变化、不确定与模棱两可才是有价值的。我们现在比任何时候都需要培养灵活性与创造性。我们需要重燃孩提时代那种对世界的惊异与新鲜感，善于接受新思想而不为既定的行为方式所束缚。因为在我们的错误中也许就孕育着现在未知事物的答案。只有那些胆小鬼——那些唯唯诺诺的人，无远大抱负而又成绩甚微的人才怕犯错误。"

因此，教师要正确对待课堂教学中学生出现的错误，最重要的是在思想上转变教育观念，从培育学生健全人格、促进学生和谐全面发展和培养学生创新意识、创新能力角度，充分认识和重视错误对于学生学习的必要性和价值，采取积极的教学策略：第一，不要怕学生出错。学生在学习中出现的错误，可以让教师了解学生思维的轨迹，洞察他们思想的脉搏，为进一步指导学生学习创造条件，要认真分析和反思学生出现错误的原因，及时调整教学方案和策略。第二，要容许学生出错。要尊重学生认知发展水平，鼓励学生大胆探索，敢于提出自己的不同见解，不怕出错，这是学生获得正确认知的必由之路，也是保护、激励和培养学生创新意识和实践能力的必需，学生出现的错误时常为教师提供宝贵的"教机"。第三，要让学生暴露学习中的问题。给学生思维与表达的空间和时间，调动学生各种感官，采取多种方式积极活动，使学生有机会展现思维的过程，尽可能把错误充分暴露出来，不留"隐患"。要推迟判断，学生错误暴露得越充分，教学针对性越强。第四，要引导学生认识和重视错误对于学习和创新、对自己成长和成才的必要性与价值。第五，要利用学生出现的错误。把学生出现的学习错误变成教学的宝贵资源，引发学生积极的认知冲突，激起学生学习动机和兴趣，通过讨论、反思、总结，以"误"养"正"，使学生在克服困难、战胜挫折最终取得成功的喜悦中获得自信。

采用容许学生出现错误的教学方法和策略，可以提高学生的学习兴趣，加强教学的针对性，加大课堂教学中的信息交流与反馈。通过发现问题、分析问题、解决问题，使学生对问题认识深刻，体验强烈，培养学生不怕困难、战胜挫折的勇气和自信心，促进学生身心的和谐、健康发展。

六、让教师认识并回应学生的发展需求

美国著名心理学家奥苏贝尔曾经在其所著《教育心理学》的扉页上写道："如果要把教育心理学的全部内容浓缩成一句话，那么，我将会说，了解学生已经知道了什么，并以此为起点进行教学。"

孟祥雯老师在全校做过一节《专题复习中的系统思维培养》试卷讲评示范课，给人留下有益的启示。这节课一开始，孟老师通过展示模拟试卷各个试题的得分率统计，找到学生学习现存的薄弱点，再通过课前的问卷调查和学生访谈，发现学生目前的主要困惑和问题，提出本节课重点要解决的问题。接着，从学生存在的问题和困惑出发，在学生分析讨论模拟试题，总结归纳思路方法基础上，通过追溯课本原型，引导学生回归课本；通过引入高考试题等新的问题情境，让学生拓展迁移，变式应用；通过演示实验，让学生观察实验现象，分析实验原理。然后，回归高考要求，指导学生研究考试说明，明确高考"考什么"、"怎么考"和"考多难"。最后，师生一起总结相关知识，概括有关方法，归纳解题思想，确立心理自信。孟祥雯老师的课体现出如下特点：（1）琢磨学生；（2）研究考纲；（3）钻研考题；（4）专题突破；（5）暴露问题；（6）体验过程；（7）变式拓展；（8）注重方法；（9）反馈指导；（10）鼓励自信。其中，最值得称道的是，"以了解学生的学习问题和需求为起点，以调动学生暴露问题、提出问题、分析问题和解决问题为手段，以提升学生的学习水平为目的"进行针对性很强的教与学，体现了授课教师在高三复习中"以生为本"、"认识并回应学生需求"的根本价值取向。

衡量一节课的效果如何，关键是看学生的学习增量多少。这就必须知道教学起点在哪儿，如何确定教学起点，教学终点在哪儿，依据什么确定的教学终点，是谁要去终点，采用什么办法去终点，目前去到了哪里，怎么知道目前去到了哪里，如何知道最后是否到达了终点，有没有更好到达终点的办法。这里涉及的，实际上是最根本的教学研究的问题。学生对基础知识、方法、思想和能力的掌握，是靠平时一节课一节课地一点一滴地落实和积累起来的。落实一个基础，不是仅靠一节课的一个问题，往往要一节课的多次练习和多次反馈，三番五次，通过一题多解，一题多变，一题多用，多解归一，多变归一，多题归一，从不同层面和多个视角，变换多种形式和方法，多次让学生暴露问题，多次总结反思，而且需要多节课和多轮复习，以新代旧，前后联系，经过不断的螺旋式上升，才能"砸死"一个基础。对每节课的效果做到"心中有数"、"手中有法"、"目中有人"，和不关注、不研究、不知道、不投入每节课的基础落实情况，天长日久，结果自然是大相径庭的。

要提高课堂教学的有效性，就要努力避免教学落入"六多六少"的陷阱：一是教师讲得多，学生动手少，没有体验、没有理解、没有落实；二是题型模式多，题目变化少，套用解题模式，缺少题目和解题方式方法的变化；三是教学赶任务多，师生相互反馈少，尤其是当堂学生学习情况的随时反馈严重不足；四是内容安排多，精编内容少，重点不突出，选题缺乏针对性和典型性；五是整体推进多，关注个体少，上课集体应答和尖子学生的呼应，掩盖了个体的学习差异，对边缘生和学困生缺少个别关注和针对性指导；六是关注作业多，培养习惯少，教师相对比较重视学科书面作业，但缺乏对学生作业前复习总结、作业后反思提炼的学习方法和习惯的着力培养，学生当天所学内容内化不足，严重影响学习效率和效果。这些问题，既有观念问题，也有方法问题，还有投入问题。

从"学生的需求是什么"这么一个身边看似再平常不过、再熟悉不过的具体的问题入手，以学生眼中的教师形象和学生的学习体验为切入点，通过对"学生最感动的是什么？最难忘的是什么？最困惑的是什么？最郁闷的是什么？"的问题反思，让我们从学生视角思考我们的教育目的与行为。曾经亲眼见过，在美国俄勒冈州波特那学区总监办公室里，在显眼的位置摆放着一把学生的座椅。这把座椅是总监从就职那天起，特意摆放在学区最高管理层办公室的。这把学生的座椅一起参加在总监办公室召开的每次学区董事会，一起参与每一个学区问题的讨论，一起见证学区做出的有关决定。总监这样做的用意，就是提醒所有人，时刻别忘记学生，从学生角度思考问题，把学生的利益和需求放在第一位。美国人这种善于把抽象的理论变成可操作化的具体行动的做法，对我们落实"以学生为本"的教育理念和"一切为了学生发展"的价值追求，有着简单但又深刻的启示作用。

七、让教师恰当把握自身的角色

见到过这样一则陶行知先生的故事。1938 年的一天，陶行知先生在武汉大学演讲。先生走上讲台，并没有讲话，不慌不忙地从箱子中拿出一只大公鸡，从容不迫地掏出一把米放在桌上，让它啄食。可是，公鸡惊惶不肯啄食。陶先生见它不吃，按住公鸡的头，强迫它吃米，公鸡拼命后退，仍然不肯吃。于是，陶先生干脆掰开公鸡的嘴，把米硬往它嘴里塞。大公鸡拼命挣扎，还是不肯吃。这时，只见陶先生轻轻地松开手，把鸡放在桌子上，自己向后退了几步。大公鸡在讲台上抖了抖翅膀，伸头四处张望，稍稍平静、徘徊了一阵后，慢慢靠近米粒，先是试探着，继而悠悠地吃起米来。此时，陶先生才开始演讲："我认为，教育就跟喂鸡一样。先生强迫学生去学习，把知识硬灌给他，他是不情愿学的。即使学也是食而不化，过不了多久，他还是会把知识还给先生的。但是，如果让他自由地学习，充分发挥他的主观能动性，那效果将一定会好得多！"台下一时间掌声雷动，为陶先生形象的演讲叫好。

陶先生用别出心裁、充满智慧的演讲，为一线教育工作者揭示了看似简单但却蕴含深刻哲理的教育规律：学生的学习是不可能强迫的。特别是我们的教学，更值得认真思考。现在面临多元、多层次的学生组成，由于学生差异比较大，给我们的教育教学的组织管理和课堂教学带来一定难度，经常遇到由于种种原因，上课不听讲或干脆睡觉的学生，用强制的方法要求他们，强迫他们去学习，实际上是行不通的。放弃对他们学习的要求和管理，也会影响自己和其他学生的教与学，教师的责任和良知也不允许。对于这些学生，埋怨、着急、生气、强迫或置之不理，倒不如理智地反思一下自己的教学策略与行为，努力采取因材施教的方式，挖掘他们的内在潜力，增加他们教学的主动参与，发挥学生的积极主动性，让他们体验学习的成功与快乐。我们往往爱埋怨学生不学习或不爱学习，但并没有想一想，现在学生的成长环境和生活经历，是不可能要求他们能够做到多么刻苦学习的，最关键的是老师怎么培养学生的学习兴趣。"善歌者，使人继其声。善教者，使人继其志"，成功教学所必需的不是强制，而是激发学生的兴趣。

故事给我们的启示之二是，学生是学习的主人，教师的角色就是创造条件，给学生学习足够的空间和时间，让学生发挥学习的主体作用。新课程提倡以学生为学习主体，倡导让学生自主学习、自主发展、自主完善。我们是否应该改变以往旧的、习惯了的教师讲、学生听的教学模式，"松开手脚，退后一步"，这需要我们真正贯彻"学生主体参与、教师分层指导"的课堂教学改革。另外，现代化的教学设备、教育技术和网络的应用，使解放我们的学生、使其充分发挥学习主体作用的新的教学组织形式和教与学的方式实现成为可能。暑期在我校组织的全国物理数字化实验应用研讨会上，李勇老师就结合自己平时的教学在会上做了《在教学中应用物理数字化实验》的主题发言，介绍了自己恰当发挥数字化物理实验准确、快捷、方便的特点，实现现代教育技术设备从教师的教具向学生的学具转变，在培养学生探究学习能力、认识物理学科本质方面的探索与实践，给人以新的启迪，促使老师们对如何提高现代教育技术应用层次问题的思考，促进学科教学的教与学方式的变革。过去，我们学校的孟祥雯、王蕾等老师的把网络引入课堂教学的探索，不少老师的让学生自主学习的课堂教学方式的尝试，在自己开设的校本课中进行的新的教学方式的试验，对于我们寻求"教学的组织形式"和"教"与"学"方式的突破，大幅度提高课堂教学质量，都具有重要意义。

对课堂教学实效性的研究，有的已经深入到用脑科学的层面。新西兰路易·艾黎学院克里斯蒂·沃德在文章《"友善用脑"：让学生成为快乐高效的学习者》中，介绍了"友善用脑"的教学十条原则：不给大脑太大的压力；保障充足的睡眠时间；帮助学生成为积极的学习参与者；让学生在课堂学习中充满积极情绪；交流和分享有助于提高记忆力；促进左右半脑之间的信息交流；鼓励学生克服学习失败的恐惧；照顾学生不同的学习方式；主动挖掘学习与个体生活的相关性；让多感官参与知识重现。"友善用脑"使教师坚信，在内部和外部因素有利的情况下，所有的孩子都是天生的学习者。如果用脑科学研究的成果，反思我们的课堂教学行为，也许会给我们提供更多的启示。有经验的优秀教师，总是利用脑的好奇、不关注单调乏味的事物的特点，善于为学生设计有趣的活动，创设充满探究的环境，让学生进行探究性学习。总是利用脑的喜欢社交、需要交流和不喜欢寂寞的特点，给学生提供动手实践的机会，让学生参与课堂的讨论和合作学习。总是利用脑的具有选择性，寻找快乐和意义，保留有价值、有情绪特别是情绪刺激比较大的信息的特点，引导学生探讨有意义的、基于真实生活情境的话题，让学生认识到有现实真实的存在和意义，理解学科核心概念、规律、方法和思想，体验学习的乐趣和价值，避免死记硬背和机械学习。总是利用脑的情绪优先特点，利用人在学习时，情绪会参与其中并影响认知的规律，高度重视情绪管理，让学生始终在积极的情绪下高效地学习。总是利用脑的潜能巨大，甚至可以超越你对它的最大的愿望的特点，对学生永远充满信任和期待。总是利用脑对环境要求高的特点，善于营造情绪安全、民主的心理环境，避免降低认知效率的过低的压力和破坏脑结构和长时记忆区的过大的压力；善于组织丰富的学习资源，供学生看、使学生听、给学生闻、由学生说、让学生做、促学生想，调动学生的多种感官立体式地参与认知、生动活泼地学习……

《学记》精辟地论述了教师在教学中的指导作用："故君子之教，喻也：道而弗牵，强而弗抑，开而弗达。道而弗牵则和，强而弗抑则易，开而弗达则思。和、易、以思，可谓善喻矣。"——高明的教师的教学，在于善于引导：要引导学生但决不牵着学生鼻子按教师的意志走；要严格要求学生可决不使学生感到压抑；要在问题的开头启发学生思考却决不把最终结果端给学生。引导学生但决不牵着学生鼻子按教师的意志走，教学气氛才会民主、和谐；严格要求学生可决不使学生感到压抑，学生不因感到畏惧，师生关系才会融洽；在问题的开头启发学生思考却决不把最终结果端给学生，这样才可以调动学生积极思维。营造出和谐、融洽、思维活跃的教学氛围，这才可以说是善于引导学生了。

八、让教师体验教学创造的激情和欢乐

曾听过白志峰老师"导数的应用"的课。白老师在课上出示了这样一个问题"已知函数 $f(x) = \dfrac{x^3}{3} + \dfrac{4}{3}$，点 $A(2，4)$，点 $B\left(2，\dfrac{4}{3}\right)$。（1）求过点 A 的切线方程；（2）求过点 B 的切线方程。"最奇妙的是题目本身。第一问看似平淡无奇，实则暗藏玄机——妙就妙在这个点 A 既可以做切线的切点又可以不是切点。学生很容易判断出点 A 是切点，用求导的方法很快就求出了切线方程，但却根本想不到，这个点 A 还可以以不是切点的身份，作为另一条切线上的已知点，用设切点的方法来求出另一条切线。在导数应用里，过切点求切线方程和过非切点求切线方程，这样的问题是大量的，但一个点既做切点，又做非切点，同时考查求切线的两种不同方法，这是罕见的。这就是老师的创造！十分难得！第二问也足够"惊心动魄"。学生求出过点 B 的切线后，望着结果中一条直线 $y = \dfrac{4}{3}$ 却迟疑起来：以往的切线都是与曲线"擦边"而过，而这条直线却把曲线拦腰截成两段，这条是切线吗？肯定不是切线！在沾沾自喜于数形结合把 "$y = \dfrac{4}{3}$" 作为增根舍弃时，却出现了恰恰不应该舍弃这条直线的错误，在

"切线是割线的极限位置"这个最基本概念的理解上——栽了大跟头,这一回总算领教了深刻理解学科最基本概念的厉害了!

白志峰老师课上的这两个问题,都不是书本资料里现成的题,而是白老师查阅了大量资料后综合各方面考虑自己编制的题目,看似简单但非常典型、深刻和具有针对性:一是针对高考必考的重点,二是注重了对学科基本概念、基本方法、基本思想和基本能力考查,三是暴露学生在"导数"概念理解和求"切线"方法上极易出现的错误。除了对考试说明和高考潜心的研究,对学生学习存在问题的准确把握,我们看到了教师在教材和教学内容方面的功力——深刻:把教材看穿、吃透、挖掘出精髓后的"入木三分"、"一针见血",因深刻而发人深省;独到:对教材真知灼见的"于平凡中见新奇"、"发人之所未发,见人之所未见",因独到而令人难忘。教师如果没有对几十甚至上百道题目的占有,没有花大量时间琢磨,是编不出这样的问题的,由此可见备课的功夫!我们常讲"基础致命"问题,如何解决教学中存在的"学生学而不会,会而不对,对而不熟"的问题,是靠"题海战术"拼命挤压学生有限的复习时间,还是在"伤其十指,不如断其一指"的基本概念、基本方法、基本思想、基本能力的深刻理解、独到指导、有效训练方面下功夫,白老师的做法从一个视角也许给了我们一些有益的启示。这里,我们能发现:老师们在创造!我们可以找到老师们研究学科、研究教材、研究学生、研究教法、研究学法、提高教学的针对性和有效性的最好诠释,看到老师们在平凡课堂上的不平凡的激情和创造!

这样的好课,在平时随堂听课中并不鲜见。物理青年教师高琳姝老师的"机械波的形成与传播"一课也是其中有代表性的一节。教学中,学生在教师的指导下,在对"绳波实验"、"弹簧波实验"、"音波实验"、"奥运会开幕式活字印刷团体操表演"、"学生人浪传递游戏"等贯穿一节课的实验不断演示、反复观察中,经历了"日常生活中有什么波的实例"、"什么是机械波"、"机械波的形成需要什么条件"、"如何研究机械波的传播"、"机械波是怎样传播的"、"机械波分哪些类型"等问题的分析和探索过程,最终"再发现"、"再创造"出了机械波的概念、形成、传播和分类的知识,在"问题—猜想—实验—观察—分析"的往复循环中,把物理研究问题的实验的基本思想、质点分析的基本方法、力和运动的基础知识体现得淋漓尽致,学生受到的是深刻的物理思维能力、方式和方法的训练。本来是一节比较抽象和枯燥的课,但高琳姝老师却把课设计得以观看身边"波"的现象和"奥运会开幕式活字印刷团体操表演"

开始，以"学生人浪传递游戏"结束，以师生互动的问题探究和实验贯穿课堂教学过程，既生动形象易于理解，又理性严谨思维深刻。整个课堂教学时而像行云流水，时而如曲径探幽。教师指导富有启发、恰到好处，学生探索积极踊跃、兴趣盎然，就连听课的教师也兴奋不已！这是一节难得的好课！更难得的，这是一堂随机推门听到的课，事前并没有与任课教师打招呼，是教师的一种工作常态。但正因为如此，才让人高兴地看到了我们任课教师敬业的态度、对新课程标准的深入学习和扎实的学科专业能力。管中窥豹，类似的好课听到的不止这一节，类似的教师发现的也不止这一人。这些好课的共同特点之一，是授课教师在课堂上充满激情和自信。在老师课堂上自信和激情的背后，是最朴素的责任的支撑，是对学科本质、教学目标、学生特点、学习规律、教学过程、教学方法、教师角色的深入研究和深刻的感悟，是不愿意重复他人、不愿意重复自己的对教学创新的追求，是教师在课前备课标、备教材、备学生、备教法、备实验等方面所下的功夫和可贵的敬业精神。因为准备充分，而显示出坚定的自信，因为深入思考并且有了独特的体会和创新，而充满激情和活力。

探究新事物，尝试新方法，开辟新途径，是人好奇的天性。在许多教师的经历中，都有用过的教案因为突然发现肤浅而弃之不用，教材上编排的例题因为不合需求而动手自己编制，问题已有的解法因为很难使自己满意而另寻他径。常常不满足已有的认识和以往的做法，为获得一个问题的新理解，为编制实现自己意图的新例题，为设计教学过程的新情境，而食不甘味、彻夜不眠。经过苦苦思索、长时间积累，猛然顿悟，豁然开朗，一旦捕捉到最朴素的思想和创新的火花，获得与众不同的新材料、新理解、新方法、新思想，常常抑制不住喜悦的心情，产生发自心底的自信和迫不及待地与人分享的冲动和教学激情。当教师自己把这种学习、发现、创造的深刻体验，转化成符合学生认识规律和认知水平的"再发现"、"再创造"的学习过程，这种发现的快乐、创新的乐趣，会在师生之间相互传递下去。再加上课堂教学的动态不确定性对教师教学机制的挑战，学生对教师完善人格的期待，使课堂教学充满创新的永恒魅力。

英国学者克里斯托夫把教师的职业生涯发展划分为六个阶段：以敬业、支持与挑战为主的入门期，以课堂内对自我效能与教学成效的自我意识为主的定位期，寻求持续增长的张力与快速的转变的发展期，应对工作生活的紧张局面，以及对动机与敬业精神挑战的高原期，保持工作动力的持续期，工作动机和应对变化能力变弱的衰减期。每个阶段都伴随着积极或消极的情绪体验。教师在度过最初的工作适应期后，如果不注意学习和创新，课堂教学重复现成的内容，重复原有的理解，重复过去的做法，专业发展长时间停滞不前，最初的热情会逐渐退去，很容易陷入单调枯燥的泥潭，身心会因为在课堂教学中被动与保守变得疲惫不堪，应对变化能力止步不前而问题重重，教学会因缺乏新意而激情消失殆尽，遭遇专业发展的瓶颈和高原，产生困扰和剥夺教师工作幸福感的职业倦怠问题。与此相反，教师如果使自己每天的工作充满新意的挑战，不重复过去，不重复他人，不重复自己，超越自我，每节课都有所发现，有所突破，有所创造，会使教师产生较高的教学自我效能感，强烈的工作动机、积极的情绪体验和教学激情。

用创造的心态和方法探索课程与教学

——潞河中学课程建设的实践与思考

祁京生

潞河中学是一所百年老校，课程建设有着悠久的历史。在新课程建设中，潞河全体师生边学习、边实践、边反思、边完善，形成了多元、多层次的课程体系，促进了学生、教师和学校的新发展，也留下不少值得思考和总结的问题。

一、在继承中创新，奠基学校课程建设特色发展的无边沃土

潞河中学建校 156 年，全校共有 80 个教学班，3000 余名学生，既有普通高中学生，又有艺术体育特长学生；既有内地学生，又有 500 名新疆民族学生；既有长期接受学历教育的外国学生，又有短期文化交流的各国学生；既有接受国内课程的学生，又有选择国外课程准备出国深造的学生；多元多层次学生的不同发展需求，对潞河的课程建设和教学提出了巨大的挑战。

图1

在潞河的历史上，有两件东西对潞河的课程建设起到了重要的促进作用。一件是校园里的一幅石刻（见图1），上面刻着："我们都承认普通

无缺陷的人，不是万能的，可是，同时更承认人不是一无所能的，不过是你我各有所能罢了。若就各人所长，个人所能而施教，是没有不成功的。"这是潞河首任华人校长陈昌祐先生在1928年学校工作计划里的一段话，95年前的这段话，奠基了潞河课程建设"尊重差异"、"因材施教"和"以人为本"的"人本位"教育理念。另一件是矗立在校园里的20世纪50年代提出的曾经的"一切为了祖国"的校训，反映了"社会本位"的教育理念。跨世纪的潞河教育，把两者有机地结合起来，确立了课程建设的指导思想——坚持"人本位与社会本位相统一"的教育观，坚持"一切为了学生发展"的教育宗旨。并且明确了把"健全人格"作为课程建设的培养目标。

"健全人格"是潞河中学在1928年学校章程里提出的办学宗旨：本校以造就健全人格培植升学和职业知能并养成农村领袖为宗旨（见图2）。并提出学生修养之标准："一、养成正直公民及家庭健全分子；二、养成善用课余之良好习惯；三、培植公诚温敏之品质；四、增进师生合作相见以诚相接以礼彼此互助之精神。"健全人格的培养也细化在当时学生的操行考核表中（见图3），包括——体格：身体强健，姿势端正；精神：精神健全，活泼可爱；服装：整齐，清洁；用费：节俭，正当，有概算；态度：诚恳，安详，大方；公德：发达，富有义务心肠；言语：温和，诚实，慎重；卫生：清洁，注意个人及公共卫生；行为：对己守时刻、有反省、有纪律，对人有礼貌、有宽恕、有节度，对物有秩序、有爱护、不苟取；思想：正确，有秩序；性情：和平，安详，不乖戾；感情：热烈，理智化；课程：有兴趣，喜自动，好创作；服务：富有责任心，有领袖才能；反应：劝诫后能自新，能持己。总共十五方面，十七项内容，四十三个指标，至今对健全人格培养和课程建设仍具有极大的借鉴作用。围绕健全人格的培养，当时构建起了文科、理科、职

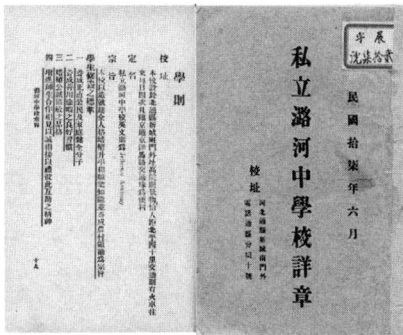

图2

图3

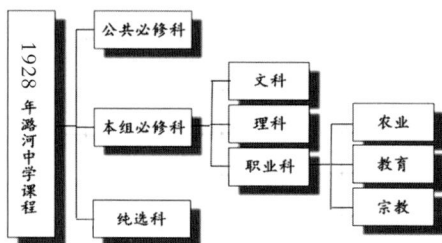

图4

业科（农业科、教育科、宗教科）五个类别的课程体系（见图4），每类课程都包括公共必修科、本组必修科和纯选科三个系列的课程。这种分不同层次、按不同类别、有不同方向的课程建设方法，给今天潞河课程体系的建设以非常好的思路和启发。

为了促进课程建设，近年来，我们的主要做法有：（1）把课程建设纳入学校过去的"十二年发展规划"和新的"十年发展规划"，加大了人力、物力和财力投入。先后出台和实施了《校本课程开发与实施方案》、《关于减轻学生过重课业负担，加强校本课程建设的意见》、《潞河中学校本课程建设五年规划》、《潞河中学关于进一步加强课程建设的若干意见》、《潞河中学高中自主课程建设方案》、《潞河中学高中特色发展实验方案》等一系列文件。（2）每学期，进行课程建设学生需求的全员调查问卷，开展学生学习状况调研、分析和反馈。"你最喜欢什么课程"、"你最需要什么课"、"你学习有哪些困难"、"你学习有哪些问题"、"你学习需要老师哪些帮助"……了解认识并积极回应学生发展的需求。（3）以突出学科特点、学校特色和地域文化为重点，采用自上而下和自下而上相结合的方式，加大特色校本课程的开发。各教研室至少完成1—2门有特色的校本选修课程建设；每位教师每学期要至少承担1门校本选修课程；每学期至少保证60余门各类校本课程的开设。（4）积极开发课程资源，建设国家课程的校本化用书；丰富校本课程资源建设；联合高校开设创新人才培养课程；拓展社会实践基地；建成课程管理的学校数字化平台；重视校史和校园文化等隐性课程建设。（5）改善评价，开展学生、教师和家长问卷调查，进行多元评价，把过程性评价和终结评价相结合，注重形成性评价和发展性评价，严格会考和考试成绩管理。（6）把国家课程、地方课程和校本课程相整合，做好课程结构设计、科目设置、模块组合、顺序调换、内容整合、时间调整和必修选修搭配等工作。

经过多年的努力，潞河中学形成了现在的3个层面（基础必选课程、分类选修课程、拓展选修课程）、13个类别（学科基础课程、成长指导课程、德育活动课程、综合实践活动课程、实验课程、民族课程、涉外课程、人文拓展类课程、科学拓展类课程、技术操作类课程、艺术活动类课程、体育活动类课程和社团活动类课程）的学校显性课程体系（见图5）。其中，"学科基础课程"

和"综合实践活动课程"就是国家8个领域14个科目的必修和必选内容;"德育系列活动课程"包括学科教学中渗透德育、常规德育活动,科技与人文名家进校园系列讲座,主题教育和家长学校等;"学生成长指导课程"包括学生心理健康与指导课程、德博诺思维训练课程、学生认知特点和学法指导课程、学生性格气质与职业选择课程、学生心智

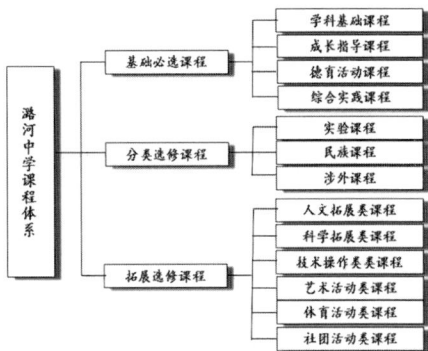

图5

训练课程;"实验课程"包括"三自愿"、"三适度"的资优学生实验课程,艺术特长生补充课程和体育特长生补充课程;"新疆学生补充课程"包括新疆预科年级衔接课程,新疆学生高中文化知识补充课程,新疆学生独立生活指导课程,新疆学生爱祖国、爱北京、爱潞河系列综合实践活动,民族团结教育活动课程;"涉外课程"包括中英高中实验课程、中外学生文化体验交流课程、外国学生学历教育课程、高中学生AFS交流项目、高中学生YFU交流项目、高中学生AYUSA交流项目。还有"人文领域拓展类课程"、"科学领域拓展类课程"、"技术领域操作类课程"、"艺术领域活动类课程"、"体育与健康活动类课程"和"学生社团活动类课程"。这些课程,构成了现在潞河中学各年级课程结构以及课表结构:纵向每天8节课,是"7+1"结构——7节必修和选修课,1节活动课;横向每周40节课,是"30+7+3"结构——30节以行政班上课的国家必修和必选课程,7节以走班形式上的选修课程(2节艺术、2节体育、1节信息、2节校本选修),3节活动课程。这些课程,围绕健全人格培养,可以整合成6类显性课程——学科基础课程、综合实践活动课程、科技拓展类课程、人文拓展类课程、艺术活动类课程和体育活动类课程,它们组成一个正方体的课程结构,还有包含它的各种隐形课程(见图6)。

适合自己学生的多元、多层次、多类型和可选择的课程,为学生自主选择、主

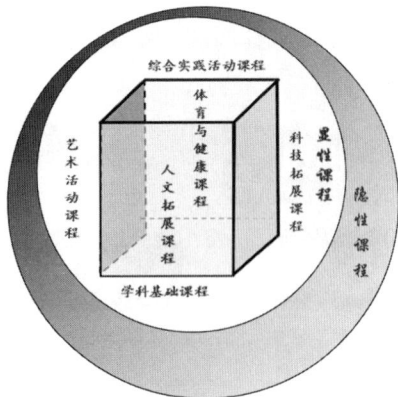

图6

动发展、个性完善和追求卓越，创造了广阔的空间和时间，使学生对课程的自主选择和课余时间的自由支配由过去的可能，变成现在的现实。

二、在研究中探索，提升课程课堂教学学术品位的不二法门

课堂教学决定课程建设的质量与品位。每一所优秀的学校，都会引导教师，心怀神圣地对待课堂，潜心深入地研究课堂，凝神静气地准备课堂，智慧创新地享受课堂。

20 世纪二三十年代执掌潞河教务的靳铁山主任曾发出这样的教务感言："教学方面：教学之方式和教材之组织，对于学生之学业，至关重要，惜乎演讲及注入式之教学，已为一般学校之普遍现象，教员习于其便捷，学生安于其简易，随之顺流而下，因此，学校所能与学生者，就其佳境观之，亦不过文字方面之知识；至于学业之心得，及对学业所发生之兴趣与信仰恐无足言。为挽救于万一起见，历年来恒提倡辅导式之教学方法，希望能培养学生自行读书自行求学之习惯，以及能读书能研究之能力；惟积习已深，兴革非易，又加之近年来学生数目增加，益多一番障碍。所可引为庆幸者旧日多用演讲法之国文学科，经现时担任该科教员之努力，竟一变其旧日教学方式，而采用辅导之教法。虽未能即臻完境，然已甚有可观，将来若悉心恸行，则学生对于国文知识及兴趣，定有所深造。"

这些对学习兴趣、自主学习习惯、读书和研究能力培养的重视，以及对不同教学方法利弊的深刻分析，即使在今天也极具很强的现实意义。学习方式的变化也体现在潞河中学 1934 年学生刊物《生活》中的一幅图（见图 7）里，揭

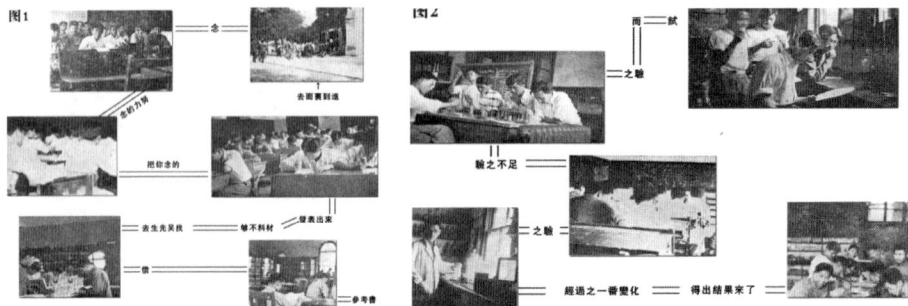

图 7

示了那时学生的学习过程，从"进到里面去念—努力地念—把你念的发表出来—材料不够—找吴先生去借—参考书"，到"试而验之—验之不足—再验之—经过一番变化—得出结论来"，这与我们现在倡导的自主学习、研究性学习和小组合作学习等方式有着异曲同工之妙。

为了引领课堂教学研究，我们一直坚持：（1）鼓励教师从生命需求的高度，用动态生成的观点从事课堂教学——把课堂教学从以往的狭隘的认知领域拓展到生命成长与发展的各个方面，关注学生和教师自己的生命成长和发展的需求、体验、质量和价值，用创造的心态和方法对待课堂教学，不重复过去，不重复他人，不重复自己，不断超越自我，有所创造。（2）深入开展"十个研究"——研究学科本质、学科价值、学生特点、学习规律、教学内容、教学过程、教学方法、教学手段、教师角色和教学评价，确立正确的学科观、学生观、教学观、教师角色观和教学评价观。不同的观念，决定了不同的教学追求和教与学的方法。以数学学科为例，有人把数学看成是工具，这是从应用角度而言的；那么，教师的角色就是"模特"，学生就是"模仿"，教学就是"照猫画虎"，数学的价值就是工具。有人把数学看成是绝对真理的集合，绝对不允许出错，这是从数学严密的逻辑体系而言的；那么教师的角色就是"权威"和"主宰"，学生就是被动的"容器"，教学就是"灌输"和"被动的接受"，不讲就不会，而且不许出错，更不存在探究；数学的价值就是训练学生的严密的逻辑思维。还有人把数学看成是来源于实践、扎根于实践、又应用于实践的人类的一种创造性的文化活动，因此，数学教学就是包含有错误、改进和尝试的探索性活动，教师的角色是"指导者"和"激励者"，学生是"活动的主体"，教学就是"再发现"和"再创造"，在此过程中不怕学生学习出错，允许学生出错，让学生暴露问题，重视错误的必要性和价值，利用学生错误生成的资源，以误养正，鼓励学生发现问题、提出问题、分析问题和解决问题，培养学生创新意识和实践能力，着眼的是学生离开学校老师后的可持续发展。这是从数学产生、形成、发展和应用过程而言的，一方面体现数学对人逻辑推理能力的培养，又体现对人归纳、类比、猜想的合情推理能力的培养，既要"大胆猜想"，又要"小心求证"。（3）明确树立"四个意识"——学生主体意识、全面目标意识、情感激励意识和反馈指导意识。（4）落实课堂教学的"六个重点"——激发兴趣、指导方法、培养习惯、夯实基础、训练思维和塑造人格。（5）倡导多样化的教学方式——把启发与探究、讨论、参与、讲授等多种方法有机结合，加强知识形成过程教学和思维活动过程教学。（6）开展可持续发展教育课堂教学的学习、培训和研讨（见图8）——突出课前、课上和课后学生的主体探究，突出对知识的"再发现"和"再创造"，突出学科基本知识、基本方法、基本思想、基本经验和基本技能的落实。（7）进行深入的"课例研讨"活动——组织特级教师、学术委员和教研室主任随堂听课和反馈；举行各级公开课、研讨课、评优课和示范课。（8）承担研讨会——近3年，开展20余次市区各级各类课堂教学和课程建设研讨会（见图9），有效地促进了课堂教学研究的深入。

图8

图9

潜心深入的课堂教学研究，有效地提升了学生的学业水平和教师的专业水平。促使教师不仅思考"教什么"、"怎么教"、"谁来教"、"教得怎样"和"怎样教得更好"的问题，而且研究"学什么"、"谁来学"、"怎么学"、"学得怎样"和"怎样学得更好"的问题，更重要的还要研究最根本的"是什么"和"为什么"的问题，使教师不仅要做"教者"，还要做"学者"、"研究者"和"创造者"，不断提高课堂教学的质量与品位。

三、在学习中创造，助推教师主动发展专业成长的内在动力

学校课程建设的过程，也是老师们学习和创造的过程。主动学习、有所创造，是教师防止职业倦怠、保持工作乐趣、体验自身价值、增添生命幸福的根本方法。

深受学生喜爱的校本课程"潞河讲坛"（见图10）是针对学校住宿生多、学生在校时间长的特点而开设的一门选修课程，利用每周四晚7：30—9：30的时间，学生自愿参加。聘请的主讲人既有国外的专家，又有国内的学者，既有

社会名家，也有本校特级教师、名师、学科带头人。专题讲座的内容设定在课堂学科教学内以外的社会、历史、地理、文化、文学、艺术、军事、体育、人生和时事等诸多方面，范围非常广泛，意在增长学生见识，开阔学生视野，培养学生兴趣，引导学生成长。从1998年春天开始，激情的潞河讲坛带领学生，从"第二次世界大战回顾"到"现代武器与战争"，从"孔门玄机"到《史记》中的爱恨情仇"，从"欧洲的交响乐"到"生生不息的中国民族器乐"，从"西方文艺复兴美术"到"永恒之美"，从"多元一体的中华民族"到"英国的历史名城"，从"走近科学大

图10

师"到"我的学长周文彬"，从"著名的英国作家"到"体育与人生"……既经历着社会的历史变迁，跌宕起伏中弥漫着的战火硝烟，也感悟着科学人文哲思、严谨慎思里流淌着的诗情画意。尽管"潞河讲坛"对听讲座的学生不记任何学分，学生完全自愿参加，但讲座现场还是经常爆满，有300人座位的阶梯教室连过道都挤满了站着听讲座的学生，还有很多学生因为挤不进去而遗憾。每次讲座的最后，学生与主讲人的现场常常互动，精彩纷呈，高潮迭起，经常讨论的问题又延续到课下和来往的信件、邮件里。用学生的一句话形容：每周四晚上的"潞河讲坛"已成为潞河的一道亮丽的风景线！无论是初具特色的模联、气候酷派、机器人竞赛、物理竞赛，航模、模拟法庭、刘绍棠校园文学研究、电视片制作与编导、CoRT思维训练、心理健康教育，学法指导、性格气质与职业规划等校本课程的开设，还是文学社，生物学社，各种艺术、体育社团针对运河文化开设的《大运河文化珍闻录》、《水实验室》课程；不论是开设的国学讲座、俄语、日语、西班牙语，还是针对越来越多的学生走出国门读书开设的"Western Culture and Education"课程；不管是老师们自编的面向预科

图 11

图 12

年级的《信息技术》、《"内高班"预科德育读本》和《"内高班"衔接课程——汉语口语》用书，还是已出版的面向全体学生的《潞河中学心理健康教育》、《大运河文化珍闻录》、《名著名篇之红楼梦》、《中外文学名著赏析》、《地理GIS信息系统》、《模拟法庭》、《潞河讲坛》等校本教材（见图11），都是相关老师们心血的结晶和专业发展的显著标志。

学校的课程建设，使教师从"教教材"到"用教材教"，再到"编教材教"，从被动的内容的执行者，变成主动的课程设计者、开发者、实施者和评价者，不断更新知识结构，变革教育观念，改善教学行为，有力地促进了教师的专业成长（见图12）。年轻的"模拟联合国"课程的指导老师梁莹莹这样说："浩如烟海的背景资料、前所未闻的模联专用词汇、复杂的大会议程都曾经让我们茫然无措。同时要面对的，还有我的工作压力、同学们的课业负担。不是没想过要放弃，但'模拟联合国'课程以它独特而非凡的魅力吸引着我们，在这里，我深切地体会到了教师主导作用和学生主体作用的美妙结合，体会到了跟学生一起共同成长的喜悦与付出，体验到了国际视野的强烈冲击，也拓宽了作为一线政治教师的授课空间。感谢'模拟联合国'课程"。

四、在选择中成长，创设学生放飞理想自主发展的广阔平台

学校课程的建设过程，既是学生学会选择、学会负责的过程，又是促进学生全面成长和发展特长的过程，也是学生人生梦想起飞的过程。

在进行的"高中实行新课程以来变化最大的是什么"的问卷中，学生们排在前三位的选择：一是自主学习能力的提高，二是根据自己的兴趣爱好自主选择课程，三是对课余时间的自主支配。家长反映：孩子最大变化是"学会了

自主学习、自主选择课程"。俄语校本课程的开设，使得每年我校十几乃至几十位学生代表中国中学生赴俄罗斯参加夏令营；使得每年俄罗斯中学生代表团都在潞河中学举办冬令营活动；使得潞河中学的学生和家长作为贵宾参加俄罗斯航天飞船发射；使得2022年春天参加中国"俄语年"

图13

开幕式的俄罗斯副总理走下飞机后首先走进潞河中学（见图13）。新疆"内高班"学生补充课程，让四年前汉语起点为零、两年前才尝试用汉语写作诗歌的麦麦提敏同学，在学期间分别在《中国教育报》和《诗刊》上发表了多首诗歌作品，由中国文艺出版社正式出版了其诗作专辑《返回》（见图14），受到诗界名家高度评价，被评为全国"十佳小作家"。实验课程的开展，使得实验班100%学生毕业后进入名校和重点院校，还使于洋、张文江、乔汝坤等一批学生，不仅在"翱翔论坛"作为优秀代表做典型发言，还连年获得市青少年科技创新大赛一等奖，毕业后进入清华、北大继续深造。选择涉外课程中英普通高中课程班的学生，毕业后每年100%考入英国剑桥大学等世界著名大学。适合学生发展的学校课程，为学生的自主发展，提供了比以往更广阔的选择天地。2013届高三9班有一个学生，叫董泊

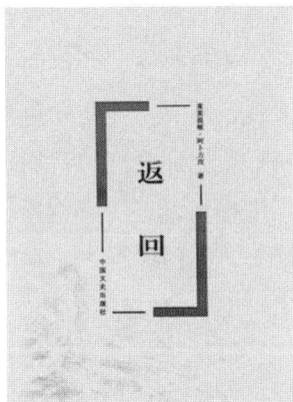

图14

宁，2岁时往电源开关插座上撒尿，虽然被电个正着，却从此与电结下不解之缘；小学时对电越来越感兴趣；初中时不停地鼓捣与电有关的东西，缠绕小线圈，制作小玩意；高一时组建特斯拉科技制作社团，自学老师给他的物理选修教材，参加选修课，网上查阅资料，自己买材料，自己动手制作特斯拉放电装置，几千匝的线圈绕了拆，拆了再绕，废寝忘食。因为科技制作的经历和自然流淌出的对科技的痴迷，他被选为北京市"翱翔计划"学员。利用学校为社团活动提供的场地和时间，董泊宁几乎把全班同学都鼓动了起来，组建了特斯拉科技俱乐部，手把手地教新的社团成员科技制作，每天中午一下课就去活动场

图 15

地活动，常常连饭也不去吃。在学校每年的社团活动展示活动中，特斯拉科技制作社团展示现场人头攒动，人人跃跃欲试，赞叹、惊叫声一片（见图15）……在今年北京市"翱翔论坛"主会场开幕式中作为优秀学员代表进行了《双谐振固态特斯拉线圈的原理与制作》精彩的论文答辩，获得了与会专家、领导和教师的广泛赞誉和高度好评。董泊宁自己谈道："我们从这些活动当中，不仅学到了许多还没有学到的知识，为以后的学习打下了坚实的基础，还提高了动手实践能力，强化了知难而进的精神和坚强的意志……虽然在试验的过程中我们经常遇到挫折，遭受失败带来的打击，但我们之中没有一位社员想放弃，而是不断深入研究，找到问题所在……我佩服特斯拉，同样佩服我的社员们，因为他们不畏艰辛，始终向着真理之门前进！……只要是真心喜欢科技，喜欢动手实践，就算一无所知也没关系，只要我们不断探索，总有一天会明白其中的奥秘！我们还会凭借我们那颗充满好奇、有着顽强毅力的心，不断地在科技的海洋中探索，追随着特斯拉等先烈们的脚步，直到我们生命的尽头！"课程实践证明，一门课程、一项活动，都有可能深刻影响一名学生的发展，甚至改变学生一生的命运！

以优异成绩被美国哥伦比亚大学录取的何畅同学（见图16），赴美前曾给母校留下一段文字："当我把哥伦比亚大学的录取通知拿在手里，意识到自己

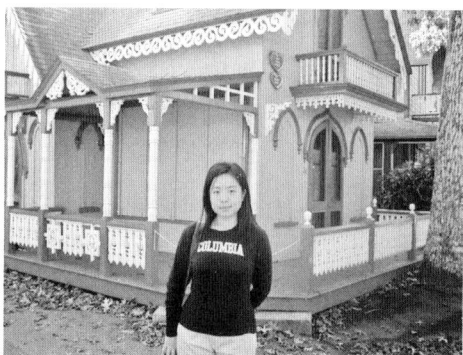

图 16

幸运地扣开了世界名校的大门时，不禁对我生活学习了五年的潞园，产生了从未有过的依恋。潞河是活力四射的，没有丰富多彩的校本课程，我不会明白探索的乐趣；没有民族融合的校园文化，我不会意识到交流的意义。潞河是成熟稳健的，没有简朴务实的优良风气，我做不出切合实际的选择；没有健康全面的人格教育，我

逃不出急功近利的桎梏。潞河教我为学，更教我为人。她的宽容，使我的个性得到挥洒；她的纯真，更使我的心灵受到洗礼。两年前，当我暂别潞园赴美交流，只身飞向大洋彼岸的时候，拥有的只是一个坚定执着的信念；而今，当我仰望苍天再次展翅的时候，又拥有了一双羽翼渐丰的翅膀。我庆幸，我选择了潞河，选择了使我的梦想起飞的地方！"

潞河中学的课程建设，尽管取得了一些初步成效，但仍然有许多问题需要探索：其一，对国家课程的深入理解、教学行为的持续改进、学校自己的教学资源建设和新的有效教学组织形式探索的问题。其二，合理安排国家课程、地方课程和校本课程的比重问题。其三，学生发展需求的多样性对教师知识结构的挑战问题。其四，如何进一步培养各类拔尖创新人才的问题，在一些方面，有待形成更有效的机制和方法。这些都需要我们今后付出更艰苦的努力，继续推动潞河教育优质、有特色和可持续发展。

创造，唤醒教师生命内在的激情与欢乐 [1]

——潞河中学优秀教师队伍建设的思考与实践

祁京生

近年来，在教师队伍建设中，潞河中学坚持"以人为本"，引领老师们在敬业奉献中涵养师德，在自觉学习中充实自我，在课堂研究中提升品位，在课程实践中实现价值，在超越自我中体验欢乐，着力培养以"特级教师、学科带头人和骨干教师"为主体的优秀教师队伍，推动潞河教育"有特色"和"可持续"发展。

一、敬业奉献的师爱，塑造教师远离世俗的高贵灵魂

教师的工作需要淡泊明志，选择了教师职业，也就选择了责任和奉献。一个人能否成为优秀教师，起决定作用的是他的事业心和工作态度。

在师德建设上，我们的主要做法是：（1）激发事业的进取心。根据学校制定和实施的发展规划，鼓励教师据此制定个人发展规划，把发展的主动权交给教师本人。（2）倡导爱岗敬业精神。我们请霍懋征老师、刘纯朴老师和金熙寅老师做师德演讲；开展"像孙维刚那样带班，像孙维刚那样教学，像孙维刚那样做人"的学习和实践活动。（3）树立身边师德典型。每年都评选、表彰和奖励"潞河名师"、"潞河优秀教师和优秀教育工作者"和"潞河优秀共产党员"；组织他们的事迹报告会。（4）建立队伍培养机制。先后实施了《潞河中学关于

---

① 本文为作者 2012 年 4 月在通州区首届高中教师新课程教学基本功培训和展示活动暨中学第五届"春华杯"课堂教学评优活动总结表彰大会上的发言，有删改。

加强教师队伍建设的意见》、《名师工程》和《零点计划》；启动了《人才发展工程》和特级教师工作室。（5）加强师德考评管理。建立了"教师三级量化考评"、"学生全员评教"和"问题告诫"制度，实行了师德问题"一票否决制"和"淘汰制"。

目前，潞河中学有正高级教师 12 人、在职的特级教师 12 人，以及 66 名市区学科带头人和骨干教师，还有许多爱岗敬业、默默奉献的令人尊敬的教师。相信，随着潞河中学的发展，会有越来越多追求教育理想、恪守教师职业精神、远离世俗浮躁与诱惑、步入人生更高境界的优秀教师！

二、自觉主动地学习，助推教师专业发展的不竭动力

学习，可以使人获取知识，进而增强人的自信，改善人的气质，增添人的人格魅力，增加人的成功机遇，也是助推教师可持续发展的不竭动力。

为了促进教师自觉主动学习，我们采取的措施有：（1）"走出去"。专门组织骨干教师到深圳中学、杨思中学、东芦中学、杜郎口中学、昌乐二中等十几所学校考察和听课。（2）"请进来"。聘请韦玉、张铁道、魏书生和张思明等十几名专家和学者来学校为教师做学术报告。（3）"建基地"。与北京生命科学园、清华大学和首师大等科研院所和高校建立合作关系，派骨干教师去接受培训。（4）"送出国"。与美国、英国、德国和澳大利亚的友好学校建立联系，送教师学生去交流和学习。（5）"再进修"。选送骨干教师去国内外高校脱产或在职学位和学历进修。（6）"助教研"。创造条件鼓励教师积极参加市、区各级教研和培训活动。（7）"结对子"。每年组织青年教师与骨干教师"结对子"，相互学习和促进。（8）"配资源"。支持教师购买学科专业用书、学术期刊和教育理论书籍，为每一位教师配发《我的三轮教育实验》等书，为每一位教师配置了电脑；学校安装了 1000 余台计算机和近 90 块电子白板，建设了校园网和数字化学习办公平台，实现了优质教育资源的共享。

现在，潞河中学 291 名专任教师中，取得博士学位和硕士学位的有 62 人，有 10 余名教师正在攻读博士或硕士学位。越来越多的潞河中学教师体会到，学习是一种生存需要，更是一种真正的精神享受和全新的生活方式。

三、聚焦课堂的研究，引领教师学术成长的不二法门

课堂是教师的生命线。每一个优秀教师，都会心怀神圣地对待课堂，潜心深入地研究课堂，凝神静气地准备课堂，智慧创新地享受课堂。

为了引领课堂教学研究，我们一直坚持：（1）深入开展"十个研究"——研究学科本质、教学目的、学生特点、学习规律、教学内容、教学过程、教学方法、教学手段、教师角色和教学评价；（2）明确树立"四个意识"——学生主体意识、全面目标意识、情感激励意识和反馈指导意识；（3）突出课堂教学的"六个重点"——激发兴趣、指导方法、培养习惯、夯实基础、提高能力和塑造人格；（4）倡导多样化的教学方式——倡导启发、探究、讨论、参与和讲授有机结合，提倡教学"百花齐放，百家争鸣"；（5）进行"以课促研"活动——组织特级教师、学术委员和教研室主任随堂听课，举行各级公开课、研讨课、评优课和示范课，深入开展课例研讨活动；（6）组织"专题论坛"研讨——召开寒假和暑期骨干教师研讨会，组织新课程教师教学论坛；（7）承担"以研促教"研讨会——近3年，先后举办了十几次市、区级学科课堂教学和课程建设研讨会。

潜心深入的课堂教学研究，是教师拓展专业知识、提高学术能力和发展职业情意的必由之路。通过研究，引导教师不仅思考"教什么"、"怎么教"、"谁来教"和"教得怎样"的问题，而且研究"学什么"、"谁来学"、"怎么学"和"学得怎样"的问题，更重要的还要研究"是什么"、"为什么"和"怎样更好"的问题，使教师不仅要做"教者"，还要做"学者"，同时更要做"研究者"和"创造者"，促进教学观念变革和方法的改善，不断提高课堂教学的质量和品位。

四、课程建设的实践，成就教师价值追求的无边沃土

课程建设，在新课程背景下学校有了更多的自主权，为教学改革提供了更广泛的"试验田"，为教师实现专业发展和价值追求提供了更广阔的舞台和机遇。

为提高教师课程建设能力，我们坚持：（1）课题引领。成立"高中自主课

程设置实验"、"高中特色发展实验"和"可持续发展教学模式研究"等课题组，用科研指导课程建设。（2）组织调研。进行了校本课程的学生需求调查，新课改的学生、家长和教师调查问卷，开展了学生学习状况调研，认识和回应需求。（3）合理排课。做好课程设置、模块组合、顺序调整和内容整合工作，完善高中课程的自主设置。（4）加强研发。以突出学科特点、学校特色、地域文化为重点，加强校本课程的整体规划和特色开发工作。（5）丰富课程。各处室和教研室至少完成1—2门有特色的校本选修课程建设；每位教师每学期要至少承担1门校本选修课程；每学期至少保证60—70门各类校本课程开设任务。近10年，已建成五大课程体系、十个相关领域、600余门次的校本课程，使学生对业余时间的自由支配和课程的自主选择成为现实。

从"教教材"，到"用教材教"，再到"编教材教"，从被动的内容的执行者，变成主动的课程设计、开发、实施和评价的设计者和研发者，课程建设有力地促进了优秀教师的快速成长。

五、超越自我的创造，唤起教师生命内在激情与欢乐

创新是人的好奇的天性。不重复过去，不重复他人，不重复自己，超越自我，有所创造，是教师克服职业倦怠、保持工作乐趣、体验生命幸福的根本方法。

为了引导老师保持工作的激情，我们鼓励教师：（1）用创造的心态对待课堂教学。许多优秀教师都有过这样的经历：用过的教案因为突然发现肤浅而弃之不用；教材上编排的例题因为不合需求而动手自己编制；问题已有的解法因为很难使自己满意而另寻他径；为获得一个问题的新理解，为编制实现自己意图的新例题，为设计教学过程的新情境，而食不甘味、夜不能寐；经过长时间苦苦思索，一旦捕捉到最朴素的思想和创新的火花，获得与众不同的新材料、新理解、新方法和新思想，常常抑制不住喜悦的心情，产生迫不及待地与人分享的冲动和发自心底的自信。当教师把自己这种学习、发现和创造的过程，转化成符合学生认识规律和认知水平的"再发现"、"再创造"的学习活动时，就会激发起学生的求知欲，产生思维的火花，体验发现的惊喜、创新的快乐和价值的认可。这是潞河中学不少优秀教师珍视课堂、视课如命、课堂教学精彩纷呈的根本原因。（2）用创造的方式研发课程。每学期60余门校本课程和30余

个学生社团，都是老师们心血创造的结晶。（3）资助和奖励教师的教学成果。近两年，出版的20余本校本课程用书和教师学术专著，获得各级各类奖励的众多的教育教学成果，都留下教师专业发展的显著标志。

教育的改革和发展，呼唤着教师的创新激情。把创造性劳动的职业魅力、被社会尊重的心理体验和享受成功的愉悦，转化为一种自我完善的追求和渴望，将激励更多的潞河师生成长为符合时代需求的优秀人才，为把潞河建成每一个学生健康发展的乐园、每一位教师幸福工作的家园、各类人才茁壮成长的摇篮、全体师生文明生活的首善之地而奋斗。

用爱与汗水浇灌民族团结教育之花

谢宏春

创办于 1867 年，至今已有 156 悠久历史的北京潞河中学坐落在通州区古老的大运河畔，是北京市首批重点中学、首批示范性高中学校。自 2000 年开始，北京潞河中学又成为全国首批内地新疆高中班（以下简称"内高班"）的学校。在 20 余年的办学实践中，北京潞河中学始终坚持把"内高班"工作纳入学校整体发展规划，坚持把承办"内高班"作为学校多元文化发展建设的重要组成部分，作为对全校师生开展民族团结教育的难得机遇和主要载体。

一、牢记初心与使命，把立德树人作为"内高班"
工作的出发点和归宿

2000 年 1 月 24 日，教育部颁发《关于内地有关城市开办新疆高中班的实施意见》，指出要"利用内地发达地区的经济、教育优势，组织内地发达地区加大对边疆民族地区教育支援的力度，举办内地新疆高中班，着力培养和造就一大批坚定地维护祖国统一，密切联系群众，具有强烈革命事业心和一定业务能力的少数民族优秀人才，促进新疆经济发展和社会进步，增进各民族的大团结和凝聚力，保障国家的安全和边防巩固"，对"内高班"办学规模、办学方式、招生计划、招生对象、招生条件、招生办法、教学方式、升学工作及教师配备和待遇、管理职责、办学经费等相关问题作了原则性的规定。

党的十八大以来，在一系列政策体系的引导下，"内高班"在规模继续扩大的同时，在内涵发展上进一步得到了加强，为西藏和新疆的人才培养质量提升做出突出贡献。

我们深刻领会中央举办内地新疆高中班的重大战略意义及其精神实质。在办班实践中，学校要求全体教职员工"做到'三个熟知'，遵循'两个原则'"：熟知国家举办内地新疆高中班的目的、意义，熟知党和国家的民族政策，熟知新疆各少数民族的生活习惯；在工作方法上要遵循"严、爱、细"的原则，在教育教学上要遵循"低起点、重渗透、多实践、求实效"的原则。

我们始终围绕立德树人的根本任务，坚持将马克思主义"五观"（国家观、历史观、民族观、宗教观、文化观）教育以及"五个认同"（对伟大祖国的认同，对中华民族的认同，对中华文化的认同，对中国共产党的认同，对中国特色社会主义的认同）和"三个离不开"（汉族离不开少数民族，少数民族离不开汉族，各少数民族之间相互离不开）教育贯穿学生教育的全过程。

二、统筹安排宏观把握，将"内高班"工作纳入学生整体工作框架

在管理上，学校对所有"内高班"工作实行统一领导，成立了以党总支书记、校长为组长的"内高班"领导小组，组员包括党总支副书记及主管教育、教学、行政、总务的副校长，领导小组下设"内高班"工作办公室，由学生处主任任办公室主任。领导小组负责"内高班"整体工作计划的制订、重大活动安排和检查督导全校"内高班"工作情况。"内高班"办公室具体协调教育、教学、总务等各部门工作开展情况，制订周末及节假日、寒假活动计划，平时活动组织及新疆内派教师的管理。

这种管理制度的优势在于：（1）全校动员，协同育人，避免条块分割或将"内高班"群体作为一个独立的部分；（2）校内宿舍管理员、保安、物业师傅、食堂师傅都承担起民族团结教育的任务。在每年"内高班"送别晚会上，孩子们要致谢的人，有学校领导、班主任、学科老师、宿管老师，有内派老师，还有四年来与他们结下深厚友情的物业师傅、食堂师傅和保安。

三、加强交往交流交融，将民族团结教育渗透到
学校工作的方方面面

2014年，习近平总书记在中央第二次新疆工作座谈会上提出，各民族要相互了解、相互尊重、相互包容、相互欣赏、相互学习、相互帮助，像石榴籽那

样紧紧抱在一起。

我们深刻领会习近平总书记重要讲话精神，采取有效措施，让"内高班"学生在校园里最大限度地与本地学生交往交流交融，做到彼此相互了解、相互尊重、相互包容、相互欣赏、相互学习、相互帮助。

（一）混合编班，加强融合

我们在 2000 年办班之初就确定了"预科单设，高中混班，加强辅导"的教学策略。即在预科一年单独编班，针对学生年龄和心理特点，以及进入高中后所需的知识和能力要求，开设相关课程和各种活动，让学生过好"语言关"、"环境关"、"生活关"。进入高一后，让所有 120 余名"内高班"孩子全部插入到本地 14 个教学班中去，和本地的孩子一起学习和生活。针对"内高班"学生与北京潞河中学本地学生在学习基础和能力上存在较大差距的现实，学校利用周末、节假日和寒假进行补充教育课程计划。

在每年的新生军训、素质提升外出、社会实践周活动中，所有"内高班"学生都是在自己的班级中进行集体活动。我们的足迹遍布四川、山西、陕西、浙江、安徽、江西、吉林等祖国大江南北，真正做到让"内高班"学生与本地学生学同窗、住同宿，通过各种形式加强同学们之间的交往、交流、交融。

（二）构建具有潞河特色的民族团结教育课程

德育课程化是学校德育的重要途径和方法，民族团结教育更需要课程化。针对学校民族学生人数多的特点，学校把民族团结教育列入新生入学的第一课，把民族团结教育列入家长学校的重要内容。全体学生和家长的民族团结意识增强了，对于构建和谐校园起到了关键性作用，全体师生和家长们共同谱写了一曲民族团结的乐章。

1. 利用主题班会进行民族团结教育

班会上，汉族学生和少数民族学生共同学习我国 56 个民族的传统文化，增进了了解和友谊，同学们一起载歌载舞共同度过美好的时光，并成为好朋友。在北京潞河中学的校园里，流传着许许多多学生们民族团结、互相帮助的感人故事。

2. 在课程改革中专门设置民族课程

在我们自主开发的预科年级的成长课程——《美丽的潞园——我的家》中，让学生们从认识潞河开始，进而了解北京、新疆及全国风土人情，由近及远感受祖国的伟大、民族政策的优越性。北京潞河中学老师编著出版的《多元一体的中华民族》教材成为全校学生选修课的校本教材。

3. 利用高一学生军训开展民族团结教育

北京潞河中学是全国为数不多的在高一时将"内高班"学生带出和本地学生一起参加军训的学校。我们这样做，不仅要解决"内高班"学生吃饭的问题，还会面临着学生们刚到一起相互不了解等诸多问题。我们的混班教学决定了从一开始就要让所有学生必须相互了解、相互包容、相互关爱。十几天短暂的军训，各个民族的学生一起生活、一起训练、一起玩耍，为他们今后三年的交往奠定了坚实的基础。军训回来后各个班还要召开"军训归来"主题班会，在班会上，同学们谈到在军训中相互关心、相互帮助、相互鼓励的感人故事，动情的讲述让在座学生、老师和教官百感交集。

（三）打造具有潞河特色的民族团结教育活动

1. 在全体学生中开展以"人格教育"为主线的民族团结主题教育

学校在全体学生和"内高班"学生中开展了贯穿整个高中生活的三大主题教育：一是国家认同感教育。使广大学生自觉维护祖国统一，为自己是一名中国人而感到骄傲和自豪。二是常怀感激之情的教育。学会感恩是成熟的表现，激励学生热爱祖国，热爱人民，努力学习，成人成才，报效祖国的培育之恩。三是"美丽的潞园我的家"的教育。培养学生的主体精神和公民意识，热爱我们的学校、集体、老师和同学，把学校当成自己的第二个家。

2. 组织全校师生利用社会实践周和假期外出参观、学习、考察，一览祖国的秀丽河山

到天安门广场看升旗是必修课，南戴河、颐和园、香山、长城、北京博物馆、科技馆、潭柘寺、故宫博物院、动物园、北海公园、盘山烈士陵园等也都留下了学生们的足迹。在社会实践活动中各个民族的同学建立的友谊故事也是很多的。

3. 全校师生共同要过的节日除了春节还有古尔邦节

春节和古尔邦节是北京潞河中学最热闹的两大节日。每年的除夕夜，学校领导和老师要和所有的"内高班"孩子，一起观看中央电视台春节联欢晚会，校长要给每个孩子发红包，深夜 12 点时要和孩子们一起敲响新年的钟声。大年初一，许多老师和本地的同学会到学校和"内高班"的孩子们一起包饺子吃饺子。许多本地同学家长还会接"内高班"的孩子们到家里做客。在古尔邦节时，全校师生也要向新疆少数民族同学致以节日祝贺，新疆同学会邀请同班同

学到宿舍做客，邀请同班同学一起参加古尔邦节晚会。大家在节日的交往中增进了相互的了解，建立了深厚的友情。

四、倾情付出，用爱浇灌民族团结教育之花

为了更好地做好"内高班"学生的教育工作，增强教育的针对性和有效性，我们坚持组织教师利用暑假送孩子们回家的契机到新疆学生家中家访。多年来，我们老师的足迹遍布天山南北，当老师走进学生家里，特别是见到不少农牧民孩子不够好的家庭状况时，很多老师流下眼泪。家访，让我们的老师们对"内高班"的孩子们更多了一些耐心与宽容，觉得为孩子们付出再多也毫无怨言，同时也更加感受到了自己肩上的责任。

为了能够关注到每一名"内高班"学生，我们为所有"内高班"孩子配备了导师。导师不仅要关心孩子们的学习、生活，更要关注孩子们的思想动态，帮助他们解决各种问题。为第一时间了解孩子们所思所想和遇到的困难，在北京潞河中学的每一位班主任和导师还有另一个身份，那就是新疆孩子在北京潞河中学的"爸爸妈妈"。老师们会经常利用节假日带孩子们到家里做客，给孩子们过生日，学生有病时到医院或宿舍去看望。每年我们也会评选优秀导师，孩子们亲自为导师撰写颁奖词，并由学生颁发奖杯。经常有老师在发表获奖感言时说，"在学校的各种荣誉中，我最最看重的是孩子们给我颁发的这个优秀导师奖，孩子们，谢谢你们！"

20多年来，每年除夕夜，学校的领导们都不能陪伴家人，都会来到学校和"内高班"的孩子们一起度过；20多年来，每年大年初一，很多老师和本地的同学都会到学校和"内高班"的孩子们一起包饺子吃饺子；20多年来，北京潞河中学的许多领导和老师都没有寒假、没有五一假期、没有十一假期。

20多年来，北京潞河中学在"内高班"工作上不断探索、努力创新。虽然我们在办班过程中有辛酸、有泪水，但更多的是有收获和喜悦，我们为新疆、为国家培养出了一大批优秀人才。北京潞河中学也先后被授予首批"北京市民族团结教育示范校"、首批"北京市民族团结创建进步单位"、"第三批全国民族团结创建进步示范单位"、"全国文明校园"等荣誉称号。

以学校文化建设促进学校的一体化发展

——以潞河中学附属学校为例

潞河中学附属学校（新建九年一贯制学校）与潞河中学（完全中学）不同的学段、不同的教育对象，如何实现一体化发展？基于两所学校的实际情况，我们认为潞河中学的文化底蕴具备可供潞河中学附属学校汲取的基础和可能性，选择以文化建设促进两校的一体化发展。通过汲取潞河教育文化内涵，构建潞河附属学校的核心价值理念；全员学习领会潞河教育的文化内涵；充分研讨认同潞河中学附属学校的核心价值理念；以创建学习型学校为抓手，促进学校文化内化于心、外显于行等途径促进学校的一体化发展。

一、潞河中学与潞河中学附属学校一体化建设的背景

潞河中学附属学校是北京市城乡新区一体化发展建设学校，2014 年 4 月经通州区人民政府批准成立、由潞河中学承办的公立九年一贯制学校，隶属通州区教委管理，服务区域为通州区梨园半壁店、大方居、怡然世家等 16 个小区。学校占地 21200 平方米，建筑面积 16700 平方米，设计规模每年级 4 个班，小学 1—6 年级 24 个教学班，初中 7—9 年级 12 个教学班，足额后学生总数 1500 人。2014 年暑期招收一年级 6 个班、学生 239 人，二年级 4 个班、学生 140 人（二年级是实验一小代招）。2016 年开始招收 7 年级学生。

当时，潞河中学附属学校有干部 6 人，其中 1 人由潞河中学输出，5 人由其他小学调入；教师 32 名，其中 2 人由潞河中学派出，21 人是从其他学校调入的在职教师，12 人是应届毕业生。

潞河中学附属学校是一个独立的法人单位，它与潞河中学实行"一个法人代表一体化管理"。潞河中学校长兼任附属学校校长，潞河中学派一名副校长到附属学校担任执行校长和党支部书记，主持学校全面工作，保证潞河中学附属学校与潞河中学一体化发展。

二、选择文化立校作为一体化发展的关键

（一）为什么选择文化立校作为一体化的关键

潞河中学附属学校作为全新的学校——新建的校舍、新组成的干部教师队伍、新招收的学生，和潞河中学这所完全中学相比面临不同的学段、不同的教育对象等实际问题。特别是干部教师来自四面八方，不同的成长环境，不同的教育经历，使得新组成的干部教师队伍呈现价值观多元的现状。用什么来统一思想？如何实现一体化发展呢？

基于两所学校的实际情况，我们认为充分吸收潞河中学厚重的文化底蕴和"人格教育"的优良传统，构建潞河中学附属学校的学校文化，用学校文化引领学校发展、凝聚干部教师队伍，走文化立校之路是一体化发展关键。

（二）潞河中学文化可供输入校汲取的基础和可能性

潞河中学创办于1867年，已有156年悠久的办学历史。她发轫于一所小学——潞河男塾，之后历经几十年发展成为包括小学、中学、大学和一所神学院的教育机构。1918年其大学部迁往城里与汇文大学等组成燕京大学，中学部留在通州，始称潞河中学。1926年，端蒙小学（现后南仓小学）成为潞河中学的附属小学，校长陈昌祐同时兼任附属小学的校长，直到1951年人民政府接管。新中国成立后潞河中学成为完全中学，是北京市首批重点中学，北京市首批示范性高级中学。

自20世纪20年代起至今，潞河中学近百年的办学历程，历经几代校长，陈昌祐校长倡导的"人格教育"的办学理念、"健全人格"的培养目标得到与时俱进的传承和发扬。进入新世纪以来，潞河中学的办学指导思想进一步明确，即"坚持人本位与社会本位相统一的教育观，坚持一切为了学生发展的办学宗旨，坚持健全人格的培养目标，坚持多元开放的发展方向"。潞河中学的校训是"一切为了祖国"，校风为"爱国、乐群、自律、修身"，潞河中学共同愿景是"坚持教育以学生为本，强化人人成才观念，让学校成为每个学生健康成长的

乐园；坚持办学以教师为本，尊重教师创造性劳动，让学校成为教师幸福工作的精神家园；坚持"三个面向"，重视内涵发展，让学校成为各类人才成长的摇篮；坚持先进文化引领，提升教育品位，让学校成为师生成长的首善之地。

156 年的教育实践，潞河校园走出了黄昆、侯仁之等学界泰斗，走出了王洛宾、刘绍棠等艺术大师，为国家培养了众多杰出人才和大批的社会主义事业建设者。

近十几年，学校着力建设多元多层次课程体系，立体化培养学生的健全人格成绩突出。

潞河中学跨越三个世纪的历史积淀，弥漫于校园每一个角落的学校文化，是潞河中学附属学校文化构建可供汲取的宝贵的资源。

（三）潞河中学附属学校的文化构建

1. 汲取潞河教育文化内涵，构建潞河中学附属学校的核心价值理念

经过请教专家、征求教师意见等基础性工作，我们形成了"秉承潞河中学'坚持人本位与社会本位相统一的教育观，坚持一切为了学生发展的办学宗旨，坚持健全人格的培养目标，坚持多元开放的发展方向'为核心的办学指导思想，遵循学生的年龄特点和身心发展规律，基于学生需求，探索'人格教育'的有效途径和方法，激发学生的积极性、主动性，创设有利于每个学生健康发展的课程体系，促进每个学生全面而有个性地发展"的办学理念。

提出了建设"课程设计精当，活动组织精心，学生生活精彩，环境布置精致，服务管理精细"的精品学校，让每一个孩子享受生命成长的快乐，为每一个孩子的智慧人生奠基学校发展目标。

发展策略：以人为本，以德为先，文化立校，民主管理

校训：一切为了祖国

校风：明德、启智、正心、健体

教风：有教无类，立德树人

学风：知勤知勉，自律自强

我们把学校的三栋教学用房分别取名为"至真楼"、"至善楼"和"至美楼"，意在做追求真善美的教育，让学生在童年阶段尽可能多地感受真善美，在他们的心灵积累真善美。这是学生进入成人世界的基石。我们把行政办公楼取名为"力行楼"，意在引导大家身体力行，管理育人。

2. 全员学习领会潞河中学教育的文化内涵

一结束上学年的工作，潞河中学附属学校的教师全员培训就开始了。培训的重点是学习领会潞河教育的文化内涵。

学《北京教育》刊发的《潞河人格教育在传承中不断发展》、《构建课程生态环境，立体化培养健全人格》、《秉承百年潞河精神，锻造优质教师团队》三篇文章，初步了解潞河教育；听潞河中学办学历史介绍，进一步感知潞河深厚的文化底蕴；看《潞河中学校史馆》，深度体验潞河教育的丰富内涵和文化魅力。

通过学习，老师们对潞河中学百年悠久历史有了初步的认知，对潞河"人格教育"有了比较全面的了解，同时也深刻感受到潞河教育品牌的生命力。

3. 充分研讨，认同潞河中学附属学校的核心价值理念

在全员学习领会潞河教育的文化内涵的基础上，我们对潞河中学附属学校办学理念、校训、"三风"（校风、教风、学风）进行解读，并组织全体教师认真研讨。通过研讨，全体教师理解并认同了潞河中学附属学校的办学理念。在此基础上，我们要求教师围绕"我心目中的潞河中学附属学校"、"我对自己专业发展的思考"、"我为学校发展献计策"撰写培训体会。

黄跃老师在体会中这样写道："曾经为少年时没能在通州这所百年名校读书而终生遗憾，多少次从潞河中学的大门前经过而忍不住往里面看一眼，羡慕从这里走出的学生，钦佩走进这里的老师。而今自己成为潞河中学附属学校的一名教师，参观潞河校史馆，潞河悠久的历史从孙书记口中娓娓道来，亦感她的钟灵毓秀，含英咀华。漫步在潞园，宁静而有生气，幽静古雅，美而不艳，确信它是中国最美的校园，没有之一。坐下静听徐校长站在时空的交汇点上展示了一幅立体的潞河愿景图，畅谈潞河的未来，时时被徐校长的睿智、幽默所折服。深感能在这里工作、学习机会之多，发展空间之大。连日来，自己的胸中总有一种激情在涌动，为自己能成为潞河中学附属学校的一名开拓者而骄傲。"

在谈到我心目中的潞河中学附属学校时，黄跃老师谈道："聆听了孙书记关于潞河中学附属学校的《新学校，新使命，新构想》专题发言。我感到潞河中学附属学校的宏伟蓝图已经勾画。能够成为潞河中学附属学校的开拓者，我感到非常的幸运。我心目中的潞河中学附属学校既要秉承潞河中学先进的办学理念，沿袭潞河中学优良的传统，又要在此基础上形成自己的特色。打造校园文化、班级文化，让学生被浓浓的书香所包围，正如苏霍姆林斯基所说：要让每一面墙壁都会说话。"

4.以创建学习型学校为抓手，促进学校文化内化于心、外显于行

作为一所新建学校，我们把学习型组织的理念引入学校管理中并提出建设学习型学校的设想，并以此为抓手，促进学校文化内化于心、外显于行。

（1）组织学习，认识学习型学校和学习共同体

通过集中培训，我们引导教师了解学习型学校的相关理念，为创建学习型学校做好思想准备。

学习型学校即注重反思探寻、能创新改变的学校。学习型学校能使人的价值观和生命境界发生彻底的改变，为人生的幸福奠基，让师生过着幸福的教育生活。教育本身就是生活的方式、行动的方式。学习型学校能提升学校的效能和核心竞争力。

学习型学校的共同特点有8个：①学校领导是学习创新型领导；②学校成员有一个共同愿景；③学校组织结构扁平化；④学校具有弹性的管理制度；⑤学校形成团队学习制度；⑥学校建有纵横交错的沟通机制；⑦学校提倡校本教研；⑧学校建立学习共同体。

学习型学校学习共同体的基本特征应该包括：①有一个人人赞同的学校发展的共同理念；②有共同的学习使命、愿景、价值和目标；③同伴之间共同学习和交流；④坦率地沟通、对话和交换角色；⑤共享资源和成果，共同解决难题；⑥有较强的个人效能感，能不断增强共同体的自身能力；⑦能带来行为或绩效的改善；⑧能促进学校整体绩效的提高。

（2）统一思想，形成共识

经过全体教师共同研讨，我们形成了潞河中学附属学校的共同愿景：享受生命成长，奠基智慧人生。我们创建的口号是：做最好的自己，创最优的团队。

（3）建设学习型学校学习共同体

建设学习共同体，教师参与合作研究和集体学习，不断分享教学智能，可以促进教师专业发展，促进学校团队学习文化和卓越课堂文化建设，从而实现学校的健康发展、可持续发展。

我们提出以年级组、教研组为依托建设学习共同体，以名师导向建设学习共同体，以课题导向建设学习共同体，以任务导向建设学习共同体。

在团队建设方面我们明确提出如下要求：①思想解放，行为规范；②善于反思，乐于分享；③欣赏他人，完善自我；④终身学习，不断创新；⑤团结协作，共创佳绩。

三、通过文化立校促进一体化建设学校可持续发展

我们认为，以学校文化建设促进输入、输出学校的一体化发展，走文化立校之路，是潞河中学附属学校发展的有效途径，我们的学校也有了一个良好的开端。

（一）文化立校，有利于引领干部教师统一思想，形成共识

短短一个学期的时间，干部教师心往一处想，劲往一处使，自觉用学校核心价值理念规范自己的言行。老教师以身作则，发挥传帮带作用，带领青年教师共同进步；青年教师虚心学习，积极转变角色，努力适应岗位要求。团队学习的氛围初步形成。我们开展的"学习吴正宪，研究学生建设高效课堂"主题教研活动，"分享教育智慧"班主任工作交流活动，"教职工合理化建议"活动，都收到了良好的效果。

（二）文化立校，有利于构建和谐的课堂文化，建设有意义的课堂

我们提出"聚焦学生——了解学生，研究学生，基于学生需求，遵循学生的年龄特点和身心发展规律开展教育教学活动"，"聚焦课堂——以学生为主体，激发学生的积极性、主动性，构建和谐课堂文化，建设有意义的课堂"。因为学生一天中最美好的时光是在课堂上度过的，让学生享受生命成长的快乐，必须构建和谐课堂文化，建设有意义的课堂。我们正在探索的路上。

（三）文化立校，有利于促进学生全面而有个性的发展

潞河"人格教育"的优良传统，"一切为了学生发展"的办学宗旨，"健全人格"的培养目标，是我们一切工作的出发点和最终归宿。我们正着力建设有利于促进学生全面而有个性发展的课程体系。我们开设的生命教育、舞蹈、二胡、校园剧、葫芦丝、足球、篮球、围棋、轮滑、车模等丰富多彩、可供选择的课程，深受学生喜爱。我们每月开展的跳绳比赛、队列比赛、拔河比赛等活动激发了孩子们锻炼的热情，提高了学生的运动能力，强健了学生体魄，同时也培养了学生的集体荣誉感和意志品质。我们组织的"寻访潞河园，寻找秋之美"、"红薯采摘"、"奇妙的星空"等活动让学生感受大自然的神奇。孩子们喜欢学校，喜欢老师，文明礼貌，健康阳光。

潞河中学附属学校文化品格传承与创生的实践研究

孙会芹

学校文化是系统思考学校内涵发展的工具和方法论。学校文化建设是引领学校内涵发展的重要力量，是一所学校的发展历史、价值追求、精神面貌、特色灵魂和核心竞争力的集中体现，是关系学校内涵发展、创新发展和可持续发展的内在动力。因此，学校的内涵发展必须以文化为引领。

潞河中学附属学校是在"城乡新区一体化发展"政策背景下，由潞河中学承办的公立义务教育学校。相关学者研究表明，名校集团化办学过程中，名校对分校最有效的支持不是技术上的支持，而是文化理念的传播，只有将文化基因渗透到分校之中，才能使分校拥有同名校相似的精神风貌与办学氛围，最终走上高水平内涵发展之路。因此，潞河中学附属学校的文化建设与创生，必须在传承潞河中学文化品格基础之上，走自己的实践创生之路。

一、文化创生之根："人格教育"的基因传承与价值认同

潞河中学创办于 1867 年，已有 156 年悠久的办学历史。首任华人校长陈昌祐提出"人格教育"的办学理念，在当时，"人格教育"是封建王朝覆灭共和制度发轫时期国家倡导公民教育的社会形势下一个比较普遍的概念。蔡元培先生提出，普通教育的目的应该"培养健全人格"。所谓健全人格，内分四育，即体育、智育、德育、美育。受完基础教育，就要使"四育"平均发展。潞河中学的"人格教育"也是在这种思想的影响下提出并践行的。

随着时代的变化，学校对"健全人格"在内涵上的阐释和实践方式虽然有所改变，但潞河教育一直和祖国同呼吸共命运。潞河中学秉持着"一切为了祖

国"的校训，形成了"爱国、乐群、自律、修身"卓越学风。百年传承，铸就了"主动发展，追求卓越"的潞河精神。

进入新世纪以来，潞河中学"人格教育"理念下的办学指导思想进一步明确，即"坚持人本位与社会本位相统一的教育观，坚持一切为了学生发展的办学宗旨，坚持健全人格的培养目标，坚持多元开放的发展方向"。近十几年，学校着力建设多元多层次课程体系，立体化培养学生的健全人格成绩突出。潞河中学跨越三个世纪的历史积淀，弥漫于校园每一个角落的学校文化，是潞河中学附属学校文化构建可供汲取的宝贵资源。

二、人格担当，志正修远："人格教育"基因传承下的文化创新

潞河中学附属学校自创建以来，承袭了潞河中学"人格教育"的精神内涵，将"培养健全人格的潞河人"作为学校教育之己任。但是，潞河中学附属学校是九年一贯制学校，办学起点为小学，与潞河中学本校的教育对象不同，学生的年龄特点不同，因此，学校践行"人格教育"必然有不同的着力点。

（一）文化创生路径："U–S 合作"下的全员参与

学校文化要为全校师生的生命成长服务，是全员的文化，而非校长个人的文化。因此，全员参与是文化创生的必然选择。同时，为提高学校的文化创生的专业性和科学性，学校引进专家团队，吸纳专业力量，采取"U–S 合作"的基本模式，带领全体教师共同研究如何在"人格教育"基础上实现校本化的文化创生。研究过程中，专家团队首先基于学校办学实践与领导班子深度交流，继而多次组织全体教师参与问卷调查，在问卷调查的基础上进行研讨，充分吸纳教师的意见和建议，最终确立契合学校实际并得到广泛认同的表达方式。

初次问卷调查中，专家在前期深入调研基础上，提出"生命立意、多元绽放"、"明德启智、立志修远"、"博古通今、立言立行"和"明德、启智、正心、健体"四个选项。问卷采取多项选择的方式，同时还设有开放性题目"其他，您的意见 _____"，以供教师充分表达个人意见和建议。如表1中数据所示，共有89名教师参与调研，选择"生命立意、多元绽放"和"明德、启智、正心、健体"两个选项的教师相对较多，分别为58人次和55人次，二者差距较小。

表1 学校"课程文化"初次调研情况

选项	小计	比例
A. 生命立意、多元绽放	58	65.17%
B. 明德启智、立志修远	49	55.06%
C. 博古通今、立言立行	39	43.82%
D. 明德、启智、正心、健体	55	61.8%
E. 其他，您的意见 _____	0	0%
本题有效填写人次	89	

为进一步聚焦，我们再次针对两个选项进行调研，参与调研的教师78名，最终选择"明德、启智、正心、健体"的为50人，占总数比例为64.1%，而选择"生命立意、多元绽放"的仅为35.9%。

表2 学校"课程文化"二次调研情况

选项	小计	比例
生命立意、多元绽放	28	35.9%
明德、启智、正心、健体	50	64.1%
本题有效填写人次	78	

从数据来看，"明德、启智、正心、健体"选择的人数具有统计学上的优势。为了使教师更充分地表达个人意见，以确立教师认可度和可执行度更高的课程文化，调研结束后，针对此次问卷调研，组织教师进行了深入研讨，研讨中逐渐形成共识："明德、启智、正心、健体"更接近于课程的目标取向，而"生命立意、多元绽放"更接近课程的本质内涵，用后者表达课程文化更符合学校课程建设的实际，也更科学合理。因此，学校的课程文化确定为"生命立意、多元绽放"。

以上课程文化确定的历程中，充分展示了潞河中学附属学校文化创生过程中的科学性与严谨性，专家的专业知识与学校教师的实践认同必须达到高度契合，才能确定学校的文化表达。

（二）文化理念体系表达：根植基因、严谨科学

办学理念体系是学校文化的精神内核，表达了学校教育的核心价值追求及对未来的期待，包括核心价值观、育人目标、办学目标和校训四方面内容。经过全员参与和充分研讨，学校最终确立了"人格教育"基因引领下的文化理念体系。

1. **核心价值观：人格担当、志正修远**

学校核心价值观是学校文化的核心，是为儿童、为教育、为社会而植根于学校所有成员心灵深处的精神诉求，是所有成员对学校各项工作进行价值判断的标准，是凝聚学校所有成员的根本。在潞河中学"人格教育"文化品牌的基础上，根植于其深厚的文化基因，附属学校干部教师深度探寻，确立了"人格担当、志正修远"的核心价值观。"人格担当"即"人格健全，负责任敢担当"，意指我们的教育要使学生适应变化的时代，活出生命的意义和价值并承担社会责任。"志正修远"即"品格端正，志向远大，热爱祖国"，意指我们的教育要面向未来，全面贯彻党的教育方针，站在立德树人的高度，为党育人，为国育才，培养未来担当国家富强、民族复兴重任的接班人。

2. **办学目标：建设学生喜爱、家长信任的优质学习型学校**

潞河中学附属学校的办学目标，是基于"人格担当、志正修远"的核心价值观，结合当下"'五育'并举"、"立德树人"、"办人民满意的教育"等国家教育改革精神，在专家调研的基础上，经历了思想积淀、深入研讨和锲而不舍的实践追求过程，最终将办学目标表述为"建设学生喜爱、家长信任的优质学习型学校。"

实现"学生喜爱"，就必须遵循学生的年龄特点和身心发展规律，基于学生需求，探索"人格教育"的有效途径和方法，激发学生的积极性、主动性，创设有利于每个学生健康发展的课程体系，促进每个学生全面而有个性地发展。追求"家长信任"，就需要校长和教师，以为学生一生幸福奠基为出发点和最终归宿，引导家长正确的育人观，以家长的视角思考我们如何办学校，如何做教师。

"学习型学校"是一个有效能、有创新能力的学校。它有以下特征：学校组织成员拥有共同愿景和目标，注重做中学，注重知识创新和专业发展；学校具有良好的组织学习文化和信任、真诚的人际氛围，是一个真正能运用经验分享、反思、探询、倾听、对话、讨论等技巧来共同学习的组织；学校领导是学习型领导，能够做到民主、开放、授权，具有很强的领导力、凝聚力和人格魅力，能带来学校组织文化的改变及学校成员心智模式与行为模式的转变。

3. **育人目标：培养人格健全、志正修远的潞河好少年**

一所学校的育人目标是学校培养人的基本出发点与最终归宿，直接决定着学校对学生培养的基本方向，确立一个恰切的育人目标，对学校育人工作的开展具有导向性意义。我们在学校"人格担当、志正修远"的核心价值观与"建设学生喜爱、家长信任的优质学习型学校"办学目标的基础上，提出"培养人格健全、志正修远的潞河好少年"的育人目标。

"人格健全"是潞河中学"人格教育"文化基因的精髓，"人格健全"意指"身体健美、心理健康、品德优秀、习惯良好、思维活跃"。因为小学阶段是形成健全人格的基础阶段，必须根据学生的年龄特点和身心发展规律，找准着力点，为后续发展奠定基础。我们认为这个阶段要使学生身心健康、阳光自信、勤学善思，形成正确的道德认识、养成良好的行为习惯、掌握基本的知识技能、形成良好的综合素质是重要而紧迫的培养内容。

"志正修远"是对潞河教育高扬爱国旗帜的传承，是潞河中学附属学校基于学生年龄与认知特点提出的个性化表达。其基本含义是引导学生成为品格端正、志向远大、热爱祖国之人，成为担当国家富强、民族复兴重任的社会主义事业接班人。将"培养人格健全、志正修远的潞河好少年"作为育人的价值追求，既承袭了潞河教育基因，又凸显了潞河中学附属学校的特色。

4. 校训：一切为了祖国

校训是对全校师生行为共同起规约作用的文化训词，与核心价值观一样，是最能体现学校文化个性和身份认同的部分。"一切为了祖国"是潞河中学本校的校训。潞河中学附属学校继承了本校这种精神内涵，也将其作为学校校训。"一切为了祖国"体现了学校的育人担当，教育要为党育人，为国育才，与学校"人格担当、志正修远"的核心价值观和"培养人格健全、志正修远的潞河好少年"的育人目标在内涵上具有逻辑一致性，它们共同规约着学生的行为品质，使学生形成一种具有"人格教育"引领下的"爱国报国"独特精神气质。

三、"人格担当、志正修远"文化实践：提升文化归属感与认同度

学校的办学理念只有在实践中加以落实，不断丰富学校实践的文化内涵，才能提升学校的办学品位，引领学校不断走向卓越。围绕着"人格教育"的文化特色，系统改进学校的课程、教学、教师等，以建立健全学校的立德树人育人体系。

（一）构建"生命立意、多元绽放"课程文化，涵养学生健全人格

"课程文化是学校文化的重要组成部分，是学校发展的核心竞争力"，学校

课程的品质直接决定了学生的品质养成。学校课程设置要立足于"立德树人"的教育根本任务与德智体美劳"'五育'并举"的实践需求，同时注重学科核心素养的落实；既能服务于国家教育战略意图，又能展现学校文化特色，努力实现"人格健全、志正修远"的育人目标。我们确定"生命立意、多元绽放"为学校课程文化，意在尊重学生作为完全生命体的需求，基于学生需求，构建有利于每个学生健康发展的课程体系，促进每个学生全面而有个性地发展，成长为"人格健全、志正修远的潞河好少年"。

学校成立六年形成了扎实的课程基础，学校以"人格健全、志正修远"为学生发展的价值基点，结合学校"生命立意、多元绽放"的课程文化，构建学校"三层—五类"课程体系，即设置"语言与阅读、科学与创新、艺术与审美、生命与健康、修身与立志"五大类课程，对于每类课程，又需要有基础层、拓展层、实践层三个层次的课程加以细化。

（二）形成"自主、合作、唤醒、激励"的课堂文化，提高课堂教学效能

课堂文化是在长期的课堂教学活动中形成的氛围和气象，是学校的价值取向在课堂活动中的体现，是学校文化的基础载体。结合学校"人格担当、志正修远"的核心理念，将课堂文化定义为"自主、合作、唤醒、激励"，意在强调我们学校的课堂教学要突出以学生和学习为中心，给予学生自主思考、合作探究的时间和空间。教师要尊重个体差异，努力唤醒学生求知欲，激励学生主动学习，勤奋学习。通过教师的点拨引导，让学生的深度学习真实发生。为促进课堂文化的实现，学校在实践层面做出如下突破。

第一，学校通过团队学习进一步转变观念，以任务驱动突出学生的主体地位，以生生互动思辨、教师点拨引导唤醒学生求知欲，以多种评价激励学生主动学习。

第二，充分发挥学校现有的教学与教研工作的优势与特色，深化基于学习科学的"友善课堂"实践研究，基于学科素养设计有价值的学习活动，逐步完善"友善课堂"的教师行为与学生行为特征，形成课堂评价标准，为教师反思和改进自己的课堂教学提供参照。

第三，学校要建立完善的教师反思与评价机制。引导教师及时发现自己在教育教学过程中的优势与不足，并能有针对性地学习研究、改进提升。

（三）建设"厚德、博学、大气、担当"的教师文化，引导教师立德树人

教师在学校文化的建设中起着承上启下的主体作用，他们既是学校文化的创造者、实践者和传承者，也是学校文化的受教育者和受益者。当学校文化的核心价值观内化于教师个人价值观，使教师的个人价值的体现与学校战略目标的实现结合起来的时候，教师的文化就能起到引导、熏陶学生文化发展的作用。因此，教师文化建设在学校文化建设中起着举足轻重的作用。

六年的办学实践中，学校一直非常重视教师队伍建设，基于新建学校教师价值观多元的现状，在办学理念与育人目标引领下，我们明确了"厚德、博学、大气、担当"的教师文化。"厚德"意指教师首先要拥有高尚的道德情操；"博学"意指要有渊博的学识；"大气"意指教师要有高瞻远瞩的站位和眼光，有包容宽阔的胸怀和气度；"担当"指教师要有担当意识，担当起为党育人，为国育才的时代重任。学校在教师队伍建设中，以"厚德、博学、大气、担当"为价值导向，凸显潞河附属教师的精神风貌。

（四）构建"明德、启智、正心、健体"的学生文化，引导学生健康成长

学生主体人格的培育是学校文化建设的核心目标，丰富多彩的活动是最能彰显个性的舞台。在学校"人格教育"文化特色的整体引领下，我们的学生文化定为"明德、启智、正心、健体"。"明德"意指学校教育的首要目标是要帮助学生发展美好德行。"启智"的基本含义为"启迪智慧"；启，即打开、启发、开导之意，通过启发引起对方联想有所"悟"。"正心"本义为"使人心归向于正"，放在学校的学生文化中，指学校教育要能使学生的心归向于正。"健体"意指强健身体，将其放在学生文化中，强调学校教育要能培养孩子健康的体魄。在教育实践中，学校通过德育课程建设、德育活动设计及班级文化建设、完善学生评价体系等方式让学生文化落实落细。

建校以来，学校文化从顶层构建到积淀生成，潞河中学附属学校一直走在文化自觉不断提升，优质文化逐步形成的发展之路上。今后在"人格担当 志正修远"的核心价值观引领下，学校一定会不断走向优质，并从优质迈向卓越。

创新校本培训形式　落实校本培训内容
促进教师专业发展

——记潞河中学"十三五"校本培训

毛燕宁

为了落实《通州区"十三五"教师校本培训规划》，提高我校教师的师德水平和业务素质，促进教育、教学工作的开展，面向全校教师，针对教师学习需求的差异，结合学校工作要求，对不同层次的教师开展差异性的培训，强化教师的师德修养，优化知识结构，建设一支高素质的教师队伍，以提高教育教学质量为核心，以提高教师的教学水平为重点，促进教师专业发展和学校可持续发展。

潞河中学制定了"十三五"校本培训规划，现对已做工作进行总结。

一、校本培训目标

《北京潞河中学 2011—2020 发展规划》从教师队伍政治素质、学历层次、能力水平以及结构特征等方面对我校教师队伍建设提出了明确要求：要努力打造一支师德高尚、业务精湛、崇尚科学、富于责任感和献身精神、具有鲜明品格特点的教师群体。要努力营造促进教师专业发展、尽职尽责、创造性开展工作的环境与条件。

（一）总体目标

通过开展校本培训，要建立与教育新课程体系相适应的以校为本的教研制度。促使广大教师转变教育观念，提高教育教学能力、教育创新能力和教育科研能力，全面提升我校教师队伍的综合素养，促进教师专业化发展，适应基础教育改革与发展的需要，为提高学校教育质量奠定基础。在我校建立一支师德高尚、结构合理、素质精良、反思型、科研型、能胜任新课程教学、符合素质教育要求的充满活力的专业化教师队伍。

（二）具体目标

教师合同管理、岗位聘任、职务晋升，以及特级、名师及各类骨干评审等激励机制不断完善。各年龄、职称层次，不同岗位教师的专业发展平台搭建完成，教师学历进修、业务培训、专业研修等制度更趋完备。具有博士学位（博士课程班）的教师人数达到专任教师的 10%，硕士学位（研究生课程班）以上教师人数达到专任教师的 40%，各教研室市级学科带头人数目达到 1-3 人，具有正高职教师职务人数达到一定比例，教师专业团队在全市具有广泛影响，至少有 10 人进入基础教育专家的行列。

二、校本培训内容

（一）新课程培训

新课程主要体现了素质教育的精神，体现了以人为本，提倡一切为了每一位学生的发展，关注每一位学生情绪生活和情感体验，关注他们的道德生活和人格养成；强调教学不仅要师生互动，以学生为主体，同时还强调在教学的过程中不仅要重结论，更要重过程，重视学生探索新知的经历的体验，培养学生发现问题、分析问题、解决问题的能力等。这些理念对于我们今天的教学都是十分重要的，我们不仅要使这些先进理念深入人心，同时，我们还要促进教师将先进的理念内化为教学行为，使教师在教学实践中研究掌握实施新课程的有效方法，不断积累课改经验，提高实施素质教育的能力。为此，我们将结合本校课改实际，开展多种形式的围绕新课程实验的专题理论学习和教学方法研究。

新课程培训主要包括通识性培训和学科知识能力培训。通识培训，是在各级培训机构组织的集中专题培训基础上，学校组织教师开展自主学习活动，学习新的教育理论、新课程改革的指导思想、改革目标及相关政策等；以教研组为单位，组织学习讨论、研讨交流，检查考核学习情况，使理论与教学实际相结合，促进教师将先进的理念内化为教学行为。学科培训，主要是通研教材、吃透教材、解读课标、探索教法等。学校在培训机构、教研部门的指导下，运用示范教学、集中研讨、教学反思等多种形式，促进教师在教学实践中研究掌握实施新课程的有效教学方法和手段。

（二）教育教学能力培训

教育教学能力培训以教师的教学基本功和教学基本技能为主要内容，开展五项通用基本功、学科教学基本功、综合能力基本功训练和以信息技术为主要内容的现代教学技能培训，以及教育学、心理学等基础理论的培训。培训中要注意结合中青年教师的不同特点采取不同的培训方式，使每一个教师掌握扎实的教育教学基本技能，具有较高的教育教学水平。我们采用专题讲座、学术交流、案例教学、主题研讨、观摩活动等多种方式落实这一培训。

（三）信息技术培训

我校为每位教师配备手提电脑，更新了台式机，多媒体技术的应用、网络技术、学生管理的 CMIS 系统等教育信息技术成为教师最为需求的内容，学校电教组适时为全体教师提供技术培训，为教师提高课堂教学效率、优化教学过程提供了技术支持。

（四）教育科研能力培训

教育科研能力是校本培训的一个重要内容，通过培训帮助教师树立教研科研意识、提高教育科研能力。学校重视科研培训与教育教学紧密结合，围绕新课程的实践，结合课堂教学，进行教育教学方法和教育科研基本方法的培训。根据学校和教师的个体实际，针对新课程实施中的实际问题，确定研究课题，进行有针对性的研究，引导教师从教学实践中不断总结经验和教训，不断提高教育教学能力，提高教育科研的专业技能水平，用教育理论指导教学实践，推进基础教育课程改革的深入发展。

（五）创新意识和创新能力培训

通过学习创新教育的基本理论和基本要求，使教师研究如何把学科创新教育的基本理念和基本要求转化为具体的教育教学行为，实现德育教育和学科教学的创新。

三、校本培训特色

（一）特色内容

1. 坚持开展学生评教活动，坚定树立师德为魂的观点

学校坚持以师德建设为魂，业务建设为本的原则，全面提高干部、教师的

政治业务素质和能力水平，适应社会发展的要求。

学校坚持学生全员评教和全员反馈制度，落实"告诫制度"和"奖励措施"，增强一切为了学生发展的服务意识。每学期都要至少开展一次学生评教活动，学生评教采用全员评教形式，每个教师任教的所有学生都参与评议，评教后，学校把学生的意见反馈给每一个老师。对学生反映师德和业务好的教师进行表扬，对存在问题比较大的教师，教学处专门与教师进行沟通和谈话，实行告诫制度。

在学生每次评教中，学生对广大教师的敬业态度、师德修养、专业水平给予了高度评价，非常客观地、实事求是地反映出我们潞河师资的整体精神面貌和专业素养，每次都有一大批老师以他们高尚的师德、精湛的业务，受到学生的尊敬和好评，使我们为有这样一支优秀队伍而感到骄傲。非常可喜的是，还有一批青年教师，工作时间不长，就以自己的追求和努力，在教育教学中崭露头角，受到学生的欢迎和赞赏。

学校为老师们配备了关于核心素养、深综改、综合素质评价等书籍和有关资料，进行专题学习座谈会，积极开展学习先进工作者、园丁奖等活动，促进教师自觉提高自己的师德修养和教育教学水平。

2. 把转变教育教学观念当作校本培训的重点

教学是外显，观念是根本。随着深化教育体制综合改革以及北京市课程改革的深入，教学理念、教学内容、教学方式、学习方式等都发生了重大改变。在校本培训中，我们特别注意了对教师进行转变教育教学观念的校本培训。形式主要有以下几方面。

参观反思：在组织教师外出参观或出境学习时，已经形成的惯例是，在学习或参观结束后，每人要提交一篇学习收获的报告或体验反思的总结，已经使教师形成了"带着问题参观、对比反思提升"的外出学习模式。

课后小结：我校在教学常规要求中，明确提出规范教学、课后要有课后小结，要求教师不断反思自己的教学，在期中、期末和平常的教案抽查中，也将课后小结作为一项必查内容，督促教师养成教学反思的习惯。

教育教学案例：在学校或教研室的工作计划中，都有要求教师关注身边的教育现象，从课堂的教育问题入手，进行教育教学研究的要求，在每学年结束时，每位教师要提交一篇教育教学案例，以此来引导教师养成教育科研的习惯，不断发现教育问题，不断转变教育观念。

学校调研：到其他学校调研考察是潞河中学外出学习的一项制度，学校层面、教研室层面，每学年都要组织走出去活动，我校组织全体教研室主任和部分青年教师到北京汇文中学、北京二中、北京十一学校、北京 35 中等市内兄弟学校参观学习；到浙江、江苏等走在考试改革前沿的学校调研，形式为：听课、听校长介绍新课程情况、参观校园，教研室对口建立联系加强今后的交流，参观考察后的一篇篇反思体会性文章，使得走出去的收获真正落实并转化到行动中。

专家讲堂：外请专家讲座已经成为老师的精神享受，专家的报告或使人反思教学、或使人引发共鸣、或更加激发起自己拼搏努力的干劲。"十三五"期间，我们邀请了秦晓文老师作了题为《从探究视角看科技馆与物理教学》的报告；邀请中国社科院马克思主义研究院马克思主义发展部副主任、二级研究员、博士生导师辛向阳来我校为全体教职员工讲解社会主义核心价值观；邀请北京学习型组织专家指导组成员、东城教育研修学院研究员马成奎老师举办讲座，主题为"创建学习型学校——促进学校和教职工共同发展"；邀请北京师范大学教授、博士生导师朱旭东为全体教师作了题为《教师专业发展内涵的理论建构及其实践》的报告；邀请人民教育出版社编审、课程教材研究所研究员、中国教育学会中学语文教学专业委员会理事长顾之川先生来我校讲学，主题是"语文课改——回顾与展望"；邀请中国传媒大学路盛章教授为潞园师生作了题为《艺术的灵性与灵魂》的主题报告；邀请著名军事专家、资深媒体评论员、中国军事文化研究会网络研究中心主任、潞河中学 1983 届校友杜文龙大校为我校师生作了了题为《我国安全环境与战略选择》的国防安全知识专题讲座；邀请中国科学院院士、清华大学副校长、国际著名的实验物理学家薛其坤院士作了题为《做一个快乐的追梦者——从事量子物理研究的经历和体会》的专题报告。

主题研讨：从 1998 年开始我校每年利用假期举行两次骨干教师研讨会集中了民智，统一了思想，形成了潞河中学特有的假期研讨会制度文化。

自学读书：学校创造一切条件打造学习型学校：组织教研室主任到第三极书店集体购书，为每位教师选购优秀书籍，丰富了教师的精神生活；建立"仁之书屋"为教师静下心来读书创造条件；几年来为教师配备了《教师幸福感——关注教师的身心健康及职业发展》、《于丹的〈论语〉心得》、《细节决定成败》、新教育力丛书系列《名师最有效的激励智慧》、《名师最有效的沟通艺术》、《名师营造课堂氛围的经典细节》、《教学教育过程最优化》等十几本书籍。

专题培训考察：自 2004 年起，我校先后共派出 9 个学科 70 位教师参加了华东师大主办的新课标研修活动。各教研室也采取"走出去，请进来"的方式加强教学研究和交流活动，近三年来外出考察、听课、参加各层次研修、学术活动的教师达 400 人次，请专家、名师来我校讲学、交流 40 人次。这些活动极大地开阔了广大教师的教学视野，促进了广大教师教学观念的转变和教学素质、教学能力水平的提高。

3. 把切实提高教师的教育教学能力当作校本培训的最终目标

学校教育的本质是学生的发展和进步，而教师教育教学能力的提高是教师完成教学任务的基本保证。在提高教师的教育教学能力方面我们做了如下工作。

教研活动：校本教研中同伴互助，取长补短，共同提高，是一种很好的形式。为此，我校特别加强每周一次的教研活动和每周一次的年级备课组活动，对备课组明确提出"三定两有四统一"，就是定时间、定地点、定内容；有中心发言人、有记录；统一教学进度、统一教学目的和要求、统一教学重点和难点、统一作业和考试。

导师带教：我校规定凡是新进入教学领域的新教师，必须跟随导师认真学习，一跟三年，导师不仅要在专业领域指导青年教师，还要在思想和良好师德方面关注和培养青年教师，从而使青年教师能够尽快掌握业务要领，缩短青年教师培养和成长的时间。"十三五"以来，全部新聘教师都经过学校组织的岗前培训；学生处共举办了四期青年班主任培训，有 20 名教师获得合格证书；教学处共组织了四批师徒结对活动，有 20 对帮教师徒受益。《零点计划》的落实使一大批青年教师迅速成熟，担当起教育教学的重担。

CNKI 的使用：为了教师学习和及时了解教育信息，应用现代技术，学校购买了清华大学研制的网络版《中国基础教育文献资源总库》，教师可以随时浏览海量的全国各地重要的各个学科专业性杂志和期刊，为教师学习搭建了一个全新的平台。

各类课例分析：每年以区教委组织的"秋实杯"和"春华杯"赛讲课，以及区级研究课、高三"四类课型"、高一新课程研讨课等为教学案例，各个教研室组织课例分析，从课题的选择、教学设计、试讲、讲课到最终课后评课反思，使每位参与教师在教学实战中不断研讨，在"磨"的过程中共同提高。通过开展公开课、示范课、评优课活动，为骨干教师搭建了展示教育教学水平、发挥骨干示范作用的舞台，为每位教师尤其是青年教师提供了向骨干教师学习、提升教育教学水平的机会，促进了学校课堂教学研究的开展。

（二）校本培训形式

1. 实践反思

教师自主学习、记读书笔记，学校每学期推荐书目，组织教师开展读书学习、交流研讨，让读书成为教师的自觉行动。

以教研组、年级组为单位，定期交流学习体会、探讨教学方法、研讨教学评价、教学管理等，撰写教学日记、课后自评等，提高教师的教学能力。

2. 同伴互助

以观摩课、案例分析、青年教师与骨干教师结对子、教学沙龙、翱翔计划、雏鹰计划项目合作等形式，组织教师学校内部和校际的分层次、多形式的教学交流，增强教师专业化素养。

3. 专业引领

结合教育热点和教学实际，针对学校共性"问题"，聘请专家学者进行专题讲座，通过理论学习，增强教师专业化素养。

走出去、请进来，聘请校内外名优教师、专家学者等定期听课、评课，进行现场教学研究的指导，扩大教师专业化视野。

开展校内、校际教师之间的教学交流，学习好的教学方法和先进的教学理念，组织外出考察学习，取长补短，不断提高，提升教师团队整体实力。

4. 网络研修

利用网络，提供相关教学资源，支持教师搜集材料，评课交流。

5. 课题研究

以学校立项的各级各类课题：《潞河中学数字校园建设》、《学校特色课程建设的实践与反思》、《高中特色发展项目实验方案》、《初中整体改革实验》、《可持续发展教育国家实验学校》等课题的研究，引导教师关注身边教育现象，研究身边教育问题。

学校加强与培训机构、教科研机构的合作，组织申报课题，研究确定课题。定期组织交流阶段性研究成果，把课题研究成果转化为学校的共同财富，促进教师共同发展，助力教师走专家型发展之路。

学校力图通过理论讲座、听课评课、案例分析、主题研讨、经验交流、参观考察、拓展训练、师徒结对、课题研究、课程开发等多种形式进行，形成以课题研究、理论学习、教学问题研究、校本课程开发、综合素质提升带动的校本培训模式，积极鼓励课题引领下的系列化主题培训，以达到促进教师专业化发展的目的。

（三）校本培训的管理

1. 以落实《潞河中学教师招聘工作规范》、《零点培养计划》和"名师工程"为突破口，已经形成一套完整的管理制度

教师队伍建设上坚持培养和引进相结合的策略，"严把入口关"。办公室、教学处根据学校事业发展和教师队伍年龄、职务、学历结构调整的需要，制订年度招聘计划，严格执行《潞河中学教师招聘工作规范》，落实教师试用期制度和批准任用程序，实现教师招聘管理的规范化。几年来，招聘了一批年富力强的学科骨干和素质高的重点大学的高才生，迅速改善了我校的教师队伍结构。

每年开学之前，办公室、教学处组织新参加工作的青年教师进行岗前的校级培训活动。培训内容包括：教师职业道德规范、潞河中学教学常规与要求、教师礼仪、潞河中学校园文化特征等内容。

落实《零点培养计划》。对新任教师"一年入门，三年过关，五年成熟"的成长目标和"自定目标，自我发展，自我评价，自我矫正"的培养措施都做出了明确具体的诠释。

实施潞河"名师工程"。我校的"名师工程"是着眼于提高骨干教师层次的行动计划，目的是培养潞河自己的教育、管理专家。

市、区骨干教师、学科带头人的年度审议制度。组织校学术委员对市、区级骨干教师、学科带头人进行评议和审核，对不能承担相应义务的教师终止该项资格。对市、区骨干教师、学科带头人施行动态管理。例如2022年，对不称职的学科带头人和骨干教师就实行了否决制，对不称职的不再推荐。

加强教研室和年级组的建设，强化教研职能，充分发挥基层组织在教师队伍建设中的作用，认真落实学校工作计划，采取适合本组实际的措施，抓出实效。

2.全方位加强教师培训，与时俱进，使教师素质适应基础教育改革与发展的需要，适应社会发展的需要

转变传统观念，变"要我学"为"我要学"，逐步养成终身学习的习惯和自我发展的意识。学校对不同岗位制定了工作要求和考核措施，各部门构建了相应的培训模式，组织了必要的培训活动，实施目标管理。

根据我校目前情况，把教师职业道德教育、转变教育教学观念、推进新课程计划必备的教育教学能力以及基于现代信息技术环境下组织、指导学生的能力作为教师培训的重点。

3.进一步加强教师考核，加大教师考核中的行政管理力度

各处室根据《北京市中小学教师考核试行办法》和《中小学教师职业道德规范》，参照《中学教师职务试行条例》，对教师工作过程的管理和数据进行了采集。不断完善《潞河中学教师三级量化考核办法》，充分利用校园网等现代管理手段，发挥教师考核的导向激励功能。

4．加强业务档案工作

各处室在已有业务档案的基础上进一步改革、完善教师业务档案系统，着眼于发挥业务档案在教师队伍建设中的作用，充分利用现代管理手段的优势，发挥业务档案在教师队伍建设中的作用，使其真正成为我校的一笔宝贵的教育资源。

5.优化教师队伍

实行师德一票否决制和业务不合格的教师一票否决制，保持教师队伍的合理流动机制，不断优化教师队伍建设。

6.典型引路

实行典型引路，鼓励教师爱岗奉献。学校利用橱窗举行潞河的老教研组长、年级组长、潞河名师、通州名师、通州区学科带头人和骨干教师的业绩展览活动，通过在教师节表彰十名优秀教师，在"七一"表彰十名优秀共产党员，在新年表彰十名先进教育工作者等，树立学校身边的学习典型和榜样，弘扬在教育教学岗位建功立业的正气，激励了老师们的工作激情，引起了广泛积极的反响。

四、校本培训成效

"十三五"以来，我校共举行特级教师、骨干教师观摩课50节，各类评优课158节，区级研究课80节，各教研室内的研究课300余节，双语教学研究课8节，参加通州区春华杯、秋实杯教学大赛课27节。

"十三五"以来，我校召开承办了市区级研讨会近20次，交流展示课达百余节，例如，2015年4月3日，北京市通州区教育学会第十三届中学化学教学研究会在我校隆重召开；2016年4月8日，北京市高中化学课题（"十二五"教育规划重点课题《北京市义务教育阶段基于证据的课堂教学改进研究》[ABA14014]）研讨会在北京市通州区潞河中学成功举办；2017年12月13日上午，北京城市副中心可持续发展教育成果展示——潞河中学现场会在我校隆重召开。

学校对教师有计划地专业培训，引领了教师规划职业生涯，更促进教师专业化发展。2015年11月第三届通州区教育教学成果奖评比中，获得一等奖3项，二等奖2项，我校获得优秀组织奖。由徐华校长、祁京生副校长负责的《潞河中学自主课程实验的创新探索》，获得2017年北京市基础教育教学成果奖二等奖。2016年以来，我校教师获得各级各类教育教学成果及论文课件案例评比一等奖80余项、二等奖100余项、三等奖近百项；2016年以来，教师参加各级各类基本功比赛获得一等奖50余项、二等奖30余项、三等奖近20项；2016年以来，教师主编、编著出版书籍10本；2016年以来教师在各级各类杂志发表刊登文章30余篇。

五、校本培训展望及建议

按照学校"十三五"规划继续稳扎稳打推进校本培训，以课程改革、核心素养、学科素养的培育为核心，以教师教学观念和教学方式、学生的学习理念和续写方式为切入点，打造潞河中学优秀的教师团队。

校本培训建议：（1）创造卓有实效的培训机会；（2）给予校本培训以人财物的支持；（3）减少、弱化行政干预。

潞河中学

LU HE HIGH SCHOOL

课
程
研
究

潞河中学新课程建设的实践与探索

第一部分　背景

一、学校校情分析

（一）学校课程发展的历史审视

北京市通州区潞河中学（以下简称潞河中学）创办于 1867 年。最早为建于通州城北的潞河男塾，后发展为包括小学、中学、大学和一所神学院在内的教育机构，名为潞河书院。1895 年，潞河书院异址扩建，先后更名为协和书院和华北协和大学，1900 年迁入现址重建。1918 年，其大学部迁出组建燕京大学，中学部仍在通州原址，始称私立潞河中学校。1951 年，其由人民政府接管，成为公立完全中学，先后历经了河北省通县中学校、河北省通州一中、北京市通州一中、北京市通县一中等发展阶段，1988 年恢复潞河中学校名。1978 年，成为北京市首批重点中学；2000 年，成为北京市首批示范性高中；2007 年，成为首批北京市高中自主排课实验学校；2011 年，被命名为国家级北京市高中特色发展实验学校；2020 年，成为北京市新课程新教材实施示范学校。

潞河中学历经三个世纪，见证了中国近现代历史变迁，并为丰富和完善近现代教育探索做出了自己的贡献。20 世纪初学校在传统"国学"课程的基础上引入"科学"课程，促进中西文化交流；20 世纪上半叶的学分制、选课制及丰富多彩的社会实践诠释着人格教育的魅力；20 世纪下半叶充满爱国激情的学工学农学军等综合实践活动彰显出"一切为了祖国"的办学宗旨；20 世纪 90 年代以来的教学改革，为学校课程建设奠定了良好的基础。

1. 发轫于中西文化交融

1867—1927 年早期的潞河教育，由于引进了西学课程，又保持了传统的中学课程，客观上造成了中西方文化的碰撞与融会。例如，潞河中学 1919 年的课程内容含圣经、汉文、英文、历史、算学、地理、科学、音乐、体操等。这对于当时处于封闭状态的半殖民地半封建的中国社会而言，无疑是一种文化的诱惑，顺应了社会进步的潮流，因而培养出了一大批富于进步思想的青年。

2. 奠基于"人格教育"

20 世纪 20—40 年代的潞河教育，首任华人校长陈昌祐提出"人格教育"的思想，围绕人的发展，开展了丰富多彩的教育活动。构建了"国文、英文、科学、体育、社会学、人生哲学"公共必修课，还开设了"本科必选科"和"纯选科"两组课程以满足学生选择文科、理科和职科的不同需求，实行的是学分和选课制度。倡导平民教育，设立职科课程，开展社会实践，支持学生参加抗日救亡活动，培育了一大批富于主体精神和个性色彩、具有强烈社会责任感的有识之士，这是一种"以人为本"的教育理念。

3. 深化于社会责任

20 世纪 50—80 年代，新中国成立后学校第一任校长方田古提出"一切为了祖国"的校训，围绕"为了祖国的富强、为了社会的进步"开展的教育活动，影响了几代人。20 世纪五六十年代开设的学工学农学军等综合实践课程，丰富的社会活动，以及充满校园的爱国热情，培养了数以万计有志献身于祖国建设事业的潞河学子；20 世纪七八十年代取得优异成绩的学生课外小组活跃在潞河校园，学校输送出一批批学科竞赛优秀人才。潞河中学在激发学生爱国情感、培养学生自立精神和社会责任感等方面进行了一系列教育实践，取得了显著成绩，奠定了其在北京市基础教育中的历史地位。

4. 浓缩于"一切为了学生发展"

1998 年，潞河中学制定的 12 年发展规划明确指出"要积极推进课程设置改革的研究和实践，完善必修课、选修课、活动课的课程体系"。2000 年，潞河中学接受内地新疆高中班任务，每年接收 125 名新疆学生；修订了《潞河中学关于减轻学生过重课业负担的规定》，提出"把自由支配的时间还给学生，使学生对课余时间的自由支配和学校课程的自主选择成为可能"的要求。2002年，潞河中学五届三次教代会通过《校本课程开发与实施方案》，据此构建了三个板块即国家课程、地方课程、校本课程的课程体系结构，提出了加强包括人文素养类、学科拓展类、学科竞赛类等课程门类建设，推广兴趣小组、学生社团等选修课、活动课形式。2004年，潞河中学国际学园开工。

2005年，潞河中学六届三次教代会通过《潞河中学关于进一步加强课程建设的若干意见》（以下简称《意见》）。《意见》明确了学校课程建设的指导思想，即课程的开发与实施要坚持"面向现代化、面向世界、面向未来"，以培养学生的国际视野、现代意识、探究精神、科学态度和人文素养为目的，全面提高学生的综合素质；规定了加强和完善学校国家课程、实验课程、民族课程、校本课程和涉外课程五大课程体系的主要目标和任务。

2007年，潞河中学成为北京市首批自主排课自主会考实验学校，为了适应学分制和"3+X"的教育改革，开始了全面的学校课程体系的构建，形成了国家课程、实验课程、民族课程、校本课程、涉外课程五大课程体系。2011年，学校制定了《潞河中学2010—2020发展规划》，提出：（1）"强化人人成才观念，让学校成为每个学生幸福成长的乐园，让学校成为各类人才茁壮成长的家园"课程建设的新要求；（2）由分班授课形式向走班授课形式逐步转变的课程组织管理形式；（3）科学、数学、技术、文学、艺术、体育等领域以及在领导、组织、管理等方面具有特殊潜质学生的重点课程建设。

2011年，潞河中学成为北京市国家级高中特色发展实验学校，进一步明确和坚定了健全人格的培养目标，打破原有五板块课程结构，重新构建并不断整合完善学校课程体系和结构，构建了必修课程、选修课程、实验课程的课程体系，进一步提高课程品质。

2017年，潞河中学适应选学、选考新高考和新课程改革，启动了高考考试内容"一核、四层、四翼"和高考招生方式的改革，提出了"社会主义核心价值观"、"中国学生核心素养"和"学科关键能力和学科素养"的培养任务，对课程建设提出了新要求。同年，为了满足不同层次学生的不同需求，以及推进选学、选考新高考和新课程改革，潞河中学形成了多元多层可选择的课程体系，包括基础必选课程、拓展选修课程、分类选修课程三个层面，学科基础课程、成长指导课程、德育活动课程、综合实践活动课程、人文拓展类课程、科学拓展类课程、技术操作类课程、艺术活动类课程、体育活动类课程、社团活动类课程、资优生实验课程、民族课程、涉外课程和"1+3"贯通培养项目实验课程共十四个类别的课程。

（二）学校发展的现实把握

1. 学校基本情况

学校占地面积 23 万平方米，教育设施总建筑面积 15 万平方米；有 4 座教学楼、2 座办公楼、1 座综合楼、1 座信息楼、1 座图书馆、1 座实验楼、1 座艺术楼、126 间普通和专用教室、48 个实验室、2 个体育场、1 座体育馆、1 座游泳馆、1 座乒乓球馆。

教职工有 366 名，其中特级教师 12 人，正高级教师 12 人，高级教师 157 名，市区学科带头人和骨干教师 73 名。

潞河中学全校共有 80 个教学班，3000 余名学生，既有普通高中学生，又有科技艺术体育特长学生；既有内地学生，又有 500 名新疆民族学生；既有长期接受学历教育的外国学生，又有短期文化交流的各国学生；既有接受国内课程的学生，又有选择国外课程准备出国深造的学生。多元多层次学生的不同发展需求，对潞河中学的课程建设和教学提出了巨大的挑战，也决定了学校课程的多样性。

2. 学校发展面临的挑战

潞河中学虽然有自身的优势，如形成了比较完整的课程体系和较为科学的评价体系，具有一支管理、教学精良的师资队伍，校内外资源比较丰富。但这些优势在某种情况下也成为劣势，主要表现为 4 个方面。

一是观念更新方面。2017 年学科标准落地，以培育价值观、关键能力和必备品格的核心素养为导向的学科素养落实在每一门学科中。如何理解学校一脉相传的健全人格育人理念与核心素养、学科素养的关系，如何在健全人格育人体系中培养核心素养、落实学科素养，这要求教师、学生、家长更新教育观念，变革教与学方式。为此，潞河中学开展家校师生共同体成长活动，明确新课程改革的目的、意义、基本要求，新课程改革的关注点不是落脚在高考分数的高低上，而是在学生三年的成长和发展上，要重视而不唯分数。为此，学校采取家长说明会、学生分析会、选科预选等形式形成共识，形成合力，但是还未形成新的有效的体制机制。

二是资源挑战方面。时空是资源，师资是资源，学科内容是资源，只是不同的资源表现的挑战形式不同。我校时空资源是紧张的，课程资源是匮乏的，师资资源是短缺的，有点捉襟见肘。

三是学校具体教育教学行为与当下教育评价评估不一致带来的挑战。《义务教育质量评价指南》提出不给学校下达升学指标，不单纯以升学率评价学校、校长和教师，潞河中学也注重素质教育，不唯分数，但这与当下教育评价评估是不一致的。

四是教育形势的变化。这主要体现在：（1）2016年，北京城市副中心进驻通州，开启了通州教育新纪元，对通州高品质教育提出了新的要求；与此同时，京城名校通州办学，使潞河中学一家独大的优势被打破，竞争加剧；初中教学及中考录取方式改革也给学校带来诸多现实挑战，打破了传统择优录取方式，使得潞河中学生源发生了根本性变化。（2）课程承载着国家意志与理想、传承文化经典与精华、统筹育人蓝图与实践，在教育部的统一部署下，新修订的《普通高中课程方案和课程标准》已于2020年颁布。新一轮课程修订最大的突破是紧扣新时代新要求，聚焦课程育人。（3）随着2021年7月"双减"政策落地，围绕落实立德树人根本任务、着眼建设高质量教育体系，学校如何基于核心素养培育提质增效促进学生全面发展健康成长，是新时期亟待解决的问题。

潞河教育于历史中传承办学理念、课程建设、育人真谛。在深化教育改革的浪潮中，在科技发展日新月异、网络改变世界的过程中，潞河教育如何传承百年教育积淀，转变教育发展模式，创新教育服务方式，如何利用已有的各种资源，通过课程、教学、活动等教育要素，合理配置资源，强化学生选择的意识，培养学生把握自己命运的能力，并将自己所学服务于社会，于传承中创新，这是新时代潞河人的使命。

二、学校办学理念与培养目标

（一）学校办学定位

在习近平新时代中国特色社会主义思想指引下，全面贯彻党的教育方针，落实立德树人根本任务，赓续潞园百年教育初心，担当健全人格育人使命，主动作为、积极进取，建设与北京世界城市、北京城市副中心相适应的潞河教育品牌。

（二）"以人为本"的办学理念

"我们都承认普通无缺陷的人，不是万能的，可是，同时更承认人不是一无所能的，不过是你我各有所能罢了。若就各人所长，个人所能而施教，是没有不成功的。"这是潞河中学首任华人校长陈昌祐先生在1928年学校工作计划里的一段话，奠基了潞河教育"尊重差异"、"因材施教"和"以人为本"的教育理念。

在传承潞河以人为本和"一切为了祖国"的办学思想基础上，1998年学校在十二年发展规划中确定了新时期潞河中学的办学指导思想：坚持"人本位"与"社会本位"相统一的教育观，坚持"一切为了学生发展"的办学宗旨，坚持健全人格的培养目标和坚持多元开放的学校发展方向。

2010年，《潞河中学2011—2020发展规划》提出"四个坚持"：坚持教育以学生为本，强化人人成才观念，让学校成为每个学生幸福成长的乐园；坚持办学以教师为本，尊重教师创造性劳动，让学校成为教师幸福工作的精神家园；坚持"三个面向"，注重内涵发展，让学校成为各类人才成长的摇篮；坚持加强文化建设，提升教育品位，让学校成为引领师生文明生活的首善之地。

2020年，"十三五"收官、"十四五"开启之际，潞河中学把办学理念高度概括为"以人为本"。

（三）"健全人格"的培养目标

"健全人格"是潞河中学在1928年学校章程里提出的办学宗旨："本校以造就健全人格培植升学和职业知能并养成农村领袖为宗旨。"1928年健全人格作为学校宗旨提出后，健全人格的培养也细化在当时学生的操行考核表中，包括体格、精神、服装、用费、态度、公德、言语、卫生、行为、思想、性情、感情、课程、服务、反应，总共15方面、17项内容、43个指标，至今对健全人格培养和课程建设仍具有极大的借鉴作用。

在潞河中学五届一次教代会通过的《潞河中学1999—2010发展规划》中，我们赋予"健全人格"更为广泛的内涵与外延，从3个方面共18个要素对具有健全人格的潞河人的本质特征给予了界定，如表1所示。

表 1　"健全人格"指标体系

总指标	一级指标	二级指标
健全人格	道德情感	➤ 具有"一切为了祖国"的崇高人生价值观，强烈的爱国情感
		➤ 有责任心，负义务感
		➤ 尊重他人，关心他人
		➤ 善良仁爱，诚实守信
		➤ 讲文明，懂礼貌
		➤ 辨善恶，知荣耻
		➤ 乐群善交，遵纪守法
		➤ 具有热爱劳动的美德和追求真善美的高尚情操
	主体精神	➤ 具有自我选择，自我发展，"在多样变换的社会风浪中把握自己命运，保持自己追求"的精神力量和鲜明的个性特长
		➤ 坚定、自信、勇于迎接挑战
		➤ 坚韧顽强，勇于承受挫折，战胜危机
		➤ 能承受繁重的学习、工作压力，适应各种复杂恶劣的环境，始终保持坚定的社会主义信念和对人生目标的追求
	创新意识	➤ 具有扎实的文化知识基础和学习能力
		➤ 善于捕捉、组织、判断各种新信息的能力
		➤ 具有自我反思、自我调控的能力
		➤ 具有立体、多视角，在动态中把握事物的思维能力
		➤ "崇尚卓越，追求完善"的人生理想和追求
		➤ 勇于探索，勇攀高峰，开拓进取，不断创新，有所作为

潞河中学紧扣健全人格内涵，落实核心素养，指向学生的个性完善、实际获得，以课程建设为载体，根据学生自然成长规律，以"良好的道德情感、鲜明的主体精神、突出的创新意识"为内涵，以"人文底蕴、科学精神、学会学习、健康生活、责任担当、实践创新"为目标，以"自主选择、主动发展、完善个性、追求卓越"为重点，从"德、智、体、美、劳"五个维度，构建了以健全人格为核心的多元、分类、可选择的初高中一体的自主课程体系。

潞河中学努力构建有利于促进学生全面、健康、和谐发展的教育体系。潞河中学坚持办学理念，镜鉴学校发展历史，走以课程建设为核心的内涵式发展道路，自主探索、自主发展、办出特色，适应社会对人才培养高质量和多样化的教育需求，关注学生间的差异，挖掘其潜能，满足多元多层次学生的需求，实现学生的个性发展，是潞河教育发展的目标，更是办好人民满意的教育的必由之路。

第二部分　实践过程

一、学校课程结构

（一）课程设计原则

在办学理念和育人目标指导下，潞河中学课程设计形成了以下原则：

一是基础性。以人为本，以促进学生可持续发展为出发点和归宿。

二是科学性。尊重规律，因材施教。

三是选择性。尊重差异，提供选择，发展特长。

四是全面性。面向全体，全面发展。

五是整体性。系统设计，统筹协调，整体优化。

六是开放性。打破边界，多元开放，不断发展完善。

（二）课程结构与内容

2020 年，潞河中学成为新课程新教材实施示范学校，课程建设和教学改革面临新要求和新挑战。面对北京城市副中心建设"世界眼光、国际标准、中国特色和高点定位"的新要求，百年潞河面临"周虽旧邦，其命惟新"的责任和担当的考验；众多名校落户通州，潞河中学在城市副中心教育格局重构中的地位与作用面临前所未有的挑战。这种压力和挑战，对潞河中学的课程顶层设计又提出了新的要求，需要进一步优化整体课程。

为此，我们根据知识的核心与拓展、学生的兴趣和能力、健全人格的培育和时代精神的内涵重构课程体系为基础必修课程、拓展选修课程、创新提高课程 3 个层次并细化为 16 个类别。

由于国家规定内地新疆高中班学生不再设立预科年级，所以预科建制被取消，相应课程不再存续，因此我们把面向部分学生但是属于拓展课程的民族课程、涉外课程归入拓展课程；突出创新人才培养，把原有的艺术、体育特长课程、学科竞赛、翱翔计划、强基计划课程，以及"1+3"贯通培养项目课程、资优生实验课程重构为创新提高课程。课程结构如图 1 所示。

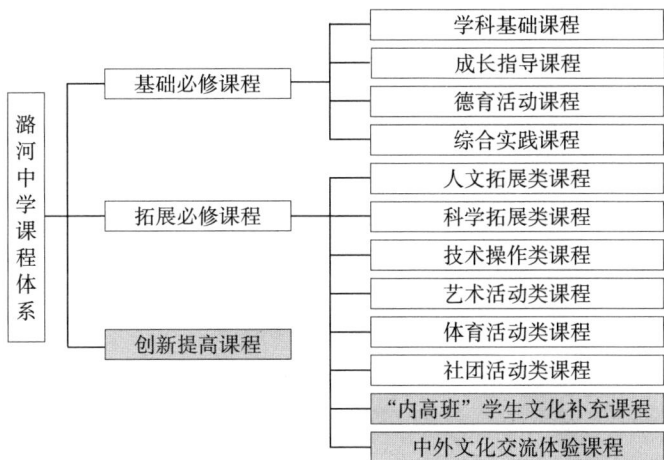

图 1

基础必修课程面向全体学生，是必须选择必须学习的课程。它包括学科基础课程、学生成长指导课程、德育活动课程、综合实践活动课程。其中，学科基础课程和综合实践活动课程就是国家 8 个领域 14 个科目的必修和必选内容；德育活动课程包括学科教学中渗透德育、常规德育活动、科技与人文名家进校园系列讲座、主题教育和家长学校等；学生成长指导课程围绕新环境的适应、人际关系适应、探索认识自我、大学专业介绍四个主题，构建高一、高二、高三、心理咨询和辅导四个系列课程，开展职业体验、专题讲座、生涯规划论坛四类实践活动；综合实践活动课程包括研究性学习、社会实践活动、志愿者活动等。

拓展选修课程面向全体学生。学生按照个人兴趣选择课程学习。它主要在选学选考科目和校本课程与活动中体现，包括人文领域拓展类课程、科学领域拓展类课程、技术领域操作类课程、艺术领域活动类课程、体育与健康活动类课程和学生社团活动类课程。

创新提高课程面向学有特长的学生，学生根据个人特长选择课程学习。它的主要方向为创新人才培养、科技特长、体育特长、艺术特长，包括资优学生教与学实验课程、艺术体育特长生专项课程、"1+3"贯通培养项目实验课程、创新人才培养课程。

潞河中学的课程设计是变化的也是不变的。变化是随着形势、随着学生而变化，不变的就是"以人为本"的办学理念、坚信人人成才的信念、塑造潞河中学健全人格这个目标追求。

潞河中学围绕健全人格的培养，从学科基础课程、科技类课程、人文类课程、艺术活动类课程和体育活动类课程拓展，在综合实践过程中培养学生的主体精神、道德情感、创新能力，最终通过这些显性课程，也包括学校的优良文化、通州区的地域文化来塑造学生的健全人格，形成了潞河中学的课程三维结构图（见图2）。

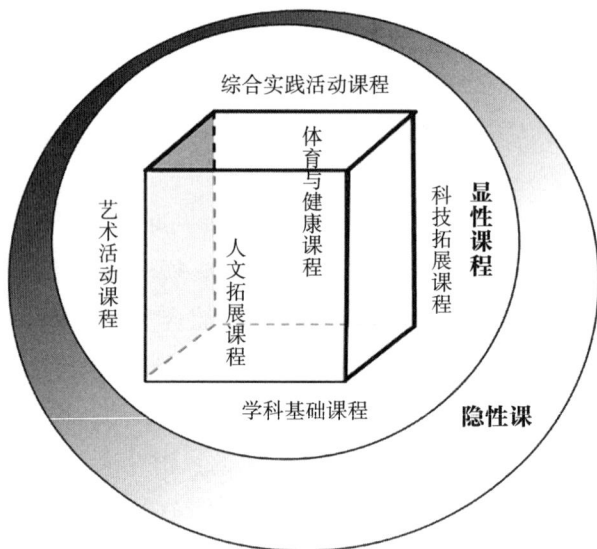

图2　课程三维结构图

潞河中学构建的多元、多层次、多类型和可选择的课程，为学生自主选择、主动发展、个性完善和追求卓越，创造了广阔的空间和时间，使学生对课程的自主选择和课余时间的自由支配由过去的可能，变成现在的现实。

（三）课程设置

潞河中学根据市课程设置方案，按照要求开足开齐了各类必修、选修课程：艺术、体育、信息与通用技术的选修课全部开齐；校本课程，社团、研学、志愿服务等综合实践活动课程，心理、生涯指导、学法指导等特色成长指导课程进入课表；保证每周3节体育课和每天1小时体育锻炼。课程设置如表2所示。

表2 课程设置

学习领域	科目	第一学年				第二学年				第三学年	
		上学期		下学期		上学期		下学期		上学期	下学期
		学段1 周学时	学段2 周学时	学段3 周学时	学段4 周学时	学段5 周学时	学段6 周学时	学段7 周学时	学段8 周学时	学段9-10 周学时	学段11-12 周学时
语言与文学	语文	语文必修上 5课时		语文必修下 5课时		选择性必修上、中、下 6课时				校本选修（高考系统复习， 分类辅导课程） 6课时	
		校本选修 1课时				校本选修 1课时					
	英语	必修1 5课时	必修2 5课时	必修2 5课时	必修3 5课时	选择性必修1 6课时	选择性必修2 6课时	选择性必修3 6课时	选择性必修4 6课时	选修课程及其他课程 6课时	
		校本选修 1课时				校本选修 1课时					
数学	数学	数学必修 第一册 5课时		数学必修 第一册 5课时		选修第一册、第二册、第三册 6课时				选修课程、高考系统、 专题复习 6课时	
		校本选修 1课时				校本选修 1课时					
人文与社会	思想政治	必修1 2课时	必修2 2课时	必修3 2课时		必修4 4课时	选择性 必修1 5课时	选择性必修2 选择性必修3 5课时		高考系统复习 5课时	
		习近平新时代 中国特色社会 主义思想学生 读本（高中） 年级大课 1课时									
		校本选修 1课时				校本选修 1课时					
	历史	必修2课时		必修2课时		选择性必修1 选择性必修2 4课时		选择性必修3 5课时		总复习 6课时	专题复习 6课时
		校本选修1课时				校本选修1课时					
	地理	必修1 3课时	必修1 3课时	必修2 3课时	必修3 3课时	选择性必修1（4课时） 选择性必修2（5课时） 选择性必修3（5课时）				地理1、地理2 选择性必修1 选择性必修2 选择性必修3 5课时	
		校本选修 1课时				校本选修 1课时					

学习领域	科目	第一学年				第二学年				第三学年	
		上学期		下学期		上学期		下学期		上学期	下学期
		学段1 周学时	学段2 周学时	学段3 周学时	学段4 周学时	学段5 周学时	学段6 周学时	学段7 周学时	学段8 周学时	学段9-10 周学时	学段11-12 周学时
科学	物理	必修1 3课时	必修1 3课时	必修2 3课时	必修2 3课时	选择性必修1 选择性必修3 4课时		选择性必修2 选择性必修3 5课时		一轮总复习 5课时	二轮专题复习 三轮素养提升 5课时
		校本选修 1课时				校本选修 1课时					
	化学	化学1 3课时	化学1 3课时	必修2 3课时	必修2 3课时	选择性必修1 4课时 选择性必修2 4课时		选择性必修3 4课时		复习 5课时	
		校本选修 1课时				校本选修 1课时					
	生物	必修1 2课时	必修1 2课时	必修2 2课时	必修2 2课时	选择性 必修1 5课时	选择性 必修2 5课时	选择性 必修3 5课时	复习 5课时	复习 5课时	复习 5课时
		校本选修 1课时				校本选修 1课时					
技术	信息技术	数据与计算 课时1节		信息系统 与社会 课时1节		选择性必修：数据与数据结构、网络基础、数据管理与分析、人工智能初步、三维设计与创意、开源硬件项目设计 选修：算法初步、移动应用设计 课时1节					
	通用技术					技术与设计1 课时1节		技术与设计2 课时1节		选择性必修1：电子控制技术 选择性必修2：机器人设计与制作 选择性必修3：工程设计基础 选择性必修4：现代家政技术 选择性必修5：服装及其设计 选择性必修6：智能家居应用设计 选择性必修7：职业技术基础 选择性必修8：技术与职业探索 选择性必修9：创造力开发与技术发明 选择性必修10：科技人文融合创新专题 选择性必修11：产品三维设计与制造 课时1节	
艺术	音乐	音乐鉴赏 课时1节				在歌唱、基础乐理、音乐与舞蹈、音乐与戏剧4个模块中至少选修1个模块 课时1节					
	美术	美术鉴赏 课时1节				在雕塑、绘画、水彩、设计4个模块中至少选修1个模块 课时1节					

续表

学习领域	科目	第一学年				第二学年				第三学年	
		上学期		下学期		上学期		下学期		上学期	下学期
		学段1周学时	学段2周学时	学段3周学时	学段4周学时	学段5周学时	学段6周学时	学段7周学时	学段8周学时	学段9-10周学时	学段11-12周学时
体育与健康	体育与健康	系列1（3课时）：球类运动，系列2：田径类运动，系列3：体操类运动，系列4：水上与冰雪类运动，系列5：武术与民族民间传统体育类运动，系列6：新兴体育类运动，7：健康教育，8：体能。 必修必选（3课时）：健康教育，2：体能。 必修自选（高一年级3课时）、（高二年级3课时）、（高三年级3课时）：1：篮球，2：足球，3：排球，4：乒乓球，5：艺术体操，6：健美操，7：田径，8：健康体能，9：排舞。									
综合实践活动	考察探究	包含社会调查、科学实验、野外考察等，建议至少完成2个研究课题									
	社会服务	以公益活动、志愿者服务为主，三年不少于30个工作日									
	职业体验	参加10天军训				参加1周职业实习见习				党团教育活动	
选修Ⅱ		学校开设生涯规划、心理辅导、学法指导等有关学生成长指导方面的学校课程。每周1课时									

二、深化基于核心素养的学科课程建设

我们以培养学科核心素养为导向，构建阶梯式学科课程群，整合学科课程内容，探索学科融和课程建设，开发基于现实问题的实践活动类课程。

（一）构建阶梯式学科课程群

潞河中学根据学校现有基础类、拓展类、提高类三层次课程体系，构建了各学科进阶式分层次的课程，包括学科基础类课程、学科拓展类课程、学科提高类课程，且不论是在国家课程还是校本课程中，都有这三类课程的体现。例如，我校外语教研室将开设的校本课程确定为4类课程：（1）衔接类课程，衔接初高中英语学习过程；（2）基础型课程，包括国家必修、必选课程，以及《走遍美国》和《英语词汇记忆》的学习等；（3）拓展型课程，针对不同学生的不同基础而设立，是实现个性化学习的必要条件；（4）研究型课程，旨在对学生在学习方法、思维方式，尤其是基本的科学研究方法（或范式）方面施加影响。

（二）整合学科课程内容

国家教材编写依据主要是学生认知年龄特点和教学内容的匹配性，因而具有很强的"普适性"，但教材的这种"普适性"与教师的教学独特性、学生的个性总是存在不可避免的"鸿沟"。这就需要学校能够根据自身的特色与条件以及教师、学生的实际，创造性地实施国家课程。国家课程校本化即学校对国家课程及地方课程的选择和改编。

潞河中学各学科教研室针对学校多元多层次的学生现实状况以及学科规律，整合学科模块，重新架构适合本校学生的学科模块体系；调整教学内容，根据学生实际进行内容的整合、资源的补充、顺序的调整、时间的安排等。

（三）探索学科融合课程建设

核心素养要求培养学生把知识与生活链接，解决生活中的实际问题。任何现实情境中的问题都不是单独的学科知识能够解决的，潞河中学尝试打破学校界限、打破学科界限，探索学科融合课程。例如，地理、化学、数学 3 个学科共同开发了生态文明课程"学校食堂的餐厨垃圾可持续处理"。在教师指导下，同学们分工合作，分成了调查组、资料组、资源组、宣传组 4 个小组，分工完成各自任务，最后形成了来自调查组的报告《潞河中学餐厨垃圾数量、分类回收和去向的调查》、资料组的报告《餐厨垃圾常见的处理方式及优缺点》、资源组的报告《校园餐厨垃圾资源化实验和论证》、宣传组的报告《宣传和建言》。通过这门学科融合课程，让学生认识到垃圾分类的重要意义和必要性，认同和重视垃圾分类、学会垃圾分类，从而积极参与、宣传垃圾分类，对垃圾分类有创新思考、研究与实践，用自己的行动让垃圾减量和垃圾分类成为一种新的生活方式，从而为生态文明社会建设做出积极贡献。

再如，考虑到学校地处北运河起点通州，为此我们深度挖掘运河文化资源，以大运河为主线，以"运河文化"为主题，开发了多学科融合活动课程《潞河溯源》：学生来到运河的五河交汇的源头，利用数学知识去测量相关的河宽桥高，利用物理知识来测流速流量，利用化学知识来分析水质，利用地理知识来绘出有关的河域图，利用历史知识调研发展历程，利用政治知识了解运河发展的过去和未来发展规划，这样以大运河为主线，以运河文化为主题，学生走进漕运码头，走进运河古镇，走进运河人家，溯地理之源、历史之源、文化之源、精神之源，它实质上是创造了一种问题情境，在真实的问题情境当中，学生综合用各科知识来整个经历这种分析问题、解决问题的过程，来获取课改要求的学科必备知识、关键能力，以及实现核心素养和价值观的提升。

（四）开发学科实践活动课程

基于现实问题的学科实践活动课程能够链接书本知识与生活实际，实现学生深度学习。这类课程一般以项目式形式开展，学生从实际生活中发现问题并能够自己确立课题，收集、整理、分析、归纳与表达信息，并通过主体性、协同性的活动建立互动的人际关系，养成积极的社会参与态度。例如，化学学科设置了探究类和应用类实践活动课程，生物学科创新实践活动内容，政治学科开发了模拟法庭、模拟政协、模拟联合国的三模拟综合实践活动课程。

三、学校特色课程的建设

（一）校本课程

2007 年秋季，北京市实施高中新课程实验，潞河中学成为自主排课实验学校之一，开始了对自主课程建设的系统研究和实践，着力校本课程的建设，使校本课程成为改变教师教学方式、改变学生学习方式的试验田。学校对校本课程开发指南、校本课程开发与实施步骤、校本课程开发与实施管理、预期成果以及保障措施等方面做出了详细规定，明确指出校本课程的开发与实施要从学生不同个性发展的需要出发，科学规划，规范管理；要以学校为主体，充分利用学校与社区的教育资源，发挥教师的聪明才智，使校本课程同国家课程、地方课程一起构成学校完善的课程体系；要以学生发展需要为前提进行课程开发，注重开发那些能够培养民族自信心和自豪感、社会责任心、国际交流意识和能力、科学精神和人文素养、自理自立习惯和创新精神的课程；要注意学科的交叉渗透，重视科学精神和人文精神的有机结合；要强调学生的主动参与和探究发现，促进学生的信息收集处理能力、获取知识的能力、与人合作能力的形成和发展，建立指标多元、方式多样、着眼于学生发展的评价方式。

校本课程的类型也由最初的学生自我认识类、实践操作类、艺术与健身类、传统与现代文化类、生活技能类、科学与创造类等 6 类发展到了包括学生成长指导类、内地新疆高中班学生文化补充课程类、中外文化交流体验课程类、人文与社会知识拓展类、科学领域知识拓展类、技术领域实践操作类、艺术领域活动类、体育与健康活动类、社团活动类、资优学生教与学实验课程、艺术体育特长生专项课程、"1+3"贯通培养项目实验课程、创新人才培养课程等13类课程。每学期面向高一、高二年级开设校本课近80门。

（二）特色课程——"1+3"创新人才贯通培养课程

根据北京市教育委员会关于做好"1+3"人才培养试验工作的通知的精神，"为促进义务教育优质均衡发展，在初二年级结束后提前给予当年就近入学的学生一次升入优质高中的选择机会，并探索高中人才培养方式"，潞河中学从2017年起每年在本区初二学段学生中招生80人进行"1+3"人才贯通培养试验，经有关部门同意命名为钱学森班，以"集大成、得智慧、育新人"为办班宗旨，整体设计初三一年和高中三年的课程体系，以微科研和项目研究为特点，培养学生的人文素养、科学精神、创新意识和实践能力。

课程目标：培育健全人格的优秀拔尖创新人才，即具有爱国情感、主体精神、创新意识和实践能力的拔尖创新人才。

课程设置原则：遵循《北京市实施教育部〈义务教育课程设置方案〉的课程计划（修订）》、《北京市高中新课程实验方案》及各学科课程标准的精神、原则和要求；立足于学校课程资源的充分利用和尽可能满足学生全面而有个性发展的需要，给予学生充分选择的时间与空间；通过初三年级的打牢基础并与高中衔接，实现高中三年的与新高考要求相匹配的课程资源和体系。课程设置在兼顾初中知识的基础上，实现初高中衔接，在课程设置上打通初高中知识脉络；各学科均在课程建设中整合初高中知识，实现知识自然衔接和纵深发展。突出科技、生涯、艺术教育课程。开设项目研学课程，培养学生科学研究精神和能力；针对"1+3"学生自身特点规划并开设成长指导课程、音乐课程、美术课程。高中课程实现系列之间、模块之间、专题之间有递进关系的课程，按顺序开设；系列之间、模块之间、专题之间没有递进关系的课程，同时平行开设，以便学生选择，尽量在给学生时间上具有较大的选择。

课程体系特点：（1）打通学段壁垒（初中一年，高中三年）；打破校际边界（通州区各个初中校学生均可参与）；免中考直升（不参加中考直升潞河中学高中）；初高中贯通培养模式（高效模式）。（2）一体化培养，即从头开始，追求理想；顶层设计，整体规划；减少中考环节，提高效益。

课程体系内容：（1）基础必修课程，包括学科基础课程、生涯指导课程、德育活动课程、综合实践课程；（2）学科拓展课程，包括学科竞赛课程和学科应用及创客活动；（3）课外选修课程，包括人文选修类课程、科技选修类课程、技术操作类课程、艺术活动类、体育活动类、社团活动类、涉外文化交流课程;(4)项目研学课程,包括科学研究法指导课程、项目研究实践活动。

创新之处:学校在"1"中重点突出夯实基础和初高衔接。通过初高衔接的主要学科知识体系的校本化调整、多样化选择性课程提供,以及学生丰富的实践活动体验,让学生从以往初三年级的中考复习中解放出来,更好地适应未来高中的学习生活。"3"是高中三年全面对接即将到来的新高考,让学生全面个性发展。试验学校通过4年整体一贯的课程设计,建设可选择的课程体系,培养学生创新精神、实践能力。

特色课程与活动:(1)开展立体多维的教学实践探索。例如,整合教学内容,贯通培养项目进行了四年整体一贯的课程设计,变革教学方式。教学中老师们打破课上课下、课程与活动、校内校外的边界:《梦回红楼》——学生自编自演舞台剧诠释语文经典阅读课程;英语剧评比与展演——学生自编自演英语戏剧,从接受现成知识的被动式学习到主动理解应用的再创造和再发现的创造式学习;基于PBL项目式教与学的创客课程——在机器人、天文、海模、模拟政协等课程中学生们开展了丰富而深入的研究与实践。开展基于手持移动终端云平台的教学实验促进学生个性化学习。(2)项目研学课程培养学生创新能力和社会责任感。潞河中学积极探索适应学生终身发展的课程模式,微科研、深度科研、斯坦福生物项目研究课程,为学生创设"在科学家身边成长"的环境,通过实践和参与"微科研"、深度科研,激发学生对科学的兴趣,培养学生的科学态度、科学素养,增强学生的社会责任感、创新精神与实践能力。(3)丰富的综合实践活动课程助力学生个性成长。为了培养钱学森班学生的爱国情怀、创新意识和实践能力,学校开展了丰富多彩的综合实践活动课程。如研学旅行:在潞河中学社会实践活动周期间,学校为钱学森班学生定制了现场观看卫星发射的综合实践活动,并作为钱学森班传统实践活动。再如科学嘉年华系列活动:为钱学森班学生定制高端科学讲座和科学前沿的实践活动,培养创新精神、创新意识、创新品质和创新人格。(4)多样的文化交流活动培养学生国际视野。为了培养学生国际视野,提高同学们的语言水平,了解不同国家、地区的文化,弘扬中国文化,坚定文化自信,钱学森班的同学们迎接了不同国度来访的师生,同时也远赴中国香港、英国、法国、澳大利亚等地参加文化交流活动。(5)生涯指导课程与活动助力学生终身发展。针对"1+3"学生的特点,学校不仅构建了4年一体的成长指导与生涯规划课程方案,而且充分挖掘和有效利用各种资源，为学生开展各种形式的生涯指导活动，促进贯通年级的同学们更快适应初高衔接的学习生活，激发学习热情，养成良好习惯。

（三）新疆班民族课程

自 2000 年开始，潞河中学成为首批全国内地新疆高中班（以下简称"内高班"）办班学校。在 20 多年的办学实践中，学校始终坚持把"内高班"工作纳入学校整体发展规划，坚持把承办"内高班"作为学校多元文化发展建设的重要组成部分和学校深入推进素质教育的实际演练，由此全面构建"内高班"学生个性成长与全面发展的民族教育教学体系。潞河中学高中共有近 2000 名学生，其中"内高班"学生 500 人。

多元多层次的民族课程建设。针对包括"内高班"在内的多元学生群体，潞河中学构建了以健全人格为核心的多元多层次课程体系，在此课程的基础上，"内高班"学生独享"新疆学生补充课程"，该课程包括衔接课程，高中文化知识补充课程，独立生活指导课程，爱祖国、爱北京、爱潞河系列综合实践活动，民族团结教育活动课程。

因材施教的民族教学实践。潞河中学根据"内高班"学生不断变化的学情，在教学中采用"高中混班、基础强化、分层走班"的模式，并不断完善丰富，将爱国主义教育、民族团结教育、责任教育、感恩教育融合在课堂教学中，以课程育人为先导，促进学生世界观的形成，做好学生的养成教育，实现"内高班"学生全面发展、个性成长。其中，"高中混班"是指"内高班"学生全部插入高一年级各班，与其他学生无差别进行学习；"基础强化"是指学校在周末、寒暑假，为"内高班"学生开设文化补充课程，强化、提升内高班学生基础；"分层走班"具体为：学生按照兴趣、成绩等因素自己选择选考、选学科目，学校全部满足学生需求。

另外，学校为"内高班"学生配备导师。以班级为单位、以任课教师为核心，每 3—5 名学生配备一位导师，在班主任、"内高班"生活教师基础上负责学生的学习和生活指导。

新疆班民族课程的实践与创新之处：（1）民族教育传承潞河健全人格传统。健全人格是百年潞河的育人目标，即培养学生爱国情怀、主体精神、真善美追求、创新实践能力。学校把培育健全人格贯穿到民族课程建设和教学实践中，丰富了潞河中学的办学理念。（2）构建民族课程体系。构建了多元多层、交融而又独立的民族课程体系。3 个层次 13 类别的课程体系和自成一体的民族特色课程，培养了"内高班"学生的学习能力、爱国情怀、科学态度、人文素养、文化认同、主体精神、责任意识、国际视野和创新与实践能力。（3）创新民族教学模式。学校在"内高班"教学中采用"高中混班、基础强化、分层走班"的模式，并不断完善丰富，将爱国主义教育、民族团结教育、责任教育、感恩教育融合在课堂教学中，实现"内高班"学生全面发展、个性成长。

四、核心素养导向的课堂教学

新课程当下凸显素养的培育、人格的完善、能力的提升、责任的担当。潞河中学以提高课堂教学品质为纲，重构课堂教学过程，探索素养本位的单元教学，开展真实情境的深度学习，创建线上与线下混合学习方式，实践教与学方式的变革。

（一）提高课堂教学品质

一是深入开展课堂教学的"十个研究"。（1）研究学科本质。提倡用过程的、发展的、文化的观点认识学科的本质，增强学科教学的探索性和教育性。（2）研究教学目的。提倡从提高学生学习兴趣和积极性、培养学生良好的道德情感、鲜明的主体精神、科学的思维习惯、强烈的创新意识和较强实践能力的层面，从培养"具有健全人格"的高度来思考学科教学目的，强化教学的目的性。（3）研究学生特点。提倡用有着多方面、多层次需求、具有自我发展的能动性和潜能的、带有鲜明年龄特征的生命整合体的教育对象观念去尊重学生、认识学生、了解学生、激励学生、发展学生，增强教学的针对性。（4）研究学习规律。提倡用积极探索的、允许试误的、主动建构的学习观，用教师自己的学习体验和对学生学习特点的深入观察，分析学习发生的内外条件、学习的过程和学习的结果，增强教学的有效性。（5）研究教学内容。提倡根据课程本质要求、适合学生认知特点和实际水平，深入挖掘教材所蕴含的学科基础知识、基本方法、基本思想和要求的基本能力，在尊重教材的基础上，精编教学内容，创造性地使用教材，增强学科的教育性。（6）研究教学过程。提倡用学生亲自深度参与"再创造"、"再发现"的知识形成过程的问题研究、问题解决的思想来设计教学过程，全面加强知识形成过程的教学，增强教学过程中的探索性和创造性。（7）研究教学方法。提倡调动学生多种感官活动，设计学生多种活动方式，留给学生足够的思维和活动的时间、空间，激励学生深度参与教学的全过程，鼓励教师采用多种有效教学方法，"百家争鸣，百花齐放"，增强教学的实效性。（8）研究教学手段。提倡根据教学目标、内容和学生的实际情况，把现代信息技术、网络和各种媒体与传统教学手段有机结合，扬长避短，恰当灵活运用多种教学手段，促进学生有效学习。（9）研究教师角色。提倡与学生建立尊重、关爱、民主、和谐的师生关系，以学生学习的激励者、指导者、组织者等身份来定位教师自身角色，教书育人，增强教学的指导性和激励性。（10）研究学生评价。提倡用多元的、过程的、发展的、全面的观点看待学生，采取多种评价手段和方法，增强评价的诊断和激励功能。

二是明确树立课堂教学的"四个意识"：学生主体意识、全面目标意识、情感激励意识和反馈指导意识。

三是落实课堂教学的"七个重点"：激发兴趣、指导方法、培养习惯、扎实基础、增加体验、开发思维、塑造人格。

四是倡导多样化的教与学方式。教与学方式的变革旨在激发学生的学习兴趣与动力、提升教与学品质、培养创造性人才，为此学校鼓励教师把启发与探究、讨论、参与、讲授等多种方法有机结合，加强知识形成过程教学和思维活动过程教学；倡导信息技术支持学科教学、学科融合教学、实践教学、基于手持移动云平台等多种教学方式。引领学生开展自主学习、小组学习、项目式学习、跨学科学习等多种学习方式。

五是追求"实至名归"。在教学中学校要求老师们追求学科本质特点实至名归、追求学科知识内涵本质实至名归、追求学而时习之实至名归、追求学生学习直接体验实至名归。

潜心深入的课堂教学研究，促使教师不仅思考"教什么"、"怎么教"、"谁来教"和"教得怎样"的问题，而且研究"学什么"、"谁来学"、"怎么学"和"学得怎样"，更重要的还要研究"是什么"、"为什么"和"怎样更好"的问题，使教师不仅要做"教者"，还要做"学者"、"研究者"和"创造者"，不断提高课堂教学的质量和品位。

（二）重构课堂教学过程

课程改革的目标是培养全面而有个性发展的人、一个有道德能够解决实际问题的具体的人。为此，潞河中学重构原有课堂教学过程，不断探索适合学生学习的课堂教学。

潞河中学经历了规范课堂、高效课堂、可持续发展课堂的教学过程。20世纪 70—90 年代的规范课堂，主要以知识讲授为主。世纪之交的高效课堂，主要以技能培养为主。2010 年以来潞河中学大力推进以能力培养为目标的可持续发展课堂。可持续发展课堂指的是教师按照"主体探究、综合渗透、合作活动、知行并进"的教学原则开展教学，以指导学生预习探究作为课堂教学起点，精心选择教材内外可持续发展价值观素材进行渗透教育，把组织自主探究—合作探究—应用探究作为主要教学组织形式。通过"课前预习探究（课前预习案）—课堂自主、合作、应用探究（课上探究案）—课后应用探究（课后训练案）"三个环节引领出学生自主、有效学习的路线图。

但是这些教学模式都忽视了教师成长的意义、课堂教学对于学生全面发展的价值，课堂教学是教师和学生双方共同参与的过程，正如叶澜教授所言："课堂教学蕴含着巨大的生命活力，只有师生的生命活力在课堂教学中得到有效发挥，才能真正有助于新人的培养和教师的成长，课堂上才有真正的生活。"这样的课堂才是有生成能创造的课堂，也是潞河中学要打造的课堂——生命课堂。

（三）探索素养本位的单元教学

如何设计一个大单元的学习？教师在专家团队指导下经过前置学习、校本教研、课例研讨、教学反思环节，实现单元教学设计与实施。在前置学习环节，专家会对联研项目的主题进行解读，包括课标的教学要求、教材的要点解析、单元示范教学案例等；在校本教研环节，学校以教研组为单位开展集体备课，完成本校承担的教学设计任务，并运用于本校的教学实践；在课例研讨环节，针对本主题下的教学单元，选择关键问题开展跨校同课异构或异课同构，通过课例和教学现场探讨教学实现的策略与方法，学校以教研组为单位组织集体观看网络直播的现场课例并参与互动；在教学反思环节，教师回顾整个活动过程，梳理自己的教学设计初稿、修改稿与定稿，依据工具表单，撰写反思三稿教学设计的教育叙事。

教师的单元教学应该明晰并解决以下问题：单元名称与课时；单元目标；学生的学习过程，即要经历怎样的过程才能够学会；作业与检测；学后反思，通过怎样的反思让学生管理自己的学习。单元教学设计应该是基于学生立场、对学生围绕某一单元开展的完整学习过程所做的专业设计。从教师教什么转变到学生"学会什么"，设计"学生何以学会"的过程，为学科核心素养的落地指明了方向。

五、选课走班制与学生成长指导

选课走班不仅是满足新高考的要求，更是满足学生个性发展的需要，通过满足学生的选择权和学习权，实现育人方式的根本变革。

（一）潞河中学的选课分层走班制

为了落实立德树人的根本任务，培养健全人格潞河人，潞河中学坚持选课走班尊重学生选择、成就个性成长、促进全面发展、提高教学质量，从2015年开始在高一、高二、高三年级进行选课走班改革，并形成了行政班与教学班双轨制管理的大走班教学形式。

教学采取选课分层走班方式。为了满足学生全面而有个性的发展，综合考量学校各种资源情况，我们新高考的选科走班教学满足学生所有20种选科要求，采取选课分层走班方式，具体为：（1）物理、化学、生物、历史、地理、政治6科采取按学科分层走班教学形式；上述选考学科每学科分A、B两层；主要根据学生平时与考试成绩排序；上述选学不选考科目按照成绩、性别、人数等分班。（2）体育、艺术继续采取分项走班教学形式；高中艺术新课程选修模块开设10项供学生选项；体育选项包括必选和自选内容，学生自选5学分进行修习。（3）校本课、社团活动继续采取走班形式。学校每学期为学生提供80门校本课，学校和学生自建社团40余个。

潞河中学实行任课教师、班主任、年级主任、主管领导四级负责制。在选课分层走班之前对学生进行3次选科意向调研，计算选考学科教学班数，准备选考学科所需教师人数，设置选考学科课时数，计算选考学科组合课时数，计算选考学科排课空间，准备选考走班所需教室数。

同时，保留行政班，发挥其传统优势，使学生有荣誉感、归属感、安全感。具体有：（1）数学、语文、英语采取行政班教学；（2）生涯指导课程、技术、综合实践活动（研究性学习、社会服务、职业体验和党团活动）采取行政班教学形式；（3）班会、主题活动、专题教育、早自习、晚自习、课间操、课外锻炼采取行政班活动形式。

选科走班课程设置方面，潞河中学学习并贯彻市教委关于选科走班课程设置指导意见，规划必修必考、选学选考的学校课程设置方案并编排课表，具体为：（1）规划必修必考课程；（2）设计选考选学课程；（3）编排课表结构；（4）

学生课表形成。

　　教学质量追踪责任制建立情况：数学、语文、外语采用行政班教学责任制。物理、化学、生物、历史、地理、政治每个学科按三个层次实行分层走班教学，每个层次学科任课教师固定，直到高三毕业高考。学生学科分层实行动态管理，但主体保持基本稳定。

（二）构建多元成长指导体系

　　基于育人理念，潞河中学将学生发展指导的目标定为：积极与人沟通协作，以成长的心态面对挑战。在快速变化的世界中，坚定信念，不断建构、发展、实现自己的可能性。

　　从1999年起，潞河中学将心理健康教育纳入学校的整体发展规划和年度工作计划中，心理课进入课表，高一年级每周一节课。2006年，学校审批立项了《中学生个性发展与生涯教育研究与实验》课题。2007年，学校结合课题的研究，在高三年级开设生涯课程，生涯课程进入课表，每周一节课，开启生涯教育的实践探索之路。2008年，学校规定心理健康课程、思维训练课程、生涯指导课程分别为高一、高二、高三年级必选课程，进入课表。2010年，学校成立学生成长指导课程教研室。

　　结合学校实际，潞河中学积极贯彻国家和北京市教委对于学生发展指导的精神，逐步形成特色鲜明的学生发展指导体系。

　　建设学校、家庭、社会协同的指导队伍。经过多年的努力，形成了以3名专职心理健康教育教师为核心，29位兼职教师、77位班主任、120位内高班导师为骨干，家长、校友、企业志愿者、全体教职工共同参与的学生成长指导教育工作机制。队伍分工明确，各司其职；全体老师对学生状态积极关注，在学科教学中渗透心理健康和生涯发展教育，发现有困扰的学生主动关注；部分学科老师参与学生成长指导课程体系的教学授课，多学科背景丰富了学生成长指导的课程体系；专职心理教师负责成长指导课程教学，针对学生及教师的需要开设特色活动、讲座、工作坊、个别辅导以及严重个案的转介。成长指导课程教研室内部每周进行个案朋辈督导，每个课程备课组每周进行同头备课，同时教研室管理校外导师和校外资源，统筹课程与活动的执行，形成"学校—家庭—社会"的有机配合，与一体化的指导机制。

　　形成多元多层次学生成长指导体系。该体系聚焦于学生在不同阶段的核心问题，由多元的导师团队提供多样化的指导形式，形成一整套的三级指导体系：（1）面向全体学生开设了三年学生成长指导课程、四个成长主题教育内容和四项生涯规划实践活动；（2）面向特定群体开设了"内高班"学生的成长指导课程（周末、假期）、"1+3"贯通培养的四年课程（进入课表）；（3）面向全校学生设置个体辅导（个体咨询）。其中，四个成长主题教育内容为：新环境适应；人际关系适应；探索认识自我；大学专业介绍。

四项生涯规划实践活动为：基于生涯规划的选课分层心理测评；开展学生职业考察和体验活动；大学选考方案公布后的信息传递与指导；针对学生、家长开展专题讲座和论坛。

探索学科教学渗透模式。学科教师按照教学处统一安排，全学科第一节课授课内容为学科绪论课，讲授本学科的内涵和学科特点，以及与专业、职业之间的关联，帮助学生理解学科学习价值，及未来生涯发展机遇。并对学生进行本学科的学法指导。学科教师在日常课程教学中，则尝试通过学科榜样人物、学科发展前景、学科内容的职业体验活动等内容，巧妙融合生涯指导，促进学生理解自我与社会、现在与未来、学习与发展之间的联系，提升学生自我认知和发展机遇意识。

六、校本教研与教师专业发展

近年来，在教师队伍建设中，潞河中学坚持"以人为本"，引领老师们在敬业奉献中涵养师德，在自觉学习中充实自我，在课堂研究中提升品位，在课程实践中实现价值，在超越自我中体验欢乐，着力培养以"特级教师、学科带头人和骨干教师"为主体的优秀教师队伍，推动潞河教育"有特色"和"可持续"发展。

在师德建设上，我们激发教师事业的进取心，倡导爱岗敬业精神，树立身边师德典型，建立队伍培养机制，加强师德考评管理；为了促进教师自觉主动学习，我们采取走出去、请进来、建基地、送出国、再进修、结对子、配资源，实现了优质教育资源的共享；为了引领课堂教学研究，我们一直坚持深入开展"十个研究"、明确树立"四个意识"、突出课堂教学的"七个重点"、倡导多样化的教学方式、进行"以课促研"活动、组织"专题论坛"研讨、承担"以研促教"研讨会；提高教师课程建设能力，我们坚持课题引领、组织调研、合理排课、加强研发、丰富课程。

为落实校本教研内容，学校不断创新校本培训方式，在原有的主题教研、同伴互助、专题培训、课例分析与研讨、科研指导、网络研修等多种形式基础上，有机整合，实现培训内容与形式的系统化、一体化，实践探索了建设多维立体校本培训形式、统筹校内外资源构建金字塔型校本教研体系、坚持初高中一体教研。

我们以教研室为中坚力量大力整合校内外的专家资源，构建教师个人、备课组、教研室、特级教师工作室及名师工作室、专家讲堂的金字塔型校本教研体系；每学年举办青年教师与特级教师、骨干教师结对仪式，结成帮扶对子，助力青年教师成长。落实《零点培养计划》：对新任教师"一年入门，三年过关，五年成熟"的成长目标和"自定目标，自我发展，自我评价，自我矫正"的培养措施都做出了明确具体的诠释。实施潞河"名师工程"：我校的"名师工程"是着眼于提高骨干教师层次的行动计划，目的是培养潞河自己的教育、管理专家。市、区骨干教师、学科带头人的年度审议制度：组织校学术委员对市、区级骨干教师、学科带头人进行评议和审核，对不能承担相应义务的教师终止该项资格。对市、区骨干教师、学科带头人施行动态管理。

第三部分　实践效果及存在问题

新课程实施以来，尤其是 2017 年新课程改革以来，潞河中学不断完善多元多层次的学校课程体系，深化课堂教学改革，满足学生全面而有个性的发展需求，提升教师的专业能力，促进学校优质而有特色的发展。但同时也存在许多实施中需要制度政策等多方支持解决的问题。

一、新课程实施的初步成效

（一）满足学生全面而有个性的发展需求

基础课程、拓展课程、提高课程 3 个层面 16 个类别多元层次课程的实施最大限度地满足了学生不同方面、不同层次的需求，为学生追求自我发展提供了营养丰富的自助餐和广阔的选择空间。

（二）实现学生的自主选择权

多元多层次的课程体系给学生提供了多种选择的同时，选课走班教学制充分满足了学生对学科的所有选择需求，并实现分层，使每个学生对课余时间的自由支配、课程的自主选择由可能变为现实。学校形成了完整的成长指导与生涯规划体系，在给予学生选择权利同时教育学生学会对自己负责，促进学生全面健康发展。

（三）搭建一个成就学生梦想起飞的平台

学校多元可供选择的课程和教学方式的改变，最大限度地满足了学生多方面的需求，激发了学生学习的兴趣和动力，开阔了学生视野，引导了学生的发展。在高校科研院所专家指导下完成一年的科学研究，在中央音乐学院接受专家的民乐指导，在传媒大学专家指导下完成视频的拍摄，在学校课堂上听取各种前沿讲座，在实践基地合作完成一个项目，在太阳村和关怀医院做志愿服务，参加世界华人数学大会，到明安图镇进行天文观测，参加世界机器人大赛……学校搭建了一个成就学生梦想起飞的平台。

（四）教师专业水平不断提升

学校课程的建设一直以来为教师提供教学改革的"试验田"，促进教师转变教育观念、变革教学方法、更新知识结构，为广大教师的专业发展提供了广阔的舞台和机遇。

各学科大量大学知识的下沉进入到高中，前沿科学知识的大量涌入，教学内容和考试内容的不断回归生活实际，新课程的实施、新教材的使用对教师的知识结构的更新、教育教学理念的变革、教育教学方式的改善等方面带来了挑战，也给教师的教学行为带来一系列的变化，为教师提供了专业发展的机会。

课程的建设，从教教材，到用教材教，再到整合教材教，增强了教师的课程意识，使他们从单纯的课程的执行者变成包括课程的设计、开发、实施和评价的研发者；教师能够根据学生的情感和需求，恰当地选择和调整教育教学策略，设计恰当的教学情境和丰富多样的实践活动，吸引学生主动参与实践活动，正确地评价学生在学习活动中的表现，发现和发展他们的潜能，关注个别差异，帮助学生认识自我，促进每个学生在已有的水平上不断发展。此外，教师能够有意识地对自己的教学行为进行及时反思和改进，不断研究、创造、发展、丰富教学方法。为了适应课程要求，教师不断更新自己的知识，积累课程资源，挖掘自身潜能，努力提高和完善自己。过去只关注自己讲，现在想尽办法吸引学生学；过去只局限在课堂中，现在走入社会和学生的生活里……

（五）学校在新课程改革中获得新的发展机遇

以课程的建设为核心，一次次为推动学校特色发展创造了良好的发展机遇。从 2007 年的自主排课试验，到 2011 年国家级特色学校建设、2012 年成为北京市基础教育阶段创新人才培养基地、2014 年被评为北京市金鹏科技团、2017 年评为北京市金帆书画院、2019 年被评为北京市金奥运动队，再到 2020 年成为北京市新课程新教材实施示范学校、获得第二届全国文明校园称号。

一系列新课程市级教学研讨会在我校的举行，有力地促进了课程质量的提高；一系列重大活动的开展为学校发展带来了大量的资金支持，增加了充足的师资配置，扩大了不同文化的交流，改善了办学条件，产生了积极的社会影响。

二、新课程实施存在的问题

（一）师资问题

通过近三年的调研，我们总结出了影响学生选学选考的兴趣、成绩、职业选择等几大因素，极具不固定性。当学生选择集中时，就会出现教师或多或少的问题。因此，教师队伍建设成为我们下一步需要着力的重点。

（二）课表问题

为了满足学生的选择权和个性发展，学校实现了全部 20 种选择组合，这使得排课成为一大难题。一旦课表确定，容不得任何调整，各项涉及教师调课的事宜均不能实现，还不能补课。学校工作、教师教学非常被动。为此，涉及的现代信息技术对学校教学的支撑成为我们研究的课题。

（三）管理问题

教学班、行政班的双轨制，尤其是教学班，来自 14 个不同的班级，教师与学生的了解需要时间，学生之间的认识也需要时间，有时会出现管理无序、教学得不到有效落实的情况。而且还因没有深入了解又重新分层，有时会出现教师和学生互相找不到的情况。建立新课改背景下选课走班的有效管理机制成为亟待解决的问题。

（四）分数问题

分层走班本意是为了学生的个性发展，因材施教、差异教学，但实际上，来自14个班的同学组成一个教学班，下课后又重新回到各自的行政班，教师已经不能像原来一样到班级指导学习，从而使落实效果减弱、反馈效果变差，教学质量和教学效果打了折扣，面对以分数作为最终评价手段的高考，分数成为一个难题。因此在新课程背景下，如何提高教学质量成为学校深入研究的课题。

（五）评价问题

学校在课程与教学中始终采取过程性评价与结果性评价相结合，坚持多主体多元评价方式。但是在课程与教学、高考与核心素养评价、教学一致性评价的实施中，我们还有许多问题没有解决，诸如对教师的课程实施的评价、对教师教学的评价、对学生增值性评价等问题，以及在实践中存在的家长、学校、社会评价矛盾问题。

第四部分　成果特色与创新

一、为学校课程建设提供充分依据

通过对学校近百年课程史进行梳理，深刻了解了每一阶段课程建设的背景、意义和价值，为新时期课程的建设提供了充足的依据。用优劣势分析法分析了学校课程发展的优点和问题，为当下课程建设指明了方向。立足建构主义、人本主义、系统论、核心素养理论，为学校课程建设提供了理论依据。

二、持续完善健全人格课程体系

基于校情、学情实际，构建了以健全人格为目标的多元多层次课程结构体系，3个层面16个类别的丰富而多元的可选择课程，使学生获得全面而有个性的成长。例如，有学生选择项目研究课程，家长反馈到："从做具体的研究中掌握了从运用到设计到实验的科学研究步骤，孩子的思维经历了一个从具体到抽象的发展，学会了从分析问题到解决问题的过程，这种研究性的思维和做事方式深化了对课程和书本知识的理解，增强了孩子的自信心和责任感。"

三、基于核心素养建设学科课程

通过构建阶梯式学科课程群、整合学科内课程内容、探索学科间融合课程建设、开发学科实践活动课程，深化基于核心素养的学科课程建设。

四、特殊群体的特色课程建设

对学校特有的特殊学生群体，进行了富有特色的课程建设，实施了"1+3"创新人才贯通培养课程、新疆民族课程，取得了显著成绩。

五、立足新课程的新教学实践

立足新课程进行素养导向的课堂教学实践，以研究的态度提高课堂教学品质、重构课堂教学过程、探索素养本位的单元教学，深入推进教与学变革。

六、尊重学生选择，成就个性成长

在育人方式变革中，采取全员全科选课走班形式，充分利用和调动学校各项资源，实现了学生的全部个性需求：选科选课分层均为学生选择，学校全部满足所有学生对课程和学习的选择权，培养学生的核心素养，促进学生个性化发展，落实国家立德树人根本教育任务。加强对学生选课的指导，尊重每一名学生的自主选择，给学生尽可能多的自主选择空间和时间，让学生在选择中学会选择，在选择中学会负责。

七、提高教学质量

深化课堂教学改革，提高课堂教学质量；确保稳定的教育教学秩序；给足课时，开展针对性的分层教学，实行教学质量追踪责任制，多种方式加强教学质量监督和评价。

城乡一体　视界互通

——潞河中学课程建构故事

李晨松

潞河中学建构的课程是丰富的，是立体的，更是满足学生全面而有个性成长的高水平优质课程。潞河中学的教师是课程建设的主体和生力军，是课程资源的开发者和实践者，他们力求突破课程建设中城乡二元结构的潜意识，盘活本地特色资源，开发异地资源，链接生活资源，触及学科前沿资源，让学生拥有更宽广的视界。下面从综合实践、异地游学、科学课程、文学课程、生涯规划课程五个维度，讲述五个故事，看看潞河中学是如何通过课程建设为学生打开视界，助学生越走越远的。

一、故事一：学科融合提升素养　内外兼修培植人格
——潞河中学初中综合实践课程建设记

（一）序曲

2014年8月底，徐华校长说有教育部课题申报，建议初中申报，时间紧就一周时间要上交。我们马上上网站了解课题申报事项，确立课题初步题目为"以立德树人为目标，开展多学科融合"。有了方向，我们就开始研制课题申报方案。徐华校长肯定了此命题的研究价值：一是关注了教育改革，符合当今课改的方向；二是关注了学生获得，真正让学生能力有提升、素养有提高；三是为未来培养人才，初中课程建设可以此为突破口，整体提高教育教学水平。当时，他感兴趣地说起了对课题的整体规划，从目的意义到研究内容，再到方式方法、创新点等，说得不亦乐乎，足足有一个小时。我也收获多多，回来就与

魏海楠一起研制方案。我俩分头上网查阅相关文献资料，发现可借鉴可参考的文献资料太少了，就只好自己研究开发。虽然这是一个挑战，我们将会面临重重困难，但我更觉得意义非凡，因为这样才更有价值，并开玩笑说让我们为后人提供文献资料吧。

方案写好就上交了，但是否申报成功还要等一段时间才知道。既然有意义，我们认为就不能等，我们不是为做课题而做课题，而是为了师生的发展计。

9月份一开学，我就跟各教研室主任说了这个课题。大家知道了要做课题，但对怎么做、从哪儿入手很茫然。我就分别和主任们聊，他们也和老师们聊，寻找突破口。我清晰地记得：一天早上第一节课，天气晴好，我、小魏、小兰、红梅相约到协和湖畔畅聊，亚静也来了，我们共同聊着。亚静、红梅说有个主题，有个话题就好切入了，从地理学科，她们想既然在通州，既然是大运河之子，就可以以大运河为依托，开展主题活动，将各学科融合在一起做活动。有眉目了，我就让初中文科组，以红梅主任为主研牵头，做大运河的项目。大家欣喜，曙光出现了。红梅老师带领文科组进行讨论，头脑风暴，这是对内。对外，她利用北运河管理处的资源，反复与人家研究商讨。她又集合李玉顺、宋久峰、孙宝英、郑小兰、张海林、杨连翠、王世龙等人头脑风暴，进入实践细节的研制开发。有了"潞河溯源"的子课题题目，这是老宋的功劳；有了五河交汇的解说、绘制的想法，此乃红梅的建议；有了吟诵运河诗词、描绘运河风情的创意，这是老李（李玉顺）的心思。测河宽，数学就融入了；运河文化广场有一个标志性的地标——千年步道，走运河千年步道，了解历史，了解故事，历史也融入了。一条大运河，一个"潞河溯源"主题活动，我们将地理、历史、语文、数学、美术融合在一起，学生动手、动脑、综合活动。我们又想到做个手册，以便学生活动，留下痕迹。手册新鲜出炉了，大家激动不已，这就是我们初步的成果了。走出去，做起来，我们就有了观"五河交汇"、走"千年步道"的系列活动。

潞河中学"开展初中多学科融合的行动研究"，大而言之是旨在把社会主义核心价值观的基本内容有机融到中小学的课程体系之中，有利于全面落实义务教育阶段的课程标准的要求，进一步构建和完善多元开放的有鲜明特色的潞河中学初中部课程体系。小而言之，开展多学科之间的融合，渗透其他学科内容的学习，有利于引导学生学会发现、探究、解决问题，使学生真正获得探究能力和解决问题的能力，提升素养，内外兼修培植健全人格。后来，《潞河溯源》课题成为北京市"十二五"规划办课题《开展初中多学科融合的行动研究》课题下的一个子课题。

活动侧记：潞河溯源之五河交江

2014年11月24日，初中"融合课题组"开展主题为"潞河溯源"的主题实践活动。该活动由李晨松、魏海楠、宋久峰负责组织初二3、4班学生，到潞河（北运河）源头，溯地理之源，溯历史之源，溯文化之源，溯精神之源。由主讲教师王红梅（地理教师）介绍五河交汇的盛况；学生欣赏五河辉映的胜景，以诗歌朗诵的形式赞颂潞河（语文教师宋久峰指导朗诵）。学生站在五河交汇的观察点，边观察边在活动手册中绘制出五河交汇图（地理教师王红梅、李玉顺指导，融美术学科）。学生以小组为单位（班主任张然、杨连翠负责），用数学方法测量河宽（数学教师孙宝英、张海林、张孟指导），更好地完成五河交汇图的绘制。之后学生到达大运河文化广场，行走在大运河千年步道上，了解大运河的历史（历史教师杨连翠讲解），感受历史脉搏，感悟人文精神。此次实践活动是"潞河溯源"的序幕。

此次活动由北运河管理处的讲解员为学生们介绍运河历史发展及现状，学生们在大运河源头，听讲解，了解大光楼的由来、北运河枢纽和水资源保护情况。学生们置身大运河畔聆听大运河的诗歌，感受大运河历史上的辉煌与繁荣，发出保护运河的倡议。

学生们通过对大运河源头、千年步道的实地考察，从地理、历史等角度了解潞河与运河的关系及北运河的源头概况；了解保护大运河环境的重要意义，树立可持续发展观。学生们通过野外考察明白，做学问不能仅在学校里、课堂上，更要走进大自然，走进社会。

此次实践活动是"潞河溯源"的序幕，后来我们将其做成系列活动：走近漕运码头；走访运河古镇；走进运河人家；等等。

活动侧记：潞河溯源之游古镇张家湾

2015年5月15日，学校组织初二年级两个班的学生开展了"潞河溯源——游古镇张家湾"的活动。本次活动是上学期"潞河溯源——探寻运河源头"的继续。在 15 日的活动中，学校特聘请通州史专家周庆良老师为学生进行了全程讲解。此次活动由李晨松助理带队，李玉顺、张丽君、王维、付雪霞、张然等老师全程组织，还得到了张家湾镇政府宣传部的大力支持。

上午，潞河师生一行先来到了位于张家湾的通运桥，此桥因位于萧太后运粮河上，又俗称萧太后桥。在古桥之上，学生们一边聆听周老师的讲述，一边想象当年漕运繁忙的盛况。之后一行人又来到了里二泗村的佑民观进行参观。佑民观建立于元代，供奉妈祖以保佑漕运平安。

简单的午饭过后，在张家湾镇政府的礼堂中开始了潞河中学的"道德讲堂"，潞河师生走进张家湾镇道德讲堂，创新了道德讲堂的形式。主讲人就是周庆良老师，72 岁高龄的周老师饱含爱国情感，用激情洋溢的语言为潞河师生讲述了近代通州烽火岁月中通州人民用鲜血捍卫祖国领土和国家尊严的感人事迹，今天道德学习的楷模无疑是通州人民，其中有可亲可敬的周老师。正是有周老这样的楷模，通州文化才会传承下去。

随后潞河一行人又和周老师来到皇木厂村，在"皇木新村"石碑前了解到了明清两代用运河建设北京城的情景，最后的行程结束在舳舻千里——京杭大运河古道遗址。潞河初二学生在"舳舻千里"用热烈长久的掌声感谢为他们讲解整整一天的 72 岁老人。

此次活动，使学生受到了一次深刻的通州历史教育，学生对"一京二卫三通州"有了更深刻的认识，对通州悠久历史有了更深入的了解；理解了运河文化博大精神的内涵，懂得了当代通州人应该具有的良好精神风貌；激发了学生知家乡、爱家乡和努力学习、建设家乡的情感和激情。在游览古镇张家湾的同时，学生们也增长了不少历史、地理、语文、物理等学科知识，多学科融合把课堂上的知识用到了课外，意义非凡，师生们获益颇深。

（二）行动

推进多学科融合，提高初中生素养，潞河中学多学科融合课题组在行动。

为了落实北京市教委的课程改革方案，落实学生综合实践活动，潞河中学市级课题《开展初中多学科融合的行动研究》的子课题《潞河溯源》以大运河为主线，以"运河文化"为主题，设计系列综合实践活动，以下是 2 个活动侧记。

活动侧记一

2016年3月28日，李晨松副校长带队到张家湾镇实施活动。本次活动由历史、物理、化学、思品、地理等学科老师设计并组织实施，通过对张家湾博物馆、通运桥和皇木厂村的实地考察，了解张家湾与大运河的关系，认识到张家湾为北京的繁荣做出了重大贡献，切身体会到我们的家乡拥有深厚的历史底蕴和文化积淀。

在新建的张家湾博物馆中，学生们参观展厅实物、沙盘，观看3D版《潞河督运图》，与智能平台互动，充分了解了张家湾的古今变迁。

历史组王维老师在通运桥上讲解萧太后河、萧太后桥和张家湾城的来龙去脉，学生们认真记录。这是本次活动的野外实地考察环节。

作为未来环球影视城的景观河，今日的萧太后河正在修缮，但河水浑浊，化学组纪艳苹老师组织学生进行了水质监测，为未来的历史留下数据分析。

实践活动的最后一站是皇木厂村，在皇家新村标志性花板石旁，政治组蔺江老师为学生们解释了"皇木厂"的由来和"漂来的北京城"。之后物理组的赵晶和李小波两位老师为学生再现了当时盐厂码头称量食盐的方法。

在"舳舻千里"的古运河遗址旁，思品学科王雅静老师为学生介绍了皇木厂村的现状：家家住别墅，人人有工作，是个现代的桃花源。这引发了学生的深思。

最后，李晨松副校长的总结为本次初中部多学科融合活动画上了圆满的句号。

活动侧记二

2016年3月28日，我校初二5、6班同学随同部分老师由魏海楠主任带队到北运河管理处、运河文化广场、东关大桥实施活动。本次活动由语文、数学、历史等学科老师组织设计并实施。

同学们参观北运河管理处的大光楼，认真聆听志愿者讲解大光楼的来历以及通州漕运的历史，吟诵描写通州、描写大运河的古诗词。

在现场，王老师还教会了同学们使用手表在野外定向。

在运河文化广场的千年步道旁，同学们认真聆听历史老师杨连翠讲解通州历史。杨老师声情并茂、旁征博引，从公元前一直讲到当代，一幅幅通州历史的画卷仿佛就在同学们面前展开。

在大运河旁，同学们在数学张海林老师、吴红霞老师的带领下，实地测量大运河的河宽，把课堂所学应用到实际中去。

最后，魏海楠主任的总结为本次初中部多学科融合活动画上了圆满的句号。

二、故事二：一撇一捺风骨健，潞园学子好人格——异地游学记

开发异地资源，让潞河人越走越远，打开视界。

巍巍长城那雄健的一撇，悠悠大运河那柔美的一捺——中华民族勤劳智慧的结晶——一个风骨健朗的大写的"人"，深深地印在潞园学子的心中。徐华校长在《水的启示》一文中写道："中国人早就有'读万卷书，行万里路'的智慧，热爱文学的孩子更应该走进真实的风景，感受海雨天风，大漠长河；走进历史遗迹，宁谧田园，集日月山川之精华，润笔墨纸砚之灵秀，观字生花焕彩，读文齿颊生香。看着满园春笋般的孩子们，我下定决心，将早就酝酿的文学社采风活动付诸实践，让孩子们放开脚步，走进社会，感受生活。千里之行始于足下，我们引领孩子们就从脚下开始，从潞河发端，走到大运河终点。让孩子们穿越时空、探索历史，用心灵去感受京杭大运河这一人间奇迹；追本溯源，用智慧去反思文明的意义和价值，再追想人类的命运与未来。当然，即使孩子们想不到那样深远，但我以为，这一路寻访，自会有比书本上多得多的见闻与感受，他们逐渐丰富起来的心灵自会得到有益的滋养。……我们的教育，浸入心田，在百年树人的教育历程中，化作他们终生成长的正能量"。

一撇一捺风骨健　潞园学子好人格

2013年8月，潞园文学社师生一行18人在徐华校长带领下，完成了为期9天的嘉峪关长城行西部采风活动，这是继去年文学社南下大运河沿岸城市采风的又一次游学活动。

一周多的时间里，采风团成员参观了酒泉卫星发射基地，长城西起点嘉峪关，敦煌莫高窟、鸣沙山、月牙泉，兰州黄河水车园、兰州博物馆，

青海湖、日月山、塔尔寺，饱览西部自然风光，领略别样风土人情，收获丰富的创作素材和种种奇妙的创作灵感。生日晚宴、创作座谈、个性演唱会，使有些辛苦的行程变得精彩纷呈，其乐融融。更重要的是，孩子们还有更为宝贵的收获——成长，从初一到高二的15个孩子，在短短的时间内，理解了包容谦让，懂得了感恩惜福，学会了关爱他人，增强了团队意识。一个同学在采风感受中写道：

感谢老师、同学，你们让我明白在成长的道路上我们并不孤单。在这盛夏的时光里，在这风光无限的大西北，我们留下了年少的足迹，留下了欢声笑语。一路上有你们，你们如宇宙里的银河系般，在黑暗里熠熠闪烁着，散发着迷人的光芒。伴随我，牵引我。这景，这人，这时光，是无与伦比的美丽。感谢这次采风，让我成长……

三、故事三：科学实践为学生播下科学的种子
——开放性科学实践活动课程建设记

潞河的学生越走越远，触碰到科学的前沿。

开放性科学实践活动是构建开放性教与学教育模式的一次创新。这一方面是教学在课堂外的延伸，另一方面也是教学内容的实践化，将课堂教学与学生能力培养融为一体，提高学生的学习兴趣及学习力。这对孩子来说不仅是宽度的拓展，也是深度的拓展，可把孩子的钻研学习探索精神开发出来。

（一）初一年级开设科学实践课，让科学课程走进课堂

我校开设的科学实践课程主要面向初一学生，每班每周安排1课时，有专职教师授课。科学实践课开设以来，受到学生的广泛欢迎，学生参与的积极性非常高涨，课堂效果也非常好。

现在初一学生一入学就开始上科学实践课，到今天为止，我们已经完成了公道杯、两心壶、无尽的灯廊、神奇的滚筒、听话的笑脸、巧借地心引力、干簧管实验、简易电动机、流动的空气（气垫船）、钻木取火、神奇的双氧水（大象的牙膏）、神奇的生物电等实践活动。学生在实践活动中，锻炼了动手能力，团队合作意识大大加强，创新能力得到提升，关键是学生学习科学的兴趣大大提高。

我校地理教师还组建了天文社，为学生开设天文课程，这里有天文望远

镜，有在天文馆球幕里开设的四季星空课，这为学生打开了视界。

（二）开放性科学实践活动，让学生走进科学殿堂

学校组织丰富多彩的科学实践活动，让学生"走出去"，感受科学的魅力。例如，这里有生物学科的绿植栽培活动，有教师辅导的科技竞赛活动，以及各种外出参观学习交流机会。

活动侧记：潞河初一学子走进北科大　开启"开放性科学实践活动"课程

2015年11月7日，我校初一年级学生在李晨松副校长、魏海楠主任、理科教研室主任李小波、年级主任王雷等相关老师的带领下，分两个批次到北京科技大学参加第一次开放性科学实践集体团课活动。

在北科大的实验室中，同学们进行了"神奇的溶液表面张力"、"用示波器画画"、"自组显微镜"、"空气导热系数的测量"、"奇妙的光环"等实践活动。2个小时的学习，有北科大教师的讲解，其中2/3的时间是学生动手实践。学生动手实验为自己搭建了科学探索的平台，精彩的演示实验也带给了他们强烈的视觉冲击。北科大老师们热情接待精心授课、耐心指导给同学们带来了冬日的温暖，科学素养、科学精神从动手实践，动脑思考中得到培养。同学们全身心的投入、积极的探索也得到了北科大老师们的高度夸赞！

北科大的老师兴奋地说："希望几年后在北科大大一见到你们！""潞河的孩子们好棒！"

本次活动是初一年级参加的第一次开放性科学实践活动，也是资源单位接待的第一批集体团课的学生。实践活动的圆满顺利完成为接下来的活动奠定了良好的基础。另外，此次活动也得到了同行参加活动的部分学生家长的高度肯定。我们不虚此行，借此机会给学生们揭开了大学实验室的神秘面纱，更让学生们感受到大学校园学习生活的美好，让他们有了梦想，追梦在潞园。

活动侧记：动手操作初识 3D 打印

2015年12月27日，初一年级开放性科学实践活动又要如期开展了，这次学生走进北京青年宫。年级共分4组分批次前往，每组两个课程，共计一个半小时。课程以3D打印为主。学生以小组为单位，体验3D打印机

的操作、观看 3D 打印产品、了解 3D 打印原理、自主设计剥橙器，感受 3D 打印魅力。在初步了解 3D 打印技术的基础上，学生动手操作，半个多小时的时间，用 3D 打印笔制作出立体的蝴蝶、眼镜，亲自感受 3D 打印笔的神奇，成为真正的"神笔马良"。

此次活动，学生了解了 3D 打印新技术，动手实践操作了 3D 打印笔，培养了空间感和对艺术创作的耐心。

四、故事四：潞园书香远——潞河中学语文学科课程建设行

为倡导读书学习的文明风尚，培养广大师生"爱读书、读好书"的良好习惯，大力营造知书达理、好学求进的校园书香氛围，潞河中学积极落实践行北京市语文学科改进意见内容，开展课程建设活动，力求打造书香潞园，促进学生主动发展，追求卓越，做具有健全人格潞河人。

学校一直以"书香潞园"为主题，营造潞河的校园文化。学校图书馆藏书丰富，开设了学生、教师阅览室，如"仁之书屋"、"绍棠书舍"等供师生进行阅读交流；每个班的教室有学生捐书的"阅读角"。由校长召集、语文教研室为主协同其他教师共同推动的阅读活动，增强了大家的阅读意识。

学校将"阅读"纳入正式课程，初一每周由图书馆安排阅读课，学生进阅览室自由阅读。

每学期由各备课组向学生列出书单，向学生推荐阅读书目。编选适合学生的文章，印制《潞河初中散文读本》，让学生做到随手阅读。

要求师生"共读"，教师指导学生做好阅读笔记，引导学生设计读书卡片和摘录本子，课堂阅读时，摘录精华句段，积累优美言辞，记录体会随想。

语文教师每周用一节课在班级组织学生进行阅读交流，引导学生感悟作品，提升学生对文学作品的认识高度。以手抄报、课本剧、作品创作、朗诵会等形式呈现阅读成果。

每周一晨检开设"读书时间"，由校长或年级主任或值周生向全校师生进行美文推荐阅读，开启一周的阅读之旅。

针对一些厚重的文学作品，由学校名师定期举行文学讲座，例如《破缸顶得住大门吗——〈四世同堂〉解读》、《三国演义》系列讲座等。

成立"潞园读书社"、"潞园话剧社"、"吟诵社"等学生社团，让学生以多种形式对文学作品进行演绎，引导更多的学生热爱阅读。

鼓励并指导家长参与阅读活动，让阅读延伸进家庭。

……

读万卷书，行万里路。潞河中学营造了浓厚的"书香氛围"，香远益清。校园里充溢着浓浓的人文气息。

五、故事五：职业生涯规划　点亮美好人生
——生涯规划给予学生自主选择自我负责的学习权

政治学科教师自主研发了"职业生涯教案"，在政治课上让学生认识自我，了解职业，规划人生。年级主任、班主任利用班队会，指导学生进行职业生涯访谈，组织实施，交流分享，汇报成果。

活动侧记：脚踏实地　仰望星空——学生活动感悟选录

感悟一：第一站，磁性液体。下面请同学们欣赏视频……

第二站，几何机器人。我们主要参观了两大类：普通机器人和几何机器人。首先请看我们乘坐的机器人马车……

相信有朝一日，我们也能研究出科技成果，为大家的生活带来切实的便利！

感悟二：回来的路上，我曾和那位潞河毕业的学长哥哥交流。他还为我讲述了北京交通大学的学生活动中心。你还不知道吧？在交大所有建筑中，学生活动中心是迄今为止学校单体面积最大、使用功能最完备的建设项目，兼顾师生需求。它集合一站式服务、文化素质培养、艺术教育、科技创新、生活服务、日常办公等多功能。这里俨然是一个小型科技文化研究团队，更是一个丰富经验锻炼自己的小社会啊。

这让我联想到了潞园的人民楼！这里是活动的源泉，永远有丰富而富有价值的活动，譬如图书交易、篮球赛、辩论赛、演讲赛等。不同的校园，相同的功能；不同的建筑，相同的灵魂！

感悟三：身边的恩师挚友，犹如一方土地，给予我们暖暖的支持与力量。而我们所在的潞园，更是历史悠久，底蕴深厚；为我们的各方面发展

深情付出、开天辟地。

感悟四：面对星空，我们不但需要谨记"云台二十八将，孔门七十二贤"的先贤名史，更要胸怀"西北望，射天狼"的昂扬斗志，不断探索。

感悟五：让我们励精图治，开拓创新；主动发展，追求卓越。在和谐美好的生活中，手握灵珠常奋笔，书写壮丽华章。

学生们了解了职业，接触了社会，他们能够把所见所闻与自己学校，与学校生活联系起来，视界被打开了，视界互通了。潞园丰富的具有特色的课程让学生有更多的选择，让学生兴趣爱好得以发展，他们有了自己的目标，他们感受到了"学然后知不足"。

学校课程，是要极具时代感，具有旺盛生命力，是要全体教师投身的，我们要让每一位教师都成为课程的主人，开发建设好课程，成就自我，成就学生，为每个孩子设计人生发展的跑道。

潞河教育的情怀，要影响人的生命态度，培养人的人格品质。

潞河教育坚持"人本位"与"社会本位"相统一的教育观，坚持"一切为了学生发展"的办学宗旨，坚持"全面育人，办有特色"的办学方针，坚持"健全人格"的培养目标。坚持教育以学生为本，强化人人成才观念，让学校成为每个学生幸福成长的乐园；坚持办学以教师为本，尊重教师创造性劳动，让学校成为教师幸福工作的精神家园；坚持"三个面向"，注重内涵发展，让学校成为各类人才成长的摇篮；坚持先进文化引领，提升教育品位，让学校成为师生成长的首善之地。

学校课程建设必将让百年潞河焕发活力，实现潞河人的教育理想。

潞河中学高中语文学科新课程建设纲要

贾一震

北京市于 2017 年进入新一轮课改。面对新课改，潞河中学语文教研室于 2016 年就启动了针对新课改的课题研究"高中语文课程实施策略研究"，于 2017 年进一步启动了课题"高中语文学习任务群分层教学策略研究"。在课题研究的过程中，语文组教师群策群力、深入思考、潜心实践，有进展有成果，也有挫折有教训。2020 年潞河中学启动新课程示范校建设，语文教研室老师带着过去的经验和教训投入到示范校建设的工作中，力图突破困境，建设既符合国家高中语文学科目标要求，又能满足潞河中学学生需求的课程实施方案。

一、学科课程发展水平及特色评估

2016 年，潞河中学高中语文教研室开始对《中国学生发展核心素养（征求意见稿）》、《普通高中语文课程标准（征求意见稿）》两份重要文件展开学习研讨。2018 年 5 月，在《中国学生发展核心素养》、《普通高中语文课程标准（2017 年版）》、《21 世纪核心素养 5C 模型研究报告》和《具有健全人格的潞河人》4 份重要文件基础上，潞河中学高中语文教研室提出了培养"社会主义中国的有为青年"的系列关键词，如图 1 所示。

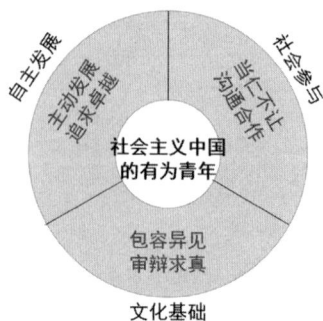

图 1

我们认为中国学生核心素养的核心"全面发展的人"应该具备的最基本特征是：树立社会主义核心价值观，在中国特色社会主义建设事业中承担使命有所作为。我们认为中国优质高中、大学都应该旗帜鲜明地把培养"社会主义中国的有为青年"作为自己教育教学工作的历史使命。只有这样，在 21 世纪的国际竞争中，中华民族的伟大复兴才能实现。

我们认为，《中国学生发展核心素养》的理论架构是清晰明确的国家意志，我们选择的关键词只是我们落实国家意志过程中工作的重点。我们希望潞河中学的毕业生都能够成长为"社会主义中国的有为青年"，能够具备这样的基本特征：以"主动发展，追求卓越"为人生信念，以"包容异见，审辩求真"为认识提升路径，以"当仁不让，沟通合作"为使命实现路径。

同时，我们也完成了高考评价体系在语文学科的具体体现，并进行了形象化表示，如图 2 所示。

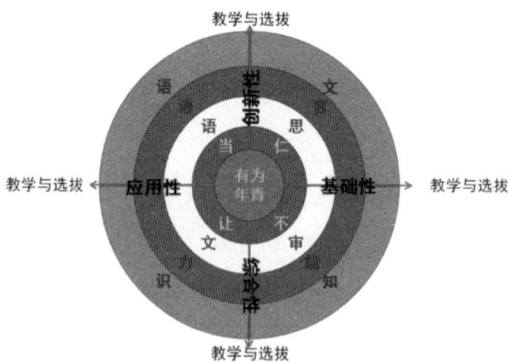

图 2

"一核"："立德树人"这一教育总目标所树之人"社会主义中国的有为青

年"在语文学科的表现应该更加突出一些;"四层":语文必备知识应该是字、词、句、篇、语、修、逻、文等架构而成的语文知识,语文学科的关键能力应该是语言能力,语文学科的素养体系应该是"语言建构与运用、思维发展与提升、审美鉴赏与创造、文化传承与理解",语文学科的核心价值应该是工具性、人文性相统一,是"社会参与"中的"当仁不让,沟通合作"。"四翼":基础、应用、综合、创新,既是考查试题呈现的方式和命题策略,也是教育教学过程中必须遵循的原则。

经过 5 个学年的教育教学教研实践,我们将高中语文学习任务群分层教学策略最终凝练为"一心二体,三阶三性"。"一心"即一个核心,以"社会主义中国的有为青年"为育人目标的核心。"二体"即两个主体,在教育教学中要充分发挥教师教的主体功能,确立学生学的主体特征,两个主体对立统一,不可偏废。"三阶"即三个阶梯,对应学业质量水平二、四、五三阶课程体系。"三性"即三个特性,是教学设计实施评价的行为特征,具体讲就是:教学设计的参与性、教学实施的选择性、教学评价的成长性。

在教学设计与实施方面取得的突破进展主要表现有:2023 届高一备课组开发的"基于情境主题的高中语文单元整体教学必修课程"获评"北京市特色课程";北京市教育科学"十三五"科研课题"高中语文学习任务群分层教学策略研究"的探索过程中,部分教师实践探索成果获得发表、出版或在市区比赛中取得优秀成绩,开发了一系列优质校本课,部分骨干教师还参与了人教社教材、教学辅导用书的编写。

二、学科课程构建的核心问题

经过 5 年的研究探索,潞河中学高中语文教研室的全体教师,对于高中语文课程构建的核心问题形成以下 5 点认识。

(一)"社会主义中国的有为青年"关键词系统是落实"立德树人"根本任务的重要抓手

党的十九大报告中指出"落实立德树人根本任务",今年的二十大报告又指出"落实立德树人根本任务,培养德智体美劳全面发展的社会主义建设者和接班人"。这是高中语文教育教学必须坚定落实的教育方针。

2018 年 5 月,潞河中学高中语文教研室提出了"社会主义中国的有为青年"关键词系统。这是基于潞河中学百年教育历史和教育改革新背景，针对潞河中学当下的生源情况提出来的，是落实"立德树人"教育方针的关键抓手，在近年来的教学实践中已经产生区域影响。

（二）"一核四层四翼"的高考评价体系是语文课程构建的重要遵循

高考综合改革背景下，2016 年 10 月，时任教育部考试中心主任在《中国教育报》发表署名文章《探索构建高考评价体系　全方位推进高考内容改革》，提出了著名的"一核四层四翼"体系。潞河中学高中语文教研室通过研讨，结合《普通高中语文课程标准（2017 年版）》和"社会主义中国的有为青年"关键词系统，提出了高考评价体系在语文学科的具体体现形象图示，并对其内涵进行了详细的解说。

我们认为，潞河中学要引领学生升入大学深造，成长为"社会主义中国的有为青年"，就必须把"一核四层四翼"作为语文课程构建、教育教学实践必须遵循的重要原则。

（三）"一托三"的学科核心素养是语文课程构建的具体目标体系

在《普通高中语文课程标准（2017 年版 2020 年修订）》（以下简称《课程标准》）中，"课程性质"、"课程理念"都要落实到"学科核心素养与课程目标"的培育过程中。"语言建构与运用"、"思维发展与提升"、"审美鉴赏与创造"、"文化传承与理解"四个方面的"核心素养"在"课程目标"中"一气化三清"，表述为12 条具体的课程目标。目前，学术界对四个方面核心素养关系的研究以人民教育出版社王本华的"一托三"说法最有理据，也通过国家级新教材培训活动产生了最大的影响。让学生在积极的语言实践活动中积累与构建起学科核心素养，并在真实的语言运用情境中获得语言知识、思维方法、审美体验、文化传承，提升语言能力、思维品质、审美情趣、文化理解与文化自信，是语文课程构建及教育教学过程中具体的目标体系。

（四）"三穿十八"的学习任务群构建是语文课程构建的内容要求

《课程标准》规定的课程结构是"中华优秀传统文化、革命文化和社会主义先进文化方面的内容始终贯穿"的"必修、选择性必修、选修三类课程"，14—26 学分，18 个学习任务群。我们用"三穿十八"来表述这一课程结构。在《课程标准》中，三类课程、18 个学习任务群及其学分，有一个表格表述，通过对这一表格的探讨研究，我们发现"三穿十八"的另一层含义：三种意识及习惯贯穿 18 个学习任务群。即当代文化参与的意识和习惯、跨媒介阅读与交流的意识和习惯、语言积累梳理与探究的意识和习惯，要贯穿在18个学习任务群的学习过程中。这两个"三穿十八"是语文课程构建过程中学习资源开发与整合的重要依据。

（五）构建教学评一体的单元整体教学模型是语文课程实施的基本途径

在经典理论再学习、经典案例再分析的基础上，不断修正具体的教学设计与实施的路径、方法、策略，不断探索总结，在普通高中语文学科国家课程特色化实施的研究过程中形成了阶段成果"基于情境主题的普通高中语文单元整体教学模型"以及"教学评一体的任务活动模型"（见图3）。

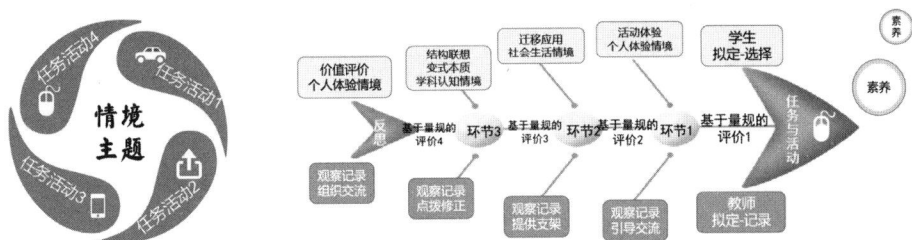

图3

这两个模型可以形象地阐述为：如果把一个单元的整体教学比成一个池塘，那么，由单元人文主题转化而来的情境主题就是池塘中的流水，以素养为目标、任务为导向，师生共同设计实施的教学评一体的学习活动就像是水中的鱼；各个单元情境主题形成的关联就好比是各个池塘连成了流动的河流。在河流和池塘里的每一条鱼，都在追求着"素养"目标。师生共同设计的学习任务、学习活动是鱼头；学生在个人体验情境、社会生活情境、学科认知情境等各种具体情境中参与学习活动，体验知识的产生与形成，展开个体经验、知识结构的联想，在变式中理解知识的本质，在完成真实任务的过程中实现知识的迁移应用，同时，教师观察记录、随时引导交流、提供支架、点拨修正，这样的教学活动就像是鱼鳍划水；教学活动中贯穿始终的评价反思就像是鱼脊和鱼尾，随时调整着这条鱼行进的方向。

三、学科课程群的构建

（一）构建学科课程群的指导思想

在新课程示范校项目领导小组的领导下，落实"立德树人"的教育方针，落实"全面发展的人"核心素养，落实"高中语文学科核心素养"，落实"人本位"与"社会本位"相统一的教育观、"一切为了学生发展"的办学宗旨、"健全人格"的培养目标、"多元开放"的办学方向，落实"社会主义中国的有为青年"关键词教育教学。坚持基础性、科学性、选择性、全面性、整体性、开放性六项基本原则，以人为本，尊重差异、尊重规律，提供选择、因材施教，均衡基础、发展特长，系统设计、统筹协调，学科合作、多元开放，以促进学生可持续发展为出发点和归宿。

我们借鉴上一轮课程建设成果，面对新一轮课程改革形势，做好资源补充、内容整合、顺序调整、选必搭配，加强综合、应用，真正实现在真实的语言应用情境中提升学生的学科核心素养，不断开拓、创新，不断调整、完美，为构建不断发展完善的课程体系而努力奋斗。

（二）潞河中学高中语文课程群的初步构想

根据上述指导思想，我们以国家课程的校本化和校本课程的规范化为抓手，借鉴过去课程建设经验，面对新形势新要求，构建了潞河中学高中语文课程群。

根据《课程标准》，"三穿十八"的学习任务群组成的必修、选择性必修、选修三类课程是国家课程。但是目前新教材只有必修两册七个学习任务群，选择性必修三册六个学习任务群。选修课程规定的六个学习任务群就必须由校本来完成。所以校本课程的规范化首先必须保证与这六个学习任务群对应的拓展选修类课程，同时针对特殊学生群体的需要，再开设分类选修、社团选修。这样，潞河中学高中语文课程群大致如图 4 所示。

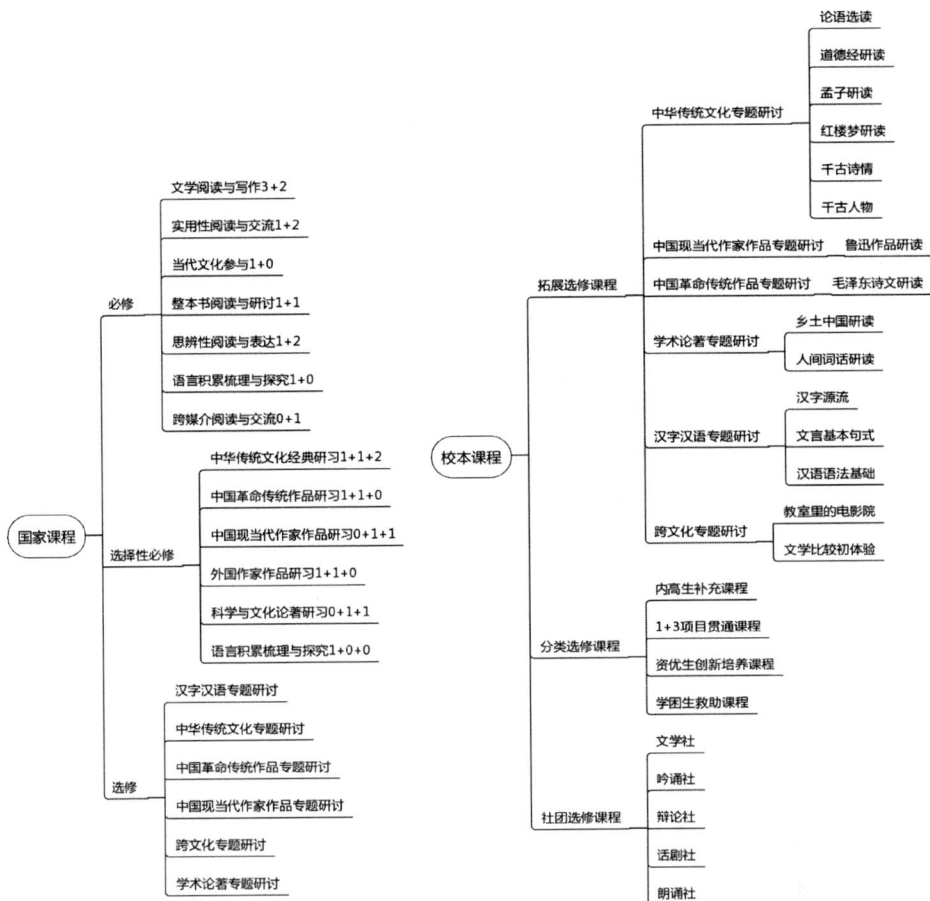

图 4

根据《课程标准》中的"学业质量",语文学科的课程群根据教学目标的学业质量水平,构建成三阶课程体系。针对学生的学习基础、学习能力、成长目标差异,以课程标准中的学业质量水平五级描述为基础,结合学业考查的需要,融入学校的整体课程体系。课程结构如图 5 所示。

学业质量二（合格考）	学业质量四（高考）	学业质量五（超高考）
社团选修课程	社团选修课程	拓展选修课程
补弱选修课程	补弱选修课程	社团选修课程
基于情境主题的单元整体学习必修课程	基于情境主题的单元整体学习选必课程	培优选修课程

图 5

基于情境主题的单元整体学习统一课程，是高中语文学习任务群分层教学的主体课程。高一年级，要通过人教社统编教材必修阶段七个任务群十六个教材单元的教学，基本达到学业质量水平二的要求；高二年级，要通过选择性必修阶段六个学习任务群十二个教材单元的教学，基本达到学业质量水平四的要求。

拓展选修、社团选修、分类补弱培优选修三类课程是基于情境主题的单元整体学习统一课程的有益补充，根据教学目标对应的学业质量水平分为三个阶梯，为十八个高中语文学习任务群的分层教学提供课程资源保障。拓展选修课程对应国家课程选修阶段六个学习任务群，为追求学业质量水平五的学生开发，在高一、高二年级开设，上课时间是每周一节的校本课时间，教学内容是专题的拓展延伸，或为讲座式的指导，或为学习成果的交流分享，以达成评价量规的"优秀"等级为目标。分类选修课程针对不同的学生开发，分类的基础有学生的学业基础、学习能力、成长目标。学困生、边缘生的补弱课程由学生根据自己的学业评估和成长目标自主报名参加，高一年级以达成学业质量水平二为目标，高二、高三年级以达成学业质量水平四为目标，上课时间为每天的午自习，教学内容以统一课程查漏补缺、强化语文实践的落实为主，借助学习任务的进阶量规促使学生达到"基本达标"的程度。"1+3"贯通培养课程独立编成行政班，针对贯通培养项目学生，对应国家课程三个阶段十八个任务群，将高中语文学习任务群与初中语文教学打通，形成四年一贯的教学体系；高考资优生培优补弱课程针对学业总成绩优秀准备冲击名校的学生，分为晚自习个性辅导课程、周末补充课程、外请专家专题突破课程等。这两类选修课程均以学业质量水平五为目标。"内高班"学生补充课程专为内地新疆高中班的学生开发，突出人文主题的引领，突出学业质量水平二、四的底线，统一上课时间是周末补充课程时间；另外，学校在"内高班"建设的过程中单设导师制，选择语文教师担任导师的学生可以随时找导师进行个性化的学习。

四、课堂教学改革的思路和举措

（一）继续深化"十项研究"，明确树立"四个意识"，落实"七个重点"，创建生命课堂、成长课堂

继承上一轮课改过程中深化课堂教学的"十项研究"的基础成果，并在新形势下继续深化。

在"学科本质"研究方面,《中学语文教学大纲》(以下简称《大纲》)表述为"社会生活中重要的工具和文化载体",我们强调"工具性",但同时也产生了"语文的外延和生活的外延相同"的大语文教学观;《普通高中语文课程标准(实验稿)》(以下简称《课标实验稿》)表述为"工具性与人文性的统一",其间多有争论,三维目标从割裂到融合,通过教材的文体阅读掌握语文工具箱,通过人文主题拓展阅读进一步提高人文素养;现在,《普通高中语文课程标准(2017年版2020年修订)》表述为"学习祖国语言文字运用的综合性实践性课程","学习情境"、"学习项目"、"学习任务群"都是让学生掌握"祖国语言文字运用"的综合性、实践性落到实处的具体要求。人文主题和学习任务群双线组元的教材结构,是这本质特征的外在显现。单元整体教学研究正在展开,还需要进一步深入。

在"教学目的"研究方面,《大纲》时期,高考改革从知识立意发展到能力立意,更多关注语文知识、语言技能的落实性讲授与训练。《课标实验稿》时期,高考改革从能力立意发展到价值立意,三维目标开始关注学生学习兴趣、道德情感、主体精神、思维习惯、创新意识和实践能力等。在潞河中学百年人格教育传统中的滋养下,我们强调从培养"具有健全人格"的高度来思考学科教学目的,强化教学的目的性。《课程标准》提出"核心素养"、"学业质量水平",高考改革也进入"一核心四层四翼"的新体系,在教学中要落实"立德树人"教育方针,落实必备知识、关键能力、核心素养、学科价值。我们强调要通过语言实践落实"社会主义中国的有为青年"关键词系统。具体课堂的具体教学目的还需要具体研究。

在"学生特点"研究方面,《大纲》时期,更多关注学生学习态度是否端正、学习方法是否合理。《课标实验稿》时期,开始关注学生的知识背景、生活阅历、生涯规划等,开始关注学生自我发展的能动性和带有鲜明年龄特征的生命特征,强调尊重学生、认识学生、激励学生、发展学生,增强教学的针对性。《课程标准》则在此基础上,进一步鲜明、明确地强调培养学生的方向,强调所立之德、所树之人的特征,通过学业水平质量的量化为塑造新时期的建设者和接班人指明了具体道路。学生现状与培养目标之间的距离该怎样通过教学不断缩短,让学生主动自我发展,成长为"社会主义中国的有为青年"需要做更加深入细致的研究。

在"学习规律"研究方面,《大纲》时期,最著名的是"艾宾浩斯遗忘曲线"，是柳比歇夫式的时间统计管理。《课标实验稿》时期，最著名的是主动建构的学习观，鼓励学生的积极探索，建立广阔的知识背景；肯定试误的学习价值，是"学习力"的培养，是"高效能"的生涯规划和时间管理。《课程标准》时期，我们强调"解决复杂问题、困难问题"的核心素养，强调深度学习和真实应用情境，要求用所学知识解决现实真问题，让学生在项目学习的任务群中实现深度学习。深度学习理论、任务驱动的学习理论日益深入人心，核心素养、学习任务群背景下的学习规律又是亟待认识的领域。

在"教学内容"研究方面，《大纲》时期有个"以纲为纲，以本为本"的提法，"用教材教"在实践中经常变成"教教材"。《课标实验稿》时期，实际上存在"一纲多本"情况，使用每一种教材都提倡深入挖掘教材所蕴含的学科基础知识、基本方法、基本能力、基本思想，强调精编、精讲，创造性地使用教材，增强学科的教育性。《课程标准》要求下，教育部审定教材的背景下，语文课堂的教学内容具有极强的规定性，意识形态的问题再次明确提出高标准严要求。核心素养、学习任务群的课程理念如何在课堂教学中落实，同一学习任务群学时较长，学习内容更具综合性，学习过程中的每一节课该怎样安排教学内容，变得更加复杂，更加需要系统化的研究。

在"教学过程"研究方面，《大纲》时期，"读课文—分层次—概括段意—归纳中心思想"之类的教学过程大行其道，魏书生老师提出的"六步教学法"成绩优异，在普通老师那里却推广艰难。《课标实验稿》时期，开始提倡学生亲自深度参与"再创造"、"再发现"的问题研究、问题解决，增强了教学过程中的探索性和创造性。《课程标准》提出"项目学习"、"学习情境"、"学习任务群"开始综合多种学习方式，"学习金字塔"得到进一步的重视，"自主"、"合作"、"探究"在"学习任务群"中真正得以实现还需要对多种学习方式在教学过程中的合理使用进行深入研究。

在"教学方法"研究方面，《大纲》时期占主导的是讲授训练等，相对比较简单、机械。《课标实验稿》时期，提倡调动学生多种感官活动，设计学生多种活动方式，留给学生足够的思维和活动的时间、空间，激励学生深度参与教学的全过程，鼓励教师采用多种有效教学方法，"百家争鸣、百花齐放"，增强教学的实效性。《课程标准》新时期，更加关注学生的学，学习者研究变得更加重要，项目学习、学习任务群、核心素养背景下的教学方法更注重教学情境的设置和学生学习过程中教师的适时帮助，教学支架的提供需要更加科学、更加系统、更加迅速，而教师所掌握的教学支架还存在严重的不足。

在"教学手段"研究方面，《大纲》时期，听说读写条件有限。《课标实验稿》时期，提倡根据教学目标、内容和学生的实际情况，把现代信息技术、网络和各种媒体与传统教学手段有机结合，扬长避短，恰当灵活运用多种教学手段，促进学生有效学习。《课程标准》新时期，现代信息技术更加高效丰富，但同时又提出了"有什佰之器而不用"，为了学生身体的健康，疫情背景下的网络教学、空中课堂多途径多手段都开始管控，矫枉过正之后，合理地使用各种教学手段需要进行适度性运用的研究。

在"教师角色"研究方面，《大纲》时期，还是师道尊严的时期，教师是"一桶水"，最重要的角色是"知识"提供者。《课标实验稿》时期，提倡与学生建立尊重、关爱、民主、和谐的师生关系，以学生学习的激励者、指导者、组织者等身份来定位教师自身角色，教书育人，增强教学的指导性和激励性。《课程标准》新时期，教师的角色定位进一步多元，课程开发者、学习引导者、学习组织者、学习评价者、学习反思者、教学研究者等，每一种角色该怎样发挥作用都需要进一步深入研究。

在"学生评价"研究方面，《大纲》时期，有一个形象的说法叫"考考，老师的法宝；分分，学生的命根"。教师在学生评价方面具有绝对的权威，评价的标准也比较简单，写评语虽然是德智体美劳，但是"好学生"、"差生"的评判标准却是简单粗暴。《课标实验稿》时期，提倡用多元的、过程的、发展的、全面的观点看待学生，采取多种评价手段和方法，增强评价的诊断和激励功能。《课程标准》时期，继续沿用多元的、过程的等原则，但评价的诊断、激励功能将进一步加强。学生的什么表现应该得到表彰等在新时期都需要深入具体研究。

在上一轮课改的过程中，潞河中学语文教研室深入开展了上述"十项研究"，明确地树立了课堂教学要有"全面目标"，要充分尊重"学生主体"，要重视"情感激励"，要多形式落实"反馈矫正"等四个意识；在课例研讨中，反复强化了课堂教学中"激发兴趣"、"指导方法"、"培养习惯"、"夯实基础"、"增加体验"、"开发思维"、"塑造人格"等七个重点方面的表现与改进，不断提高课堂教学的针对性、有效性。在新课程示范校建设的过程中，我们将进一步深入"十项研究"，明确"四个意识"强调"七个重点"的落实，进一步提升课堂教学的生命品质，创建生命课堂、成长课堂。

（二）借鉴上一轮课改科研课题研究经验，用好上一轮课改科研成果，提高课堂教学有效性

在上一轮课改过程中，潞河中学语文教研室在课堂教学方面重点进行了专题阅读教学、写作教学序列化的探索。"十一五"教育部规划课题"新课程改革与校园文化研究"子课题"刘绍棠现象与新时期校园文学研究"、和"阅读教学培养学生人文素养的实践研究"、"高中语文课程实施策略研究"、"高中语文学习任务群分层教学策略研究"等科研课题，都取得了非常优秀的科研成果，在新课程新教材核心素养背景下，仍然对提高课堂有效性具有指导意义。

王友珍老师主持的课题研究成果中，"专题阅读"在研究性学习过程中应用效果良好，课题参与者虽然出现较大规模流动离开了潞河中学，但是"专题阅读"的课堂教学经验却在全教研室产生了良好的影响。刘淑媛老师主持的课题成果中，文体阅读与人文主题阅读的结合与新教材的双线组元思路几乎一致，"学习任务群"的具体做法对于课题参与者几乎算不上是新事物。贾一震老师主持的科研课题"高中语文教学策略研究"涵盖内容丰富，课题研究过程中开发的系列语文学习工具对于新课程学习任务群落实过程中为学生提供学习支架的开发提供了重要的基础性素材和经验；课题参与者黄耀新老师对写作教学序列化的研究成果《作文是这样炼成的》在读写结合、生活情境等方面的探索在新课程新教材的教学中更具直接的指导意义。贾一震老师主持的科研课题"高中语文学习任务群分层教学研究"对于新课程新教材进行了深入的研究实践，课题参与者基于学习任务群的课例都为新课程新教材的课堂教学提供了成功的经验。

（三）深入研究新教材是做好国家课程校本化实施的基础性工作

2019 年，新教材投入使用，教育部组织了第一期的国家级新教材培训，潞河中学语文教研室所有老师都参加了培训，2020—2021 年，教育部又组织了第二期、第三期、第四期国家级新教材培训，潞河中学语文教研室的所有老师同样全员参加。教育部领导、人民教育出版社专家、全国各地新教材试教名师对新教材的解读既高屋建瓴，又有教育教学实践中的具体问题具体经验，而后教育部又组织了多次访谈，谈教育教学中的问题和建议。语文教研室也对访谈的问题进行了研讨，科研课题"高中语文学习任务群分层教学研究"在这样的培训和研讨过程中有了长足的发展，并最终完成结题，北京市特色课程的认定成果更是日后课程建设的重要参考。

（四）借鉴他山之石，加强核心素养、学习任务群背景下的"学习单元案例研究"

课堂教学是国家课程校本化的主阵地，自新一轮课程改革启动以来，全国各地的国家课程校本化研究自然展开，各地的领导、专家、名校长、名师多有文件、论文见诸报纸杂志、网络空间。教学设计理论类的著作如高等教育出版社的《尝试学习：走向核心素养》、中国人民大学出版社的《以学习为中心的教学设计》等对于教学设计理念的转变，对于推动老师教学方式、学生学习方式变革具有纲领性的指导意义。

在高中语文部编教材投入使用之后，教育部已经组织四期教材培训，培训专家的讲座视频一直在人民教育出版社的网站上可以继续学习，培训领导与专家的相关研究也有相当多的内容已经出版为专著，比如浙江人民出版社的《温儒敏语文讲习录》等。校本化实施的研究成果就陆续见诸《中学语文教学》、《中学语文教学参考》、《中学语文》、《读写月报》等教学研究类杂志，不论是单元教学设计、教学案例，还是经验总结论文，都对我们的校本化实施具有直接的借鉴意义，上海、北京、深圳等先行地区已经推出了教学研究的专著，如上海交通大学出版社的《高中语文学习任务群教学实践举隅》、华东师范大学出版社的《名师教语文：尝试解读与学习设计》、中国人民大学出版社的《中学论语专题精讲（人大附中名师语文课）》、高等教育出版社的《语文单元学习现场》等。

五、学科课程教育资源的开发

在上一轮课改过程中，潞河中学语文教研室积累了比较丰富的课程教育资源开发经验，在新课程新教材核心素养背景下，我们仍将继续坚持发挥教师学术专长，调动多方社会资源，做好课程教育资源的开发工作。

（一）语文学习工具

在上一轮课改过程中，我们进行的是与旧教材文体单元编排相适应的文体阅读写作与人文主题阅读写作相结合的教育教学实践，其他工具还有改进总结的读写小工具系列、诊断工具、考后自省工具、思维导图工具，等等。

在新教材投入使用之后，我们开发的是新教材双线组元基础上的围绕人文主题进行的任务群学习工具，《我们的家园：八景绘通州》、《实用类文本阅读与鉴赏——人物通讯》教学设计，都体现了教学实践过程中设计应用语文学习工具、渗透核心素养关键词教育。2023届高一备课组开发的"基于情境主题的高中语文必修课程"中更是梳理了一系列行之有效的学习、评价小工具。

（二）读写补充素材

在《课标实验稿》旧教材、合格考高考的背景下，我们开发的是与旧教材必修五模块、选修三模块跨模块分层次分主题重组教材、整本书专题阅读重组文本。如教材的主题重组、《论语》的主题重组、《红楼梦》的专题重组等。在"十一五"时期选编的人文读本基础上，我们不断调整篇目以适应新环境，最终选编出可以与新教材并行使用的"潞河中学语文教研室版核心素养拓展阅读素材"，为学生追求核心素养提升搭建了一个拓展阅读思考社会人生创意写作的平台。

在多年校本课开发的经验中，我们也积累了许多优秀的素材资源。例如，李岫泉老师在《红楼梦》经典导读校本课建设过程中形成了个人的学术专著《天上掉下个林妹妹》；陈礼旺老师在《论语》、《孟子》经典导读校本课建设过程中为核心素养提升测试编写了《〈论语〉精华阅读与专项突破》。

六、教师团队的建设

潞河中学高中语文教研室有教师25人。教师队伍整体学术水平高，中年骨干力量强，是一个团结奋进的团队。特级教师、市区骨干教师的学术引领作用明显，青年教师进步快。正高级教师2人，他们师德高尚、学术精深，在教学、科研等方面总是走在时代前列，有"弄潮儿"的意气，有创造从教人生辉煌的人生追求。北京市骨干教师1人，通州区骨干教师4人，他们师德可靠，学术上追求进步，正处在教学教研的黄金时段。13名中青年老师工作积极，追求进步，尤其是4名青年教师成长迅速，其中2位已经成为学校资优生教学的骨干，两位刚刚入职的教师起点高资质好，进步更快。

潞河中学高中数学学科新课程建设纲要

秦红霞

《普通高中数学课程标准（2017 年版）》对数学学科的课程性质、课程理念、课程目标、课程内容和实施建议等方面做出了总体设计。在几年的实践中，我校数学课程的实施与国家课程体系保持一致，落实立德树人根本任务，发展素质教育的功能；根据潞河中学学生组成多元化的特点，践行潞河中学课程整体规划，在落实面向全体学生的基础课程的同时，开发拓展类、提高类课程，以期实现：人人都能获得良好的数学教育，不同的人在数学上得到不同的发展。

一、学科课程发展水平及特色评估

（一）学科课程发展水平

1. 课程性质与基本理念

数学是研究数量关系和空间形式的一门科学。数学在形成人的理性思维、科学精神和促进个人智力发展的过程中发挥着不可替代的作用。数学素养是现代社会每一个人应该具备的基本素养。数学教育承载着落实立德树人根本任务、发展素质教育的功能。数学教育引导学生会用数学眼光观察世界，会用数学思维思考世界，会用数学语言表达世界。高中数学课程是义务教育阶段后普通高级中学的主要课程，具有基础性、选择性和发展性。必修课程面向全体学生，构建共同基础；选择性必修课程、选修课程充分考虑学生的不同成长需求，提供多样性的课程供学生自主选择。

高中数学课程的基本理念有 4 个：（1）以学生的发展为本，落实立德树人根本任务，培育科学精神和创新意识，提升数学学科核心素养；（2）优化课程结构，为学生发展提供共同基础和多样化选择，突出主线，精选内容；（3）把握数学本质，提倡多种学习方式，启发思考，改进教学；（4）重视学生学习过程的评价，聚焦核心素养，提高教学质量。

2. 数学学科核心素养

数学学科核心素养是数学课程目标的集中体现，是具有数学基本特征的思维品质、关键能力以及情感、态度、价值观的综合体现，是在数学学习和应用的过程中逐步形成和发展的。数学学科的6个核心素养既相对独立又相互交融，是一个有机的整体（见图1）。

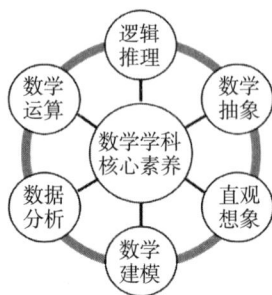

图 1

3. 数学课程目标

通过高中数学课程的学习，学生能获得进一步学习以及未来发展所必需的数学基础知识、基本技能、基本思想、基本活动经验（简称"四基"）；提高从数学角度发现问题的能力、提出问题的能力、分析问题的能力、解决问题的能力（简称"四能"）。

在学习数学和应用数学的过程中，学生能发展数学抽象、逻辑推理、数学建模、直观想象、数学运算、数据分析等数学学科核心素养。

学生通过高中数学课程的学习，发展自主学习的能力；树立敢于质疑、善于思考、严谨求实的科学精神；不断提高实践能力，提升创新意识；认识数学的科学价值、应用价值、文化价值和审美价值。

（二）数学学科建设现状及特色分析

我校数学学科建设紧随国家教育方略的顶层设计和潞河中学关于课程建设的与时俱进的宏观规划，同步进行学科细化并组织实施。其中包括：

2000年修订"潞河中学关于减轻学生过重课业负担的规定"，提出了"把自由支配的时间还给学生，使学生对课余时间的自由支配和学校课程的自主选择成为可能"的要求。

2002 年初制定《潞河中学校本课程实施方案》。完善"三板块"课程体系的推进计划，提出了加强包括人文素养类、学科拓展类、学科竞赛类等课程门类，推广兴趣小组、学生社团等选修课、活动课形式。

2007 年，学校成为北京市首批自主排课自主会考实验学校，为了适应学分制和"3+X"的教育改革，开始了全面的学校课程体系的构建，形成了国家课程、实验课程、民族课程、校本课程、涉外课程五大课程体系。

2011 年，学校制定了《潞河中学 2010—2020 发展规划》，提出了"强化人人成才观念，让学校成为每个学生幸福成长的乐园，让学校成为各类人才苗壮成长的家园"课程建设的新要求；由分班授课形式向走班授课形式逐步转向；在科学、数学、技术、文学、艺术、体育等领域以及针对在领导、组织、管理等方面具有特殊潜质学生进行重点课程建设。

2011 年，潞河中学成为北京市国家级高中特色发展实验学校，进一步明确和坚定了健全人格的培养目标，打破原有五板块课程结构，重新构建并不断整合完善学校课程体系和结构，提出进一步提高课程品质的努力方向。

2017 年，选学、选考新高考和新课程改革，启动了高考考试内容"一核、四层、四翼"和高考招生方式的改革，提出了"社会主义核心价值观"、"中国学生核心素养"和"学科关键能力和学科素养"的培养任务，对数学课程建设提出了新要求。

二、学科课程建构的核心主题

潞河中学的数学学课程建设，遵循国家《普通高中数学课程标准》，以学生发展为本，立德树人，聚焦数学核心素养，优化课程结构，突出课程主线，把握数学本质，改进教学方法，重视过程评价。坚持潞河中学的校本特色，即"人本位"与"社会本位"相统一的教育观，坚持"一切为了学生发展"的办学宗旨，坚持"健全人格"的培养目标，坚持"多元开放"的办学方向。为完成这个育人目标，我校数学教研室着力在以下 6 个方面构建学科课程。

（一）注重知识的生成，挖掘学科本质

提倡教师通过创设情境，引导学生发现问题、解决问题，让学生参与知

识生成的过程；摈弃只注重结果的注入式教学。注入式教学，表面上提高了教学效率，增加了教学容量，实际上丧失了培养学生思维的机会，长期下来，学生只会死记硬背和模仿，不能灵活运用知识解决问题。提倡教师通过自学、研讨，把握学科本质，例如概念教学，要把握其内涵和外延，了解其发展的历史，知道其是属于上位概念还是下位概念，熟悉概念的应用。

（二）注重数学思想方法的渗透

日本著名数学教育家米山国藏指出："作为知识的数学出校门不到两年可能就忘了，唯有深深铭记在头脑中的数学的精神、数学的思想、研究方法、着眼点等，这些随时随地发生作用，使学生终身受益。"可见，思想方法才是持久的智慧，才是永不过时的美丽。数学思想方法是学生认知结构形成和发展的重要因素，是连接知识和能力的重要纽带，是使人的智力和能力不断提升的重要方式。教师要有意识地将数学思想渗透到数学教学的各个环节，培养学生的分析、解决问题能力和应变决策能力。

（三）根据学生的认知和思维发展情况，进行教材及其他学习材料的整合

对高中数学课本中的一些模块进行重新整理、加工，整合和改编相关例题、习题，以利于提高学生数学能力、发展学生的理性思维和促进数学核心素养的养成。

（四）注重信息技术与数学课程的深度融合

学生会用数学软件研究问题，能扩展解决问题的视角。教师创设信息化探究环境，学生主动进行探索性学习，学习方式由听讲、记笔记更多地变为运用信息化技术观察、实验和主动思考，实现了知识意义的主动建构。

（五）注重提升学生应用数学解决实际问题的能力

教师在教学中应该融进一些数学建模的知识和内容，吸引学生对数学建模的兴趣。帮助学生认识数学模型在科学、社会、工程技术诸多领域的应用，提升实践能力，增强创新意识。

（六）注重教学策略研究与实践

基于提升数学核心素养，实践、归纳概念教学、命题教学、证明教学、解题教学、思想方法教学的教学策略研究。

三、数学学科课程群的构建

我们在教学内容和教学顺序上不拘泥于教材的编写，在尊重学生认知规律的基础上，针对我校不同的学生构成和不同的学生基础和认知能力，开设各类课程。

高中数学课程分为必修课程、选择性必修课程和选修课程。高中数学课程内容突出函数、几何与代数、概率与统计、数学建模活动与数学探究活动四条主线，它们贯穿必修、选择性必修和选修课程。数学文化融入课程内容。必修课程为学生发展提供共同基础，是高中毕业的数学学业水平考试的内容要求，也是高考的内容要求。选择性必修课程是供学生选择的课程，也是高考的内容要求。选修课程为学生确定发展方向提供引导，为学生展示数学才能提供平台，为学生发展数学兴趣提供选择，为大学自主招生提供参考。

（一）课程结构

高中数学课程包括基础课程、拓展课程、提高课程，其中，基础课程包括初高中衔接课程、函数主题、几何与代数主题、概率与统计主题、数学建模活动与数学探究活动主题等。拓展课程包括国家选修课程 A、B、C、D、E 类和校本课程，"内高班"同步复习与拓展课程等。提高课程包括数学竞赛课程、高中各年级尖子生弱科辅导课程（集中大课和一对一针对课程），英才学生的提优课程，"翱翔计划"人才讲座，"钱学森班"学生的研究性学习课程和讲座等课程。

（二）课程具体内容

1. 必修课程

数学必修课程包括五个主题，分别是预备知识、函数、几何与代数、概率与统计、数学建模活动与数学探究活动（见表 1）。数学文化融入课程内容。

表 1　数学必修课程

主题	主要内容	实施对象	实施时段	评价标准
主题一 预备知识	集合	高一学生	高一上学期	学业水平测试
	常用逻辑用语	高一学生	高一上学期	学业水平测试
	相等关系与不等关系	高一学生	高一上学期	学业水平测试
	从函数观点看一元二次方程和一元二次不等式	高一学生	高一上学期	学业水平测试

续表

主题	主要内容	实施对象	实施时段	评价标准
主题二 函数	函数概念与性质	高一学生	高一上学期	学业水平测试
	幂函数、指数函数、对数函数	高一学生	高一上学期	学业水平测试
	三角函数	高一学生	高一上学期	学业水平测试
	函数应用	高一学生	高一上学期	学业水平测试
主题三 几何与代数	平面向量及其应用	高一学生	高一下学期	学业水平测试
	复数	高一学生	高一下学期	学业水平测试
	立体几何初步	高一学生	高一下学期	学业水平测试
主题四 概率与统计	概率	高一学生	高一下学期	学业水平测试
	统计	高一学生	高一下学期	学业水平测试
主题五 数学建模与数学探究活动	数学建模活动与数学探究活动	高一学生	高一下学期	学业水平测试

2. 选择性必修课程

数学选择性必修课程包括 4 个主题，分别是函数、几何与代数、概率与统计、数学建模活动与数学探究活动（见表 2）。数学文化融入课程内容。

表 2　数学选择性必修课程

主题	单元	实施对象	实施时段	评价标准
主题一 函数	数列	高二学生	高二上学期	高考＋过程性评价
	一元函数导数及其应用	高二学生	高二上学期	高考＋过程性评价
主题二 几何与代数	空间向量与立体几何	高二学生	高二上学期	高考＋过程性评价
	平面解析几何	高二学生	高二上学期	高考＋过程性评价
主题三 概率与统计	计数原理	高二学生	高二下学期	高考＋过程性评价
	概率	高二学生	高二下学期	高考＋过程性评价
	统计	高二学生	高二下学期	高考＋过程性评价
主题四 数学建模与数学探究活动	数学建模活动 与数学探究活动	高二学生	高二下学期	高考＋过程性评价

3. 拓展课程

拓展课程是由学校根据自身情况选择设置的课程，供学生依据个人志趣自主选择，分为国标拓展课程（A、B、C、D、E 五类）和校本课程。

国标拓展课程为学生确定发展方向提供引导，为学生展示数学才能提供平台，为学生发展数学兴趣提供选择，为大学自主招生提供参考。学生可以根据自己的志向和大学专业的要求选择学习其中的某些课程。国标拓展课程分为 A、B、C、D、E 五类：（1）A 类课程是供有志于学习数理类（如数学、物理、计算机、精密仪器等）学生选择的课程。（2）B 类课程是供有志于学习经济、社会类（如数理经济、社会学等）和部分理工类（如化学、生物、机械等）学生可以选择的课程。（3）C 类课程是供有志于学习人文类（如语言、历史等）学生选择的课程。（4）D 类课程是供有志于学习体育、艺术（包括音乐、美术）类学生选择的课程。（5）E 类课程既包括拓宽视野、日常生活、地方特色的数学课程，还包括大学数学的先修课程等。大学数学先修课程包括微积分、解析几何与线性代数、概率论与数理统计。数学建模活动、数学探究活动、数学文化融入课程内容。选修课程的修习情况应列为综合素质评价的内容。为满足学生对于不同高等院校、不同专业的招生需要。

校本课程是在国家课程规定的内容以外的补充课程，它是对国家课程的有效补充，是为不同兴趣、不同要求的学生提供多样化的选择，培养学生数学修养，提高数学能力的有效途径。潞河中学在高中一年级和二年级两个年级中开设校本课程，原则上两个年级的每一名教师都要在各类课程中选择或自建一门课程，并力争开设。教师也可以结合个人的兴趣和研究自主设置课程（见表3）。

表3　数学教研室校本课程规划表

课程名称	实施对象	实施时段	评价标准
初高中衔接内容选讲	高一学生	高一	考试 + 过程性评价
高一数学同步复习与拓展	高一学生	高一	考试 + 过程性评价
高二数学同步复习与拓展	高二学生	高二	考试 + 过程性评价
高考创新题分析与指导	高二学生	高二	考查 + 过程性评价
高一数学思维训练	高一学生	高一	考查 + 过程性评价
高二数学思维训练	高二学生	高二	考查 + 过程性评价
高一数学建模讲习	高一学生	高一	过程性评价
高二数学建模讲习	高二学生	高二	过程性评价
高一数学竞赛初步	高一学生	高一	考查 + 过程性评价
高二数学竞赛初步	高二学生	高二	考查 + 过程性评价
桥牌	高一、高二学生	高一、高二	过程性评价

续表

课程名称	实施对象	实施时段	评价标准
数学史选讲	高一、高二学生	高一、高二	过程性评价
球面几何选讲	高二学生	高二	考查＋过程性评价
数论知识入门讲座	高一、高二学生	高一、高二	考查＋过程性评价

我校数学校本课程分为以下5类：（1）思维训练类。课程特点：结合教学内容，选择适当的专题，进行有针对性的讲解和分析，提高学生的思维和数学能力。本类课程适合于对数学学习有热情，希望提高数学思维能力和数学成绩的同学。具体设置：高一数学思维训练课、高二数学思维训练课。（2）兴趣类。课程特点：介绍有趣味的课外数学知识以及数学软件。本课程适合对数学有兴趣，并希望扩大数学的知识面、提高数学素养的同学。具体设置：高一趣味数学课、高一几何画板课、高一数学游戏课、高二趣味数学课、高一GeoGebra软件课。（3）应用与建模类。课程特点：把所学数学知识应用于生活、社会中，并用数学知识解决简单的实际问题。本课程适合于对数学应用、数学建模有兴趣，并希望提高数学能力与成绩的同学。具体设置：高一数学建模课、高二数学建模课。（4）竞赛类。课程特点：介绍学习与数学竞赛、强基招生有关的数学知识，训练数学解题能力，提高数学水平。本课程适合于对数学有浓厚兴趣，并有较强的数学能力的同学。具体设置：高一数学提高小组、高二数学提高小组。（5）提高课程。提高课程包括：数学竞赛课程，高中各年级尖子生弱科辅导课程，包括集中大课和一对一针对课程；英才学生的提优课程；"翱翔计划"人才讲座；"钱学森班"学生的研究性学习课程和讲座等课程。

四、课堂教学改革的思路与举措

（一）教师课程建设的能力培养

新课程强调教育不仅仅要为学生提供知识、发展认知，更是要把"一个人在体力、智力、情绪、伦理各方面的因素综合起来，使他成为一个完善的人"。使学生得到全面发展的教育理念成为新课程教育理念的核心。作为新课程的实施者，要以饱满激情投入教学改革中，不断学习，大胆尝试，为全面推行素质教育而努力。

1. 育人思想上坚持人本意识

实践证明，教师的教学并非简单地把知识输送或移植给学生，而必须发挥学生的主体作用。因此，建立教师道德人格，在育人思想上树立人本意识是时代的要求，也是教育规律自身的需要。其一，要努力激发学生的学习和道德情感。教师要充分尊重学生的独立人格，用民主与平等的方式来解决来自学习和生活中的矛盾和问题，建立融洽和谐的育人氛围。其二，要对学生高度信任。教师要尊重学生不同的个性发展倾向，向每个学生提供使其天赋得以充分发挥、使其取得学习成功的机会。其三，要对学生适度宽容。教师要让学生摆脱束缚和压力，让他们成为寻求真理的"发现者"、"探寻者"。

2. 工作态度上遵循服务意识

新课程条件下，教师在学生个体人格构成中不再具有绝对的权威性，除了相互之间的"尊师爱生"的道德关系外，更多地呈现出相互平等、相互尊重、服务与被服务的关系。教育工作者归根到底是为学习者提供有效服务，教师以体力和脑力的消耗来满足学生获取知识、学会做人的这种特殊需求。这是人本主义教育思想与服务精神的结合，是以学生发展为本，重视教育消费者权益的体现。

3. 行为作风上强化自律意识

苏霍姆林斯基说过："让儿童发挥内在的精神力量来克服自己的缺点。"教师的职务是用自己的榜样教育学生。新的课程理念下教师个人的一举一动、一言一行对学生潜移默化的影响，远远超过知识对学生的影响。我们强调学生在培养道德上的自律性，同样也要认识到教师在培养自身修养上也要具有自律意识。教师要依法执教，就必须要从知法守法的高度自觉增强法律意识，认真贯彻执行国家法律、法规和政策，保证正确的育人方向，保护受教育者的合法权益，培养学生法律意识，工作作风上要坚持廉洁从教。

4. 自我提高上强调学习意识

学校是学生成长的地方，学生的成长恰恰是靠教师的成长所给予的。只有教师成长，才能使他教出有鲜活生命的学生。在与学生交往中，教师所面对的是极富变化、不断发展的学生。教师只有把自己视为一名持续学习者，不断反思自己的观念、态度、策略、行为，并加以改正，才能促进学生发展。

（二）各种教学策略的实施与尝试

新课程改革的核心环节是课程实施，而课程实施的基本途径是课堂教学，所以课堂教学的探索实践是课程改革的重中之重。在潞河中学的数学课堂教学工作中，我们本着"将第一思考时间还给学生，将第一表达机会还给学生，将第一体验过程还给学生，将第一认知反思还给学生"的理念，坚持把课堂还给学生，把机会留给学生，积极开展"十个研究"，即开展"学科本质研究、学科目的研究、教学内容研究、教学方法研究、教学过程研究、教学手段研究、教学评价研究、学生特点研究、学习规律研究、教师角色研究"。突出"七个重点"，即激发兴趣、培养习惯、夯实基础、指导方法、增加体验、提高能力、健全人格。强化"四个意识"，即学科目标意识、情感激励意识、学生主体意识、反馈指导意识。积极探索和实践多种教与学的有效策略、方法和组织形式，不断地反思教育教学过程中的经验与教训，努力形成具有潞河中学特色的数学教学模式。所以，适应新的变化，做好新课程的教学工作成为我们课堂教学的主要目标。作为新课程实验校，我们进行了积极的探索，也引发了一些思考。

1. 关注数学学科特点，把握数学学科本质

数学的本质是什么？中学数学教学为什么要强调对数学本质的认识呢？

从数学的学科特点看，数学具有高度的抽象性、逻辑的严密性与结论的精确性，还有应用的广泛性。所以中学数学教学应该是思维的教学，应该是让学生"带着问题走进课堂，带着思考走出课堂"，应该逐步引导学生养成理性思维的习惯，培养数学的理性精神。这是一切数学教学方法的根，是数学教学的立足之本！

因此，高中数学教学应该努力揭示数学概念、法则、结论的发展过程和本质，揭示人们探索真理的艰辛与反复。数学教学要通过典型例子的分析和学生自主探索活动，使学生理解数学概念、结论产生的背景和逐步形成的经历，体会蕴含在其中的思想，体验寻找真理和发现真理的方法，追寻数学发展的历史足迹。

2. 坚定不移地做好概念和通法通性的教学

概念是数学基础知识的核心，是数学推理论证的要素，是学好数学知识和培养数学能力的关键。通法通性的教学，是建立学生对数学的本质理解的基础，用数学本质来解决问题，才能达到对数学本质的理性认识。

在概念教学中，首先要明确概念的如下特征：（1）判定特征；（2）性质特征；（3）过程性特征（运算过程或几何操作过程）；（4）对象特征，概念是一类

对象的泛指；（5）关系特征，有些概念具有关系特性，反映了对象之间的关系，如垂直、平行、集合的包含等，都反映了两个对象的相互关系，具有关联性、对称性；（6）形态特征，有些概念描述了数学对象的形态，从形态上规定概念的属性特征。概念的多重性特征，决定了我们在教学中，应当采取"概念形成教学方式"和"概念同化教学方式"来进行，在策略上要注意：（1）直观化教学，即借助概念的直观背景，对抽象概念进行直观化表征，可提高概念教学的有效性。（2）通过正例和反例深化概念理解，概念的"样例"可加深概念理解，通过"样例"深化概念认识是必须而有效的教学手段。反例的运用不但可使学生的概念理解更精确、准确，而且可以排除无关特征的干扰。（3）利用对比明晰概念，有比较才有鉴别。对同类概念进行对比，可概括共同属性。对具有种属关系的概念作类比，可突出被定义概念的特有属性；对容易混淆的概念作对比，可澄清模糊认识，减少直观理解错误。（4）运用变式完善概念认识，通过变式，从不同角度研究概念并给出例子，可以全面认识概念。（5）对概念精致化，即抓住概念的精要所在。（6）注意概念的多元表征，概念多元表征可以促进学生的多角度理解，在不同的表征系统中建立概念的不同表征形式，并在不同表征系统之间进行转换训练，可以强化学生对概念联系性的认识。（7）将概念算法化。学习概念的目的是应用，反之，应用能促进概念的深刻理解。概念的应用可分为两类，一是用概念作判断，二是把概念当性质用，为了更好地运用概念，需要将概念算法化。

"定理、公式课"的教学要注意加强学生创新思维能力的培养，在整体结构上突出"猜想"与"证明"两大环节，而这正是数学发现中的基本策略和途径。这两个环节与其他环节有机结合，共同承担了对学生形象思维、直觉思维、逻辑思维的训练与培养，对学生创新思维和能力的培养具有十分突出的作用。"定理、公式课"应通过各种有效的教学手段，把主要的精力和时间用在定理、公式推导、证明的全过程上。让学生记住某一个定理、公式并非"定理、公式课"的最终目的。"定理、公式课"要达到的教学目的是：揭示定理、公式的来龙去脉，揭示其推导、论证中所用的有代表性的数学思想、思维方法和典型的数学技能技巧；交代清楚定理、公式适应的范围及成立的特定条件，理解由某一条件下所得出的必然结论。"定理、公式课"还应让学生准确地掌握命题的条件部分和结论部分，了解定理、公式中诸条件的性质和作用，掌握其变形的各种形式。

3. 坚持集思广益的深度教研活动，提升课堂教学的有效性

教研组的特色活动决定着学校某一学科在新课程改革践行中的力度。基于教研组集体的课堂教学交流，开展同课异构的教学实践活动，正是这种理念的最好体现。不同教师针对同一节课的不同设计，以及相互的听课评课说课，反复比较各具特色的优秀教学经验，探讨归纳一种与自身特点能够紧密结合的课堂教学模式是教师可持续发展的基石。如在《重要不等式》一节的教学中，我们根据交流效果的评价，对课堂教学进行一次次的对比分析，努力在教学实践中加大交流环节的思考与探索，从中也得到许多有价值的经验。

4. 开展分层教学的实践与思考

潞河中学的办学模式多元化，学生来源差异大，每个班都有正常录取的高分学生，有文化课基础比较薄弱的体育艺术特长生，有内地新疆班学生插入各行政班级，学生的学习基础、学习习惯、家庭教育、文化背景等都存在很大差异。对于这样的群体，采用"一刀切"的教学模式显然不可行，在课堂教学过程中，需要对于不同层次的学生制定不同的教学目标。其基本的理念就是：通过分层提问逐步形成概念，以高层次学生为主提出设想，以中层次学生为主进行分析和判断，以低层次学生体会知识形成过程，接受新知并能进行基本应用，符合每个层次的学生的"最近发展区"，并完成各层次间的交流与互动。习题的设计应该由浅入深，层层深入，以满足不同层次学生的要求，符合新课标中螺旋式上升的培养模式，同时要注意做好学生的心理疏导工作和及时进行课堂评价。当然如何进行分层教学，不同学科、不同教师都有不同的观点和不同的尝试。

解决问题的过程中，教师好比"导演"，起到引导作用，而各层学生时而做"演员"，时而做"观众"，都能展示自己，取得收获。

5. 突出学生的主体意识，"数学化"地开展课堂教学活动

新课程标准从课程的设置、结构、课堂教学活动上做了较大的改革，提出了要"以学生的发展"为宗旨的基本理念，要求数学教学不仅使学生掌握数学的基础知识，掌握数学方法，更重要的是学会"数学的思维"，获得更高的数学素养。数学课堂教学就应该突出学生的主体意识，让学生经历"学数学、做数学、用数学"的过程，激发和培养学生的思维品质，突出数学的学科特点。在具体教学中要关注以下几点：（1）关注学生的认知发展，使学生在教师引导下进行"再创造"，从而使学生主动构建自己的知识结构；（2）采用问题驱动和

实践探究使学生体会知识的形成过程;（3）培养学生的数学思维，让学生在实践中、在不断克服困难和反思总结中得到思维的锻炼。

6.教研的跟进支持为课堂教学保驾护航

教师队伍中正在研究的课题有国家级2项、北京市级2项、通州区级3项，有10位青年教师申请了新课标新教材实施方案的专项子课题，课题研究氛围浓烈，兴趣盎然。

五、学生发展指导

数学教研室根据学生的不同需求，提供了多种选修课程。

教师从学科角度引导学生。通过学法指导，帮助学生了解高中数学学习的特点、学科知识结构、基本的学习要求，以及一些常见的学习方法。明确好的学习习惯，例如，怎样预习、听讲、做笔记；怎样写作业；遇到不会的问题怎样变换角度拓展思路；根据不同的知识内容，有哪些学习要求；等等。

教师了解学生的认知基础、思维速度、思维特点，进行有针对性的指导和个性化的训练。学生的知识基础不同，思维习惯和思维能力差别很大，在初高中衔接阶段，一些低效的思维习惯需要改进，需要通过课堂、作业、辅导，对学生进行诊断和指导，帮助学生形成好的思维习惯，帮助学生学会自主思考。

教师从学生职业发展的角度引导学生。一方面，教师要正确理解数学与社会发展、与专业发展、与个人发展的关系；另一方面，教师需要深入了解每一名孩子的兴趣爱好、个性特长、数学基础及职业发展方向，在数学学习方面给予积极的建议和指导。

六、学科课程资源开发

（一）拓展数学教材资源

这里所指的教材包括教科书、课程标准以及相关的教辅材料，教材是实现课程目标、实施教学的重要资源；对于其他课程资源的开发和利用，都是建立在教材的合理开发和有效利用的基础之上的。

1.素材的选取应体现数学的本质、联系实际、适应学生的特点

教材中素材的选取，首先要有助于反映相应数学内容的本质，有助于学生

对数学的认识和理解，激发他们学习数学的兴趣，充分考虑学生的心理特征和认知水平。素材应具有基础性、时代性、典型性、多样性和可接受性。高中数学教材应选择学生感兴趣的、与生活实际密切相关的素材，现实世界中的常见现象或其他科学的实例，展现数学的概念、结论，体现数学的思想、方法，反映数学的应用，使学生感到数学应用无处不在。

2. 要用"活"教材

对数学教材的使用并不是静态地复制、被动地适应，而是动态地生成、主动地构建。用"活"教材体现在创造性地使用数学教材。要善于从学生的实际出发对教材内容的呈现方式、编排顺序等方面进行适当的调整和改变。这样可以诱发学生的学习欲望，激发学生进行思考，使学生产生学习的动力，并且使数学教学体系实现完整与和谐。例如，新版教材中许多例题的页边处设有"想一想"。"想一想"中的问题具有一定的趣味性、激发性、目的性和挑战性。

3. 重视搜集数学教材中的经典反例

数学中的经典反例，是数学经典的重要组成部分，具有认识和教育的双重价值，要认真发掘。反例在数学学习中具有重要作用：要否定一个命题是真命题，只要举一个反例就可以了。例如，讲解"异面直线"的概念时，学生往往从字面上直接想象异面直线就是"在不同平面内的两条直线"，这时可以用教科书作为反例，让学生打开教科书，书脊两侧页面的底边可以近似地看作分别位于两个页面上的线段。符合"在不同平面内"，但是它们所在直线显然不是异面直线。事实上，这两条直线是相交于（书脊上的）某一点的，通过这一反例，还可让学生理解"不在（任何）同一平面内"与"在不同平面内"这两个词语之间的差别。

4. 教材要反映现代信息技术与数学课程的整合

随着时代的发展，信息技术已经渗透到数学教学中，教师在处理某些内容时，要提倡使用计算器或计算机，帮助学生理解数学概念、探索数学结论，还应鼓励学生使用现代技术手段处理繁杂的计算、解决实际问题，以取得更多的时间和精力去探索和发现数学的规律，培养创新精神和实践能力。

5. 深入挖掘教材中的探究活动

数学教材的每一章都附有几篇与本章内容密切相关的"阅读材料"、"研究性学习课题"、"实习作业"，这都体现了教材重视培养学生发现问题与解决问题的能力，让学生通过探究学习活动，观察身边的各种现象，动手动脑进行思考与实践，在探究和解决问题的过程中，既获得了知识，又体验到成功的喜悦。如第一册第二章"函数"第九节后的"实习作业：建立实际问题的函数模型"，通过对实际问题的函数模型的介绍，要求学生能够运用所学的函数等知识解决"冰块融化为水的函数模型"。教师应适时组织指导学生带着问题去搜集整理材料，让学生参与到用数学知识去解决问题的每一个步骤、每一个过程中。

（二）挖掘教学人力资源

人力资源是决定数学课程资源开发程度、水平、范围的关键性因素。因此，必须挖掘各种人力资源，发挥人力资源的价值和作用。它应包括数学教师、学生以及其他关心高中数学课程的专家、社会人士。

1. 对学生资源开发利用

学生是学习的主体，是课程目标实施的对象，其自身的素质将直接影响到教学效果。新课程改革一再强调培养学生的主体性，使学生的个性得到充分张扬，因此，在教学的过程中，学生原有的知识、经验、背景、兴趣、平时的活动等都是可以利用和整合的资源。开发利用学生资源应以学生的学习为主线，以学生的主动参与为主轴，以学生的生活为出发点。要尊重学生富有个性的表现，把学生的经验、兴趣与教学结合起来，激发学生的兴趣，强化学习动机。从而丰富课程资源，以促进数学课程资源的进一步开发。

要善于利用学生的生活体验。课堂是学生生活的重要组成部分，是展现生命活力的舞台，更是他们表达内心世界的平台，是他们生命成长的场所。每位学生所处的生活环境不同，他们对事物的认识不同，生活体验也不同，因而形成了各自不同的世界观、人生观和价值观。因此，学生的生活体验应成为一种重要的课程资源以丰富教学，使之与教学内容、目标发生良性互动，借助这种课程资源达成教学目标。同时生活体验得到检验、修正与丰富，实现二者的畅通、互补与融合。

要善于利用学生个性化的思维方式和多样化的探索成果。受多种因素影响。学生的思维方式不同，在课堂教学中，教师对每个学生的真正关注，真正做到尊重、发挥学生的主体性，真正使课堂成为完整的人的生命成长的空间，一个重要方面就是对课堂中学生不同思维方式的尊重、发掘与引导。这也是教学过程中一种重要的课程资源。美国心理学家布鲁纳·罗杰斯认为，在教学过程中，教师的作用是要形成一种使学生能够独立探索的情境，而不是提供现成的知识。因此，在数学教学中，教师应创设情境，尊重学生思维方式和探索性成果，使学生树立自信，从而充分利用这一课程资源。

2. 对教师资源开发利用

在课程资源的开发和利用方面，学校教师具有极大的智慧潜能，是一个巨大的亟待开发的资源宝库，应该高度地重视和充分地运用。教师不仅决定着课程资源的鉴别、开发、积累，而且教师自身就是课程实施的首要的基本条件资源。所以从这个意义上讲，教师是最为重要的课程资源，教师的素质状况决定了课程资源的识别范围、开发程度以及发挥效益的水平。

教师要做到对自身资源的有效开发，应该做到：（1）重视对学生的调查研究。教师只有深入地调查、研究学生。掌握第一手资料，才能使课堂教学充满生机和活力。（2）加强对数学教学活动的反思。教学工作本身就是很复杂的，因而需要不断地学习，不断地总结与思考。（3）发挥自身特长，凝聚教师集体的教育合力。教师应根据自己的专长，挖掘自己的潜能，形成自己的教学风格，还要学会分享他人的教学成果，做到取长补短和精益求精。课程资源的建设，不是全部由教师承担的，而是由参与教育政策的制定、课程设计、实施、评价活动的教育工作者和关心教育的社会各界人士共同完成的。

（三）整合其他学科资源

数学课程资源的开发要注意整合其他学科资源，从其他学科中挖掘可以利用的资源来创造情境，帮助学生理解数学概念，掌握数学知识。如从数学的角度去研究人口、资源、环境等问题。人口、资源、环境问题是困扰人类发展的三大主题，作为 21 世纪的学生，都应该认识到环境保护与人口、资源在我们生活中的重要地位，都应该具有民族责任感。建立起这些问题与数学知识之间的沟通与衔接，既可增强学生数学知识的应用能力，提高数学素质，又能唤醒学生的人口、资源、环境意识。

七、教师团队建设

（一）优秀的团队

数学学科有一支结构优良和较高科研能力的教师队伍，具有较强的科研能力和较好的团队合作意识。教师队伍中有正高级教师 4 人，北京市特级教师 4 人，北京市骨干教师 3 人，区级骨干教师 3 人，通州区"运河计划"教育领军人才 2 人。年富力强的青年教师中大多数具有研究生学历，受过良好的科研训练。

（二）提高教师课程资源开发技能

教师开发课程资源的能力结构是多元化的，需要有深厚的数学理论功底，对数学结构有清晰的认识，对数学哲理有深刻的体悟，因而要求教师具有较强的数学思维能力，具备一定的教育、心理理论的基础，具有科研创新能力，另外还要掌握现代教育技术，有较强的组织能力和交际能力。

（三）建立数学信息资源库

课程资源的开发者可以通过创建校园数学网站或个人网站，建立起数学信息资源库。资源库里不仅要有大量文本、文献类资源，还要有许多超文本类的课程资源，链接外校及其他教育网站，特别是数学教育网站。师生共同了解数学信息，互相学习，取长补短。师生在有需要的时候，就可以到信息资源库进行点击检索。这不仅节约大量寻找资源的时间，而且，同一资源可以为不同人反复使用，提高使用效益。

潞河中学高中英语学科新课程建设纲要

李书梅

潞河中学始建于 1867 年，在这所百年老校，"一切为了学生发展"的办学宗旨和坚持"健全人格"的培养目标深深植根于每一名教职员工的心中。2017 年，选学、选考新高考和新课程改革，启动了高考考试内容"一核、四层、四翼"和高考招生方式的改革，提出了"社会主义核心价值观"、"中国学生核心素养"和"学科关键能力和学科素养"的培养任务，对潞河中学课程建设提出了新要求。

潞河中学高中英语教研室从我校教学实际出发，依照新课标的指导思想，对高中英语学科进行全方位、多角度的分析，力图突破困境，落实国家课程标准，建构满足潞河中学学生需求、旨在"培养学生健全人格"的潞河中学高中英语课程体系。

一、英语学科课程发展水平及特色估计

（一）学科性质和目标

2018 年 1 月，教育部正式颁布了《普通高中英语课程标准（2017 年版）》（以下简称《课程标准》），提出了"全面贯彻党的教育方针，落实立德树人根本任务，发展英语学科核心素养，培育具有中国情怀、国际视野和跨文化沟通能力的社会主义建设者和接班人"的课程目标。基于课程的总目标，普通高中英语课程的具体目标是培养和发展学生在接受高中英语教育后应具备的语言能力、文化意识、思维品质和学习能力等学科核心素养。

潞河中学作为国家级示范校，在上一轮课改中表现出应有的作为和担当，其英语课程在"使学生在义务教育阶段英语学习的基础上，进一步培养学生的综

合语言运用能力"为目标的高中英语课程建设中取得了累累硕果。新教材、新课标落地以来，我们积极探索、不断进步，更新教学理念和课堂教学方式，从关注语言转向关注人的教育，强调对学生终身学习能力和健全人格的培养。课堂教学中教师组织更多有意义的学习理解类活动、应用实践类活动和迁移创新类活动，从关注考试分数转向关注学生学习过程中的表现，包括学生学习的主动性、思辨能力、创新性等，从而促进学生的个性化发展，培养学生的学科核心素养。

（二）英语学科课程建设中存在的问题

1. 潞河中学学生多元化、英语学习两极分化现象严重

潞河中学学生包括计划统招生、艺体特长生，每个年级还有120多名的"内高班"学生。相对而言，统招学生中大部分英语或者基础比较扎实，或者具有一定的主动学习意识、学习兴趣浓厚；艺体特长生英语基础薄弱，学习积极性不足；大多数"内高班"学生的英语基础极为薄弱，有的甚至是英语"零基础"。总体来讲，学生英语水平参差不齐，英语学习策略和方法重视不足。如此多元的学生组成对我们的英语课程建设与教学工作都提出了更高的要求。

2. 学生缺乏良好的英语学习环境

潞河中学多数学生来自通州农村地区，多数家庭教育理念相对还比较落后，缺乏良好的家庭英语学习氛围和必要的英语练习使用环境；且大多数农村初中的英语教育理念还比较陈旧，其课堂仅以考试为目标，很少采用英文的授课方式，其英语教学依然聚焦于单词、语法、做题等机械式的学习，对于学生的英语思维品质和文化意识的养成严重缺失。

3. 学生积累不足，尚未形成良好的英语素养

潞河中学绝大多数学生的英语学习仅仅来自学校的课堂，基本仅限于听课和完成作业，缺少课本以外的必要积累，阅读量不足、阅读范围狭窄，而且学生长期以来形成的重视数理化而忽视英语学习导致的偏科现象比较严重。从以上现实可以看出：大多数学生出于功利的目的、为了参加考试而被迫地进行英语学习，很难用英语进行积极的思维，更无法通过英语学习感受其所传递的文化信息，所以学生并未形成良好的英语素养，很难在高中阶段达到"厚积薄发"的效果，更不能享受到英语学习的快乐。

（三）英语学科课程特色：思辨英语课程体系

基于英语学科的本质及我校学生实际学情，潞河中学高中英语教研室对高中英语国家课程资源进行适度整合，着力构建切合本校实际的课程体系，打造

潞河中学英语学科以培养学生思辨能力为特色的课程，以提升学生的学科核心素养，全面落实立德树人的教育目标。

《课程标准》指出思维品质是体现英语学科核心素养的心智特征，指"思维在逻辑性、批判性、创新性等方面所表现的能力和水平"。思维品质的发展有助于提升学生分析和解决问题的能力，使他们能够从跨文化视角观察和认识世界，对事物做出正确的价值判断。

我们认为高中英语课程是教师培养学生思维能力的重要手段，英语学习与思维的关系十分密切，学习和使用语言要借助思维，同时，学习和使用语言又能够进一步促进思维的发展。学习和使用母语以外的语言，可以丰富思维方式，进一步促进思维能力的发展。所以我们认为通过英语课程培养学习者思辨能力必要且可行。

思辨能力指的是分析、推理和评价的能力，以及质疑、批判和创新的精神。强调合理使用正确评判标准对某一问题从不同层面进行思考、分析和判断，达到有理有据并理性解决问题的目的。

潞河中学高中英语学科课程体系以思辨能力培养为特色，力图在英语学习过程中着力培养学生的思维品质，促进其核心素养的形成。思辨英语课程以《课程标准》为理论指导，基于布鲁姆所提出的认知目标分类的记忆、理解、应用、分析、评价和创造这六个教育目标，在各类课程的推进过程中引导学生在输入与输出活动中逐步提高理解、应用、分析、评价和创新能力，将思辨能力培养贯穿到英语教学的每一个环节，力图在每一节课中把提升学生的思维品质落到实处，最终提升语言基本功的同时带领学生在人文学科核心领域进行系统和深入思考，在语言学习中提高人文素养，培养思辨能力、跨文化能力和自主学习能力。

二、英语学科课程构建的核心主题

（一）建设目标

坚持以学生为主体，发展学生的英语学科核心素养，打造潞河中学思辨英语课程体系，注重在提升英语语言能力的同时着力培养学生的思维品质，使学生享受英语学习的快乐和成就，形成可持续发展的英语学习力。

（二）工作重点

坚持"一切为了学生的发展"，培养学生健全人格，这是潞河中学的办学宗旨，也是我们一切教学活动的最终目标。我们以"激发兴趣"、"培养习惯"、"夯实基础"、"指导方法"、"增加体验"、"提高能力"和"健全人格"为重点，力图打造生命的课堂，让学生参与学习、享受学习，实现英语学科的育人功能，培养学生的健全人格，落实立德树人的根本任务。

三、英语学科课程群的建设

（一）思辨英语课程体系结构

依据《课程标准》，基于我校实际学情及英语教研室的教学理念，潞河中学高中英语学科"思辨英语课程体系"分为三个层次：面向全体学生的基础性课程，着力发展学生核心素养的拓展类课程，面向特定学生的个性化课程。潞河中学高中英语课程体系结构如图1所示。

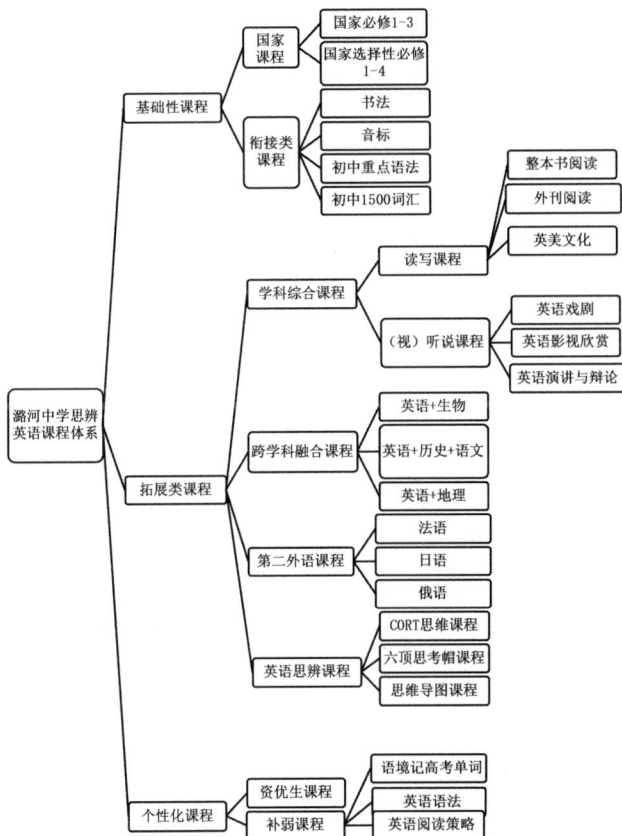

图1 潞河中学高中英语课程体系结构

（二）三类课程的实施

1.基础性课程的实施

英语基础性课程面向全体学生开展，以人教版《高中英语》新教材为主，结合我校实际情况进行适度整合。

（1）衔接课程。根据我校学生多元且基础薄弱的特征，我们开设了衔接课程，为学生从初中英语学习顺利过渡到高中英语学习，并为高中英语学习打下坚实基础。

衔接课程整体框架。衔接课程在2—3周内安排15个课时的教学任务，涉及语言技能和知识、学习策略、情感态度和文化意识等板块，凸显语用功能；学习难度循序渐进，有利于初高中顺利衔接和有效培养学生综合运用英语的能力。其中，语言知识部分包括语音、词汇和语法知识。在教学方面，语音教学内容包括音标朗读、音节划分训练、读音规则训练、意群和停顿训练、语调训练等；词汇能力教学包括词性的正确使用、词块搭配、上下文猜词义以及派生、合成和转化等常见构词法的教学；语法教学内容包括句子成分，句子种类（简单句、并列句和复合句），陈述句、疑问句、祈使句、感叹句、简单句的五种基本句型，并列句的分类，复合句（定语从句、状语从句和名词性从句）等。

衔接课程学习策略教学包括高中英语学习一日常规、听说学习策略、阅读策略、高中英语阅读量和阅读能力的提高策略、文化意识与批判性思维培养策略和资源策略等。其中，阅读策略教学包括预测与略读、找读、猜测生词、推断、指代关系和概括等，资源策略教学主要围绕培养学生如何合理地使用网络资源、词典资源、图书馆资源、微课资源等进行自主学习。将语言技能和知识、学习策略、情感态度和文化意识按照从易到难、由浅入深的原则，有机地融合到各个单元相应的板块教学中，板块之间以话题为主线、以语篇为载体，让学生通过话题相似的语篇的学习，提高学生学习的兴趣，克服高中英语学习的畏难情绪，逐渐形成有效的学习策略。

通过初高中英语衔接课程的教学，教师可以以衔接课程为载体，深化对课程标准的理解，强化课程意识，也能引导并帮助学生进行初高中平稳过渡的策略和方法。更重要的是，学生能充分发挥主观能动性，找到适合自己的学习方法，并养成良好的高中英语学习习惯。

（2）思辨英语课程特色在基础性课程中的体现。在英语基础性课程的实施过程中，我们着力培养学生的思辨能力。首先，实行单元整体教学设计，提升教学的逻辑性：以"大概念"为引领、主题意义为主线、话题为依托，充分考虑学生需求，进行单元整体教学设计，实行以人教版教材为主，其他版本教材的经典篇目、《新概念英语》、《空中英语教室》、TED演讲等多种资源为补充，"基于教材但不限于教材"的方式进行教材整合。丰富充实教学资源，使学生对于单元话题的认知由浅至深，促进其思维的发展。另外还通过问题链、思维导图等多种形式在英语课堂教学中培养学生的思辨能力。

2. 拓展选修课程

英语拓展类课程面向中等以上学生开展，旨在激发学生学习英语的兴趣、拓展学习渠道、享受英语学习带来的快乐，落实英语学科核心素养，促进可持续发展英语学习力的形成。

国内对学生思维品质培养的研究尤其是实证研究尚待完善，且可操作性不强。《课程标准》出台以来，教师虽然开始关注思维品质的培养，但由于对思维品质依然不甚了解，而且缺少切实可行的方法，所以教师们在教学中仍然更多地关注表层信息的获取，对学生思维能力培养依然处于盲目无序的状态，因此大多数高中学生习惯于对所获取的信息不加分析、毫无置疑地全面接受，很少提出自己的见解和观点，其有限的思维活动依然处于自发状态。

鉴于以上情况，潞河中学英语课程结合英语学科本质特征打造了《CoRT思维英语课程》、《六顶思考帽英语课程》、《思维导图英语课程》等培养学生思辨能力的选修课程，力图将学生隐性思维显性化，将抽象的、不可见的思维过程具象化，从而引导学生搭建一个可视化的思维路径，把提升学生的思维品质落到实处。

在拓展选修课程中我们还力图打造如下重点课程：（1）《整本书阅读课程》。我校英语教研室以课题为引领，开展整本书阅读教学，选用《典范英语7—10》、《夏洛的网》、《奇迹男孩》、《小王子》等优秀青少年读物，帮助学生拓展阅读视野，建构阅读整本书的经验，形成适合自己的读书方法，提升阅读鉴赏能力，养成良好的阅读习惯。（2）《外刊阅读课程》。知名的国际英文刊物在表达上非常地道、严谨，信息量大，逻辑性强。文章内容既包罗万象又具有相当的时效性，大多涉及当前的热门话题，包括社会科学、自然科学、人文科学等各个领域，内容丰富、有趣。经常阅读这些英文刊物，不仅可以帮助我们提高英文阅读理解能力，而且这些地道的表达对提高我们的英语水平也会产生很大帮助。同时，外刊是各种英语考题的来源，比如在高考、四六级考、考研、专四专八考中，阅读理解部分所占的比重很高。而这些阅读理解的文章一般都是出自英美国家一些享有较高声誉的权威报纸杂志。我们制定了《外刊阅读课程》目标：扩充词汇量；突破长难句；提高阅读理解能力；提高写作水平；通过分析思考文章语言的组织和文章逻辑的呈现，从而了解英语国家的思维方式，了解世界动态，培养英语思维，提高对英语学科的兴趣以及学科素养，形成国际视野和跨文化交际能力。

3. 个性化课程

个性化课程聚焦学生发展差异，提供因人而异的课程。包括面向学有余力的资优生课程，满足其学习兴趣和个性发展，为学生特长发展奠定基础，培养学生中国情怀、国际视野和跨文化沟通能力。我校还考虑到基础薄弱生的需求，个性化课程还包括补弱课程。高中英语组整理了《语境记单词》、《英语语法》、《英语阅读策略》等课程，带领学生落实基础知识，培养学生的学习自信、提高学生的英语成绩。

四、课堂教学改革的思路和举措

（一）培养学生健全人格，落实立德树人的根本任务

"人格教育"是潞河中学 1927—1951 年首任华人校长陈昌祐先生掌校期间提出的校训，"健全人格"的培养目标继承了潞河人格教育的优良传统，又赋予了时代精神，也是"立德树人"教育目标所在。

潞河中学英语课程如何通过实现学生"健全人格"的培养，提升英语学科的核心素养以达到英语学科的育人目的呢？我们认为"健全人格"的培养不能是空洞的说教，需要结合英语课程特征，在日常教学中基于语篇的六要素构建主题意义为引领的课堂中有机渗透情感、态度和价值观，以"润物细无声"的方式实现健全人格培养，同时提升英语学科核心素养。

在以主题意义为引领、以培养学生健全人格为目标的英语课堂上，教师要通过创设与主题意义密切相关的语境，充分挖掘特定主题意义所承载的文化信息和发展学生思维品质的关键点，基于对主题意义的探究，以解决问题为目的，整合语言知识和语言技能的学习与发展，将特定主题与学生的生活建立密切关联，鼓励学生学习和运用语言，开展对语言、意义和文化内涵的探究，特别是通过不同观点的讨论，提高学生的鉴别和评判能力；通过中外文化比较，

培养学生逻辑思维和批判性思维，引导学生建构多元文化视角。通过一系列语言学习和思维活动，推动学生对主题的深度学习，体验不同的生活，丰富人生阅历和思维方式，树立正确的世界观、人生观和价值观。在此过程中，尤其是对主题意义的探究过程中，"健全人格"的培养水到渠成。

（二）践行英语学习活动观，发展学生核心素养

多年以来，潞河中学英语课程一直倡导自主学习、合作学习、探究学习等学习方式，我们认为实施好英语课程需要有机整合课程内容，精心设计学习活动，以实现目标、内容和方法的融合统一。这需要在教学中落实课标所提出的六要素整合的英语学习活动观的概念，即：学生在主题意义引领下，通过学习理解、应用实践、迁移创新等一系列体现综合性、关联性、实践性等特点的英语学习活动，使学生基于已有的知识，依托不同类型的语篇，在分析问题和解决问题的过程中，促进自身语言知识学习、语言技能发展、文化内涵理解、多元思维发展、价值取向判断和学习策略运用，促进核心素养的形成。

总的来说，高中英语教师需要根据学生的实际特点，选择适当的语篇，基于英语学习活动观设计学习理解、应用实践、迁移创新三个层面的学习活动，激发学生的英语学习欲望、提升其英语能力，在分析问题和解决问题的过程中，促进学生核心素养的形成并达到立德树人的教育目的。

五、学生发展指导

英语教研室提供了多种英语学科选修课程，每个学生可以根据自己的能力水平、兴趣爱好、学科特长或发展规划，选择适当的时间修习感兴趣的、合适的课程。英语教师要从学科角度引导学生。一方面，教师要正确理解英语与社会发展、专业发展、个人发展的关系；另一方面，教师需要深入了解每一名孩子的兴趣爱好、个性特长以及英语基础，在英语学习方面给予积极的建议和指导。

此外，潞河中学的英语教师需要在学科教学中渗透生涯教育，需要在学科教学中结合语篇内容探究主题意义从而实现生涯指导。

六、教师队伍建设

（一）基本情况

高中英语教研室现有专任教师 26 人，其中 50 岁以上资深教师 5 人，35 岁以下青年教师 5 人；高级职称教师 11 人，一级教师 9 人，其中特级教师 1 人，北京市骨干教师 3 人，区级骨干教师 5 人；具有研究生学历教师 12 人。

多年以来，高中英语组一直是一个团结奋进、教育教学能力过硬的和谐团队。资深教师具有很强的影响力，他们教学经验丰富，乐于帮助年轻人；多数中年教师都已形成自己的教学特色，已成为学校教育教学岗位的中流砥柱，不论是教学还是班主任工作都能勤勤恳恳、尽心尽力，有着强烈的发展愿望；年轻教师虽然经验不足，但是对于工作充满热情、乐于学习、勤于实践。

老师们在国家及市区级的各种比赛中屡获战功，在通州区课堂评优活动的"秋实杯"或"春华杯"、北京市教学设计大赛、启航杯、京教杯等比赛中都有出色表现。此外，老师们还积极参加各种市区级的培训活动，多名老师参加研究生课程学习和市级特级教师工作室项目、教育学院"青蓝计划"学习并结业。

（二）存在的主要问题

教师层面存在年龄过于集中的问题，"40 岁富集现象"明显。12 人生于 1978—1982 年间，1965 年前后出生的老教师有 5 人，而"90 后"的新生力量仅有 2 人。目前，老教师面临退休，后备力量不足；中年教师极易因进入瓶颈期而产生职业倦怠。

（三）教师队伍培养思路

1. 引导老师们做好职业规划

明确 3 年、5 年、10 年发展目标和路径；激发老师的工作和学习热情，打造一批"享受学习、乐于工作"的潞河中学英语名师。

2. 为老师们搭建学习和实践的机会，突破瓶颈，破茧成蝶

落实"走出去"、"请进来"，鼓励老师们参加各级各类教研和学历进修；教研室拟参加"基于核心素养的高中英语新课程教学理念与方法联合教研项目"，这是中国教师研修网、中国教研网在教育部基础教育课程教材发展中心的指导下，为助力高中英语教师在新课程、新课标、新教材、新评价的背景下

提升新教材的实施能力，探索基于核心素养的高中英语新课程教学理念与方法而实施的联合教研项目。本项目邀请中学英语教育领域的权威学者、课标组专家主持项目，以课例研究为路径，通过"互联网＋教研"的模式开展为期三年的线上线下混合式伴随式系列化教研，明确高中英语教学的学科育人同时积极探索高中英语教学中发展学生英语学科核心素养的方法。自开展以来收效甚好，权威性很高。

期待能够通过参加系列化的联合教研，帮助老师进一步明确英语学科育人价值，初步形成学校高中英语教学新模式，推动学校开展指向英语学科核心素养的教学改进实践。通过线上线下联合研究，形成系列化符合高中英语新课标理念，促进高中英语教师的专业成长。

3. 以课题为依托，赋能教师发展

英语组围绕核心素养中的"思维品质"这一研究点，先后申请立项了中国英语阅读教育研究院"十三五"规划课题《在高中英语阅读教学中运用"六顶思考帽"培养学生批判性思维的行动研究》和全国基础外语教育研究培训中心"十四五"规划重点课题的子课题《在中学英语分级阅读教学中应用思维导图进行整本书共读的研究》。另外，依托学校《潞河中学健全人格课程体系建设研究》的课题，外语组老师申报了12个子课题，通过课题研究，力求将"核心素养"的理论落实到老师的教学当中，提升教师专业素质，促进教师突破教学瓶颈、从教学者向研究者转变。

七、小结

在潞河中学这所百年老校，一草一木皆文化，一砖一瓦能育人。新课程、新教材的实施为我们"健全人格培养"为目标的教育事业注入了新的活力。潞河中学英语教研室将勇挑重担，深入研究，不断发展、完善以思辨为特色的英语课程体系，发展学生英语学科的核心素养，落实立德树人的根本任务，使学生成为具有中国情怀、国际视野和跨文化沟通能力的社会主义建设者和接班人。

潞河中学高中物理学科新课程建设纲要

张　晓

习近平总书记在党的二十大报告中指出："全面贯彻党的教育方针，落实立德树人根本任务，培养德智体美劳全面发展的社会主义建设者和接班人。"基础教育课程承载着党的教育方针和教育思想，规定了教育目标和教育内容，是国家意志在教育领域的直接体现，在立德树人中发挥着关键作用。

物理学科是一门基础学科，担负着培养学生科学精神和科学态度的重任。

一、物理课程发展水平及特色

教育部颁布的《普通高中物理课程标准（2017 年版 2020 年修订）》（以下简称《课程标准》）中，明确了物理学的课程性质：物理学是一门基础自然科学，基于经验证据、建构理想模型、利用数学工具、形成抽象理论，研究大至宇宙天体，小至基本粒子等自然界一切物质的基本结构、相互作用和运动规律。

高中物理课程立足于促进学生从物理学视角认识自然、理解自然，建构关于自然界的物理图景，引导学生经历科学探究过程，了解科学研究方法，养成科学思维习惯，增强创新意识和实践能力，引领学生认识科学·技术·社会·环境（STSE）的关联，形成科学世界观和价值观。明确了高中物理课程的基础性、选择性与发展性。

《课程标准》明确了物理学科的核心素养：物理学科核心素养是学生在接受物理教育过程中逐步形成的适应个人终身发展和社会发展需要的基本知识、

关键能力、科学态度等方面的综合表现，是学生通过物理学习集中体现的带有物理学科特性的品质，是学生科学素养的关键成分，主要由物理观念与应用、科学思维与创新、科学探究与交流、科学态度与责任等四个方面要素构成。

物理学科的国家课程建设中需要解决的问题有：（1）国家课程的优化、校本化问题。物理学科具有选择性，对于不选择物理学科的学生来说，也要学好最基础的部分，掌握物理学的基础的知识和方法；对于选择物理学科的学生来说，要学习高中物理的全部内容。在高一阶段，两部分学生共同学习，如何把握好教学的难度、进度、效度是一个非常值得研究的课题，要让两部分不同要求的学生都能有所收获且各得其所是比较困难的一件事情。而对于选择物理学科的学生，必修课程与选择性必修课程有部分重复内容，知识的重复与叠加现象，如何解决知识的模块化问题与教学的一致性，需要在教学中不断摸索与研究。相对于其他兄弟学校，我校物理课程的课时数较少，同样的内容，同样的进度，同样的目标要求，这就要求潞河中学的物理教师必须有高效率的教学才有可能达到我们的目标，我们要思考如何提高教学的针对性和有效性，如何落实教学的每一个目标。（2）核心素养的落地问题。从三维目标到核心素养，对教师培养学生的目标上更进了一个层次，教师在每一节的课堂教学中，在每一个知识的教授过程中，如何让学生真正实现必备知识、关键能力、核心素养的落地是一个非常重要的课题，需要每一位老师潜心研究和实践，不断在教学中发挥每一个人的特长和智慧，教研组加强交流与研讨，共同提高教育教学能力，让核心素养的目标落实在每一节课堂中。（3）我校学生的多元化问题。目前，我校高中的学生组成非常复杂，来源很广，不仅有统招的学生，还有名额分配、校额到校的；不仅有体育、艺术特长生，还有科技特长生；不仅有本地学生，还有来自新疆的内地新疆高中班的学生，还有贯通年级的"钱学森班"的学生。这些学生，除"钱学森班"的学生单独编班外，其他班级中每一个班级都混合着全部来源的各种学生，在同一个班级，学生的差异非常大，物理基础和学习习惯都有很大的差异，对于班级授课的形式提出了很大的挑战，要保证所有学生都能听懂、都能学会、都有进步，难度是可想而知的。（4）满足不同学生的需求问题。随着社会的进步，学生也在不断地发展，学生的自主性逐步得到了提高，我们的课程就应该尽量满足学生对知识的不同需求，这就要求我们开发出更多的课程，适应学生发展的需求，同时也适应国家和社会对创造型和创新型人才的需要。

二、物理学科课程构建的核心主题

通过物理课程的学习，要让学生逐步形成完善的物质观念、运动与相互作用观念、能量观念等，构建形成完备的知识网络和体系，弄清知识间的关联；能够对所学知识进行整合，分清相似的概念；能够将实际的现实中的物理问题转换成理想的物理模型，具有构建物理模型的能力。

培养学生构建模型的意识和能力。要让学生能够运用科学思维方法，从定性和定量两个角度对相关问题进行科学推理、找出规律、形成结论，培养学生使用科学证据的意识和评估科学证据的能力，提高学生运用证据对研究的问题进行描述、解释和预测。培养学生的批判性思维的意识，能基于证据大胆质疑，从不同角度思考问题，培养学生创造意识和创新精神。

培养学生的科学探究意识和能力，让学生学会在观察和实验中发现问题、提出合理猜想与假设。培养学生设计探究方案的能力和获取证据的能力，让学生学会正确实施探究方案，使用不同方法和手段分析、处理信息，描述并解释探究结果和变化趋势，并让学生学会交流，学会准确表达、评估和反思探究过程与结果。

激发学生学习和研究物理的好奇心和求知欲，培养学生主动与他人进行合作与交流，尊重他人，有团队合作意识和习惯，能沟通，善协调，能虚心听取别人的意见，能基于证据和逻辑发表自己的见解，实事求是，不迷信权威，关心国内外科技发展现状与趋势，了解物理研究和物理成果的应用，遵循道德规范，具有保护环境、节约资源、促进社会可持续发展的社会责任感。

三、物理学科课程群的构建

完善国家课程，开发各级各类校本课程，满足不同学生的各类需求，秉承我校"一切为了学生"的办学宗旨，物理学科的课程体系完备，内容丰富，完全可以满足不同学生的需要。物理学科课程体系如图1所示。

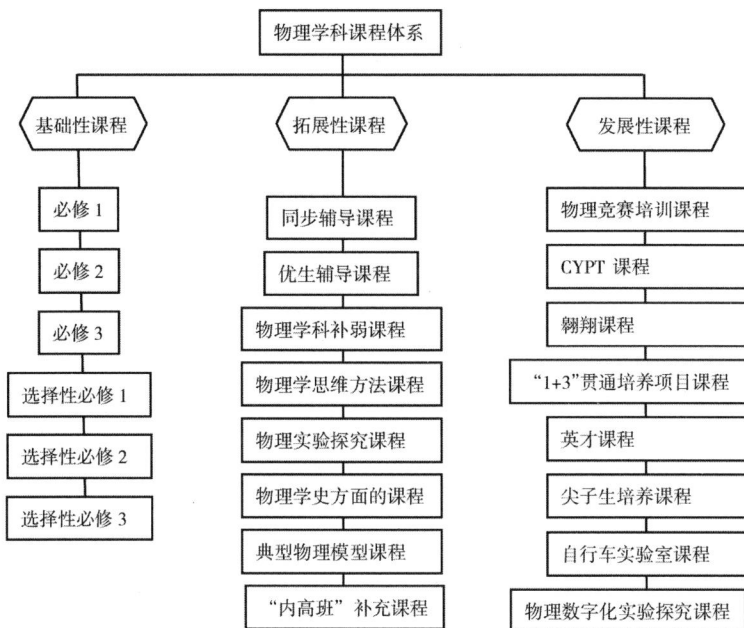

图 1

基础性课程包括：必修 1、必修 2、必修 3、选择性必修 1、选择性必修 2、选择性必修 3。

拓展性课程包括：同步辅导课程、优生辅导课程、物理学科补弱课程、物理学思维方法课程、物理实验探究课程、物理学史方面的课程、典型物理模型课程、"内高班"补充课程等。

发展性课程包括：物理竞赛培训课程、CYPT 课程、翱翔课程、"1+3"贯通培养项目课程、英才课程、尖子生培养课程、自行车实验室课程、物理数字化实验探究课程等。

四、物理课堂教学改革的思路和举措

（一）深入开展十项研究

一是研究学科本质。在把握学科的起源、形成和发展的过程中，认识到物理学发展过程中不乏艰辛曲折又蕴含内在规律并充满文化积淀的全过程中，提倡用过程的、发展的、文化的观点认识学科的本质，增强学科教学的探索性和教育性。

二是研究教学目的。以提高学生学习兴趣和积极性为目的，培养学生良好的道德情感、鲜明的主体精神、科学的思维习惯、强烈的创新意识和较强的实践能力层面，从培养"具有健全人格"的高度来思考学科教学目的，强化教学的目的性。

三是研究学生特点。用有着多方面、多层次需求，具有自我发展的能动性和潜能的，带有鲜明年龄特征的生命整合体的教育对象观念去尊重学生、认识学生、了解学生、激励学生、发展学生，增强教学的针对性。

四是研究学习规律。用积极探索的、允许试误的、主动建构的学习观，用教师自己的学习体验和对学生学习特点的深入观察，分析学习发生的内外条件、学习的过程和学习的结果，增强教学的有效性。

五是研究教学内容。根据课程本质要求，适合学生认知特点和实际水平，深入挖掘教材所蕴含的学科基础知识、基本方法、基本思想和要求的基本能力，在尊重教材的基础上，精编教学内容，创造性地使用教材，增强学科的教育性。

六是研究教学过程。用学生亲自深度参与"再创造"、"再发现"的知识形成过程的问题研究、问题解决的思想来设计教学过程，全面加强知识形成过程的教学，增强教学过程中的探索性和创造性。

七是研究教学方法。调动学生多种感官活动，设计学生多种活动方式，留给学生足够的思维和活动的时间、空间，激励学生深度参与教学的全过程，鼓励教师采用多种有效教学方法，"百家争鸣、百花齐放"，增强教学的实效性。

八是研究教学手段。根据教学目标、内容和学生的实际情况，把现代信息技术、网络和各种媒体与传统教学手段有机结合，扬长避短，恰当灵活运用多种教学手段，促进学生有效学习。

九是研究教师角色。与学生建立尊重、关爱、民主、和谐的师生关系，以学生学习的激励者、指导者、组织者等身份来定位教师自身角色，教书育人，增强教学的指导性和激励性。

十是研究学生评价。用多元的、过程的、发展的、全面的观点看待学生，采取多种评价手段和方法，增强评价的诊断和激励功能。

（二）改进教学方式方法

适应新课程标准的要求，必须对过去的课堂教学方式方法进行变革和改善，要改变过去过多的讲授式为适度的启发式；彻底改掉填鸭式的被动接受为学生主动参与的主动探究式；改变过去的重结果轻过程为重过程轻结果；抛弃过去的题海战术、精讲精练，切实有效地减轻学生过重的课业负担。要探究过程教学的强化措施和途径，注重培养学生的创新精神，让物理课堂活起来，通过创造问题情景，让课堂教学更有效。

要从以下方面加强诊断：（1）通过课前全方位的诊断，了解学生的基础掌握情况、前概念和基本认识，从而让课堂教学更加有效，有利于各项教学目标的达成。（2）通过课堂教学诊断，及时反馈课堂的教学效果，有利于进一步改进教学，不断提高，实现可持续的发展。（3）通过课后的诊断，及时了解学生的掌握情况，了解学生学习的效果，有利于进一步调整教学策略、教学进度、教学难度，让教学真实有效，让教学目标真正实现，让学生真实获得和进步，促进学生健康成长和发展。诊断的手段不仅可通过练习、作业、测验、考试进行，还可以通过问答、课堂提问、课下访谈、聊天等方式全面进行。网上阅卷系统是一种非常好的诊断方法，一般是测验和考试时进行，通过计算机进行大数据的处理，可全面了解每一个学生的学习情况，数据量非常大，可将这一手段进行推广，扩大应用，充分发挥先进技术的作用。

（三）改进教学评价体系

改进过去的学科评价体系和标准，研究制定符合新课程标准和理念的新的课堂教学评价体系和标准，不仅要评价教师的教育教学水平，以及教师对教材的理解和把握程度，还要从学生的接受和获得角度，从学生参与课堂的广度、深度、有效度进行全面立体的评价；还要运用增值评价的方法，更加准确、客观地进行全方位的评价，提高评价的激励作用。

五、物理学科选课走班与学生发展

在选课走班的情况下，潞河中学的学生中，选考物理学科的学生所占的比例还是比较高的，这得益于物理老师们的教育和影响，也是学生信任物理老师教学水平的一种具体体现。以本届高三学生为例，全年级401人，选考物理的有315人，占全体学生的78.6%，是其他选考学科中比例最大的，与全区其他学校相比，此比例也是最高的。

对刚进入高中的高一学生，物理老师就开始不断地渗透一些观点：物理是有用的，物理是有趣的，物理的学习非常有意思，逐步让学生喜欢上物理，喜欢上物理课，也喜欢上物理老师。亲其师，信其道，引导更多的学生走上学物理用物理的道路。

在日常的物理教学中，让学生形成正确的物理观念，学会用物理学的思维方法思考和分析问题，学会独立进行物理学的科学探究，培养学生严谨认真、实事求是的科学态度和科学责任，要有社会责任感，要爱国爱党，认真贯彻党中央立德树人的总目标、总要求。

六、物理学科课程教育资源的开发

物理学是一门实验学科，学校非常重视实验室的建设，力学实验室、电学实验室、热光原实验室、数字化实验室、仪器设备室、仪器开发制作室、学生操作实验室、CYPT实验室、录课室等，应有尽有，满足教学及各类实验的需要。目前物理实验完备，设施齐全，不仅拥有国家课程中要求的全部实验，还有很多拓展、开发的其他实验设备，也包括大量老师们自制的仪器、装置。

潞河中学的自行车实验室成立大约五六年了，配备了各种检测、实验装置，以及大量专业维修工具、测量仪器等设备，还邀请自行车厂家的工程师到校进行指导和培训。物理组有一部分教师完全能够承担相关的培训任务，为有兴趣的学生提供发展的平台和交流、提高的机会。

潞河中学是北京市"翱翔计划"地球与物理领域学员培养的基地校，也是唯一的郊区基地校，地理位置相对市区学校没有优势，但我们积极争取机会，与清华大学、北京理工大学、北京科技大学、北京工业大学、中科院等高校和科研院所建立起良好的关系，争取到了各高校和科研校院所的大力支持，让参加"翱翔计划"的学员有机会走进高校实验室，接触到世界顶尖的科学研究、实验设备，让学生有机会在科学家身边成长，体验科学研究的精神，感受科学研究的氛围，为培养学生的创新能力和创造精神提供条件和可能。在此过程中也取得了不少的成果，培养了大批有科研精神和科研能力的优秀学生。

最近几年，我们积极争取和利用各种机会，邀请物理教育界的专家学者到校指导、交流。北京市第一批正高级教师周岗老师、张国老师，就曾来学校多次，老师们很受启发，开阔了眼界，提高了认识。我们争取到了两次市级物理学科的研讨会活动，全市的物理同行一起研讨、交流，共同发展，共同提高。

除了校外的资源，我们还非常重视利用校内的资源。物理组现任教师中有一半以上的教师拥有硕士或博士学历，他们在某一领域会有较深入的研究，可以利用这一资源开发一系列物理课程，满足不同学生的兴趣和发展的需要，给学生提供更多的选择和提高发展的机会。

七、物理教师团队的建设

潞河中学物理组现有教师 29 名，全部大学本科以上学历，其中硕士 14 人，博士 1 人，拥有研究生以上学历的占到一半以上。正高级教师 1 人，高级教师 16 人，高级、正高级教师也占到一半以上。市级学科带头人 1 人，市级骨干教师 3 人，区级骨干教师 5 人，区青年骨干教师 2 人，通州区"运河计划"教育领域领军人才 2 人，拥有各种名誉称号的教师近一半。

有史以来，物理组始终保持结构层次分明的特点，老同志德高望重，学科教学权威的地位非常明显；中年教师身负重任，承上启下，骨干作用十分明显；青年教师奋发向上，初露头角，脱颖成材，中坚力量非常突出。这样一支结构合理、阵容整齐、作风严谨、特色鲜明的队伍历来是潞河中学的中流砥柱。

在潞河中学物理组近几十年的发展过程中，一大批老教师做出了辉煌的成就，并对物理组优良传统的形成、浓厚学术风气的形成起着至关重要的作用，让我们永远记住他们的名字——杨利生、王成瑞、柴德全、宋玉璋、邢光信、马谷伯、庞玉、边良、于虎、夏永利……

在潞河中学这所百年老校的沃土中，物理组经历了风雨与雷电，付出了艰辛与劳动，得到了喜悦与收获。在通州区乃至北京市，潞河中学物理组都享有一定的地位。每学期，潞河中学物理组的教师都会出现在市区各级各类的讲台上，专题讲座、经验分享、交流研讨，市区级各类活动在潞河中学召开。物理组的教师们还走出去，到张掖二中、乌丹一中等兄弟学校进行交流，有着很强的影响力。

我们加强物理组教师队伍建设的具体措施有：（1）充分发挥老教师的传帮带作用。通过师徒结对子等形式，以老带新，帮助新参加工作的青年教师更好、更快地成长，尽快适应教学工作，形成正确的教育规，健康地走上教育教学的正确道路。（2）充分利用名师效应，促进教师成才。利用特级教师工作室、运河计划高中物理工作室等平台，开展各类活动，锻炼年轻教师，给年轻教师搭建更多的平台和机会，展示年轻教师的风采，扩大年轻教师的影响力。（3）积极争取机会，提高物理组教师的整体教育教学水平。联合市基教研中心，开展市级的研讨活动，聘请物理学科的专家到校指导，邀请全市物理同仁一起研讨交流，共同发展和提高。（4）大力倡导科学研究，以研促教。最近几年，物理组的教师们承担或参与的市区组大大小小各级各类科研课题几十项，取得了丰硕的教育教学成果，论文获奖、发表不计其数。

我们深知，在前进的道路上还会有很多挫折和教训，我们仍有缺点和不足，成绩只能说明过去，现在和未来需要我们付出更大努力。潞河中学物理人一定会团结一致，继续拼搏，为培养德智体美劳全面发展的社会主义建设者和接班人而努力奋斗！

潞河中学高中化学学科新课程建设纲要

王珍珍

党的二十大明确提出"全面贯彻党的教育方针，落实立德树人根本任务，培养德智体美劳全面发展的社会主义建设者和接班人"，再次强调了基础教育课程改革要发展学生的核心素养问题。2017 年 12 月，教育部颁布了最新的普通高中化学课程标准，第一次给出了化学学科核心素养的定义、内容与水平。化学学科核心素养是学生必备的科学素养，是学生终身学习和发展的基础，是综合素质的体现，它全面展现了化学课程学习对学生未来发展的重要价值。几年的践行中，我校化学课程的实施时刻保持与基础教育课程改革理念相一致，指向每一名学生学习力的提升与健全人格的培养，落实"全面发展的人"的教育理念，建构适合潞河中学多元化的学生结构特点、落实国家课程为基础、开发学科拓展类和提高类课程，发展学生化学学科核心素养的化学课程体系。

一、学科课程发展水平及特色评估

（一）学科课程发展水平

1. 课程性质和基本理念

化学是在原子、分子水平上研究物质的组成、结构、性质、变化及其应用的一门基础学科，其特征是从微观层次认识物质，以符号形式描述物质，在不同层面创造物质。课程的基本理念有 5 个：（1）以发展化学学科核心素养为主旨。立足于学生适应现代生活和未来发展的需要，充分发挥化学课程的整体育人功能，建构全面发展学生化学学科核心素养的高中化学课程目标体系。（2）设置满足学生多元发展需求的高中化学课程。通过有层次、多样化、可选择的化学课程，拓展学生的学习空间，以适应未来发展的多样化需求。（3）选择体现基础性和时代性的化学课程内容。结合学生已有的经验和将经历的社会生活实际，关注人类面临的与化学相关的社会问题，培养责任感、参与意识和决策能力。（4）重视"素养为本"的教学。创设真实问题情境，开展以化学实验为主的多种探究活动，培养创新精神和实践能力。（5）倡导基于化学学科核心素养的评价。积极倡导教、学、评一体化，促进学生化学学科核心素养得到不同程度的发展。

2. 化学学科核心素养和课程目标的变化

为更好地体现化学学科育人的价值，适应高中学生发展核心素养的要求，《普通高中化学课程标准（2017年版）》新增的学科核心素养不仅通过内涵、目标来描述，而且对5个方面的素养进一步划分出4级水平。

化学学科核心素养分为5个方面，分别是"宏观辨识与微观探析"、"变化观念与平衡思想"、"证据推理与模型认知"、"科学探究与创新意识"、"科学态度与社会责任"。

在课程目标的设定上，根据化学学科核心素养对高中学生发展的具体要求，提出高中化学的课程目标。将原三维目标（认知性目标、技能性目标及体验性目标）的行为动词描述做了调整，对新的课程目标统一划分出4级水平（从水平1到水平4），不再细究行为动词在三个维度的不同表述，而是更加具体地展示出了4级水平的具体内容。

3. 化学学科学习力与学科课程建设研究

裴娣娜教授在《诠释学生学习力与发展的新视野》一文中提出，学习力是人的生成、生长和发展，是人具有的饱满生命能力与活力。学科学习力与学科课程建设研究的实质在于：一是应对学生个性化发展需要，为学生的未来生存找到自我发展的生长点；二是依据学习力构建的模型，创造不同学校学科建设设计发展空间，满足学生个性化需求。结合化学学科的核心知识与学习力的"六要素"进行内涵的联系，将化学必修课程与选择性必修课程的核心主题发展化学学科学习力的模型：包括知识理解—实践应用—创新提升，发展学生化学学科思维、实验探究和在真实情境中解释实际问题的能力。

4. 化学学科核心素养下的课程评价标准

化学学习评价是化学教学评价的重要组成部分，对于学生化学学科核心素养具有诊断和发展功能，教师在化学教学与评价中紧紧围绕"发展学生化学学科核心素养"这一主旨，优化教学过程，有效提高教学质量。化学学习评价包括化学日常学习和化学学业成就评价。树立以"素养发展为本"的化学学习评价观，紧紧围绕化学学科核心素养的发展水平和化学学业质量要求来确定化学学习评价目标和评价标准，注重过程性评价和结果性评价的有机结合，灵活运用活动表现、纸笔测试和学习档案等多样化评价方式，倡导学生自评、同伴互评与师评相结合，充分发挥评价促进学生化学学科核心素养全面发展的功能。

在教学与评价的建议中，仍然强调教学内容要贴近生活、社会实际；重视化学与其他学科的联系，强调化学实验对于发展学科素养的重要价值；重视教学情境的创设；利用多种评价方式，发挥评价促进教学的功能。

（二）我校化学学科课程发展的现状和特色

1. 化学学科的育人目标

发展化学学科核心素养为主旨，指向每一名学生化学思维能力的提升与健全人格的培养，建构适合潞河中学多元化的学生结构特点，发展证据推理和模型认知、化学实验探究的素养，将初三化学和高中化学知识融会贯通，实现对学生化学思维能力的提升和学习进阶，落实真实情境下化学问题的解决，学以致用。

现有的化学学科课程是以提升素养层面进行知识和能力的落实，要培养学生在面对复杂新问题、新情境时能通过知识和技能、价值观等多方面的联系解决综合问题，我们构建适合学生发展和素养提高的课堂教学方式和课程体系。我们在逐渐摸索中前行，围绕整体目标实现潞河中学完整的、多层次的，培养健全人格的化学课程体系。

2. 构建以核心素养为主的各类课程

潞河中学学生的多元化体现在：钱学森班"（"1+3"贯通培养）与统招学生，必修学生与选科模式下的学生选考情况不同的情况。我们以国家课程标准为依据，结合不同学生发展需求，在原有课程的基础上构建面向全体学生的基础性课程，满足个性化需要的学科拓展类课程，面向优秀学生开设的学科提高类课程，面向学科学习较弱的补充类课程和面向对学科兴趣广泛的校本课程。根据学生兴趣和选择开设化学社团，充分调动学生对化学的探究和深入学习。

3. 设计符合学生认知发展的教学方案

目前，本组老师以大概念为统领，进行知识的进阶分析，融合初中和高中的化学教学、必修和选修的知识层级，不拘泥于章节和模块，将知识螺旋上升整合归纳，进行学生进阶分析和培养，将不同阶段教材中相同内容的部分进行整合调整，既节省了教学时间，又使学生形成对知识整体的认识和把握，形成适合学生认知和发展规律的教学实施。潞河中学以新教材新课标为基础，形成适合学生发展的课程建设体系，尊重学生发展规律，制定能力发展模型。

4. 开展课题研究，助力化学学科核心素养的落实

自 2017 年以来，在课程实施的基础上，化学教研室申报的课题以落实核心素养的措施研究开展，其中"十三五"规划课题《核心素养视域下高中化学教学激发学生问题意识提升解决能力的策略研究》、《中学化学基于证据意识的学生学习方式的研究》、《化学实验探究中学生思考力培养研究》、《科学探案精品校本课程的建设与实践研究》等，"十四五"规划课题《指向深度学习的高中化学单元教学研究》、《高中化学教学中实施创造教育提升学生思维品质的研究》，通过课题引领带动课程和教学的发展，从而达成对学生核心素养的落实：以证据推理素养为目标，通过化学实验等实践过程，创设情境发现问题，解决问题，增强学生社会责任和参与意识，发展科学探究和创新意识。

二、学科课程建构的核心主题

2017 年新课程改革以来，我校全体化学教师思考化学学科课程建构的核心主题，认为其应是围绕落实化学学科核心素养展开，课程设计帮助学生建构化学思维，从知识结构化的视角看待初高中四年的化学学习，以大概念统领的单元教学落实核心素养；学生能够应用化学知识解决生产生活中的化学问题，尤其是落实新情境下化学问题的解决；培养关注 STSE（社会、技术、自然和环境）的有社会责任感的接班人，同时具备证据推理和模型认知的能力、设计实验探究未知问题的能力、实践应用的能力的化学人。根据学生的情况和学校的发展理念，我校化学学科的课程建构主题为：大概念统领下的单元主题设计（关注学习进阶——整合）、发展以实验学科为本的证据推理和模型认知（培养化学思维——探究）、新情境下的实际问题的解决（应用于社会生活——应用）。

（一）整合

高一起始年级需要对初三化学的知识进行复习和初高中衔接，可以考虑两

种方式：一种是在学习高一之前对初三学习的内容与高中部分相关的内容进行复习和巩固；另一种方式是在学习到高一各章节时再融入初中化学的内容，两种方式都可以采纳，都应站在大概念的视角下进行整体思考，确定选择如何进行初高中衔接。如初三溶液部分和酸碱盐的学习，可以考虑放在高一第一章离子反应之前进行复习，从宏观物质到微观粒子的思维转变。

贯通"1+3"学生初高中四年的课程内容的整合。从宏观到微观、从定性到定量的化学思想方法的启蒙，结合课程内容，对四年的教学进行合理的打通和融合，适合贯通学生发展的课程体系。

高一必修阶段的课程整合。对于元素化合物部分采取结构决定性质、性质决定用途的思想方法，举一反三，对金属 Na、Fe，非金属 Cl、S、N 等元素进行研究和分析，同时关注氧化还原反应和物质分类两个角度对元素化合物的转化，从物质性质、反应规律等多角度认识物质。

高二选择性必修阶段的课程整合。有机化学基础中有机物的结构可以与物质结构及性质模块进行内容整合和应用，从微观结构角度认识官能团和化学键的关系，从而分析结构决定性质这一重要规律。

高二的选科需要对高一阶段学生进行生涯指导和分析，整合课程，加入科技前沿类课程内容，进行融合和打通，实现化学和生产生活相结合，让学生充分了解化学的作用，为今后自己的职业选择和研究方向打下基础；同时选考化学学生，可以在完成选择性必修的课程以外，加入选修类课程，丰富对化学知识的探索，拓展更广阔的研究方向。

（二）探究

化学学科本质是"实验型学科"，重视逻辑思维和思考问题的严谨性培养，同时"变化的科学"是学生创新性培养的载体，通过化学学习过程，培养具有扎实的文化知识基础和学习能力，善于捕捉、组织、判断各种新信息的能力，自我反思、自我调控的能力，立体、多视角、在动态中把握事物的思维能力，勇于探索、勇攀高峰、开拓进取、不断创新、有所作为的学生。化学核心素养也正是这些能力和目标很好的诠释。

化学是研究物质的学科，研究物质的一般思路和方法是进行实验探究，在探究过程中寻找证据、关注实验现象，建立思维模型，进行探究的过程。以教材实验为例，演示实验和学生实验必做，鼓励学生尝试探究实验和创新，发展学生社团，探究生活、生产和社会中常见的现象和问题，为学生创造实验室开展科学研究。我校目前有化学社团和校本课形式的实验课，科学探案、食品化学、生活中的化学等，学生亲自体验材料的制备和性质、神奇的化学反应和规律。通过探究实验激发学生发现和解决陌生情境中新问题的能力。在解决问题过程中落实知识和技能，培养思路方法，发展价值观和学科素养。

（三）应用

结合生活，在教学中融入社会生活中具体实例的解决方法，让化学课生动起来，不只是学习知识，更关注应用，发展学生解决问题的能力。

利用校园资源，如协和湖水，展开水质监测和净化等活动，利用所学化学知识进行污水的净化；如潞园每年秋天的落叶的处理，以社团活动或研究性学习的性质进行探索造纸的过程，体会环保和废物利用的方法；如食堂的厨余垃圾中油脂的含量较大，以社团的形式进行垃圾的处理，油脂制作手工皂、堆肥等，用于校园绿化肥料和各教学楼的洗手皂。

利用社会资源，还可以走出校园，进行社会实践。去高碑店水处理厂、化工厂等地，进行实际的参观和考察。将工业流程和"纸上谈兵"的原理进行对比和参考，增强学生的社会责任感和参与意识。

将可持续发展教育融入化学课堂，尊重自然，爱护环境，提倡绿色化学，创造美好家园。

三、学科课程群的构建

（一）学科课程结构

根据国家课程的标准，遵循化学学科教育教学的普遍规律，我校的化学课程分为：学科基础课程（面向全体学生）；校本、选学、选考的学科拓展类课程（面向选考化学的学生）；学科提高类课程（面向"1+3"、实验班、学科竞赛兴趣、素养提优的学生）。

化学学科课程体系结构如图1所示。

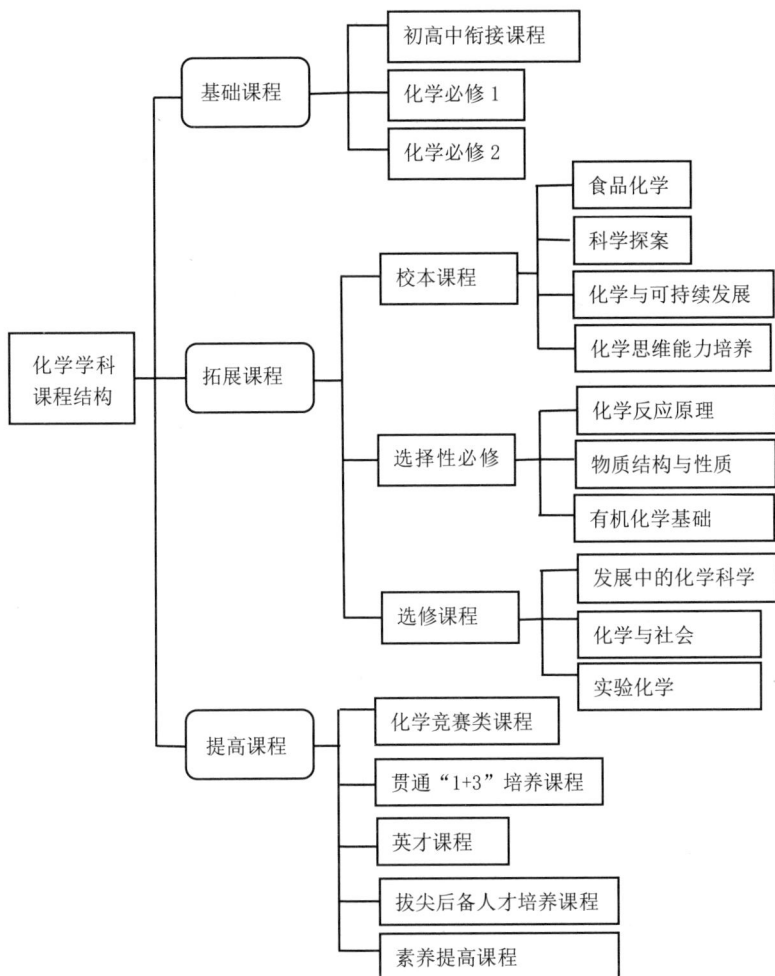

图 1　化学学科课程体系结构

1. 学科基础课程

2017 年版课标颁布之后，2017 年、2018 年实行老教材新课标，直到 2019 年开始新教材新课标，在课程安排和建构上进行了调整。由必修、选择性必修和选修三类课程构成。

必修课程是全体学生必须修习的课程，是普通高中学生发展的共同基础必修课程，努力实现化学基本观念与发展趋势，促进全体学生化学学科核心素养的发展，以适应未来社会发展需求。必修课程内容包括 5 个主题：化学与实验探究；常见的无机物及其应用；物质结构基础及化学反应规律；简单的有机化合物及其应用；化学与社会发展。

选择性必修课程是学生根据个人需求与升学考试要求选择修习的课程，培养学生深入学习与探索化学的志向，引导学生更深入地认识化学，科学了解化学研究的内容与方法，提升学生化学学科核心素养的水平。选择性必修课程设置3个模块：化学反应原理；物质结构与性质；有机化学基础。

选修课程是学生自主选择修习的课程，面向对化学学科有不同兴趣和不同需要的学生拓展化学视野，深化对化学科学及其价值的认识。选修课程设置三个系列：实验化学；化学与社会；发展中的化学科学。

必修课程不划分模块，共4学分，在高一年级开课，分为上、下两册。选择性必修课程包括3个模块，每个模块2学分，共6学分，主要安排在高二年级开课。

2. 校本、选学、选考的学科拓展类课程

为对化学有浓厚兴趣和选考化学的学生、拔尖人才培养的学生开始开设"实验化学"、"化学与技术"、"发展中的化学科学"模块。让学生有更多的选择空间，开阔学生视野。在校本选修部分，开设"高中化学问题意识及能力培养"、"化学实验探究"、"中学化学学科思维能力培养"、"化学实验技能、方法与实验设计"、"化学与可持续发展——化学与环境保护"、"食品化学"等。考虑到学生个性差异，把国家必修、国家选修和校本选修统一安排。这样的课程设置，保证未选考的学生学习必修课程，同时拓宽视野，选考化学的学生倾向学习必修、选择性必修和选修模块中的内容，确保了北京市的基本要求，同时循环开设丰富的校本选修课程，使对化学特别感兴趣的学生和将来有志于从事与化学相关的学生能够拓宽视野。

3. 学科提高类课程

对化学有浓厚兴趣，对化学原理和知识研究较多的学生的化学学科竞赛类的培训；"1+3"贯通项目学生的初高中衔接课程设置，走进中科院研究所的实践课程研究；校内优秀学生的提高补弱课程和通州区英才拔高课程。

（二）整合课程内容

我们认为教学内容和教学顺序可以不拘泥于教材的编写。在尊重学生认知规律的基础上，针对我校不同的学生构成、不同的学生基础和认知能力，我们将人教版必修和选择性必修课程进行了整合，按照大概念统领下的单元教学方式重新组合。课程的设计思路和方案如表1所示。

表1　课程的设计思路和方案

课程层次	基础性	拓展类	提高类
学生群体	全体高一学生	选考化学学生	部分选考化学学生
课程来源	国家课程为基础 初高中衔接 整合必修和选择性必修	整合选择性必修 大概念统领的单元教学	化学竞赛类 研究性学习类 拔尖后备人才培养 "翱翔计划"
课程定位	立足国家课程标准，重视核心素养发展 高一起始的衔接课程 高二选科前的指导课程	提升核心素养，解决实际生产生活中问题，联系可持续发展教育，开发学生的思维方式和观念，分为：校本课程；融合课程；实践课程	利于有志投身化学科学研究的学生，为未来专业和发展打基础，满足个性化需求，分为学科竞赛；大学先修课程；素养提高课程

基础性课程中包括：初高中衔接课程；物质的分类和变化；生产生活中材料与金属非金属及其化合物的性质；化学科学和实验；生产生活中的有机化合物性质用途；化学能和热能、电能的关系；化学与可持续发展；等等。

拓展类课程包括：课本化学实验的改进、整合、归纳；化学热力学和化学动力学的问题研究；研究有机物的思路和方法；高分子材料和应用；研究物质结构的方法和价值；微粒间的相互作用；中学化学学科思想学科方法培养；化学与可持续发展——化学与环境保护；高中化学问题意识及能力培养；等等。

提高类课程包括：化学奥林匹克学科竞赛辅导；高中各年级各类学生的素养提高辅导课程，包括集中大课和一对一针对课程；英才学生的提优课程；后备和"翱翔计划"人才讲座；走进中科院和科研院所的研究性学习课程和讲座；参观污水处理厂；药物和有机合成；等等。

（三）发展实验课程，助力化学核心素养提升

历年来，我校化学实验课程的开发尚存在不足，我们力求通过校本化的教学实验开发来弥补，形成演示实验学生分组，学生分组实验提倡创新，设计化学实验解决实际问题等课程，使学生形成分析问题和解决问题的能力，善于从实验中寻找证据，培养严谨的科学态度。

实验室面向学生开放，鼓励探索和创新，安排教师参与，进行指导和落实。

四、课堂教学改革的思路和举措

（一）教学改革的目标

潞河中学坚持"人本位"与"社会本位"相统一的教育观，坚持"一切为

了学生发展"的办学宗旨，坚持"健全人格"的培养目标，坚持"多元开放"的办学方向。

以"健全人格"为培养目标的学科课程建构，旨在培养学生具有爱国情怀、主体精神和创新能力，具体体现18个要素：（1）具有"一切为了祖国"的崇高人生价值观，强烈的爱国情怀；（2）有责任心，富义务感；（3）尊重他人，关心他人；（4）善良仁爱，诚实守信；（5）讲文明，懂礼貌；（6）辨善恶，知荣耻；（7）乐群善交，遵纪守法；（8）具有热爱劳动的美德和追求真善美的高尚情操；（9）具有自我选择、自我发展、"在多样变换的社会风浪中把握自己命运，保持自己追求"的精神力量和鲜明的个性特长；（10）坚定、自信、勇于迎接挑战；（11）坚韧顽强，勇于承受挫折，战胜危机；（12）能承受繁重的学习、工作压力，适应各种复杂恶劣的环境，始终保持坚定的社会主义信念和对人生目标的追求；（13）具有扎实的文化知识基础和学习能力；（14）善于捕捉、组织、判断各种新信息的能力；（15）自我反思，自我调控的能力；（16）立体、多视角，在动态中把握事物的思维能力；（17）"主动发展，追求卓越"的人生理想和追求；（18）勇于探索，勇攀高峰，开拓进取，不断创新，有所作为。

化学学科重视实际问题的解决，强调探究的过程和思路，在真实情境中解决实际问题，将所学化学知识应用于生产生活实践中，课堂教学应追求化学核心素养的落实和提升。培养学生的健全人格，为未来发展提供方法。建立高效课堂、可持续发展的课堂和生命的课堂。高效课堂表现在以学生为主体，基于情境的解决问题思路和能力的提升，落实知识和技能；可持续发展的课堂体现在关注行为方式和社会的热点问题，将可持续发展教育和化学学科核心素养相结合，提升学生的价值观和社会责任感；生命的课堂是超越认识论，以人为本的课堂，尊重生命，发展学生的素养，做未来有用的人。

（二）学习和研究

1.加强教研活动

根据新高考改革方案要求，要采取措施加强教研活动，提倡实效教研，提升教师专业水平，提高教学质量和效益。教研活动的主要内容包括课程标准学习与研讨，备课、说课活动与教案交流，优质课交流，教学经验交流，自制教具、实验改进的交流，课件展评活动，科学探究（实验）方案及成果展示等。活动形式可以是教研（备课）组、校际的交流活动，也可以是市区研修中心的学术交流活动，还可以设立科研课题，如国内不同版本化学教材的比较研究，化学模块课程有效教学研究，化学教材中探究活动实施的研究，化学实验教学研究，化学学习质量发展性评价研究，化学创新教学研究，学生科学素养、创新能力、探究能力等培养的研究。

2. 有效构建课程内容问题化，引导学生在问题情境中寻找问题、解决问题

问题是生长新思想、新方法、新知识的种子。课程内容问题化，根据新高考改革方案要求，把学生带入"真实"的问题情境中，从真实的问题情境进入学科的学习，引导学生在解决问题的过程中自主地建构知识。引导学生提出问题开始，引发学生的认知冲突，将问题外化，重视解决问题的过程。

3. 实现有效的学习方式与教学模式的整合，突出自主、合作、探究

根据新中考改革方案要求，加强高初中化学教学衔接的研究。采取有效的措施从教学方式、学习方式、知识学习、学习能力等方面解决高一新生化学教学衔接问题。在高中教学中合理搭配自主、合作、探究三种学习方式。充分利用三种学习方式的优势，合理搭配，促进学生发展。教师根据具体的学习任务，整合多种学习方式和教学方式，为学生提供最有效的学习活动，实现有效的学习方式与教学模式的整合。教师要将方法性知识、策略性知识的掌握放到探究过程中，帮助学生掌握方法性、策略性知识，并迁移融合到新的情境中运用，构筑智慧的基石。

4. 突出化学学科特征，充分发挥实验的教育功能

化学实验是化学学科的重要特征之一。化学实验对全面提高学生的科学素养，激发学生学习化学的兴趣，创设生动活泼的教学情景，帮助学生理解和掌握化学知识和技能，启迪学生的科学思维，训练学生的科学方法，培养学生的科学态度和价值观等方面有着极为重要的作用。根据新中高考改革方案要求，在教学中应结合模块的特点强化化学实验。通过引导学生通过实验探究活动来学习化学；通过重视典型的化学实验事实帮助学生认识物质及其变化的本质和规律；通过化学实验实施学习，帮助学生了解化学概念、化学原理的形成和发展，认识实验在化学学科发展中的重要作用；通过引导学生运用所学的化学知识和技能，进行实验设计和实验操作，分析和解决与化学有关的实际问题。

5. 融合现代信息技术教学手段在模块教学中的应用

利用现代化教学手段辅助教学活动可以大大提高教学的效率和质量。充分利用计算机与网络辅助教学活动，传感器、iPad 等技术手段辅助教学，进一步

强化信息技术与化学教学整合。资源上，要重视多媒体优质教学资源开发、应用、共享。加强课程资源建设，加强条件性课程资源和素材性课程资源，特别要加强模块课程的素材性课程资源建设。

6. 拓展高中学生的知识领域和思维空间

高中课程的实施要有利于高中学生的知识领域和思维空间的拓展。教学的目的不只是在学习知识，更是启发学生的思维。问题的解决，并不仅仅是为了得到结论，而是在解决问题过程中，全方位落实课程目标和化学学科核心素养。因而，通过教学主题的学习，要将学生的思维引向身边事物，引向无限发展的空间，引向人类可持续发展中存在的若干问题。在学习活动的设计中，要着眼于让学生将知识方法、能力、情感态度价值观结合起来，在迁移、运用中巩固、深化、发展对学科知识的认识，最终使学生获得迁移知识、运用知识的能力。

7. 更加关注学生差异，面向学生的学习需求

面对存在各种差异的学生，教师应热爱、关心、信任每个学生，主动关注学生的学习差异，在了解学生的学习准备水平、学习兴趣、学习能力、学习风格、学习需求的基础上，依据教学目标，设定对全班学生或个别学生适切的学习进步的期望，从促进每个学生的发展，面向学生的学习需求设计教学活动。尽量提供多种方式拓展学生所学的知识和展示其学习成果。在教学活动中注意学生之间在知识深度和广度的差异、学习能力上的差异、学习需求的差异，以保证学生整体学习质量和学生的个性发展。

8. 加强学生的学习指导，探索基于模块课程的教学评价

新课程对学生素质发展多方面的价值取向，客观上决定了学生学习方式的多样化。根据新高考改革方案要求，面对学生多样化需求、多样化发展、多样化课程模块和内容的背景下，教师应该为每个学生学习的需求提供咨询和帮助，引导每个学生找到适合自己的学习方式。如学习目的、学习态度的指导，探究性学习和自主学习的引导，学习方式多样化的引导等。"为了每位学生的发展"是新课改的核心理念，"促进每位学生的发展"是评价的核心理念。评价是教与学主要的、本质的、综合的一个组成部分，贯穿于教学活动的每一个环节，是学习的动力和源泉。评价是为学习服务，目的在于提高学习的效率。要提高评价工作的技术含量，加大信息技术在评价中应用的力度，评价应体现以人为本的思想，评价应体现过程性评价和终结性评价并重。

（三）教学进程和教学活动设计

分析学情，有针对性地解决目前教学中存在的困惑和问题，设计符合学生发展的高中化学教学进程和课程体系，全组教师共同努力，采取选择内容、整合教材、探索实施等递进式的教学方法，设计相关学段的教学活动。例如，高一新生的诊断和初高中衔接；高一结束选考前的准备，在高一教学中带领学生参观化学相关工厂、实验室，生涯教育培养，为选科做准备；在高二教学中融合选修《化学与社会》、《发展中的化学科学》等非学习模块的内容，拓展学生的思路和兴趣，提升解决问题的能力，为今后致力于研究化学的同学提供方法和奋斗的方向；在高二选修阶段开设大学先修类课程，如《普通化学原理》，在高中的基础上更进一步了解化学的本质，为今后深入学习化学竞赛类课程提供基础。

五、选课走班与学生发展

走班学习是相对于固定行政班级所提出的一则概念，强调的是基于学生的实际学习状况以及个性上的特点，在合适的时间内自主选择不同的学习内容，并根据内容采取流动性授课非固定性的课堂组合的形式来进行学习。相对于传统行政班及稳定性和强制性的特点，走班学习更能保护学生的学习兴趣，满足学生个性发展的需要。根据新高考改革的要求，潞河中学从高二年级开始学生可以从政、史、地、物、化、生6科中任选3科作为高考科目，根据排列组合，可以形成20种选科方式，这避免了同一行政班内选科不同的学生无法开展教学的问题，如化学学科，高一年级全体学生在行政班内上课，不走班，高二每个行政班内选考化学的学生不是全部，有的班级只有一半以上左右，因此，选课走班势在必行。

新高考视野下，高中化学选课走班学习的实施主要分为前期准备、执行管理、分层教育、评价管理四个阶段，具体如下。

（一）前期准备

很多学生在刚进入高中时，对于未来三年的学习状况以及高考专业的选择并没有形成一定的认知，所以教师要在高一学年向学生普及相关化学知识和内容，包括不同专业所要学习的内容，就业的发展方向等。教师帮助学生更好地适应高中化学的学习环境，可以让优秀的毕业生代表、高校的专家对化学的知识和前沿进行指导和心得传授，同时帮助学生更加全面地认识新高考的政策，从而对整个高中阶段的学习产生初步的规划。

（二）执行管理

在高一年级让学生进行行政班学习，一是为了让学生对高中生活有一个初步性的认识；二是利用这样一个阶段，让学生将主要精力集中在对教材必修内容的学习上，在达成初步的教学目的之后，在高二进行走班分班，组成选考班。

（三）分层教育

虽然走班学习已经是基于学生发展意向而展开的初步分班式教学，但是由于学生个体行为和思想上的差异性，仍然可以在走班内部进行分层教学，比如潞河中学化学的分层走班就分为 A^+、A 和 B 等几个学习层次。分别为学生设置相应的学习目标，以适应不同学生的最近发展区，同时，在化学作业的布置以及课外探索活动的选择上，教师也可以基于学生的课堂表现和积极性进行分层设计，尤其要对学生进行心理和非学业以外的关怀及教育，帮助学生在陌生的走班环境下树立归属感和参与意识。

（四）评价管理

根据新课标以及新高考对化学考核项目的要求，走班教学的评价管理也要进行适度的创新和优化，目的在于促进学生学习的积极性，实现全面发展。一要建立考评小组，充分调动学生的积极性，实现共同参与；二要注重过程考评及关注学生在进入走班式教学以后化学成绩的进步幅度和学习态度上的变化；三是选考的分层班级要根据学生表现和学业成绩进行调整。

六、学科课程教育资源开发

化学与生产生活有很多关联，利用化学知识解决生活中的问题对于学生化学核心素养的落实很有帮助。据此，我们开发各类校本课程，丰富学生对必修、选择性必修和选修知识的理解和应用。

（一）开设学科校本课程，开发校本资源

校本课程中关于化学与可持续发展的课程有化学与环境保护、化学与生产生活、绿色化学等；关于生活中的化学的课题有食品化学、烹饪化学、药物化学、日用品化学、环境化学等；关于化学的奥秘的课题有元素与物质世界、自

然界中的元素、生活中的材料、水的处理、自制酸碱指示剂、海产品中碘的测定、蔬果中维生素 C 的测定等。

（二）利用实验室资源，开展学生研究性学习

潞河中学化学实验室包括有机化学实验室、无机化学实验室、科学探究实验室等多个形式多样的实验室，为学生提供研究性学习和学生分组实验的场所。学生们在此开展形式各样的研究性学习活动，老师们也会提供多方面的指导，指导学生查阅文献、进行实验方案的优化等。

（三）走进科研院所，进行微科研

学校每年会联系高校实验室，让"1+3"贯通培养学生、拔尖后备生、"翱翔计划"学生走近科学家，在他们的指导下进行科研活动。

（四）生涯指导

《课程标准》中提到，化学教材应结合学生的身心发展规律，对"前言"等助读学习辅助材料进行科学、系统、合理的设计，促进学生自主学习和学习方式的转变。教材总引言和章引言是教材和各章内容的引导性材料，是教与学的良好素材，也是培养学科核心素养的重要载体。例如，在有机化学基础引言中提道："化学家研究有机化学经历了一个个艰难的过程"，意在提示学生发展严谨的科学态度和敢于质疑、勇于创新的科学精神；教材总引言中提道"当你们学习了有机化学基础之后，就能体会到神奇出自平凡，创新源自思考和需求，化学的魅力也就在其中"，旨在引导学生要以思考促创新，从人类的美好生活需求出发，应用所学知识和技能、思维与方法，在平凡中创造神奇。这也是对学生未来职业规划和生涯发展的指导和学科渗透。

七、教师团队建设

（一）教师年龄结构、学历结构、职称结构、学术称号结构分析

潞河中学现有化学任课教师 21 人，其中高中化学教师 17 名，初中化学教师 4 名，另外专职实验教师 2 人。其中正高级教师 3 人，副高级教师 10 人，一级教师 8 人，其中特级教师 3 人，市级骨干教师和市级学科带头人 2 人，区级骨干教师 5 人。学历方面，博士研究生 1 人，硕士研究生 5 人，其余为本科。年龄结构是老中青结合。化学组是一支团结拼搏，各方面都很努力奋斗的队伍。多人在市级区级研究课、全国和市级论文评优中获一、二等奖。组内老

师主持或参与课题多项，论著和论文有多篇发表。

（二）教师发展目标和专业发展规划

老师们热爱教育事业，能积极钻研和探索适合潞河中学学生发展的教学策略，不断通过课题研究进行探索，丰富化学学科的素养，通过各类形式的课程如研究性学习、校本课等载体，培养学生实验能力、思维能力、真实情境解决问题的能力等。化学组的老师都和学生关系很好，平易近人，学生喜欢学习化学，可从学业成绩上反映出化学在学生心目中的地位，这与老师平时的教育和关心是分不开的。亲其师信其道，化学组的老师一直关心爱护每一名学生，和学生关系亦师亦友。

化学组的中青年教师都努力担起提高化学组学术、教学水平提升的责任和担子，积极学习，努力提升自身水平，认真教学科研；向老教师积极取经，学习他们多年积累的丰富教学经验、稳重的教学仪态、深厚的教学功底；向市区等兄弟校的教师学习；与时俱进，不断探索新的现代教育模式，将信息化、翻转课堂等模式应用于教学中，以适应学生自主学习、终身发展的需要。我们将努力打造一支不断追求、促进专业成长、引领团队发展的化学教师队伍。

（三）教师专业发展的培训模式

潞河中学一直开展"师徒结对"活动，每一位青年教师都会有一位经验丰富的老教师带领成长，"师徒结对"虽然针对的是新入职的老师，但是师徒的活动和情谊却是永久的，青年教师的研究课和论文的撰写都离不开每一位老教师的付出和帮助，这使年轻教师快速成长。

积极参加全国、市区级各类教研和教学评比活动。鼓励老师们参加市级的论文和教学设计评比，基本功大赛，化学组的成果多样，取得了优异成绩。活动中老师们和市、区的老师相互学习，得到专家和教研员的指导和帮助，成长迅速，未来可期。

潞河中学高中生物学科新课程建设纲要

傅炳华

一、学科课程发展水平及特色评估

《普通高中生物课程标准（2017年版）》（以下简称《课程标准》）提出高中生物课程的任务是向学生展示生物学的基本内容，反映自然科学的本质，提高学生的生物学学科核心素养，树立社会主义核心价值观，落实立德树人的培养目标。

潞河中学"健全人格"培养目标的理念在内涵上与新课标提出的"立德树人"是一致的。我校的"健全人格"目标指导下的生物课程建设恰恰是实现"立德树人"培养目标的高效载体。它们的关系可以用图1来表示。

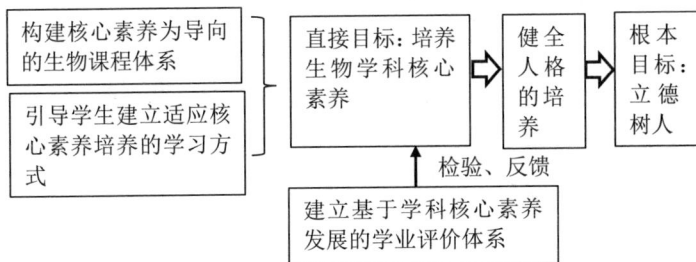

图1

新课程改革背景和我校"健全人格"的培养目标要求当前的高中生物课程需要满足如下具体特征或要求：（1）帮助学生构建对生命世界的整体认知，深入理解从生物学科的角度所反映的自然科学的本质。（2）通过对具有内在联系的系列生物学事实的分析，从中抽提出生物学的重要概念乃至核心概念，进而形成生命观念，并能够运用这些观念认识生命现象，探索生命规律。（3）重视通过提供必要的素材引导学生领悟生物学家在研究过程中所持有的观点以及解决问题的思路和方法，或者提供必要的平台组织学生主动地参与学习，在亲历提出问题、获取信息、寻找证据、检验假设、发现规律等过程中习得生物学知识，养成科学思维的习惯，形成积极的科学态度，发展终身学习及创新实践能力。同时能够运用已有的生物学知识、证据和逻辑对生物学议题进行思考或展开论证。（4）学生能逐步建立适应素养提升的科学的学习方式并具备积极进取的学习动力。（5）建立基于核心素养的学生评价体系。（6）树立正确的世界观、人生观和价值观。

基于上述指导思想，我校的生物学科课程建设经过多年的探索和积淀，取得了一定的成绩，形成了鲜明的潞河特色，表现如下：（1）充分尊重学生自主发展和自主选择的需求，构建了学科基础课程体系、学科拓展课程体系和学科提高课程体系。（2）在每一种课程体系中都涉及基础知识的学习、关键能力的训练、学科素养的养成和核心价值的培育。（3）创新生物学科核心素养培养的教学方式。根据生物学科核心素养培育和形成过程的要求与特点，科学设计生物教学过程，引导学生通过相互协作、自主探究等学习方式，在自然、社会、生活等情境中开展丰富多样的生物实践活动。（4）在核心价值的塑造方面，经过我校生物课程学习的学生普遍具有较为浓厚的生物学实践活动的意愿和社会责任感，主动关注社会热点，懂得用生物学知识去分析判断身边的健康事件，并勇于发表自己的见解，维护社会的正义，也懂得利用生物学知识去解决生活中的相关问题，树立健康的生活方式。（5）我校具有雄厚的实验室硬件和实验教学师资以及百年历史积淀下来的重视实验教学的优良传统。（6）与中科院生物物理研究所沈康教授实验室合作的"斯坦福模式线虫创新课题探索"课程是我们生物组的精品特色课程。该课程由中科院老师亲自指导，学生经历从"查阅文献"、"选题"、"开题"、"建立方法"、"实施方案"、"分析数据"、"撰写论文"到"汇报交流"的全部过程，深入落实《课程标准》倡导的实验探究和创新思维的培养。（7）学校定期邀请各大学或研究所的专家来开设讲座，极大地拓展学生的视野，也是我们生物课程建设的重要补充。每个学年的综合实践活动中都会涉及野外或基地的生物资源的调查，也是生物实践课程的重要组分。（8）我们从初三的"钱学森班"和高中年级的学生中精选资优学生，进行必要的培训后申请参加北京市"翱翔计划"、"青少年后备人才计划"等项目，对学生进行规范的、高标准的学术训练，迄今为止有不下10名同学参加了生物学相关的课题研究，取得了较好的科研成果，得到了很好的学术锻炼。

二、学科课程构建的核心主题

潞河中学高中生物课程构建的核心主题是：让高中生物课程成为"展现自然科学的思维和本质"和"培养具有健全人格的合格的社会主义接班人"的重要载体。高中生物课程要能充分体现生物学科的本质和在人类社会和科技进步中的价值，以及生物学科在学生人格成长过程中的指导性作用。为此，生物学科课程从学科建设和学生成长两个方面要努力实现如下愿景：（1）重视学科核心概念的构建和生命观念的形成，关注引导学生利用核心概念和生命观念来看待和探索生命现象；（2）深入挖掘生物学科应用到的（或独有的）学科思想和学科本质，推动学生认知的进步；（3）培养具有生物学科关键能力的人；（4）培养具有探索意识和创新能力的人；（5）培养具有责任担当的人；（6）培养具有科学价值观和健康生活方式的人；（7）培养在生物学科上具有特长的人；（8）培养立志从事生物相关事业，推动人类文明进步的人。

三、学科课程群的构建

围绕"要培养什么样的人"的核心主题，我们从立德树人的根本任务、生物学科体系和学生发展的多元需求三个角度，来构建具有学科科学体系和学校发展特色的学科课程。

生物学科课程体系结构如图2所示。

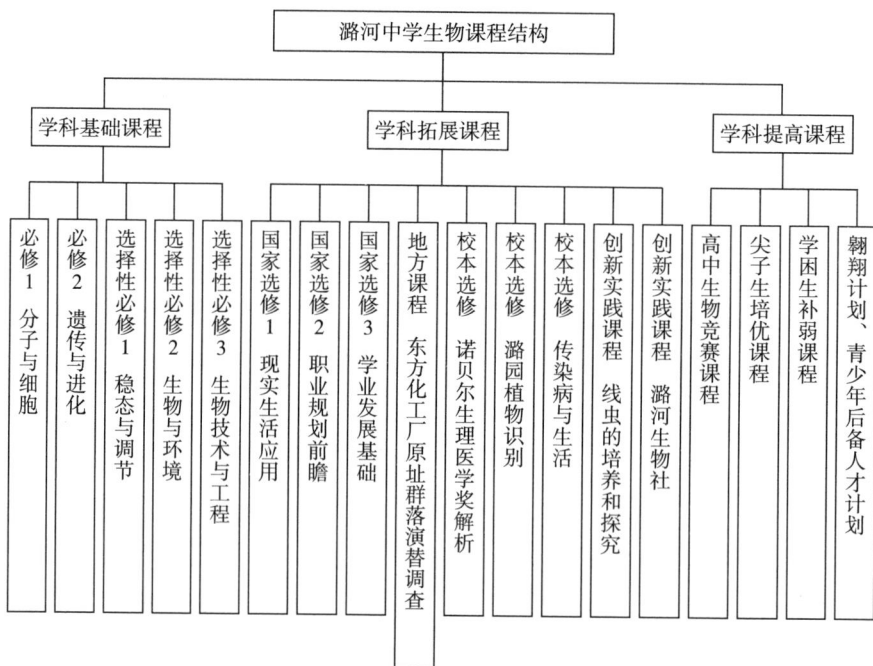

图2 生物学科课程体系结构

（一）落实立德树人的根本目标

课程设置能体现培养"现代公民必备的基本生物学科素养"，达成落实生物学科核心素养、培养合格的社会主义接班人的根本目标。高中生物课程是实现该目标的重要载体。

高中生物课程的目标是：（1）学生通过本课程的学习，能认识到生物学在坚持人与自然和谐共处、促进科技发展、社会进步和提高人类生活质量等方面的重要贡献；（2）树立生命观念，能够运用这些观念认识生命现象，探索生命规律；（3）形成科学思维的习惯，能够运用已有的生物学知识、证据和逻辑对生物学议题进行思考或展开论证；（4）掌握科学探究的思路和方法，形成合作精神，善于从实践的层面探讨或尝试解决现实生活问题；（5）具有开展生物学实践活动的意愿和社会责任感，在面对现实世界的挑战时，能充分利用生物学知识主动宣传引导，愿意承担抵制毒品和不良生活习惯等社会责任，为继续学习和走向社会打下认识和实践的基础。

高中生物课程的基本理念是：核心素养为宗旨、内容聚焦大概念、教学过程重实践、学业评价促发展。

（二）体现生物学科体系的可拓展性和选择性

生物学的学科体系中有分类学、形态解剖学、生理学、生物化学、细胞生物学、遗传学、分子生物学、微生物、生态学等。随着时代和科技的发展，生物学不断形成新的知识领域和新的分支学科，生物学研究的思维、方法和成果在各个领域中的渗透越来越深入。对于选择生物作为高考科目的学生，学科基础课程可以满足其要求；对于那些对生物学科某些领域有特殊爱好和特长的学生，我们开发的学科拓展课程正在努力朝着满足这部分学生需求的方向边实践边前进。在拓展课程中，我们介绍了与生物学相关的职业规划、生物学科在日常生活中的应用、学生感兴趣的每年的诺贝尔生理医学奖研究中涉及的生物学原理和技术的解析以及通过"线虫的培养和探究"等探索课程让学生体验科学探究的整体过程。随着生物学科的发展，我们将会融入更多学生感兴趣的内容进入该课程体系中。对于尖子生，不仅有提高生物学成绩和素养的较高要求，同时我们承担着为大学输送具有一定科研实践经历和创新能力的高素质人才的要求，为此我们的学科提高课程正是为这部分学生量身定做的。

在学科拓展课程和提高课程中，我们不拘泥于国家基础课程中的知识范围，只要是解决问题所需的一切知识和技术，甚至于是数学、物理、化学和计算机方面的知识，经过教师适当处理以后可以被学生所理解的，在我们的拓展课程和提高课程中都可以涉及（示例见表1）。

表1 学科课程设置中的学科体系示例

年级	国家课程要求	国家课程中的学科体系	我校生物课程所做的调整和融合
高一	必修1、必修2	《分子与细胞》：帮助学生了解组成生命的物质基础和结构基础，以及细胞是如何进行代谢以维持这个开放系统的正常运转的，最后介绍细胞的生命历程 《遗传与进化》：帮助学生理解生物性状是由遗传信息控制的，遗传信息通过生殖代代相传；遗传信息在传递中遵循一定的规律，也会发生一定的变异，这些变异经过自然选择使得种群得到进化和适应。变异和自然选择导致生物多样性	（1）融入经典的科学史案例分析，培养学生的实验分析和探究能力，也让学生体会到生物学科所具有的"重证据"、"重实验"、"重逻辑"的理科特征； （2）补充经典遗传学和分子生物学科史料的阅读教学，让学生更了解遗传学发展的背景和脉络，有利于深化对课堂内容的理解，甚至能让学生全面领会科学家的思维过程

续表

年级	国家课程要求	国家课程中的学科体系	我校生物课程所做的调整和融合
高二	选择性必修1、选择性必修2、选择性必修3	《稳态与调节》：理解生物个体的结构与功能相适应，各结构协调统一共同完成复杂的生命活动，并能够通过一定的调节机制保持稳态，建立稳态与平衡观 《生物与环境》：认识到在生态系统中，生物与环境之间相互影响，种群数量不断变化，群落也处于演替过程中。生态系统通过自动调节作用，实现物质循环和能量流动的相对稳定，形成稳态 《现代生物技术与工程》：学习发酵工程、细胞工程、基因工程的原理和应用，并探讨生物安全与伦理。认识到生物学知识是生物工程的设计基础，而生物工程则应该在法律和伦理约束下，以人类需求为目标进行产品的开发，进而推动生物学的不断进步，提高人类生活质量	在校本课《传染病与生活》中可以融合发酵工程的内容；在校本课《诺贝尔生理医学奖研究的生物学原理》、《生物学理论》中可以融合基因工程和细胞工程的内容；在校本课《线虫的培养和探究》中可以融合细胞工程和发酵工程的内容

（三）围绕学生多元发展的需求

在学科拓展课程和提高课程方面，我们从学生的需求出发构建课程。

提高类课程，主要为部分学生服务：一部分是冲击清华北大的尖子生，有学科成绩提高的需求；一部分是需要参加"翱翔计划"或北京市"青少年后备人才计划"的学生，教师专门在课余时间进行针对性辅导。

拓展类课程，是我们组的老师应对校本课程建设要求和学生拓展性能力培养需求而开发的。通过近几年的实践和探索，我们组开设过或正在开设一些拓展类课程，既是针对同学们的兴趣而设置的，也体现了老师们的特长和智慧（见表2）。

表2 生物拓展课程内容和学生参与度示例

排序	喜欢的课程名称	课程内容	选择该课的学生数（人）
1	现代分子生物学研究的基本思想和方法	现代分子生物学发展史中重要事件介绍和经典实验分析	较多
2	诺贝尔生理医学奖研究的生物学原理解析	介绍该项研究的基本原理和应用	多
3	潞河生物社	对身边感兴趣的生命现象进行调查	多
4	潞园植物识别	植物分类的基础知识和应用；与植物有关的校园文化介绍；潞园植物的分类、统计和树牌制作	多
5	潞河美食社团	应用微生物发酵原理制备美食	多
6	生物学理论	在国家基础课程中涉及的但是又没有展开介绍的一些重要的生物学技术介绍	多
7	潞河（微）生物调查	利用微生物培养和检测技术调查不同环境下和学生在不同生理状况下的微生物种类和分布	较多
8	传染病与生活	传染病的传播规律、危害和健康生活方式	多
9	斯坦福模式下线虫的培养和创新课题研究	以线虫为实验对象开展不同课题的探索，体验科学研究的整体过程	较多

我们的拓展型课程的设置涉及理论、实践和探索三个维度：（1）理论性拓展课程有"现代分子生物学研究的基本思想和方法"、"诺贝尔生理医学奖研究的生物学原理"、"生物学理论"、"传染病与生活"；（2）实践性拓展课程有"潞园植物识别"、"潞河生物社"、"潞河美食社团"、"潞河（微）生物调查"（潞河中学特色课程）；（3）研究性拓展课程有"斯坦福模式下线虫的培养和创新课题研究"（潞河中学特色课程）。其中，基于学生的选择和当前国家对学生实践能力和创新能力培养的重视，我们确定"潞河（微）生物调查"和"斯坦福模式下线虫的培养和创新课题研究"作为生物教研室拓展类课程的特色重点课程。这两个课程都采用"校本拓展选修课程＋社团创新实践活动"的模式来开展。这两项课程在培养学生学科核心素养上也取得了显著的效果。

（四）未来的设想

鉴于当前《课程标准》要求高中生对于敏感的生物学事件有自己独立的判断和见解，同时，当前高考对于学生的科技文献阅读能力也提出了很高的要求，我们生物组计划开设一门新的拓展性课程——《一课一读——科技文献的阅读和评述》。

随着课程建设的推进和新教师的陆续加入，未来我们还可以根据新加入教师的特长来开设新课程，然后纳入到三维的课程体系中去。

四、课堂教学改革的思路和举措

（一）生物学科课程建设对"健全人格"培养的贡献

我校高中生物课程建设中通过"关于学科核心素养培养的教学模式"和"可持续学习课堂模式"很好地实现了潞河中学"健全人格"的培养目标：（1）我们的情境教学、问题导引式教学、探究式教学、主题（单元）教学、可持续学习课堂教学模式在日常的课堂教学中落实了主体精神和创新能力的培养；（2）我们的自主探究实验教学很好地在实践层面落实了学生的主体精神和创新能力的培养；（3）通过在实验过程中培养学生"诚实守信"、"求真务实"的品质来实现"道德情感"内涵。

近几年，我校的生物课堂建设在"情境教学"、"探究式教学"、"主题（单元）教学"、"问题导引式教学"、"可持续学习课堂教学"和"自主实验探究教学"等方面做了有益的尝试，并总结出一些基本规律和教学模式，收获了一批教科研成果。

1. 情境教学和问题引导式教学调动学生的主体精神

生物学科的情境式教学的应用策略主要包括：给学生提供能激发兴趣的生物学现象作为情境增强学生体验；基于生产和科研的需要而创设某个科研问题的解决为问题情境；结合生活知识创设教学情境等。情境教学法既是目前非常提倡、对学科核心素养培养效果非常好的教学方式，也是我校教师尝试非常多的教学方式。以真实的科研材料和数据来创设教学情境，确保教学中学生的主动参与，且真实的情境也为学生应用所学知识解决实际问题提供了很好的载体，而精心设计的问题则是一节课的灵魂，它能驱动学生主动思考，并决定学生思维的深度和品质，层层递进的问题不仅引导学生思考的方向，还让学生体验思维是如何逐步深化的。

近十年，情境教学是我们在新授课和复习课中始终坚持的教学方式。在大量的教学实践中我们能做到情境与课堂内容的有机融合，既达成学科素养训练又能构建核心概念，对于激发学生的学科兴趣和落实学生的思维培养起到极大的促进作用。我们生物组一贯坚持从科技文献中提取真实情境，拒绝胡编滥造，这不仅保持的了科学研究的严谨性，还让学生的学习紧紧贴合"实际生活的需求"。鉴于一切学习都源于对问题的探索，如何在情境教学中提升提问的品质，我们一直在努力。

2. 加强探究式教学促进生物学科素养的培养

科学探究能力是生物学核心素养中非常主要的一项，它要求学生具备能够发现现实世界中的生物学问题，针对特定的生物学现象进行观察、提问、实验设计、方案实施以及具备对结果的交流与讨论的能力。学生应在探究过程中逐步增强对自然现象的好奇心和求知欲，掌握科学探究的基本思路和方法，提高实践能力并在探究中乐于并善于团队合作。潞河中学生物组从改进常规实验教学和开设"基于斯坦福模式的线虫创新课题研究"、"潞河生物社"等拓展课程两个方面来训练学生的科学探究能力。（1）改进常规实验教学，训练科学探究能力。对于高一全体学生而言，因为时间和场所的制约，教学大纲规定的教材必做实验是在实践层面训练科学探究能力的唯一机会。在新课改以前，我们的实验教学停留在让学生理解实验原理、训练学生的实验操作能力和结果分析能力上。新课改以后，我们不仅尽可能地多上实验课，还努力把每一节的实验教学都设计成课题探究教学，引导学生自己提出问题，自主设计方案，帮助学生改进实验方法，鼓励学生在实验过程中发现新的问题，进行新的探索。（2）开展"斯坦福模式下的线虫创新课题研究"等自主科研课程建设。对于那些对生物学有特殊兴趣和追求的学生而言，常规课堂实验探究显得太过于单薄，所以我们生物组在学校的帮助下开设了"斯坦福模式下的线虫创新课题研究"这一门自主探索课程，该课程是在中科院研究员的指导下规范地开展的。同学们像大学研究生一样要经历从选题、开题到论文撰写、汇报交流的所有过程，对科学研究深度参与，深入体验方案抉择时的犹豫、遇到困难时的迷茫、寻找到出路时候的柳暗花明、数据分析时候的严谨和假设得到验证时的成功喜悦，酸甜苦辣、五味杂陈尽在不言中。

3. 探索单元整体教学实现核心素养的深入训练

生物学科的核心素养包含的内容很丰富，不可能在每一节课上都得到全方位的体现和落实，相反，如果面面俱到则只能蜻蜓点水。为了能够深度培养学生核心素养，需要对整个高中教学内容进行统筹规划，做到不同模块的不同章节各有侧重地体现核心素养的不同方面，因此，单元整体教学就应运而生。单元整体教学要求把整个单元的不同内容统摄在一个主体下，每节承担不同的任务，同时各课之间又是前后紧密联系的，这样我们就有时间对核心素养中的某一个要点进行充分的训练，在完成一个单元的学习后，学生的素养有一个比较全面的提升。

近几年我们老师在单元教学中进行了大量的尝试和努力，在生命的物质基础单元、细胞的物质运输单元、遗传的基本规律单元、遗传的分子基础单元、植物生命活动调节单元、种群单元和生态系统的结构和功能单元我们老师涌现出一批单元教学的优秀设计和成功教学案例。

4. 创设可持续学习课堂打造学生可持续发展的能力

落实可持续发展教育需要打造可持续学习课堂，可持续学习课堂的创设需要：（1）确立可持续发展素养的主要目标，即强化可持续发展价值观渗透教育，扎实培养可持续学习能力；（2）设计与实施可持续教学流程，即指导预习探究—指导自主/合作探究—指导应用探究；（3）落实可持续教学"十六字"原则，即主体探究—综合渗透—合作活动—知行并进；（4）实施可持续教—学方式，包括引导学生课堂学习过程迁移、指导学生做好学习探究作业报告、组织学生参与课堂评价与合作讨论、鼓励学生关心可持续发展实际问题并提出解决方案。

近十年，我们不仅在日常教学中渗透可持续发展的理念，也设计出《细胞膜的流动镶嵌模型》、《生态系统的结构与功能》、《土壤中分解纤维素的细菌的分离与计数》等近 10 节优秀课例。

通过生物组教师多节可持续学习课堂教学的实践，我们发现，与传统课堂比较，可持续学习课堂在"学生的学"、"教师的教"、"教学目标的达成"三大方面有着本质的区别：（1）"学生的学"方面。相比于传统教学，可持续课堂在学习内容、学习范围上大大地拓展了，只要是与教材有关的资料和信息皆可以作为素材；学习方式上学生的上课听讲、课外收集资料、自主（合作）探究、采访、调查、参观、汇报、提问、辩论等一切方式皆可用于学习；学生的学习空间也从单一的课堂拓展到图书馆、网络、家庭、企业、博物馆等；学生的合作伙伴或指导者也可是一切能提供帮助的人。（2）"教师的教"方面。相比于传统教学，教师的教学从单一组织课堂教学，辅以指导书面作业转变为做引领者和评价者，课前和课上引导线上线下阅读、调查、思考、发言、讨论、评价等，随时关注学生的学习进程，推进认知的提升。（3）"教学目标的达成"方面。相比于传统教学，在能力目标方面，可持续教学还关注训练多项可持续学习能力，如筛选有价值信息并加工的能力，准确有条理的口头表达能力，对他人观点进行分析评价的能力，团队合作探究能力，关注可持续发展实际问题并提出创新性解决方案的能力等。在情感、价值观目标方面，学生全程、主动地参与自主学习过程易于帮助学生对可持续发展具体知识与问题形成理解深刻与真切体验，继而树立正确价值观和行为方式，可以很大程度上克服传统学习中学生因为处于被动学习状态而难以形成真实情感体验、责任感与价值观导致课后继续学习的兴趣和热情不高等弊端。

（二）新课改对我校生物课程建设提出的挑战

根据近几年新课标指导下的合格考考查情况、高校招生情况和北京市内著名高中校的课程实施情况，回顾著名物理学家、中国固体物理学和半导体物理学奠基人黄昆学长在潞河中学读书时期的学习风气，我校的生物课程建设需要在以下方面得到加强。

1. 抢占资优生培养的制高点

资优生的培养考验着整个生物课程体系加工能力的最高水平。精心打造资优生的培养方式有助于整体教学水平的提高。当前我校在生物学科的资优生分为两种类型：参加生物竞赛的资优生和参加"翱翔计划"、"青少年后备人才计划"的资优生，如何帮助他们取得实质性的进步是亟待解决的问题。

2. 改变实验班学生视野狭隘、思维能力羸弱的现况

要改变我们的实验班学生视野狭隘、思维能力羸弱的现况，首先要改变的是教师的教育理念和教育形式。

教师要紧跟学科发展前沿。当前生物技术的发展日新月异，在当前的各类考试中，最新的研究进展已经大量且深度地融入了考查内容中，导致很多学生在理解题意上遇到了极大的困难，所以要求我们老师要有较强的前沿跟踪意识和文献查阅能力，并把最新的进展融入课堂教学中，对学生进行知识的拓展和思维的训练。

教师要静心深耕教学，夯实课堂教学的质量。上述"情境教学"、"问题引导教学"、"探究教学"和"可持续发展教学"都是非常好的教学模式，如果能踏实地落实的话，一定能极大地提高教学质量，所以当务之急不是再去寻找新的教学模式，而是努力提高每一节课的问题质量，深挖本节课所反映的学科本质，通过典型案例的教学帮助学生梳理生物学科针对不同问题的研究范式，用以指导同类问题的学习。

教师要以拥抱学习的开放心态，适当探索生物教学的新模式。生物组青年教师尤其要加强教育教学理论的学习，让自己的教学工作置于先进的理论的指导之下进行，并用自己的教学实践去印证对理论的理解，以期将来有能力研究和解决新的教学问题。

3. 提高高中各年级的教学效率

首先，要开发具有潞河特色的教学资源。例如，科学史是生物课堂教学的重要材料来源，但是受限制于课时，学生不能完整了解科学史的全貌，不免有些遗憾。如果能集全体教师之力，历经数年编纂出一套适合中学生阅读的生物科学史丛书的话，会大大提升学生们的学习热情。再如，科技文本阅读能力是当前高考考查的关键能力，我们的学生从高三才开始进行科技文本阅读训练已显仓促，效果不理想。如果我们能依照教材的体例，收集和整理对应内容的科技文本并配置适当的思考题后结集成册的话，在高一开始即可以进行阅读训练，既拓展知识，还能提升信息分析能力。另外，开发适合潞河学生的课后练习册，逐年增删，逐年改进，将大大节约学生的练习时间，还能提高学习效率。

其次，要总结具有潞河特色的高效课堂教学模式。不同章节的不同课时是适合不同教学模式的，生物组应该聚全组之力在每个章节推出若干节精品课，

并梳理出相应的教学模式，且随时间的推移不断优化，对于提高课堂效率会有极大的帮助。

4. 提高学生的学习热情和增强学生的社会责任感

关于如何提高学生的学习热情和增强学生的社会责任感，解决措施之一是加强学生用生物学知识指导生活的体验和情感付出，帮助不同届学生之间形成传承。当前我校有一小部分高中学生因为从小生活体验匮乏、单调，对于学习本身并没有热情可言，而是抱着极强的功利心态，"冷漠被动"是他们的写照，在这样的情况下，老师单纯通过课堂教学是较难激发他们的热情的，更不用说激发他们对国家和社会的责任感。反观在我国近代生物学科发展史上有许多颇有建树的科学家，他们大都是因为怀着对祖国的热爱和对人民健康的悲悯而奋发图强的，所以为了唤醒这部分同学的热情，除了可持续教学模式以外，引导学生参加一些情感类小活动，比如培养植物和小动物，观测其成长过程，以激发他们的爱心和责任心。开发一些适合长期进行的微科研项目，比如德辰山南麓植被的演替等，需要每一届学生进行调查，综合多年的数据方能得出成果，这样就有学生前后传承的载体。另外也可以逐年收集学生课题研究的论文，编纂成论文集，以对后来的学生产生激励作用。

5. 尝试科学有效地评价以促进教学效果

在接下来的时间里，我们需要就不同的课型开发相应的评价标准和方法以帮助教师提高教学质量。

（三）我校生物课程建设改革的思路和措施

1. 基本思路

用理论指引我们的认知，在教学实践中提升我们的信心，在学习和对外交流中拓展我们的视野，在反思和总结中积淀我们的品质。

2. 具体措施

一是加强学习。生物组每个学期向全组老师推荐优秀的专业书籍和文献，并向学校申请经费购买。同时，我们努力邀请学科和课程专家对老师进行培训，同时也鼓励老师到外校进行学术交流历练自己。

二是提高课堂教学的质量。鼓励老师静下心来研究学生，研究教材和相关文献，努力创设有吸引力的问题情境，努力打磨问题的质量和逻辑，用心琢磨学生的思维过程并提供科学的引导，最后帮助学生梳理同类问题的研究思路。教研组或备课组尽量避免杂事干扰，把精力放在研讨课堂教学上。

三是聚全组之力探讨和打造针对部分尖子生和全体学生的课程体系，提高教学效果。

四是老师们加强理论学习和课题研究，提升自己教科研能力。

五是商讨科学有效的教学评价模式用以反馈和指导自己的教学。

六是建议学校招聘受到良好学术训练的研究生来给生物组补充新鲜血液。

五、选课走班、分层教学与学生发展

（一）帮助学生了解学科本质

高一学期结束前，学生要进行选科，但是目前高一所学的生物学知识还不能充分体现生物学科在系统性、调节与稳定性、前沿技术的应用等方面的主要特征。到了高二，待学生系统地学完了"神经—体液—免疫调节"、"植物生命活动调节"、"种群、群落和生态系统"和"现代生物技术的原理及应用"以后才能形成"稳态与平衡"、"调节与反馈"等非常重要的生命观念和对生物学科未来发展方向的把握。所以，在学生选科前，高一的生物老师有必要用适当的方法向学生介绍整个高中生物学知识的全貌、生物学科研究问题的一般思维和方法、生物学将来的发展方向和对学生的要求，以帮助学生判断自己是否适合选择生物科目，判断自己的兴趣点和做好未来的职业规划。

（二）课堂教学渗透生涯指导

生物学科涉及的未来职业包括医生、农林牧渔业相关技术人员、药物研发、疾病机理研究、检疫人员、疾病防控、环保检测、生态资源调查、中学和高校的专业教师和在高校、研究院以及企业中的不计其数的研究人员。在学生选科之前，授课教师在生物教学课堂上有必要适当渗透生涯指导，介绍生物学科涉及的未来职业，这样也有助于一些对生物学科有兴趣乃至于将来想从事生物相关行业的学生做出正确选择。

（三）分层教学与学法指导

我们根据学生的基础知识掌握情况和学习能力的差异将全年级的学生分成A（advanced）层和B（basic）层。针对B层的学生，我们侧重基础知识的理解、知识（逻辑）体系的构建、关键能力的训练、生命观念的提炼和核心价值的渗透，完成新课标对学生的基本要求。对于A层，我们更多的是充分释放学生的主体地位，给学生提供必要的材料和资源，引导学生自主构建知识体系，并在能力训练中适当提高难度和要求，以满足 A 层学生的需求。A、B 两层学生通过分层教学各取所需，都得到长足的进步。

分层教学还体现在对同一班级不同掌握程度的学生设置不同难度的问题，布置不同难度的课后作业。

至于学法指导，我们打算在每一个模块学习到适当的时候向学生介绍或总结该模块的相应内容的研究范式和学生必须具备的思维方式，然后在具体课程的学习中不断去印证和充实该思维方式。例如，必修二的遗传规律部分，我们不妨在"伴性遗传"刚结束的时候帮助学生梳理遗传学家们研究问题的一般思路。

六、学科课程教育资源的开发

（一）校内教育资源

1. 较为丰富的网络资源

为了随时跟进学术发展动态，学校已经为老师们购买"中国知网"论文数据库、中国教育资源共享平台、高中试题组卷网等网络数据库资源。我们还可以参考北京数字学校等网络资源。

2. 书籍

每个学期，根据老师自己的选择，学校给每人购买生物专业书籍 10 本左右。学校图书馆还订阅《生物学通报》、《高中生物教学》等学科教学期刊帮助教师提高学术素养。学校图书馆中还有《科学世界》、《科学史话》等期刊帮助老师和学生了解各学科的前沿信息。

3. 实验室

我校有较高规格的分子生物学实验室，设备齐全，可以进行个体、细胞和分子层面的生物学实验与探究，比如植物组织培养、动物细胞培养、线虫的培养与探究、PCR、电泳和分子杂交等。同时我校还有多个多功能常规实验室，既可以进行大规模的课堂实验教学，也可以供兴趣小组开展不同种类的课题研究。

4. 生态资源

我校植被覆盖度大，植物种类多，达到 100 多种，同时还具备草地、沙地、小山丘、池塘等多种微型地形地貌，可以满足学生进行种群、群落和生态系统层面的研究。

（二）校外教育资源开发

1. 专家进校园

潞河中学每学期会邀请一大批专家进入校园，开展各个学科的讲座，欢迎学生根据自己的意愿选择聆听相应的课题。

生物教研组不定期地邀请北京市教研人员和其他名校的一线教师来给生物组教师和高三学生开展针对性的讲座。

2. 课程合作单位专家指导

"斯坦福模式下线虫创新实验课程"是我校和中科院生物物理实验室沈康教授一起合作开展的课程，该实验室的具体负责人王香明教授每个学期会过来给学生的开题做相应的指导，同时对学生在课题实施过程中遇到的技术难题进行答疑。

3. "钱学森班"的科技实践课程

当前，潞河中学从初三到高三都有"钱学森班"，按照"钱学森班"的课程安排，每个寒假和暑假都需要参加科研实践。我们曾经到武汉水生生物研究所、内蒙古荒漠生态研究所等外省市科研基地开展过为期一周到半个月的科研实践，经历从"查阅文献"、"确定课题"、"敲定方案"、"课题实施"、"收集数据"、"分析数据和得出结论"，直到最终撰写实验报或论文的全过程。在疫情防控期间，我们也想办法邀请专家通过网络对学生进行文献检索和阅读的专项训练，极大地增强了学生们的科研体验。

4. 综合实践活动课程

多年来的社会大课堂综合实践活动课程中，我们的学生曾经参观过北京植物园生态温室、房山区现代科技农业基地、顺义区鲜花港等涉及生物学科内容的基地。甚至，我们还参观过太湖生态系统、黄山生态系统、庐山生态系统等外省市的研学基地。按照惯例，将来我们还可以带领学生到更广阔的地方去开拓视野。

七、教师团队的建设

（一）基本情况

年龄结构：高中生物教研室共 12 人。35 岁以下青年教师 3 人，占比 25%；35 岁到 50 岁中年教师 7 人，占比 57%；50 岁以上老教师 2 人，占比 18%。

学历构成：本科学历 5 人，占比 41%；硕士研究生 6 人，博士 1 人，研究生共占比 59%。

（二）团队文化

青年教师积极学习，富有创新意识，非常有追求，对新教材、新课程理念有很好的适应性。同时基本功扎实，教学富有灵气，总能深入浅出地把复杂问题处理得容易理解，其课堂教学非常符合学生的认知心理，深受学生喜欢。

中年教师勇挑重担，成果显著，是生物教研组的中坚力量，既能积极帮助老教师，又能热心指导青年教师。中年教师中相当部分是通州区骨干教师和北师大高精尖课题研究的课题负责人。几乎所有中年老师都独立或共同承担了很多教科研任务。对新教材、新课程的实施，中年教师承担着更多的责任。

老教师教学经验丰富，对高中课堂教学的精髓把握得很透彻，在教学上理论精深，研究不辍，研究成果丰厚，对于新课改和核心素养的落实有力、到位。能积极为中青年教师的教学出谋划策，能给予中青年教师很多指导。

（三）团队教师发展目标

青年教师要积极学习，提高教学水平和教科研水平，希望能尽快成长为通州区青年骨干教师、通州区骨干教师。

中年教师要勤于反思提高，梳理出更多的教育教学经验和成果，带动青年发展教师，尽快成长为通州区骨干教师、北京市骨干教师。

充分发挥老教师的引领作用，让老教师丰厚的实践经验和研究积淀能高效地指导中青年教师。

潞河中学高中思想政治学科新课程建设纲要

田　娜

　　中国特色社会主义进入新时代，这是我国发展新的历史方位。面对经济、科技的迅猛发展和社会生活的深刻变化，面对人民日益增长的美好生活需要和不平衡不充分的发展之间的矛盾成为社会的主要矛盾，为适应时代发展，推进我国基础教育的发展，2018 年 1 月 16 日，教育部发布普通高中课程方案和 14 门课程标准（2017 年版），拉开了新一轮高中课程改革的大幕。

　　新的课程方案和《普通高中思想政治课程标准（2017 年版）》进一步强化了学科的育人功能，体现了鲜明的育人导向，思想性、科学性、时代性、整体性等明显增强，适当增加了课程的选择性，为不同发展方向的学生提供了有选择的课程。新课程标准还首次凝练了高中政治学科核心素养即政治认同、科学精神、法治意识和公共参与。新课程方案和课程标准与高考综合改革进行衔接。

　　面对新时代、新课程、新课标、新教材、新高考，如何更好地结合潞河中学和学生的实际促进高中思想政治课改革创新、落实立德树人的根本任务、培育高中政治学科核心素养、培养社会主义建设者和接班人，潞河中学政治教研室的老师们进行了深入的思考与实践的探索，构建和完善在新课程新教材背景下潞河中学高中思想政治学科课程体系。

一、学科课程发展水平及特色估计

　　《普通高中思想政治课程标准（2017 年版 2020 年修订）》对于思想政治学科的课程性质与基本理念、学科素养与课程目标、课程结构、课程内容、学业质量、实施建议等作出了规定与说明。明确指出，高中思想政治课程是以立德树人为根本任务的关键课程，以培育社会主义核心价值观为目的，是帮助学生确立正确的政治方向、提高思想政治学科核心素养、增强社会理解和参与能力的综合性、活动型学科课程。

高中思想政治课程紧密结合社会实践，讲授马克思主义基本原理，讲授马克思主义中国化时代化成果特别是习近平新时代中国特色社会主义思想，引导学生经历自主思考、合作探究的学习过程，理解中国特色社会主义进入新时代的历史方位，了解新时代中国特色社会主义经济、政治、文化、社会、生态文明建设和党的建设进程，培育政治认同、科学精神、法治意识和公共参与等核心素养，逐步树立共产主义远大理想和中国特色社会主义共同理想，坚定中国特色社会主义道路自信、理论自信、制度自信、文化自信，基本形成正确的世界观、人生观、价值观。

（一）特色分析

潞河中学高中思想政治课聚焦思想政治学科政治认同、科学精神、法治意识、公共参与的核心素养，讲述马克思主义基本原理及习近平新时代中国特色社会主义思想，落实立德树人的根本任务。立足当下、守正创新、知行合一、遵循教育规律和学生成长规律进行整体构建，开展议题式教学和活动型学科课程。

（二）学科理念与目标

坚持正确的思想政治方向。坚持理论与实践相结合的原则，对学生进行马克思主义基本理论教育，用习近平新时代中国特色社会主义思想铸魂育人，培养德智体美劳全面发展的社会主义建设者和接班人，引领学生通过观察、辨析、反思和实践，真学真懂真信真用马克思主义，在人生成长道路上把握正确的思想政治方向。坚持5分钟时事述评，引导学生运用所学对时事热点进行分析与评价，引导学生扣好人生第一粒扣子，坚定理想信念。

构建以培育思想政治学科核心素养为主导的活动型学科课程。构建学科逻辑与实践逻辑、理论知识与生活关切相结合的活动型学科课程。着眼于学生的真实生活，通过创设情境及一系列结构化的活动设计，进行思维活动和社会实践活动等探究，实现课程内容活动化和活动内容课程化。潞河中学高中思想政治学科新课程建设守正创新，不断改进教学方式，通过创设真实情境—探究真问题—开展真活动—得出真结论，通过思维活动和社会实践活动，培养学生思想政治学科核心素养。

建立促进学生思想政治学科核心素养发展的评价机制。围绕思想政治学科核心素养的形成与发展，建立激励学生不断进步的发展性评价机制。从学生学习、劳动、社会实践活动的行为表现，采用多主体、多维度、多方式进行综合评价。

（三）本学科面临的问题与挑战

面对新课程、新课标、新高考、新教材，我校高中思想政治学科在抓住机遇不断提升的同时，也仍然面临诸多问题与挑战。面对新课程，对于教材、教学研究意识需要提升，研究力度需要加大，思路需要拓展；新教材内容多，在优化结构的同时课堂教学效果还需要大幅提升；教师队伍需要扩充，性别、年龄、学历结构还要优化，整体素质还要提升；大中小学思政课一体化建设需要深化，尤其是与大学思政课的衔接需要深入研究；学校教师和学科在市级及以上的影响力需要提升等。

（四）本校思想政治学科的教学特色

经过多年的教学实践，潞河中学思想政治学科教学已经形成了以下教学特色。

一是坚持时事与课堂相结合。多年来，潞河中学高中政治教研室坚持5分钟课堂时事述评。班级学生按着学号顺序，每节课一位同学，选取近期的时事热点，讲清事实，运用所学知识对时事进行分析，谈自己的体会、感受、看法，向全班同学展示时事述评。日积月累的坚持，培养学生理论联系实际的能力，时事述评成为培育学生高中政治学科核心素养的鲜活平台。

二是坚持理与例相结合。课堂教学在学透学通学理的前提下，精选事例、案例，创设适切的情境和组织恰当的活动，坚持理与例的结合，处理好理与例的关系，开展课堂教学。

三是注重理论与实践相统一。通过社会实践，利用社会资源、研学旅行等活动将理论与实践相结合，把思政小课堂与社会大课堂统一起来。

四是坚持主导性与主体性相统一。课堂教学既要发挥教师的主导作用，也要尊重学生身心成长的规律，发挥学生的主体作用，在教师引领下，在学生的自主探究活动中探寻真理。

五是坚持统一性和多样性相统一。思政课作为立德树人的关键课程，在教学中要把统编教材作为依据，确保教学的规范性、科学性、权威性；同时，也根据学生的实际情况、上课教师的自身特长，开展多样化的探索，创造性地开展教学工作，通过开展同课异构教学等方式促进课堂教学百花齐放、百家争鸣。

二、学科课程构建的核心主题

"培养什么人"是教育的首要问题。我国是中国共产党领导的社会主义国家，这就决定了我们的教育必须把培养社会主义建设者和接班人作为根本任务，培养一代又一代拥护中国共产党领导和我国社会主义制度、立志为中国特色社会主义奋斗终生的有用人才。习近平总书记提出要"在坚定理想信念上下功夫，在厚植爱国主义情怀上下功夫，在加强品德修养上下功夫，在增长知识见识上下功夫，在培养奋斗精神上下功夫，在增强综合素质上下功夫"，以"六个下功夫"凝练概括社会主义建设者和接班人应具备的基本素质和精神状态。

潞河中学坚持"健全人格"的培养目标，在《潞河中学 1999—2010 年发展规划》中明确提出了"健全人格"3 个方面 18 个要素的目标体系。健全人格的第一个方面道德情感主要包括具有"一切为了祖国"的崇高人生价值观、强烈的爱国情感，有责任心、富义务感等。我校的健全人格的培养目标将"立德"放在了首位。

高中思想政治课程是落实立德树人根本任务的关键课程，潞河中学高中思想政治学科的核心价值是将立德放在"培养什么人"的首位。

（一）培养坚定理想信念的社会主义建设者和接班人

青少年正处于"拔节孕穗"期，要让正确的世界观、人生观、价值观成为青年学生成长成才的基本支柱和精神底色，引导他们"扣好人生第一粒扣子"。通过高中思想政治学科的学习，树立正确的政治方向，坚定对马克思主义的信仰，对社会主义和共产主义的信念，对中国特色社会主义道路、理论、制度、文化的自信，理直气壮地信仰马克思主义，真学、真懂、真信、真用马克思主义。

（二）培养践行社会主义核心价值观的时代新人

社会主义核心价值观有三个基本层面：富强、民主、文明、和谐是国家层面的价值目标；自由、平等、公正、法治是社会层面的价值取向；爱国、敬业、诚信、友善是公民个人层面的价值准则。潞河中学健全人格培养目标的第一个方面道德情感的内容与社会主义核心价值观高度契合。高中思想政治课，以培育社会主义核心价值观为目的，深入挖掘高中思想政治课与潞河中学健全人格第一方面的内容、与社会主义核心价值观的融合点，通过思政课程学习助力培养具有健全人格的潞河人，培育真心认同、自觉践行社会主义核心价值观的时代新人。

（三）培养具有思想政治学科核心素养的公民

学科核心素养是学科育人价值的集中体现，学生通过学科学习逐步形成正确价值观、必备品格和关键能力。思想政治学科核心素养主要包括政治认同、科学精神、法治意识和公共参与。发展政治认同核心素养，才能牢固树立中国特色社会主义理想信念，厚植爱国情怀，成为社会主义合格建设者和可靠接班人；培养学生的科学精神，有助于形成正确的价值取向和道德定力；增强法治意识，有助于学生在生活中依法行使权利、履行义务，严守道德底线，维护公平正义，做社会主义法治的忠实崇尚者、自觉遵守者、坚定捍卫者；培养学生公共参与素养，能够增强公德意识和参与能力，追求更高的道德境界。

三、学科课程群的构建

2019 年 8 月，中共中央办公厅、国务院办公厅印发《关于深化新时代学校思想政治理论课改革创新的若干意见》（以下简称《意见》）。《意见》指出，要"在大中小学循序渐进、螺旋上升地开设思政课"，"调整创新思政课课程体系。加强以习近平新时代中国特色社会主义思想为核心内容的思政课课程群建设。在保持思政课必修课程设置相对稳定基础上，结合大中小学各学段特点构建形成必修课加选修课的课程体系"。本科阶段开设"马克思主义基本原理概论"、"毛泽东思想和中国特色社会主义理论体系概论"、"中国近现代史纲要"、"思想道德修养与法律基础"、"形势与政策"。各高校要重点围绕习近平新时代中国特色社会主义思想，党史、国史、改革开放史、社会主义发展史，宪法法律，中华优秀传统文化等设定课程模块，开设系列选择性必修课程。高中阶段开设"思想政治"必修课程，围绕学习习近平总书记最新重要讲话精神开设"思想政治"选择性必修课程。初中、小学阶段开设"道德与法治"必修课程，可结合校本课程、兴趣班开设思政类选修课程。

根据《意见》的要求，潞河中学高中政治教研室立足大中小思政课一体化建设格局，构建循序渐进、螺旋上升的具有潞河特色的高中思想政治课程体系，包括学科基础课程、学科拓展课程和学科提高课程（见图 1）。

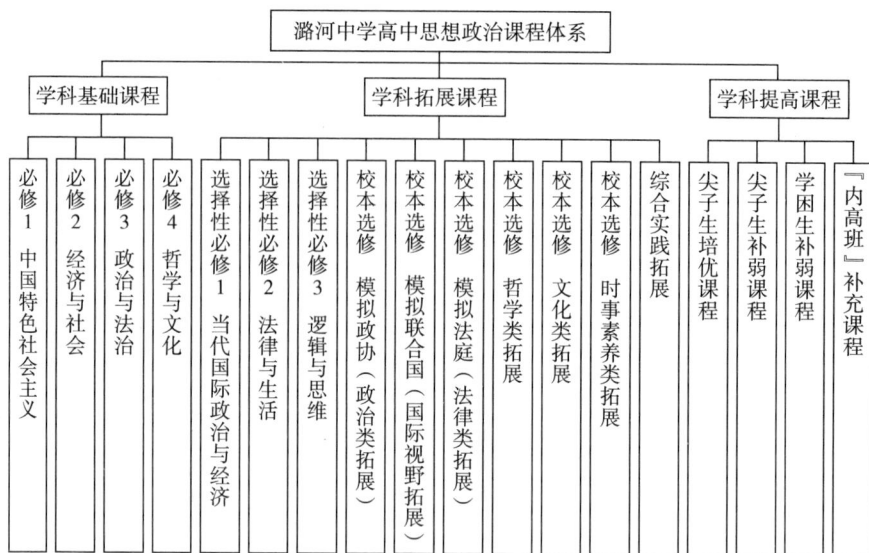

图 1

学科基础课程是指面向全体学生的国家必修课程；学科拓展课程是指面向全体学生可选择的课程，包括选学选考的选择性必修课程和校本选修课程；学科提高课程包括面向尖子生培优课程、尖子生补弱课程、学困生补弱课程、"内高班"补充课程等。在构建课程体系的基础上，在实践中不断丰富与调整，形成不断发展的潞河中学高中政治课程体系图谱（见表1）。

表 1　潞河中学高中政治课程体系图谱

年级	学科基础课程	拓展选修课		
		方向拓展类	素养提升类	综合实践类
高三	总复习			北京市内素质提升：参观长城文化；参观大观园红楼文化等
高二	哲学与文化	选择性必修课程：当代国际政治与经济 法律与生活 逻辑与思维	模拟法庭；模拟政协；模拟联合国；生活中的哲学；故事里的哲学；我国的非物质文化遗产等	研学旅行（江南、成都、安徽、西安等多条线路）北京室内素质提升：参观世界公园、故宫等；利用假期及周末时间自行参观国家博物馆、中国共产党历史展览馆、首都博物馆等博物馆等
高一	中国特色社会主义 经济与社会 政治与法治		模拟政协；模拟法庭；模拟联合国；时事热点分析；这就是中国；纪录片中的制度自信等	研学旅行（江南、成都、安徽、西安等多条线路）军训 北京室内素质提升：生存岛；利用假期或周末时间自行参观国家博物馆"复兴之路"主题展览、中国共产党历史展览馆、首都博物馆等

四、课堂教学改革的思路和举措

《普通高中思想政治课程标准（2017 年版 2020 年修订）》明确高中思想政治课程基本理念是坚持正确的思想政治方向；构建以培育思想政治学科核心素养为主导的活动型学科课程；尊重学生身心发展规律，改进教学方式；建立促进学生思想政治学科核心素养发展的评价机制。

2019 年 3 月 18 日，习近平总书记在学校思想政治理论课教师座谈会上的重要讲话中强调，要推动思想政治理论课改革创新。推动思想政治理论课改革创新，要做到八个"统一"，即坚持政治性和学理性相统一、坚持价值性和知识性相统一、坚持建设性和批判性相统一、坚持理论性和实践性相统一、坚持统一性和多样性相统一、坚持主导性和主体性相统一、坚持灌输性和启发性相统一、坚持显性教育和隐性教育相统一，不断增强思想政治理论课的思想性、理论性和亲和力、针对性。

（一）统筹整体设计，加强针对性学习和研究

新课程方案、新课程标准、新高考改革方案、新教材逐渐出台并投入使用，面对新事物，高中政治教研室为推动新课程工作，加强学习与研究。

1. 教研组统筹设计，推进学习与研究

教研组层面，每个学期通过教研室工作计划统筹制定整体学习研究方案，各备课组根据教研组整体学习研究方案与本学期教学实际，研究制定本学期的有针对性的学习、研究内容。积极参加国家、市、区不同层级对新课程方案、新课程标准、新高考改革方案、新教材的统一培训，教研组分主题进行研讨，教师将自己的心得、感悟、困惑进行交流。

2. 扎实推进教材理论的学习、分析与研究

思政课是讲理的课，讲理是思政课的灵魂。高中思政课教师在进行备课和教学设计时往往注重找到合适的热点问题进行分析，而对于教材以及学理分析得不够深入和透彻，教学设计往往遇到"上上不去，下下不来"的情况，甚至存在落脚点跑偏等问题。如何与鲜活的事例结合把理讲清楚，首先就需要将学理真正地弄懂学透。教研组、备课组通过教研活动深入进行教材理论学习与分析、学习党和国家相关重要文件等，加深对学理的理解。

3. 学习优秀课例

"他山之石，可以攻玉。"新课程实施以来，北京市教研部门组织了多场同课异构教学活动，全国思政课教师基本功展示活动等精彩纷呈。通过教研活动学习研讨全国、北京市众多的优秀课例，促进我校高中思政课的改革创新。

4. 课题引领深入学习研究新课程

新课程实施的实践过程中，出现新情况、新问题，以问题为导向，化问题为课题。通过课题研究引领教学实践，深化对新课程的学习、贯彻和落实。《高中思想政治国家课程校本化实施路径的实践研究》、《高中思想政治课辨析式教学实施策略研究》、《高中思想政治课议题设计存在的问题及对策研究》、《"项目式学习"在高中思想政治课中的应用与研究》等市、区级课题进一步推进潞河中学高中思政课深化落实新课程理念，推进新课程教学研究。

（二）推进课堂教学改革创新，培育学科核心素养

潞河中学高中思想政治课堂教学，以课程标准为依据，以发展学生思想政治学科核心素养为目标，不断推进课堂教学的改革创新。

1. 围绕议题，设计活动型学科课程的教学

《普通高中思想政治课程标准（2017年版2020年修订）》指出，本课程力求构建学科逻辑与实践逻辑、理论知识与生活关切相结合的活动型学科课程。学科内容采取思维活动和社会实践活动等方式呈现，通过一系列活动及其结构化设计，实现"课程内容活动化""活动内容课程化"。活动型学科课程的实施要确定开展活动的议题，对应结构化的学科内容，设计序列化的活动，并贯穿教学全过程。新课程实施以来，高中政治教研室便开始了议题式教学和活动型学科课程的探索来培育学科核心素养。

2. 强化辨析，选择积极价值引领的学习路径

《普通高中思想政治课程标准（2017年版2020年修订）》指出，本课程的教学与评价，必须凸显价值引领的意义。在教学中，培养具有科学精神的学生，可以通过强化辨析的路径，引导学生分析表达观点，结合时代特点和学生特点，引导学生步入开放的、辨析式的学习路径，理性面对不同观点，进而用马克思主义基本立场、观点和方法，观察事物、分析问题、解决矛盾，在价值冲突中深化理解，在比较、鉴别中提高认识。学生亲历自主辨识、分析的过程并做出判断，才能作出科学的解释、正确的判断和合理的选择，真正实现有效的价值引领。例如，在《高中思想政治课辨析式教学实施策略研究》课题的实

践研究中，在《携手共建"一带一路"——亚投行为什么"行"》一课中，探究"面对不同国家的利益诉求，如何解决国家间的矛盾和分歧实现共同发展"这一问题时创设具体情境，设置辨析问题"如果印度鉴于目前的疫情防控形势，再次向亚投行申请贷款是批准还是不批？"面对辨析问题，学生首先选择自己的立场，然后基于事实、理论等分析阐述自己的观点，通过有理有据的自主辨识、分析的过程厘清是非曲直，做出正确的判断和选择，科学精神的素养在潜移默化中得以培养。

3. 优化案例，采用情境创设的综合性教学形式

新课程实施以来，创设情境进行探究、开展活动教学成为老师们普遍采取的方式。"无情境不教学"更加说明了创设情境对于当前高中思政课教学的重要意义。而什么样的情境是好的适切的情境，如何才能创设出适切的情境，如何对情境进行优化，便是值得深入思考与研究的问题。在教学实践中，我们不断优化案例，使学生们通过学习结构化的丰富情境，运用知识进行分析，言之有物不再空洞。"无情境不教学"成为老师们教学实践的共识，"越具体越生动"为创设更适切有效的情境指明了方向。

4. 走出教室，迈入社会实践活动的大课堂

实践出真知，实践是检验真理的唯一标准。学生们的学习活动大多是坐在课堂内学习书本知识，对于所习得知识的掌握很多停留在背诵和考试层面，并不能真正地深刻理解。走出教室，迈入社会实践活动的大课堂，学生们就能找到打开真理之门的钥匙。我校的模拟政协社团、模拟政协校本课，带领学生走进社会，多方调研，发现生活中的真问题，通过模拟政协提案提出自己的解决方案。调研垃圾分类并举办垃圾分类模拟议事会，参加全国、北京市模拟政协的展示，一起跟随政协委员调研，多次全程观摩北京市政协会议全会，到中山堂参加现场教学活动……学生们在社会实践大课堂中深刻体会协商民主，感悟人民民主的真谛。书本中的知识不再神秘，不再艰涩，而变得亲切、立体、真实起来。

五、选课走班与学生发展课程

从 2017 年起北京实行 6 选 3 选科制度，2020 年是北京市新高考元年。2020 年，全国共计 1301 个院校专业组在京本科普通批次招生，其中提及物理科目的专业组共计 690 个，占比 53.04%，排名第一。其次，不限选考要求的专

业有 403 个，占比 30.98%。而提及政治的专业组仅有 48 个，专业组占比最低，仅 3.69%。受此影响，政治学科选考人数较少。

潞河中学高一学生在第二学期期末进行选科，同北京市和全国其他新高考地区一样，选考政治学科的人数是较少的。选考政治学科的学生具有以下特点：完全按照自己的兴趣和优势选择，选考政治科目的尖子生不多；选考政治科目的新疆"内高班"学生多，选考政治科目的学困生较多；学校的体育特长生、艺术特长生等选考政治科目的占比大。

结合潞河中学高中政治选科学生的实际情况以及新高考的要求，我们采取阶梯式课程的安排，以更好满足学生发展的需要。

（一）选科前的学科学业认识与指导课程

据课堂调查显示，学生们在高一期末进行选科的依据主要有三个：一是自己的兴趣、爱好；二是看自己是否擅长，参考考试成绩；三是自己未来的职业规划。学生们在高一期末时高中政治学科只学习了前三个必修模块，还有必修 4 "哲学与文化"、选择性必修 1 "当代国际政治与经济"、选择性必修 2 "法律与生活"、选择性必修 3 "逻辑与思维"尚未接触，并不了解。高一学生能够对自己有明确的规划特别是职业规划的同学较少。

在选科前，对学生进行学科学业的指导课程，着重介绍必修 4 和选择性必修的内容，高考考查要求，与高中政治相关的大学专业、职业等，使同学们对选科后的学习内容及学科要求更加明确。

（二）政治学科相关专业、职业等生涯指导课程

大多数学生在高一的时候对自己的未来并没有清晰的职业规划，在高一选科前了解选学政治报考的专业和从事的职业十分必要。

通过政治学科相关专业、职业的生涯指导课程，介绍北京新高考选考科目要求，学生明确自己若选考政治与其他两个科目的组合可以考的大学和专业，推动学生树立明确的奋斗目标，引导学生了解将来所从事的职业，从高一开始就要做好职业生涯规划。

（三）选科后的绪论课

选科之后第一节绪论课非常重要，需要明确等级考要求的高中所学所考的内容，构建体系、选考参加等级考的要求、需要培育的素养与能力，并对选考学生提出具体的学习要求。

（四）选科后分层学业指导课程

潞河中学高二选科之后，进行 A、B 两个层次分层分班教学。即使开展分层教学，但同一个层次同一个班级也存在差异，因而需要对不同层次学生的薄弱环节开展分层学业指导，设计开发实施分层学业指导课程（见图 2）。

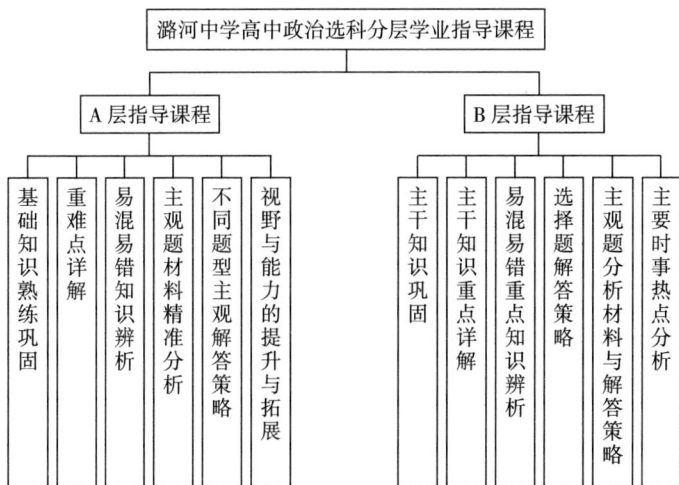

图 2

六、学科课程教育资源的开发

任何课程都以一定的课程资源为基础和前提，课程的设计、研发、实施需要课程资源开发的支持。

（一）充分利用学校资源和本地资源

有着 150 多年历史的潞河中学是通州区第一个党支部诞生地，校园内的革命烈士纪念碑、校史馆、党性教育基地等有利于推动革命文化、红色基因的传承。学生通过参观校史馆、党性教育基地，撰写解说词，讲述革命烈士周文彬的故事等活动学习党史，高中政治教研室利用学校资源开发了党史教育课程。

2014 年，大运河申遗成功，成为北京第七处世界文化遗产。通州是京杭大运河的北起点，是运河文化的重要节点。学生通过参观通州三教庙、燃灯佛舍利塔、张家湾古镇等深刻了解大运河文化，增进对源远流长、博大精深的中华文化的理解。

（二）专家进课堂活动

模拟政协校本课邀请市区政协委员、专家进校园为模拟政协校本课的同学们讲课或者作讲座。市区政协委员与学生们进行面对面交流，并就学生的模拟提案进行具体指导。

尖子生提优课程邀请市区教研员、名师等为高三尖子生开办讲座、进行专门的辅导。

学长进课堂课程邀请毕业考入大学或者工作的学长、学姐走进高中课堂，与在读学生进行高中政治学习以及大学学习生活的交流，对学生的生涯发展进行引领。

（三）走进社会大课堂活动

结合必修的不同模块教学内容，给学生推荐在北京的"走出去"活动主题和目的地，每学期学生自己至少"走出去"一次，或者参观网上展馆一次。

（四）构建专题片、政论片、影视资源库

近年来，我国举办了多场大型的庆祝活动，结合庆祝活动制作了一大批优秀的视频资源、电视节目，这可以作为高中思想政治课教学的资源。比如，纪念马克思诞辰 200 周年的电视节目《不朽的马克思》、《马克思是对的》、《社会主义有点"潮"》、《马克思靠谱》，电影《青年马克思》等；纪念改革开放四十周年的电视节目《我们一起走过》、《必由之路》、《数说改革开放 40 年》、《改革开放关键一招》等。

除此之外，电视节目《这就是中国》、《法治中国》等，电影《建党伟业》、《建国大业》、《我和我的祖国》、《我和我的家乡》等，都可以作为高中思想政治课的资源推荐给学生观看。

（五）与每个模块配套推荐阅读书单

比如，必修 1 "中国特色社会主义"推荐书单：《中国近代史纲要》、《共产党宣言》、《习近平新时代中国特色社会主义思想三十讲》、《习近平新时代中国特色社会主义思想学习问答》等。

七、教师团队建设

（一）基本情况

目前高中政治教研室共有教师 11 名。从年龄结构来看，35 岁以下青年教

师4人，35—50岁中年教师5人，50岁以上老教师2人；从学历构成来看，本科学历教师5人（1人取得硕士学位），硕士学历教师6人；从性别构成来看，有10位女教师、1位男教师。

（二）团队文化

潞河中学高中政治教研室在多年的教育教学实践中形成了"敢于拼搏、甘于奉献、严谨治学、精诚团结、温暖一家"的团队文化。老师们对待工作敢于拼搏，为了学生的发展甘于奉献，对待教学与研究严谨治学，组内同事之间精诚团结、温暖一家。

青年教师朝气蓬勃，与学生容易沟通，接地气，深受学生喜欢；学历高、起点高，精力充沛，思维活跃，勇于创新；虚心好学、厚积薄发，潜力巨大。中年教师教龄大多在10年以上，是成熟型教师，在学校工作中挑重担，是中坚力量。中年教师教学经验丰富、教学严谨，对教材理论能够有较深刻的认识与分析；对教学，在自身成熟的风格中不断摸索创新；对学生，能够因材施教进行适切的引导与教育。老年教师教学经验丰厚、思考问题的视角深刻、看得远，能够四两拨千斤地开展课堂教学，是高中政治教研室的宝藏。

（三）发展目标

青年教师的发展目标：加强新课标、新教材理论的深度学习，提高教学能力与教学水平，崭露头角，成为新秀。

中年教师的发展目标：需要有意识、有规划地总结梳理提升，提高教科研水平，成长为研究型、专家型教师。

老教师的发展目标：发挥好传帮带的作用，解放思想，与时俱进，推动新课标理念、议题式教学、活动型学科课程的落地。

高中政治教研室围绕"立德树人"目标，将不断推进课程的改进与完善，与时俱进，满足学生成长与发展的需要，为党育人，为国育才。

潞河中学高中历史学科新课程建设纲要

金晓洲

一、普通高中历史课程性质

根据《普通高中历史课程标准（2017年版2020年修订）》中的要求，普通高中历史课程，是在义务教育历史课程的基础上，进一步运用历史唯物主义观点，以社会形态从低级到高级发展为主线，展现历史演进的基本过程以及人类在历史上创造的文明成果，揭示人类历史发展的基本规律和大趋势，促进学生全面发展的一门基础课程。

学生通过高中历史课程的学习，进一步拓宽历史视野，发展历史思维，提高历史学科核心素养，能够从历史发展的角度理解并认同社会主义核心价值观和中华优秀传统文化，认识并弘扬以爱国主义为核心的民族精神和以改革创新为核心的时代精神，具有广阔的国际视野，树立正确的世界观、人生观、价值观和历史观，为未来的学习、工作与生活打下基础。

（一）以立德树人为历史课程的根本任务

历史课程最基本和最重要的教育理念，是全面贯彻党的教育方针，切实落实立德树人的根本任务，坚持育人为本、德育为先，使历史教育成为形成和发展社会主义核心价值观的重要途径。发挥历史课程立德树人的教育功能，使学生能够从历史的角度关心国家的命运，关注世界的发展，成为德智体美劳全面发展的社会主义建设者和接班人。

（二）坚持正确的思想导向和价值判断

历史课程要以唯物史观为指导，对人类历史发展进行科学的阐释，将正确的思想导向和价值判断融入对历史的叙述和评判中；要引领学生通过历史学习，认清历史发展规律，对历史与现实有全面、正确的认识，形成实事求是的科学态度以及正确的世界观、人生观、价值观和历史观；要增强学生的历史使命感，不断增强学生对伟大祖国的认同，对中华民族的认同，对中华文化的认同，对中国共产党的认同，对中国特色社会主义道路的认同；增强学生的世界意识，拓宽国际视野。

（三）以培养和提高学生的历史学科核心素养为目标

历史课程要将培养和提高学生的历史学科核心素养（唯物史观、时空观念、史料实证、历史解释、家国情怀）作为目标，使学生通过历史课程的学习逐步形成具有历史学科特征的正确价值观念、必备品格与关键能力。课程结构的设计、课程内容的选择、课程的实施等，都要始终贯穿发展学生历史学科核心素养这一任务。

二、打造校本特色历史课堂——涵情、明理、启智、培德

（一）校本优势和生源特色分析

校本优势方面，北京市通州区潞河中学创办于 1867 年，至今已有 155 年历史，1978 年被北京市确定为市属重点中学，2002 年由北京市教委首批认定为示范性普通高中，成为北京市市基础教育改革的排头兵。历史教研室老中青教师相结合，多年来，各位老师在自己的本职工作中默默耕耘，用自己的行动，践行着党的教育方针，优良的传统不断传承，青年教师拥有蓬勃的学习力与不甘平庸的上进精神，是一个团结奋进的能打硬仗的集体。

生源特色方面，我校所录取的学生在通州区中考成绩相对优秀，学习态度端正、习惯良好。其中高中部各年级有来自新疆维吾尔自治区的"内高班"各族学生，他们与本地学生同吃同住共同学习，三年中与同学和老师均建立起深厚情谊。但客观上由于招生标准的差异，也造成各班级学生质量良莠不齐、两极分化现象较为严重。

（二）历史学科建设愿景

基于历史学科性质和我校实际情况，历史教研室的学科建设愿景是：通过学习历史，希望学生们能在今后的学习生活中，敬畏历史、尊重差异、豁达包容，能用历史的眼光看待身边的人与事。对中国传统怀有温情敬意，对世界持有平等开放之心态，不卑不亢，做一个拥有健全人格的潞河人。历史教育要用历史细节打动学生情感，用理性探究思考历史与未来，以小见大，涵情、明理、启智、培德。

三、历史学科校本课程体系

（一）课程体系设想

历史学科课程体系如图1所示。

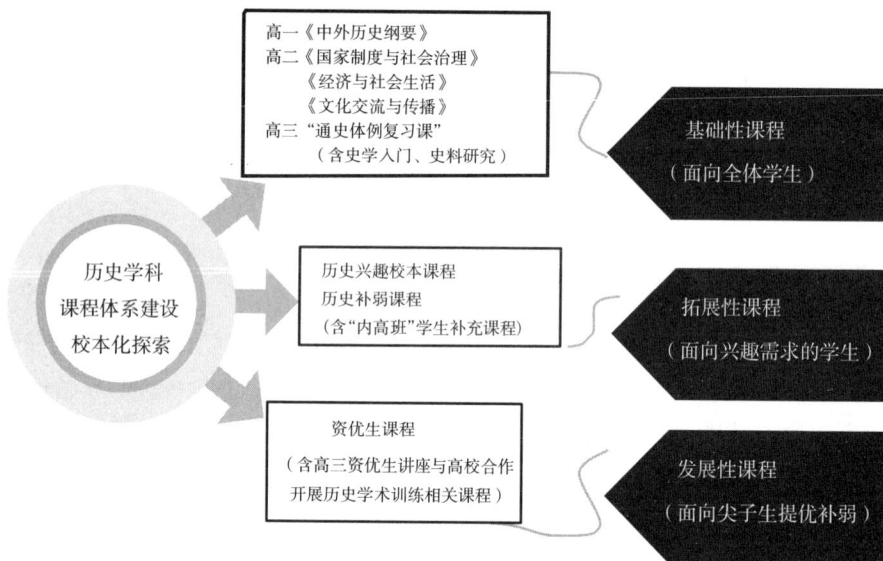

图1

（二）以评价促进各年级育人目标的确立

依据新课标针对高中各学段的历史学科评价标准如表1所示。

表1

	唯物史观	时空观念	史料实证	历史解释	家国情怀	备注说明
高一年级	（2-1）知道人类物质生活资料的生产是社会生活的基础，知道生产力是历史发展的决定因素，知道经济基础与上层建筑之间的辩证关系。了解人类社会形态从低级到高级发展的规律；能够理解唯物史观是科学的历史观	（2-2）能够将某一史事定位在特定的时间和空间框架下；能够运用各种时间术语描述过去；能够利用历史年表、历史地图等方式对相关史事加以描述；能够认识事物发生的来龙去脉，理解空间和环境因素对认识历史与现实的重要性	（2-3）能够认识不同类型的史料所具有的不同价值；能够掌握获取史料的基本方法；能够在对史事与现实问题进行论述的过程中，尝试运用史料作为证据论证自己的观点	（2-4）能够分析有关的历史结论；能够区分历史叙述中的史实与解释；能够在叙述历史时把握历史发展的各种联系。如古今联系、中外联系等，并将历史知识与其他相关学科如地理、语文、艺术等知识加以联系；能够选择、组织和运用相关材料并使用相关历史术语，对具体史事作出解释；能够尝试从历史的角度解释现实问题	（2-5）能够发现历史上认同家乡、民族、国家的事例，知道中外优秀文化遗产的主要内容，认识社会主义核心价值观的历史依据，具有对祖国和人民的深厚大爱	就我校高一学生而言，希望在升入高二前，历史学科的学习能帮助他们树立敬畏历史、尊重差异，能用历史的眼光看待身边的人与事的思维品质
高二年级	（3-1）能够从生产力与生产关系、经济基础与上层建筑的辩证关系来理解历史上的发展变化和社会形态的演变过程，理解阶级斗争是推动阶级社会发展的直接动力；理解人民群众在历史发展中的重要作用；能够史论结合、实事求是论述历史与现实问题	（3-2）能够把握相关史事的时间、空间联系，运用特定的时间和空间术语对较长时段（如古代、近现代）、较大范围（如跨国家、跨地区）的史事加以概括说明	（3-3）能够在探究特定历史问题时，自主地搜集有关史料；能够对史料进行整理和辨析，并判断其价值；能够利用不同类型史料的长处，对所探究的问题进行互证	（3-4）能够分辨不同的历史解释，尝试从来源、性质和目的等多方面，说明导致这些不同解释的原因并加以评析；能够选择、组织和运用相关材料并使用相关历史术语，在正确的历史观和方法论的指导下，对系列史事作出解释	（3-5）能把握中华民族多元一体的发展趋势，以及世界历史发展的进步历程，形成正确的世界观、人生观、价值观和历史观；能够表现出对历史的反思，从历史中汲取经验教训，更全面、客观地认识历史和现实社会问题；能够将历史学习所得与家乡、民族和国家的发展繁荣结合起来，立志为新时代中国特色社会主义建设、中华民族伟大复兴作出自己的贡献	就我校高二学生而言，希望在升入高三前，历史学科的学习不仅帮助他们用历史的眼光看待身边的人与事，还能辨析各种观点以及导致观点分歧的多重因素，用理性探究思考历史与现实的联系

	唯物史观	时空观念	史料实证	历史解释	家国情怀	备注说明
高三年级	（4-1）能够从生产力与生产关系、经济基础与上层建筑的辩证关系来理解历史上的发展变化和社会形态的演变过程，理解阶级斗争是推动阶级社会发展的直接动力，理解人民群众在历史发展中的重要作用；能够史论结合、实事求是地论述历史与现实问题	（4-2）在对历史和现实问题进行独立探究的过程中，能够将其置于具体的时空框架下；能够选择恰当的时空尺度对其进行分析、综合、比较，在此基础上作出合理的论述；能够根据需要并运用相关材料和正确方法，独立绘制相关图表，并加以说明	（4-3）能够比较、分析不同来源、不同观点的史料；能够在辨别史料作者意图的基础上利用史料；在评述历史时，能够对材料进行适当的取舍；在对历史和现实问题进行探究的过程中，能够恰当地运用史料对所探究问题进行论述；能符合规范地引用史料	（4-4）能够在独立探究历史问题时，在尽可能占有史料的基础上，尝试验证以往的说法或得出新的解释；能够在正确的历史观和方法论的指导下，全面、客观地论述历史和现实问题	（4-5）能够把握中华民族多元一体的发展趋势，以及世界历史发展的进步历程，形成正确的世界观、人生观、价值观和历史观；能够表现出对历史的反思，从历史中汲取经验教训，更全面、客观地认识历史和现实社会问题；能够将历史学习所得与家乡、民族和国家的发展繁荣结合起来，立志为新时代中国特色社会主义建设、中华民族伟大复兴作出自己的贡献	就我校高三学生而言，希望在升入大学前，历史学科的学习能帮助其养成豁达包容的性格，做一个对本国传统怀有温情敬意，对世界持有平等开放之心态，不卑不亢，拥有健全人格的潞河人

（三）目前针对各类课程的实践性策略

1. 讲好基础性课程的校本化实践

首先，高度重视、集体备课。所谓基础性课程即为国家课程，也就是"国家统一课程"，它是自上而下编制、实施和评价的课程。目前在新课标新教材实施中，历史学科正在由一标多本向部编统一教材转变，这将进一步体现国家意志，用一个声音宣讲历史。

在整体把握和深入理解体会教材方面，我们恪守先培训后上岗，认真系统地参加开学前的教材培训，并且在日常教学中，细致钻研每一个概念、事件，把握准确到位，挖掘教材背后强大的育人功能。在教学中，发挥备课组同头备课的优势，大家分工合作，共同备好每一节课，广泛地阅读书籍，查找资料，编制习题。每个学期、每个年级至少都会有一两位老师承担市区研究课题目，往往以此为契机，提升对教材的驾驭能力，用教材教，在教材与学生之间架起一座桥梁。

其次，在新课标、新教材、新高考背景下，面对知识量大、学科综合性强的特点，开展案例教学。案例教学法是一种以学生的能力发展为本位的教学方法，对学生在合作交流、自主学习以及问题解决等方面的发展有极大的促进作用。使用案例教学法不仅符合素质教育的基本要求，也符合新课改的理念。因此，不少高中历史教师选择在课堂中使用案例教学法，案例教学法可以提高学生的历史学习能力和历史教师的教学能力，是一种师生双赢的教学方法。

值得注意的是，案例教学的主要目标是培养学生发现问题、解决问题的能力以及历史思维能力。这个目标并非针对的是个别学生，而是全体学生，所以案例教学课堂应该尽量让全体学生都进入思考的教学当中。如果部分学生只是依赖于其他学生的答案，自己不思考，那案例教学对他而言是没有任何意义的。所以案例教学对于学生的素质要求会比较高，学生一定要积极地投入案例教学当中去，这样才能达到案例教学的目标，才能对学生产生有益的影响。

再次，在教学中多种手段渗透"立德树人"的教育。"培养什么人，怎样培养人"，是我国社会主义教育事业发展中必须解决好的根本问题。"立德树人"已经写进我们的教育方针，它坚强而有力地回答了这一事关党和国家前途命运的问题，具有里程碑式的意义。立德树人，既是一个永恒的主题，也是一个时代的主题。

面对现实情境，要正确引导教育。一切历史都是当代史。历史教育应该站在历史与现实的结合点上去进行教学。因此，要放宽历史教学的视界，用"大历史观"进行教学。不拘泥于课本，站在社会发展的宏观背景上，去看待历史事件，再结合当下的社会现实，重构历史价值。更重要的是，历史的重心应该放到"人"身上。一是历史中的"人"，关注历史人物的故事；二是学历史的人，即学生，历史课堂要与学生互动。让历史人物走进学生心灵，让学生在前人的思想和命运中去反思、追问，丰富思想。

要在教学中引用社会生活新鲜事例，尤其是联系学生身边的事例，引导学生认真分析，深刻思考，正确对待，不仅是贯彻理论联系实际原则的必然要求，也是引发学生思想共鸣和师生"思维共振"的重要途径。比如巴以问题、朝核危机，多联系现实，学生会对历史更感兴趣。在众多的事件中，使学生体会，虽时光流转，但"位我上者灿烂星空，道德律令在我心中"，人类的公平正义美德必将永恒。同时，要认识到抓住契机很重要。

要质疑探究，感悟升华。比如探究历史。高中历史探究式课堂教学旨在通过"质疑—思疑—解疑"反复循环的操作模式，改革教师的教学方式，最终实现学生学习方式的转变，促进学生素质的全面发展。问题情境是学生探究学习赖以发生的基础，可谓没有问题情境，就没有学生的探究学习。在实践摸索中，我们也逐渐有了一套行之有效的做法。这就是选取精准而有价值的材料，创设新颖的问题情境，激发学生自主质疑，像剥洋葱一样一层层剖析，带领着学生，让他们解决一系列问题。

要注重感悟。感悟，重在一个"悟"字。要通过历史的学习，悟出人生的真谛。具体说，要通过历史的学习，逐步感知人类在文明演进中的艰辛历程和巨大成就；通过对历史进程的考察，产生对人类历史的认同感。而且要能够通过历史的学习，逐步树立对国家、民族的历史责任感和历史使命感，逐步确立为祖国的社会主义现代化建设、人类和平与进步事业作贡献的人生理想；逐步形成健全的人格和健康的审美情趣，逐步形成崇尚真理的科学精神，逐步形成面向世界、面向未来的国际意识。让学生每一节课都有所收获，有所感悟。

要通过历史事件、历史人物、历史细节打动学生。课堂中，教师要创设历史情景，和学生一起探究历史的真相，带着学生怀着温情和敬意去理性思考历史。

此外，还要通过在历史教学课堂中渗透爱国主义教育，涵养学生的家国情怀。

最后，教学评一体化。只要涉及教学，就离不开教学评价，案例教学法实施的也需要教学评价。案例教学法教学评价是以教学目标为基础，对课堂的实际情况及课后的教学效果进行现实的或潜在的价值判断的活动。2017年版高中历史课程标准要求"将评价贯穿于历史学习的整个过程"，"要使评测与教学完全整合，评测计划应在备课过程中制订"。因此，需要把教学评价纳入课时教学设计中，制定课时教学目标、评价目标、根据目标设计教学过程、开发评价工具等工作要同步进行。

评价工具可以论述题或学生作品等非选择题为主，以便对高层次的学科核心素养和关键能力达成度进行判断。评价是教学设计的重要组成部分，应该在课时教学开始前与教学目标、教学过程设计同步完成。"对设计有效性的评价是针对目标的达成来进行的"，为了准确判断目标的达成，需要把教学目标分解成更为具体的评价目标，根据评价目标选择和开发评价工具，实施教学评价。这样，在课时教学中就可以将评价工具穿插在问题探究各个环节，及时对学生表现做出评价。课时教学后，再利用课时测试题、问卷、论文等多种形式对本课学习成就做出系统的评价，综合各种评价结果对教学进行反思，提出改进措施。

2. 校本课程资源的多维度开发

潞河中学的校本课程一直走在通州乃至北京市的前列。早在 2000 年左右，以贾长宽老师为代表，就开设了"大运河文化珍闻""新疆历史探究"等一系列校本课程，更加难能可贵的是，这些课程注意调动学生的积极性，课程结束，由学生主编的《大运河文化珍闻录》、《新疆古今人物传奇》也相继出版。

在校本课程的设置选择上，我们遵循的原则是：教师有兴趣，本地有资源，学校有需要，意义要重大。比如建设大运河文化带，是国家新时代绿色发展的战略任务；而新疆问题是关系民族团结的大问题。

在设计、实施过程中，要考虑学生时间的可行性，要为学生参加特色课提供便利与兴趣。要把每一个任务布置到组到人，采用教师讲座与指导学生探究结合的活动方式，坚持趣味性、探究性的教育策略，与学生共同进行历史探究。

近几年来，潞河中学历史教研室遵循以上原则，共开设数十门各具特色的校本课，比如《大国崛起》、《影响历史进程大事件》、《博物馆里的历史》、《影视作品里的历史》，等等。

除此以外，我们也注意学生社团的建设。"潞河历史文化学社"从 2012 年成立已 10 年，运行模式基本上是教师引导，学生组织策划，以高中生为主，多则数十人，少则十余人，把潞园最热爱历史的孩子聚集在一起，讲述、讨论、参观、参加一些论坛活动，历任社长薪火相传，使社团生生不息。

3. 学困生历史核心素养培养策略

引领学生深度研读教材。学困生的水平不足以自行钻研教材，所以要降低学习要求，讲究循序渐进。引领学生深度研读教材是最基本最有效的方法。教材内容简洁，背景信息量巨大，学困生阅读起来难度较大。通常的做法就是分组阅读，读后回答问题，小组交流，全班汇报。每一节课的任务在导学案中呈现的就是几个大问题，然后按小组分工，学生就带着问题深度研读教材，查询资料，相互交流。这样的好处就是让所有学生都有事可做，把事做成。通过深度研读、小组交流，让学生就课本的知识点当堂理解。

一对一辅导走近学生。融洽的师生关系是激发学生学习兴趣的有效方法。学困生最突出的问题就是不自信，自卑心理极重。教师利用补弱课程常和这些学生个别交流，了解他们，关心他们，鼓励他们，让学生能够从内心深处信服教师，甚至崇拜教师。当学生能把教师当成知心朋友，无话不谈，教师就可以很好地开展教学。

用好多媒体。多媒体的声光影重现历史场景，容易激发学生学习兴趣。学困生上课极易分神，注意力很难长时间集中，必须改变一味的讲解，而探究相对学困生来说难度也很大，不宜过多。所以，多媒体应用在补弱教学中效果比较好，放一段影视作品来说明历史知识点，观看几幅图片来介绍历史知识点，往往能吊起学生胃口，从而提升学困生的能力水平。

抓住时机开展活动。学困生学习没有耐心，不能持之以恒，所以，要想长期保持他们的学习兴趣，就要不断地开展适合他们的活动。比如，针对我校学困生群体中的"内高班"学生情况，让学生讲家乡的历史名人、历史传说故事，让学生先精心准备，然后组织交流，每周安排一个学生主讲。这样学生既了解了家乡，又对历史产生了兴趣，方便历史学科学习。

4. 资优生培养策略

一般而言，资优生是指智商较高、学习成绩优秀、思维活跃、具有潜在优秀特质的在校生群体。

以高三资优生课程为例，除了利用区里教学优质资源、聘请市级专家举办专题讲座以开阔学生视野、深化学科认识、提升学科素养能力外，在日常资优课程中引导学生在合作探究中实践历史核心素养是培养高中历史资优生的策略之一。

学生带着问题查阅资料，合作探究；走进课堂，沟通交流。资优生高中历史学习中应运用唯物史观进行历史分析，通过时空观念的建构进行中外对比研究，采用史料实证的方法辨别疑惑材料的真伪，运用历史解释对疑难问题做出解答，由此将家国情怀融入学习探究活动之中。

此外，要把尖子生当作老师来培养，让他们充当老师去教后进生；或者让优生帮助中等生，中等生帮助后进生，形成全班互助链，让优生更优，后进生不断进步，中间生稳步提高，从而实现"抓两头促中间"的培补效果。

四、其他问题

本教研室目前有一件工作正在进行，那就是对特级老教师贾长宽老师进行访谈，最后完成《史有长宽，师情无垠——一位中学历史老教师专业情意的叙事研究》一书。

在前期的访谈中，我们已经捕捉到一些非常有意思的东西，比如浓厚的兴趣，榜样的作用，史观的引导，对历史学科本质的理解，以及责任担当不忘初心，高标准严要求，教学中敏锐的问题意识，寻找切合的角度方向，前沿意识，归因与反思能力，敏锐感知感悟等，都是一个优秀教师脱颖而出的条件。而这样的经历，对参与访谈工作的青年教师而言，本身就是一种教育与传承，越做越感兴趣，也意识到意义深远。

在学科课程建设当中，老师们普遍感觉的困难有：没有系统的理论培训，没有案例可以参考，没有专家指导。例如，关于学科课程教育资源开发欠缺系统性（主要是自己的研发，及学习资料）。此外，有建立潞河中学历史教研室微信公众号的筹划，但是碍于时间窘迫，精力有限，迟迟未能上手。计划是建立公众号，展示本教研室活动、老师们的各类成果，与教学、历史相关的书籍文章的链接。希望后续设想成真。

潞河中学高中地理学科新课程建设纲要

刘　珍

一、学科课程发展水平及特色估计

《普通高中地理课程标准（2017 年版）》提出了高中地理课程的基本理念是：培养现代公民必备的地理核心素养；构建以地理核心素养为主导的地理课程；创新培育地理核心素养的学习方式；建立基于地理核心素养发展的学习评价体系。

我们对此的理解如图 1 所示。

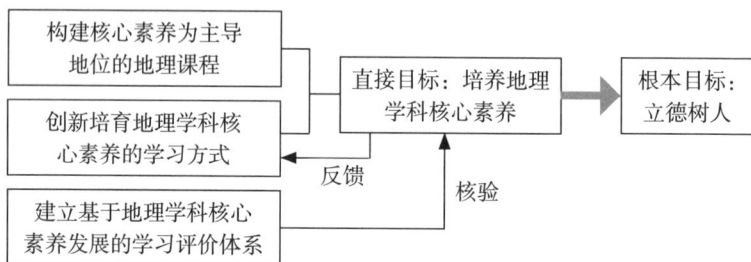

图 1　高中地理学科课程的基本理念解读

（一）地理学科的育人目标

地理学科的育人目标，是通过学生地理学科核心素养的培养，落实"立德树人"根本任务的要求；强化人类与环境协调发展的生态文明理念；提升地理学科方面的品格和关键能力；具备家国情怀和世界眼光，形成关注地方、国家和全球的地理问题及可持续发展问题的意识。

据此，我校地理教学侧重三个方面的目标：人地协调观与可持续发展意识的培养、地理学科关键能力培养、家国情怀与世界眼光。在这三个核心目标的引领下，构建相关课程、丰富相关课程内容、渗透学科价值观。目标是通过地理学科的学习，影响到学生未来的社会生活乃至终身发展，培养有健全人格的人。

（二）构建核心素养为主导的地理课程

围绕地理核心素养的要求，构建科学合理、功能互补的课程体系，坚持基础性、多样性、选择性并重，满足不同学生自身发展的需要；精选利于地理学科核心素养形成的课程内容，力求科学性、实践性、时代性的统一，满足学生现在和未来学习、工作、生活的需求。

据此，我校地理教学侧重课程内容的拓展，增加有利于学科核心素养形成的课程内容。例如将脱贫攻坚的典型地区、与课程内容紧密相关的新闻时事、身边的天气变化、自然灾害事件等内容及时引入课堂，让学生感受到"学习对生活有用的地理"。

（三）创新培育地理学科核心素养的学习方式

根据学生地理核心素养培育和形成过程的要求与特点，科学设计地理教学过程，引导学生通过自主、合作、探究等学习方式，在自然、社会、生活等情境中开展丰富多样的地理实践活动；充分利用地理信息技术，营造直观、实时、生动的地理教学环境。

我校的特色：我校地理教师注重创新培育地理学科核心素养的学习方式，注重学生的自主、合作、探究学习。在单元（主题）教学、情境式教学、问题导引式教学、可持续学习课堂等方面开展了教学研究，关于主题教学和可持续学习课堂的构建，已经有多篇研究论文发表或者获得北京市的一等奖。也进行了多次市区级公开课和评优课的推广，多次获得北京市京教杯一等奖、北京市优秀教学设计评比一等奖等。也邀请了专家教授进校园，进行了情境教学、主题教学等讲座。本组的陆畅老师今年还申报了课题《基于高中地理学科核心素养的单元教学设计的研究与实践》进行深入研究和推广。

（四）建立基于地理学科核心素养发展的学习评价体系

以地理核心素养的内涵与表现水平、学业质量标准为依据，通过过程性评价与终结性评价相结合的方式，检测学生的认知水平，以及价值判断能力、思维能力、实践能力等的水平，全面反映学生地理核心素养的发展状况。

我校的特色：我校的教师尝试进行对学生的表现性评价，分为过程性评价和终结性评价，但是没能推广开展，也缺少评价的经验。因此，基于学科核心素养培养的教学评价，是接下来我校地理教研室研究的重点方向。我校今年申报的三项重点课题就是相关研究，例如《信息技术在高中地理教学评价中的应用研究》《基于地理学科核心素养培养的中学天文校本课程内容和学业质量标准研究》《智慧学伴等信息技术与地理学科教学融合的实践研究》，都是主要关于教学评价的课题研究。

二、学科课程构建的核心主题

我校地理课程构建的核心主题问题是"我们要培养什么样的人"。我们的目标是要培养德智体美劳全面发展的社会主义建设者和接班人，培养具有健全人格的潞河人。据此，我校学科课程构建要充分体现地理学的本质和价值，展示其核心思想和独特视角，我们确定了学科课程构建的核心主题下的三个育人目标：培养具有"绿色、协调"理念的人——人地协调观与可持续发展意识；培养具有地理学科关键能力的人——地理综合思维能力、区域认知能力和地理实践力；培养具有"开放、共享"理念的人——家国情怀与世界眼光。

为完成这三个学科育人目标，结合学校特色和优势，潞河中学地理教研室学科发展特色理念是"开放融合的地理"。

（一）"融合"的解读

1.学科内与学科间知识的融合

通过对教材内容的整合，形成具有学科科学体系的课程框架，包括自然地理、人文地理和区域地理。同时综合考虑融入科学发展观教育、国家安全教育、海洋意识教育等，注重地理学科与其他学科的融合。

首先将教材内容融合成三大体系，目的是培养学生的地理学科关键能力，包括地理综合思维能力和区域认知能力，有助于学生从整体角度，全面、系统、动态地分析和认识地理环境，以及它与人类活动的关系。"区域认知"素养有助于学生从区域角度，分析和认识地理环境，以及它与人类活动的关系。

我们也注重科学发展观的融合和其他学科的融合。我校是节能减排和环境教育示范校，校园环境优美，学生们引以为豪。十几年来，我们注重学生的科学发展观教育，指导学生跨学科研究了很多环境保护主题的研究性项目，包括校园节电、塑料瓶踪迹研究、垃圾分类处理研究等。这些都成为我们融合的学习内容。我们的目的是要培养具有"绿色、协调"理念的人，即人地协调观与可持续发展意识。人地协调观是人们对人类与地理环境之间关系秉持的正确的价值观。人地关系是地理学最为核心的研究主题。在地理学科的四项核心素养中，人地协调观是地理课程内容蕴含的最为核心的价值观。

2. 知识与实践活动的融合

地理实践力也是地理学科的关键能力之一，指在考察、调查和模拟实验等地理实践活动中所具备的意志品质和行动能力。户外考察、实验、社会调查等是地理学重要的研究方法，也是地理课程重要的学习方式。"地理实践力"素养有助于提升学生的行动意识和行动能力，更好地在真实情境中观察、感悟、理解地理环境及其与人类活动的关系，增强社会责任感。

因此，我们强调知识和实践活动的融合，我们积极在校园内、通州区、北京市和全国研学活动中融合地理实践活动教育。

利用潞河中学的校园开展地理实践活动有着得天独厚的条件。校内开阔的场地，可以进行天文观测；校园内的植物、假山、湖泊以及校园环境内部差异都是上课时的重要资源，可以设计实践活动，让学生去观察、记录和分析。例如校园内的德辰山，陆畅老师在讲《地貌的观察》一课时，就带领学生去德辰山，学习地貌观察的顺序、内容、记录方式等。赵哲嵩老师用红楼北侧和东侧爬山虎叶子的区别来讨论局部水热差异对植被的影响。我校的天文社团，也常常在宽阔的操场上进行天文观测活动。

不仅仅是在校园内开展实践活动，我们也积极利用通州区甚至北京市、全国研学活动的机会融合实践活动教育。例如，我们指导学生调查、评价通州区的旅游资源，并设计旅游活动；在怀柔、密云等地开展天文观测活动；学生去全国各地开展研学活动，地理教师精心设计地理观察和分析的任务，将地理知识和实践活动融合在一起。

3. 知识与社会生活的融合

将课堂教学的内容和学生生活中的所闻所见积极融合在一起，体现地理学科的重要应用价值。我们常常会在教学中增加大量鲜活的真实情境案例，例如影子的变化、地图软件的使用，大风、降温、沙尘暴、冰雹天气的变化，菜价的变化等。

4. 学习方式的融合

课堂教学中，融合教师讲授法、探究学习法、实验学习法多种学习方式，使得课堂变得更丰富活泼。

5. 教师之间的融合

不同学段、不同年级的教师队伍内部要有融合，全员参与到学科课程建设中来。

（二）"开放"的解读

因为融合，我们也有了"开放"的特征。开放的体现主要表现在 3 个方面。

1. 内容和实施路径的开放——教师课堂教学的开放性

开放课堂，内容不拘泥于教材，而是融合不同模块教材、融合生活内容后的知识和情境内容；教学方式多样，活动丰富。

2. 理念的开放——学生树立开放共享的理念

我们要培养具有"开放、共享"理念的人，帮助学生树立家国情怀与世界眼光。通过高中地理学习，使学生更加理解我国自然环境、资源、区域发展的特点、存在问题和发展方向，融入国家发展战略、国家安全、海洋意识教育等，使其理解党和国家提出的新的发展理念，理解国家政策和发展战略，热爱祖国和家乡，具备家国情怀；也要形成关注地方、国家和全球地理问题的意识，站在国家安全、国际合作的角度认识问题。

3. 表达的开放——学生主动表达的开放性

我们注重以学生为主体的课堂，注重锻炼学生勇于表达自我的观点，更加自信。

三、学科课程群的构建

围绕"要培养什么的人"核心主题，我们从立德树人的根本任务、地理学科体系和学生发展的多元需求三个角度，来构建具有学科科学体系和学校发展特色的学科课程。地理学科课程体系如图2所示。

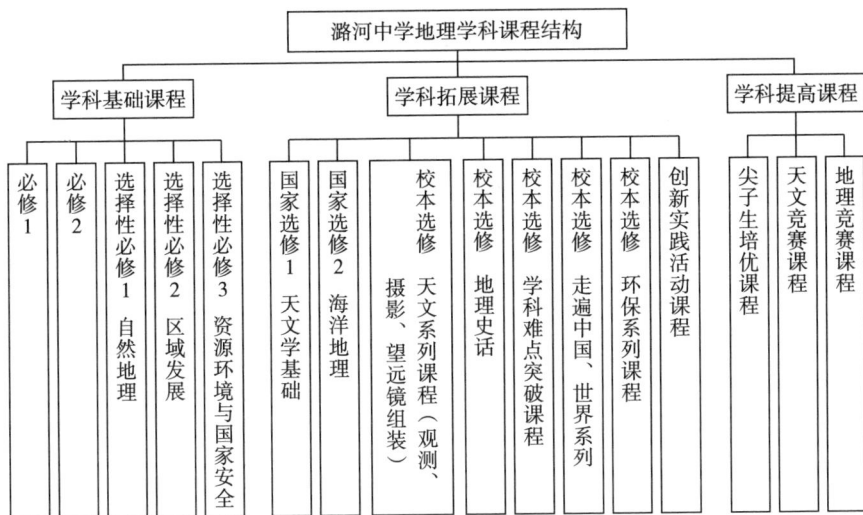

图 2　地理学科课程体系结构

（一）落实"立德树人"的根本目标

课程设置能体现培养"现代公民必备的基本地理素养"，达成落实地理学科核心素养、培养合格的社会主义接班人的根本目标。每一门课程的设置都旨在帮助学生形成地理综合思维、提高区域认知能力、提高地理实践能力、形成人地协调和可持续发展观念。

（二）体现地理学科体系

地理学的学科体系中有自然地理学、人文地理学和区域地理学等。随着时代和科技的发展，地理学不断形成新的知识领域和新的分支学科。鉴于高中阶段的地理课程是基础性的课程，本课程仍然沿用自然地理、人文地理和区域地理的基本框架。同时，在确定课程名称和内容时，综合考虑融入科学发展观教育、国家安全教育、海洋意识教育等，注重地理学科与其他学科的融合。我校地理学科课程设置中的学课体系如表1所示。

表1 学科课程设置中的学科体系

年级	国家课程要求	国家课程中的学科体系	我校地理课程所做的调整和融合
高一	必修1、必修2	自然地理：帮助学生了解基本的地球科学知识，理解一些自然地理现象的过程和原理 人文地理：了解基本社会经济活动的空间特点，树立绿色发展、共同发展、人地协调发展的观念	人文地理紧跟时代步伐，增加时事热点案例，引导学生关注生活中、社会发展中体现的地理知识 融合地图教学：利用课堂教学，有意识地培养学生基础的读图方法和读图习惯，例如图例、比例尺、注记、经纬网、方向等
高二	选择性必修1、选择性必修2、选择性必修3	自然地理基础：了解人类生存的自然环境特征，理解自然环境及其演变过程对人类活动的影响，提升认识自然环境的能力与意识水平，树立人与自然是生命共同体的观念 区域发展：了解区域特征及发展路径，理解区域创新发展和转型发展的重要意义，树立因地制宜、人地和谐的区域发展观。 资源环境与国家安全：了解资源、环境与国家安全的关系，增强保护资源与环境的意识，树立维护国家安全、发展利益的观念。	自然地理基础：知识点——对应融合必修1的知识。融合原因：知识体系、思维结构更加完整 区域发展：融合初中区域地理（中国地理、世界地理）基础知识。融合原因：增强区域认知能力，增强学科知识基础 融合地图教学：要求每人有一本地图册，主要目标是要提高读图技能、绘图技能和空间定位能力。重点培养学生会分区域阅读世界地图（政区、地形）和中国地图（政区、地形）的方法，并能脱离地图册自己画图绘图，包括区域图、统计图表
高三	必修、选择性必修	自然地理 人文地理 区域可持续发展	将必修1和选择性必修1融合为自然地理部分；将区域发展、资源环境与国家安全融合为区域可持续发展部分 融合地图教学：地图册是课堂的必备资料，要求学生在复习知识时，能联想到相应的地图或示意图，做到"脑中有图"；看图时，能将每一幅图和背后的地理基础知识融会贯通，做到"眼中有知识"

在学科拓展课程和学科提高课程开设中，也在自然地理、人文地理、区域发展基础课程体系内，融合可持续发展教育、海洋意识教育和融合其他学科的实践活动类课程。

（三）围绕学生多元发展的需求

在学科拓展课程和提高课程方面，我们从学生的需求出发，构建课程。

提高类课程主要为部分同学服务。一部分是清北班尖子生，有学科提高的需求；一部分是需要参加学科竞赛的学生。目前我校组织学生参加的竞赛包括：北京市中小学天文知识竞赛、全国中小学生天文奥赛、地球小博士知识竞赛。计划参加全国中学生地理奥赛。对有参加竞赛的学生，专门在课余时间进行针对性辅导。

关于拓展类课程，我们做了学生的兴趣和需求调查问卷。我们在新入学的高一年级和高二年级选择地理学科的部分学生中进行了学生地理校本拓展课程选课兴趣的调查。调查方法为问卷调查。教师根据对本校学生的兴趣和需求调查，确定了地理教研室的校本课程体系，分成三部分：（1）基础性拓展课程，例如《旅游地理——走遍中国、世界系列》（涵盖旅游地理和区域地理的基础知识）、《自然地理难点突破》；（2）实践性拓展课程，例如《天文系列课程》、《环境保护系列课程》（同时是地理特色校本课程）；（3）灵活性拓展课程（根据每学期教师的专长和当届学生的需求开设），例如《末日旅游》、《世界自然地理未解之谜》、《地理史话》、《二战中的地理知识》等。

拓展类课程的特点重点课程。根据对学生的调查，我们确定天文系列课程和环境保护系列课程是地理教研室拓展类课程的特色重点课程。天文系列和环境保护系列课程都采用了"校本拓展选修课程＋社团创新实践活动"的模式来开展。这两项课程在培养学生学科核心素养上也取得了显著的效果。（1）环境保护系列课程在可持续发展教育上有着非常重要的意义。课程有理论学习，有活动设计，学生在知识上有收获，在动手能力上有进步，在科学研究方法和态度上有初步的习惯养成，更为重要的是，他们在心灵上有触动，心中建立起了节能减排的理念。丰富多样的学习和实践活动结合起来，提高了学生对气候变化、能源及相关问题的认识，并鼓励他们以实际行动应对全球气候变暖，并通过宣传活动对周边社区及整个社会对气候变化的认知产生积极的影响。帮助学生养成了热爱环境和可持续发展的理念，树立了科学发展观。（2）"天文系列"课程的学习和实践活动为学生的发展提供平台、增长见识、提升地理实践力等核心素养。通过天文社团活动，学生有机会参加各级比赛、游学、高校夏令营、展览、科普、专家讲座活动，这些活动开阔了学生的视野增长了学生的见识。天文社团丰富多彩的活动会对学生的各项能力都有所提高。野外观测能够提高学生野外观测能力，天文小制作提高学生动手实践能力，科普活动提高学生的语言表达和沟通能力以及组织协调能力等。同时各项天文活动都是以集体形式开展的，这会逐渐锻炼学生们的集体意识和团队合作精神。野外天文观测条件一般都很艰苦，学生经常冒着严寒长时间进行观测，锻炼了坚强的意志品质。

四、课堂教学改革的思路和举措

（一）教研室的集体学习和研究

教研室老师的教研活动主要集中在以下 5 个方面。

1. 邀请专家进校园，进行高端引领

我们邀请了首都师范大学林培英教授，北京市基教研中心地理教研室教研员高振奋、陈红老师，海淀区教研员赵鹏老师，以及多位特级名师等来校进行专家讲座。

2. 学习市、区优秀教学案例

我们通过观看录像并进行研讨的形式学习市、区优秀教学案例。

3. 以公开课、研究课、评优课为平台，进行组内的说课和研讨

2017 年以来，我组的教师承担了国家级展示课 1 节、市级研究课公开课 4 节、区级研究课 14 节、疫情防控期间承担区级线上微课 22 节。在北京市"京教杯"基本功大赛中，4 人次获得基本功大赛一等奖、3 人次获得优秀教学设计评比一等奖。组内老师还参加了通州区的"秋实杯"、"春华杯"的教学评优，并捧得"春华杯"奖和"秋实杯"奖。这些研究课、评优课，都是组内老师共同智慧的结晶。

4. 教研组教科研课题研究的研讨和推进

教研室的多项教科研课题取得了丰厚的成果。（1）关于校本课程建设的课题研究。2017 年以来，我校的课题研究成果《高中地理学生创新实践活动设计——以潞河中学高中气候酷派社团和金鹏天文团实践活动为例》获得 2018—2019 学年度北京市基础教育课程建设成果一等奖。（2）关于学科核心素养培养的教学模式和可持续学习课堂研究的多篇研究论文获北京市一等奖、二等奖或者发表。论文《基于地理核心素养培养的主题教学设计与实施》获北京市 2018—2019 基础教育科学研究优秀论文一等奖、北京市首届"教师专业能力"教育教学研究成果一等奖；论文《可持续学习课堂与传统课堂的对比研究》发表在全国核心期刊《地理教学》2019 年第 9 期，获北京市第六届智慧教师征文一等奖；论文《野外天文观测的组织与实施》获北京市 2018—2019 基础教育科学研究优秀论文二等奖。（3）与"基于学科核心素养培养的主题教学设计与实施"科研课题相关的两节研究课也获得了北京市一等奖、二等

奖的优秀成绩。（4）作为通州区"运河计划"教育领军人才，刘珍老师组建了潞河中学地理"运河计划"工作室。团队成员以我校地理教师为主。团队教师也在深入学习和研究，不断创新地理教学方法，积累了很多卓有成效的做法。包括主题教学实践、案例教学法、情境教学法、可持续学习课堂、研学课程中地理核心素养培养、多学科融合实践课程等。对于上述教学策略，老师们积累了很多有价值的思考和研究成果，共同编著了《中学地理教学策略——北京市通州区潞河中学地理教学思考与实践》一书。

5. "走出去"积极学习，并在组内进行学习心得分享

老师们积极去市里听课学习、参加国内重要的地理学科会议等，回来在组内分享、学习和借鉴。

（二）创新培育落实学科核心素养的教学方式

目前，教研组卓有成效的教学策略包括学科本质模型教学、情境教学、主题（单元）教学、问题导引式教学、可持续学习课堂教学、探究式教学、读图绘图教学等。这些教学模式都不是独立的，在一节课堂上，可能综合用到多种教学策略，多种教学策略融合在一起。下面介绍我校地理教研组对各种教学方式要点的理解和应用。

1. 学科本质模型教学——3w1h 教学思路与地理思维导图训练

地理学的学科本质是研究地理环境以及人类活动与地理环境相互关系的科学。它具有两个显著的特点：（1）综合性。地理环境由大气圈、水圈、岩石圈、生物圈等圈层构成，是地球表层各种自然要素、人文要素有机组合而成的复杂系统。地理学兼有自然科学与社会科学的性质。（2）地域性。地理学不仅研究地理事物的空间分布和空间结构，而且阐明地理事物的空间差异和空间联系，并致力于揭示地理事物的空间运动、空间演变的规律。

我校老师对学科本质的理解，可以用这样一段话来表示："它在哪里？它是什么样子的？它为什么在那里？它是什么时候发生的？它产生了什么作用？怎样使它有利于人类和自然环境？"对于这样一个思路，老师们把它简化成"在哪里（where）→是什么（what）→为什么（why）→什么时候（when）→什么影响（what effect）→怎么办（how）"，后又简化成 3w1h 模式（where，what，why，how）讲给学生，成了学生记忆非常深刻的地理思维，也帮助学生学会了地理学科的重要思维方法。因此，我校地理学科教师很多课件的设计，都首先遵从这样一个思路。而且，不仅仅是教师要具备这样的教学设计思路，最重要的是学生要学会地理思维的方

法。因此，老师们最常采用的教学策略是地理思维导图训练。

2. 情境式教学

情境式教学的应用策略主要包括：结合生活知识创设教学情境增强学生体验；利用地理图表、多媒体营造模拟情境，进行地理实验；合理设计代入式问题，设计游戏活动、进行角色扮演；等等。情境教学法是目前非常提倡且对学科核心素养培养效果非常好的教学方式，也是我校教师尝试非常多的教学方式。创设教学情境，确保教学中学生的主动参与，设计层层递进的问题链，驱动学生主动思考和建构是提高教学效率的关键。

3. 主题（单元）教学

《普通高中地理课程标准（2017 年版）解读》中提出：主题（单元）教学属于问题教学的一种。问题教学以问题为线索，以创设问题情境为开端，围绕问题的解决促进学生核心素养的发展。教师应该按照学生的认知规律安排教学程序，包括创设情境、提出与分析地理问题、提出解决方案及展示评价四个部分。问题教学包括单元式、项目式、主题式等多种教学方式。

单元式教学是以单元为基本单位，以单元主题为线索，运用系统方法有机重组教学内容，综合运用各种教学方法组织教学过程，进行连续课时的教学，让学生通过循序渐进的学习过程，完成相对完整的单元学习，从整体上提高教学效率的一种教学方式。单元不再是原有教材中的章节单元，单元类型按照构成特点，分为主题内容单元、素养方法单元等。

教研室教师也尝试进行了基于主题的项目式学习方式。如《北京城市副中心旅游攻略》一课，首先创设情境——我们的家乡通州区，作为北京城市副中心，未来会重点发展文化旅游，打造环球影城、运河文化带等 5A 景区。和学生生活贴切的问题就出现了：亲友慕名而来，请求你的帮助，设计旅游活动方案。这个情境基于学生的真实体验，与学生的生活和社会热点紧密结合，易引发学生的兴趣，有利于学生积极参与问题的思考和解决，且情境贯穿了主题活动的全过程。学生在为亲友设计旅游线路和方案的情境中，要进行头脑风暴，发现并提出一系列地理问题，如去哪儿玩、哪儿的饭好吃、住在哪里、旅行线路时间的安排、怎么坐车等。提出问题后，要梳理解决这些问题的过程和方案。最终根据头脑风暴，积极思考，并提出了变成解决问题的思路。本课由学生提出问题，梳理问题解决方案并完成主题任务，锻炼了学生提出地理问题、分析地理问题的能力，促进了学生地理学科综合思维的完善。

4.可持续学习课堂

落实可持续发展教育则要打造可持续学习课堂，可持续学习课堂的特点有以下4点：（1）确立可持续发展素养的主要目标。一要强化可持续发展价值观渗透教育；二要扎实培养可持续学习能力。（2）设计与实施可持续教学流程，即指导预习探究—指导自主/合作探究—指导应用探究。（3）落实可持续教学"十六字"原则，即主体探究—综合渗透—合作活动—知行并进。（4）实施可持续教—学方式，包括引导学生课堂学习过程迁移、指导学生做好学习探究作业报告、组织学生参与课堂评价与合作讨论、鼓励学生关心可持续发展实际问题并提出解决方案。

通过教研室教师多节可持续学习课堂教学的实践，与传统课堂在"学生的学"、"教师的教"、"教学目标的达成"三大方面10个指标进行了对比，对比结果如表2所示。

表2　可持续学习课堂同传统课堂对比

对比项目 课堂类型	学生的"学"			
	学习 内容	学习 方式	学习 空间	合作学习 伙伴
传统课堂	重在教材中的已有案例	听讲、被动思考并回答教师提出的一个个的问题	课堂	单一化：教师为主，同学为辅
可持续 学习课堂	重在教材内外有关可持续发展实际问题的相关资料	课前、课中、课后的自主、合作探究学习：听讲、收集资料、采访、调查、参观、作报告、提问、辩论等	课堂、图书、网络、社区、家庭、企业、博物馆等	多元化：教师、同学、家长、社区居民、社会人员等

（a）

对比项目 课堂类型	教师的"教"		
	教学方式	教学准备	学科融合
传统课堂	讲授为主，辅以指导书面作业、启发式问答	教材；课程标准；教学课件	各学科单独授课
可持续 学习课堂	做指导者、"领路人"为主：引导线上线下阅读、思考、发言、讨论、小组讨论、调查等，设计可持续学习情境	查找、选择教材以外涉及可持续发展的优秀教学资源，指导设计学生探究作业，及早了解学生作业质量，发现善于学习者学习经验	多学科融合的综合教育

（b）

对比项目 课堂类型	教学目标的达成		
	知识目标	能力目标	情感、价值观目标
传统课堂	注重落实学科类知识与技能	更多关注学科的基础能力，如计算能力、阅读能力、绘图能力、学科思维能力、记忆与部分逻辑思维能力	被学习状态难以形成真实情感体验、责任感与价值观养成目标；课后继续学习的兴趣和热情不高
可持续学习课堂	注重学科内外知识融合，以及知识学习与能力训练的紧密结合，利于学生形成较系统的知识结构与思维方式	更多关注训练多项可持续学习能力；筛选有价值信息并进行加工的能力、准确有条理的口头表达能力；对他人观点进行分析评价的能力；团队合作探究能力；关注可持续发展实际问题并提出创新性解决方案的能力；等等	自主学习过程易于助力学生对可持续发展具体知识与问题的理解深刻与真切体验，继而树立正确价值观与践行绿色行为方式

（c）

从可持续学习课堂与传统课堂对比分析可以看出，可持续学习课堂需要教师转变教学方式，优化教学内容，积极进行学科融合；引导学生拓展学习空间，主动积极地探究学习，最终才能更好地达成知识、能力、情感态度价值观的目标。可持续学习课堂，非常注重培养学生的创造力、合作学习、探究学习和自主思考。

5. 问题导引式教学

问题导引式教学即把教学内容问题化、问题系列化、系列问题任务化、任务情境化。

6. 探究式教学

探究式教学不是独立的教学模式，在以上地理学科本质模型教学、情境式教学、主题（单元）教学、可持续学习课堂中都是普遍存在的基本教学方式。课堂设计层层递进的问题串，能够激发学生探究的热情和积极性，培养学生的地理思维能力和分析能力。

7. 读图绘图教学

地理图表是地理课堂不可缺少的要素。2020年起，北京地理高考增加了一道绘图题，并利用所绘制的图表总结规律，一般分值是6分。

高一年级的教学策略：利用课堂教学，有意识地培养学生基础的读图方法和读图习惯，例如图例、比例尺、注记、经纬网、方向等。

高二年级的教学策略：要求每人有一本地图册，主要目标是要提高读图技能、绘图技能和空间定位能力。重点培养学生会分区域阅读世界地图（政区、地形）和中国地图（政区、地形）的方法，并能脱离地图册自己画图绘图，包括区域图、统计图表。要掌握绘制各类地理图表的能力，包括示意图、统计图等。

高三年级的教学策略：地图册是课堂的必备资料，要求学生在复习知识时，能联想到相应的地图或示意图，做到"脑中有图"；看图时，能将每一幅图和背后的地理基础知识融会贯通，做到"眼中有知识"。继续提高绘图技能，要求绘图的精准、完善。

（三）教学评价的尝试

《普通高中地理课程标准（2017 年版）》中提出建立基于地理核心素养发展的学习评价体系。以地理核心素养的内涵与表现水平、学业质量标准为依据，通过过程性评价与终结性评价相结合的方式，检测学生的认知水平，以及价值判断能力、思维能力、实践能力等的水平，全面反映学生地理核心素养的发展状况。

我校地理教研组的教师尝试进行了表现性教学评价。主要是教师制定表现性评价量表，包括过程性评价和终结性评价，由学生对自己打分，教师对学生打分。

当然，并不是每一节课都可以进行表现性评价。这并非常规教学要求内的工作，因此目前没有推广开。如何利用信息技术进行高效率的表现性教学评价，是我们教研组下一步要做的课题研究。

（四）我们的困惑和对策

新课程实施以来，我们面临的主要困惑是：（1）高一与高二年级学习内容和要求的台阶差异过大。高一年级地理教学内容知识、能力要求都比较简单，学生认为地理比较容易，因此高一结束时会有较大比例的学生选择地理。但是高二的地理学习内容抬升梯度大、理解难度大，学生感受到学习困难。这种台阶差异过大，一方面影响选科的选择；另一方面，对选考地理的学生来说，高一学习程度达不到水平四等级考的水平要求。（2）高一年级学习内容缺乏地理学科体系，高一年级的学习内容和高二年级的学习内容相当于是从原本完整学科体系中割裂成的两部分。教师难以把握学习的要求程度，学生也难以建立起全面的地理学科综合思维和区域认知观念。最困难的地方在于，因为高一年级要参加合格考，所以高一教师难以有调整和整合的空间。

经过讨论和思考，我们采取以下对策：（1）通过融合，尽量减少高一年级教学存在的台阶之差。给高一年级创设更多的学以致用的场合，以体会地理学科的特点，更加有效地决策。（2）在高一年级的学习中，尽可能多地融合实践活动、生活情境、探究学习任务等，意在提高学生的地理学科关键能力和核心素养，为高二年级的学习打好基础，做好准备。也要多融合地理学科体系相关重要内容，让学生对地理学科的本质有更深刻的理解。

五、选课走班与学生发展

（一）帮助学生了解学科本质

高一学期结束前，学生要进行选科。但是目前的高一地理知识还不具备地理学科的区域性和系统性特点，到了高二，这两个特点才会凸显，我们要系统性地学会认识区域的自然地理特点和人文地理特点，对世界区域逐渐熟悉。自然地理部分需要有一定的理科思维，在大气运动、地球运动部分有一部分物理学基础知识和数学的知识要求。但是这些特点学生不清楚。所以，在学生选科前，授课教师要对学生介绍清楚地理学科的特点。另外，高一备课组长也会通过年级讲座介绍地理学科的特点。所有的普通学生都要十分明确地理学科未来学习的特点，才能帮助自己判断是否适合选地理科目，判断自己的兴趣点。

（二）帮助学生了解学科相关职业

地理学科涉及的未来职业包括不同级别的气象局、水务局、环保局、国土资源局、地理信息技术部门、减灾部门、城市规划部门、地图出版社、导游、旅游局、中学高校地理专业教师都需要大量的地理专业人才，另外地理科研在高校、中科院等科研院所有很多国家重要科研需求，比如研究沙漠、地质、水系、冰川、海冰、自然灾害、城市规划、旅游规划等。在学生选科之前，授课教师帮助学生介绍地理学科涉及的未来职业，高一备课组长也会通过年级讲座介绍地理学科未来职业的特点。这部分其实更加面向对地理学科有爱好的同学。

（三）课堂渗透职业生涯指导

在地理教学课堂上，职业生涯指导渗透在教学内容中。例如，讲旅游地理时，模拟导游身份，进行旅游线路的规划，了解导游职业的工作内容；在学习大气部分知识时，渗透天气预报制作与预报的相关职业等。

（四）学法指导

在高一、高二、高三开学的第一课时，以及每一个模块开始的第一课时，教师要对学生进行学法指导。就学期、模块的学习内容的逻辑体系，学习方法、学习要求对学生提出明确的要求。

六、学科课程教育资源利用和开发

（一）校内教育资源利用

1. 书籍与网络学习资料

这类资料获取便利。我们有北京数字学校、中国教育资源共享平台、中国知网可以使用；书籍方面，近期已经为教师每人购买地理专业书籍 10 本左右，供教师学习备课使用。

2. 设备设施

我校有天文教室、11 米直径天象厅和天文台，以及望远镜 20 余架和多种天文仪器，可供天文系列课程使用。我校有地理教室，内有重要的地理教具、模型、地球仪，地球仪每位教师至少一个，每个备课组还配有经纬网仪、带有地形信息的地球仪，可供教师上课使用。

3. 校园环境资源

潞河中学校内场地开阔，可以便利地进行天文观测；校园内的植物、假山、湖泊以及校园环境内部差异都是上课时的重要资源。例如，我们老师在讲地貌的观察一课时，就带领学生去校园内的德辰山，学习地貌观察的顺序、内容、记录方式等。

（二）校外教育资源开发

1. 专家进校园

天文社团会不定期地邀请一些天文专家，如北京天文馆馆长、天文馆科普部主任等来校做讲座。

2. 校外学习场地

天文社团充分利用校外资源，对学生进行天文教育，增长学生的见识。天文社团多次参观国家天文台兴隆观测站、北京怀柔天文台观测站、国家天文台总部、北京天文馆等。专业的科研机构和各种大型天文科研设备给学生的震撼是很难用言语形容的。学生可以近距离地了解我国天文事业取得的成就，了解一线天文科研人员的工作环境、工作内容，为自己的学习目标指明了方向。

国家天文台兴隆观测站、北京怀柔天文台观测站、内蒙古明安图天文台观测站均为本校天文活动资源单位，我们每学期带领学生进行1—2次野外天文观测活动。

环境保护课程上，我们带领学生参观过气象局、中央电视台天气预报制作地——华风影视集团、中科院大气物理研究所、中科院电工研究所、北京科技馆、再生资源利用公司——盈创公司、通州区张家湾有机质资源生态处理站等。这些参观，有着非常重要的意义。

综合实践活动课程和自然地理课程，为了解北京的水系，我们联系北运河管理处工作人员，带学生参观五河交汇处。

七、教师团队的建设

（一）基本情况

年龄结构方面。高中地理教研室教师共12人，35岁以下青年教师、35岁到50岁中年教师、50岁以上老教师均为4人。

学历构成方面。本科学历教师6人，占比50%；硕士研究生5人，博士研究生1人。

（二）团队文化

青年教师积极学习，富有创新意识，非常有追求。他们对新教材、新课程理念有很好的适应性，但是教学经验、学科知识脉络联系和要求学生把握的程度上，还需要提高。

中年教师勇挑重担，成果显著，是地理教研组的中坚力量。能积极帮助老教师，又能热心指导青年教师。刘珍是教研室主任，也是青年教师李晓孟的指导教师；赵哲嵩、盖永芹老师带领组内老师共同承担了很多教科研任务。对新教材、新课程的实施，中年教师承担着更多的责任。

老教师教学经验丰富，尤其是在学科知识上掌握得非常扎实，有学科深度，能积极为中青年教师的教学出谋划策，能给中青年教师很多的指导。但是老教师对新教材的适应性相对较弱。

（三）团队教师发展目标

青年教师要积极学习，提高教学水平和教科研水平，尽快成长为通州区青年骨干教师、通州区骨干教师。

中年教师要勤于反思提高，梳理出更多的教育教学经验和成果，带动青年教师发展，使他们尽快成长为北京市骨干教师、学科带头人。

要充分调动老教师的积极性，让他们学习新课程教学理念，创新教学方式，发挥自身优势，在学科各类课程中绽放他们的光彩。

潞河中学高中体育学科新课程建设纲要

张丰刚

北京市通州区潞河中学始建于 1867 年，是北京市首批重点中学、首批示范性高中、首批"百年学校"。潞河中学在体育引进和传播中扮演着十分重要的角色，是我国开展现代体育的先行者和启蒙者，可以说在中国体育的近代史中留下了光辉的篇章。

随着国家的富强，人民生活水平日益提高，国家、社会、个人对健康生活越来越重视，学校体育教学也得到重视和关注。我校体育教研室立足国家发展的要求和新课标的指导思想，结合我校软硬件条件，以及从 1998 年开始的教学改革探索积累的经验，对高中体育学科课程建设进行全方位、多层次的分析，提出课程方案并在实施过程中逐步修改和完善，同时与各地各校专家及同行交流学习，期待共同进步。

一、体育学科课程发展水平及特色估计

（一）体育学科基本现状

1. 学科性质及定位

普通高中体育与健康课程以学校体育学、体育与健康课程与教学论、健康教育学为基础，同时还涉及体育心理学、体育美学等学科的知识。体育与健康课程作为高中课程中基础学科，对于促进学生身心健康、体魄强健，增强民族旺盛生命力，促进社会文明进步，提高国家公民素养和综合实力具有独特的、不可替代的重要作用。

普通高中体育与健康课程是一门以身体练习为主要手段，以体育与健康知

识、技能和方法为主要学习内容，以培养高中学生的体育与健康学科核心素养和增进高中学生的身心健康为主要目标的课程；是全日制普通高级中学课程体系的重要组成部分，是面向全体高中学生的基础教育，对于实现"立德树人"根本任务，培养"健全人格"具有独特的功能和价值，为学生终身体育锻炼和保持健康奠定坚实的基础。

2. 学科基本现状

20世纪90年代随着我国素质教育的不断推进，以及国际基础教育课程的改革与发展，我国传统的体育课受到了巨大冲击。在各校执行国家统一的教学大纲下，体育课统得过死，表现在老师教得多，学生会得少，学生喜欢体育活动，但不喜欢体育课。2004年，《普通高中体育与健康课程标准（实验）》（以下简称《课程标准（实验）》）的颁布，高中体育与健康课程十分重视培养学生的运动爱好和特长，促进学生体育锻炼习惯和终身体育意识的形成。对全面实现上述任务和完成学校体育的任务起着重要的促进作用。但《课程标准（实验）》中必修必选内容占教学课时数比重较大，对某一运动项目的系统教学有一定的限制。

在此背景下，我校制定实施了第一套体育选项课改方案：必修内容包括田径类项目、健康教育专题和游泳，共3学分；必选内容包括田径类项目、体操类项目和足篮排球类项目，共3学分；自选内容为从篮球、足球、排球、游泳、跆拳道、武术、形体、健美操、乒乓球、体能等项目中自选，共5学分。

2017年，《普通高中体育与健康课程标准（2017年版）》（以下简称《课程标准》）颁布，《课程标准》明确了体育与健康课程在高中教育的定位，进一步优化了课程结构，强化了课程有效实施的制度建设。

《课程标准》指出，普通高中体育与健康课程落实"立德树人"的根本任务，坚持"健康第一"的指导思想，高度重视培养学生的运动能力、健康行为和体育品德的学科核心素养。因此帮助学生树立健康观念，形成良好的生活方式和人生态度，这也是我校高中体育教师对"健全人格"、"人人拥有健康"的进一步解读。

2018年9月，我们结合学校实际情况，选择和确定了"体育与健康"课程的教学内容，把它分为必修内容和选修内容两部分。教学方式为年级选项课教学。

3. 学科课程理念及目标

在新课标背景下，以学科核心素养推动新一轮高中体育学科教学方式的变革，要求教师在教学内容、教学方式、培养目标上从注重学生爱好和专长形成转向注重学生运动专长的培养，奠定学生终身体育的基础，从而促进学生个性化发展，培养学生的体育学科核心素养。

二、体育学科课程构建的核心主题

根据新课标，我们围绕学、练、赛三个核心问题，构建体育学科课程的核心主题，落实体育与健康课程的运动能力、健康行为、体育品德三个学科核心素养的培养。

（一）体育学科素养的培养

体育与健康学科核心素养是学生发展核心素养的具体化，是学生在体育与健康学习过程中最关键、最必要的素养。它以学科知识能力为基础，整合情感、态度、价值观，并在解决问题中逐步形成的适应个人终身健康发展所需要的必备品格与关键能力。包括运动能力、健康行为、体育品德三个维度。

（二）学生运动能力的培养

学生通过体育选项课的学习，能够运用所学的运动知识、技能和方法，参加与组织体育展示和比赛活动，显著提高体能与运动技能水平，掌握和运用选学运动项目的裁判知识和规则，增强发现问题、分析问题和解决问题的能力；能够独立或合作制订和实施体能锻炼计划，并对练习效果做出合理的评价；了解和分析国内外的重大体育赛事和重大体育事件，具有运动欣赏能力。

（三）学生健康行为的培养

学生通过体育选项课的学习，能够积极主动地参与校内外的体育锻炼，掌握科学锻炼方法，养成良好锻炼习惯，形成基本健康技能，学会自我健康管理；情绪稳定、包容豁达、乐观开朗，善于交往合作，适应自然环境的能力强；关注健康，珍爱生命，热爱生活，养成良好的生活方式，改善身心健康状况，提高生活和生存的能力。

（四）学生体育品德的培养

学生通过体育选项课的学习，能够自尊自强，主动克服内外困难，具有勇敢顽强、积极进取、挑战自我、追求卓越的精神；能够正确对待比赛的胜负，胜不骄、败不馁；胜任不同的运动角色，表现出负责任的行为；遵守规则、文明礼貌、尊重他人，具有公平竞争的意识和行为。

（五）为学生树立终身体育理念

高中体育课程要始终融入体育学科核心素养的培养，要充分体育学科育人、育体、育智功能，展示体育核心价值和独特功能，提升学生的身心健康和积极的生活理念，培养"健全人格"，落实"立德树人"。

三、学科课程群的构建

体育学科课程群的构建是基于本学科课程内容的调整与课程理念和课程总目标的思考上进行的。

根据《课程标准》的要求，结合我校体育场馆设施和师资力量，以及学生的兴趣、爱好，精选既受学生喜爱又有利于为学生终身发展奠定基础的体育与健康基础知识、基本技能和方法作为教学内容，着重培养学生运动能力、健康行为、体育品德的学科素养。在学科核心素养的统领下，构建了课程目标、课程内容、教学与评价方式相互联系的整体框架，如图 1 所示。

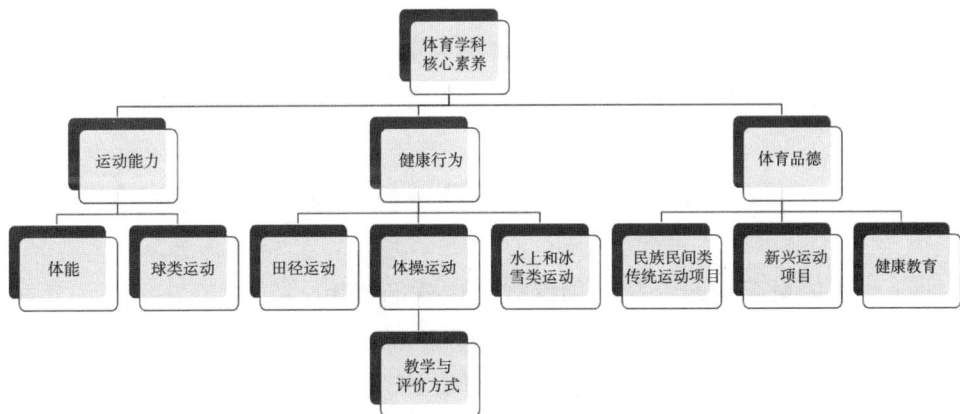

图 1 体育学科整体框架

四、课堂教学改革的思路和举措

为了更好地贯彻和落实新课标，进一步深化我校体育与健康课程改革，培养"健全人格"，落实"立德树人"的学科教学目标，在学校领导的大力支持下，经前期体育教研室的精心部署，决定在 2018 学年对高一、高二、高三年级全部进行体育选项教学。并根据学校体育场馆、运动器材和师资力量，构建了体育学科课程体系。

（一）高中体育与健康课程实行学分制

根据《课程标准》和《北京市普通高中新课程体育与健康学科教学指导意见（试行）》的精神以及《潞河中学体育与健康课程体系实施方案》，我校学生在高中三年的学习中，必须修满 12 学分、198 学时（其中必修选学 9 学分、160 学时；必修游泳 1 学分、15 学时；健康教育 1 学分、11 学时；健康体能 1 学分、12 学时），才能达到体育与健康课程的毕业要求。每个学生每完成各规定学时的学习任务，并通过考试或考查，成绩合格可获得 1 学分。

（二）体育学科课程教学内容

根据新课标，结合我校实际情况，选择和确定我校体育与健康课程的教学内容，分为必修内容和选修内容两部分。

必修内容：健康体能、健康教育专题和游泳（仅限于新入学的高一年级），各占 1 学分，共 3 学分。

选修内容：包括必选和自选两方面内容。

选学内容：课标规定的六大类，共 9 学分。

自选内容：根据我校体育教师的专长和场馆设施，经各方面统筹安排。

五、体育与健康课程选项课教学与学生发展

（一）体育与健康课程选项课教学模式的提出

新课标指出，要落实立德树人根本任务和健康第一的指导思想，促进学生健康与全面发展；改革课程内容与教学方式，提高学生的综合能力和优良品格；要尊重学生的学习需求，培养学生对运动的喜爱。注重学生运动专长的培养，奠定学生终身体育的基础。而实行选项教学无疑是高中体育课程改革的一个亮点，它对全面实现上述任务和完成学校体育的任务起着重要的促进作用。也就是在这个时候，体育选项课教学改革提上了议程。在学校领导的大力支持下，我们制定实施了第二套体育选项课改方案。

（二）体育与健康课程选项课教学模式的组织、实施与管理

1.学校现有体育资源情况分析

（1）体育教师资源——人数、专项结构

我校开设的选项一方面建立在教师人数的基础上，另一方面也是建立在教师的专项基础上的。潞河中学高中体育师资情况如表1所示；潞河中学选项教学可开设项目和师资情况如表2所示。

表1　潞河中学高中体育师资情况

教师	年龄	职称	原专项	现特长
宗宝俊	51	中高	田径	篮球、羽毛球、游泳
张丰刚	50	中高	篮球	羽毛球、游泳、滑冰
徐惠	44	中高	田径	健美操、瑜伽、游泳
王智杰	43	中高	足球	网球、毽球、滑冰
梁慧子	42	中高	田径	健美操
冯叶	41	中一	艺术体操	形体、健美操、瑜伽
张希武	47	中高	足球	体能、毽球、定向越野
田秀娥	49	中高	田径	排球
何建春	39	中一	赛艇	篮球
徐剑	35	中二	足球	健美、跆拳道、太极拳
陈镜迁	27	中二	田径	游泳、乒乓球

表2　潞河中学选项教学可开设项目和师资情况

项目	师资储备
篮球	4
排球	4
足球	3
乒乓球	1
羽毛球	3
网球	1
游泳	6
健美操	3
艺术体操（形体）	2
瑜伽	2
毽球	1
武术	2
定向越野	1
跆拳道	1
冰上运动	2

（2）体育场馆设施器材资源

学校的体育场馆、设施、器材资源是开设体育选项教学的重要物质基础。与过去相比，我校场地设施不断完善，游泳馆、乒乓球馆、体育专业教室从无到有，篮球场、足球场、体操场地在数量上有一定增加。

2. 学生的学情和运动爱好分析

在实施选项教学前，组织体育教师利用课余时间主动找学生谈话，和以座谈会的方式与学生面对面地交流，深入细致地了解不同学生的基本情况，如体能和技能基础，体育兴趣爱好，学生的学习需求等。根据访谈结果和体育教研组的讨论研究制定了调查问卷，并发放给全体高中学生，全面了解学生的体育兴趣与爱好和对体育选修项目的情况，为学校设置运动项目提供了依据。问卷统计结果显示，球类项目最受学生欢迎，男生喜欢的运动项目排前三位的为篮球、足球、羽毛球；女生喜欢的运动项目排前三位的为篮球、乒乓球、羽毛球。

3. 选修项目的确定

结合我校的场地、器材实际情况和教师的专业特长及学生问卷调查的结果，我校高中体育选项教学开设了篮球、足球、排球、乒乓球、羽毛球、健美操、形体、排舞、跆拳道等 9 个项目。总体上能基本满足学生的选择要求。

4. 体育选项教学的组织与实施

我们始终坚持以"学生人人拥有一项体育特长"为体育选项课教学目标，在总结多年课改实验和教学经验上，逐步形成了一整套比较完备、系统的课程实施方案，努力体现学校体育工作和体育课程的时代性，创建富有潞河中学特色的"体育与健康"课程内容体系。

潞河中学"体育与健康"课程内容框架。根据新课标的要求，结合我校体育场馆设施和师资力量，以及学生的兴趣、爱好，注重学生运动专长的培养，奠定学生终身体育的基础。运动技能、健康行为和体育品德作为学科核心素养来培养，培养"健全人格"，落实"立德树人"的学科教学目标。课程内容框架如图 2 所示。其中，游泳是必修课，这是自 2004 年以来我校课程改革的一个特色。对于高一新入学、大多数毫无游泳基础的学生来讲，通过游泳必修课的学习可以较好地掌握蛙泳技术；而对于有基础者，则可以通过游泳必修课的学习，进一步拓展游泳的相关知识和技术，促进这一部分学生更快地形成自己的体育特长。

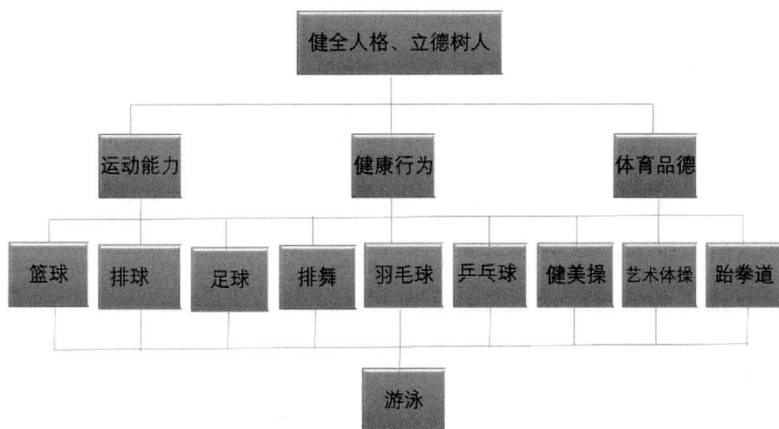

图 2 课程内容框架

特殊学段的具体安排。高一学段除把体育与健康知识、游泳作为主要教学内容外，还加强了贯彻课堂常规和体能的学习，增强学生各方面身体素质，为后续的选项教学奠定良好的身心基础。

选项年级和教学组织形式的确定。确定选项年级要考虑年级特点。选项组织形式也就是具体的合班分组的规模，要充分考虑到学校的体育老师人数、场馆设施、班级数、各班学生人数等因素。为了更好地实现有针对性的教学，最好保证学生人数控制在 30—40 人。我校选项教学经历了各年级逐步实施选项，再到高中各年级选项教学的过程。因为经过几年的教学实践，我们逐渐发现高一新生入学就进行选项分班教学有利于各选项任课教师管理，调动学生学习的积极性，提高学习效率。

合理对学生选择项目进行调整，保持项目之间的平衡。高中采用体育选项教学是为了尽可能地满足每一位学生的兴趣需要，但如果在某一项目上选的人数过多，那对这个项目的教学会带来很大的不便，为此，就有必要对人数过多和人数较少的项目进行人数调整。具体调整的方法是：对于选择人数过多的运动项目，在尊重个人选择的基础上，调整到人数较少的那个项目上，同时，老师要将这些同学集中起来说清调整的原因，尽量做好学生的思想工作。

再次选项的周期。立足我校实际，为了稳定学校体育教学秩序，加强学生体育技能练习的连续性，提高学生专项运动技能水平，我们采用学生每学年选择一次，每学期进行一次微调的方式，学生一旦确定所选项目后，须学习一学年，中途原则上不能转换项目。

新作 教育文库 北京卷

选项课表的安排和场地器材的调配。由于高中的体育与健康课程的选项教学打破了行政班级的界限，若干个班级在同一单元上课，所以，要争取到教学主管领导的支持，选项年级首先安排体育课表，做到教育资源的充分利用。以下是上学年我校体育课表。如高一年级体育选项课教学场地安排，虽然我校的学生较多，但由于教学处排课比较合理，加之我们前期工作准备充足，因此选项教学所用场地基本满足教学需要。

选项教学中的换项。由于各种主客观的原因，学生可能会在学习中提出换项的要求，一般处理的办法是如果是个别学生，在征得换项双方教师同意的情况下，尽可能地满足学生换项的要求；如果中途换项的人数较多，就应该考虑学生换项的原因是什么，如果不是任课教师主观教学方面存在的问题，就要对学生说明情况，说明临时换项对掌握知识、技能，以及获得学分方面的不利，以征得学生对选项教学方案的支持和理解。

体育选项教学评价。学生体育课考核由两部分组成：第一部分为运动能力考核（占比60%），考核由任课教师根据教学内容制订考核内容；第二部分为平时表现（占比40%），考核内容主要包括出勤、课堂和课间操表现、课外活动、学习态度、运动参与、锻炼习惯的养成以及情意表现与合作精神。目的是鼓励学生参与评价、学会评价，体现学生学习的主体地位，从而提高学生的学习兴趣和积极性。

六、学科课程教育资源的开发

（一）依托学校教学资源，开展体育学科教学改革实验

1997年至今，在学校的引领下，在学校各处室的大力配合和支持下，体育学课进行了5次教学改革。学校在教师配备，场地器材的更新和补充，课时安排，作息时间和课表编排，教师工作量体现等方面都做了统筹和计划，为每次教学改革的落地实施和改进提高提供了资源保障，也为学科在课堂教学、教科研工作、课间操课外活动提质增效、体育特优生培养提供了制度保障。

（二）依托社会资源，开展体育学科教科研工作

体育学科依托学校资源平台，与北京师范大学、北京体育大学、首都体育师范大学、天津体育学院、天津中医药大学体育与健康学院、国家体育科研研究所建立合作联系，为学校体育学科发展进行指导，使我校体育学科建设和改

革始终走在学科改革的最前沿。例如，2016—2019 年，我校体育学科与天津体育学院共同参与国家级课题《我国青少年儿童体质健康的干预体系及实施策略研究》和《青少年身体素质与促进对策——潞河中学四位一体的学校体育模式探索与研究》的实验研究。2019 年参与北京师范大学申报的国家级课题《智能信息化管理系统在学校体育中的应用研究》的实验研究。

（三）学校学科教学资源整合，贯通中学与大学体育学科课堂教学内容

依托我校师资、场地器材、教学实践、超前的学科教学改革等教学资源，我校与首都师范大学合作，在我校建立毕业生实习基地学校，实习生在校进行近一学期的教学实习，这一方面提高了实习学生的教学实践能力，同时，指导教师在指导实习生的过程中自身能力也得到了进一步提升；另一方面通过实习生的教学实践反馈，对体育师范大学学生的培养方向和教授科目、内容也起到改善和提升作用。

七、教师团队的建设

（一）基本情况

潞河中学高中体育教研室现有教师 11 人，其中专职教师 10 人，兼职教师 1 人。高级教师 7 人，一级教师 2 人，二级教师 2 人。特级教师 1 人，北京市学科带头人 1 人，北京市骨干教师 2 人，通州区骨干教师 1 人。"通州区高层次人才发展支持计划"领军人才 3 人。老中青年龄阶梯队伍结构相对合理。多人次获得市级教学评优评比一、二等奖，主持承担国家级课题、市级课题研究多项，论文发表和论文获得市级以上奖励多篇。

（二）青年教师发展情况

青年教师是学校学科教学的生力军，是学科教研团队可持续发展的重要保证。体育学科对青年教师的培养目标是：立足于课堂教学，教科研共同发展。

体育学课在学校的带领下，积极开拓教学资源，为青年教师的发展和进步搭建教育教学和教科研平台。以各级评优课、研究课、展示课、示范课、课题研究、数据的积累整理等为契机，发挥青年教师的创新、求知、可塑等特长，加以老教师的知识和经验指导，青年教师迅速成长。老教师在指导青年教师成长的过程中，取长补短、互相学习、共同提高。学科团队在平台上求成长，在教研中谋发展。

青年教师在近年来上市级课 10 多节次，申请和参与课题研究近 10 项，发表和获市级以上奖励论文 20 余篇，区级教育教学和教科研获奖多项。

（三）培养学生情况

我校体育学科在注重全体学生学科素养培养的同时，还组建田径、健美操、篮球、足球等学校运动队；学生自发组织的各体育社团，为体育特优生和对专项运动有更高追求的学生提供指导和创设情境。

近年来，学生参加全国、市、区级各项比赛，取得诸多优异成绩，多人次获得国家一、二级运动员称号。许多学生进入体育类高校学习和深造，众多学生选拔进入大学各级运动队参与训练和比赛。

潞河中学艺术学科新课程建设纲要

谢 丹

一、学科课程目标与构建

音乐与美术是艺术学科的两大组成部分，也是落实美育的重要学科。《普通高中音乐课程标准（2017 年版）》提出高中音乐课程的基本理念：彰显美育功能，提升审美情趣；强调音乐实践、开发创造潜能；深化情感体验、突出音乐特点；弘扬民族音乐、理解多元文化；弘扬民族音乐、理解多元文化；丰富课程选择、满足发展需求；立足核心素养、完善评价机制。《普通高中美术课程标准（2017 年版）》提出高中美术课程的基本理念：培养美术学科核心素养，促进全面发展；强调基础性和选择性，满足个性需求；创设问题情境，倡导探究式美术学习；运用质性评价，着眼美术学科核心素养。

无论是音乐学科还是美术学科，都是以学生为主体，强调培养学生的核心素养。基于此，我校艺术学科课程理念解读如图 1 所示。

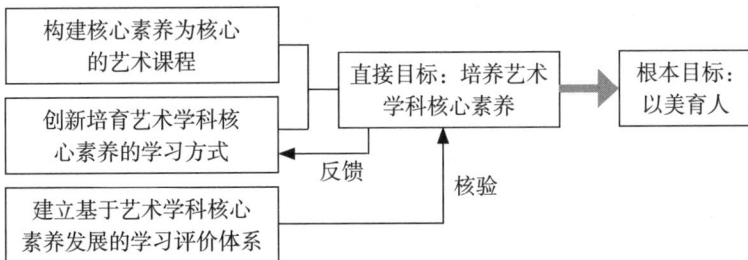

图 1　学科课程的基本理念解读

（一）课程目标

《义务教育艺术课程标准（2022年版）》明确提出："艺术教育是美育的重要组成部分。"其课程理念为："坚持以美育人；重视艺术体验；突出课程综合。"

艺术学科的课程目标建立在学科核心素养基础上，即培养学生的审美感知能力、艺术表现能力、创意实践能力与文化理解能力。

我校艺术学科课程目标为：深化以美育人、丰富艺术体验、加强课程综合，提升学生的艺术学科核心素养。在这一课程目标引领下，构建相关艺术课程。

（二）构建以美育为核心的艺术课程

2020年中共中央办公厅、国务院办公厅印发《关于全面加强和改进新时代学校美育工作的意见》，就全面贯彻党的教育方针，加强和改进新时代学校美育工作进行了系统设计和全面部署，指明了新时代美育发展方向与路径。

新时代对中学美育提出了新的命题，更提供了新的机遇。

艺术课程实施是提高学生审美能力与人文素养的美育过程。我校艺术课程以美育为核心，侧重于通过综合性的艺术学习，增加学生审美活动的广度和深度，丰富学生的审美体验，培养学生健康的审美观念和审美情趣。

（三）构建跨学科协同美育的艺术课程

中学美育以艺术课程为主体，但不局限于艺术课程。我校艺术学科课程教学重视加强与历史、语文、地理等其他学科的联系，充分发挥协同育人功能。例如，音乐、物理、数学学科教师合作教学，从物理学科角度探寻"一带一路"上的民族乐器音色之美的成因，又从数学学科角度分析乐器声学研究数据。这一教学过程不仅有学科的融合，还有民族的融合、文化的融合，引导学生形成"尊重文化差异性"这一价值观。音乐与物理、数学的跨学科教学，也是锻炼学生跨学科思维与实践的能力，这既有益于学生的成长，也适用于可持续发展教育所倡导的文化可持续性发展。

（四）构建以学生为本的艺术课程

潞河中学作为北京市普通高中新课程新教材实施示范校，严格遵循国家课程标准，初、高中艺术课程设置齐全，以学生为本开展教学。例如，高中演奏模块课以学定教，由学生自主选择所学乐器，而不限于授课教师的专业。教师根据学情制定教学目标，教学内容的多样性、选择性，为学生的个性化发展、可持续性发展奠定了基础。

（五）构建以课题为引领的艺术课程

教研相长。在我校美育教学实践基础上，多位老师承担市、区级课题，将课题研究与课内外艺术教学活动相结合，并将课题研究成果应用于学科教学中。例如，我校三位老师分别主持北京市教育学会"十四五"教育科研2022年度课题《基于音乐剧创作的中学美育实践研究》《双减背景下将合唱教学贯彻到中学音乐课堂的可行性研究》《基于学科核心素养的中学合唱创新人才培养实践研究》。这些课题的立项主要基于学校多年来持续开展的校本课程、艺术社团课程实践，课题研究与课程实施紧密结合。

（六）构建基于学科核心素养发展的学习评价体系

艺术课程评价的基本理念是提升学生学科核心素养，是立足于学科核心素养内涵和能力表现，依据课程评价的科学性、客观性、发展性、激励性、指向性、实效性和可操作性等原则，以体现艺术学科特点的评价方式加以实施。

我校艺术学科学习评价体系的构建基于学科核心素养发展，遵循艺术学科规律，体现艺术学科特点。不仅关注学生的学习结果，更关注学生的学习过程，以评价引导学生的学习方向、激发学生的学习自主性。例如：围绕艺术表现与创意实践，考查学生能否运用所学知识和技巧进行演唱、演奏，在情感表达、准确性、流畅性、完整性等方面基本达到作品要求，能否根据音乐表现需要控制力度、速度和音色等，体现一定的创意。

二、学科课程群的构建

我校艺术学科以美育为核心，从落实立德树人根本任务、遵循艺术学科发展规律和满足学生多元发展需求三个角度，构建具有学科科学体系和学校发展特色的艺术学科课程。

艺术学科课程体系如图2所示。

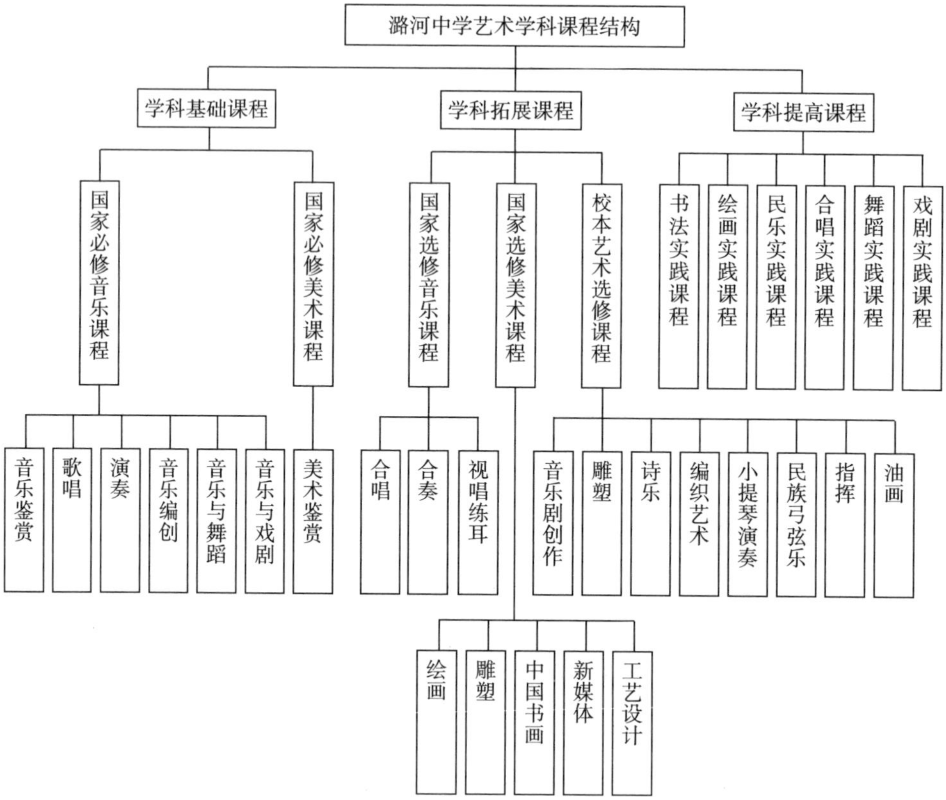

潞河中学艺术学科课程结构

学科基础课程　　学科拓展课程　　学科提高课程

国家必修音乐课程　国家必修美术课程　国家选修音乐课程　国家选修美术课程　校本艺术选修课程　书法实践课程　绘画实践课程　民乐实践课程　合唱实践课程　舞蹈实践课程　戏剧实践课程

音乐鉴赏　歌唱　演奏　音乐编创　音乐与舞蹈　音乐与戏剧　美术鉴赏　合唱　合奏　视唱练耳　音乐剧创作　雕塑　诗乐　编织艺术　小提琴演奏　民族弓弦乐　指挥　油画

绘画　雕塑　中国书画　新媒体　工艺设计

图 2　艺术学科课程体系结构图

（一）落实立德树人根本目标

艺术作为人类文化的重要载体，与人类情感、精神、审美和人文素养密切相关。艺术学科课程能够提升学生的审美感知能力、艺术表现能力、创意实践能力与文化理解能力，是落实立德树人根本任务，发展素质教育的有效途径。这也是由艺术学科的本质特点所决定。艺术无须借助概念，其强大的感染力能够直接影响人的情感、精神。

（二）遵循艺术学科发展规律

审美体验是艺术学科的基础，审美体验主要来自实践。我校高一年级开设国家必修艺术课程，整班制教学，理论与实践相结合。高二年级开设合唱、合奏、舞蹈表演、戏剧表演、音乐基础理论、视唱练耳、中国书画、雕塑、工艺、现代媒体艺术等国家选择性必修艺术课程，面向全体学生，走班制教学，更加侧重于学生的艺术实践。

（三）围绕学生多元发展需求

无论课程设置还是课程实施，我们都坚持以学生为本，以学生的个性化艺术学习需求为导向，开设不同艺术领域的校本课程。这类课程是国家课程的延续性课程，为学生的可持续性发展创设了条件。

教师根据学生的学习兴趣与需求，结合自身专业能力，开展不同类型的艺术校本课程，大致分为如下三类：

基础性校本课程：戏剧与音乐表演、表现性绘画、艺术史导论、合唱指挥、中国民族舞蹈等。

实践性校本课程：声乐演唱、小提琴演奏、编织艺术、民族弓弦乐合奏等。

跨学科校本课程：音乐剧赏析与创作、国学吟诵等。

三、课堂教学改革思路与举措

我校艺术学科课堂教学改革以美育为核心，以新课程标准为准则，通过推进项目化教学、分层教学；丰富艺术实践审美体验；实施激励式课程评价；课题引领教学等途径，提升学生的学科核心素养，培养具有创新意识与创造力的学生。

（一）项目化教学

项目化教学是以学生为主体、教师为主导，围绕项目开展教学。这一教学模式有助于提高学生的自主与合作探究学习能力。在实施过程中，同学之间的合作探究、师生之间的合作探究都很重要。需要教师转变教学理念，不再沿用传统的以单向输入为主的教学方式，而是重视、鼓励学生发挥其发散思维，启发与引领学生拓展审美体验与创意实践的深度、广度，给予学生更多的独立思考空间，有助于激发学生的创新意识。例如，学生在音乐剧创作校本课程学习中，根据自身兴趣点与已具备的基础能力，围绕音乐剧创作这一项目，自主选择创作门类，从音乐、语文、历史、地理等不同学科角度围绕共同的主题进行分工实践。在此过程中，学生增长的不仅是某一学科领域技能，还有艺术表现能力与创意实践能力。

（二）分层式教学

分层教学是为了有效的因材施教。这一教学模式建立在充分的学情分析基础上，需要教师在教学与评价过程中始终保持以发展的眼光看待学生的个性化差异，借鉴"最近发展区"理论，选用适合学生自身发展的教学内容与教学目标。这一教学模式有助于学生消解畏难情绪，获得学习成就感，从而更加主动地投入到学习中。例如，选择高中合奏模块课的学生，器乐演奏基础存在很大差异。从小学习乐器的学生，多数已具备较高演奏水平和乐理基础。但是同一个班里还有学生不仅在器乐演奏方面是零基础，乐理知识也很薄弱。在这一现状中，采用分层教学正是保障合奏课程有序、有效开展的途径。为此，教师需要根据学情创编教学内容，也需要在这一过程中关注学生的变化发展，及时调整教学内容与方式，以保障不同能力层次的学生都可以获得不同程度的提升。

（三）艺术实践

艺术实践是提升学生艺术学科核心素养的基础。我校艺术课程建立在充分的艺术实践基础上，对初中、高中艺术课程中的贯通性内容进行整合、精简，增加了实践活动的比重，课内外教学结合，将艺术社团作为艺术课程的外延，拓展学生艺术实践的时间与空间，从而丰富学生的审美体验，促进学生的艺术表现能力与创意实践能力。

学生的艺术实践活动范围不仅限于课堂，同时延伸到了校内外艺术平台。例如选修中国书画的学生，同时参与北京市金帆书画院展览、全国中小学生绘画书法作品比赛等活动。选修雕塑的学生，同时参与学校每年一度的科技艺术节、全国青少年雕塑大赛等活动。选修合奏的学生，同时参与北京市艺术节器乐展演、国际音乐创意大赛等活动。选修合唱的学生，同时参与北京市艺术节合唱展演、国际合唱节等活动。这些艺术实践活动不仅为学生提供了交流与展示艺术才华的平台，而且增强了学生参与艺术实践的动力，拓展了学生的审美视野。

（四）激励式课程评价

课程评价的根本目的在于促进学生学科核心素养的提升。我校艺术学科课程评价主要考查学生审美感知、艺术表现、创意实践与文化理解这四项核心素养的发展状况。

这一评价模式更加侧重于学生的过程性学习。结合项目化、分层式教学内容，以艺术实践为主要载体进行学生自评、互评与教师评价，贯穿于教学过程中。

（五）以教研促教学

教研是为了提升教学质量。艺术学科课程标准的学习、艺术类课题的研究是我校艺术学科教研两大主线。在此过程中，能够及时更新、提升教师的教育理念、教学方法，优化教学课程结构和教学内容。

例如在开展北京市教育学会"十四五"教育科研 2022 年度课题《基于音乐剧创作的中学美育实践研究》过程中，通过文献梳理、学习，老师们更加系统地了解了我国美育发展历程与美育的意义。这有助于老师们以美育为核心开展教学。

四、学科课程教育资源开发

（一）校内教育资源开发

我校是全国重点文物保护单位。散布在校园中的古建筑、古树既是学生们美术写生的素材，也是全校师生感受自然之美的素材。同时我们非常重视校园文化环境建设，黄昆楼、解放楼、馨菱楼等教学楼既是师生进行艺术实践活动的专业场所，也是学生们了解中华传统优秀文化的微观博物馆。在潞河，自然环境与人文环境自然融合为生动的美育课堂。学校周边的艺术馆、博物馆也是师生们体验美、发现美、参与美的大课堂。

我校美育工作面向全体学生，以中华优秀传统文化为主线，贯穿课内外教学活动。金帆书画院、韵之灵民乐团、合唱团、舞蹈团、诗乐社等每一个校级艺术团都面向全校学生开放，学生自主选择。这些社团有固定的训练场所和时间，由本校艺术教师担任主要指导工作，根据学情开展相应的分层训练活动。

学校每年举行的艺术节、乐团开放日、班级合唱比赛、新年音乐会、潞河校友王洛宾作品音乐会、师生书画展等全校范围的活动已成为潞河传统美育实践项目。这些活动的主体不限于艺术团队师生，而是全校所有师生，是人人体验美、表现美、创造美的空间。

近年来，我校金帆书画院、韵之灵民乐团、韵之灵合唱团、舞蹈团等师生承担了国内外多项文化交流、竞赛项目，先后在北京音乐厅、国家大剧院、中山音乐堂、国图音乐厅、维也纳艺术表演大学、莫斯科天然气学校等国内外艺术舞台进行演出、竞赛活动。这些活动过程就是鲜活的美育过程，倡导人人参与，为师生搭建艺术舞台。师生们在实践中获得审美体验，不断提升感受美、表现美、创造美的能力。尤其是在国外的交流活动中，学生们深刻体验到了中华传统文化的价值，增强了文化自信。

疫情防控期间我校师生积极参与各项线上抗疫美育活动，并通过学校公众号、通州区教委公众号、学习强国公众号等平台推广我校师生的原创抗疫音乐、美术作品。

（二）校外教育资源开发

艺术教育的开放性、社会性和多元性，客观要求多方合作，共同发展。这种共同发展，不是零和博弈的排他发展，而是正和博弈的协同发展；不是封闭自足的自我发展，而是平等、包容、开放、合作的共同发展。承担了促进民族团结使命的民乐团更是如此，多元化的生源、民族、文化、乐器，很大程度上决定了我校民乐团兼容并包、开放共享的发展格局。

我校合作主体包括有关政府部门、高等院校、研究机构、艺术院团、社会组织、中小学校，合作内容方式涉及理论研究、政策指导、科学实验、人才共享、技术合作、艺术创作、交流演出等多个领域。

2016年，我校与潞河附属学校结成艺术教育联盟，共同培养学生，发展民乐团梯队。2017年，我校特邀附属小学民乐团参加在北京音乐厅举办的专场音乐会演出；2019年，我校与附属小学民乐团合作在国家大剧院台湖舞美艺术中心举办专场音乐会。

我校立足于实施内地新疆高中班教育这一国家战略，通过教师引进和派出、课程共建与共享、资源引进与输出、作品原创与展演、演出合作与交流、民族文化采风与体验等方式，形成多元开放的民族团结艺术教育模式。2018年与新疆生产建设兵团第三中学本着合作共赢、优势互补、资源共享的原则，达成共同的教育愿景，签约实施了若干卓有成效的合作项目，协助兵团三中构建民族管弦乐团，以此提升学生对中华优秀传统文化的理解，增强学生的文化自信，建立音乐教育、创作、演奏可持续发展合作机制，在艺术实践活动中创造性传承我国非物质文化遗产。

2018年7月，潞河中学与伊犁州歌舞剧院正式签署"民族团结艺术教育合作协议"。合作各方在项目实施中文化共认、责任共担、平台共建、成果共享，"搭建孩子成长平台、架起民族友谊桥梁、深化两地合作机制"。按照签约内容开展了一系列合作活动：2018年暑假，潞河师生前往伊犁开展"民族团结艺术教育周"活动，向伊犁州歌舞剧院专业演奏家们学习冬不拉、库布孜、口弦、萨孜斯尔乃、热瓦普、弹拨尔、马头琴、手鼓等民族乐器并同台合奏潞河师生的原创器乐作品。同年底，潞河中学邀请伊犁州歌舞剧院国家级传承人库尔曼江·孜克热亚、叶尔肯·杰提拜、阿依多斯·阔别克拜等专业演奏家来校，开设冬不拉、马头琴、库布孜、热瓦普等课程。近年来，潞河教师多次前往新疆各地，拜访伊犁州歌舞剧院、新疆民族乐团、木卡姆乐团等专业艺术团体的国家级民族器乐传承人，学习多民族乐器演奏方法，积累国家课程、校本课程教学资料，探究各民族乐器合奏的共融性，追根溯源各种民族乐器承载的中华文化内涵、历史渊源及其当今形态。

2018 年 12 月，北京新疆两地民族团结艺术教育合作研讨会在潞河中学举行。教育部、北京市教委、北京民族教育学会、通州区人民政府、通州区教委、伊犁哈萨克自治州歌舞剧院、新疆艺术学院、中国传媒大学、新疆兵团第三中学等领导及北京市十一所内地新疆高中班承办校校长齐聚一堂，共商学校艺术教育创新，探讨内地与新疆民族团结艺术教育交流合作。这次活动是潞河中学民族团结艺术教育合作参与各方广泛性的具体体现，多方共赢、广泛参与的治理格局呈现逐步扩展态势。

五、教师团队建设

我校艺术学科现阶段共有 15 名专职教师，其中北京市骨干教师 2 人、区级骨干教师 1 人、高级教师 4 人、通州区艺术中心组组长 3 人。老师们各有所长，具有高度的团队合作精神，能够积极有效地完成校内外各项美育工作。其中潞河韵之灵民乐团指导教师为中央音乐学院民乐系琵琶专业硕士、中国传媒大学艺术与科学专业博士；金帆书画院指导教师为北京师范大学书法教育专业在读博士生。我校艺术学科还有作曲、音乐教育、声乐、雕塑等专业的研究生、本科生。

每一位老师都同时承担课堂教学与艺术团队指导工作，课内外结合开展美育实践活动。在评选先进、职称评聘时，艺术学科教师享有同等待遇。为了促进教师专业发展，学校鼓励、支持教师们参加国内外相关进修、培训，不断提升教师的美育认知与教科研能力。

在今后的教育教学实践过程中，我们将继续全面贯彻党的教育方针，立足于中华优秀传统文化，以艺术课程为育人载体，在美育工作中落实立德树人的根本任务，促进学生健全人格发展，"艺术教育性"和"教育艺术性"深度融合，用生动的教育实践回答"为谁培养人、培养什么人、怎样培养人"这一教育的根本问题。

潞河中学高中信息技术学科新课程建设纲要

叶少山

一、学科课程发展水平及特色估计

《普通高中信息技术课程标准（2017年版）》提出了高中信息技术课程的基本理念是：坚持"立德树人"的课程价值观，培养具备信息素养的中国公民，课程标准面对网络和数字化工具不断普及的现实，培养学生对信息技术发展的敏感度和适应性，帮助学生学会有效利用信息社会中的海量信息、丰富媒体和多样化技术工具，优化自己的学习和生活，提高服务社会的能力；设计满足学生多元需求的课程结构，促进学生的个性化发展，课程结构遵循高中学生的认知特征和个性化学习需要，体现信息技术课程的层次性、多样性和选择性；选择体现时代性和基础性的课程内容，支撑学生信息素养的发展；培养以学习为中心的教与学关系，在问题解决过程中提升信息素养；构意基于学科核心素养的评价体系，推动数字化时代的学习创新。（见图1）

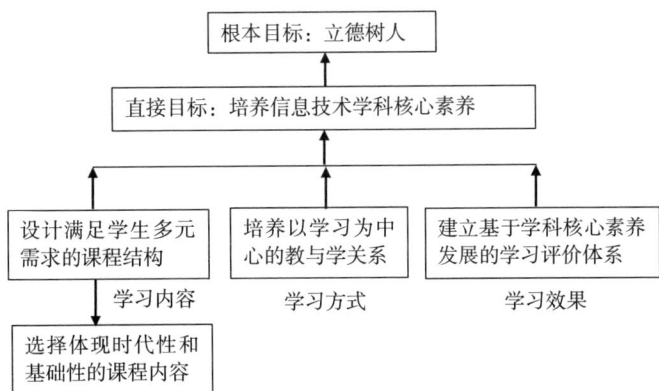

图 1

（一）信息技术学科的育人目标

信息技术学科的育人目标，是通过学生信息技术学科核心素养的培养，全面提升学生信息素养，帮助学生掌握信息技术基础知识与技能、增强信息意识、发展计算思维、提高数字化学习与创新能力、树立正确的信息社会价值观和责任感。

据此，我校信息技术学科教学侧重四个方面的目标：信息意识的培养、计算思维能力的培养、数字化学习与创新能力的培养、社会价值观和责任感的培养。在这几个核心目标的引领下，构建相关课程、丰富相关课程内容、渗透学科价值观。目标是通过信息技术学科的学习，影响到学生未来的社会生活乃至终身发展，培养具备较高信息素养的中国公民。

（二）构建核心素养为主导的信息技术多元化课程

围绕信息技术核心素养的要求，构建科学合理、功能互补的课程体系，坚持基础性、多样性、选择性并重，满足不同学生自身发展的需要；精选利于学科核心素养形成的课程内容，力求科学性、实践性、时代性的统一，满足学生现在和未来学习、工作、生活的需求。

据此，我校信息技术学科教学侧重课程内容的选择，选择有利于学科核心素养形成的课程内容。例如将人脸识别、神经网络的应用与隐忧、超市收银系统的编程实现等贴近生活、科技前沿的内容有机融入课堂，让学生真正体会到信息技术的魅力。

（三）创新培育信息技术学科核心素养的学习方式

根据学生信息技术核心素养培育和形成过程的要求与特点，科学设计信息技术教学过程，在利用信息技术解决实际问题的前提下设置合理的情境，引导学生通过自主、合作、探究等学习方式体验问题分析、设计方案、问题解决的全过程，将课堂交还给学生，教师适度把控，增强学生计算思维等核心能力的锻炼，营造高效、和谐的信息技术教学环境。

我校的特色：我校信息技术教师注重创新培育信息技术学科核心素养的学习方式，注重学生的自主、合作、探究学习。在项目教学、情境式教学、问题导引式教学、可持续学习课堂等方面开展了教学研究，关于主题教学和可持续学习课堂的构建，已经有多位教师进行了多次的公开课展示并获奖，本组多位教师参与了北京市教育学会"十三五"课题《高中信息技术基于项目学习促进学生有效解决问题的策略研究》的研究。

（四）建立基于信息技术核心素养发展的学习评价体系

以信息技术核心素养的内涵与表现水平、学业质量标准为依据，通过过程性评价与终结性评价相结合的方式，检测学生的认知水平，以及思维能力、实践能力等的水平，全面反映学生信息技术核心素养的发展状况。

我校的特色：我校信息技术教师对学生尝试进行表现性评价，分为过程性评价和终结性评价，结合教研员关于信息技术合格考成绩认定的意见，将学生课堂表现、作业任务完成、出勤等平时表现纳入最终考核，占比40%，最终考查结果占比60%。

二、学科课程构建的核心主题

我校信息技术课程构建的核心主题问题是："我们要培养什么样的人？"对这一问题的回答是：我们的目标是要培养具备较高信息素养的中国公民。信息技术学科的核心素养包括信息意识、计算思维、数字化学习与创新、信息社会责任四个方面，通过核心素养的培养，最终培养出既具有较高信息技术能力又具有较高信息社会责任的人。

三、学科课程群的构建

围绕"要培养什么样的人"核心主题，我们从立德树人的根本任务、信息技术学科体系和学生发展的多元需求三个角度，来构建具有学科科学体系和学校发展特色的学科课程，信息技术学科课程体系结构如图 2 所示。

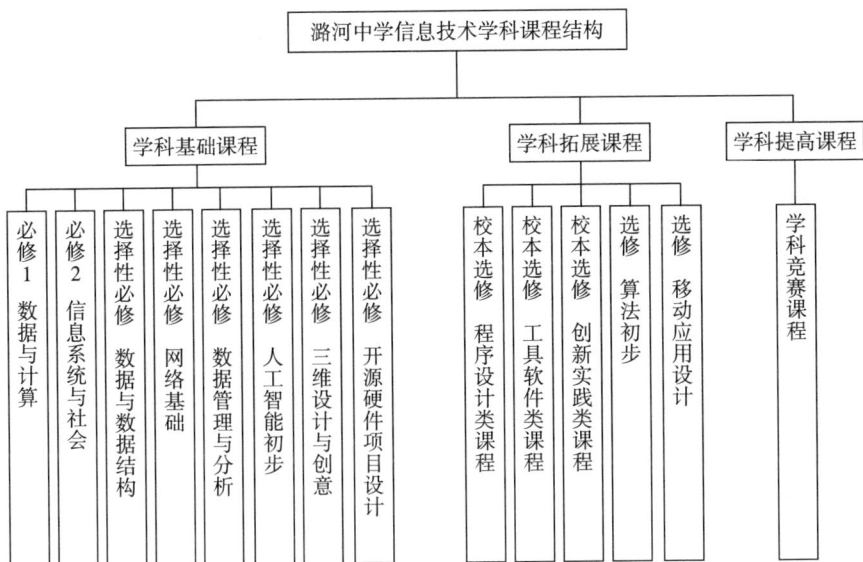

图 2　信息技术学科课程体系结构

（一）落实立德树人的根本目标

课程设置能体现培养"现代公民必备的基本信息素养"，达成落实信息技术学科核心素养、培养合格的社会主义接班人的根本目标。每一门课程的设置都旨在帮助学生掌握一定的信息技术能力、提高合理选择信息技术手段处理问题的信息意识、锻炼计算思维能力并提高信息社会责任。

（二）体现信息技术学科体系

高中阶段的信息技术课程是基础性的课程，包含必修、选择性必修和选修三类课程，涉及信息技术基础知识、思维能力培养、数字化学习与创新能力培养及信息社会责任等多个方面。我校新课程标准结合信息技术的发展在确定课程名称和内容时，综合考虑信息技术发展方向与国家发展需要，注重学科知识的可持续性及实用性，如表 1 所示。

表 1　学科课程设置中的学科体系

年级	国家课程要求	国家课程中的学科体系	我校信息技术课程所做的调整和融合
高一	必修 1、必修 2	数据与计算：认识到数据在信息社会中的重要价值，合理处理与应用数据，掌握算法与程序设计的基本知识，根据需要运用数字化工具解决生活与学习中的问题，认识到人工智能在信息社会中越来越重要的促进作用，逐步成为信息社会的积极参与者 信息系统与社会：了解人、信息技术与社会的关系，认识信息系统在社会中的作用，合理使用信息系统解决生活、学习中的问题，理解信息安全对当今社会的影响，能安全、守法地应用信息系统	紧贴信息技术前沿、学生兴趣点、现实生活中的具体情况选择案例，如超市收银系统的实现、人脸识别的技术实现与隐私担忧等，培养学生利用信息技术解决现实问题的能力，让学生体会到信息技术的实际应用能力，激发学生对信息技术的学习热情，培养学生分析问题、选择合适信息技术工具的能力，同时也锻炼了学生的计算思维能力 调整部分教学内容，进行项目教学，将教学内容分解到项目的各个步骤中，同时利用非项目教学的方式讲解项目中涉及较少的知识内容

（三）围绕学生多元发展的需求

提高类课程，主要为竞赛类课程。目前我校组织学生参加过的竞赛包括北京市中小学师生电脑作品大赛、各级机器人大赛、"未来工程师"比赛、青少年科技创新大赛等，同时 2020 年 11 月开始组织信息学奥赛的培训。对参加竞赛的学生，专门在课余时间进行针对性辅导。

根据课程需要及教师特长，确定了信息技术教研室的校本课程，开设的课程有机器人、海洋模型、编程、摄影摄像及视频制作等多门课程，开设的方式除了校本课的形式，还有社团的形式。重点课程机器人每年都会参加多次机器人比赛，多次获得国家级、市级一等奖。

四、课堂教学改革的思路和举措

（一）教研室的集体学习和研究

教研室老师教研活动主要集中在：（1）学习市区优秀教学案例（观看录像、进行研讨）。（2）以公开课、研究课、评优课为平台，进行组内的说课和研讨。2017 年以来，我组的教师多次承担市区级组织的研究课公开课，教师多篇论文、课例获市区级奖项。组内老师还参加了通州区的"秋实杯"、"春华杯"以及北京市"京教杯"的教学评优，并捧得"春华杯"奖。这些研究课、评优课，都是组内老师共同智慧的结晶。（3）教科研课题研究的研讨和推进。组内多位教师都承担或参与了课题研究，参与的北京市教育学会"十三五"课题

《在计算思维模式下高中算法与程序设计教学实践研究》、《高中信息技术基于项目学习促进学生有效解决问题》已顺利结题，"十四五"课题《深度学习视域下的高中信息技术单元教学设计研究》已申报。（4）走出去积极学习，并在组内进行学习心得分享。我们的老师积极去市里听课学习、参加国内重要的学科会议等，回来在组内分享、学习和借鉴。

（二）创新培育落实学科核心素养的教学方式

目前，教研组卓有成效的教学策略包括：学科本质模型教学、情境教学、项目教学、问题导引式教学、可持续学习课堂教学、探究式教学。这些教学模式都不是独立的，在一节课堂上，可能综合用到多种教学策略，多种教学策略融合在一起。下面介绍我校信息技术教研组对部分教学方式要点的理解和应用。

1. 学科本质教学

全面提升学生的信息素养是普通高中信息技术课程的根本任务，学科核心素养是信息素养的具体表现。

信息意识是指个体对信息的敏感度和对信息价值的判断力，是在具体信息情境和信息活动中逐步养成的。教师在教学中要为学生创设信息情境，提供发现问题、自主解决问题的机会，引导学生主动将问题求解与信息技术进行关联。计算思维作为一种思维方式，需要在解决问题的过程中不断经历分析思考、实践求证、反馈调适而逐步形成。在教学设计时，需要根据教学内容提炼计算思维的具体过程与表现，将其作为学生项目学习的内在线索，引导学生在完成不同项目的情境中，反复亲历计算思维的全过程。数字化学习与创新强调了学生在数字化环境中的发展。在教学设计时，需要根据学生的学习基础，创设适合学生需要的数字化环境与活动，引导学生在运用计算思维完成项目的实践过程中，通过自主学习和协作学习，利用数字化资源与工具，创造性地解决问题或创作出有个性的数字化作品。信息社会责任的形成需要学生直面问题，在思考、辨析、解决问题的过程中逐渐形成正向、理性的信息社会责任感。教学时需要结合学习过程中的生成性资源，引导学生挖掘、观察现实世界中的典型信息事件，鼓励学生面对信息困境，通过求证、讨论和交流，作出正确的选择和行为。

信息技术核心素养的四个方面就是学科价值追求的四个角度，我们每节课都力争挖掘本节课承载的核心素养，不一定面面俱到，哪一个方面有体现，一定要引领学生进行分析，让学生在潜移默化中培养学科核心素养，并运用核心素养改进自己的学习与生活，主动适应和引领信息社会发展。

2. 情境教学

结合教学内容创设合理的情境，有利于增强学生体验、有利于学生代入对应的角色，从角色的角度去分析问题并设计方案解决。例如，在体验人脸识别一部分内容时，课上首先通过展示新冠肺炎疫情防控期间，小区封闭管理，尽量避免外来人员带来风险的视频，带领学生进入真实情境，给学生带来想要解决问题的震撼和触动。接下来引导学生进入角色扮演情境：如果你是小区的管理人员，你会采用哪些信息技术手段规避风险，提高管理的效率？

3. 项目教学

以项目整合课堂教学基于项目的学习是指学生在教师引导下发现问题，以解决问题为导向开展方案设计、新知学习、实践探索，具有创新特质的学习活动。项目学习很大程度上还原了学习的本质，这种基于真实情境的学习能促进学生对信息问题的敏感性、对知识学习的掌控力、对问题求解的思考力的发展。在项目实施过程中，各种能力的综合也促进了学生信息技术学科核心素养的形成。开展项目学习时，要创设适合学生认知特征的活动情境，引导他们利用信息技术开展项目实践、形成作品。因此，项目学习应以信息技术学科核心素养的养成为目标，在项目实践中渗透学科核心素养，整合知识与技能的学习。单元教学以单元为基本单位，以单元主题为线索，运用系统方法有机重组教学内容，综合运用各种教学方法组织教学过程，进行连续课时的教学，让学生通过循序渐进的学习过程，完成相对完整的单元学习，从整体上提高教学效率的一种教学方式。单元教学不再是原有教材中的章节单元，单元类型按照构成特点，分为主题内容单元、素养方法单元等。

我们开展了多个项目的教学：红绿灯项目设计、飞花令项目设计等，学生体验了问题分析、设计方案、实践体验的全过程，掌握了基础知识，也锻炼了信息意识与计算思维。

（三）教学评价的尝试

《普通高中信息技术课程标准（2017 年版）》中提出教学评价应基于信息技术学科核心素养展开，可以综合运用多种评价手段，在教学中起到有效导向的作用。评价的主要目的是促进学生的学习，改善教学，完善教学方案的设计。评价方式要有利于学生学习、有利于教学开展。评价内容要从单纯关注知识与技能向关注学生学业成就转变，同时还要关注现实问题解决和团队合作等多种能力的提升。

我校信息技术教研组的教师对学生整学期表现进行过程性评价，对独立的项目教学也进行过程性评价，项目教学评价主要是教师制定表现性评价量表，包括过程性评价和终结性评价，由学生对自己打分、教师对学生打分。学期评价由考勤、项目作品完成、课堂表现等多项综合计算得出。

五、选课走班与学生发展

高中阶段信息技术学科目前只在高一年级开设，不存在走班教学，但我们在教学过程中会小范围地开展分层教学，通过对教学任务难度的递进，不同学生可以完成不同的难度任务。如在设计飞花令项目时，设计了以下几个递进任务：基础任务，实现出题、答题、判断胜负的过程；中等任务，实现随机出题、答题（判断是否重复，计算机能够自主答题）、判断胜负；高级任务，实现随机出题、答题（判断是否重复、判断题库外的答题是否正确、计算机答题智能提升等）、判断胜负。

在学生发展方面，信息技术学科注重以下 3 点。

（一）帮助学生了解学科本质

在教学中，从问题出发，引导学生以问题解决为导向，合理选择合适的信息技术手段去解决问题，不断加强学生的信息意识，在学生分析问题的过程中，适时引导，帮助学生构建严密的逻辑，锻炼学生的计算思维能力，合理使用数字化学习工具，尽量设置开放性的问题，给学生一定的发挥空间，鼓励学生创新能力的培养，在解决问题的过程中，传达给学生合理使用信息技术手段的意识，强化学生的信息社会意识和责任。

（二）帮助学生了解学科相关职业、渗透生涯教育

信息技术学科在社会中有着广泛的就业方向，在教学课堂上，结合所学内容适当介绍相关职业内容，将生涯指导渗透在教学内容中。例如，讲编程算法设计时介绍 IT 公司职位设置、工作分工协调等方面的知识，使得部分有兴趣从事相关行业的学生对此有所了解。

（三）学法指导

在开学的第一课时，以及每一个模块开始的第一课时，教师要对学生进行

学法指导。对学期、模块的学习内容的逻辑体系、学习方法、学习要求对学生提出明确的要求。例如，认真阅读教科书，理解基本概念和原理；敢于动手，勤于实践；要有积极探究、锲而不舍的精神等。

六、学科课程教育资源的开发

（一）校内教育资源

书籍与网络的学习资料：获取资料便利，北京数字学校、中国教育资源共享平台、中国知网可以使用，购买书籍便利。

设备设施：我校有计算机专业教室 8 间，配备带有耳机、摄像头的一体机电脑，可以满足信息技术日常教学需要。

（二）校外教育资源开发

本学期正在申报专项，计划聘请专家进行新课标下人工智能专业能力提升方面的培训。目前，利用校外资源，开展信息学奥赛的培训。

七、教师团队的建设

（一）基本情况

信息技术教研室共有 8 人。高一教师 5 人，初中教师 2 人，职员 1 人；高级教师 3 人，一级教师 5 人。本科学历 6 人，硕士研究生 2 人。2 人曾获区级骨干教师称号，1 人曾获区级青年骨干教师称号。组内授课教师年富力强，积极学习，富有创新意识，非常有追求。崔长华、王丹、关颖等老师勇挑重担，成果显著，是信息技术教研组的中坚力量，承担了很多教科研任务。

（二）团队教师发展目标

青年教师要积极学习，提高教学水平和教科研水平，尽快成长为通州区青年骨干教师。

中年教师要勤于反思提高，梳理出更多的教育教学经验和成果，带动青年发展教师，尽快成长为北京市骨干教师。

潞河中学学生成长指导课程建设纲要

刘亚茵

学生成长指导体系是学校在心理（包括个性、社会性）、学业、生涯等各方面对全体学生进行指导的一系列服务，旨在促进学生全面而有个性的发展，提高人才培养质量。

一、学科课程发展水平及特色评估

（一）学科基本现状分析

学生发展指导是指学校为促进学生全面而有个性的发展而向学生提供的一系列指导服务，在众多国家与地区已成为现代学校教育的三大职能之一。最初的学生指导源于职业指导，历经几十年的变革发展，在内容、理念、模式和人员上都有很大变化和拓展。在我国，尽管也有部分地区对普通高中学生发展指导工作进行了一些探索，但普通高中学生发展指导工作存在政策法规尚未建立、科学性不够、专业性不强等诸多问题。

（二）我校成长指导课程体系建设的基本思路

我校学生成长指导的课程体系对学生成长产生了积极作用，在学生成长指导课程全面实施过程中，培养了学生生涯发展与规划的意识和能力，帮助学生了解自己的兴趣、能力及其与生涯发展的关系。同时，这提升了学科教师的选科指导能力，学科教师通过学科绪论课、学科渗透课和选科说明会讲座展现学科魅力，激发学生的学习动机和学习兴趣，充分了解自我，提升学生选课的意识，提高学生选课能力。这也增强了教师的自我效能感。家校互动的教育模式也帮助家长及时了解改革的政策和科学指导孩子的方法。

（三）学科现存问题

首先，用于指导和规范学生发展指导工作的专项政策法规尚不健全。

其次，尚未建立起系统的普通高中学生发展指导体系，现有指导工作只是零散地在多个领域涉及学生发展指导的内容，无法实现整体学校氛围的改善。

第三，学生发展指导专业人员的配比偏低，无法及时回应满足学生的需求。

二、学科课程构建的核心主题

基于我校的育人理念，我们将学生发展指导的目标定为"积极与人沟通协作，以成长的心态面对挑战。在快速变化的世界中，坚定信念，不断建构、发展、实现自己的可能性"。从1999年起，学校将心理健康教育纳入学校的整体发展规划和年度工作计划中。2006年，申请立项了《中学生个性发展与生涯教育研究与实验》的课题。结合课题的研究，2007年，在高三年级第二学期开设生涯课程，开启生涯教育的实践探索之路。2010年，我校成立学生成长指导课程教研室。2011年，我校成为北京教育科学研究院基础教育课程教材发展研究中心的实验校。我校结合学校实际，积极贯彻国家和北京市教委对于学生发展指导的精神，逐步形成具有我校特色的学生发展指导体系。

三、学科课程群的构建

目前，全校有77个教学班，在校3000多名学生中，有划片招生的初中生、统招统考的高中生、"1+3"贯通培养项目学生，还有新疆内地高中班学生、艺术体育科技特长生、长短期文化交流国际学生等，学生之间的差异性较大。根据塑造学生健全人格，突出地域文化、学校特点和学科特色的要求，构成了多元一体的学生生态现状，形成多元多层次学生成长指导体系。

（一）成长指导体系不断迭代更新

在课程实施的过程中，学生成长指导教研室重视教学质量的提升与教学设计的迭代完善。因此，在工作开展过程中投入大量精力开展各项研究，立足搭建并完善有实效的学生成长指导体系。

基于1999年教育部颁布的《关于加强中小学心理健康教育的若干意见》，

我校从 1999 年新学年开始开展心理健康教育活动。我校通过编制"学生心理倾向性调查表"了解学生的基本需求和面临的实际问题，并拟订出开展心理健康教育的总体设想，具体措施之一就是在高一年级开设心理健康活动课。课程内容依据调查结果确定为：学习心理指导、人际交往指导、情绪情感指导、学校适应性指导等。从 2000 年起，我校把心理健康活动课作为高一年级第一学期学生必修的校本课程纳入到学校课程体系，面向高一年级全体学生开设，每周每班一节课。

2006 年，经北京市通州区科学技术委员会审批立项了《中学生个性发展与生涯教育研究与实验》的课题。结合课题的研究，我校 2007 年在高三年级第二学期开设课程"性格气质与专业选择"。

2010 年，申报的《以生涯规划课程促进我校高一年级学生文理分科决策的行动研究》立项为通州区教育科学"十二五"规划课题，结合课题的研究，我们将生涯教育内容中关于自我认知的部分和选择及决策的方法整合到高一心理健康活动课中，课程更名为成长指导课程。

2011 年，我校加入了北京教育科学研究院基础教育课程教材发展研究中心《高中学生职业指导课程的开发、应用与推广》课题的实验校。刘亚茵老师作为专家组成员参与了《高中生涯规划与管理》教材的编写，此教材成为我校成长指导课程中生涯指导课程设计的重要参考。

2013 年，我校申报的《基于我校学生生涯发展需求的生涯规划课程实践研究》立项为通州区 2013 年教育科学研究规划课题。我校高三年级的学生成长指导课程，通过问卷调查的方式了解学生的基本情况，并将学生提出的希望和面临的问题进行归类分析。对学生提出的有代表性的问题进行针对性的课程设计和回应。

2018 年，我校申报《新高考背景下高中项目式生涯发展课程的实践研究》，开始尝试在"1+3"贯通实验培养项目的成长指导课程中，探索运用项目式学习和设计思维的方式对生涯课程进行全新的尝试和架构。

2019 年，我校申报北京师范大学未来教育高精尖创新中心 2019 年度智慧学伴小课题研究《基于智慧学伴大数据为新高考背景下选科选考指导的实践研究》课题，编制教师和学生的调查问卷并进行数据收集与分析。并将各科的学生选课分析数据反馈给每个学科的备课组。旨在通过数据收集反馈与分析的机制对学生选科选考进行科学而有针对性的指导。

我校的学生成长指导体系在一轮又一轮的课题研究和实践中不断迭代发展。目前已基本形成具有我校特色的学生成长指导体系。

（二）三级学生成长指导体系

学生成长指导体系的建设，聚焦于学生在不同阶段的核心问题，由多元的导师团队提供多样化的指导形式，形成一整套的三级指导体系（见图1）。

面向全体
- 成长指导课
- 学科渗透课
- 专题讲座
- 职业体验

特定群体
- 团体辅导
- 社团活动

个性化问题
- 个别辅导

图1

在形式上，学生成长指导课程是学校整体课程体系中的四大基础必修课之一，同时，我校还探索学科渗透教学方式、开设系统化的专题讲座、开展项目制职业体验、推行丰富的校内社团活动，以及特定群体活动和个体辅导，形成了丰富多元的三级学生成长指导体系。由学生成长指导教研室统筹，心理专职教师、校内教师与校外专业导师组成的专兼职团队协同推进教学指导工作。

1. 聚焦核心议题开设成长指导课程

潞河中学学生成长指导课程体系针对不同阶段的学生发展特点和成长需求进行整体设计，分设不同的主题活动（见图2）。面向初中学生的课程，主要是青春期性心理和亲子关系；针对高一学生，重点关注初升高适应以及基于选课选考的生涯发展议题；针对高二学生，重点关注思维训练以及 PBL 项目导向的职业专业体验；针对高三学生，重点关注考试焦虑和志愿填报辅导；针对"1+3"贯通实验培养项目的指导，形成一套特色的四年全方位成长指导体系。国际文化交流学生的指导重点聚焦在新环境适应和文化体验；面向"内高班"学生的，聚焦新环境适应。

潞河中学学生成长指导课程体系				
模块	**对象**	**形式**	**核心内容**	**授课教师**
三年一贯成长指导体系	初一	成长指导课程	青春期健康教育	生物教师/校医
	初二	成长指导课程	亲子沟通	专职心理老师
	初三	成长指导课程	考前心理调适	专职心理老师
	高一	成长指导课程	生涯发展	专职心理老师/认证的学科老师
		成长指导课程-选修	人际关系与自我接纳	专职心理老师
		成长指导课程-选修	桌游中蕴含的心理学	专职心理老师
		成长指导课程-选修	影视剧中的心理学与真实的心理研究	专职心理老师
		成长指导课程-选修	青年理财	企业志愿者/家长志愿者
		学科渗透教学	选科指导	专职心理老师/学科教师
	高二	成长指导课程	德博诺思维训练	学科教师
		成长指导课程-选修	学生公司	企业志愿者/家长志愿者
		成长指导课程-选修	非暴力沟通	专职心理老师
		成长指导课程-选修	积极心理学	专职心理老师
	高三	系列专题讲座	考前心理辅导与志愿填报决策	专职心理老师/认证的学科老师
		系列专题讲座	高三学生心理状态以及沟通策略	专职心理老师/认证的学科老师
	高中	系列专题讲座	"学生发展规划"高峰论坛	潞河中学校友/企业志愿者
		职业体验活动	校园模拟招聘	校外专业导师
		职业体验活动	PBL职业专业体验课	校外专业导师
四年全方位成长指导体系	"1+3"贯通培养	成长指导课程	初三上：新环境适应 初三下：认识自我 高一上：学习的智慧 高一下：学业规划 高二上：初步了解职业世界 高二下：认识大学专业 高三上：心理状态调节 高三下：志愿决策	专职心理老师
特色班级成长指导课程	新疆"内高班"	新环境适应		专职心理老师
	国外文化交流学生	团体活动体验		专职心理老师

图 2

2. 学科渗透教学方式探索

日常教学渗透。学科教师按照教学处统一安排，全学科第一节课授课内容为学科绪论课，讲授本学科的内涵和学科特点，以及与专业、职业之间的关联，帮助学生理解学科学习价值，及未来生涯发展机遇，并对学生进行本学科的学法指导。学科教师在日常课程教学中，则尝试通过学科榜样人物、学科发展前景、学科内容的职业体验活动等内容，巧妙融合生涯指导，促进学生理解自我与社会、现在与未来、学习与发展之间的联系，提升学生自我认知和发展机遇意识。

高一选科指导。聚焦于高一选科的核心议题，由专职心理老师与学科教师配合开展工作。高一成长指导课程备课组通过头脑风暴、问卷调查的方式，了解学生对于选科选考的困惑，并相应地采取针对性措施。

思维训练的渗透课程。基于高二年级综合素养提升的主题，自 2008 年开始，学校先后对 20 名左右的学科教师进行了"德博诺思维训练课程"的师资培训，并承担思维训练课程的授课工作。一方面，学科教师对于学生的学习情况更为了解，在授课过程中可以更好地适应学生的需求；另一方面，学科教师在参与思维训练的师资培训中不断掌握新的教学方法，这对于其自身学科课程的教授方法来说也是不断优化。德博诺思维训练必选校本课在高二年级第一学期开设，向学生系统讲授德博诺系列思维训练中的 CoRT1 课程，每班每周一节课。

3. 开设系统化的专题讲座

"学生发展规划"高峰论坛周。为适应新高考改革，协助学生做好生涯发展规划，针对学生对职业发展认知的需求，我校为学生精心组织了为期一周的"学生发展规划"高峰论坛活动。邀请各行各业的精英走进校园，与学生们分享自己成长的故事和自己行业的动向。希望通过职场人士的系列讲座，能够帮助学生了解一些专业或职业的工作内容、社会价值、未来发展趋势，以及中国目前所处发展阶段、所需人才标准等，从而让学生能够结合自己的兴趣、爱好、特长和优势，初步确定发展方向，并透过职业发展状况，聆听时代发展脉搏，增强社会责任感。

高三全方位专题系列讲座。成长教研室高三备课组通过调查问卷以及与高三年级主任进行沟通，了解高三年级需求，初步制定高三年级学生成长指导支持工作方案。高三年级全方位支持系统构建包括针对学生的讲座、面向家长的讲座，以及面向高三班主任的工作坊。

4. 梯度化、课程化的职业体验模式

职业体验方面我们采取"走出去"和"请进来"两种方式。

"请进来"则是通过校园模拟招聘和 PBL 职业专业课两种方式进行。我校为学生举办"遇见未来的自己——校园模拟招聘会"。同学们通过制作简历、投简历、面试等环节体验职业招聘。模拟招聘会使学生初步了解社会职场，也了解自己，认识到要适应未来的职场竞争需要培养的各项能力。很多同学表示，通过此次活动，更加明确了自己的生涯目标，也认识到了未来职场竞争的残酷。

PBL 项目导向学习模式学科职业体验课程中，学生在专业导师的引导下，进行深度探索式学习，最终完成学科职业的真实任务。包括法学、金融学、医学、建筑学、心理学等 10 门课，让学生走近专业和职业的思维模式和工作环境，在任务的学习和挑战中体会自己的兴趣与感受，明确自己的梦想与方向，为"走出去"的参访体验做铺垫。

"走出去"就是走出校园，走进真实的工作场域体验一天。我校组织学生走进通州区检察院，体验监督的广度与力度，感悟检察的客观与公正；走进部队，体验部队的纪律与温情，感悟军人的使命与担当；走进通州区法院，体验法庭的神圣与庄严，感悟司法的公正和力量；走进航天医院，体验医学的魅力与神圣，感悟医生的平凡与伟大；走进彭博社，体验跨国企业高端的办公设施、精诚合作的团队……职业体验的活动旨在帮助学生体验不同的职业，消除认知误区，发现兴趣，锁定目标。

5. 丰富的校内社团活动

我校着力于学校社团文化的营造，社团由学生和教师自主申请、自主管理，学校提供必要条件，创设一种主动发展、追求卓越的氛围。目前学校有太阳雨合唱团、潞园文学社、模拟政协、天文社、CYPT 等精品社团 10 余个，有街舞、国艺社、特斯拉科技制作社、心理学社、生物学社等普通社团 30 余个。这些由学生自己组织的社团活动充分体现着学校对其独立性、自主性的尊重，在挖掘学生创新潜质、培养学生自我发展意识和社会责任感方面起着不可替代的作用。

6. 以团体活动与个体辅导作为补充，进一步完善三级的指导体系

针对特定群体的共性问题。我校针对学生干部开设领导力提升团体体验活动；为寒假留校的内地新疆高中班学生开设寒假拓展体验活动，让学生在活动中认知自我、发展自我，促进人际互动；针对"钱学森班"开展系列科研体验活动，学生通过深入的科研体验活动，对各个领域的科研工作有了深入的认识，有助于学生自我发现与规划。

针对个别同学的个性化问题。辅导室每天在学生休息时间定时开放，每周定时开放时间 10 个小时，专职辅导老师也会利用非固定开放时间灵活为有需要的学生提供咨询服务。值班规则清晰，咨询及转介规范，记录完整，保密管理措施详细。学生自己主动预约咨询占咨询来访学生的 90%；对有严重问题个案进行规范化转介处理；每周专职辅导教师进行个案朋辈督导，定期参加咨询技能培训。辅导室也对有困扰的老师开放，为他们提供放松、解压、情绪释放的服务。

四、课堂教学改革思路和举措

（一）学情研究

学生成长指导课程要贴合学生发展的需要，因此洞察学生的需求是我们工作的基石。在课程伊始，对学生进行开放式的问卷调查，并对调查结果编码，进而编排教学大纲。

此外，我们还运用4L历程复盘和开放空间讨论等技术在课程进行过程中洞察学生的需求。

（二）教学方式变革

时代的变迁，让学生对于一些知识的获得更加容易和便捷，但同时也让学生的需求变得更加复杂和多元。单纯的讨论分享类的团体心理活动的形式，已经很难调动起学生的参与积极性。因此，如何在有限的课时中给学生设计峰值体验，我们尝试了以下策略。

1. 创设真实体验情境

在教学过程中，我们有目的地引入或创设具有一定情绪色彩的生动、具体的场景，以引起学生一定的情感体验，从而帮助学生理解，并使学生的心理机能得到发展。比如，我们尝试在校园最美的时候将学生带到校园，让学生用五感去收集秋天的痕迹。最后以大地为画布，以落叶落果为色彩来作画。针对生命意义教育主题，我们以开发生存意义牌卡产品为契机，将教室布置成为一个画廊，运用画廊漫游的方式，让学生用N次贴分享自己对于画面的思考灵感。针对生涯发展主题，我们设计了《给高三的自己写一封信》的活动，让学生在高一结束的时候给高三的自己写一封信。

2. 游戏化思维活动设计

运用游戏化思维支持教学各环节，为课堂整体设计游戏机制，以奖励带动合作与竞争，促进学生积极思考，大胆创新。

在课堂中，我们尝试让学生4人一组体验《CV人生履历》桌游，通过游戏简化了人生，让学生一课时内从童年→青年→中年→老年体验一生。学生感悟到每个人截然不同的选择，认识到自己早期的选择也在影响着自己未来的选择筹码。

3.专业量表评量

此外，我们还在课程中尝试让学生运用专业的量表，如生涯成熟度测试量表、BDI考试表现量表、正念状态量表，进行课前自测评估以及课后的收获评估。

五、选课走班与学生发展

如何支持学生选课走班是我们高一年级生涯课程要探索的核心现实问题之一。高一年级课程中有 10 课时围绕选课选考进行探讨。

除了生涯课程之外，我们教研室编制教师和学生的开放调查问卷并进行数据收集与分析。并将各科的学生选课分析数据反馈给每个学科的备课组。旨在通过数据收集反馈与分析的机制对学生选科选考进行科学而有针对性的指导。

六、资源开发与队伍建设

目前，我校组建了一支专兼结合的指导教师队伍，通过学科教学渗透、开设指导课程、举办专题讲座、开展职业体验等对学生进行指导。同时还注重利用高校、科研机构、企业等各种社会资源，构建学校、家庭、社会协同指导机制。建立起了学校、家庭、社会协同的指导队伍，构建了多元多层次的学生成长指导体系。

自 2010 年起，由校领导为组长形成了我校学生成长指导工作小组，并成立学生成长指导教研室作为执行机构和责任部门，协同教学处、学生处共筑学生成长指导体系（见图3）。

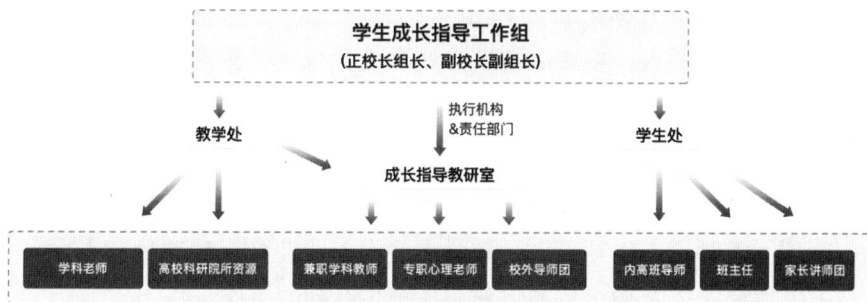

图3

经过多年的努力，我校形成了以 2 名专职心理健康教育教师为核心，29 位兼职教师、77 位班主任、120 位内高班导师为骨干，家长、校友、企业志愿者、全体教职工共同参与的学生成长指导教育工作机制。这支队伍分工明确，各司其职；全体老师对学生状态积极关注，在学科教学中渗透心理健康和生涯发展教育，发现有困扰的学生主动关注；部分学科老师参与学生成长指导课程体系的教学授课，多学科背景丰富了学生成长指导的课程体系；专职心理教师负责成长指导课程教学，针对学生及教师的需要开设特色活动、讲座、工作坊、个别辅导以及严重个案的转介。成长指导教研室内部每周进行个案朋辈督导，每个课程备课组每周进行同头备课，同时教研室管理校外导师和校外资源，统筹课程与活动的执行，形成"学校—家庭—社会"的有机配合与一体化的指导机制。

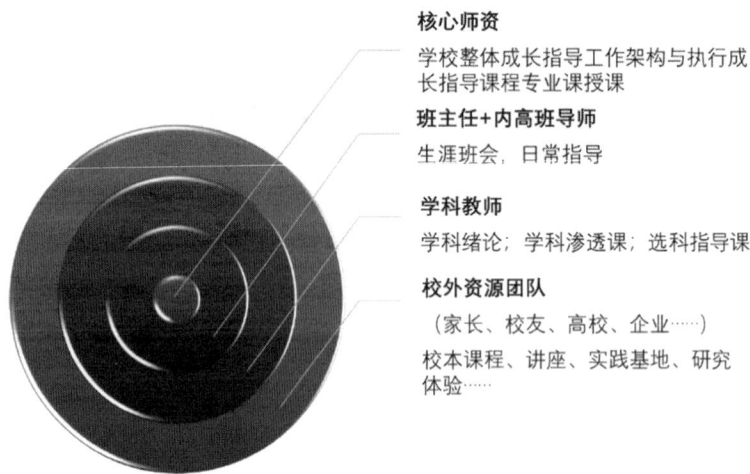

核心师资
学校整体成长指导工作架构与执行成长指导课程专业课授课

班主任+内高班导师
生涯班会，日常指导

学科教师
学科绪论；学科渗透课；选科指导课

校外资源团队
（家长、校友、高校、企业……）
校本课程、讲座、实践基地、研究体验……

图 4

（一）建设和提升核心师资队伍

现有专职教师 2 人，均为心理学专业硕士，且具有国家二级心理咨询师证书和全球职业生涯规划师认证；专职教师 1 人为一级教师、1 人为二级教师，其中，1 名教师被评为通州区骨干教师。本人 2012 年 5 月起参与北京市教科院课程中心生涯项目，成为项目组的核心成员；参与北京市地方教材《高中生涯规划与管理》教师用书编写、电子教科书开发、职业微视频项目脚本撰写和北京市高中生教育资源库 PPT 资源审核工作等一系列的工作。

现有兼职教师 29 名，其中 5 位学科教师获得全球职业生涯规划师认证，与专职教师一起讨论打磨课程，并承担高三年级生涯课程教学；4 位获得国家心理咨询师认证；20 位教师参与"德博诺思维训练课程"的师资培训并承担此课程教学。

（二）提升学科教师学科渗透教学能力

在新课程改革背景下，为了让学科教师在日常课程教学和教育工作中能够积极渗透生涯发展的理念，更好地实施全员渗透式生涯教育，我校举办了首期潞河中学生涯教育师资培训，为期 2 天，学校选择了各学科高一、高二中青年骨干教师共计 50 人参加了此次培训。目前，我们也正在规划第二期的初级培训和第一期进阶的培训。

学科教师通过学科绪论课、日常教学学科渗透、选科指导课三种方式对学生成长进行指导。

（三）提升班主任和"内高班"导师生涯发展指导能力

班主任和"内高班"导师是学生生涯发展指导的主力军，与学生关系密切，是学生成长中的重要他人，提升他们的生涯指导能力，有利于构建我校的学生成长指导团队，提升学生生涯发展指导的实效性。

在新教育考试改革背景下，为了提升我校班主任和"内高班"导师对学生生涯发展指导的能力，我校邀请浙江地区的生涯教育先行者进行了"导师制下的班主任工作——新高考背景下中学教育教学变革"主题生涯发展指导的培训。并在校内，由我校获得全球职业生涯规划师认证的温学军老师根据自己多年德育工作实践为高中班主任老师开设系列生涯指导培训。成长指导教研室邀请清华大学招生工作组成员对高三班主任进行指导学生填报志愿的培训。选派核心班主任参加北京市教科院生涯主题班会设计研讨活动，旨在帮助他们提升自己生涯发展指导能力。

（四）构建丰富的校外资源团队

学生多样化的需求需要多元的授课教师团队，我们还吸纳家长、企业志愿者、往届潞河毕业生参与我们的学生成长指导教育，多元的背景极大地丰富了我们的课程内容和教育资源。

家长通过"家长生涯讲堂"、走进班会、参与校本选修课程教学、提供校外职业体验资源等方式参与和支持学生成长指导的工作；企业志愿者通过校本课程选修课、职业体验课、生涯讲堂等方式支持和丰富我校的成长指导资源；往届毕业的潞河学子通过回到校园与学弟学妹分享经验等方式参与我校学生成长指导工作。

对接高校、企业资源，提供学生"引进来"和"走出去"的职业体验资源，建立高中教育与高校、企业之间的衔接与补充，通过建设有实效的指导内容，让课堂活动化、活动课堂化。

同时，我校发挥校外教育基地的作用。清华大学、北京大学、中科院、北京理工大学、北京航空航天大学、北京科技大学、北京工业大学、中国人民公安大学、通州区法院、通州区检察院、通州图书馆、韩美林艺术馆、北苑街道办事处、北京科技馆、天安门管理处、松堂关怀医院、盘山烈士陵园、中国民兵武器装备陈列馆等相继成为学生校外教育实践基地，同时学校还有自己的学工、学农基地。

潞河中学高中综合实践活动课程规划与实施[①]

潞河中学综合实践活动课程团队

一、问题的提出

在教学实践中，我们发现，划等评分的评价方式、课堂上的被动学习、学科学习的分科性、课程的单一化，割裂了学科与学科、理论与实践、课内与课外、学校与社会、全面与个性之间的有机融合，不仅压抑了学生的个性发展、创新能力提升，而且使学生脱离了实际生活，这与百年学校坚持的"人本位"与"社会本位"相统一的教育观、"健全人格"的培养目标相违背。2001 年《课程改革纲要（试行）》指明了综合实践活动的国家课程性质，明确了研究性学习、社区服务与社会实践、劳动与技术教育、信息技术教育作为其内容的四大领域。综合实践活动课程是对学校教育形式和内容的有效拓展，将创新课程开发、创新教学研究融合到综合活动当中，以学生和教师作为共同主体，真正实现教学相长。通过让学生参加综合实践活动，了解各领域的前沿知识，能最大程度地调动学生和教师的参与积极性，极大地激发学生的探究精神和主动探索学习的兴趣，促进学生创新能力的发展。

为了能够促进学生全面而有个性的成长，我校建设以培养"健全人格"为目标的具有学校特色的综合实践活动课程体系，以全部社会生活为课程内容，以亲身实践作为课程主要活动，以自主体验、主动参与和独立研究为主要活动方式，为学生搭建多种学习方式的平台，创造一个学科与学科融合、理论与实

---

① 本文获得 2018 年第四届通州区教育教学成果奖。

践融合、课内与课外融合、学校与社会融合、全面与个性融合的综合的实践的学习生态圈，从而培养学生的社会责任感、创新精神和实践能力，提升学生的综合素养。

二、解决问题的过程与方法

在"促进学生全面、健康和可持续发展；提升教师专业化水平；促进学校在新的条件下走特色发展之路"的学校课程目标指导下，我校对综合实践活动课程进行整体设计，将办学理念、办学特色、培养目标、教育内容等融入其中。依据学生发展状况、学校特色、可利用的社区资源（如各级各类青少年校外活动场所、综合实践基地和研学旅行基地等）对综合实践活动课程进行统筹考虑，开展综合实践活动课程。

（一）综合实践活动课程的研发

综合实践活动课程的内容非常繁杂，把哪些内容纳入到课程中，如何进行课程开发，是一个系统工程。

1. 成立学校课程建设领导小组，加强对综合实践活动课程的研发、协调、评价的指导和管理

我校课程建设领导小组由校长任组长，主管副校长任副组长，成员由教学处、科研处、学生处主任和学科教研组长组成，负责按照学校发展的总体目标和特点，根据满足学生需求、体现地域特点、学校文化、学科特色、教师特长的要求，制定综合实践活动课程开发的总体方向、总体规划、目标定位，向全体教师发布课程开发任务；负责对教师开展课程方面的培训和指导。

研究性学习课程由教学处负责，志愿服务由学生处负责，劳动技术、信息技术与学科教学明显相关的课程融入学科教学中，并专设一周的社会实践时间，开设北京市内的博物馆实践课程、学农学工课程、专家讲座课程、社区服务等劳动技术与信息技术综合课程。

随着教育综合体制改革的深化和学生个性发展的需求，2016 年我校社会实践周活动形式进行了重大调整：由原来的在北京市内的劳动技术与信息技术课程的综合实施，调整为京外研学旅行课程。研学旅行课程不仅涵盖原有的活动课程类别，还增加了以区域特色为主的各类主题实践活动。而此次调整完全契合了 2017 年教育部颁布的《中小学综合实践活动课程指导纲要》的要求。

2. 整合各类资源设计和开发课程，拓展教育形式和内容

在综合实践活动课程建设中，除了利用好本校师生资源外，还注意面向社会，引入社会和时代活水，坚持对外开放，争取社会资源的加入。我校与京内外高校科研院所、与各类企事业单位、与各类场馆、与各类资源单位建立实践基地关系，纳为课程资源，进行课程开发。因此也才有我们丰富而有层次的三类综合实践活动课程：培养学生创新能力、解决问题能力的研究性学习课程，培养学生社会责任感、价值观的志愿服务课程，培养学生综合实践能力的为期一周的社会实践活动课程。通过让众多资源参与到综合实践活动课程中，将大学教师、科研人员、工程师等各类社会角色，中学生、中学科技师等要素有机结合在一起，拓展教育形式和内容。

（二）综合实践活动课程的实施

充分整合各实践基地、学校、教师、家长、专家等多方力量，构建三级反馈机制，合力实施课程。

1. 综合实践活动课程安排

作为具有国家课程性质的课程，学校课程领导小组协同实践基地统一协调课程实施，保证三种课型作为国家课程体现在课表中并确保有效开展。

2. 由教学处组成学校课程组织协调机构

该机构主要负责综合实践活动课程具体实施、师资安排、编排课表、资源协调，根据学校课程开发与实施方案制定并完善选修课各项管理制度并派专人管理。

研究性学习课程的实施。学校统一管理研究性学习活动，包括选题、开题、中期、结题的指导、检查、评价；组建研究性学习指导教师团队，联合市区培训部门及高校院所对教师进行培训；与市区各类场馆、高校、企业等协作，为学生的研究性学习提供丰富的资源和研究课题。学校提供参考选题、校内外专家资源，学生自愿选择校内外专家作为研究性学习指导教师。专家与教师经过反复沟通协商制定可供学生选择的多种课程实施方案、研究方案。每学年10月份，供学生参考下发的"研究性学习选题指南"选择研究课题，聘请相关学科老师做指导教师；老师指导本班学生进行研究性学习的选题，指导学生填写开题申请表、撰写开题报告。11月份，学校组织学生参加研究性学习开题辅导——专家讲座活动；以班为单位，组织学生分小组进行研究性学习论文的开题汇报，并以年级为单位进行优秀研究性学习课题的开题汇报。每学年3

月份进行中期总结，5月份以班级小组为单位进行研究性学习论文的结题汇报并上报教学处。

社会实践活动周的实施。在2016年以前，我校的社会实践活动周的内容和形式是：一周之内集中安排包括研究性学习结题答辩、社区服务、专家讲座、博物馆课程、学农学工课程、劳动技术课程和信息技术课程在内的综合实践活动。这种安排有效落实了综合实践活动的实施，弥补了在平时教学中研究学习、社区服务、劳动和信息技术课程不足的问题；而且课型新颖，教学方式和学习方式生动易于学生接收，比如师生步行到学农基地参加种植劳动，极大锻炼了师生的毅力、团队合作和劳务技能；早在2003年开始的水火箭制作之类的课程就开启了项目式学习、STEAM学习的方式。

但是随着北京市学校改革的深入，我校校本课程的极大丰富，社会实践周活动已不能满足师生对课程的需求，于是2016年我校的社会实践周开启了研学旅行的课程形式。研学旅行的方案由学校会同资源单位共同制定，由最开始的两条线路到提供14条线路供师生和家长选择。初稿给到年级、教师、家长、学生以后，经过多方多次的沟通、协调，确定方案，并敲定细节。研学手册反映了研学的内容和质量，由教师和学生共同完成；通过制定研学手册，师生从不同角度对研学内容进行梳理、规划，体现老师、学生对自然、环境、人文、科学等不同的考量。学生们从生活中选择自己感兴趣的主题和内容，自己去体验生活，在旅行中进行交流和探究，这种学习方式不仅丰富了学生内在培养的学习方式，还培养了学生的思考能力，促进了学生主体性的发展，塑造了学生健全的人格。学生在"行走家乡、览胜祖国、放眼世界"的旅行中，感受中华优秀传统文化熏陶和生态文明教育，是践行社会主义核心价值观和理念信仰教育的重要方式。

志愿服务的实施。中学阶段是一个人世界观、价值观、道德观形成的关键时期。志愿者服务活动以加强学生思想道德建设为目的，通过青年志愿者活动，倡导学生走出校门，服务社会。树立学生"责任、感恩、奉献"的志愿精神。为了培养学生的爱心与责任感，我校自2003年以来一直大力提倡和举办各种形式的社区服务与青年志愿者活动。我校志愿者活动本着"奉献社会，回报校园"的原则，突破传统，充分调动学生的积极性，要求学生们自己设计方案，以自组的小队为单位进行活动。我校高一、高二年级以及"内高班"学生积极响应学校号召，积极主动地参与到社区服务活动中。

我校志愿服务队品牌志愿者活动有："青春伴夕阳——松堂关怀"行动，"天使之声"人工耳蜗学校关爱行动，"温暖阳光"关爱服刑人员子女太阳村捐款、捐书活动，"温暖衣冬，温暖你我——向四川甘孜州石渠县呷衣小学捐冬衣活动"活动，各类社区服务，通州区图书馆志愿服务等众多活动，全校2200人在志愿北京平台注册成为志愿者，同学们在校内外广泛开展志愿服务活动。

每一次学校、班级的志愿者服务活动，都要制定详细的方案，包括活动目标、内容、过程、活动效果与评价，以期志愿活动能够扎实落地，不走形式。真正能帮助所需，并对学生有所促动。

（三）综合实践活动课程的评价

1. 研究性学习安排在学段1—10

根据课题所需时间长短赋分，需一个学期完成的赋3学分，需两个学期完成的赋6学分。每位学生需修满15学分。研究性学习：每周3课时，校内1课时，校外2课时，校外课时可以利用双休日、节假日等课余时间进行。社区服务和社会实践：3年中完成10个工作日的社区服务，赋2学分；每学年安排一周社会实践，完成的赋2学分。

2. 多种课程评价方式促进学生发展

通过班级、年级的研究性学习展示活动，通过班会、板报、多媒体展示、宣传手册、成果集，通过"感动人物评选"等活动，全方位、多角度展示学生的综合实践活动课程的过程性及终结性成果。通过记录研究性学习的过程、创新性，志愿服务的方案和深入度，综合实践活动的展示和参与度，记录在综合实践活动评价中。

三、成果的主要内容

（一）综合实践活动课程的效果

1. 促进学生全面而有个性的发展

自2011年我校研究性学习成果有电子版以来，我们每一年收集学生研究论文100余篇，10余年收集论文千余篇，研究方向涵盖人文、历史、文学、科学、创意，来源于对环境、对传统、对文化、对养老、对健康、对灾害等问题的思考和解决。其中，具有创新性的在各级各类创新比赛中获奖的论文达百余篇；依托北京市雏鹰计划开展建言活动，提交建言300余条。学校推荐在研究性学习中表现优异的学生进入到高校实验室进行深入科学研究，体验真正的研究过程。通过研究性学习链接生活和社会，在真实情境和实践经验的转化中产生新的经验，促进学生综合素养提升。

通过研学旅行课程，学生不仅欣赏了祖国的自然风光，感受到中国传统文化和非物质文化遗产的独特魅力，更能养成保护生态的价值观和行为习惯，增强对伟大祖国和中华文化博大精深的认同感和提升自身的文化自信。

2. 教师专业能力得到提升

综合实践活动课程不是一门教师专业所学的课程，需要老师们不断学习新的教学理论、教学方式，这也促进教师转变教育观念，变革教学方法，更新知识结构，为其专业发展提供了广阔的舞台和机遇。我们的老师为了能够指导学生的研究性学习，需要跟着学生一起学习和研究人工智能、电磁炮、机器人、APP 等；需要沉下浮躁的身心，以学生的视角和学生一起感受志愿服务带来的心灵震撼；需要以专业设计师的身份，与学生一起规划研学路线，设计研学内容。2015 年至今，我们的老师已辅导学生获得各类各级比赛 300 余项。

3. 学校特色发展日益突出

综合实践活动课程作为我校的特色品牌课程，在建立之初就以健全人格培养为目的，凸显创新能力、实践能力、道德情感的培养。2007 年学校作为自主课程实验学校把综合实践活动课程纳入课表，2010 年成为北京市特色试验学校，继续推进各类课程的建设。

（二）综合实践活动课程的特色与创新

1. 建设具有我校特色的培育健全人格的综合实践活动课程

历经 155 年历史的健全人格教育，以"人文底蕴、科学精神、学会学习、健康生活、责任担当、实践创新"为目标，以"自主选择、主动发展、完善个性、追求卓越"为重点。在建设综合实践活动过程中，我们以全部社会生活为课程内容，以亲身实践作为课程主要活动，以自主体验、主动参与和独立研究为主要活动方式，把研究性学习、志愿者服务、社会实践周（目前为研学旅行课程）作为我校综合实践活动课程的主要内容。

2. 课程突出了自主、选择、融合的特点

选择权、穿越边界、学科融合都是深综改后涌现出的教育热词，我校早在2002 年的《校本课程开发与实施方案》中就明确提出"重视学科交叉渗透、科学精神和人文精神的有机结合"。因此，我们在综合实践活动课程中突出强调了学科与学科、理论与实践、课内与课外、学校与社会、全面与个性之间的有机融合；把研究性学习的选题、研究形式的选择权，把志愿服务的选择权，把研学旅行的选择权给予学生，实现学生的自主性，同时为自己的选择负责。

3.课程模式创新

我们在设计和推进综合实践活动课程的过程中，提出了课程开发、实施、评价的完成模型，并且形成了较为完整的管理体系和具有学校特色的课程内容与形式，具有系统性强、便于整体推进的特征。我校综合实践活动课程突出学生为主体，注重系统构建和形式创新，具有了良好的操作性，效果十分显著。

四、效果与反思

（一）效果

综合实践活动课程的建设丰富了我校课程体系，培养了学生的社会责任感、创新精神和实践能力，提升了学生的综合素养；极大拓展了全体教师的教育视野，提升了教师对教育发展和时代特征的把握能力，促进了教师教育观和教育对象观的转变；对提升学校教育质量产生了积极影响，基本形成了学生、教师、学校共同发展、共同提高的局面。

（二）反思

学校课程建设不是一蹴而就的事情。一方面，学生要面临学习方式的转变，要学会对课余时间的自主支配和课程的自主选择，需要一个适应和学会选择、学会负责的时间过程。另一方面，要促进教师对课程观念的变革，完善教师自身知识结构，改善教育教学方法；需要组织教师进行学习培训，探索实践，总结反思，建立和完善校本课程运行机制和管理办法，这也是一个长期的过程。此外，在课程建设中，要反映时代的特征、社会的变革，还必须保持动态开放的态度，有效吸收和利用社会资源，适应时代和社会发展的需求。

随着2017年9月《中小学综合实践活动课程指导纲要》的颁布，综合实践活动的目标、内容、实施方式、评价方式又发生了重大调整。因此我校的综合实践活动课程在立足学情、校情基础上，也在课程内容、实施方式、评价方式上做了必要的调整，以期获得最大成效！

潞河中学

LU HE HIGH SCHOOL

教学探索

例谈直线与圆锥曲线位置关系问题情境下的最值求法

祁京生

一、引言

数学中的求最值问题是我们经常遇到的一个综合性问题，既需要数学抽象和直观想象能力，也需要逻辑推理和数学运算能力，还需要数据处理和数学建模能力。同时，还可以增强我们的数学发现、提出、分析和解决问题能力，培养创新意识。

在直线与圆锥曲线位置关系问题情境下求有关最值问题，经常涉及数学转化思想、函数思想、方程思想和数形结合思想；常常用到配方法、单调性、几何法、换元法、基本不等式法、Δ法或根的分布法和导数法等；往往需要特别注意变量的取值范围和最值能否取到的问题。

二、初探

（一）例题

例1：已知实数 x，y 满足 $x+\sqrt{2-2y^2}=0$，求 $x-y$ 的最大值、最小值以及相应的 x，y 值。

1. 解法1

（1）分析

这道题已知的是关于 x，y 的方程，所求的是有关 x，y 的代数式的最值，已知和未知的形式不统一。要实现已知和未知之间的转化，要么把代数式化为方程，要么把方程化为代数式。

如果要把代数式化为方程，就需要"求谁设谁"：设 $x-y=t$，那么就只需研究 $x+\sqrt{2-2y^2}=0$ 与 $x-y=t$ 两个方程之间的关系。

由已知两个方程有共同的 x，y，因此两个方程有公共解，所以联立两个方程消元转化为一元二次方程有实根，判别式 $\Delta \geqslant 0$，由此求出 t 的取值范围。

（2）探索

如上分析，产生下述解法：

由已知得 $x=-\sqrt{2-2y^2}$

$\therefore x^2=2-2y^2$

令 $x-y=t$

$\therefore y=x-t$，代入 $x^2=2-2y^2$ 中，化简得

$3x^2-4tx+2t^2-2=0$ ＊

$\because$ 方程＊有实根

$\therefore \Delta=8(3-t^2) \geqslant 0$

$\therefore -\sqrt{3} \leqslant t \leqslant \sqrt{3}$

$\therefore x-y$ 的最大值为 $\sqrt{3}$，最小值为 $-\sqrt{3}$

上述解法是否正确？

实际上，在对 $x=-\sqrt{2-2y^2}$ 平方后，得到 $x^2=2-2y^2$，平方前后两个方程并不等价。前者 x 的取值范围是 $[-\sqrt{2}, 0]$，后者 x 的取值范围是 $[-\sqrt{2}, \sqrt{2}]$。由此，方程有实根还不行，应该是"方程＊在 $[-\sqrt{2}, 0]$ 有实根"。而 $\Delta=8(3-t^2) \geqslant 0$ 只保证方程有实根，并不能保证根在 $[-\sqrt{2}, 0]$ 范围内。所以，由 $\Delta \geqslant 0$ 解出 $-\sqrt{3} \leqslant t \leqslant \sqrt{3}$，其中的等号可能取不到。事实上，把 $t=\sqrt{3}$ 代入方程，解出 $x=\dfrac{2}{3}\sqrt{3} \notin [-\sqrt{2}, 0]$，所以，并不是对应的 $x-y$ 的最大值。

（3）解法

正确解法应该是：

解：由已知得 $x=-\sqrt{2-2y^2}$

$\therefore x^2=2-2y^2$

且 $x \in [-\sqrt{2}, 0]$，$y \in [-1, 1]$

令 $x-y=t$

$\therefore y=x-t$，

代入 $x^2=2-2y^2$，化简得

$3x^2-4tx+2t^2-2=0$ *

此方程在 $[-\sqrt{2}，0]$ 有实根

令 $f(x)=3x^2-4tx+2t^2-2$

①当方程 * 在 $[-\sqrt{2}，0]$ 有 1 个实根时

此时，$f(x)$ 的图像如图 1 所示

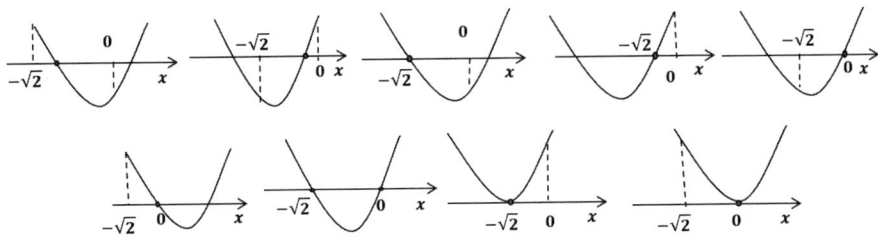

图 1

归纳得

$f(-\sqrt{2})\cdot f(0)\leqslant 0$

即 $(\sqrt{2}t+2)^2\cdot(2t^2-2)\leqslant 0$

$\therefore -1\leqslant t\leqslant 1$

②当方程 * 在 $[-\sqrt{2}，0]$ 有 2 个实根时

此时，$f(x)$ 的图像如图 2 所示

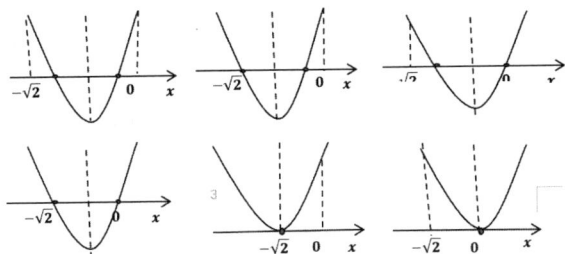

图 2

归纳得

$$\begin{cases} \Delta=8\,(3-t^2)\geqslant 0 \\ \text{对称轴 } x=-\dfrac{-4t}{2\cdot 3}\in[-\sqrt{2},\ 0] \\ f(-\sqrt{2})=(\sqrt{2}\,t+2)^2\geqslant 0 \\ f(0)=2t^2-2\geqslant 0 \end{cases}$$

化简得

$$\begin{cases} -\sqrt{3}\leqslant t\leqslant \sqrt{3} \\ -\dfrac{3\sqrt{2}}{2}\leqslant t\leqslant 0 \\ \qquad t\in R \\ t\geqslant 1 \text{或} t\leqslant -1 \end{cases}$$

$\therefore -\sqrt{3}\leqslant t\leqslant -1$

取（1）（2）的并集 $[-\sqrt{3},\ -1]\cup[-1,\ 1]$ 得，

$t=x-y\in[-\sqrt{3},\ 1]$

$\therefore x-y$ 的最大值为 1，最小值为 $-\sqrt{3}$

（4）反思

这种方法，是通过"求谁设谁"，把问题转化为两个方程有公共解问题，借助二次函数图像，用二次方程根的分布来求解。

特别注意的是，方程中变量的取值范围以及最值能否取到的问题。

2. 解法 2

（1）分析

前面我们通过方程思想，利用方程根的分布解决了求最值问题。但是方程比较抽象，能否借助直观形象来研究呢？

借助数形结合的思想，如果能找到方程所表示的对应曲线，那么我们只需研究两个方程对应曲线的关系即可。

因为两个方程有公共解，所以对应的两条曲线有公共点。这样，利用两条曲线之间的位置关系，就可以解决相应的最值问题。

（2）探索

根据以上分析，探索出如下解法：

由已知得 $x=-\sqrt{2-2y^2}$

$\therefore x^2=2-2y^2$

$\therefore \dfrac{x^2}{2}+y^2=1$，表示椭圆 C

令 $x-y=t$

$\therefore y=x-t$，表示斜率为 1 纵截距为 $-t$ 的直线 L

$\dfrac{x^2}{2}+y^2=1$　　$y=x-t$

$\therefore 3x^2-4tx+2t^2-2=0$　　　　　$*$

$\because$ 直线与椭圆有公共点（见图 3）

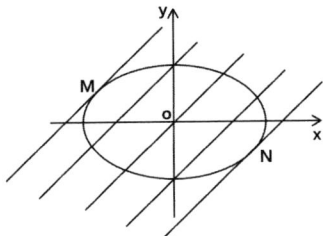

图 3

$\therefore \Delta=8\left(3-t^2\right)\geqslant 0$

$\therefore -\sqrt{3}\leqslant t\leqslant\sqrt{3}$

$\therefore x-y$ 的最大值为 $\sqrt{3}$，最小值为 $-\sqrt{3}$

上述解法对吗?

实际上，这里的问题首先出现在 $x=-\sqrt{2-2y^2}$ 平方后 $x^2=2-2y^2$ 的变量取值范围上。平方不能改变变量的取值范围，必须有 $x\in[-\sqrt{2}，0]$，$y\in[-1，1]$。这样 $\dfrac{x^2}{2}+y^2=1$，在 $x\in[-\sqrt{2}，1]$，$y\in[-1，1]$ 表示的曲线，只是椭圆的左半部分。因此，就不是直线与椭圆有公共点的问题，而是直线与椭圆的左半部分要有公共点的问题。从而，原来的 $-\sqrt{3}\leqslant t\leqslant\sqrt{3}$ 中的等号有的就可能取不到。

（3）解法

正确解法如下:

解：由已知得 $x=-\sqrt{2-2y^2}$

$\therefore \begin{cases} x^2=2-2y^2 \\ x\leqslant 0 \\ 2-2y^2\geqslant 0 \end{cases}$

$$\Leftrightarrow \begin{cases} \dfrac{x^2}{2} + y^2 = 1 \\ x \in \left[-\sqrt{2},\ 0 \right] \\ y \in \left[-1,\ 1 \right] \end{cases}$$

表示椭圆 C 的左半部分（见图 4）

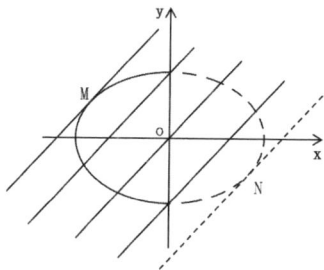

图 4

令 $x-y=t$

$\therefore y=x-t$ 表示斜率为 1 纵截距为 $-t$ 的直线 L

$$\dfrac{x^2}{2} + y^2 = 1 \qquad y=x-t$$

$\therefore 3x^2-4tx+2t^2-2=0 \qquad\qquad *$

$\because$ 方程 $*$ 有实根，$\therefore \Delta=8\left(3-t^2\right) \geqslant 0$

$\therefore -\sqrt{3} \leqslant t \leqslant \sqrt{3}$

当 $t=-\sqrt{3}$ 时，代入 $*$ 解得 $x=\dfrac{2}{3}\sqrt{3} \in [-\sqrt{2},\ 1]$，此时 L 与 C 相切于 M，t 取最小值 $-\sqrt{3}$

当 $t=\sqrt{3}$ 时，代入 $*$ 解得 $x=\dfrac{2}{3}\sqrt{3} \in [-\sqrt{2},\ 0]$，此时 L 与椭圆相切于 N，但 t 取不到 $\sqrt{3}$

当直线 L 过点 $P(0,-1)$ 时，$-t$ 有最小值 -1，$\therefore t$ 有最大值 1

综上所述，当 $x=-\dfrac{2}{3}\sqrt{3}$，$y=\dfrac{1}{3}\sqrt{3}$ 时，$x-y$ 有最小值 $-\sqrt{3}$；当 $x=0$，$y=-1$ 时，$x-y$ 有最大值 1

（4）反思

这种解法，在"求谁设谁"转化成方程以后，运用了数形结合思想，首先寻找方程所表示的曲线，然后通过探索曲线之间相互位置关系与方程组（方程）的解之间的对应关系，最后得出所求的最大值与最小值。

仍然特别注意的问题是，变量的取值范围和最值能否取到。

3. 解法 3

（1）分析

这道题已知的是关于 x, y 的方程，所求的是关于 x, y 的代数式的最值，一个是方程，一个是代数式，两者形式不统一。既然可以把代数式转化成方程，当然也可以把方程化为代数式。

由于有两个变量，比较复杂，通过"消元转化"，可以化为一元变量，就转化为求一元函数的最值问题。

求函数的最值问题，如果函数解析式比较复杂，可以借助导数来求函数的最值。

（2）解法

解：由已知得 $x=-\sqrt{2-2y^2}$

设 $t=x-y=-\sqrt{2-2y^2}-y$，$y \in [-1, 1]$

①当 $y \in (-1, 1)$，$t'=\dfrac{1}{2} \cdot (2-2y^2)^{\frac{1}{2}-1} \cdot (2-2y^2)'-y'$

$=-\dfrac{1}{2} \cdot \dfrac{1}{\sqrt{2-2y^2}} \cdot (0-2 \cdot 2y)-1=\dfrac{2y-\sqrt{2-2y^2}}{\sqrt{2-2y^2}}$

②令 $t'=0$，$\therefore 2y-\sqrt{2-2y^2}=0$，

$\therefore y=\pm \dfrac{\sqrt{3}}{3} \in [-1, 1]$

③当 $y \in [-1, 1]$ 变化时，t' 和 t 的变化规律如表 1 所示：

表 1　当 $y \in [-1, 1]$ 变化时，t' 和 t 的变化规律

y	-1	$(-1, -\dfrac{\sqrt{3}}{3})$	$-\dfrac{\sqrt{3}}{3}$	$(-\dfrac{\sqrt{3}}{3}, \dfrac{\sqrt{3}}{3})$	$\dfrac{\sqrt{3}}{3}$	$(\dfrac{\sqrt{3}}{3}, 1)$	1
t'		$-$	0	$-$	0	$+$	
t	1	单调递减	（非极值）$-\dfrac{\sqrt{3}}{3}$	单调递减	极小值 $-\sqrt{3}$	单调递增	-1

④ $\therefore$ 当 $y=\dfrac{\sqrt{3}}{3} \in [-1, 1]$ 时，

$t_{\min}=-\sqrt{3}$（见图 5）

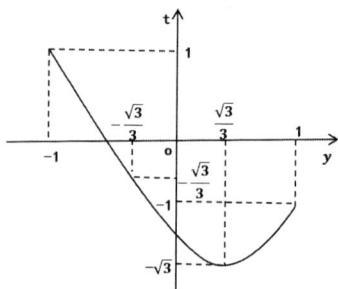

图 5

⑤∴当 $y=-1\in[-1,\ 1]$ 时，

$t_{max}=1$

当 $y=\dfrac{\sqrt{3}}{3}\in[-1,\ 1]$ 时，

$t_{min}=-\sqrt{3}$

∵ $x=-\sqrt{2-2y^2}$ ， $t=x-y$

∴当 $x=0$ ， $y=-1$ 时， $x-y$ 有最大值1；

∴当 $x=-\dfrac{2}{3}\sqrt{3}$ ， $y=\dfrac{1}{3}\sqrt{3}$ 时， $x-y$ 有最小值 $-\sqrt{3}$

（3）反思

这种解法，是通过"消元转化"，把二元变量问题消元转化为一元函数问题，然后通过函数求导法来解决函数最值问题：（1）函数求导；（2）求导函数的零点；（3）求导函数及函数的变化规律；（4）确定函数的极值点；（5）求出函数的最值。

这里除了仍然要注意函数的定义域外，还要特别注意函数 $f(x)$ 在 $x=x_0$ 存在极值的条件：（1） $f(x)$ 在闭区间 $[a,b]$ 连续；（2） $f(x)$ 在开区间 (a,b) 可导；（3） $f(x_0)'=0$ ；（4） $f(x_0)'$ 在 $x=x_0$ 左右邻域异号。

4. 解法 4

（1）分析

由于已知与所求都含有两个变量 x 、 y ，比较复杂，能否化简，而且还要便于求出所求最值呢？因为已知可以转化为平方和为1的 $\dfrac{x^2}{2}+y^2=1$ 形式，联想到 $\sin^2\theta+\cos^2\theta=1$ ，可以考虑三角换元法。通过"三角换元"，转化为一元变量，化为方便求最值的三角函数问题。

（2）解法

解：由已知得 $x = -\sqrt{2-2y^2}$

$\Leftrightarrow \begin{cases} \dfrac{x^2}{2} + y^2 = 1 \\ x \in \left[-\sqrt{2},\ 0\right] \\ y \in \left[-1,\ 1\right] \end{cases}$

令 $\begin{cases} \dfrac{x}{\sqrt{2}} = \cos\theta \\ y = \sin\theta \end{cases} \quad \theta \in \left[\dfrac{\pi}{2}, \dfrac{3\pi}{2}\right]$

$\therefore \begin{cases} x = \sqrt{2}\cos\theta \\ y = \sin\theta \end{cases} \quad \theta \in \left[\dfrac{\pi}{2}, \dfrac{3\pi}{2}\right]$

$\therefore x - y = \sqrt{2}\cos\theta - \sin\theta$

$= -\sqrt{3}\left(\dfrac{1}{\sqrt{3}}\sin\theta - \dfrac{\sqrt{2}}{\sqrt{3}}\cos\theta\right)$

$= -\sqrt{3}\sin(\theta - \varphi)$

其中，$\begin{cases} \cos\varphi = \dfrac{1}{\sqrt{3}} \\ \sin\varphi = \dfrac{\sqrt{2}}{\sqrt{3}} \end{cases} \quad \varphi \in \left[0, \dfrac{\pi}{2}\right]$

$\because \theta \in \left[\dfrac{\pi}{2}, \dfrac{3\pi}{2}\right], \quad \varphi \in \left[0, \dfrac{\pi}{2}\right],$

$\therefore \theta - \varphi \in \left[\dfrac{\pi}{2} - \varphi, \dfrac{3\pi}{2} - \varphi\right]$（见图6）

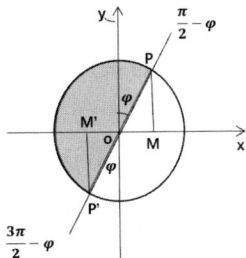

图6

∴当 $\theta-\varphi=\dfrac{\pi}{2}$ 时，即 $\theta=\dfrac{\pi}{2}+\varphi$ 时，$(x-y)_{\min}=-\sqrt{3}$

此时，$\begin{cases} x=\sqrt{2}\cos\theta=\sqrt{2}\cos\left(\dfrac{\pi}{2}+\varphi\right)=-\sqrt{2}\sin\varphi=-\sqrt{2}\cdot\dfrac{\sqrt{2}}{\sqrt{3}}=-\dfrac{2}{3}\sqrt{3} \\[3mm] y=\sin\theta=\sin\left(\dfrac{\pi}{2}+\varphi\right)=\cos\varphi=\dfrac{1}{\sqrt{3}} \end{cases}$

当 $\theta-\varphi=\dfrac{3\pi}{2}-\varphi$ 时，即 $\varphi=\dfrac{3\pi}{2}$ 时，$(x-y)_{\max}=-\sqrt{3}\sin\left(\dfrac{3\pi}{2}-\varphi\right)$

$=\sqrt{3}\cos\varphi=\sqrt{3}\cdot\dfrac{1}{\sqrt{3}}=1$

此时，$\begin{cases} x=\sqrt{2}\cos\theta=\sqrt{2}\cos\dfrac{3\pi}{2}=0 \\[3mm] y=\sin\theta=\sin\dfrac{3\pi}{2}=-1 \end{cases}$

（3）反思

这样的解法，是根据"平方和等于1"的已知条件，联想到 $\sin^2\theta+\cos^2\theta=1$ 的三角公式，通过"三角换元"，把求最值问题转化为求三角函数 $a\sin\theta+b\cos\theta$ 求最值问题。利用三角恒等变换 $a\sin\theta+b\cos\theta=\sqrt{a^2+b^2}\sin(\theta+\varphi)$，其中

$\sin\varphi=\dfrac{b}{\sqrt{a^2+b^2}}$，$\cos\varphi=\dfrac{a}{\sqrt{a^2+b^2}}$ 求出最值。

这里仍然需要特别注意变量的取值范围，特别是三角换元后角的取值范围问题。

（二）变式

1. 变式 1

已知：实数 x，y 满足 $x+\sqrt{2-2y^2}=0$，求：$\dfrac{y-2}{x+1}$ 的取值范围。

（1）分析

这道题已知的仍然是关于 x,y 的二元方程，所求的还是关于 x,y 的二元代数式的范围问题。因此，可以通过"求谁设谁"转化为方程，要么用方程思想——二次方程根的分布来解，要么用数形结合思想——方程与对应的曲线的位置关系来解；也可以消元转化为一元函数用函数思想——导数法求解。三种方法中，我们不妨选择相对比简单的数形结合思想——方程与对应曲线的位置关系来解

（2）解法

解：由已知得 $x=-\sqrt{2-2y^2}$

$$\Leftrightarrow \begin{cases} x^2=2-2y^2 \\ x\leqslant 0 \\ 2-2y^2\geqslant 0 \end{cases}$$

$$\Leftrightarrow \begin{cases} \dfrac{x^2}{2}+y^2=1 \\ x\in\left[-\sqrt{2},\ 0\right] \\ y\in\left[-1,\ 1\right] \end{cases}$$

表示椭圆 C 的左半部分

令 $\dfrac{y-2}{x+1}=k$

∴表示曲线 C 上的点 $(x,\ y)$ 与点 $A(-1,\ 2)$ 连线的斜率（见图7）

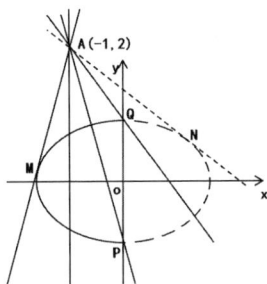

图7

$$\begin{cases} \dfrac{x^2}{2}+y^2=1 \\ y-2=k\left(x+1\right) \end{cases}$$

∴ $(2k^2+1)x^2+(4k^2+8k)x+2k^2+8k+6=0$ ＊

∵方程＊有实根

∴ $\Delta=(4k^2+8k)^2-4(2k^2+1)(2k^2+8k+6)\geqslant 0$

化简得 $k^2-4k-3\geqslant 0$

∴ $k\geqslant 2+\sqrt{7}$ 或 $k\leqslant 2-\sqrt{7}$

当 $k=2+\sqrt{7}$ 时，代入＊解得 $x=-\dfrac{30+12\sqrt{7}}{23+8\sqrt{7}}\in[-\sqrt{2},\ 0]$ 此时 L 与 C 相切于 M。

$\therefore k \geqslant 2+\sqrt{7}$

当 $k=2-\sqrt{7}$ 时，代入 ＊ 解得 $x=-\dfrac{30-12\sqrt{7}}{23-8\sqrt{7}}\in[-\sqrt{2},\ 0]$，此时 L 与椭圆相切于 N，但 k 取不到 $2-\sqrt{7}$。

当直线 L 过点 $Q(0,1)$ 时，$k=\dfrac{1-2}{0+1}=-1$，

$\therefore k \leqslant -1$

综上所述，$\dfrac{y-2}{x+1}\geqslant 2+\sqrt{7}$，或 $\dfrac{y-2}{x+1}\leqslant -1$

（3）反思

这种解法，着眼点是数形结合，准确找到方程对应的曲线，利用曲线的位置关系与方程有解 $\Delta\geqslant 0$ 的对应关系来解决问题。

特别要注意的是方程中变量的取值范围，以及最值能否取到的问题。

2. 变式 2

已知：实数 x，y 满足 $x+\sqrt{2-2y^2}=0$，求：$(x-5)^2+y^2$ 的最大值与最小值。

（1）分析

已知是关于 x，y 的二元方程，所求是关于 x，y 的代数式的最值，两者形式不统一，因此，既可以"求谁设谁"把代数式转化为方程，利用方程与曲线的位置关系解，或利用方程有实根 $\Delta\geqslant 0$ 或根的分布来解；也可以把方程消元转化为代数式，利用求函数最值的方法来解，或三角换元来解。

（2）解法

解法 1：解：由已知得 $x=-\sqrt{2-2y^2}$

$\Leftrightarrow\begin{cases}x^2=2-2y^2\\ x\leqslant 0\\ 2-2y^2\geqslant 0\end{cases}$

$\Leftrightarrow\begin{cases}\dfrac{x^2}{2}+y^2=1\\ x\in[-\sqrt{2},\ 0]\\ y\in[-1,\ 1]\end{cases}$

表示椭圆 C 的左半部分

令 $(x-5)^2+y^2=r^2$（$r\geqslant 0$）

表示圆心 $(5,0)$ 半径为 r 的"圆" A（见图 8）

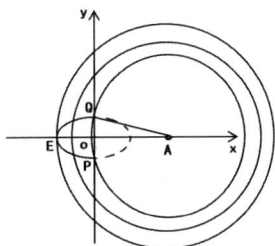

图 8

当圆 A 过 $E(-\sqrt{2}, 0)$ 时，r 取最大值 $5+\sqrt{2}$

当圆 A 过 $P(0, -1)$ 或 $Q(0, 1)$ 时，r 取最小值 $\sqrt{5^2+1^2} = \sqrt{26}$

$\therefore (x-5)^2+y^2$ 的最大值 $=(5+\sqrt{2})^2=27+10\sqrt{2}$，最小值 $= \sqrt{26}^2 =26$

解法 2：由已知得 $x=-\sqrt{2-2y^2}$

$$\Leftrightarrow \begin{cases} x^2=2-2y^2 \\ x\in\left[-\sqrt{2},0\right] \\ y\in\left[-1,1\right] \end{cases}$$

$$\Leftrightarrow \begin{cases} y^2=1-\dfrac{x^2}{2} \\ x\in\left[-\sqrt{2},0\right] \\ y\in\left[-1,1\right] \end{cases}$$

$\therefore (x-5)^2+y^2$

$=(x-5)^2+\left(1-\dfrac{x^2}{2}\right)$

$=\dfrac{1}{2}x^2-10x+26=\dfrac{1}{2}(x-10)^2-24$

$\therefore x\in[-\sqrt{2}, 0]$ 函数 $\dfrac{1}{2}(x-10)^2-24$ 单调递减（见图 9）

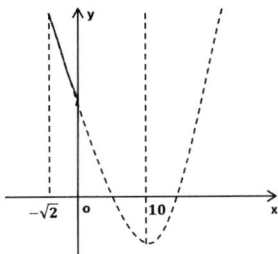

图 9

∴ $x=0$ 时，$(x-5)^2+y^2$ 有最小值 $=26$；

$x=-\sqrt{2}$ 时，$(x-5)^2+y^2$ 有最大值 $27+10\sqrt{2}$

解法 3：由已知得 $x=-\sqrt{2-2y^2}$

$$\Leftrightarrow \begin{cases} y^2=1-\dfrac{x^2}{2} \\ x\in\left[-\sqrt{2},0\right] \\ y\in\left[-1,1\right] \end{cases}$$

令 $\begin{cases} \dfrac{x}{\sqrt{2}}=\cos\theta \\ y=\sin\theta \end{cases}$ $\quad\theta\in\left[\dfrac{\pi}{2},\dfrac{3\pi}{2}\right]$

∴ $\begin{cases} x=\sqrt{2}\cos\theta \\ y=\sin\theta \end{cases}$ $\quad\theta\in\left[\dfrac{\pi}{2},\dfrac{3\pi}{2}\right]$

∴ $(x-5)^2+y^2=(\sqrt{2}\cos\theta-5)^2+\sin^2\theta$

$=2\cos^2\theta-10\sqrt{2}\cos\theta+25+\sin^2\theta$

$=(\cos^2\theta+\sin\theta^2)+\cos^2\theta-10\sqrt{2}\cos\theta+25$

$=1+\cos^2\theta-10\sqrt{2}\cos\theta+25$

$=\cos^2\theta-10\sqrt{2}\cos\theta+26$

$=(\cos\theta-5\sqrt{2})^2-24$

∵ $\theta\in\left[\dfrac{\pi}{2},\dfrac{3\pi}{2}\right]$

∴ $\cos\theta\in[-1,\ 0]$（见图 10）

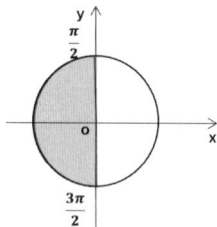

图 10

∴ 当 $\cos\theta=-1$ 时，即 $\theta=\pi$ 时，$(x-5)^2+y^2$ 取最大值 $27+10\sqrt{2}$（见图 11），此时，$x=\sqrt{2}\cos\theta=-\sqrt{2}$，$y=\sin\theta=0$

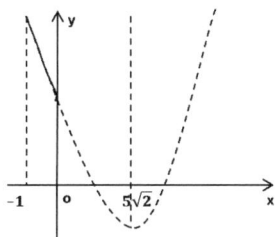

图 11

∴当 $\cos\theta=0$ 时，即 $\theta=\dfrac{\pi}{2}$ 或 $\dfrac{3\pi}{2}$ 时，$(x-5)^2+y^2$ 取最小值 26，

此时，$x=\sqrt{2}\cos\theta=0$，$y=\sin\theta=1$ 或 -1

（3）反思

函数与方程有着密切的关系，它们之间可以相互转化，这是建立已知和未知联系的桥梁。函数与方程之间不同的转化方向，产生不同的解题方法。

但无论哪种方法求最值，都必须注意明确不能改变变量的取值范围，都要查最值是否都能取到，即以及最值对应的变量有没有解，解是否在变量的取值范围内。

（三）小结

1. 基本思想

由以上问题的探索初步看出，求最值问题可以有下面基本的思想和方法：

（1）方程思想

求谁设谁，再消元转化为一元方程，利用方程的代数意义——方程有实根或方程的根的分布，求最值。

（2）数形结合

求谁设谁，转化为方程，利用方程的几何意义——曲线及其相互位置关系与方程的解的对应关系（联立方程组，查：①Δ是否存在，②Δ正负如何）求最值。

（3）函数思想

消元转化，化为一元函数，利用基本函数（如二次函数，三角函数）的性质求最值，或利用导数——求函数单调区间和极值求最值。

（4）转化思想

通过换元法、消元法、数形结合法等，把未知化为已知，把复杂化为简单，把较难问题转化为容易问题。

2. 注意问题

无论哪种方法，求最值都要特别注意下列问题：

（1）变量的取值范围——求"值域"先求"定义域"；

（2）最值不能否取到——①最值对应的变量是否有解；②最值对应的变量的解是否在"定义域"内。

三、再探

例2. 已知过点 $P(0，2)$ 的直线交椭圆 $\dfrac{x^2}{3}+y^2=1$ 于 A，B 两点，O 为坐标原点，求 $\triangle AOB$ 面积的最大值。

（一）分析

这道题从所求分析，要求的是 $\triangle AOB$ 面积的最小值，首先需要解决的问题是，$\triangle AOB$ 面积等于什么？即必须首先建立 $\triangle AOB$ 面积的表达式，然后才能够再根据表达式求 $\triangle AOB$ 面积的最小值。

如何建立 AOB 面积的表达式呢？只能设法利用已知条件。

已知条件有三个：过定点 $P(0，2)$ 的直线，椭圆的方程 $\dfrac{x^2}{3}+y^2=1$，以及直线与椭圆相交于 A，B 两点。因为 $\triangle AOB$ 是直线与椭圆相交形成的，因此求 $\triangle AOB$ 面积的表达式，必须利用直线与椭圆相交的位置关系，对应的方程必然要联立成方程组，然后借助三角形面积公式：三角形面积 $=\dfrac{1}{2}\times$ 底 $\times$ 高，写出 $\triangle AOB$ 面积的表达式。

1. 思路1

如上分析，可以选弦 AB 为底，O 到 AB 的距离为高，$\triangle AOB$ 面积的表达式（见图12）。

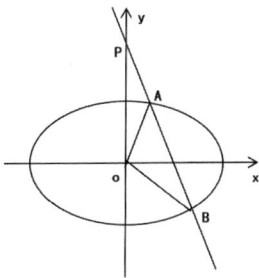

图 12

由已知直线 AB 的斜率存在，$\therefore$ 设直线 AB 的方程为：$y-2=k(x-0)$

$$\begin{cases} \dfrac{x^2}{3}+y^2=1 \\ y-2=k(x-0) \end{cases}$$

$(1+3k^2)x^2+12kx+9=0$ ＊

$\because$ 直线与椭圆相交，$\therefore$ 方程＊有两个不同的实数根

设 $A(x_1, y_1)$，$B(x_2, y_2)$

$$\begin{cases} 1+3k^2 \neq 0 \\ \Delta=36k^2-36>0, \ 即 \ k^2>1 \\ x_1+x_2=\dfrac{-12k}{1+3k^2} \\ x_1 \cdot x_2=\dfrac{9}{1+3k^2} \end{cases}$$

$S_{\triangle AOB}=\dfrac{1}{2}|AB| \cdot d$

$$=\dfrac{1}{2} \cdot |x_2-x_1|\sqrt{1+k^2} \cdot \dfrac{|Ax_o+By_o+C|}{\sqrt{A^2+B^2}}$$

$$=\dfrac{1}{2} \cdot \sqrt{(x_1+x_2)^2-4x_1x_2} \cdot \sqrt{1+k^2} \cdot \dfrac{|0+0+2|}{\sqrt{k^2+1}}$$

$$=\sqrt{(x_1+x_2)^2-4x_1x_2}$$

$$=\sqrt{\left(\dfrac{-12k}{1+3k^2}\right)^2-4 \cdot \dfrac{9}{1+3k^2}}$$

$$=\sqrt{\dfrac{36(k^2-1)}{(1+3k^2)^2}}$$

2. 思路 2

由于 △AOB 是过定点 P（0，2）的直线 AB 与椭圆相交形成的，利用直线 AB 过定点 P 这个特点和图形的几何性质，还可以用割补法写出 △AOB 面积的表达式（见图 13）。

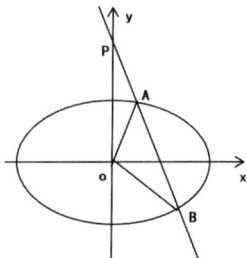

图 13

$$S_{\triangle AOB} = \left| S_{\triangle POB} - S_{\triangle POA} \right|$$

$$= \left| \frac{1}{2}|OP||x_2| - \frac{1}{2}|OP||x_1| \right|$$

$$= \frac{1}{2}|OP| \cdot \left| |x_2| - |x_1| \right|$$

$$= \frac{1}{2}|OP| \cdot |x_2 - x_1|$$

$$= \frac{1}{2} \cdot 2 \cdot |x_2 - x_1|$$

$$= |x_2 - x_1|$$

$$= \sqrt{(x_1 + x_2)^2 - 4x_1 x_2}$$

$$= \sqrt{\left(\frac{-12k}{1+3k^2} \right)^2 - 4 \cdot \frac{9}{1+3k^2}}$$

$$= \sqrt{\frac{36(k^2 - 1)}{(1+3k^2)^2}}$$

3. 反思

在写出三角形面积表达式过程中，根据图形的几何特征，无论哪种思路，都需要利用数形结合思想，根据直线与椭圆相交的位置关系这个几何条件，对应地列出代数方程联立组成的方程组，利用方程有两个不同的实数根则判别式大于零的条件，以及根与系数的关系，表示出三角形面积公式中的底和高。

（二）解法

1. 方法 1

（1）分析

在求出 $\triangle AOB$ 面积表达式 $S_{\triangle AOB} = \sqrt{\dfrac{36(k^2-1)}{(1+3k^2)^2}}$ 以后，如何求 $\triangle AOB$ 面积的最大值呢？

要求 $\triangle AOB$ 面积的最大值，只需求被开方式的最大值。从 $\triangle AOB$ 面积表达式可以看出，被开方式是一个复杂分式的形式，当然我们希望能够转化为简单分式。因此，我们可以考虑分母换元的方法，令 $1+3k^2=t$，从而达到化简复杂分式的目的。

（2）解法

解：$S_{\triangle AOB} = \sqrt{\dfrac{36(k^2-1)}{(1+3k^2)^2}}$

令 $1+3k^2=t$，

$\therefore k^2 = \dfrac{t-1}{3}$，

$\because k^2 > 1$，$\therefore t > 4$

$\therefore S_{\triangle AOB} = \sqrt{\dfrac{36\left(\dfrac{t-1}{3}-1\right)}{t^2}}$

$= \sqrt{\dfrac{12t-48}{t^2}}$

$= \sqrt{-\dfrac{48}{t^2}+\dfrac{12}{t}}$

$= \sqrt{-48\left(\dfrac{1}{t^2}-\dfrac{1}{4t}\right)}$

$= \sqrt{-48\left(\dfrac{1}{t}-\dfrac{1}{8}\right)^2+\dfrac{3}{4}}$

$\because t > 4$，$\therefore \dfrac{1}{t} \in \left(0, \dfrac{1}{4}\right)$

$\therefore \dfrac{1}{t} = \dfrac{1}{8} \in \left(0, \dfrac{1}{4}\right)$ 时，$\triangle AOB$ 面积取最大值 $\dfrac{\sqrt{3}}{2}$（见图 14）

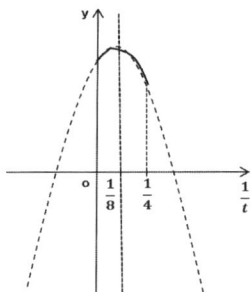

图 14

即 $k^2 = \dfrac{7}{3} > 1$，$k = \pm\dfrac{\sqrt{21}}{3}$ 时，$\triangle AOB$ 面积取最大值 $\dfrac{\sqrt{3}}{2}$

（3）反思

建立有关面积的目标函数后，这种方法是通过转化的思想，利用分母换元，把复杂分式转化为简单分式形式。

对于形如 $\dfrac{ax^2 + bx + c}{dx^2}$ 的简单分式，通过拆项再转化为二次函数，利用配方法和二次函数的性质求出函数的最值。

这里，要注意中间变量的取值范围，求值域先求定义域；特别注意二次函数的最值能否取到的问题。

2. 方法 2

（1）分析

要求 $S_{\triangle AOB} = \sqrt{\dfrac{36\left(k^2 - 1\right)}{\left(1 + 3k^2\right)^2}}$ 的最大值，只需求 $\dfrac{36\left(k^2 - 1\right)}{\left(1 + 3k^2\right)^2}$ 的最大值。对于复杂分式，我们还是希望转化为简单分式来研究。既然通过分母换元能够达到化简复杂分式的目的，当然我们也应该想到，通过分子换元，令 $k^2 - 1 = t$，同样也能够达到化简的效果。

（2）解法

解：$S_{\triangle AOB} = \sqrt{\dfrac{36\left(k^2 - 1\right)}{\left(1 + 3k^2\right)^2}}$

令 $k^2 - 1 = t$，$\therefore\ k^2 = t + 1$，

$\because\ k^2 > 1$，$\therefore\ t > 0$

$$\therefore S_{\triangle AOB} = \sqrt{\frac{36t}{\left(1+3(t+1)\right)^2}} = \sqrt{\frac{36t}{(3t+4)^2}} = \sqrt{\frac{36t}{9t^2+24t+16}} = \sqrt{\frac{36}{9t+\dfrac{16}{t}+24}}$$

① $t>0$，$\therefore 9t>0$，$\dfrac{16}{t}>0$

② $9t+\dfrac{16}{t} \geqslant 2\sqrt{9t\cdot\dfrac{16}{t}} = 24$

$$\therefore S_{\triangle AOB} \leqslant \sqrt{\frac{36}{24+24}} = \frac{\sqrt{3}}{2}$$

③当且仅当 $9t=\dfrac{16}{t}$，取 "="，即 $t^2=\dfrac{16}{9}$，$t=\dfrac{4}{3}>0$ 时，取 "="

$\therefore k^2 = t+1 = \dfrac{7}{3} > 1$，即 $k = \pm\dfrac{\sqrt{21}}{3}$，$\triangle AOB$ 面积取最大值 $\dfrac{\sqrt{3}}{2}$

（3）反思

建立关于三角形面积的目标函数 $S_{\triangle AOB} = \sqrt{\dfrac{36(k^2-1)}{\left(1+3k^2\right)^2}}$ 后，对于复杂分式求最值问题，可以通过转化思想，利用分子换元，把复杂分式求最值问题，转化为简单分式求最值问题。

对于形如 $\dfrac{dx}{ax^2+bx+c}$ 或 $\dfrac{ax^2+bx+c}{dx}$ 的简单分式，通过分子和分母同除以 x，转化为 $\dfrac{d}{ax+\dfrac{c}{x}+b}$ 或 $\dfrac{ax+\dfrac{c}{x}+b}{d}$ 形式，可以考虑能否利用基本不等式的方法求最值。

利用基本不等式 $\dfrac{a+b}{2} \geqslant \sqrt{ab}$ 求最值，要特别注意三个条件：① a，b 都是正数；$a>0$，$b>0$；②和 $a+b$ 或积 ab 必须是常数；③等号成立的条件：当且仅当 $a=b$ 时取 "="，即 $a=b$ 必须有解，且解在 a，b 的取值范围内。

3. 方法 3

（1）分析

求三角形面积的目标函数 $S_{\triangle AOB} = \sqrt{\dfrac{36(k^2-1)}{\left(1+3k^2\right)^2}}$ 的最值时，我们也可以先化

简目标函数的表达式 $S_{\triangle AOB} = \sqrt{\dfrac{36(k^2-1)}{(1+3k^2)^2}} = \dfrac{6\sqrt{k^2-1}}{1+3k^2}$，对于含有根式的复杂分

式表达式，当然希望能够通过根式换元，达到化简为简单分式的目的。

（2）解法

解：$S_{\triangle AOB} = \sqrt{\dfrac{36(k^2-1)}{(1+3k^2)^2}} = \dfrac{6\sqrt{k^2-1}}{1+3k^2}$

令 $\sqrt{k^2-1} = t$，$\therefore k^2-1=t^2$，$\therefore k^2=t^2+1$，

$\because k^2>1$，$\therefore t>0$

$\therefore S_{\triangle AOB} = \dfrac{6t}{1+3(t^2+1)} = \dfrac{6t}{3t^2+4} = \dfrac{6}{3t+\dfrac{4}{t}}$

① $\because t>0$，$\therefore 3t>0$，$\dfrac{4}{t}>0$

② $\therefore 3t+\dfrac{4}{t} \geqslant 2\sqrt{3t \cdot \dfrac{4}{t}} = 4\sqrt{3}$

$\therefore S_{\triangle AOB} \leqslant \dfrac{6}{4\sqrt{3}} = \dfrac{\sqrt{3}}{2}$

③当且仅当 $3t = \dfrac{4}{t}$，取"="，即 $t^2 = \dfrac{4}{3}$，$t = \dfrac{2\sqrt{3}}{3} > 0$ 时，取"="

$\therefore k^2 = t+1 = \dfrac{7}{3} > 1$，即 $k = \pm\dfrac{\sqrt{21}}{3}$，$\triangle AOB$ 面积取最大值 $\dfrac{\sqrt{3}}{2}$

（3）反思

建立目标函数以后，这种解题方法是通过转化思想，先化简目标函数，对于分子或分母含有根式的复杂分式，利用根式换元的方法，把其化简为简单分式的形式。

对于形如 $\dfrac{dx}{ax^2+bx+c}$ 或 $\dfrac{ax^2+bx+c}{dx}$ 的简单分式，我们可以尝试通过分子和分母同除以 x，转化为 $\dfrac{d}{ax+\dfrac{c}{x}+b}$ 或 $\dfrac{ax+\dfrac{c}{x}+b}{d}$ 形式，再考虑能否利用基本不等式的方法求最值。

这里，仍然要特别注意变量的取值范围和最值能否取到问题，注意应用基

本不等式求最值的"正""定""等"三个条件是否具备的问题。

4. 方法4

（1）分析

对于目标函数 $S_{\triangle AOB} = \sqrt{\dfrac{36\left(k^2-1\right)}{\left(1+3k^2\right)^2}}$ 我们发现，被开方式的分子和分母都含

有共同元素。为了达到化繁为简的目的，可以通过共同元素换元：令 $k^2=t$，把

复杂分式化为简单分式，再利用导数法求换元后的简单分式函数的最值。

（2）解法

解： $S_{\triangle AOB} = \sqrt{\dfrac{36\left(k^2-1\right)}{\left(1+3k^2\right)^2}}$

令 $k^2 = t$，

$\because k^2 > 1$，$\therefore t > 1$，

令 $y = \dfrac{36\left(k^2-1\right)}{\left(1+3k^2\right)^2} = \dfrac{36k^2-36}{9k^4+6k^2+1} = \dfrac{36t-36}{9t^2+6t+1}$

① $y' = \dfrac{\left(36t-36\right)'\cdot\left(9t^2+6t+1\right)-\left(36t-36\right)\cdot\left(9t^2+6t+1\right)'}{\left(9t^2+6t+1\right)^2}$

$= \dfrac{36\cdot\left(9t^2+6t+1\right)-\left(36t-36\right)\cdot\left(18t+6\right)}{\left(9t^2+6t+1\right)^2}$

$= \dfrac{-36\cdot\left(9t^2-18t-7\right)}{\left(9t^2+6t+1\right)^2}$

②令 $y' = 0$，

$\therefore 9t^2-18t-7 = 0$，

$\therefore t = -\dfrac{1}{3}$，$t = \dfrac{7}{3}$，

$\because t > 1$，$\therefore t = \dfrac{7}{3}$

③ $t \in (1, +\infty)$ 变化时，y'，y 变化规律如表2所示：

表2　$t \in (1, +\infty)$ 变化时，y'，y 变化规律

t	$(1, \frac{7}{3})$	$\frac{7}{3}$	$(\frac{7}{3}, +\infty)$
y'	$+$	0	$-$
y	单调递增	极大值 $\frac{3}{4}$	单调递减

④ $t = \frac{7}{3} > 1$ 时，y 取极大值 $\frac{3}{4}$（见图15）

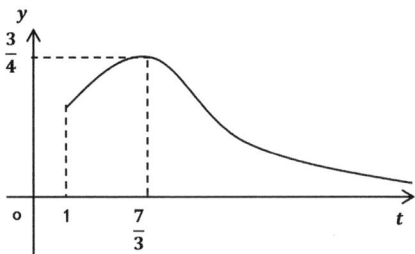

图15

⑤ $\therefore t = k^2 = \frac{7}{3} > 1$，$y$ 有最大值 $\frac{3}{4}$

$\therefore \triangle AOB$ 面积取最大值 $\frac{\sqrt{3}}{2}$

（3）反思

建立目标函数后，对于分子分母含有共同元素的复杂分式，可以借助转化思想，通过共同元素换元，把复杂分式转化为简单分式形式。对于形如

$$y = \frac{dx + e}{ax^2 + bx + c} \text{ 或 } y = \frac{ax^2 + bx + cd}{dx + e}$$ 的简单分式函数，可以选择利用导数法求其最值。

这里，除了要特别注意中间变量的取值范围外，还应该注意在利用导数法求最值时，极值存在的条件。

5. 方法5

（1）分析

由于目标函数 $S_{\triangle AOB} = \sqrt{\dfrac{36(k^2 - 1)}{(1 + 3k^2)^2}}$ 含有根式，通过平方转化为有理分式后，把分子和分母含有的共同元素 k^2 换元为 t，就把复杂表达式转化为简单分式，

除了利用函数的思想求最值外，还可以应用方程的思想，把表达式视为方程，利用方程有根 $\Delta \geqslant 0$ 或根的分布的分法解决求最值问题。

（2）解法

解法 1：$S_{\triangle AOB} = \sqrt{\dfrac{36\left(k^2-1\right)}{\left(1+3k^2\right)^2}}$

$\therefore s^2 = \dfrac{36k^2-36}{1+6k^2+9k^4}$

令 $k^2 = t$，$\because k^2 > 1$，$\therefore t > 1$

$\therefore s^2 = \dfrac{36t-36}{1+6t+9t^2}$

$\therefore 9s^2t^2 + \left(6s^2-36\right)t + s^2+36 = 0$ *

此关于 t 的方程有实根

$\therefore \Delta = \left(6s^2-36\right) - 4 \cdot 9s^2 \cdot \left(s^2+36\right) \geqslant 0$

$\therefore 4s^2 \leqslant 3$，$\therefore s^2 \leqslant \dfrac{3}{4}$

把 $s^2 = \dfrac{3}{4}$ 代入方程 *，得 $t = -\dfrac{6s^2-36}{2 \cdot 9s^2} = \dfrac{7}{3} > 1$

$\therefore k^2 = \dfrac{7}{3} > 1$，即 $k = \pm\dfrac{\sqrt{21}}{3}$，$\triangle AOB$ 面积取最大值 $\dfrac{\sqrt{3}}{2}$

解法 2：$S_{\triangle AOB} = \sqrt{\dfrac{36\left(k^2-1\right)}{\left(1+3k^2\right)^2}}$

$\therefore s^2 = \dfrac{36k^2-36}{1+6k^2+9k^4}$

令 $k^2 = t$，$\because k^2 > 1$，$\therefore t > 1$

$\therefore s^2 = \dfrac{36t-36}{1+6t+9t^2}$

$\therefore 9s^2t^2 + \left(6s^2-36\right)t + s^2+36 = 0$ *

此关于 t 的方程 * 有实根有大于 1 的实根

令 $f(t) = 9s^2t^2 + \left(6s^2-36\right)t + s^2+36$

①当方程 * 有 1 个大于 1 的实根时：

$$\begin{cases} 9s^2 > 0 \\ f(1) = 16s^2 < 0 \end{cases} （见图 16），$$

或 $$\begin{cases} 9s^2 > 0 \\ f(1) = 16s^2 = 0 \\ 对称轴 \ t = -\dfrac{6s^2 - 36}{18s^2} > 1 \end{cases} （见图 17）$$

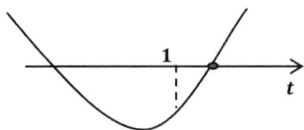

图 16

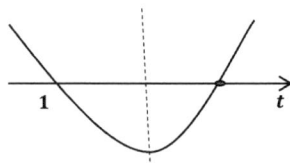

图 17

∴解集 Φ

②当方程 * 有 2 个大于 1 的实数根时：

$$\begin{cases} 9s^2 > 0 \\ \Delta = 1296 - 1728s^2 \geq 0 \\ 对称轴 \ t = -\dfrac{6s^2 - 36}{18s^2} > 1 \\ f(1) = 16s^2 > 0 \end{cases} （见图 18）$$

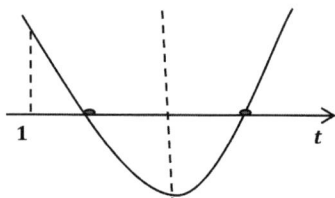

图 18

$$\therefore \begin{cases} 9s^2 > 0 \\ s^2 \leqslant \dfrac{3}{4} \\ s^2 < \dfrac{3}{2} \\ s^2 > 0 \end{cases}$$

$$\therefore 0 < s^2 \leqslant \frac{3}{4}$$

综合①②得：$0 < s^2 \leqslant \frac{3}{4}$

把 $s^2 = \frac{3}{4}$ 代入方程 ＊，得 $t = k^2 = \frac{7}{3} > 1$

$\therefore k = \pm\frac{\sqrt{21}}{3}$，$\triangle AOB$ 面积取最大值 $\frac{\sqrt{3}}{2}$

解法 3：$S_{\triangle AOB} = \sqrt{\dfrac{36(k^2-1)}{(1+3k^2)^2}}$

$$\therefore s^2 = \frac{36k^2 - 36}{1 + 6k^2 + 9k^4}$$

令 $k^2 = t$，$\because k^2 > 1$，$\therefore t > 1$

$$\therefore s^2 = \frac{36t - 36}{1 + 6t + 9t^2}$$

$$\therefore 9s^2t^2 + (6s^2 - 36)t + s^2 + 36 = 0 \qquad\qquad ＊$$

此关于 t 的方程 ＊ 有实根有大于 1 的实根

令 $f(t) = 9s^2t^2 + (6s^2 - 36)t + s^2 + 36$

①当方程 ＊ 有 1 个大于 1 的实根时：

$$\begin{cases} 9s^2 \neq 0 \\ \Delta = (6s^2 - 36)^2 - 4\cdot 9s^2 \cdot (s^2 + 36) > 0 \\ (t_1 - 1)\cdot(t_2 - 1) = t_1 t_2 - (t_1 + t_2) + 1 = \dfrac{s^2 + 36}{9s^2} + \dfrac{6s^2 - 36}{9s^2} + 1 = \dfrac{16}{9} < 0 \end{cases}$$

$\therefore$ 解集 Φ

②当方程 ＊ 有 2 个大于 1 的实数根时：

$$\begin{cases} 9s^2 \neq 0 \\ \Delta = (6s^2 - 36)^2 - 4\cdot 9s^2 \cdot (s^2 + 36) > 0 \\ (t_1 - 1) + (t_2 - 1) = (t_1 + t_2) - 2 = -\dfrac{6s^2 - 36}{9s^2} - 2 > 0 \\ (t_1 - 1)\cdot(t_2 - 1) = t_1 t_2 - (t_1 + t_2) + 1 = \dfrac{s^2 + 36}{9s^2} + \dfrac{6s^2 - 36}{9s^2} + 1 > 0 \end{cases}$$

$$\therefore \begin{cases} 9s^2 \neq 0 \\ s^2 \leqslant \dfrac{3}{4} \\ \dfrac{36-24s^2}{9s^2} > 0 \\ \dfrac{16}{9} > 0 \end{cases}$$

$$\therefore s^2 \leqslant \frac{3}{4}$$

综合①②得：$s^2 \leqslant \dfrac{3}{4}$

把 $s^2 = \dfrac{3}{4}$ 代入方程★，得 $k^2 = \dfrac{7}{3} > 1$

$\therefore k = \pm\dfrac{\sqrt{21}}{3}$，$\triangle AOB$ 面积取最大值 $\dfrac{\sqrt{3}}{2}$

（3）反思

建立目标函数后，通过把根式平方和共同元素换元，把目标函数转化成形如 $y = \dfrac{dx+e}{ax^2+bx+c}$ 或 $y = \dfrac{ax^2+bx+cd}{dx+e}$ 或 $y = \dfrac{dx^2+ex+f}{ax^2+bx+c}$ 的简单分式函数后，也可以运用方程的思想，把函数转化为二次方程，利于方程有实根 $\Delta \geqslant 0$ 法或根的分布方法来求最值问题。

这里必须注意变量和中间变量的取值范围。特别注意利用 $\Delta \geqslant 0$ 求出范围后，一定要把结果代入方程检查是否有解，并且解是否在变量的取值范围内。如果利用 $\Delta \geqslant 0$ 法检查结果最值取不到，那么就需要改用方程根的分布方法。

利用根的分布求最值，需要分别考虑有一个根或有两个根分布在变量的取值范围内两种情况，每种情况一般可以利用对应的二次函数的几何图像的性质（开口方向，Δ 正负，对称轴，特殊点函数值），帮助寻找满足的相应的代数条件。有时候，方程根的分布情况简单，又可以转化成方程有正根或负根处理。

（三）小结

1. 基本思想

（1）首先，通过形数结合思想，利用曲线相交的位置关系，联立对应方程组成组，通过检查：①是否存在，②正负如何，运用韦达定理等知识，根据图形的几何特征，建立目标函数的关系式。

（2）其次，通过转化思想，利用换元法——分子换元、分母换元、根式换元或共同元素等，把复杂问题化为简单问题，把未知问题化为已知问题。

（3）再次，通过函数思想，建立目标函数以后，把问题转化为利用基本函数——如二次函数的图像和性质求最值，或利用导数法求最值，或利用基本不等式求最值。

（4）最后，也可以通过方程思想，把函数转化为二次方程，利用二次方程有实根或二次方程根的分布来求最值。

2. 注意问题

（1）求最值时，需要特别注意变量的取值范围：求"值域"先求"定义域"，包括使用换元法时的中间变量的取值范围。这是求最值的前提条件。

（2）所有求最值问题，都应该格外关注最值不能否取到的问题，既包括变量是否有解，又包括解是否在"定义域"内。

四、反思

由以上例题可以看出，虽然求最值问题是比较复杂和综合的一类问题，但对于常见的一些求最值问题，其基本思想和基本方法是有章可循、有规可依的。

（一）求最值的基本思想和方法

1. 基本函数法

通过转化思想，建立目标函数，把问题转化为求目标函数在最值问题。再利用基本函数例如一次函数、二次函数、反比例函数、幂函数、指数函数、对数函数、三角函数等的图像和性质，求出相应的最值。

2. 换元法

通过转化思想，利用分母换元、分子换元、根式换元、相同元素换元、三角换元等，把复杂问题转化为简单问题，把未知问题转化为已知问题，把较难问题化为容易问题，从而找到所研究最值问题的解题途径。

3. 单调性法

利用函数思想，通过研究函数的单调性，来解决所求函数的最值问题：若 $f(x)$ 在 $[a, b]$ 递增，则 $f(x)_{min}=f(a)$，$f(x)_{max}=f(b)$；若 $f(x)$ 在 $[a, b]$ 递减，则 $f(x)_{min}=f(b)$，$f(x)_{max}=f(a)$。

4. 几何法

通过数形结合，利用几何图形和它们的几何性质，例如函数的图像及其几何性质，方程对应的曲线的几何性质及其相互位置关系，不等式的几何意义等，对应于函数、方程、不等式等的代数性质，求出有关的最值。

5. 基本不等式法

通过转化，把最值问题转化为符合基本不等式求最值的前提条件（1）正数：$a>0$，$b>0$，（2）定值：ab 或 $a+b$ 是常数，（3）等号成立：当且仅当 $a=b$ 时等号成立，再利用基本不等式：$\dfrac{a+b}{2} \geqslant \sqrt{ab}$，$ab \leqslant \left(\dfrac{a+b}{2}\right)^2$，求出相应的 $a+b$ 或 ab 的最值。

6. Δ 法或根的分布法

通过方程思想，把问题转化方程问题，首先利用二次方程有实数根 $\Delta \geqslant 0$ 求最值；如果 $\Delta \geqslant 0$ 最值取不到，那么再利用二次方程在范围 D 分别有一个实根或两个实根时，用二次函数图像：①开口方向，②Δ 正负，③对称轴位置，④特殊点函数值，求出相应的最值；或转为用方程有正根或负根，求出所求的最值。

7. 导数法

利用函数思想，把问题转化为函数问题，通过下列步骤解决函数的最值问题：（1）函数求导；（2）求导函数的零点；（3）列表，看自变量变化时，导函数和函数的变化规律；（4）求函数的极值 $y=f(x)$ 在 $x=x_0$ 取极值：① $y=f(x)$ 在 $[a, b]$ 连续；② $y=f(x)$ 在（a, b）可导；③ $f'(x_0)=0$；④ $y'=f'(x)$ 在 $x=x_0$ 左右邻域异号；⑤求函数最值。

（二）求最值应该注意的问题

1. 特别注意变量的取值范围

求"值域"先求"定义域"，这是求最值的前提条件。

2. 最值不能否取到的问题

（1）最值所对应的变量是否有解；

（2）最值所对应的变量的解是否在"定义域"内。

（三）与直线和圆锥曲线位置关系有关的求最值的基本练习

1. 求过直线 L：$x-y+3=0$ 上的点 M，与 $x^2+4y^2=4$ 共焦点，且长轴最短的椭圆方程

（答案：$\dfrac{x^2}{6}+\dfrac{y^2}{3}=1$ ）

2.已知椭圆的中心在坐标原点，长轴在 x 轴上，离心率为 $\dfrac{\sqrt{3}}{2}$ ，已知点 P（0，$\dfrac{3}{2}$）到这个椭圆上的点的最远距离是 $\sqrt{7}$ ，求这个椭圆方程，并求椭圆上到点 P 的距离等于 $\sqrt{7}$ 的点的坐标。

（答案：$\dfrac{x^2}{4}+y^2=1$ ，M（$\pm\sqrt{3}$，$\dfrac{1}{2}$））

3.已知 F_1，F_2 分别是椭圆 $\dfrac{x^2}{4}+\dfrac{y^2}{3}=1$ 的左、右焦点，AB 是过点 F_1 的一条动弦，求 ΔAB 面积的最大值。

（答案：3）

4.已知 F 为抛物线 $y^2=4x$ 的焦点，过 F 作两条互相垂直的直线 L_1，L_2，直线与抛物线交于 A，B 两点，直线 L_2 与抛物线交于 C，D 两点，求 $|AB|+|CD|$ 的最小值。

（答案：16）

双线教学　深度融合

——应用 GeoGebra，破难创新

张如意

大力推进教育信息化，努力实现"立德树人"的根本育人目标，本文通过应用 GeoGebra 软件，突破教学难点，发现教学创新点，促进学生学习方式变革，实现数学课堂教学与信息技术深度融合。

一、推进教育信息化，刻不容缓

（一）时代呼唤

2012 年，教育部印发的《教育信息化十年发展规划（2011—2020）》中指出，"探索现代信息技术与教育的全面深度融合，以信息化引领教育理念和教育模式的创新，充分发挥教育信息化在教育改革和发展中的支撑与引领作用"。

2018 年，教育部印发的《教育信息化 2.0 行动计划》中指出，"教学应用覆盖全体教师、学习应用覆盖全体适龄学生、数字校园建设覆盖全体学校"，"推动从教育专用资源向教育大资源转变、从提升师生信息技术应用向全面提升其信息素养转变、从融合应用向创新转变"等。

2019 年，中共中央、国务院印发的《中国教育现代化 2035》聚焦教育发展的突出问题和薄弱环节，立足当前，着眼长远，重点部署了面向教育现代化的十大战略任务。其中，第八项战略任务就是"加快信息化时代教育变革"，指出：建设智能化校园，统筹建设一体化智能化教学、管理与服务平台。利用现代技术加快推动人才培养模式改革，实现规模化教育与个性化培养的有机结合。创新教育服务业态，建立数字教育资源共建共享机制，完善利益分配机

制、知识产权保护制度和新型教育服务监管制度。推进教育治理方式变革，加快形成现代化的教育管理与监测体系，推进管理精准化和决策科学化。

2022年，北京市教委印发《2022年北京市教育信息化和网络安全工作要点》，提出"以信息化支撑首都教育高质量发展"。

所有这些对身在教育教学第一线的老师们发出时代呼唤，探索课堂教学与信息技术深度融合，走改革创新的教学之路刻不容缓！

（二）课程目标——从整合到融合

2001年，教育部印发的《基础教育课程改革纲要（试行）》中提出，"大力推进信息技术在教学过程中的普遍应用，促进信息技术与学科课程的整合，逐步实现教学内容的呈现方式、学生的学习方式，教师的教学方式和师生互动方式的变革，充分发挥信息技术的优势，为学生的学习和发展提供丰富多彩的教育环境和有力的学习工具。"

随后于2003年，教育部又印发了《普通高中数学课程标准（实验）》，其中明确将"注重信息技术与数学课程的整合"作为十大课程基本理念之一。

在教育部颁发的《普通高中数学课程标准（2017年版）》中特别指出："高中数学教学的基本理念是以发展学生数学学科核心素养为导向，创设合适的教学情境，启发学生思考，引导学生把握数学内容的本质。注重信息技术与数学课程的深度融合，提高教学的时效性……"。两次"课标"、历经十几年的探索实践与创新应用，从"提倡、鼓励"到"素养、本质"的关键词的变化，要求教师从观念上到行动上都要跟上时代步伐，不断更新思想，将技术与应用自觉落实到课堂教学中；从"有机整合"到"深度融合"是一次大跨越，也是对高中数学教学更高更新的要求，是对广大教师提出了新思考和新挑战！

（三）名家点拨

人民教育出版社中学数学室主任章建跃先生一直提倡，在数学课堂教学中要遵循"理解数学，理解学生，理解教学，理解技术，理解评价"的原则，精心开展数学课程的教学设计活动，章先生把"理解技术"提升到和"理解数学"一样的地位，就是要提醒广大教师要积极开展数学教学与信息技术的深度融合，提高教学的针对性和有效性。在高中数学课堂教学中，由于受高考等应试教育的影响，我们经常可以看到教学中采取过分注重传承知识，过分注重接受、记忆、模仿的学习方式，不关注学生终身发展的基本素质。在这种状态下，过度练习成了我国当前数学教学中存在的通病。而信息技术可以为学生创造出图文并茂、丰富多彩、人机交互、即时反馈的学习环境。在这样的环境中，外部给学生的刺激具有多样性和综合性，既看得见又听得着，还可以动手操作，这有利于学生调动多种感官协同作用，对数学知识的获取和保持具有重要意义。

二、应用 GeoGebra 软件，突破教学瓶颈

教学中，落实国家数学课程标准中关于核心素养培养的课程目标，夯实"四基"、关注"四能"是重要的抓手，尤其是关于在教学中如何培养学生的"提出问题能力"和"发现问题能力"始终是教学中的不易突破的瓶颈。借助信息技术与课堂教学的深度融合，能极大地提高学生的学习积极性，让教师更广泛地开辟新的教学资源，为给学生提供更多地参与课堂探究问题的时间和空间，为学生主动发现问题、提出问题奠定了有效和有针对性的支撑点。图形计算器 GeoGebra 作为一种新型的数学学习工具，具备符号代数系统、几何操作系统、数据分析系统等，可以直观地绘制各种图形，并进行动态演示及跟踪轨迹；它为数学思想方法的呈现提供可视化的图像，使组织和分析数据容易实现。而这些往往是传统教学的难点和重点。

（一）函数主线教学中难点的突破

新教材必修第一册中主要是突出了函数主线的教学，体现在第三章第四节函数的应用（一）、第四章第五节函数的应用（二）以及贯穿始终的数学建模活动中，如果按照过去教学的做法，这一部分内容基本上是轻描淡写、一带而过，对于求函数的近似解、数学建模及应用等问题，就交给学生自学甚至删去不学了。对此，新教材专门设置了"信息技术应用"、"探究与发现"等栏目，进行信息技术的融合教学指导。我们知道，有了图形计算器支持，可以一般性地研究函数图像，由此更准确地归纳函数的性质，体会研究函数的一般方法。可以从图像角度观察近似解的问题，还可以借助强大的计算功能，求得符合条件的近似解，而且对近似解的进一步探究，有利于学生理解极限的概念；对于实际问题中的函数拟合问题，学生只要输入给定的数据，计算器中马上就可以演示出函数的图像来，从而帮助学生找到对应的函数；对于几类不同增长的函数模型，学生可以自主学习，通过比较多个幂函数、指数函数、对数函数的图像高低和快慢的变化关系，深刻体会更复杂函数的变化规律，促进学生对于函数是刻画客观世界变化规律的基本模型的认识。

以指数函数 $y=a^x$ 的图像与性质教学为例。在过去的教学中，一般的做法都是按照由特殊到一般的思维过程，体现了"例—规"的教学设计，课堂上教师指导学生画出当底数 $a=2$、$a=3$ 和 $a=0.5$ 时对应的指数函数 $y=a^x$ 的图像后，就开始一般地归纳指数函数的性质了。这样的教学设计显得特殊实例较为单薄，抽象过程显得生硬，不利于学生一般化地探究和建立更深层的认知。对于本节的教学，新教材在课后还设置了专门的信息技术应用栏目，要求教师必须掌握信息技术，引导学生更深入地理解指数函数的图像和性质，也包括学生开展对称性、渐进性的研究。不同的底数对函数的影响作用是什么？其实只要借助信息技术，使用 GeoGebra 软件输入字母 a 作为滑动工具条，拉动 a，就可以全面认识指数函数，对于上述疑点问题都可以顺利得到解决（见图 1）。

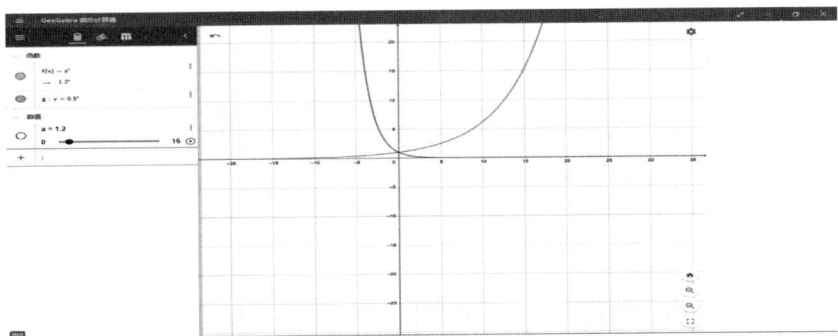

图 1

（二）空间几何直观想象素养的落实

在应用空间向量研究空间几何时，学生空间想象能力的培养尤为重要，但对向量方法的抽象认识往往不能落实到位。教学中如果只是关注学生应用向量解决判定垂直平行、计算距离与角等问题，就会让学生感觉到向量方法是把空间问题转化成了计算问题，似乎是易于理解，但是没有揭示本质，没有很好地抓住教学契机。如果我们引导学生逆向而思，反问学生"每次得到的代数结果它的几何意义是什么"，绝大多数学生，甚至是有些老师也是回答不上来的。在教学中我们碰到这样的问题："空间中如果点 $P(x, y, z)$ 与点 $A(3, 0, 0)$、$B(0, 4, 0)$、$C(0, 0, 2)$ 共面，则点 P 的坐标满足什么关系？"学生把点共面化为向量共面问题之后，应用空间向量基本定理容易得到 $4x+3y+6z=12$ 的正确答案。教师如果进一步引导学生："你能对这个方程给出它的几何解释吗？"有的学生可以类比平面中直线方程（事实上新教材安排在其后），大胆猜想是个平面，因为已知中也给出点 P 在平面 ABC 内的条件，但是怎样画出图形，这对学生是个极大的挑战。《论语》中有"不愤不启，不悱不发"，这个时候教师引导学生把信息技术融合到教学中来，才起到关键时候推一把的作用。举一个例子：

参看图2，并回答：（1）解释三点 A、B、C 与平面的位置关系；（2）以后遇到空间中的平面方程，如何快速做出平面呢？

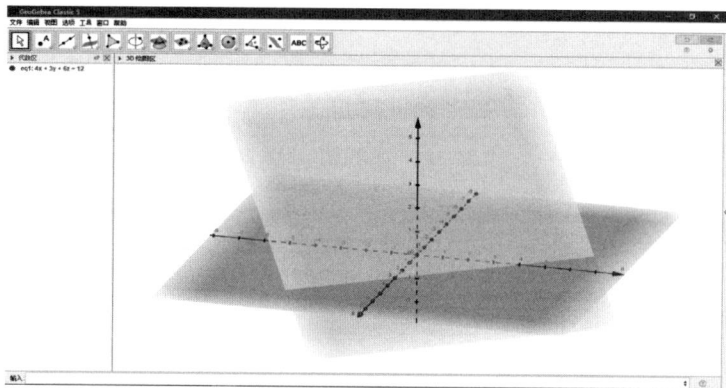

图2

这时我们不能停步，要进一步引导学生类比平面知识，放飞空间思维。

"请猜想并验证下列方程对应的空间图形：（1）$x^2+y^2+z^2=1$；（2）$x^2+y^2=1$；（3）$x^2+y^2=z$；（4）$x^2-y^2=z$。"（见图3）

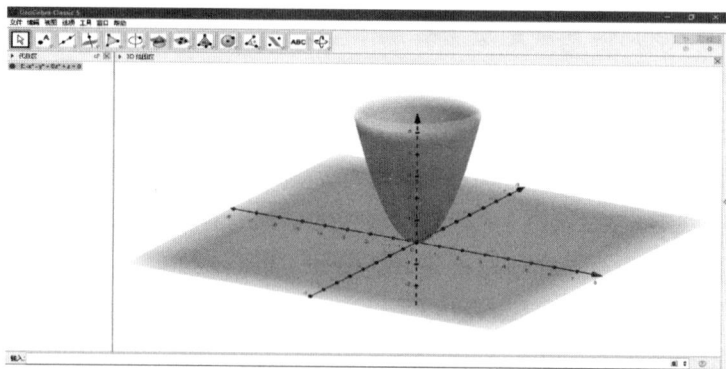

图3

信息技术与课堂教学的深度融合，使得学生抓住了空间中基本元素——平面的几何和代数特征，通过整体知识的构建，学生直观想象素养的落实才真正到位。

（三）一道习题的突破

新教材必修第一册第110页给出这样一道题：

10.（1）当 n=1，2，3，10，100，1000，10000 时，用计算工具计算 $(1+\dfrac{1}{n})^n$ 的值；

（2）当 n 越来越大时，$(1+\dfrac{1}{n})^n$ 的底数越来越小，而指数越来越大，那么 $(1+\dfrac{1}{n})^n$ 是否也越来越大？有没有最大值？

这是一道开放性问题，如果按照过去的教学，在学完二项式定理之后可以利用展开式来求近似值，但是对于问题（2）就不容易解决了。现在充分利用图形计算器深度融合教学过程，对于上述问题，通过使用图形计算器可以轻松地得到结果，进而引起学生思考能否进一步利用函数 $y=(1+\dfrac{1}{x})^x$ 图像从直观上感受问题的变化规律，这样借助图形计算器大幅度提高了课堂效率和教学效果。我们知道新课程改革强调学习数学要善于发现内在的联系性，通过本题的探究，学生既能体验极限思想，还能够发现其结果就是常数 e，这比直接定义 e 代表自然对数的底要生动有趣多了。新技术的融入，使得过去处理非常困难的计算问题，或者是现实生活中较为复杂的实例引入教学中来变得轻松起来。真正感受实际问题转化为数学问题以及解决这样问题的完整过程，培养了学生的数学建模素养。

三、借助 GeoGebra，创新课堂教学

图形计算器的应用极大地帮助教师解决了过去许多难以突破的教学瓶颈，将传统的被动接受、整齐统一的教学方式，逐渐变成富有启发性的、探究式的、开放式的、个性化的学习局面，有利于创新型人才的培养。教学观念的转变，会提升教师钻研教材、开发教材、创新教材的智慧，而信息技术与教学的深度融合就是一个关键的抓手和生长点。教师通过不断地探索教学势必会提升科研能力，通过参加研讨会来开拓视野。通过应用技术所出现的新问题，以及参加各类课例和论文的评选，展开深入研究，势必形成新的教学研究的切入点和发展点。

（一）基本不等式的扩展提升

在基本不等式的教学中，多数教师都会通过类比联想，由两个正数的算术

平均数与几何平均数的关系，引导学生推广得出 n 个正数的算术平均数与几何平均数的关系。多年的经验告诉我，这样做跨度大，对学生的思维和其中蕴含的思想方法的挖掘不到位。下面是我的教学片段：

问题1：求函数 $f(x)=x^2+\dfrac{1}{x}$（$x>0$）的最小值。

学生看到这个问题比较自然的几个想法是：

（1）利用基本不等式 $x^2+\dfrac{1}{x}\geqslant 2\sqrt{x}$

（2）借助特殊值猜想 $f(1)=2$，$f(2)=\dfrac{9}{2}$，$f(3)=\dfrac{28}{3}$，…

（3）考查单调性 $f(x_1)-f(x_2)=\dfrac{(x_1-x_2)[x_1\cdot x_2(x_1+x_2)-1]}{x_1\cdot x_2}$

分析：对于（1），这是很多学生容易出现的错误。教学中要抓住契机，帮助学生反思产生错误的原因，并理解利用基本不等式求最值的关键步骤"正、定、等"的基本意义；

对于（2），既要鼓励学生的大胆猜想，还要指出不足：很明显这样做是不容易得到最小值的；

对于（3），学生会碰到 $[x_1\cdot x_2(x_1+x_2)-1]$ 的符号判定问题，较难解决。

教师的导：教师要积极引导学生借助信息技术深度融合课堂教学，由直观来发现方法（见图4），例如单调性中自变量应该怎样分类，从而得到最小值。

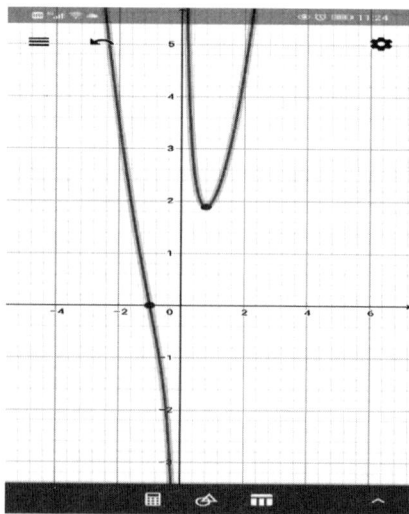

图4

问题 2：设 a、b、c 是正数，证明 $a^3+b^3+c^3 \geq 3abc$，$a+b+c \geq 3\sqrt[3]{abc}$。

通过问题 2 的解决，既要拓展对基本不等式的认识，又要学会解决问题 1 的技巧方法，从而在新问题背景下，再次体会利用基本不等式求最值问题中"正、定、等"的深刻意义与方法。当然也可以设计如下问题，或是由学生主动编题，提出与此相关的问题，培养学生提出问题、分析并解决问题的能力。

问题 3：自主解决变式问题：函数 $f(x) = x + \dfrac{1}{x^2}$（$x>0$）。

（二）"直线与圆的方程"和"圆锥曲线方程"之间的衔接创新

我们知道，在过去的模块式教材中，"直线与圆的方程"和"圆锥曲线方程"是分别安排在必修和选修中的，而新教材中是将两者作为"几何与代数"主线分别安排在连续的两章来进行设置的，这样更有利于体现数学的内在逻辑性和知识的顺序性。学习完椭圆方程之后，就要研究椭圆的几何性质，相应于这一设置，在学习直线与圆的方程时，都没有直线、圆的本身性质的研究，主要是通过不同几何元素间位置关系来体验几何性质的。所以在学习完直线与圆的方程之后，我认为可以借助单元专题复习时机，设置如下一节课（教学片段）：

问题：研究下列方程对应曲线的性质

例 1：(1) $x^2+y^2=1$；(2) $|x|+|y|=1$.

例 2：(1) $x^3+y^3=1$；(2) $x^4+y^4=1$；(3) $x^{-1}+y^{-1}=1$。

课堂教学实践表明，学生对于例 1 开始不知道研究什么，如范围、对称性、面积等，也没有理解要利用方程研究的方法和基本思路，这是需要教学中教师引导的。

学生对于例 2 的研究，借助例 1 的铺垫和相互交流合作，完全可以研究范围、对称性等几何性质，对于准确地把握还没有知识做支撑。这时教师可以引导学生，让学生们自己主动操作，借助 GeoGebra 软件的强有力融入（见图 5），来顺利解决问题，也为后续的学习建立良好的衔接。

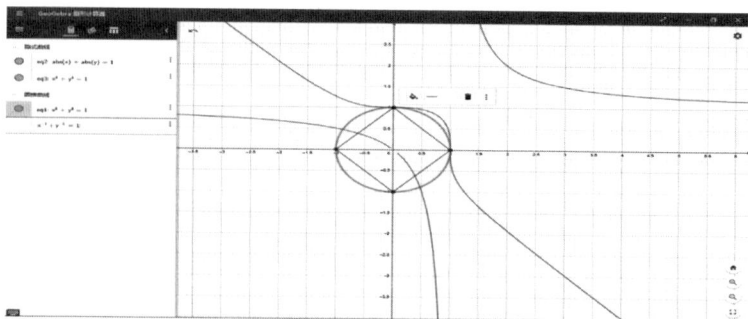

图 5

（三）自主开发课程

极坐标及其应用是新教材中已经删去的内容，但是在学习完复数的三角形式之后，有的学生突然提出："老师，复数的三角形式很像极坐标系！"马上就有学生跟着响应。对于学生提出的这个问题让我陷入了沉思：是帮助解决学生心中迫切需要解决的问题，还是顺应教材，按照进度顺利进行呢？我想还是以保护学生的积极性、为学生将来的发展奠定基础为主吧！为此，我把学生熟悉的三角函数与复数的极坐标融合在一起，开设了"极坐标系下三角函数的图象研究"一课，简单介绍概念，突出新背景下问题的解决，引导学生类比三角函数 $y = a + b\cos(\omega x + \varphi)$ 的图象变换，借助图形计算器软件，开展 $r = \cos(n\theta)$ 和 $r = a + b\cos(\theta)$ 图象的研究，并且通过极坐标系下三角函数图象的变化，感受图象与生活实际的联系，提升数学的美育价值。以下以问题串的形式引导教学探究过程：

问题 1：$r = \cos(\theta + \varphi)$ 的图像是由 $r = \cos(\theta)$ 的图像如何变化得到的（见图 6）？

预设 1：$r = \cos(\theta)$ 的图象如何变换得到 $r = \cos(\theta - \dfrac{\pi}{6})$？

预设 2：$r = \cos(\theta)$ 的图象如何变换得到 $r = \cos(\theta + \dfrac{\pi}{6})$？

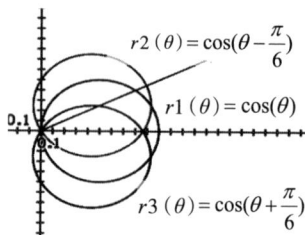

图 6

预设 3：$r = \cos(\theta + \varphi)$ 的图象是由 $r = \cos(\theta)$ 的图像如何变化得到的？

由学生总结归纳一般规律，完成由特殊到一般的思维过程。

结论 1：顺加逆减。

问题 2：$r = \cos(n\theta)$（n 为大于 1 的整数）的图象（见图 7）。

（1）$r = \cos(2\theta)$ 的图象

预设 1：$[0，2\pi]$ 内图象是什么形状的？

预设 2：按照逆时针方向，图象是如何产生的？

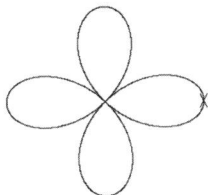

图 7

（2）$r = \cos(3\theta)$ 的图象（见图 8）

问题 1：在平面内有几个花瓣？

问题 2：按照逆时针方向，图象是如何产生的？：

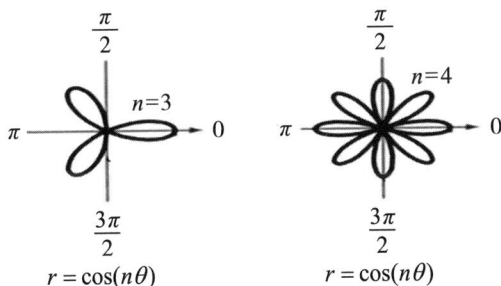

图 8

（3）学生归纳

结论 2：$r = \cos(n\theta)$ 的图象是玫瑰线（见图 9），n 为奇数时有 n 个花瓣，n 为偶数时有 2n 个花瓣（n 为大于 1 的整数）。及时渗透生活中数学及美育教育。

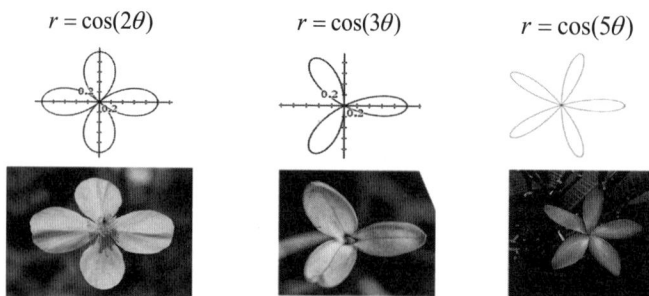

$r = \cos(2\theta)$　　　$r = \cos(3\theta)$　　　$r = \cos(5\theta)$

图9

问题 3：$r = b\cos(n\theta)$ 的图象。

预设 1：对比 $y = b\cos(x)$ 图象的变化，$r = b\cos(\theta)$ 的图象与 $r = \cos(\theta)$ 的图象相比有什么变化？

预设 2：学生归纳，结论 3：$r = b\cos(n\theta)$ 中，环的长度为 b.

问题 4：$r = a + b\cos(\theta)$ 的图象

（1）$r = 2 + 3\cos(\theta)$ 的图象

预设 1：$r = 2 + 3\cos(\theta)$ 是在 $r = 3\cos(\theta)$ 的基础上发生了什么变化？是否是一个更大的圆？

预设 2：图象是什么形状的？

（2）$r = 3 + 2\cos(\theta)$ 的图象

预设 1：是否有零点？

预设 2：其图形是什么样的？

（3）$r = 2 + 2\cos(\theta)$ 的图象

预设 1：是否有零点？

预设 2：图象是否过极点？r 能否取负数？

（4）结论 4：$r = a + b\cos(\theta)$ 的图象（$a>0$，$b>0$）如图 10 所示。

$r = 2 + 3\cos(\theta)$　　　$r = 3 + 2\cos(\theta)$　　　$r = 2 + 2\cos(\theta)$

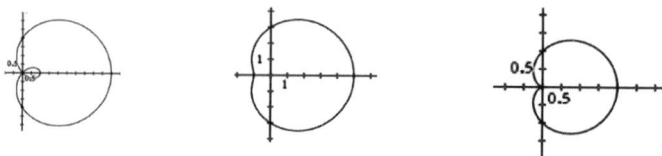

图 10

本节课深入挖掘教材，勇于突破教材，学生通过对极坐标系下三角函数各参数对图像影响的探究，体会函数图形变换的多样性，理解角度变换对图像造成的影响，较深入地认识了不同类型三角函数的极坐标图像，并能根据图像判断参数的特点，培养学生直观想象的核心素养。本节课接近生活，是将生活中常见花朵形状问题转化为数学问题的典型案例，易于激发学生学习热情，培养学生热爱生活、崇尚自然美的良好品质。

四、双线应用 GeoGebra，拓展学习方式

（一）提供了自主学习的技术支持

新冠肺炎疫情防控期间，按照停课不停学的要求，坚持开展线上教学，怎样利用网络的丰富资源和学生自主学习的契机，更好地拓宽学生视野，提升学习能力，这一基本问题就摆到了桌面上。当时正好是要学习直线与圆的方程那部分知识，我首先安排学生收集有关解析几何的来源、坐标法的意义、笛卡儿等数学家的重要贡献等数学文化方面的资源，其次让学生互相帮助，用上网查询等方式学习 GeoGebra 软件的操作，结合画直线、圆及其相互位置关系等图形，到跟踪显示动画轨迹，让学生们先入为主地体会信息技术的应用，达到了所有学生人人都能进行基本操作的目标。比如，学习斜率是本章的一个重点，过去学生很熟悉用平面内的两点来求确定直线的方法，对于为什么用斜率、怎样用斜率确定直线不理解，对此我引导学生利用电脑，借助 GeoGebra 软件，观察随着直线上的点的变化或是直线的位置变化，斜率的变化规律是什么，并追问斜率与直线上两点的坐标关系是什么。这部分内容完全由学生自主得出，学生积极性很高，收效很大。在本章中直线系的方程及其理解应用是个教学难点，有了 GeoGebra 软件的助力，学生将已知两条直线画出，再画出直线系对应的直线，拉动滑条，反复观察直线的变化，对直线系有了基本的认知。（见图 11）

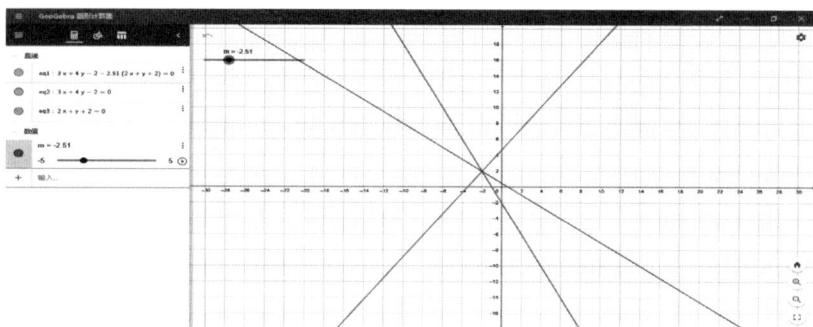

图 11

这时教师再从方程结构特征、方程有无数解的角度、由特殊到一般的策略等方面进行数学化的分析、引领，得到对直线系问题的一般化解决。所以线上线下教学要双结合、双探索，这也是对教师的新机遇和新挑战。

（二）自主探究，能力提升

人教 A 版高中数学新教材在许多方面做了大胆的探索，提供了许多有意义的素材，为满足不同学生的学习需求而设置了多种学习资源。例如，必修第一册第 256 页第 26 题（稍有改动）："英国数学家泰勒发现了如下公式：$\sin x = x - \dfrac{x^3}{3!} + \dfrac{x^5}{5!} - \dfrac{x^7}{7!} + \cdots$，这些公式被编入计算工具，计算工具计算足够多的项就可以确保显示值的精确性。试用你的计算工具计算 $\sin 0.3$ 的近似值。"我们仔细研究这个问题，就可以发现其包含了高中后续学习中将要接触的阶乘意义，大学内容的"泰勒展开公式"，还有极限思想、近似计算等，如果按照过去的教学根本就无法完成，用过去的说法"这是一道超纲题"，是一道对教师和学生都是全新挑战的问题！教学中，我们要求学生也要学会掌握 GeoGebra 软件的使用方法，利用数值计算的功能完成本题目。我们把学生分成 6 人小组，大家分工合作，有的负责继续按照规律写出后续的各项，有的负责准确读出泰勒展开式，有的负责准确录入，有的负责检查和记录结果，有的负责查阅相关资料为进一步学习做好准备等，然后形成一个报告（我把它起名为能力作业）。通过此项研究过程，学生普遍了解了公式背景以及数学家泰勒的有关业绩，及泰勒展开式的形式及意义，同时学生们也发现了展开项越多，其数值的变化规律越明显，对极限思想有了进一步的认识，对大学数学也感到不再神秘和恐惧，提高了学习兴趣，增强了学习自信心。有小组的同学还进一步利用图形进行了直观展示，并且发现随着项数增多，函数图像确实是越来越靠近正弦函数。（见图 12）

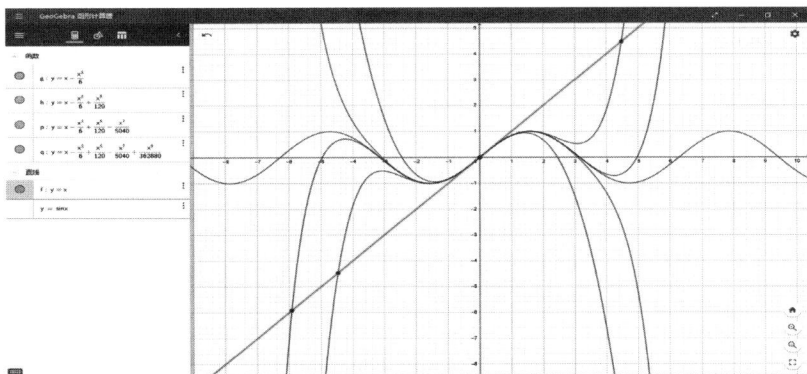

图 12

有小组的同学不仅完成了计算，还提出了"为什么正弦函数会和多项式函数有这么多的联系"的问题。我顺势指导学生们完成"第 250 页的阅读与思考栏目"，领会声音中包含正弦函数的道理，声音中的音调、响度、音长和音色对应正弦函数中的振幅、周期等内容，多个周期函数的叠加就会产生美妙的应用，为此学生们进行尝试，分别作出函数 $y=\sin x$，$y=\sin x+\dfrac{1}{2}\sin 2x$，$y=\sin x+\dfrac{1}{2}\sin 2x+\dfrac{1}{3}\sin 3x$，$y=\sin x+\dfrac{1}{2}\sin 2x+\dfrac{1}{3}\sin 3x+\dfrac{1}{4}\sin 4x$，$y=\sin x+\dfrac{1}{2}\sin 2x+\dfrac{1}{3}\sin 3x+\dfrac{1}{4}\sin 4x+\cdots$ 通过上述研究感受声音函数及不同函数的叠加过程与结果（这里就画在一张图上了，见图 13），这正是所谓的"周期函数产生了美妙的音乐！"

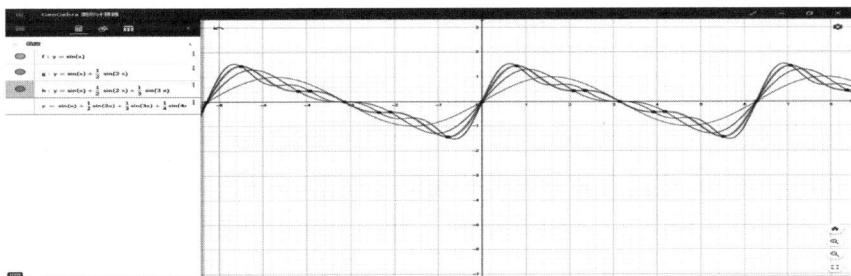

图 13

可以说经历这样的学习过程，对扩展学生视野，提升学生的发现问题、提出问题、分析和解决问题能力是极为有利的！

关于信息技术与课堂教学的深度融合有许多的思考要想，有许多的路要探，有许多的事可做，我们在路上！

高三第一轮复习　孰轻孰重

白志峰　黄　萍

高考复习大致需经历如下三个阶段：第一轮复习；专题复习；综合模拟。其中，第一轮复习（系统复习）经历的时间较长。从知识角度看，第一轮复习需要全面复习基础知识和基本技能，促成知识的有机联系，帮助学生把零散的技能技巧提炼成有效思想方法；从能力角度看，第一轮复习承载着帮助学生加深对知识的本质理解，提高思维能力，以更高的观点审视数学，进而形成有效地解决问题的能力等艰巨任务。

第一轮复习的成败得失，直接影响到整个高考复习的成败得失。第一轮复习中如何处理好"教材与资料、讲授与引导、基础与能力、进度与落实、方法与思维、整体与个体"的"轻重"关系，引起笔者的思考，也期望与同行进行交流。

一、教材与资料，以教材为重

综观新课标实施以来各地的高考试题，不难发现试题紧扣教材、课标和考纲，注重基础知识和基本技能的考查。所以重视并善于利用教材，是做好第一轮复习的基础。一个对于教材没有深入理解和整体把握的教师，很难指导学生进行高质量的高考复习。

一方面，教材里有知识的形成过程，有知识的相互联系，有紧扣知识点的针对性非常强的例题和习题，在基础复习中是任何资料都无法替代的。例如，关于椭圆标准方程 $\dfrac{x^2}{a^2}+\dfrac{y^2}{b^2}=1$ 的复习，如果只做简单的记忆上的再现，然后做大量的习题加以巩固，必然陷入死记硬背的境地。我们依然需要引导学生再次亲身体验、深入研究椭圆标准方程的建立过程中所隐藏的问题：（1）方程对于坐标系的依赖；（2）对 $2a$、$2b$、$2c$、$a^2=b^2+c^2$ 的引入及理解；（3）另一标准方程中为什么只需将 x、y 互换？（4）知难而进的意志品质，追求简洁美的数学精神。否则，只能是对椭圆方程的形式化记忆。缺乏本质理解，也就难以感悟和升华。我们不能以高一、高二时学生已经学过教材为由来排斥教材，要知道此时的学生对教材的内容已渐行渐远，弱于当时对教材的熟悉程度。更何况当时的知识是零散的，学生的理解力也是有局限的。

另一方面，重视教材并不是对教材的简单重复，而是基于教材又高于教材，是对教材的再开发，是对知识的再升华，是具有创造性的。复习时需要以教材为依托，整合知识板块，构建知识体系，教师的付出会更多。祁银锁在《夯实基础，贵在用好教材》一文中建议利用教材时通过如下几种途径或方法，达成相应目标：（1）内容梳理，巩固和完善知识体系；（2）问题新探，掌握基本知识和技能；（3）实践拓展，理解和体验思想方法；（4）概括提升，促进和强化思维能力。白志峰在《实际背景下的位置关系》一文中提供了如何利用教材的一个成功案例。

与此同时，资料也是不可或缺的。由于教师开发课本资源的领悟和能力各不相同，也由于各知识板块的要求不同，以及学生自学和统一练习的需要，订阅一本复习资料做参考，也是必须的。我们反对的是，用一本资料做到底、讲到底，来完成整个复习过程。尽管教师本人明白教材的重要地位，但在课时紧张、阶段考评等因素的干扰下，常常会不自觉地陷入"资料战术"的境地，客观上形成了"重资料、轻教材"的复习格局。显然，这样的复习对于类似"叙述并证明余弦定理"这类考题（2011 年陕西高考题），肯定是不可取的。

二、讲授与引导，以引导为重

研究表明，孤立的知识点不是真正意义上的知识，知识只有形成网络才是有效的。而知识网络的建立，需要学生自己完成。当然，在这一过程中教师的引导是必不可少的。

教师要引导学生进行多方面的沟通与交流，充分发挥教师的主导作用和学生的主体作用，既不高估学生的基础水平，也不低估学生的自主能力，要敢于放时间和空间给学生，但不是放任不管，而是放得出去、收得回来。教师生怕学生不懂、不会，"满堂灌"，留给学生自主的时间和空间不足，明显不适应高考复习的要求。

一要引导学生相互之间的互动与交流，充分发挥他们之间的思维互补性。学生们在研讨探究、补充交流、评价完善的环境中所获取到的知识和思维方法，是教师不能代替的。

二要引导学生构建知识体系，关注概念的建立，关注知识的逻辑系统和网络结构。要有意识地降低选用习题的难度，但不是降低高考要求高度，而是以基础促发展。

例如，在一次"等差数列"的复习课中，笔者设计了如下一道题目，让学生独立思考后，相互补充交流，最后由学生代表板演和讲解。

题目：已知 $\{a_n\}$ 是等差数列，S_n 是前 n 项的和，$S_5=28$，$S_{10}=36$，求 S_{15}

生1：列方程组求出首项和公差——基本量法。这是基本方法和基本技能。

生2：利用 S_n 是 n 的二次函数，通过待定系数法求解。这是函数观点，反映了学生认识上的跨越。

生3：利用等差数列性质——S_5，$S_{10}-S_5$，$S_{15}-S_{10}$ 也成等差数列。

生4：转化构造，得到 $\left\{\dfrac{S_n}{n}\right\}$ 也成等差数列。

生4在等差数列基本性质的基础上，加以联系、扩展，这是构造的观点，体现了更高层次的认知水平。

生5：受生4的启发，可知 $(5,\dfrac{S_5}{5})$、$(10,\dfrac{S_{10}}{10})$、$(15,\dfrac{S_{15}}{15})$ 三点共线。

生5能够进行横向联想，沟通了数列与解析几何的联系。

这样，表面看起来十分简单的一道题，经过同学们的集体智慧，把隐藏的基本思路和基本规律，把数列与函数、数列与解析几何等横向、纵向的联系都挖掘了出来，产生了多种有价值的解法。学生的思维过程经过交流与展示得以相互学习，提高了学生对知识的本质理解和思维素质。

三、基础与能力，以基础为重

研读各地的试题分析报告，不难发现一个共同特点：试题紧扣教材，注重基础知识和基本技能的考查。

　　第一轮复习的主要任务是：夯实基础，提高能力。我们不否认高考复习以培养能力为主要目标，但能力的提高，有赖于基础的落实，需循序渐进，螺旋式上升。数学知识和技能的掌握是形成数学能力的基础，能力又反过来作用于知识和技能的掌握，制约着知识掌握和技能形成的速度、深度。因此，复习过程有必要做到：（1）找准学生的最近发展区。要根据学生的最近发展区，确定教学起点。低起点高目标的课堂才具有生命力。教学中要将知识发生、问题解决的关键节点作为交流、发现的素材，使学生能够主动参与到"自觉夯实基础、构建知识网络、体悟思想方法、促进思维发展、形成求解论证能力"的目标上来。（2）注重通性通法，淡化技能技巧。要加强基础知识和基本技能的训练。比如，复习三角函数的时候，定义、定义域、值域、图像、单调性、周期性和奇偶性、诱导公式、三角变换公式、正余弦定理等基础知识，比较三角函数值的大小、三角变换的常用方法等基本技能，其中任何一项不过关，都会影响复习效果。（3）不可回避运算，要让学生想得出来、算得出来。目前学生普遍存在问题是运算能力不强。运算能力包括分析运算条件、探究运算方向、选择运算方法、确定运算程序等一系列过程中的思维能力，也包括在实施运算过程中遇到运算障碍而调整运算的能力。运算能力是正确应用数学知识、顺利解决问题的前提条件。高考试题对于运算量的大小、运算长度的设置、运算障碍的设置都是经过慎重考虑的，在整个试卷里是合理配套的，所以教师不能一味引导学生规避运算，要鼓励学生敢于运算、善于运算，提高克服障碍的勇气和信心。

　　例如，在圆锥曲线的复习中，笔者引用如下例题：

　　已知抛物线 $y^2=4x$，点 $R(1，2)$，过点 $Q(1，1)$ 作直线交抛物线 C 于不同两点 A，B，若直线 AR，BR 分别交直线 l：$y=2x+2$ 于点 M，N，求 $|MN|$ 最小时直线 AB 的方程。

　　教学时，发现一位学生给出如下解法片段：

　　设直线 AB 的方程为 $y-1=k(x-1)$，$A(x_1，y_1)$，$B(x_2，y_2)$，则 $k_{AR}=\dfrac{y_1-2}{x_1-1}$，

　　直线 AR 的方程为 $y-2=\dfrac{y_1-2}{x_1-1}(x-1)$，①

　　同理直线 BR 的方程为 $y-2=\dfrac{y_2-2}{x_2-1}(x-1)$，②

由 $\begin{cases} y = 2x + 2 \\ y - 2 = \dfrac{y_1 - 2}{x_1 - 1}(x - 1) \end{cases}$ 得 M 点的坐标 $M(\dfrac{2 - y_1}{2x_1 - y_1}, \dfrac{4 + 4x_1 - 4y_1}{2x_1 - y_1})$

同理 $N(\dfrac{2 - y_2}{2x_2 - y_2}, \dfrac{4 + 4x_2 - 4y_2}{2x_2 - y_2})$

所以 $|MN|^2 = (\dfrac{2 - y_1}{2x_1 - y_1} - \dfrac{2 - y_2}{2x_2 - y_2})^2 + (\dfrac{4 + 4x_1 - 4y_1}{2x_1 - y_1} - \dfrac{4 + 4x_2 - 4y_2}{2x_2 - y_2})^2$ ③

至此停滞不前。怎么办？学生的解题思路何尝不是立足根本、正规正矩的解法呢！而且极具代表性。该生能算到这一步确实不易，说明他的运算很准确，值得肯定与表扬。所以教师不要急于抛出自己的想法，或急于展示其他学生的成功解法。应该顺应该生思路，引导学生共同分析、评价，找出问题，找出方法，让学生在比对与评价中学会怎样处理问题。

停滞不前的原因显然是变量过多。如何减少变量呢？肯定还有一些条件未利用。这个原因一经提出，众生发现：

A，B 的坐标应满足抛物线的方程，由此得 $x_1 = \dfrac{y_1^2}{4}$，$x_2 = \dfrac{y_2^2}{4}$ ④，代入③，即可继续化简。

师：好！"点在曲线上，则点的坐标满足曲线的方程"，反之呢？

生："点的坐标满足曲线的方程，则该点在曲线上"。

师：这正是解析几何的基本思想之一。之所以停滞不前，是因为这种意识不强烈。

教师要抓住这一有利时机，帮助学生强化"点在曲线上，则点的坐标满足曲线的方程；反之，点在坐标满足方程，则该点在曲线上"，这一解析几何基本思想的理解和认识。此时此刻，学生的思维是活跃的。又有不少学生发现将④代入①②先化简，再解交点更简单。

教师肯定与表扬之后，留出时间让学生做下去，看谁做得又对又快！在最后处理目标函数最值时，又是一个节点，这里不再赘述。

四、进度与落实，以落实为重

客观上，数学课程较多，复习任务重，课时相对紧张。有时还会有诸如突发情况、阶段考评等因素的干扰，往往会造成赶进度、匆忙结课的现象。所以对于各知识板块的复习，宜快则快、宜慢则慢，不宜平均使用力量，要以落实效果为重。

第一，要将课堂效果落到实处。

我们经常主观地认为：某个问题教师讲过了，学生就该会了；一节课的课堂内容完成了，就算完成了本节课的教学任务。事实上，课堂效果的落实因时、因地、因人而时刻变化。

如何落实一节课的效果？仁者见仁，智者见智。但课堂的主阵地要交给学生，让学生多思、多说、多写，少一些浮躁与跟风，容量宜大则大、宜小则小，以实效为主。要落实到"笔头"上来，落实到"速度"、"准确性"、"规范性"、"创造性"上来。以此最大限度地发挥课堂效益。在此意义上，落实"想、说、写"至关重要。

对于一个数学问题，想出来，可能一闪而过，可以有思维的跨越；说出来，需要表述清楚，要有逻辑性，可以有口头语；但写出来，就是一种学术的形态，需要更加严密，需要用数学语言，有理有据。这是由低到高的三个不同的层次，所以课堂教学要给学生留出"想、说、写"时间和空间。

第二，要落实考前复习。

目前，多数学校都有阶段性的统一考试，通过阶段考试用以检测阶段复习效果。所以教师要制订出合理可行的阶段复习计划，并给学生留出一定的时间进行阶段总结反思，从而提高复习的效果。要把阶段考试作为促进学生自主复习总结的有效手段。

五、方法与思维，以思维为重

高考复习无疑离不开基本技能和基本方法的复习，但局限于苦练方法，很难提高复习效果。有这样一句名言："当一个人把所学的知识都忘了以后，还保留下来的正是教师要教给学生的。"保留下来的是什么呢？是思维素质。随着时间的推移知识会被遗忘，而科学的思维能力却会长久地保留下来。

如何重视思维训练呢？要从概念出发，因为数学是玩概念的，概念是思维的基础。经常见到这样的课：知识点→例题→方法总结→练习→课堂小结。

这样的课注重的是规律方法的总结与演练，但概念性不强，所以思维含量不高。不重视思维能力的训练与落实，题目做得再多，也是低效的。

例如，学生对曲线的切线概念的理解有偏差：一是"在一点处的切线"与"过某一点的切线"不加区别；二是当直线与曲线只有一个公共点，便认为二者相切。

于是，在"导数的应用"一节课里，笔者设计了这样一个问题：

已知函数 $f(x)=\frac{1}{3}x^3+\frac{4}{3}$，求：（1）过点 $A(2,4)$ 的切线方程；（2）过点 $B(2,\frac{4}{3})$ 的切线方程。

容易判断点 A 在曲线上，点 B 不在曲线上。

对于（1），学生先求得 $f'(x)=x^2$，进而得切线的斜率 $k=f'(2)=4$，所以很快得到切线的方程为 $4x-y-4=0$，他们表现出沾沾自喜的样子。但教师不必忙于抛出正确答案，通过引导学生观察图像，发现还有另一条切线，为啥没得出来？

经过大家交流讨论，发现问题出在误把"过 A 点的切线"当作"以 A 为切点的切线，即 A 点处的切线"，原来 A 可以不是切点。教师追问：如何求出另一条切线呢？学生讨论后作答：应该先设切点。于是得到如下解法：

设切点为 $P(x_0,y_0)$，则切线的斜率为 $k=f'(x_0)=x_0^2$，故切线的方程为：

$y-y_0=x_0^2(x-x_0)$，即 $y-(\frac{1}{3}x_0^3+\frac{4}{3})=x_0^2(x-x_0)$

代点 $A(2,4)$ 得：$x_0=-1$ 或 $x_0=2$，进而可得切线方程为：$4x-y-4=0$ 或 $x-y+2=0$。

对于（2），显然 B 不是切点，所以学生很自然地采用以上设切点的方法。代入点 B 的坐标可得：$x_0=0$ 或 $x_0=3$，进而可得切线为：$y=\frac{4}{3}$ 或 $27x-3y-50=0$。但是学生又把 $y=\frac{4}{3}$ 舍去了。

教师追问：为什么舍去呢？有的学生说画出图像后觉得它不是切线，有的说是切线。

在学生莫衷一是之时，教师请同学们再次回忆切线的定义。原来问题出在对"切线是割线的极限位置"这一基本概念的理解上，而理解有误是因为有"当直线与圆只有一个公共点时，该直线与圆相切"的思维定式。现在扩展到一般曲线了，就要对概念有更加全面准确的理解。这样层层递进，诱导学生暴露其原有的思维框架，有效地突破了思维定式。这是通过反复演练同种题型很难达到的教学效果。学生栽了跟头，便有了刻骨铭心的记忆。

六、整体与个体，以个体为重

高三数学复习作为高中教育的重要组成部分，肩负着高中数学教育的"育人"任务——使学生在学识、能力、品质等方面得以提升和发展，形成审慎的思维习惯和崇尚理性的精神，积淀进一步发展的潜力。站在育人的高度来看待第一轮复习，必须使得每一位同学的基础知识、基本技能得以提高，并在此基础上形成必要数学能力；必须坚持"一个都不能少"的原则。

首先，教学方式的选择应有利于全体学生的发展。

在教学活动中，应使全体学生达到高考目标的基本要求。在问题情境的设计、教学过程的展开、例题的选编、练习的安排等方面，要尽可能地让所有学生都能主动参与，要鼓励不同层次的学生提出各自解决问题的策略，恰当评价学生在解决问题过程中所表现出的不同水平。

其次，要关注学生的个体差异，促进每个学生在原有基础上的发展。

现代教育理论认为，每一个人都拥有与生俱来的创造性，都具有无限的学习能力，只有承认个性、尊重个性，才能发展个性，培养创造型人才。教师可以通过改变大一统的教学设计，实行分层设计达成教学目标。

对于学习有困难的学生，教师要给予及时的关注与帮助，鼓励他们主动参与数学学习活动，要及时地肯定他们的点滴进步，耐心地引导他们分析产生困难或错误的原因，并鼓励他们自己去改正，从而增强学习数学的兴趣和信心。

对于学有余力的学生，教师要为他们提供足够的材料，多给他们自主的时间和空间，发展他们的数学才能。

最后，教师要善于发现个体差异在教学中的闪光点，并善于利用这些闪光点的教学价值。比如典型的错误和奇思妙想，等等。

七、结语

第一轮复习需要促成基础知识的有机联系，把零散的技能技巧提炼成有效的思想方法；第一轮复习需要提高思维能力，以更高的观点审视数学，进而形成有效地解决问题的能力；第一轮复习需要处理好"教材与资料、讲授与引导、基础与能力、进度与落实、方法与思维、整体与个体"的"轻重"关系。

运用知识结构教学 优化高三复习效果

赵月灵

美国心理学家、教育家布鲁纳于 20 世纪 60 年代初期提出来的知识结构理论，是 20 世纪以来具有代表性的现代教学理论之一，其核心理论是强调教师在教学过程中应该让学生掌握所学学科知识的内在结构。数学的知识结构是指由知识之间内在的联系所联结而成的整体，它包含两个基本要素：一是最基本的知识；二是其他知识与最基本知识的联系及方式。所谓知识结构教学是指教师启发学生将获取的离散的、表象的知识进行整理加工，在头脑"内化"的基础上形成多要素、多层次、多系列的网络状的纵横联系的动态知识结构。

当前，高考内容越来越重视对学生数学能力的考察、对学生数学素养的考察。但大部分学校高三的复习仍然是课上灌输式教学，课下题海战术，缺乏思维的训练。我们知道，高三复习任务重，时间紧，在这个过程中，学生知识量的增加较快，但此时这些知识还没有来得及整理，就像是仓库里堆放的物品，是杂乱地堆积在一起的，因此，知识无法形成能力。因此要学生有较为充足的时间对所学内容进行"再学习"，应该给他们提供从宏观上对学过知识进行梳理与重组的机会。而知识结构教学就是建立起了所学知识之间的内在联系，使知识不再是杂乱的堆积，而是有秩序、有层次的"串联"。这时，如果解决问题需要提取某个知识时，就可以沿着已经建立起的某种联系去找，显然，这样更容易找到，也自然加快了问题解决的进程，提高了数学能力。本文运用具体实例说明如何通过知识结构教学，优化高三复习的效果。

一、建立知识结构，帮助学生整体把握知识，利于学生分析检索相应方法，迅速找到解题思路

切实掌握数学知识是顺利解答问题的基础，在高三教学和复习过程中，讲每一章之前，要介绍这一章内容的整体框架，使学生对整章内容有一个整体把握。首先让学生对知识点中每种问题的基本方法清楚掌握，这样在解题时，学生就能由题目提供信息的启示，从记忆系统里检索出有关信息进行综合，选取出与题目的信息构成最佳组合的信息，从而找到最优解题途径。

以《导数》这一章对文科的高考要求为例，建立的知识结构如图 1 所示。

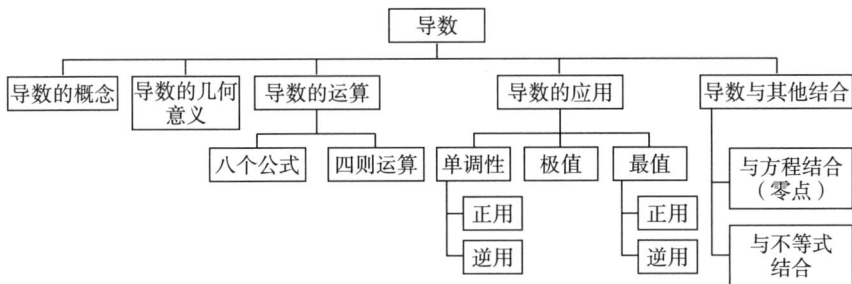

图 1

通过结构图 1，在教学中引导学生，使学生在头脑中把自己的导数章节体系建立起来，在大脑中明确导数是什么，导数如何计算，导数有什么作用，在什么条件下用导数以及如何用，导数可以与哪些知识结合，有哪些主要解题途径，哪些地方容易错，等等。学生掌握了知识结构中每种问题的主要方法，当学生依据条件检索时，在有序的结构体系中便很容易检索到所需的知识和方法。

例如，2016 年北京文科 20 题：

设函数 $f(x) = x^3 + ax^2 + bx + c$。

（Ⅰ）求曲线 $y = f(x)$ 在点 $(0, f(0))$ 处的切线方程；

（Ⅱ）设 $a = b = 4$，若函数 $f(x)$ 有三个不同零点，求 c 的取值范围；

此题的考查内容是导数，第一问具体考察的是导数的几何意义和切线方程（含参数），第二问具体考察的是导数与其他知识的结合。导数与方程的结合，是函数零点问题，而函数零点问题的解决方法学生头脑中已经清晰，所以便很

快会找到解题途径。

可见，引入知识结构可以在复习时对章节知识有一个直观的、整体的把握，这样使学生依据自己拥有知识体系，分析题目信息，检索出解题思路、方法及相应的知识。同时，防止知识的漏洞，掌握基本知识点。

二、建立知识结构，帮助学生重新认识知识的形成过程，增强学生对数学知识的理解和迁移能力

根据认知心理学理论，学生对任何新知识的学习总是在已有的知识基础上进行的，是对原有认知结构的改组、扩大和调节。因此，一个好的数学知识结构，首先要揭示数学知识内在的本质联系。例如下面一个问题：

若 x、y 满足 $\begin{cases} y \leq 1 \\ x-y-2 \leq 0, \\ x+y-2 \geq 0 \end{cases}$ 求 xy 的范围？

高三学生大多数都不会解答，为什么呢？因为老师没讲过这种类型的。对于大多数学生来说只要对试题形式稍作改变，就无能为力了，根本问题是没有明白这个知识的本质。下面呈现一下由知识结构设计的教学过程：

呈现线性规划在不等式这章的位置（见图2）：

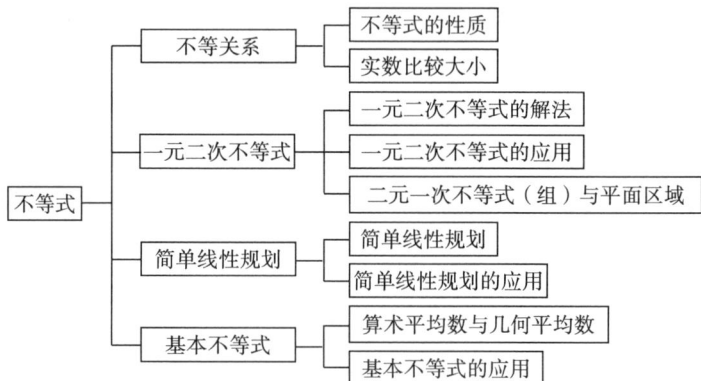

图2

分析：

环节 1：若 x、y 满足 $\begin{cases} y \leq 1 \\ x-y-2 \leq 0 \\ x+y-2 \geq 0 \end{cases}$，则 $z=\sqrt{3}x+y$ 的最小值为？

环节 2：动态呈现挖掘线性规划问题的本质（见图3）。

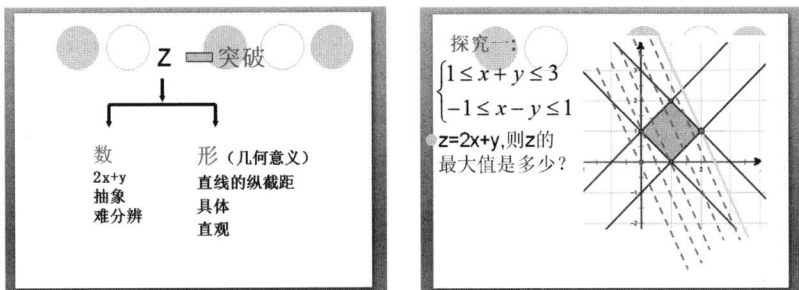

图3

环节 3：设计变式，强化问题本质。

变式1：若 x, y 满足 $\begin{cases} y \leq 1 \\ x-y-2 \leq 0 \\ x+y-2 \geq 0 \end{cases}$，求 x^2+y^2 的最小值。求 $\dfrac{y}{x}$ 范围。

变式2：若 x, y 满足 $\begin{cases} y \leq 1 \\ x-y-2 \leq 0 \\ x+y-2 \geq 0 \end{cases}$，求 $(x+1)^2+(y+2)^2$ 的最小值。求 $\dfrac{y+2}{x-1}$ 的范围。

变式3：若 x, y 满足 $\begin{cases} y \leq 1 \\ x-y-2 \leq 0 \\ x+y-2 \geq 0 \end{cases}$，若 $z=ax+y$ 的最小值为4，求 a 的值。

环节 4：问题延伸，灵活运用问题本质。

变式4：若 x, y 满足 $\begin{cases} y \leq 1 \\ x-y-2 \leq 0 \\ x+y-2 \geq 0 \end{cases}$，若 xy 的范围？

通过过程，总结系统结构如图4所示：

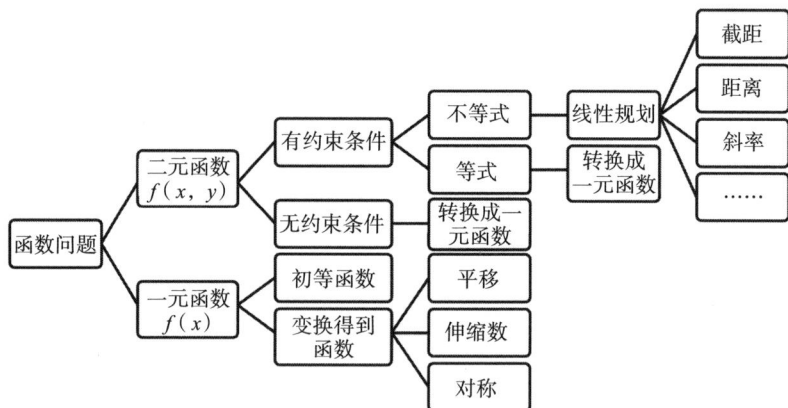

图 4

从函数上位进行总结。知识结构图揭示线性规划的整体系统，及在函数问题中的位置。对函数的共性做概括发现，目标函数形式无论是线性还是非线性的，都是二元函数，所以，这类问题本质上是一类在约束条件下的二元函数最值问题，而二元函数最值问题的解法，根据已经梳理出的函数方法体系，要么通过约束条件转化为一元函数最值问题，要么引入参数，利用参数的几何意义，数形结合加以解决。这才是这类问题解法的本质，如果认识到了这一点，只需引入参数 k，令 $xy=k$，得 $y=k/x$，此时 k 的几何意义既可以看作矩形面积，也可以根据反比例函数中 k 的大小对图形的影响的几何意义完成。因此，即使目标函数进一步变为与指数函数、对数函数有关的其他类型都可以迎刃而解。

三、建立知识结构，精选典型例题，一题多变，促进学生对数学知识的灵活运用

我们知道课堂上学生的参与不仅仅是行为上的参与，更重要的是思维上的参与，要通过各种方式激活思维，深化思维，不断地提高数学的思维能力。在高三每节课的复习中，首先在备课前列出本节课要让学生学会的知识的结构图，然后由知识结构挑选典型例题，然后引导学生去变化、去引申、去发现，在变中求活，在变中求新，这样既提高了学生发现问题、分析问题和解决问题的能力，同时也有利于培养学生的思维品质和数学素养。

例如：高三第二轮的《导数与不等式的关系》的综合复习中，我由导数与

不等式的考点，设计知识结构，然后设计了以下变式教学（见图5），增加了课堂教学的信息容量，提升了学生的理解力。

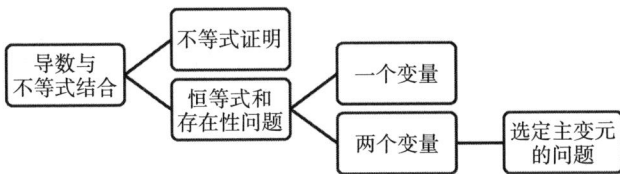

图5

问题：$f(x)=x^2-m\ln x$，$h(x)=x^2-x$，$f(x)\geqslant h(x)$ 在 $[1, \infty]$ 上恒成立，求 m 的取值范围。

变式1：$f(x)=x^2-m\ln x$，$h(x)=x^2-x$，存在 $x\in[1, \infty]$ 使 $(x)\leqslant h(x)$ 成立，求 m 的取值范围。

变式2：$f(x)=x^2-m\ln x$，$h(x)=x^2-x$，对任意 $x_2\in[1, 2]$，都存在 $x_1\in[1, \infty]$，使 $f(x_1)\leqslant h(x_2)$ 成立，求 m 的取值范围。

变式3：若存在实数 $a\in[-2, 2]$，使不等式 $ax^2-ax-6+a>0$ 恒成立，求实数 x 的取值范围。

又如：体现"方程、不等式、函数"等价转换，殊途同归、有效转化，我设计了以下问题和变式：

例：函数 $f(x)=e^x-2x$。当 $x>0$ 时，方程 $f(x)=kx^2-2x$ 无解，求 k 的取值范围。

本题通过参变分离，把方程无解的问题转化成两个函数图像没有交点的问题。

方程根结构图（见图6）：

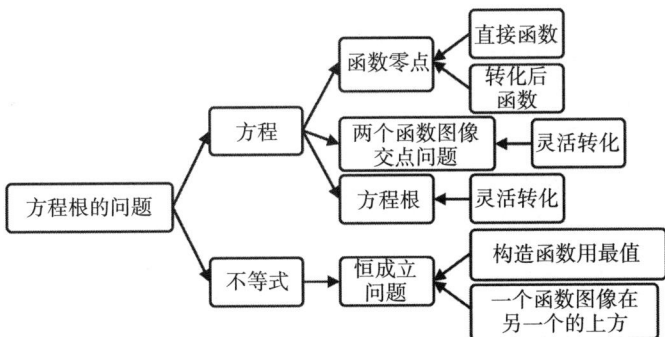

图6

因此，此题还可以做以下变形：

问法1：当 $x > 0$ 时，函数 $y = f(x)$ 与函数 $y = kx^2 - 2x$ 图像没有公共点，求 k 的取值范围。

问法2：当 $x > 0$ 时，函数 $y = f(x) - (kx^2 - 2x)$ 没有零点，求 k 的取值范围。

问法3：当 $x > 0$ 时，不等式 $f(x) > kx^2 - 2x$ 恒成立，求 k 的取值范围。

问法4：当 $x > 0$ 时，函数 $y = f(x)$ 图像在函数 $y = kx^2 - 2x$ 图像上方，求 k 的取值范围。

函数、方程、不等式的关系密切，有意识地利用三者之间的关系对问题进行转化，从而简化解题。结构图的价值是培养学生从不同的角度、不同的侧面去观察问题，产生联想，从而解决问题。

根据知识结构图对教材中的一些典型习题进行变换、拓展、深化，引导学生从典型的例题出发去变化、去引申、去发现，最后学生在体验后总结系统知识结构，这样学生在变化和探究之中获得解决问题的方法，建构对知识的理解。如果长期训练，能逐步形成和扩展知识结构系统，使学生能在大脑记忆系统中构建"数学认知结构"，形成一个条理化、有序化、网络化的有机体系。学生理解力增强，数学能力得到提高。

四、建立知识结构，整体规划解题思路，促学生从多角度分析转化问题，优化解题思路

教学中我们发现，很多学生在学习新东西时，喜欢总结一定的解题模式，然后他们会机械地按照这个固定的模式去解题，对此，若不随时予以注意，也很可能让学生形成某种思维定式，造成思维上的呆板和僵化，不能灵活选用合适的方法。复习过程中我通常在学生熟悉题目条件后，让学生自己规划解题思路，清楚每种思路的方法、适用的条件、可能出现的困难，从而优化解题思路。

例如：

已知函数 $f(x) = \dfrac{a \cdot e^x}{x}$（$a \in \mathbf{R}$，$a \neq 0$）。当 $x \in (0, \infty)$ 时，$f(x) \geqslant 1$ 恒成立，求 a 的取值范围。

分析：

给出这个题目后，我不是直接让学生做，而是让学生规划基本方法和思路，所以学生根据结构图（见图7），规划出下面几种主要方法：

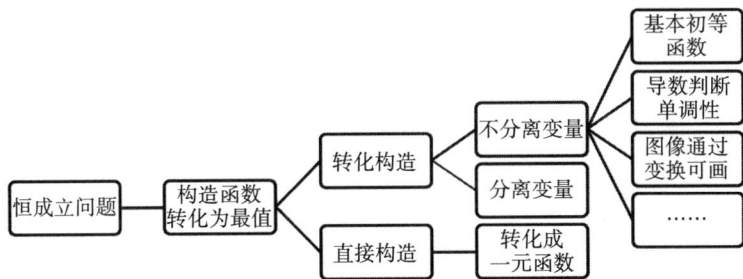

图7

方法1：因为当 $x \in (0, +\infty)$ 时，$f(x) \geq 1$ 恒成立，所以等价于 $f(x)_{\min} \geq 1$；

方法2：因为当 $x \in (0, +\infty)$ 时，$\dfrac{a \cdot e^x}{x} \geq 1$ 恒成立，所以 $a \cdot e^x \geq x$ 恒成立，所以 $a \cdot e^x - x \geq 0$ 恒成立，令 $F(x) = a \cdot e^x - x$，所以 $F(x)_{\min} \geq 0$；

方法3：因为当 $x \in (0, +\infty)$ 时，$\dfrac{a \cdot e^x}{x} \geq 1$ 恒成立，所以 $a \cdot e^x \geq x$ 恒成立，所以 $a \geq \dfrac{x}{e^x}$ 恒成立，令 $F(x) = \dfrac{x}{e^x}$，所以只需 $F(x)_{\max} \leq a$；

方法4：因为当 $x \in (0, +\infty)$ 时，$\dfrac{a \cdot e^x}{x} \geq 1$ 恒成立，所以 $a \cdot e^x \geq x$ 恒成立，所以 $\dfrac{1}{a} \geq \dfrac{e^x}{x}$ 恒成立，令 $F(x) = \dfrac{e^x}{x}$，所以只需 $F(x)_{\max} \leq \dfrac{1}{a}$。

为了完成上述转化，要把握两个关键：（1）针对问题的需要，合理地构造函数，找到问题转化的突破口；（2）通过整体规划，优化方法。"变形、再构造"以实现问题的深度转化。是整体规划的结构，使思路全面，通过适当分解和调配就一定能找到问题解决的突破口，使问题简单化、明确化。

五、建立知识结构，根据知识结构图上好试卷讲评课，进行题组训练，由点到面

高三很多时候是试卷讲评课，讲卷子，做卷子，最令老师和学生懊恼的是已经做过的题型甚至原题，仍然做错或不会做。根本原因还是在于知识体系没

有得到强化，这是发挥结构教学最好的时候。试卷讲评，不求面面俱到，抓住这套试卷要解决的主要问题，精选典型题，联系结构，以点到面。所以我在讲解试卷的时候对于典型题或学生出现问题较多的题型，采取拉出知识结构体系的方式训练。比如圆锥曲线部分，对于曲线上点的问题（见图8）。

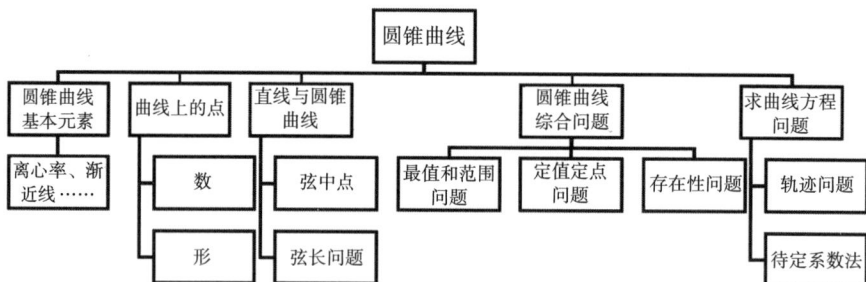

图 8

以圆锥曲线为例，要分析以下问题：

1. 这张卷子还有没有其他的圆锥曲线的题？

2. 该题是圆锥曲线的哪类问题？

3. 该题在圆锥曲线知识结构中相应的"坐标"是什么？

4. 当时没分析出来或错误的原因是什么？

5. 能把此题变化一下吗？变化条件、结论、引申等。

6. 老师补充一道或两道圆锥曲线知识结构中此卷未出但常考察且学生易错的题目。

7. 学生当即上黑板板演，分析。

特别是到了高三后期的复习（几次模拟训练）时候，要有一个由易到难，再由难到易的过程。使学生在形成完整知识结构的基础上，有一个良好的心理调适过程，进而在考试中发挥出最佳水平。

系统论告诉我们，系统地组织起来的材料所提供的信息，远远大于部分材料提供的信息之和。就数学而言，只有将各个单元和分散知识点，有机地纳入数学知识的整体结构之中，形成整体性的"认知框架"，才能显示其应有的活力。华罗庚说："学习数学一定要经过'由薄到厚'和'由厚到薄'的过程。"这里的"由薄到厚"是学习、接受的过程，"由厚到薄"是消化、提炼的过程，这里的"由薄到厚"理解为由知识结构发散引申、更好地理解知识，"由厚到薄"的过程归纳概括，升华，将知识系统化。只有同时经历这两个过程，学生才能达到融会贯通，透彻理解。

　　著名心理学家布鲁纳说："不论我们选教什么学科，务必使学生理解各门学科的基本结构。经典的迁移问题的中心，与其说是单纯地掌握事实和技巧，不如说是教授和学习结构。"可见，高三复习中应注重知识结构教学，帮助学生建立相应的知识构图，这对提高学生学习兴趣和学习效率是十分必要的。

探究导向的概念教学例谈

——以方差的概念教学为例[①]

魏海楠

数学概念教学是数学教学的核心部分，理解数学概念及其概念形成过程中蕴含的思想方法是学会思考问题、解决问题的最好途径，概念课要引发学生深度的思考，形成实质性的理解，以探究为导向，形成真正理解的概念。因此，上好每一节概念课对培养学生核心素养具有举足轻重的影响。本文以方差的概念教学为例，探讨探究导向的概念教学。

一、教材、教法分析

（一）方差教学之"困"

1. 教学现状之"困"

教师受升学考试的影响，不重视对统计学知识的教学，急于赶进度，不认真钻研教材、设计教法，过程过于简化，结论过于直接，无疑丧失了初中概念课教学的一个契机。

学生对统计方法还不习惯、不适应，而方差的计算繁杂枯燥且易出错，这更是雪上加霜。他们往往由于缺乏认真耐心的态度而退却，从而无法实现概念的巩固与深化。

---

① 本文系北京市教育科学"十三五"规划课题《stem+ 背景下综合课程开发和实施的实践研究》（课题编号 CDDB19277）研究成果之一。

2. 知识体系和学生认知基础之"困"

方差是衡量一组数据波动大小的特征数，与平均数、众数、中位数等不同，学生几乎没有相关的认知基础，他们难以理解数据的"波动"，对引入方差的学习不理解、不认可。

方差的定义抽象复杂、逻辑性强，这与以形象思维为主的初中学生距离很大，冗长的公式，又增加了学生记忆的困难。

方差用"S^2"表示，与学生知识结构中诸多表示符号不协调，这是知识本身造成的困难。

总之，学生学习方差的现状是，大多数学生不能真正地理解方差是什么以及为什么学习方差。

（二）初中"统计学"中"方差"的地位

本节内容是继平均数、中位数、众数、极差等之后出现的新的概念——方差，它反映的是一组数据的离散程度，在实际应用中，刻画的是一组数据围绕平均值的变化波动情况，也就是反映一组数据的稳定性，在实际生活中和统计学中有广泛的应用。

本节课的教学设计需要充分挖掘方差概念中蕴含的几个关键点：（1）选择一个参照数据（平均数，类似的工具：中位数）刻画每个数据的离散程度；（2）离散程度本质无关正负，因此用平方化解（类似的工具：绝对值）；（3）认识到数据的多寡问题无关大局，这一问题可以通过平均数化解。

只有看到这一概念中的几个关键点的本质，才能更容易看到学生在探究方差概念中的教学价值。

（三）方差概念的教学内容

1. 为什么学习方差

前面已经学习了反映数据集中趋势的统计量：平均数、中位数、众数，这些知识已经不能解决实际问题，比如挑选队员，是实际生活的需要。

2. 方差是什么

方差是用来描述数据离散程度的量，描述实际问题的稳定性（波动性）。

3. 学生如何得出方差的概念

教师引领学生亲历实际问题的认知冲突，不断抽象、概括、推理探究而来。

4.探究方差过程的作用意义

在知识的形成过程中，通过学生思维的碰撞、探究，促进学生思维能力的提高，从而发展学生的创造、创新能力。

二、方差概念的设计构想

本节课以实际情景为背景（射击队挑选队员参赛），以活动探究为主旋律，充分考虑学生原有认知体系，形成学生认知的矛盾冲突（原有知识和方法不能解决活动中的问题），激发学生探究的动力和兴趣，让学生体会到数学来源于生活、数学应用于生活。

本节课以建模思想为主线，始终强调"让数据说话"，引导学生探究数据所能包含的信息，设计挑选的方案，明确"选拔标准"，然后探究数学计算模型（算法），由学生自主建构形成方差的概念。

本节课采用问题驱动的方式展开，教师通过恰当的问题设置，从制定选拔标准到明确算法，从已知方法到探究新方法，从等样本容量到不等样本容量……使得教学环环相扣，步步为营，自然过渡，引导学生自主探究。

三、教学实施过程再现

（一）方差概念的探究

1.问题引入，形成认知冲突

情景（问题）1：中国奥运冠军第一人，奥运英雄许海峰任中国射击队总教练以来，培养出了很多的优秀队员，赢得了许多的世界冠军，可是他也有烦恼，因为甲、乙两名队员都很优秀，现只能挑选一名队员参加比赛。如果你是助理教练，出出主意，说说你挑选参赛队员的方法和依据。

生1：看总分（平均分），总分高的去。

生2：看看他们的极差。

师：好，非常好！用我们学过的知识和方法来判断，用数据说话。

问题2：下面是甲乙二人的一次比赛成绩（见表1），依据这次成绩，请用你的标准来计算一下，看看让甲乙二人谁去？

表 1　甲乙二人的一次比赛成绩

	第一次	第二次	第三次	第四次	第五次	第六次	第七次	第八次	第九次	第十次
甲中环数	9.5	9.8	9.8	9.9	10	9.6	9.8	9.8	9.8	10
乙中环数	10	9.6	9.5	10	9.9	10	9.6	9.6	10	9.8

生 1：$\bar{x}_甲$=9.8，$\bar{x}_乙$=9.8，它们的平均数相同，它们的极差也一样。

师：甲乙的计算结果数据都一样，这个标准，不能挑选出来怎么办？

设计意图：

（1）以中国奥运冠军第一人许海峰当教练的烦恼，为实际背景引入，有很强的带入感，把学生带到实际问题中，激发学生的探究兴趣，探究数学模型，"让数据说话"解决问题。

（2）调动学生原有的知识经验，设计挑选的办法和方案，利用原有的"标准"和"数学算法"不能挑选出队员，形成认知矛盾冲突，激发学生进一步探究。

2.探究新标准，寻求新突破

师：继续研究所给的数据，调整我们挑选队员的思路和标准，并探究新标准的数学算法。

生 3：在平均分相同的情况下，以高于和等于平均分所占的百分比为标准。

生 4：在平均分相同的情况下，以满分次数多为标准。

生 5：在平均分相同的情况下，看稳定性。

师：我们的思维还是很活跃的，给出这么多的标准，都有道理，学生 3 和学生 4 的数学算法也比较简单。我想问一下，学生 3 和学生 4 的标准可以把队员选出来，会不会有让其他队员不服气的地方？

生 6：会的，因为平均分相同，高分或满分多，必然会伴随低分多，或很低分的情况，也就是发挥不稳定，成绩忽高忽低。

问题 3：

师：两位同学都提到了稳定性，那么稳定性又该怎么刻画呢？数学算法是什么呢？

设计意图：

给学生时间和空间，让学生独立思考，继而小组讨论后，逐步明确问题所在和解决方法，构建最近发展区，交流新想法，形成新的冲突，使得探究问题的方向不断聚焦。

3. 刻画稳定性，探究新算法

问题4：

师：请大家结合自己已有的经验，可以利用老师提供的坐标系，探究一下如何刻画描述选手的稳定性。（独立思考4分钟，小组交流1分钟）经过独立思考、小组交流后，大致有如下几种思路：

生7：以9.8平均值为标准，超过的记正数，低于的记负数，正负相抵，9.8记为0，看接近0的个数。个数多的稳定。

生8：以极低分的个数为标准，个数少的稳定。

生9：每个数都和平均值9.8做差，再把差值相加，差值小的波动小。

生10：以9.8（平均值）为基线，求每个数据与平均数差值的绝对值，再求绝对值的和，和小的稳定。

师：请你们选择一种方法计算一下，体验一下是否可以刻画稳定性，并指出存在的问题和亮点。

生11：学生7的算法，选甲参加比赛，我认为这种算法虽然可以粗略地描述波动性，但按个数来算不够精确，会不会出现个数一样或其他情况？

生12：学生9的算法不可取，他们算完以后，甲乙两组数据和为0，描述不出想要的结果。

师：两位同学表达得很精彩，有自己的理解，现在我们关注一下，和为0，你认为什么原因造成的？

生12：结合我画的图像（见图1）可以看出，超过平均值的正数和低于平均值的负数恰好抵消，所以和为0。

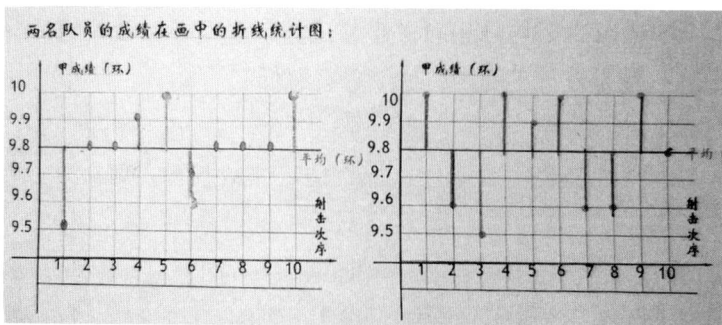

图1　学生绘制的辅助图

师：生 12 结合图像说明了生 9 的算法不可取，非常好地利用了数形结合思想。生 9 是不是试图表达波动性？虽说不成功，但也是迈出了一大步！

师：给大家留一个作业，用推理的方法解释这种算法的和为什么为 0。如何回避 0 的产生呢？

生 13：老师，学生 10 的算法可以回避抵消为 0，用上面差值的绝对值可以刻画稳定性（波动性），经过计算，甲的值小，说明甲稳定。不过从图中就可以看出甲更稳定些。

师：说得非常好！我们找到了一种刻画稳定性的方法，用各个数据和平均值的差值的绝对值和来表达稳定性，和值越小，说明越稳定！我们也发现数形结合更能帮助我们认识问题，探究思路，解决问题。到目前为止，你们还有其他刻画稳定性的方法吗？

生 14：我认为用差值的平方和也可以描述波动性（稳定性）。

师：太好了！绝对值和平方都是利用自身的非负性，表达波动恰如其分。

师：让我们一起来梳理一下我们的思维轨迹。

（1）问题的认识过程：

平均数相同→稳定性→差值的和（不能刻画）

平均数相同→稳定性→差值绝对值的和（可以刻画）

平均数相同→稳定性→差值平方的和（可以刻画）

（2）对"差值的绝对值和"与"差值的平方和"的认识：

两者都可以刻画数据的稳定性，计算结果越大，说明数据与平均值的偏离程度越大，越不稳定。

不同的是，"差值绝对值的和"是以"偏离距离的和"来刻画，而"差值平方的和"是以"偏离距离的平方和"来刻画，所以后者对计算结果有放大作用，突出波动性。其次，平方的计算在理论演绎（推理变形）上要比绝对值的计算简单，所以后者更有优势。

设计意图：

（1）在此过程中，培养学生"形"与"数"的转化意识，体会数形结合解决问题。

（2）学生重新制定挑选队员的标准，创造性地发掘"稳定性"，并用数学算法来刻画，在此认识和探究的过程中，不断地提升学生利用所学知识、解决新问题的能力，发展学生的思维，这个地方是本节课最为重要的环节，意义重大。

4. 变化情景信息，形成方差概念

情景2：为了减少选拔优秀运动员参加比赛的偶然性，以某个赛季的7次比赛总成绩为依据进行选拔，数据如表2所示。请你帮助教练选拔队员，并说明理由。

表2　甲乙七站比赛成绩

	第一站	第二站	第三站	第四站	第五站	第六站	第七站
甲命中环数	96	98	缺席	98	98	100	98
乙命中环数	100	96	100	96	98	98	98

问题5：

师：请你说明前面的探究的成果可不可以使用了？为什么？说明理由。

生15：不可以使用前面的结论，因为两名选手的数据数量不同，这样不公平。

师：你有什么办法吗？

生15：我觉得可以考虑求他们的平均值，这样就公平了！

师：非常棒的想法！因为考虑到数据量的不统一，用平均值可以化解这个矛盾，可以是差值绝对值的平均值，也可以是差值平方的平均值。

我们采用差值平方的平均值来挑选队员，把计算的原理用公式表达出来就是数学家们定义的"方差"（板书）：

对于一组数据 x_1，x_2，$x_3 \cdots x_n$ 来说，

$S^2 = [(x_1 - \bar{x})^2 + (x_2 - \bar{x})^2 + (x_3 - \bar{x})^2 + \cdots + (x_n - \bar{x})^2]$ 叫作这组数据的方差。

设计意图：

（1）让学生体会用"差的平方值的平均数"表示波动的好处是不受统计次数的影响，可以比较样本容量不同数据的稳定性。

（2）以实际问题为背景，学生经历了方差概念的探究过程和应用过程，有利于理解方差公式的含义。

5. 回顾反思，加深认识

师：回顾一下方差概念的探究过程：

（1）概念探究的思维过程如图2所示：

选择（均分相同）$\Rightarrow$ 稳定性 $\Leftrightarrow$ $\begin{cases} \text{差的绝对值和} \\ \text{差的平方和} \end{cases}$ $\Rightarrow$ $\begin{cases} \text{差的绝对值平均值（变形不方便）} \\ \text{差的平方和平均值} \end{cases}$ $\Leftrightarrow$ 方差

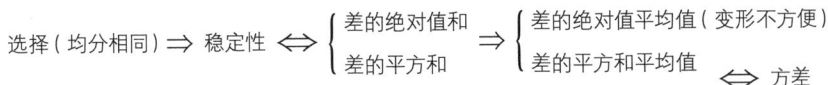

图2　概念探究的思维过程

（2）方差的作用：方差用来衡量一批数据的波动大小（即这批数据偏离平均数的大小）。方差越大，说明数据的波动越大，越不稳定。

（3）数学本质：方差是一个平均值。

（4）计算步骤：先求一组数据的平均值，再代入公式求出方差，解决挑选队员的问题。

设计意图：

整体认识方差概念的形成过程、意义作用、数学本质，以及计算公式和步骤。促进学生对探究过程的再认识，提高学生的实际获得。

（二）方差概念的应用（略）

四、教后反思

（一）概念课的主旋律是让学生参与概念本质特征的概括活动

本节课的流程如图3所示。

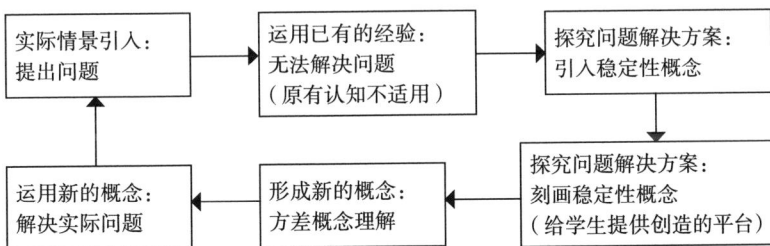

图3

课程全程从一个实际生活情境开始，学生全程参与过程中，发现已有知识不能解决新问题，形成新的认知矛盾冲突。经过同学们的探究，不断地解决冲突，深刻地理解方差的形成过程，学生创造性地解决了各个认知冲突，得到了成功的体验，通过认知冲突的探究，也激发了学生学习的兴趣和热情。

（二）让数学概念成为学生的思维方式

知识是教学的载体，培养学生理解知识的数学思维能力是课堂教学中最为重要的任务。因此，在进行教学前，授课教师一定要明确这节课要教的数学思维是什么，在教学实践中，要在如何从思维层面教会学生进行不懈的探索。

思维是可以教的。要想把物质化的知识通过我们的教学活动，转化为学生精神层面的思维能力，一定是经历了数学概念内化的过程。这种内化不是操作层面的教学活动所能实现的，而是要经过学生大脑的思维活动的。理解知识就是要让学生能够用数学概念想明白，并能够用数学概念说清楚；研究问题就是要让学生能够按照逻辑去解决问题。

（三）不忘数学教育的初心，追求概念教学的本来面目

数学教育的初心是通过数学育人，以数学知识为载体，通过数学的实践活动（观察、分析、抽象、概括、建立模型等），培养学生的理性思维，形成数学能力。尤其是在概念教学中，许多教师走过场，以解题教学代替概念教学的现象比较普遍，忽视概念教学的价值。

我们一定要在概念教学时"不惜时，不惜力"，这是因为概念教学蕴含了最丰富的创新教育素材，数学是"玩"概念的，数学是用概念思维的，在概念教学中养成的思维方式、方法迁移能力也最强。

在数学教学中借助 GeoGebra 建构认知冲突的案例研究

白 杰

一个学生是否具有数学核心素养，不是指具体的知识与技能，而是指能够反映数学本质与数学思想，在数学学习过程中形成的具有综合性、阶段性、持久性的一种数学能力。而这样的数学能力来自学生日常学习中是否能形成思考、质疑的习惯，而不是全盘接受所学习的知识。因此在数学教学过程中，教师要善于激发学生的思考，引发学生的认知冲突，师生共同探究，在"冲突—适应—再冲突—再适应"的不断循环中提高学生的核心素养，为学生可持续发展奠定坚实的基础。

瑞士心理学家皮亚杰认为，认知冲突是学生在认知发展过程中发现原有认知结构与现实情境不符时在心理上所产生的矛盾或冲突，是一种认知不平衡。面对这样的不平衡，个体通过同化或顺应两种方式来达到认知平衡，认知不平衡有助于学生建构自己的知识体系，正是这样的两个过程促进了学生思维的发展，提高了学生的核心素养。

《论语》里"不愤不启，不悱不发"中的"愤"和"悱"精准地刻画了认知冲突产生时学习者的状态——"心求通而未能，口言语而不得"，这种状态能够帮助迅速打开"自我系统"这一学习的大门，并进一步激发学生主动思考和建构，促进意义学习的发生。

为了能够更快捷、更加准确、更强刺激地推送给学生这样的不平衡，笔者通过几例课堂教学实例，尝试着借助 GeoGebra 软件（以下简称 G 软件）改变已有的教学顺序，增加教学内容为学生创造不平衡的状态，以期学生通过同化与顺应的过程能够更加深入地掌握数学知识的本质，发展数学思维，提高数学素养，为今后的可持续化学习打造坚实的基础。

一、案例一：斜看双曲线教学案例节选——同化适应

在实施教学过程前，分析学生已有的认知结构为：反比例函数相关知识及初中数学中有关图形旋转的知识；双曲线定义、标准方程和几何性质。新的刺激情景为：反比例函数的图像是否是双曲线。

教学设计如下。

（一）设置情境环节

情境：四边形 $ABCD$ 是一个城市平面图（图略），某快递公司的仓库位于 M 点，A 和 B 为两个转运点，MA 和 MB 为通往城市的两条公路，运送过程如图所示（图略）。经测量，$MA=\sqrt{2}\,\mathrm{km}$，$MB=3\sqrt{2}\,\mathrm{km}$。快递公司在城市中划出一条边界线，边界线上三个点的坐标为 $(\frac{1}{3}, 3)$，$(\frac{1}{2}, 2)$，$(1, 1)$。请你猜测边界线的解析式是什么，并分析一下这条边界线的作用。

本环节设计意图：通过实例引入反比例函数。学生很容易判断出这是双曲线，但是对于这条曲线的作用学生却很难理解，既有的反比例函数知识不能够解决这样的问题，由于之前学习过了双曲线的相关知识，因此，学生会产生模糊的、初步的思考：这会不会是双曲线？

（二）旧知新问环节

引导学生分析反比例函数图像的特点。

学生提出质疑：反比例函数图像的特点与已经学习过的双曲线十分类似，那么它们之间有什么关系呢？反比例函数图像会不会也是双曲线呢？

学生动手操作：

（1）绘制函数图像和原点坐标（见图1）。

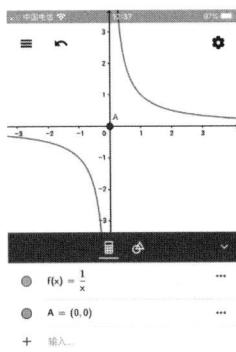

图 1

（2）在基本工具中选择旋转功能（见图 2）。

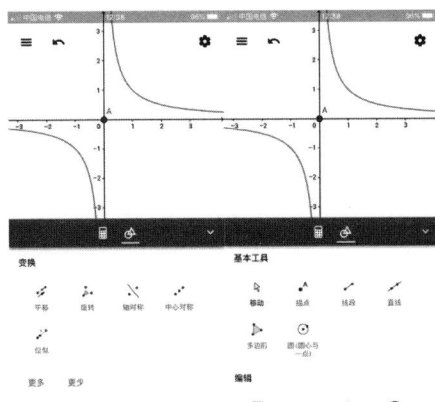

图 2

（3）选取旋转中心和函数图像（见图 3）。

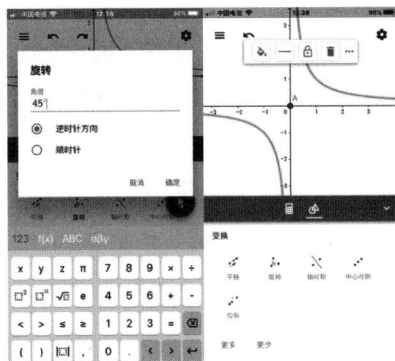

图 3

（4）根据顺时针或逆时针旋转得到图像（见图4）。

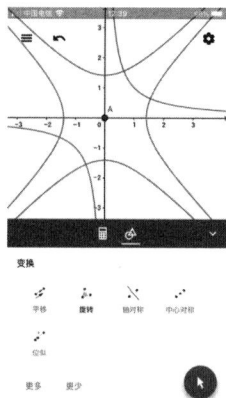

图 4

学生再次质疑：那么我们该怎么说明反比例函数图像也是双曲线呢？

本环节设计意图：通过对图形的分析，以及利用 G 软件进行快速验证，学生发现反比例函数图像与双曲线重合。G 软件及时准确的检验，坚定了学生的信心，也激发了学生同化的欲望，帮助学生能够集中精力进行同化过程。

（三）探究证明环节

方法一：合情推理，定义证明。

（1）引导学生利用双曲线定义进行证明，即检验反比例函数图像上的点是否满足了定义的几何条件；

（2）引导学生通过双曲线的几何性质猜测在反比例函数中的两个定点；

（3）引导学生发现反比例函数的对称轴是发现两个定点的核心。

方法二：坐标旋转，标准方程。

（1）引导学生从代数的角度证明反比例函数图像与我们刚学的双曲线是一类曲线；

（2）引导学生求解一下反比例函数图像绕着原点顺时针方向旋转了 45° 的方程，看看是不是我们学过的双曲线方程；

（3）引导学生找到所求曲线上任意一点为 $P(x, y)$，与该点绕原点逆时针旋转 45° 所得到的点 $Q(x_1, y_1)$ 坐标之间的关系；

（4）引导学生通过不变量找到坐标之间的关系，或者利用旋转的观点找到坐标之间的关系。

本环节设计意图：无论使用哪种方法都是知识迁移过程和解题思维过程的再现，是知识应用的同化过程，学生经过消化和吸收把新知识有效地整合于已有的认知结构中。当学生把新知识和已有的知识用有意义的方式联系起来的时候，不仅能推动数学思维的发展，还能把对知识的理解上升到新的层次，在新的情境中将用得更快。同化的潜意识也逐渐深入学生内心，为今后的学习奠定坚实的基础。

二、案例二：导数的概念之曲线切线的斜率节选——顺应适应

在实施教学过程前，分析学生已有的认知结构为：求解圆的切线方程以及抛物线切线方程的判别式法；圆的面积推导方法及极限思想初步理解；解析几何基本思想。新的认知结构为：曲线切线的定义及其求解方法。其中，学生的认知困难为：一方面，学生对切线的理解仅限于初中圆的切线，另一方面，学生在高一物理学习中对切线产生了模糊认识，但对二者之间不能进行同化。

教学设计如下。

（一）发现冲突环节

引例 1：求函数 $y=-\dfrac{2}{x}$ 在点 $P(1, -2)$ 处的切线方程。

　　解：设切线方程为 $y+2=k(x-1)$，联立方程组，消去 y 整理可得：

　　$kx^2-(k+2)x+2=0$

　　当 $\Delta=0$ 即 $k=2$ 时，所求切线方程为 $y=2x-4$。

反思：你的思路是什么？依据是什么？

预设答案：切线与曲线只有一个交点，转化为联立方程后 $\Delta=0$。

质疑：同学们还有什么疑问吗？

预设①：当 $k=0$ 时，直线 $y=-2$ 与曲线只有一个公共点；

预设②：斜率不存在，直线为 $x=1$ 与曲线只有一个公共点。

冲突：这三条直线到底哪几条是切线？

学生动手操作：

（1）绘制函数图像和切点坐标（见图 5）。

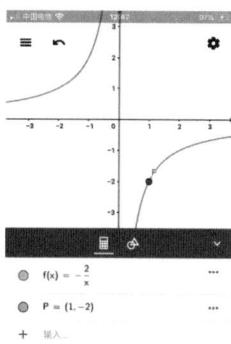

图 5

（2）在基本工具中选择切线功能（见图 6）。

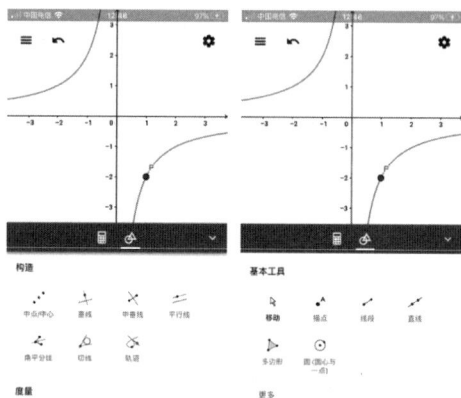

图 6

（3）选取切点和函数图像（见图 7）。

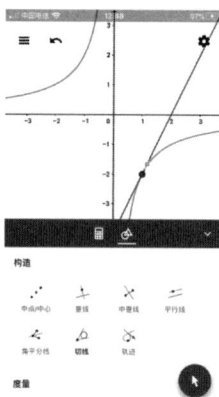

图 7

（4）得到切线方程（见图 8）。

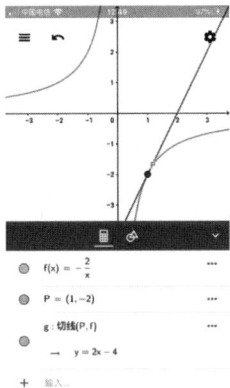

图 8

思考：只有直线 $y=2x-4$ 是曲线的切线，问题出在哪里了呢？

预设发现：曲线与直线有一个公共点同直线与曲线相切不等价；求圆的切线的方法不适用于其他曲线；不能用公共点的个数确定切线位置。

引例 2：求函数 $y=x^3$ 在点 P（1，1）处的切线方程。

学生动手操作（见图 9）：

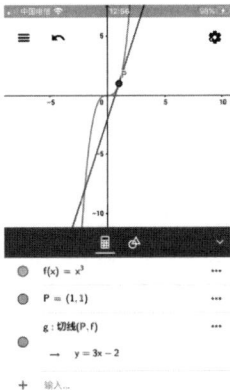

图 9

思考：发现该切线与曲线不仅仅有一个公共点，问题出在哪里了呢？

预设发现：不能用公共点的个数确定切线位置。

本环节设计意图：内部认知的改变，以适应现实，叫作顺应。利用 G 软件快速作图，学生发现以往求解切线的方法或者说对切线的理解不能够解决新的问题甚至出现了错误。使学生产生了强烈的不平衡，发现同化已经无法解决问题，必须要探索新的方法解决问题，大大激发了学生顺应的欲望。

（二）探究新知环节

如何确定切线的位置？

启发：反思引例1中的三条直线之间有什么区别。

引导：从数的角度挖掘本质，Δ=0 的含义是两个相等实根，在形中的体现是两个重合的交点。

反思：我们在哪里运用过类似的方法？

预设答案：割圆术。

切线定义：曲线上割线的极限位置为切线。

探究：利用新定义是否能解决前面的问题呢？

引例1解：

设点 $P(1, -2)$，Q 点 (x_1, y_1)，

其中 $y_1 = -\dfrac{2}{x_1}$，则割线 PQ 的斜率为 $\dfrac{y_1 - (-2)}{x_1 - 1} = \dfrac{-\dfrac{2}{x_1} + 2}{x_1 - 1} = \dfrac{2}{x_1}$

当动点 Q 沿双曲线逐渐向点 P 靠近，

即 $x_1 \to -1 \to 0$ 时，即 $x_1 \to 1$ 时，$\dfrac{2}{x_1} \to 2$，则 2 为切线的斜率。

引例2解：

设点 $P(1, 1)$，设 Q 点 (x_1, y_1)，其中 $y_1 = x_1^3$，

则割线 PQ 的斜率为 $\dfrac{y_1 - 1}{x_1 - 1} = \dfrac{x_1^3 - 1}{x_1 - 1}$

令 $x_1 - 1 = \Delta x$，$y_1 - 1 = \Delta y$，

设点 $P(1, 1)$，设 Q 点 $(1 + \Delta x, 1 + \Delta y)$，其中 $1 + \Delta y = (1 + \Delta x)^3$。

则割线 PQ 的斜率为 $\dfrac{(1 + \Delta y) - 1}{(1 + \Delta x) - 1} = \dfrac{(1 + \Delta x)^3 - 1}{\Delta x} = 3 + 3\Delta x + \Delta x^2$。

当动点 Q 沿双曲线逐渐向点 P 靠近，即 $\Delta x \to 0$ 时，$3 + 3\Delta x + \Delta x^2 \to 3$，则 3 为切线的斜率。

形成概念：根据上面的实例，对于一般函数 $y = f(x)$ 在 $x = x_0$ 处的切线斜率该怎么表示呢？

曲线切线的斜率：设 $P(x_0, y_0)$，$Q(x_0 + \Delta x, y_0 + \Delta y)$ 为曲线上两点，

其割线 PQ 的斜率为 $\dfrac{\Delta y}{\Delta x} = \dfrac{f(x_0+\Delta x)-f(x_0)}{\Delta x}$。

当 $\Delta x \to 0$ 时，$\dfrac{\Delta y}{\Delta x}$ 趋近于一个确定值，这个确定值就是曲线在 P 点处切线的斜率，记为：$\displaystyle\lim_{\Delta x \to 0}\dfrac{\Delta y}{\Delta x} = \lim_{\Delta x \to 0}\dfrac{f(x_0+\Delta x)-f(x_0)}{\Delta x}$。

本环节设计意图：顺应包括两个方面：一是把原有的认知加以改造，使其可以接纳新的事物；二是创造一个新的认知，以接受新的事物于之中。通过本环节的师生共同讨论，我们实际上是将利用一个公共点求解切线方程的方法进行了改造，使其能够求解更多曲线的切线方程。在这个过程中，学生实际上是对切线理解上发生了质的变化。顺应的过程使学生更加深刻地理解要能够不断更新自己的认知，只有这样才能解决更广泛的问题，同时，也能够更加深刻地体会顺应的重要性。顺应的潜意识也逐渐深入学生内心，为今后的学习奠定坚实的基础。

通过上面两个案例分析，能够说明 G 软件在激发学生"同化与适应"中起到了积极的作用，下面的案例三起到了关键作用。

三、案例三：线性回归方程节选——顺应适应

（一）初步探究环节

为了了解数学学习与物理学习之间的关系，我们使用同学们某次考试的成绩来对学习效果进行衡量，得到了一组样本数据，如表 1 所示。

表 1

| 数学 | 24 | 36 | 43 | … | 125 | 133 | 142 |
| 物理 | 32 | 42 | 49 | … | 80 | 85 | 88 |

请同学们利用所学知识进行分析。

学生动手操作：

（1）利用 G 软件作出散点图并对其进行分析（见图 10）。

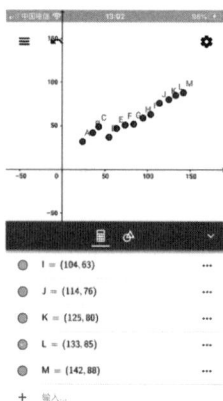

图 10

提出问题：如果一名同学想估计数学 102 分时，物理能够得到多少分，或者估计一下数学提高 50 分后物理提高多少分，该怎么办呢？

（2）利用 G 软件画出回归直线并求出回归直线方程，在基本工具中选择最佳拟合直线功能，然后选中左右的散点，便可得到回归直线方程（见图11）。

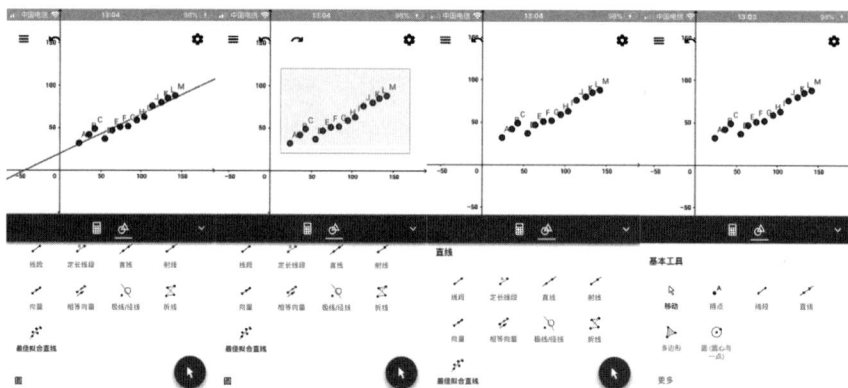

图 11

（3）调整精确度后得到回归直线方程（见图12）。

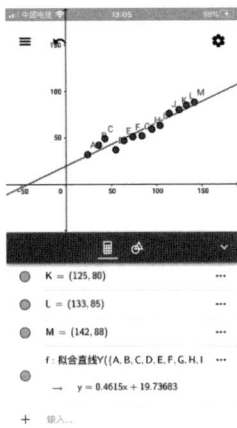

图 12

解决问题：以数学成绩 102 分为例，代入回归方程 $\hat{y}=0.461x+19.73$ 得到的物理成绩约为 66.75。

再次提出问题：如果物理提高 1 分，相应地数学提高多少分呢？

方案 1：根据上面问题的结论 $\hat{y}=0.461x+19.73$ 或 $y=0.461x+19.73$，

可得 $x=2.169\hat{y}-42.80$ 或 $x=2.169y-42.80$，

所以物理提高 1 分，相应的数学提高 2.169 分。

方案 2：利用 Geogebra 求出物理成绩对数学成绩的回归方程。

学生动手操作（见图 13）：

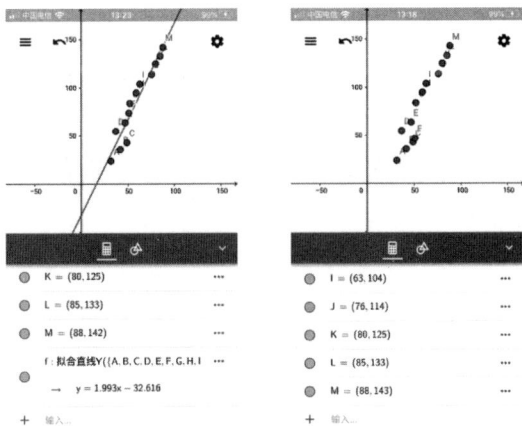

图 13

可得回归方程 $x=1.993\hat{y}-32.62$ 或 $x=1.993y-32.62$，

所以物理提高 1 分，相应地数学提高 1.993 分。

本环节设计意图：通过两个预测问题，引导学生寻求回归方程。学生利用 G 软件得到了回归直线方程，并进行预测。上面的设计也产生了新的问题：有了 G 软件后我们还需要知道回归直线是怎么来的吗？回答当然是肯定的，这不仅是因为知其然还要知其所以然，更是因为探究回归直线的过程非常重要，它体现了最小二乘法的科学性、合理性，同时体现了依据目的选择估算方法的统计思维，这也是本节课的一个重要目标。根据以往的教学经验，学生容易出现等靠要的现象，在有了 G 软件后，设计了新的问题，G 软件能够迅速引发学生认知冲突，强烈的刺激能够让学生在欣喜过后冷静下来，这样可以使学生积极主动地去探究回归方程。为此，我采用了学生动手实践、师生共同质疑的教学方法。

（二）深入探究环节

学生活动：哪一个方案更加准确呢？

引导：我们就必须探究一下 b 是怎么得到的，为此我们必须探究一下回归直线是怎么确定的，进而才能求解直线方程，那么也就可以得到 b 了。

活动过程：略

总之，熟练掌握 G 软件的使用，作为现代教师的一个必备技能，能够帮助教师改变以往的教学模式，充分调动学生学习的兴趣和积极性，同时对于提高课堂效率起到了至关重要的作用，这些都符合新课程理念对教师的要求。做好一个适时微调学生学习方向的指路者和客观评价学生学习过程中闪光点的旁观者，能够更好地提高学生的学科素养、培养学生的探索精神。同时，借助 G 软件可以帮助教师改变以往的教学顺序，为学生搭建更加自然更加明显的认知冲突，让学生更加理解同化与顺应的过程，为学生学习提供了更广阔的平台，在此基础上，学生如果也能够在教师的指导下熟练使用 G 软件，将为学生可持续学习、终身学习奠定坚实的基础。

"总体离散程度的估计（第1课时）"教学设计及反思

刘　进　张如意

一、教学内容分析

"总体离散程度的估计"共设计2课时：第1课时，方差和标准差的概念和统计含义，总体方差或标准差的估计；第2课时，方差和标准差相关公式的推演、分层数据方差的计算、标准差与平均数结合应用案例。这里给出第1课时的教学设计。

学生在初中已经知道方差可以刻画数据的离散程度，并会对简单数据计算方差，高中时需要在此基础上理解方差的统计含义，对方差定义的合理性有所体会，需要根据具体问题选择恰当的特征数来刻画数据的离散程度，教师需要向学生渗透用样本的方差和标准差估计总体的方差和标准差的思想。

二、教学目标设定

一是通过实例，理解极差、方差、标准差等离散程度参数的统计意义。

二是掌握用样本的离散程度参数估计总体的离散程度的方法，体会样本估计总体的统计思想，发展数据分析素养。

三、教学问题诊断分析

学生在初中已经学习过方差的概念，了解方差可以刻画数据波动程度，但是对于概念形成过程和统计意义认识不够深刻。统计学采用的是归纳推理，样本的随机性造成统计结果的不确定性，思维方式的转变需要一个过程。

根据以上分析确定本节课的重难点是对方差、标准差统计意义的理解。

四、教学支持条件分析

使用 GeoGebra 软件验证研究结果，动态呈现分组数据的平均数和方差。

五、教学过程设计

（一）实例分析，探究概念

引入：在本章我们已经学习了利用随机抽样来获取样本数据，利用统计表、统计图描述样本取值规律，利用平均数、中位数和众数来刻画样本的集中趋势，而这些研究的目标是用样本估计总体。请分析以下实例，并作出判断。

问题1：假如你是一位省队教练员，现在要从某基地推荐的两名射击运动员中选择一名加入省队，你将如何选择？

师生活动：经分析，首先要获取数据。

预设：方案1，调取两名运动员之前的训练成绩数据；方案2，现场测试，得到成绩数据。

教师总结：本质上都是随机抽样，用样本估计总体。

设计意图：以实际问题为背景，使学生迅速进入情境，复习获取数据方法的同时，渗透用样本估计总体的思想。

问题2：在现场测试中两名射击运动员各射靶10次，每次命中的环数如表1所示。

表1

| 甲 | 7 | 8 | 7 | 9 | 5 | 4 | 9 | 10 | 7 | 4 |
| 乙 | 9 | 5 | 7 | 8 | 7 | 6 | 8 | 6 | 7 | 7 |

你如何对两名运动员的射击水平作出评价？

师生活动：以小组为单位，分工合作完成数据分析，选一个小组进行汇报。

预设：

发现甲、乙两名运动员射击成绩的平均数、众数、中位数都是 7，从这个角度看，两名运动员之间没有差别。

通过画散点图、折线图或频率分布条形图等统计图观察，发现两组数据的离散程度不同，甲的成绩数据波动较大，乙的成绩数据波动较小。

利用初中学习的方差公式：

$$\frac{(x_1 - \overline{x})^2 + (x_2 - \overline{x})^2 + \cdots + (x_n - \overline{x})^2}{n}$$

计算方差可求得 $s_{甲}^2 = 4$，$s_{乙}^2 = 1.2$，$s_{甲}^2 > s_{乙}^2$，甲的成绩离散程度大，乙的成绩离散程度小，乙发挥更稳定。

追问 1： 从统计图可以看出数据的离散程度，为什么还要计算方差？

师生活动： 学生讨论用方差刻画离散程度的原因，教师总结。

预设： 利用统计图只能看出数据分布的大致规律，并不精确，方差是一个统计量，可以精确计算，也方便比较。

追问 2： 为什么方差可以刻画数据的离散程度？

预设：

（1）方差是运用"平均距离"刻画数据的离散程度，体现了每个数据与平均数的差异的大小。

（2）方差是将一组数据中的每个数据与平均值作差后再平方，消除正负抵消带来的影响；将平方和再除以个数，避免了数据个数多少带来的影响。

设计意图： 复习用统计图整理数据，用众数、中位数、平均数分析数据的集中趋势，用方差刻画离散程度等知识，为进一步理解方差和标准差的统计意义做准备。

问题 3： 除了方差，你还能想到或构造出其他刻画一组数据的离散程度的统计量吗？它们有什么优点和不足？

师生活动： 学生思考、讨论并分享，教师引导学生解释这些统计量的合理性，并讨论它们的优缺点。

预设：

（1）极差是数据的最大值与最小值的差，可以反映数据的波动范围，但是只用到了数据中的最大值和最小值，包含的信息量很少，刻画也不够精确。

（2）绝对差是每个数据与其平均数的差的绝对值的平均数，即：

$$\frac{|x_1 - \overline{x}| + |x_2 - \overline{x}| + \cdots + |x_n - \overline{x}|}{n}$$

也是利用"平均距离"刻画数据的离散程度，与方差的作用一样。绝对差公式中含有绝对值，不适合用代数的方法演算，所以应用受到限制。

（3）方差的算术平方根叫作标准差，标准差与原始数据的单位一致，在生产生活中应用更加广泛。

（4）在方差公式中用中位数代替平均数，以中位数为比较标准构造统计量：

$$\frac{(x_1 - x')^2 + (x_2 - x')^2 \cdots + (x_n - x')^2}{n}$$

其中，x' 为中位数，它和方差类似，也能够刻画离散程度，它与方差有什么区别呢？将方差公式中的平均数 $\overline{x}$ 换成参数 a，然后将公式运算整理：

$$\frac{1}{n}\sum_{i=1}^{n}(x_i - a)^2 = \frac{1}{n}\left(\sum_{i=1}^{n}x_i^2 - 2a\sum_{i=1}^{n}x_i + \sum_{i=1}^{n}a^2\right)$$

$$= \frac{1}{n}\sum_{i=1}^{n}x_i^2 - 2a\overline{x} + a^2$$

$$= (a - \overline{x})^2 + \frac{1}{n}\sum_{i=1}^{n}x_i^2 - \overline{x}^2$$

当且仅当 $a = \overline{x}$ 时运算结果最小，体现了最小二乘法原理。$\frac{1}{n}\sum_{i=1}^{n}x_i^2 - \overline{x}^2$ 是方差的另一种表达形式。

（5）每一项与前一项做差取绝对值再求平均数，构造统计量：

$$\frac{|x_2 - x_1| + |x_3 - x_2| \cdots + |x_n - x_{n-1}|}{n}$$

注意到了每个数据之间的差距，但是随着数据排列顺序改变而改变，不是定值。将数据排序比较麻烦，排序后去掉绝对值就是极差。

师生活动1：学生总结构建一组数据方差的过程，教师总结构造统计量的基本思想，先从直观想法出发，再讨论优缺点，然后逐步进行修正。

师生活动2：教师说明计算样本的方差和标准差是为了估计总体的方差和标准差，给出总体、样本方差和标准差的定义（略）。

设计意图：通过让学生构建刻画离散程度的统计量，重现标准差概念的形成过程，体会构造统计量的基本思想，加深对方差、标准差定义的理解，为后续学习更为复杂的统计量打下基础。

（二）深入研究，理解概念

问题 4：方差、标准差的取值范围是什么？如果方差和标准差为 0，数据有什么特点？

师生活动：学生自主探究并回答，教师进一步说明，方差和标准差都是刻画一组数据离散程度的指标，但是在解决实际问题中，一般多采用标准差，由于计算复杂，可以借助计算器或计算机帮助。

追问 1：已知测试运动员甲的成绩为：7，8，7，9，5，4，9，10，7，4。如果甲再射击一次，打出多少环时方差最小？打出多少环时方差最大？为什么？

师生活动：学生自主探究并回答，教师引导学生用数据说明道理。

追问 2：已知运动员乙 10 次射击打出 a，b，c 三种不同环数且 a，b，c 为连续整数，频率分别为 0.2，0.3，0.5。a，b，c 如何分布标准差最小？如何分布标准差最大？（给出坐标系和三种高度的矩形，让学生排布）

师生活动：学生自主探究并展示，教师引导学生用数据说明道理。

预设：

（1）高度最大的矩形在中间时标准差最小（见图 1），高度最小的矩形在中间时标准差最大（见图 2），因为平均数在中间，距离平均数近的数据多时标准差小，反之标准差大。

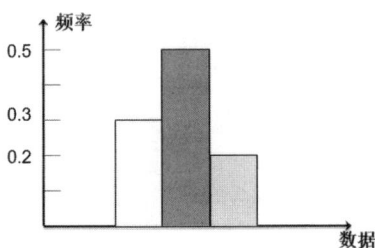

图 1

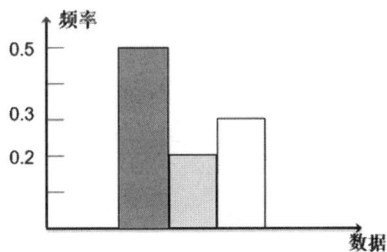

图 2

（2）标准差最小和最大还有一种情况，分别和图 1、图 2 呈对称分布（见图 3、图 4），标准差也分别和图 1、图 2 相等。因为呈对称分布时虽然平均数的位置发生了改变，但是数据与平均数的相对位置不变，也就是对应的差没发生变化，所以标准差不变。

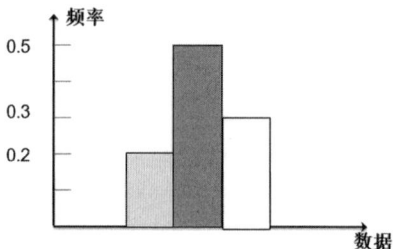 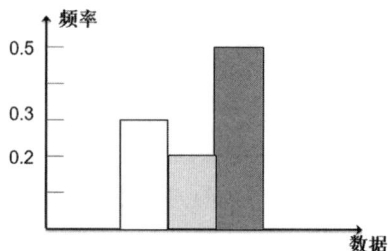

图3 图4

师生活动：教师用信息技术验证学生所得结论，拖动矩形改变位置，观察数值的变化（见图5、图6）。

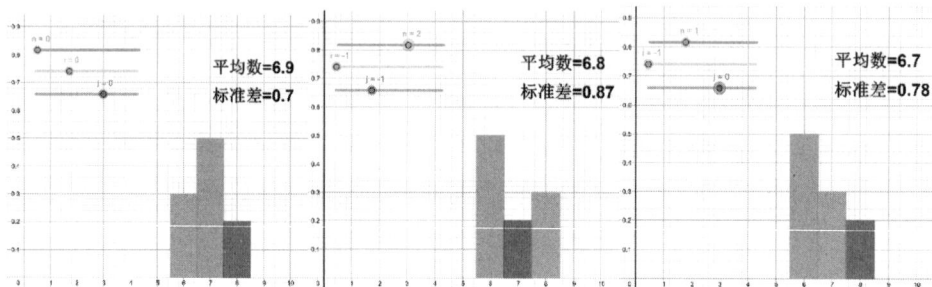

图5 三种分布标准差大小关系的验证

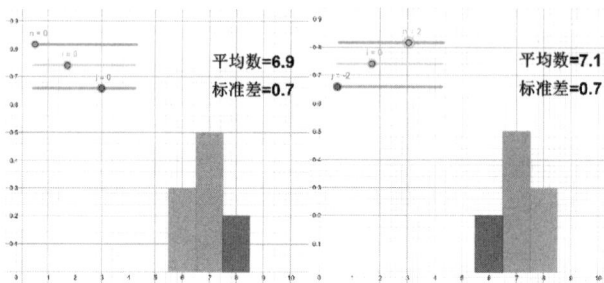

图6 对称分布标准差相等关系验证

设计意图：使用概念多元联系表示，为学生理解概念提供不同视角，多种途径探究数据分布变化对统计量取值的影响，进一步理解方差与标准差的统计意义。

（三）推断决策，应用概念

问题5：我们已经对两名运动员的测试成绩数据进行了分析，假如你是一名教练，应当作出怎样的选择？这种选择一定是成功的吗？

师生活动：学生各抒己见，教师和学生一起探讨选择的合理性，强调用样本估计总体。

预设：

（1）平均数一样，运动员乙发挥稳定，所以选乙。

（2）运动员甲高分比较多，更具有潜力，所以选甲。

（3）视情况而定，看团队缺少什么类型的运动员。

（4）两人平均成绩为 7 环，水平都有限，都不选。

有选择不成功的可能，因为样本具有很大的随机性，10 次射击可能反映不出两位选手的真实水平。

设计意图：在抽样的基础上作统计推断，为决策提供依据。鼓励学生提出不同见解，提升对数据的解释能力。引导学生正确认识数据分析结果，感受数据产生的随机性及统计方法的合理性，体会统计思维和确定性思维的差异。

问题 6：如果不比较平均数，只比较标准差，能否支持我们作出有效的决策？

师生活动：学生探讨、举例，说明标准差只能刻画数据的离散程度，不能确定数据的大致范围。举例说明平均数差别较大时只比较标准差是不能客观评价数据的。

预设：

（1）两组数据平均数有显著差别时，方差和标准差相同，数据水平显然不同。例如：1，2，3，4 与 5，6，7，8。

（2）两组数据平均数差别很大时，不能利用方差和标准差刻画离散程度。例如：1，2，3，4 与 1001，1002，1003，1004，此时可以采用变异系数比较。

设计意图：认识方差和标准差的局限和不足，促进学生利用多个统计量对数据作出评价，作为决策的依据。

（四）课堂小结

回忆本节课的内容，回答下列问题：（1）结合标准差的概念形成过程谈谈构造一个统计量的思想方法；（2）结合本课涉及的选拔射击运动员的实例谈谈如何利用统计思想解决生活中的问题。

师生活动：学生总结，教师补充。

设计意图：让学生谈收获，加深对本节课所学知识的理解。

六、教学反思

本节课以统计概念为抓手，通过解决一个选择射击运动员的实际问题，让学生系统经历获取数据、运用数学方法对数据进行整理、分析和推断，最后形成结论的过程，这正是数据分析素养的具体体现。

在形成概念阶段，让学生自己构造一个刻画离散程度的统计量，从统计直观到代数表达，讨论优势与局限，体会方差和标准差概念的合理性，也了解了构造统计量的思想方法。学生经历了这个过程，对统计方法和统计原理有所感悟，加深了对数据处理方法的理解。

在理解概念阶段，创设多样化情境，学生不仅能够计算方差比较离散程度，还能够在数据发生变化时感知统计量取值的变化，在数据以统计图表形式呈现时能够对数据中蕴含的信息作出正确判断，加强对数据本身的意识与感悟。

在应用概念阶段，让学生借助数据信息发现规律，作出决策和推断，体会数据分析在大数据时代的重要性，让学生认识到样本数据的获取具有随机性，根据样本数据作出决策有出错的可能，体会统计方法的合理性和统计结果的不确定性。

好风凭借力　送我上青云

——语文教学要与互联网联网

黄耀新

　　语文教学遇到互联网，就像笼中的鸟儿（离开鸟笼）遇到了天空。因此，我很早就开了辅助教学的博客，后来把这些放到博客上的内容转而放到班级的微信群里。

　　这些利用互联网进行的教学内容，大致有六项，为了下文提到不再特别交代，这里稍作解释。"师说新语"，与学生、家长交流的文章；"奇文共赏"，推荐给学生阅读的文章；"学海鳞爪"，我整理好的知识；"有病呻吟"，我的"下水文"；"信口此黄（不是雌黄）"，我的杂感；"七嘴八舌"，学生的文章。我的教学思想、教学风格、教学主张和教学策略，于此可见一斑。

一、教学思想：教育是引导，不是迎合；是播种，不是收获；是熏陶，不是教授

　　现在的教育有一个倾向，商业化思维，迎合学生。比如，学生爱听夸奖的话，就一味地强调夸奖，不能批评；比如，书上弄很多花花绿绿的东西；等等。我认为，教师要关注的是认知规律，是学科特点，是不同年龄段学生的心理特征，是学生现有的认知水平和认知能力，不是不加以区别的学生的欲求、喜好。所以我从不讨好学生，比如，也鼓励，但必有充足的理由，该批评则批评。我的教学更多关注的是学生应该怎样，而非学生想要怎样；是学生未来的身心健康，而非眼下的身心舒适。

　　考试分数，不敢不关心。但是，分数绝不是最高目标。有人说过，学生毕

业多年以后，还能记得的才有价值，即"剩下的才是教育"。我更关注的是在学生的心田里播下优良的种子，待它日后慢慢发芽，生长。况且，老师无法超越更不能教给学生阅历，而人文方面的许多东西恰恰需要阅历才能透彻理解，这类东西只能播下种子，让学生日后慢慢体会，感悟，成长。我作为科任仅教过一年的 2005 届学生王大业，看到了我的博客后，写道：

> 我不是黄老师的粉丝，我是黄老师货真价实的学生，一个将被黄老师影响一生的学生。虽然黄老师当年教我语文，我的专业是英语，如今也是一名英语老师。

> 如果没有黄老师当年的口传心授，我恐怕用一年的时间也体会不到汉语是制约翻译水平的重要因素，乃至决定因素。

> 如果没有黄老师当年语文课的旁征博引，我在后来的高等教育阶段，恐怕只会每天死抠 26 个字母，而不会把《明朝那些事儿》买全，不会重读对情节已经滚瓜烂熟的《神雕侠侣》、《射雕英雄传》、《天龙八部》，不会去选"古典小说鉴赏"、"古典诗歌鉴赏"、"现代汉语"、"世界文明史"、"中西方文化比较"这样的课。

> ……在黄老师之前，鲁迅先生对我来说，不过是一个作家，他的课文还经常要求背诵。……这些中学时候耳熟能详的句子，如果不是黄老师高三时候对鲁迅的极力推荐、正面引导，英语专业的我很难重温。

语文能力大多是习得而非别人教会的，语文能力只能靠大量的实践来形成，见效慢。学语文像农业生产，你天天莳弄，却不能天天都觉得庄稼有变化；学其他科像工业生产，只要你做了，就能看到明显的成果。尽管每次浇水施肥看不出庄稼的变化，但秋天的收成确实是平时一点一点莳弄的结果。学语文很少立竿见影，不能追求短期效益，一定要下持之以恒的功夫。小孩生活在一个听说的口语环境里，不用着意去教，两三年的功夫，他们的听说能力就形成了。为什么？原因之一是他们日日时时在听、在说，无意地、不自觉地却是实实在在地下了足够的功夫。读写也是同样道理，如果让学生尽可能地生活在一个读写的书面语环境里，有足够读写的量，即使老师不教，读写能力也能自然形成，因为老师讲的一切都在文章里。如果与书面语接触（读写实践）的量不够，任凭老师讲得多细致，多精彩，学生的读写能力也仍然有限。语文老师的头等任务就是让学生大量地读写，其次才是对读写的指导。老师的指导只能一定程度上加强学生的读写效果，绝对代替不了学生大量的读写。

以上只是从培养能力角度来说的。语文教学的其他任务，诸如品质、文化、情感、审美等的教育培养，无不需要学生大量的读写，至少是大量的阅读。对于学生人文素质的提高，我们的教育方法，习惯使用的词语也是熏陶，而不是教授，也就是说，要靠学生大量的读写，而非老师的讲解。总之，语文学习，在于浸润在语文环境里，大量实践，笨功夫即是巧方法，绝无捷径。

二、教学风格：灵活风趣，深入浅出

我的教学风格，难以"一言以蔽之"。突出点的是，还算幽默，讲究深入浅出。喜欢用比喻类比，喜欢讲故事，喜欢旁征博引。比如，有的同学写作文在题目上加书名号，为了讲清楚题目在题目的位置上不使用书名号、在行文中才使用的道理，我说："可以把文章题目比作帽子，你把它戴在头上不用告诉别人'这是帽子'，因为没有人会以为那是袜子；如果你把帽子放在包里，鼓鼓囊囊，你要告诉别人'这是帽子'，因为别人没准会以为那是袜子。也就是说，题目放在题目的位置上，不会产生混淆，不用书名号；在行文中可能产生混淆，为避免混淆，必须用书名号。"

每周双排课的时候，我安排学生自选题目作5分钟演讲，我作点评。有的题目，我不做现场点评，而是写一篇短文放到"信口此黄"上参与讨论。比如"不要让孩子输在起跑线上"这个题目，我就写了一篇短文，下面节选几段：

> "不要让孩子输在起跑线上"，作为赚钱的煽惑不是我要讨论的。我讨论的是很多家长将这句话奉为圭臬，逼着孩子快跑——到社会上各种流行的班学习。
>
> 第一，郑渊洁说过，人生是长跑而非短跑。稍有运动常识的人都知道，长跑是不必在开始就尽力的。
>
> 第二，孩子的人生比什么？身体、心理、品行，在人生路上，这些可能比知识技能更重要。而绝大多数的"班"是教授知识和技能，并不关注身心健康和品行修养的。
>
> 第三，"不要让孩子输在起跑线上"，一个"输"字，表明的是比赛。
>
> 那要问，和谁比赛？如果是孩子和自己比，人生没有草稿，怎么知道这样就是输，那样就是赢？知识、技能、身体、心理、品行，具体到某个孩子身上，哪一（几）样才能让他获得幸福，谁知道？

如果是和别的孩子比，"不要让孩子输在起跑线上"是一个伪命题，因为孩子们彼此本就不在同一起跑线上，他们起跑的地方，是父母把接力棒交到他们手中的地方。有的孩子接棒的时候已经把另一个孩子落两圈了，被落下的那个孩子可能竭尽全力到交棒的时候还没跑完一圈。你怎么让这两个孩子比？

2014届七班班长魏云昊在作文里写道：

黄老师，自从看了您的博文和上了您的几节语文课，对您有些了解后，我十分敬佩您和喜欢您，我喜欢您的授课方式，轻松但不放松，随意但不随便，严谨但不严厉。喜欢您在讲文言文时随时蹦出的一段历史背景和一堆的相关历史故事，还喜欢您时不时地在黑板上写一两个甲骨文或金文，您使我改变了对语文的看法，从枯燥、乏味，死记硬背到有趣、新鲜、灵活掌握。

无论是说、写，我都力求有趣、好懂、深入。学生的反馈说明我的努力是有效的。

三、教学主张："死"去"活"才来，实践出能力

中学语文教学存在轻知识重能力倾向。强调知识学习，会被贴上"死记硬背"的标签而遭到鄙视。可在我看来，即使在高中阶段，知识学习也不可轻视。道理很简单，没有知识的支撑，能力不会凭空而来，没有"死"的知识，就没有"活"的能力。对于知识，"死记硬背"也好，"活记软背"也罢，总之是要"记"要"背"的。读懂一篇文章，离不开词语知识、修辞知识、写法知识、文体知识、背景知识以及对作家的了解……写好一篇文章，也离不开词语知识、修辞知识、写法知识、文体知识、背景知识以及材料的积累……离开"死"知识，能力是"活"不下去的。比如读古诗，古汉语知识，古诗意象、典故、手法、体裁等知识，社会历史背景知识乃至地理知识，诗人的生平、个性等知识……掌握了这些"死"知识，才能读懂，否则哪儿来的"活"能力？古诗题历来是高考这张卷子中的难题，原因就是解决它需要的知识多，考生"死"的东西掌握得不足，就"活"不起来。

所以关于知识教学，我一直很重视。我在必修教材教学的时候，古文每课，现代文每单元，都整理出一份与课文有关的"积累整合的有关知识"，放

到"学海鳞爪"栏目上，让学生去记，去掌握。比如"《烛之武退秦师》积累整合的有关知识"，主要内容有：

> 关于《左传》；关于"春秋三传"；关于"散文"古今不同的概念；关于"经"、"传"、"注"、"疏"、"笺"的理解；关于历史背景；关于成语"秦晋之好"；关于"敢以烦执事""是寡人之过也"中的谦辞（称）、敬辞；关于文中的通假字；关于文中的词类活用现象；关于文中的古今异义现象；关于几个实词的源流问题，附带左右耳刀旁的有关知识；关于文中的几处"其"的解释；关于文中的文言句式。

比如"必修1第三单元积累整合的有关知识"，主要内容有：

> 《记念刘和珍君》作者鲁迅大事记（按年份）；鲁迅的主要作品（集），中学课文中选编过的鲁迅文章；鲁迅的名言；有关"三·一八"惨案的"大沽口事件"，"三·一八"惨案，"三·一八"惨案部分死难者；刘和珍简介。《小狗包弟》作者巴金，作家作品，笔名由来。《记梁任公先生的一次演讲》一文中关于梁实秋、梁启超及演讲的有关常识。

三篇课文都有"需要掌握的词语"，"文章是如何围绕中心选择材料、组织材料，布局谋篇"的提纲。

基于对语文学科教学"是熏陶，不是教授"的认识（道理上文已讲过），对于能力培养，我着意于学生的读写实践。

关于阅读，我一方面推动精读活动，要学生"烂熟一本书（名著）"，也可以"烂熟一个人（名家）"。要同学们在"读书交流会"上说，要同学们在"七嘴八舌"上写。另一方面，我找一些配合课文或其他方面的文章，放到"奇文共赏"栏目里，供学生阅读。比如，为了配合学习《记念刘和珍君》，推荐《无花的蔷薇之二》、《死地》、《可惨与可笑》、《空谈》和石评梅的《痛哭和珍》；为了配合学习《故都的秋》，推荐《故都的秋》赏析文章两篇；为了配合学习《琵琶行》，推荐描写音乐的唐诗五首；为了鼓励读书，推荐周国平的《好读书与读好书》；为了欣赏美文，推荐李存葆的《呼伦贝尔记忆》；为了纪念抗美援朝战争，纪念日当天推荐戴旭的《尊严在勇者的剑峰之上》；为了更多地了解社会，推荐郑风田的《中国食品安全问题与解决之道》……

四、教学策略：跟我做

高中语文学习，不似小学生那样容易检查检测。比如要同学们写一篇读书心得，本义是要他们认真阅读，仔细思考，书面表达。可学生完全可以一眼不看一点不想就把作业交上来，因为有"百度"。对于绝大多数学生来说，时间紧张，分数第一，语文学科既费时间又不能在短期内看到明显的分数回报，当然要打入"冷宫"。靠督促检查，难以收效。

俗话说，喊破嗓子不如做出样子。面对语文学习现状以及我的认识——引导、播种、熏陶，我的教学策略不是拿着鞭子在后面赶，而是举着鲜花在前面领，把学生领到一个美好的语文环境里。

学习知识，我经常追根溯源，讲出趣味。比如学习重点文言实词，我给学生介绍古字形（即上文学生说的"时不时地在黑板上写一两个甲骨文或金文"），以此讲清语义的来源、演变，再把这些内容整理到"学海鳞爪"上。把整理好较有系统的知识放到网上，方便学生学习，也引导学生自己整理。

讨论课文，学生理解有困难或者课上讨论难以充分的文章，我经常把自己的思考写出来，放到"师说新语"上，前者如《〈兰亭集序〉赏析》，后者如《关于苏武的八个为什么》。有的课文可以借题发挥，我就课上简单提示，课下写文章放到"信口此黄"上，比如《〈奥斯威辛没有什么新闻〉读后》（我谈了贩卖黑奴灭绝印第安人以及今天西亚的惨祸等内容）。"信口此黄"这个栏目，是我引导学生独立思考的。我写了许多不同于流行观点的放胆文，比如《潘金莲·自由》（我谈了以爱情的名义无视武大郎的生命是错的；自由只对于西门庆有意义，对于武大郎不仅无意义且有害）。

作文教学，我经常写些"下水文"给学生做参考。"下水文"大都针对学生作文普遍存在的问题而写，所以我称之为"有病呻吟"。这些作文针对性强，效果也比较好。在首师大参加"北京市中小学特级教师研修工作室"项目，以"下水文"为材料整理出版了一部专著《我与学生同写作》。除了直接写，修改学生作文，以引导学生修改，并示范如何修改，也是我在作文教学中经常做的。把学生作文的原稿、修改过程稿、修改稿放到"七嘴八舌"上。下面举个修改过程稿片段的例子：

二〇一四，注定是不平凡的一年。二〇一四，让我成长！

三月，我开始为中考体育加试而努力奋斗。~~虽已是三月，早上起来，天气还有些凉意。天也刚蒙蒙亮，~~（早上，刚蒙蒙亮就起来，虽已是三月，还有些凉意。）树间的鸟儿~~嘹亮的~~（悠闲地）叫着，~~看似轻松的春晨，~~（但轻松是她们的，）我却要迎接十分艰难的挑战。每天早上七点十分，初三的同学们都聚集在操场上。男生~~每天早上~~要先跑一个四百米~~"热身"~~，等跑得气喘吁吁，上气不接下气，（才只是"热身"，还要）再跑一个一千米。

跟我做而非"给"我做，多数学生愿意做，更明确"如何做"；哪怕少数学生仍然不做，也能埋下种子，因为这样少反感，多认可。

"工欲善其事，必先利其器。"语文是传道的工具，信息技术则是学习语文的工具。

今天，我们该怎样写文章

——2013 年北京高考作文阅卷随感

陈礼旺

刚刚从北京高考作文阅卷现场归来，之前受友人之托要写点儿东西，原想改改旧作交差，现在想还是写写高考作文阅卷随感吧，或许对同学们更有益处。当然，考场作文是"急就章"，是戴着镣铐在跳舞，与同学们平时的自由创作区别很大，但我认为两者所遵循的写作规律还是一致的，况且绝大多数同学在不远的将来要参加高考写高考作文，提前了解高考作文写作的一些"常识"还是大有裨益的。

先看 2013 年北京高考作文题目：

阅读下面的对话，按要求作文。

科学家：假如请爱迪生来 21 世纪生活一个星期，最让他感到新奇的会是什么呢？

文学家：我想，手机会不会让他感到不可思议呢？

科学家：我同意。手机是信息时代的一个标志物，简直称得上是一部掌中电脑，丰富的功能一定会让这位大发明家感到新奇。

文学家：手机的广泛应用，深刻地影响着人们的交往方式、思想情感和观念意识，或许这也是爱迪生意想不到的吧。

科学家与文学家各自对手机的看法，引发了你哪些思考、想象？请自选角度，自拟题目，自定文体（诗歌除外），写一篇不少于 800 字的文章。

客观评价，2013 年北京高考作文题"接地气"，命题材料的选择更加贴近学生生活，所有考生都会有话可说，而且题目给了学生说真话、说自己的话的可能性；命题的形式也更加贴近学生的实际水平，"科学家与文学家各自对手机的看法，引发了你哪些思考、想象"一语指向明确，不需要学生挖空心思去"猜"材料的含义范围到底是什么，写作的起点非常清楚；再有，题目的开放性强，可生发的点比较多，可有效地避免宿构文、套作文的出现，能有效地区分考生的层次，那些平时读书多、关注当下现实生活、善于思考的学生有了用武之地。

就考生答题的实际情况看，绝大多数考生的作文符合题意，考生能依据自己所确定的写作内容灵活地选择体裁，考生作文文体丰富，议论文、记叙文等实用文体自不待言，其他如书信、散文、小说、对话式、网络发帖式体裁均有呈现，甚至出现了一些"穿越体"文本。据权威人士披露，2013年北京考生的有个性、有创意的佳作迭出，高分作文不少，满分作文共7篇。

假设你是考生，看到今年这个给了你畅快发挥空间的作文题，你会写些什么呢？

如写记叙文，你要写真实的生活，抒发"真性灵"。你可以写手机或现代科技与你生活的关系，手机或现代科技给你的生活带来的或正面或负面的影响。我给大家介绍两篇考场范文，供大家学习：一篇题为"你所拨打的电话已关机"的记叙文，写了自己与父亲之间因使用手机而产生误会，后来父子冰释前嫌的故事，叙述清楚，有波澜，有线索，有形象，有细节，读来令人感动；另一篇题为"一头是您，一头是我"的记叙文，主体内容写自己是住校生，一年来母亲因关心"我"的吃住、学习、交往等而给"我"发了若干条短信，"我"从中如何受益良多，结尾写到"我"现在在考场上，想到母亲一会儿考试一结束一定会发短信给"我"，"我"已想好了怎么回复她的内容。文章娓娓道来，心理描写细腻，我手写我心，情真意切。以上两文叙事能力强，选的都是自己才有的"私家菜"，满足了记叙文以情感人的要求。

如写议论文，你要写有思想的文章，你要写说理有深度、分析有力度的文章。你可以写对手机功能很丰富这一特点的肯定或忧思，可以写对手机"深刻地影响着人们的交往方式、思想感情和观念意识"的作用的褒贬，还可以写你对手机或现代科技是一把"双刃剑"的辩证认识，当然写不同的人对同一事物有不同的评判视角也是符合题意的。请看以下几个文题：《自媒体时代，我们何去何从？》、《世界因你而"触"手可得》、《充满人情味的信息时代》、《收起手机，向生活微笑吧》、《情感不断线》、《从天涯咫尺到咫尺天涯》、《手机方便了联系，却疏远了关系》、《"零距离"的隐忧》、《不同的视角》，你看，它们都属于切题的好题目吧。有一篇题为《在虚拟中渴望真实》的文章给了我深刻的印象，该文反思手机与科技的弊端，文章先摆现象，再说危害，接着写到自己的主张，思想深刻，论证合乎逻辑，旁征博引，真正做到了以理服人。

如你很想写穿越文本，写爱迪生穿越到今天，对手机丰富的功能及手机影响了人们的生活之现象表达自己的看法，那当然可以，但你要注意爱迪生可是著名发明家呀，他"穿越"到今天看到手机，在感到新奇之余，是喜还是忧？你要知道，爱迪生对大自然、对普罗大众的生活会有自己的理解、判断，你的想象要合理，要丰富，要有意义。

如你很想写说明文，那也不错，但你要知道说明文重在以知传人，你的文章要表现出较高的科学素养和严谨平实的语言表达功力，不能只是介绍人人皆知的手机的品牌与功能，那样才会得到阅卷老师的青睐。

行文至此，你可能感觉到了，2013年北京卷的作文题目完全符合《普通高中语文课程标准》中"写作教学应着重培养学生的观察能力、想象能力和表达能力，重视发展学生的思维能力，发展创造性思维；鼓励学生自由地表达，有个性地表达，有创意地表达，尽可能减少对写作的束缚，为学生提供广阔的写作空间"的相关要求，是一个好作文题，2013年北京高考作文题真的是一个良好的开端！为此题点赞，相信未来几年北京高考作文题会出得越来越好。那么，我们现在该怎么做，才能在未来的高考中让自己的文章脱颖而出，得到较高的分数呢？

汝果欲学诗，工夫在诗外。首先，你要热爱生活，关心身边的人甚至与自己相距遥远的弱势群体的生活，关注时事，提升自己的思想认识水平，让自己变得有涵养、有境界、有情怀。其次，多读书，要有丰厚的积淀；学会思考，提升自己的理性分析能力与水平，提升思辨能力，提高思维水平。再次，平时作文不能只练议论文一种文体，要记叙文、议论文、散文，甚至小说都练习。"诸体兼通"，方能大胜。最后，写作技巧也不能忽视，要言之有序，提高自己组织材料的能力；要锤炼自己的语言，语言表达要规范，要言而及义，而后力求言之有文。

亲爱的同学，只要你平时多观察，多积累，多思考，多练笔，只要提笔写作就记着要"写自己"，老师相信你平时自由写作时文章一定精彩，考场作文也会一样出色！

语文学科中考复习备考实践经验篇

李晨松

关于中考复习备考，各家有各家的高招，但我认为大招、高招，都要尊重教育教学规律，立足学科本质。就语文学科来说，要研究语文，做好学问。面对立德树人的根本任务，教师要思考、研究如何培养人。语文学科要育人，语文教学要育心。面对新中考改革，要大处着眼，细处高效落实。

一、立德树人引领教师内涵发展

党的十八大以来，习近平总书记高度重视立德树人在教育中的重要地位和作用，强调要把立德树人作为根本任务，培育德智体美劳全面发展的社会主义建设者和接班人。国无德不兴，人无德不立。学校立身之本在于立德树人。2018 年 5 月，习近平总书记在与北京大学师生座谈时指出，要把立德树人的成效作为学校一切工作的根本标准，真正做到以文化人、以德育人。2018 年 9 月，习近平总书记在全国教育大会上指出，要把立德树人融入思想道德教育、文化知识教育、社会实践教育各环节，贯穿基础教育、职业教育、高等教育各领域。

教师要有教育情怀，有教育理想，有教育追求，追求大家、杂家。于漪、孙绍振、王荣生、王崧舟是我喜欢的，看他们的论著，品他们的文章，观他们的精品课，充实自我，琢磨品味，反思提升。其实越品味大家，越发现"打铁还需自身硬"，进而促使自身潜心读书，提升内涵。除此更要看文献，做学问、做研究必要看文献，所谓"文献"是有历史价值和参考价值的图书资料。其实日常备课也要看文献，用好中国知网，广泛涉猎，博采众长，潜心研究。打铁必须自身硬。

二、教师引路充实师生生活

读万卷书，行万里路——始终坚守。

读万卷书，一是老师推荐的，一是学生自己喜欢的。推荐必读《人一定要知道的古典名句全集》（花山文艺出版社），《唐诗鉴赏辞典》、《宋词鉴赏辞典》、《新诗三百首鉴赏辞典》（上海辞书出版社），《毛泽东诗词》、《中国现当代诗》、《时文选粹》（南方出版社），《老师推荐的美文大全》（石油工业出版社）等。读万卷书，可看，亦可听，利用听资源，随时随地可听。尤其对初三学生而言，随时灌耳朵。每日必看必听，润心润脑，启智明理，于阅读、写作皆有益。

行万里路，周末引导学生多去博物馆增长学识，走进小胡同体味文化，饱览北京名胜，感受古都魅力，丰富生活。学校组织集体活动"四个一"工程，综合素质提升工程，潞河自主开发的课程，如"潞河溯源"课程，多学科融合课程等，这些活动、课程让学生走出学校，走进社会，将所学与社会生产生活相结合，同时也从中获得社会知识，开阔视野，增长能力，提升认识。

我们既要学习，又要生活。生活是最好的课堂。郑渊洁说："经历是一笔巨大的财富，和别人不一样的经历则是更宝贵的财富。"生活是作文的源泉。叶圣陶说："作文这件事离不开生活，生活就如源泉，文章就如溪水。""生活充实到什么程度，才会做成什么文章。"学生的认识、思想、情感以及一切素材都来自现实生活。要使学生作文时有话可说，有事可写，就应引导他们熟悉生活，想方设法丰富他们的生活，培养他们在生活中发掘、积累材料的能力。激发学生对生活的热爱，开阔学生的视野，陶冶学生的情操，于做人、于为文皆有益。

三、教师整体规划高效落实

初三经典积累计划。每天读美文，写感悟。培养语感，培养感悟鉴赏能力。美文，选择精美短文，有老师推荐的，有学生自己喜欢的。美文，做语段摘抄，或描写精妙段，或抒情、哲理句。写感悟，或品味语言，或赏析手法，或有感而发。用精美作文本做经典积累，亦可练字，亦可配图、题字，兼具收藏价值。

初三强基训练计划。培养基本能力、阅读能力、审题能力、分析能力等。定期做一套模拟题，做题要求：读文圈画做旁批，段意中心结构图，审题明点表述清，黑笔答题红笔订（心中有数，答案在手）。

初三高效课堂计划。课堂是教学主阵地，尤其对初三而言，更为重要。营造宽松氛围，鼓励自由表达。坚持经典篇目精讲，注重主题与专题阅读指导。加强专题分项指导与训练。勾连课内外，打通多学科，链接资源库，扩充容量，培养思维，提高效率。让课堂有厚度，有深度，有高度，有效度。

初三创新作业计划。减负增效是教学工作原则，亦是教学要达成的目标。创新作业，真正实现减负增效，让学生成为幸福的学习者，成为"主动发展，追求卓越"的潞河人，让学校成为孩子们学习成长的乐园。用心用情用智设计作业内容，创新作业形式，利用多途径，线上线下融合。

寒假对初三而言是至关重要的一个特殊的假期，大家都会在此设计各种作业，全面而细致，以期利用寒假提高成绩。2021年寒假，我们只留了一项作业：观看"百家讲坛·中国故事·爱国篇"中的屈原、苏武、杜甫、颜真卿、范仲淹、岳飞、陆游、林则徐。四十分钟观看，看后动笔概括人物故事，查询积累人物诗文作品及对人物的评价。目的是对学生进行爱国主义教育，尤其在中国共产党建党一百周年之际，更有意义。充实头脑，润心育人，激发爱国热情，厚植家国情怀。同时，为写好"文化类"文章做准备，做指导，更是为有效做好语文学科初高衔接，为学生升入高一级学校做好功课。

"五一"小长假，我们在"学习强国"中，从《永远的丰碑·人物篇》精选了二十位"丰碑人物"，有英雄战士，有科学家、建筑师、音乐家，有"最美奋斗者"，有为新中国建设发展做出贡献的元勋、功勋、功臣。"中华民族是丰碑如林的民族，中华民族的复兴，离不开如林的丰碑支撑。时时凝望岁月风雨中高耸的丰碑，时时拂拭时光烟尘留下的印痕，让锃亮发光、熠熠生辉的丰碑，永驻人心、导航引路，是历史赋予的神圣职责，更是面对未来的庄严承诺。"这就是我们设计这份作业的初心，引导学生形成正确的人生观、价值观。特别可喜的是，每个"丰碑人物"只五分钟视频，看后学生又自发主动自觉把人物进行了拓展阅读了解，查百度，看资料，对"丰碑人物"又做了更详尽的全面了解。学生眼中有光，心有榜样，自觉践行，这无疑是为学生打开了立志求学的大门，学生真正成了学习的主人。"五一"假期作业与寒假作业有机衔接，形成系列，实现了整体育人。

初三团队作战计划。备课组智力共享，资料共组。借鉴往届成功经验，结合实际有效调整改进。统一认识，重能力培养，重思维培育，不急功近利，细处抓好高效落实。

初三是学习生活的一部分，叶圣陶先生说："生活充实，才会表白出、发抒出真实的深厚的情思来。生活充实的含义，应是阅历得广，明白得多，有发现的能力，有推断的方法，情性丰厚，兴趣饶富，内外合一，即知即行。"希望初三师生的生活是在不间断地向着求充实的路上走去的。

普通高中语文单元整体教学设计与实施研究[①]

潞河中学高中语文 2023 届备课组

语文学科的单元整体教学从梁启超先生《中学以上作文教学法》至今已近百年，在《普通高中语文课程标准（2017 年版）》和 2017 年统编版普通高中语文教科书投入使用之前，单元整体教学是优秀教师的自发行为，此后，单元整体教学成为必然、应然。总结历史经验，重读经典理论、梳理经典案例，进行普通高中语文单元整体教学设计和实施的研究与推广，已成为新时期普通高中语文教学的当务之急。

一、文献综述

"普通高中语文单元整体教学设计与实施研究"是新时期普通高中语文学科国家课程的单元特色实施研究，其核心内容是将统编教科书双线组元的教材单元转化为教学单元的路径、方法、策略、模式，核心概念是"单元整体教学"。

（一）概念界定

"单元整体教学"是将一个教材单元整体设计为一个教学单元进行实施的教学过程。项目式学习、专题学习、单篇教学、对比教学，个人体验情境、社会生活情境、学科认知情境，各种各样的语文实践活动、情境，都将结构化，成为一个有机的系统。这个系统的功能性特征将指向整个教育系统的育人目标和学生个体的成长目标。同时，整个教育系统的育人目标和学生个体的成长目

---

① 本文系课题组在 2022 年 5 月 29 日举办的"北京市普通高中特色课程研究及推广活动——语言与人文领域特色课程建设研讨会"上的发言，有删改。课题组成员有：贾一震、邵红梅、吴颖、张雅潇、王美群、胡秋君、苏培、王永娟、李岫泉。

标对单元整体教学系统的信息反馈将决定单元整体教学的结构化设计与实施。

（二）研究现状

21 世纪以来，在"一纲多本"政策指导下，全国各地都开展了轰轰烈烈的"主题单元"教学的实践。既有自下而上的教学探索，也有自上而下的行政推动。以教育部 2017 年颁布《普通高中语文课程标准（2017 年版）》为标志，上下逐渐形成合力共振。

自下而上的教学探索多由大学学者和中学一线教师组成团队，形成理论指引与实践经验相结合的路径。影响较大的有北京教育学院季苹教授牵头的"多维目标与单元教学"研训项目、北京师范大学张秋玲教授牵头的专题学习研究项目、广东深圳新安中学吴泓老师所做的"普通高中语文专题研究性学习"教改实验等。这些实验项目在学科知识系统梳理、组元方式、学习活动等方面都进行了全面而持久的探索，在教材单元与教学单元的辩证统一中，展现了教师极高的学科素养和坚定的教学勇气，成果斐然。其中，吴泓老师的理论探索和实践对我们团队产生了直接的影响。新时期的单元整体学习应该让学生在"读字当头"、"问字当先"、"读思并重"、"自读自悟"的学习过程中，构建"问题意识"、"研究意识"、"批判意识"和"创新意识"，应该让学生实现没有终点的学习。

自上而下的行政推动由教育部牵头，各省市教育主管部门积极推动。2013年，教育部基础教育课程教材发展中心组织研发了"深度学习教学改进项目"。2017 年，北京教育科学研究院开始推广"基于大观念的大单元教学"，全国多地跟进。2019 年，教育部、人民教育出版社开始对全国语文教师进行培训，推出了一批"深度学习"、"大单元教学"的经典案例。2021 年，项目组推出了"深度学习"教学实践模型 2.0（见图 1）。

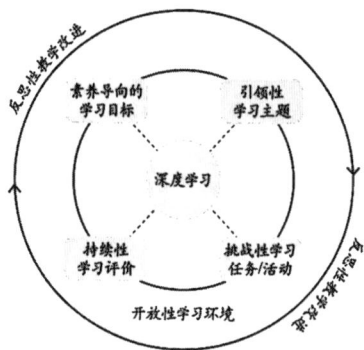

图 1 "深度学习"教学实践模型 2.0

"深度学习教学改进项目"强调学习目标的素养导向、学习主题的引领性、学习任务/活动的挑战性以及学习评价的持续性，从而形成大概念引领下的学习内容结构化、学习任务系列化、学习环境开放化、学习活动情境化、学习评价全程化。重视引导教师通过教学反思、诊断进行经常性的教学改进，不断优化教学设计和教学过程，进而实现学生的"深度学习"，提升教学效益。北京市十一学校的单元整体教学案例集《语文单元学习现场》在实践上极具示范性意义。

在国家课程校本化实施的过程中，"单元"成为"课程、教材和教学的接榫处"（李卫东，2020），教材单元与教学单元的一致性研究，单元整体教学的策略、路径和模式研究还处于探索期。

二、研究路径

本研究的基本路径是通过经典理论再学习、经典案例再分析，拟定教学设计与实施的基本路径、方法、策略、模式，然后进行具体的教学设计与实施的教学实践，不断省思实践中的经验与问题，然后再回到经典理论、经典案例……不断细化、深化、系统化，形成螺旋式进步。

（一）经典理论再学习

本研究经典理论学习的重点是系统论、深度学习理论。通过对系统论经典著作如魏宏森、曾国屏主编的《系统论——系统科学哲学》的学习，我们对单元整体教学的结构、功能等问题都有了更加深刻的认识。通过对深度学习经典著作如迈克尔·富兰团队的《深度学习：参与世界，改变世界》《深度学习2：重新定义未来教育的学习模式》和刘月霞、郭华主编的《深度学习：走向核心素养（理论普及读本）》的学习，我们对单元整体教学的系统优化路径有了更加明晰的认识。

1. 系统论对于单元整体教学改进的基础性意义

系统论是单元整体教学的基础理论，但语文老师普遍对系统论知之甚少。对照着系统论的基本原理和规律对单元整体教学的要素、过程进行深入细致的梳理，可能更好地认识单元整体教学这一系统的特征，改进单元整体教学的结构、彰显单元整体教学的功能。

系统的整体性、层次性原理，可以提升教师对单元整体教学内部结构理解的自觉性，明确单元整体教学在教育系统中的基本定位。统编普通高中语文新教材的每个单元都是围绕人文主题、对应学习任务群、由单元导语等要素组成的具有层次性的整体，任何脱离单元整体而孤立进行的教学与训练，都会有损单元的整体性。当今中国普通高中的课程表都是多学科综合编排，"单元整体教学"这个系统也必须以"课时教学"为基本要素，每一个课时教学也需要有意识地构建优化导向子系统（确立科学的教学目标）、动力子系统（调动教与学两个主体的积极性）、工作子系统（运用先进的教学手段，高效有序地开展教学活动）、反馈调控子系统（积极的评价交流与及时调整）等。因此，由"教材单元"转化而来的"单元整体教学"，必将是以"课时教学"为基本要素，根据一定的结构特征组合成的系统。整体性的结构设计让"课时教学"超越课时，达成单元整体教学的功能。所有的"单元整体教学"亦将作为一个要素，根据一定的结构特征组成普通高中语文教学系统，实现系统的功能：让学生不断得到"理想信念、文化自信、责任担当"的精神滋养，不断提升学习母语的文本解读能力、解决真实情境中复杂问题的能力，同时，也让经典文本成为民族共同的文化记忆，让学生具备未来发展所需的语文学科核心素养，与其他学科的教学一起达成培根铸魂、启智润心的"立德树人"总目标。

系统的相似性、开放性、目的性原理，可以促进教师树立课程意识，借助相关单元优化某一单元的整体教学设计与实施过程。统编普通高中语文新教材必修和选择性必修共有 28 个单元，大致可以分为三类：以阅读和写作为主，以整本书阅读为主，以语文活动实践为主。相似的单元之间存在着有差异的共性，同属一个学习任务群的单元之间，共性更多。在进行单元整体设计与实施的过程中，就可以设计相似甚至相同的教学结构、形态、功能、演化过程等对共性的特征进行强化，同时，也在对比中更好地认识到差异，在进行单元整体教学设计与实施时有不同的侧重。又因为区县教育指导部门的统筹指导、教师学生的个性化选择等因素影响，实际教学中教学单元会有不同的顺序排列。开放性、目的性原理的自觉运用可以更好地达成单元、学习任务群、学段学期的教学目标和育人目标。

系统的自组织、稳定性、突变性原理，可以指导教师即时调控单元整体教学的设计实施过程。"单元整体教学"的设计与实施有一致性表现，但更多的却是大相径庭。因为主体、客体、条件、课时教学等，每一个"要素"，都会在或协同或竞争的矛盾运动中出现起伏，偏离最初设计的状态。如果这种偏离通过各要素的调整，恢复其原有的有序状态和结构功能，被拉回了设计时预设的轨道，那就会生成一个相对稳定的单元整体教学案例；如果这种偏离在外界条件和系统内部非线性机制的作用下，进一步放大，而后又生成新的有序的状态，那就会生成一个存在突变状态的教学案例——或者生成更高级的状态，成为经典案例；或者生成更低级的状态，成为反面典型。在单元整体教学系统中，学生的学是形态的变量，教师的教是控制的参量，对于教学设计实施过程中出现的"稳定"或"突变"，教师的即时性反思、评价、调整对于改进教学的实施，意义重大。

综合运用系统论的五大基本规律，可以提升案例反思能力，提高改进设计实施路径策略的技能，优化单元整体教学系统。魏宏森、曾国屏指出，"系统优化是人类实践的一般目的"，"'形态愈高，发展愈快'是系统进化的一条基本法则"，"复杂系统的稳定性是可能通过通信系统的改善和优化来保证的"，"系统优化最重要的是整体优化。"因此，我们要优化单元整体教学系统，就需要特别关注系统内各要素之间的"通信系统的改善和优化"，尤其是教学主体之间的"通信"——师生交流沟通合作。为了更好实现教育系统的整体功能，必须重视这一基本逻辑：教育系统的核心功能是"立德树人"，学生要成长为"德智体美劳全面发展的社会主义建设者和接班人"，教师要成长为"'四有'好老师"。这一功能作为"信息"反馈到学校教育系统中，就成为学校的特色育人目标；反馈到教师、学生的成长系统中，就成为教师和学生的个性化成长目标；反馈到某个高中语文单元整体教学的系统中，就成为单元人文主题和学科核心素养的质量目标；反馈到单元整体教学系统内部的各要素中，就成为各要素的在竞争协同的发展过程中呈现出来的有序涨落，从而达成单元整体教学系统的结构优化。

2. 深度学习理论对于单元整体教学改进的借鉴意义

新时代党的教育方针提出的育人总目标是"培养德智体美劳全面发展的社会主义建设者和接班人"，但是"内卷"、"躺平"等在"双减"的背景下依然极有市场。升学就业的焦虑、代际贫困的威胁等问题都需要我们从学生的视角重新定义"教育的道义使命"（富兰团队），定义单元整体教学的系统功能属性。深度学习理论的路径、策略、模式探索，对此具有极强的借鉴意义。

（1）从学生的视角重新定义教育的道义使命和单元整体教学系统的功能

富兰团队在面对与当今中国类似的教育困境时，提出了"深度学习"。通过最大限度地改进学习本身，让学习成为真实有趣且以学生为中心的过程，让每一个学习者都成为对世界采取行动的人，通过自主性、归属感和有意义的工作的结合，参与到真实的学习任务中，借助教师提供的方法学习关键技能，形成有效的经验，推动着世界的变革。使传统教育系统中处于不利处境的学生，因为能够带来解决问题的生活经验而不再被贴上缺乏知识、能力的标签，从而在认知、情感、社会和身体需求方面得到满足，获得达成目标、拥有希望、充满归属感和体会意义的幸福感。从而实现了从学生的视角重新定义教育的道义使命："解决幸福和公平问题"。

富兰团队认为："深度学习是获得以下六大全球化能力的过程：品格、公民意识、协作、沟通、创造力和批判性思维。""六大全球化能力"，即"6Cs"，又称"深度学习素养框架"（见图2），是"深度学习框架"（见图3）的核心层，是从学生视角重新定义学业成就、获得身份认同的基本路径。

图2 深度学习素养框架

图3 深度学习框架

富兰团队的"深度学习素养框架"与北京师范大学中国教育创新研究院所提"21世纪核心素养5C模型"（见图4）非常相似，教育部发布的"中国学生发展核心素养"（见图5）也覆盖了这六大全球化能力。

图4　21世纪核心素养5C模型　　　图5　中国学生发展核心素养

由此可见，核心素养导向的深度学习已是中外学界共识。《普通高中语文课程标准（2017年版2020年修订）》提出的"加强实践性，促进学生语文学习方式的转变"，"社会生活情境指向校内外具体的社会生活，强调学生在具体生活场域中开展的语文实践活动，强调语言交际活动的对象、目的和表述方式"等，"当代社会参与"等学习任务群的设计，都是旗帜鲜明地参与世界，改变世界。因此，高中语文单元整体教学系统的道义进阶就是：让学生在学习中获得成长的幸福。与富兰团队不同的是，我们有更加旗帜鲜明的马克思主义幸福观——参与社会劳动、为共产主义事业奋斗、推进社会公平正义、为人民谋福利的精神享受。

（2）从教师的视角重新定义学习模式，设计单元整体教学系统的结构

深度学习理论的期中路径就是通过改变学习本身来重新定义教育的道义使命。要重新定义教育的道义使命，让学生获得成长的幸福，就必须从教师的视角重新定义学习模式，在教学设计与实施的过程中，设计好单元整体教学系统的结构。

富兰团队和刘月霞、郭华团队对深度学习特征的描述有所不同。富兰团队描述的六大特征是：（1）"完整的孩子—整个教育系统"，学习者的全面发展的外延，既体现为学习成果的转变，也体现为教师、家长、社区、教育系统领导的角色转变。（2）"结果明确"，"六种全球化能力"为学习者提供了全面而清晰的愿景，使学习者能围绕课程目标进行深化或扩大学习。（3）"可测量性"，创制工具来评估学生的起点并衡量全球化能力发展的进阶。（4）"通用的语言"，学生、教师和家长使用评估工具。（5）"与实践者共同发展"，所有学习者在共同的框架下协同发展。（6）"行动方向"，学习者不仅研究和报告深度学

习，也创造关于深度学习的新知识，探索和改善世界。刘月霞、郭华团队描述的五个特征是：（1）"联想与结构：经验与知识的相互转化"，意为通过联结学生的经验学习学科的基本结构，实现经验的系统化、结构化，知识的具体化、经验化；（2）"活动与体验：学生学习的机制"，意为通过典型、简约地复演知识的形成过程，既体验发现的过程，也体悟发现的精神；（3）"本质与变式：对学习对象进行深度加工"，意为通过给予变式或发现变式，更全面、更深入地理解知识的本质；（4）"迁移与运用：在教学活动中模拟社会实践"，意为经验的扩展提升与知识的外显、操作，是知识活化的标志，也是学生学习成果的体现；（5）"价值与评价：'人'的成长的隐性要素"，意为通过萦绕在教学的各个阶段、环节的所有活动之中的评价，在质疑、批判、反思中发展学生的理性精神、自我审视和正确价值观。

这两种结构描述都非常重视学习的全过程设计及其育人功能的实现，这是系统化学习的要求，也是世界潮流、时代趋势。富兰团队更重视来自真实生活的学习任务、学习者对世界采取行动、学习活动中的测量评估、整个教育系统的演化优化、解决公平和幸福问题；刘月霞团队则更重视知识的深度理解及其教学过程设计，更重视在教学活动中模拟社会实践。借鉴富兰团队的经验，单元整体教学的育人目标将会更明确，从模糊定性定向走向清晰测量；学习结果的预期更加明确、清晰，更自觉地设计进阶量规工具，引导教学主体学习过程中的调适，使信息反馈更迅捷，促进教学系统不断优化；更注重社会生活情境下的真实学习任务的设计，引导学生树立参与世界、改变世界的责任担当——让世界因我更美好，不必等到将来。借鉴刘月霞、郭华团队的经验，单元整体教学的育人目标将会与知识学习、能力训练、素养提升融合得更加彻底；对必备知识理解程度的结果预期层次进一步提高，将推动教学设计理念的更新，根据学生的特征设计具有良性结构或不良结构的学习环境，更利于引领学生改变学习方式，调动经验，参与、体验知识的形成过程，在各种变式中认识知识的本质，经常结构化自己的知识系统，真正形成迁移运用的能力。

（二）经典案例再分析

样例学习是与理论学习同等重要、见效更快的学习路径。单元整体教学的经典案例很多，以教育部基础教育司主办、人民教育出版社承办的新教材培训为例，就有李卫东、何杰、何郁、王岱、吴泓等名师推出的一批典型的单元整体教学案例；《中学语文教学》、《语文建设》等全国影响巨大的杂志也不断推出基于学习任务群、统编教材单元、大单元概念的典型案例；教育科学出版社、华东师范大学出版社等多家有影响的出版社也推出多部单元教学的案例集。对本研究影响最深的经典案例是教育科学出版社 2016 年出版的《书册阅读教学现场》、2020 年出版的《语文单元学习现场》。

1. 吴欣歆团队的《书册阅读教学现场》

《书册阅读教学现场》是吴欣歆团队十年教学实践经验的总结，专为一线教师提供研习样例而编写的整本书阅读学习任务群教学案例集。全书 11 个案例，每个案例都包含五个板块。"书册名片"是阅读的基础准备，要为学生推荐版本，简要介绍作者、内容、文学地位等。"教学价值"是给一线教师设计的案例研习的"坐标系"，从知识积累、能力提升、策略建构、精神成长四个角度说明书册的教学价值。"学程设计"是案例实施的具体过程，分为四步：一是概述教学过程的整体框架，二是具体指导学生自主阅读，三是呈现突破重点的教学设计，四是通过综合实践活动对书册内容进行统整重构，以期产生新的思考和认识。"教学现场"重点分享"用多种策略引发学生的认知冲突，并借助师生交流化解冲突"的"过程指导"，包括感悟发现和阅读策略经验积累的学生阅读能力的进阶成果。"专家视角"则是专家对教学案例实施效果的评估。

案例集在厘清教学价值，探索方法策略，再现认知冲突产生和化解过程、综合实践活动设计等方面，都显现了课例设计实施的智慧，在这些学习活动中，学生处于主动的学习状态，学习过程充分展开，并生成了个性化的学习成果；教师随时关注学生的学习状态，收集整理学生阅读过程中出现的问题、冲突，组织必要的多种学习活动，帮助学生成为语文知识的发现者和建构者，并且进一步激发他们的创新意识，发展他们的创新能力。遗憾的是：主题引领不足，"社会生活情境"下的学习任务、学习活动设计不足。

2. 史建筑团队的《语文单元学习现场》

《语文单元学习现场》是深度学习教学改进项目示范区的北京市十一学校单元整体教学案例集。史建筑团队经过十年实践，用 12 个案例呈现了一个合理的、稳定的单元整体教学系统。基于标准的语文学习为学生学习提供了明确的目标、清晰的流程、精当的资源、具体的工具、科学的评估和适切的指导，在实践上极具示范性意义。

单元教学设计依据包含"课标"、"文本"、"学情"三个方面。"课标依据"是课程标准中对单元内容所属的学习任务群学习目标、学习内容的具体化，是拟定单元教学目标的前提和基础。"文本分析"是单元所选文本的背景及其教育教学价值的分析。"学情分析"是对学生关于单元教学内容的学习基础分析。充分体现了依标定教、依生定教的辩证原则，准确具体，操作性强。尤其是单元教学目标确认过程深得统编新教材之要旨，体现深度学习"素养导向的教学目标"。

单元教学设计包含"学习目标"、"核心问题"、"核心任务"、"子任务"、"任务说明"、"资源篇目"、"评价量规"六部分内容。"学习目标"清晰传达素养导向。"核心问题"紧扣单元人文主题。"核心任务"是核心问题的解决方案，是一个具有挑战性的综合性学习项目。"子任务"是综合性学习项目的阶段性基础性任务，其中有具体的学习内容、学习活动、学习情境设计，提供了必要的思维支撑工具。"任务说明"是学习任务的学理说明和学习活动重要提示。"资源篇目"是学生进行项目学习过程中所需的课外补充素材。"评价量规"为学生完成核心任务、子任务提供了全过程的持续性评估进阶工具。这样的设计路径清晰，学生的学习活动丰富多样，资源工具提供了充足的支撑，非常有利于教学的具体实施。

单元教学的实施过程包含每个子任务的"学习过程"、教师观察记录的"学习现场"（由重要"学习节点"的"现场描述"、"教师观察"、"注意事项"组成）、"学习成果"汇编点评、"巩固拓展"建议、"单元反思"四部分内容。"学习过程"是学习结构的基本规划。"学习现场"是对学习活动学习情境的描述。"学习成果"呈现了学生的学习在真实世界中产生的影响。"巩固拓展"给学生强化学习提供了可能性建议，具有基础性，也具有选择性。每个案例最后的"单元反思"则是教师的复盘梳理，是经验教训总结与进一步提升的设想，关注目标的达成与学生的成长需求，尤其关注改进方向的设想，支撑工具、评价量规的设计与组装。一点小小的遗憾是：设计过程都是由老师操刀完成，学习成果的生成过程没有呈现。

三、模型阐述

在经典理论再学习、经典案例再分析的基础上，不断修正具体的教学设计与实施的路径、方法、策略，不断探索总结，在普通高中语文学科国家课程特色化实施的研究过程中形成了阶段成果"基于情境主题的普通高中语文单元整体教学模型"（见图 6）以及"教学评一体的任务活动模型"（见图 7）。"基于情境主题的普通高中语文单元整体教学模型"是单元整体教学系统的描述，"教学评一体的任务活动模型"是单元整体教学系统中要素的系统性描述。

图 6 基于情境主题的普通高中语文单元整体教学模型

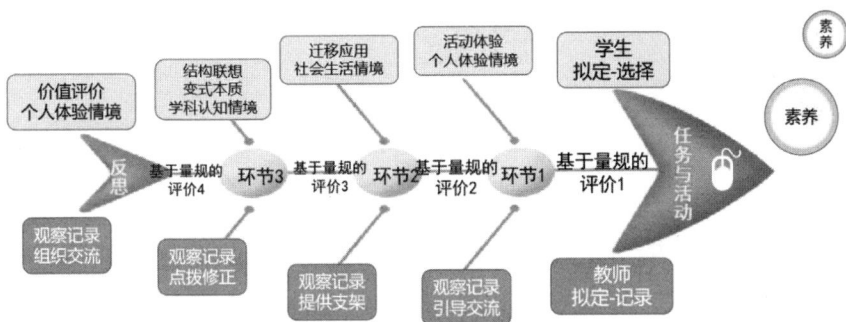

图 7 教学评一体的任务活动模型

关于两个模型及其相互关系的形象阐述是：如果把一个单元的整体教学比成一个池塘，那么，由单元人文主题转化而来的情境主题就是池塘中的流水，以素养为目标、任务为导向，师生共同设计实施的教学评一体的学习活动就像是水中的鱼；各个单元情境主题形成的关联就好比是各个池塘连成了流动的河流。在河流和池塘里的每一条鱼，都在追求着"素养"目标。师生共同设计的学习任务、学习活动是鱼头；学生在个人体验情境、社会生活情境、学科认知情境等各种具体情境中参与学习活动，体验知识的产生与形成，展开个体经验、知识结构的联想，在变式中理解知识的本质，在完成真实任务的过程中实现知识的迁移应用，同时，教师观察记录、随时引导交流、提供支架、点拨修正，这样的教学活动就像是鱼鳍划水；教学活动中贯穿始终的评价反思就像是鱼脊和鱼尾，随时调整着这条鱼行进的方向。

（一）指导思想：让学习活动拥有中国灵魂

普通高中语文国家课程的特征是工具性与人文性的统一，统编教材的组元方式是人文主题和学习任务群的"双线组元"。国家课程的校本实施必须用每一个单元的人文主题和学习任务群串起"理想信念、文化自信、责任担当"的主题暗线，为学生启智润心，铸中国灵魂，培中华元气，根植语文素养。所以，基于情境主题的普通高中语文单元整体教学模型的指导思想就是：让学生的学习活动拥有中国灵魂。包含以下四个要点：

一是坚持立德树人正确方向，让学生在每一个学习活动中通过情境主题的引领，逐渐形成道路自信、理论自信、制度自信、文化自信，树立正确的世界观、人生观、价值观。

二是与时俱进反映时代要求，及时更新教学内容和话语体系，让学生在鲜活的新媒介资源、校本资源、生本资源形成学习情境中，了解中国特色社会主义理论和建设新成就、学校发展及学长学伴成长发展的成绩和经验，在知识经验化的过程中铸就中国灵魂。

三是科学论证遵循教育规律，贴近学生的思想、学习、生活实际，充分尊重学生的主体特征，发挥学生的主体精神，变革学习方式，促进每个学生主动地、生动活泼地发展。

四是继承发展秉承守正创新，实事求是，设计适应学生成长目标和发展现状的学习活动，杜绝否定过去的虚无主义倾向，继承文体阅读与人文主题阅读相结合的单元教学策略、校本课开发、分层教学实践经验等，在创设教育教学情境落实单元学习任务的策略，处理单篇教学、专题教学、整本书阅读和学生学习活动的设计等方面进一步创新；尊重学生的个体特征，设计适应学生成长目标和发展现状的学习活动。

（二）理论依据：课程标准与系统论、深度学习理论相结合

基于情境主题的普通高中语文单元整体教学模型的构建基础是课程标准与系统论、深度学习理论。

《课程标准》中指出："真实、富有意义的语文实践活动情境是学生语文学科核心素养形成、发展和表现的载体。"根据系统论的层次性原理、结构功能相关律、信息反馈律，这个"载体"还应该承载教育系统"培养德智体美劳全面发展的社会主义建设者和接班人"、学校教育特色育人目标、学生个体成长目标等的"信息反馈"。而单元人文主题本身就承载着"培元铸魂"功能。因

此，将单元人文主题转化单元整体教学的语文实践活动情境主题，并以情境主题为基础设计单元整体教学活动，就是"功能"对"结构"的"信息反馈"，就是"人文主题"为"语文实践活动情境"赋能。依据系统论的整体性、层次性原理，可以清晰地理解单元整体教学内部各要素之间的结构，理解单元整体教学在学校、地区、国家教育教学系统中的基本定位；依据系统论的相似性、开放性、目的性原理，可以让单元整体教学的课程意识更鲜明坚定，从而更好地借助相关单元优化某一单元的整体教学设计与实施；依据系统论的自组织、稳定性、突变性原理，可以提升单元整体教学的反思改进意识及其能力；在掌握单元整体教学系统基本特征的基础上综合运用系统论的五大规律，就会特别关注系统内各要素之间的"通信系统的改善和优化"，特别关注教学主体之间的"通信"，从而在教学设计与实施过程中强化教学主体之间的交流沟通合作等，更自觉地为教学评一体的教学活动设计量规和支架工具，提升教学主体自身的元认知水平、主动性及其对教学客体、教学条件的认识程度，使教学设计与实施过程中的要素结构更科学、更高效。

借鉴富兰团队深度学习的经验，可以对"德智体美劳全面发展的社会主义建设者和接班人"这一育人目标有更明确的认识，从模糊定性定向发展到测量进阶。通过对学习成果的愿景描述、设计进阶量规工具，来引导教学的方向，使信息反馈更加迅捷，教学系统不断优化；通过更自觉的社会生活情境中的真实学习任务设计，引导学生树立参与世界、改变世界的责任担当，让世界因我更美好，不必等到将来。

借鉴刘月霞团队深度学习的经验，单元整体教学的育人目标将会与知识学习、能力训练、素养提升融合得更加彻底；对必备知识理解程度的结果预期层次进一步提高，将积极推动教学设计理念的更新，根据学生的特征设计良性结构或复杂的不良结构的学习环境，更利于引领学生改变学习方式，调动经验，参与、体验知识的形成过程，在各种变式中认识知识的本质，经常结构化自己的知识系统，真正形成迁移运用的能力。

（三）教学目标：社会主义中国的有为青年

基于情境主题的高中语文单元整体学习模型是普通高中语文学科国家课程特色实施模型，旗帜鲜明地坚持普通高中语文国家课程性质和育人目标。"情境主题"直接指向"单元人文主题"，指向"德智体美劳全面发展的社会主义建设者和接班人"，指向学校教育教学系统特色育人目标和学生个体的个性化

潞河中学

LU HE HIGH SCHOOL | **潞河教育——为学生的终身发展奠基**

的成长目标。"单元整体学习"直接指向"学习任务群"，指向"语文学科核心素养"，指向"学业质量水平"。全体学生的学业质量水平达到课程标准描述的"学业质量水平4"，部分学生能够具备"学业质量水平5"的某些特征。

本模型的研制团队追求的个性化的育人目标"社会主义中国的有为青年"是以《中国学生发展核心素养》《21世纪核心素养5C模型研究报告》（中文版）为理论基础，结合北京市通州区潞河中学百年人格教育的传统、十余年"阅读教学培养学生人文素养的实践研究"课题成果，提出的育人目标。其核心素养关键词如图8所示。

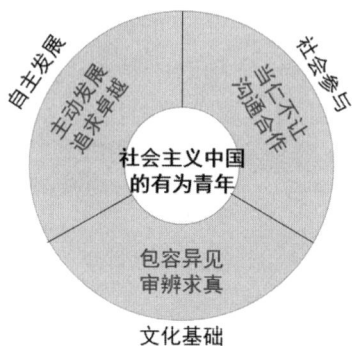

图8 "社会主义中国的有为青年"核心素养

"社会主义中国的有为青年"对应"全面发展的人"，鲜明地表现对中国历史文化、当下政治生态的认同，也鲜明地表达担当时代责任使命的自觉和能力追求。"包容异见、审辨求真"对应"人文底蕴、科学精神"，鲜明地表现中国文化的特征和文化自信，也鲜明地表达探究真理的精神追求和审辨探索的路径选择。"主动发展、追求卓越"对应"学会学习、健康生活"，鲜明地表现从外在依赖到独立发展再到合作共赢的主动发展历程，也鲜明地表达从优秀到卓越的生命追求。"当仁不让、沟通合作"对应"责任担当、实践创新"，鲜明地表现赓续中国君子人格、担当时代使命的自觉与勇气，也鲜明地表达社会实践中最重要的创新路径选择——沟通合作。

我们的教育追求是：学生们都能树立"主动发展、追求卓越"的人生信念，在"包容异见、审辨求真"的认识提升道路上勇猛前行，在使命责任面前，都能够"当仁不让、沟通合作"，为实现使命担当而不懈努力，成长为"社会主义中国的有为青年"。

▶ 430

（四）师生角色：发挥教师教的主体功能，确立学生学的主体特征

在教学系统的要素中，教师和学生分别是教的主体和学的主体。"学生是学的主体"，近年来强调较多，但落实的效果却不能尽如人意，因为学生的主体性往往被理解为"被动的主动性"，比如"主动回答老师问题"等。"教师是教的主体"，往往被扭曲为"教师主导"，这对教师学术与人格的尊严是极大的伤害。在教学实践中，教师的教既要依标定教，落实国家课程的育人目标；又要以学定教，满足学生学习成长的需求。充分发挥教师教的主体功能，是确立学生学的主体特征的基础和前提，确立学生学的主体特征是教师教的主体功能的目标指向。学生的主体特征又有一个从受动、依赖到能动、创造的成长过程，而且这一过程还依赖于教师，需要教师的行为来推进、确认。在做学生主体精神研究的过程中，我们将学生的主体特征概括为五阶十环节，如表1所示。

表1 学生主体特征的含义与标志

特征	含义	标志
自爱自强	爱自己的肉体也爱自己的灵魂，爱自己的过去也爱自己的未来。树立远大的理想目标，远要远到二十年以上，大要大到事业惠及一个地区或一类人	对家庭、社会和自己的成长负责，热爱学习，学习动机强烈
自尊自律	哪怕在所有人都嘲讽侮辱自己的时候，仍然发自内心地尊重自己出身过往、学习实践和理想目标	时时刻刻为实现理想而约束自我的行为，能够集中时间和精力，积极投入学习
自省自知	既对照理想目标省查自己的言行成败，也对照时代的发展变化省查自己的理想目标，从而了解自己的得失成败，也了解自己的才学性情	积极参与评价活动，能够借助评价结果形成对自己的客观认识
自勉自助	自己给自己以最适时最有力的勉励，自己为自己的进一步发展寻求助力	积极为成长想办法，主动寻求帮助，也尽力帮助他人
自信自立	建立在成长和成绩基础之上的实现理想的信心，既有灵魂成长获得的精神独立，也有学业进步获得的赞誉	积极发表个人见解，获得赞誉时不骄傲，受到批评时不气馁。不断进步

与此相应，教师教的主体功能目标就是：唤醒学生的自爱，激发学生的自强，强化学生的自尊，监督学生的自律，引导学生的自省，鼓励学生的自知，呼吁学生的自勉，表扬学生的自助，促进学生的自信，赞美学生的自立。教学主体互相促进的行为关键词如图9所示。

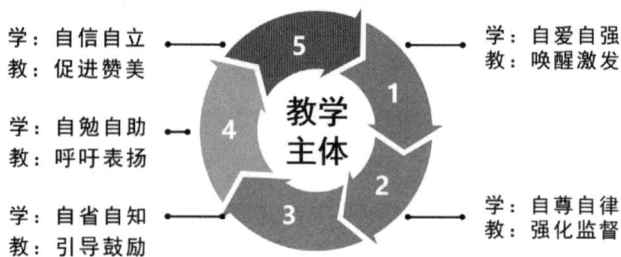

学：自信自立　　　　　　　　　　　　学：自爱自强
教：促进赞美　　　　　　　　　　　　教：唤醒激发

学：自勉自助　　　　　　教学主体
教：呼吁表扬

学：自省自知　　　　　　　　　　　　学：自尊自律
教：引导鼓励　　　　　　　　　　　　教：强化监督

图9　教学主体互相促进的行为关键词

需要强调的一点是：学生作为主体，其主观能动性首先表现为"自主地决定对客体的选择；决定运用何种中介手段和怎样选择中介手段；决定对客体的理论解释方式和实际使用方式的选择，并表现在实现这些选择的过程中的种种努力"（姜君，2000）。因此，只有让学生参与到学习任务、学习项目的设计中来，才能真正确立学生主体特征，才算实现教师教的主体功能。

（五）具体策略：教学评一体的学习任务、学习活动设计

1. 确认情境主题：把单元人文主题转化为语文实践活动情境主题

构建"基于情境主题的普通高中语文单元整体教学模型"的核心就是"确认情境主题"，即，把单元人文主题转化为语文实践活动情境主题。这个过程由教师单元备课、单元学习规划课两个环节组成。

教师备课过程的操作程序如图10所示。

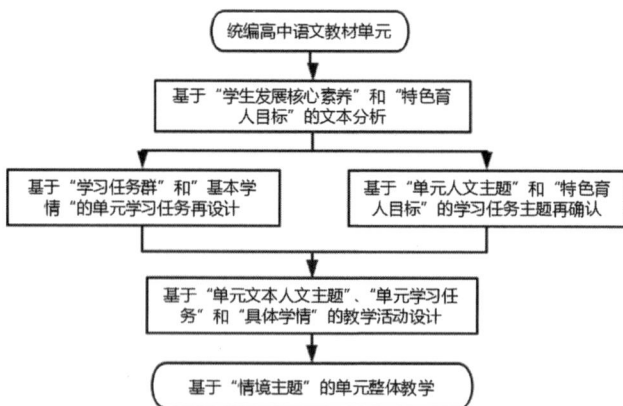

统编高中语文教材单元

基于"学生发展核心素养"和"特色育人目标"的文本分析

基于"学习任务群"和"基本学情"的单元学习任务再设计

基于"单元人文主题"和"特色育人目标"的学习任务主题再确认

基于"单元文本人文主题"、"单元学习任务"和"具体学情"的教学活动设计

基于"情境主题"的单元整体教学

图10　基于"情境主题"的高中语文单元整体教学设计（1）

第一步：拿到教材首先以"中国学生发展核心素养"的关键要素、特色育人目标要求为基础进行文本分析，挖掘教材文本的育人价值，提炼出每一篇教

材文本的人文主题关键词，从而将教材单元的"人文主题"丰富成一个有系列关键词支撑的系统。

第二步：以"学习任务群"的目标要求和学生的基本学情为基础进行单元学习任务的再设计，使之形成一个逻辑自洽的结构；同时，以"单元人文主题"和"特色育人目标"为基础对单元学习任务的人文主题指向进行再确认。

第三步：以"单元人文主题"、"单元学习任务"和"基本学情"为基础，进行单元教学活动的系统化的设计，使单元人文主题转化为语文实践活动情境中具体可感的"情境主题"。

这样，单元整体教学设计就形成了以"情境主题"为基础，由"单元学习任务"引领，适合基本学情的教学活动的系统性设计。

单元学习规划课的基本流程如图11所示。

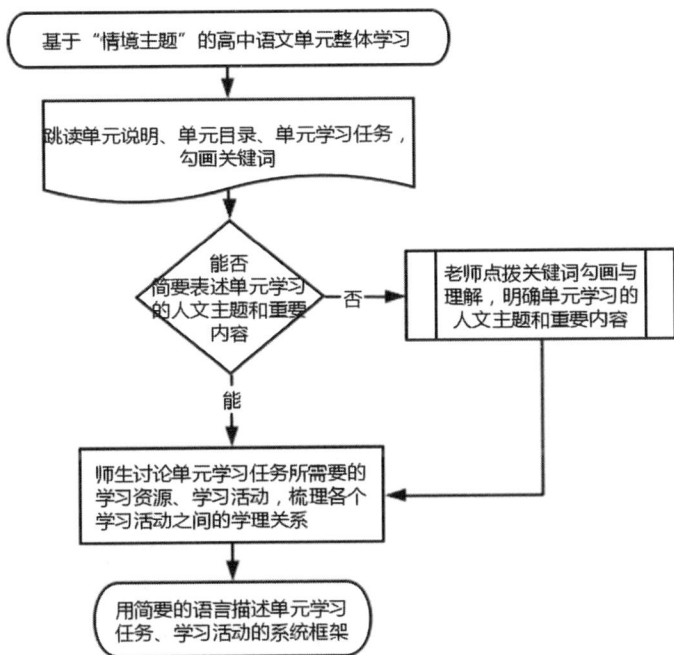

图11 基于"情境主题"的高中语文单元整体教学设计

第一步：组织学生跳读单元说明、单元目录、单元学习任务等，勾画关键词，了解单元人文主题、学习内容、学习任务、学习重点等。这是确认单元情境主题的基础性工作。

第二步：组织学生交流，形成单元学习人文主题和重要内容的明确表述。

如果这一步学生无法独立完成，教师要及时点拨或组织学生展开合作。需要强调的是，老师的点拨只是锦上添花或拨乱反正。当学生的认识存在重大缺陷，需要拨乱反正时，不仅需要教师的智慧，还需要教师有大魄力，需要进行坚决的斗争，然后才能确认单元学习的情境主题。

第三步：在确认单元学习情境主题的基础上，开诚布公地讨论开发学习资源，丰富学习情境、学习活动、学习任务的设计，这是最核心的环节。这一环节最重要的是坦诚，是实事求是。老师要说明学校能够提供的资源，学生要说明自己的学习投入和学习资源。切不可以"入我彀中"的心态，给学生打埋伏设圈套。这是单元整体学习活动落实、单元学习任务完成的基本前提和情志保障，也是学生在学习活动中内化确认情境主题所蕴含的人文精神、成长目标的基本前提和情志保障。

第四步：组织学生用简洁的语言形成单元学习任务、学习活动的系统性框架描述。这一环节可以让学生强化确认单元学习的情境主题，明确单元学习对于自己成长的意义，形成单元学习的结构化认识，明确学习任务、学习活动对自己的具体要求。

这样，在"基于情境主题的普通高中语文单元整体教学"这一系统中，所有基于单元人文主题、文本人文主题、学习任务群、具体学情共同形成的基础而设计出来的教学活动，都围绕在具体可感的情境主题下展开。学生语言实践活动、言语经验的人文性进一步凸显，让学生在把握祖国语言文字的特点和运用规律的同时，更加自觉地加深对祖国语言文字的理解与热爱；在发展思辨能力、提升思维品质的过程中，更加自觉地理解和传承中华优秀文化，培育社会主义核心价值观，培养高尚的审美情趣，积累丰厚的文化底蕴，增强文化自信，理解文化多样性。

2.设计教学活动：学生深度参与学习活动设计，自主规划学习过程

在单元整体教学的设计过程中，让学生深度参与学习活动设计，自主规划学习过程，最直接的效果是唤醒和激发学生的学习热情、强化学生的学习动机。从而，设计出许多意想不到的属于学习金字塔理论中比较高层次的学习活动、学习项目，使学习真实地发生并走向深度学习。在学生的"语文实践"中不断生成新的丰富的学习资源，使语文学科核心素养与学生发展核心素养自然迅猛生长。也更有利于为学生铸就中国灵魂，培养中华元气。

在单元整体学习活动的情境主题确定之后，师生再根据文本的特征讨论确

定单篇文本学习或专题文本学习的情境主题，围绕情境主题设计个人体验情境、社会生活情境或学科认知情境三种情境或独立或综合教学情境，设计每一节课课前、课中、课后的学习活动，设计跨学科的或者延伸到课外潜在的课程实施环境中的单元主题活动。让学生在参与设计的过程中享受规划学习的快乐。

在学生参与单元整体学习活动设计的基础上，还要把选择学习任务、完成方式的权利还给学生。这是因为学生的智能结构不同，在学习动机、学习能力、学习行为偏好等方面存在差异，也是因为项目式学习一般都是真实情境下的综合性合作性学习。同时，也有限于教学资源不得不这样做的无奈。高中语文单元整体教学不可能全都是项目式学习，甚至有相当多的内容还需要传统的方式来完成。不论是"大观念"、"大任务"，还是"教学基本问题"，都需要在多种学习活动中来落实。这就要求为同一学习任务设计多种学习活动和练习，让学生在选择过程中更好地明确其主体特征。在学生参与教学设计的前提下，这一过程可以说是水到渠成，学生基于自身的需求做出选择，而后积极参与学习活动，完成学习任务。

从教师教的主体功能来讲，任何一个学习任务群在分单元教学的过程中，都要进行学习任务、学习活动、学习行为的细化设计实施。基本原则应该是根据课程标准、教科书的要求确定学习目标、情境主题、学习任务，根据文本的特征、学生的兴趣和需求确定学习活动。基本的理论指导思想应该包括布鲁姆学派的目标分类、情感分类理论和埃德加·戴尔提出的学习金字塔理论，尽可能地设计多样化的高效能的学习活动，让学生的学习进程能够在不同的学习情境、学习行为中完成。

从学生学的主体特征来讲，因为学习能力、学习欲望等的局限，在具体实施过程中必须有所区别。目前运用最普遍的还是相对比较传统的单篇学习与专题学习相结合的方式。其基本程序是：首先进行单元最重要文本的单篇学习，而后再进行基于单篇学习的专题学习。同时利用课余时间开展单元主题学习活动，"表达"、"交流"、"写作"等学习活动与文本阅读学习紧密结合，以课堂限时练笔或课下的课时作业、单元作业、课外主题活动、社会实践等样态出现。其次是部分班级在部分单元的学习过程中选择项目式学习或者内容整合分阶段式学习。必修上第三单元的三种学习活动的基本流程如图12、图13所示。

项目式学习"生命的诗意"

↓

诵读诗歌，知人论世，理解忧思

↓

爱朗诵 ← 爱朗诵还是爱表演？ → 爱表演

制作《发现朗诵者》访谈节目

编排课本剧《解忧茶馆》

录制朗诵作品
写作文艺短评
选择优秀朗诵者
现场朗诵并访谈

招募导演演员剧务
写作剧本、台本
排练修改到现场演出
评奖颁奖

↓

忧思对于生命价值的意义

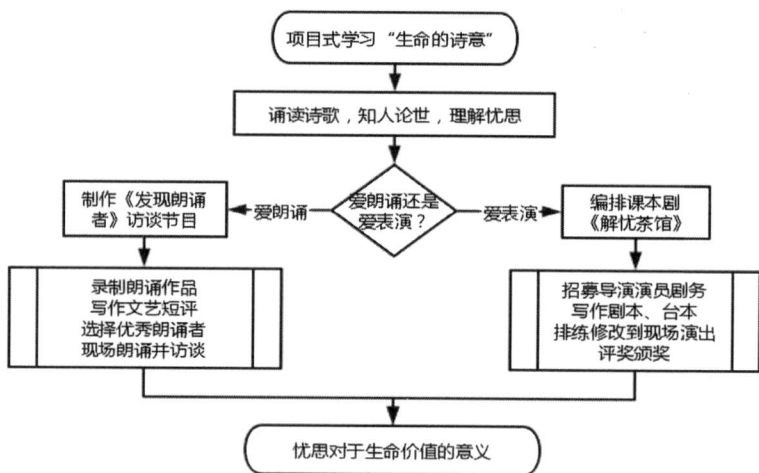

图 12 必修上第三单元"生命的诗意"项目式学习流程

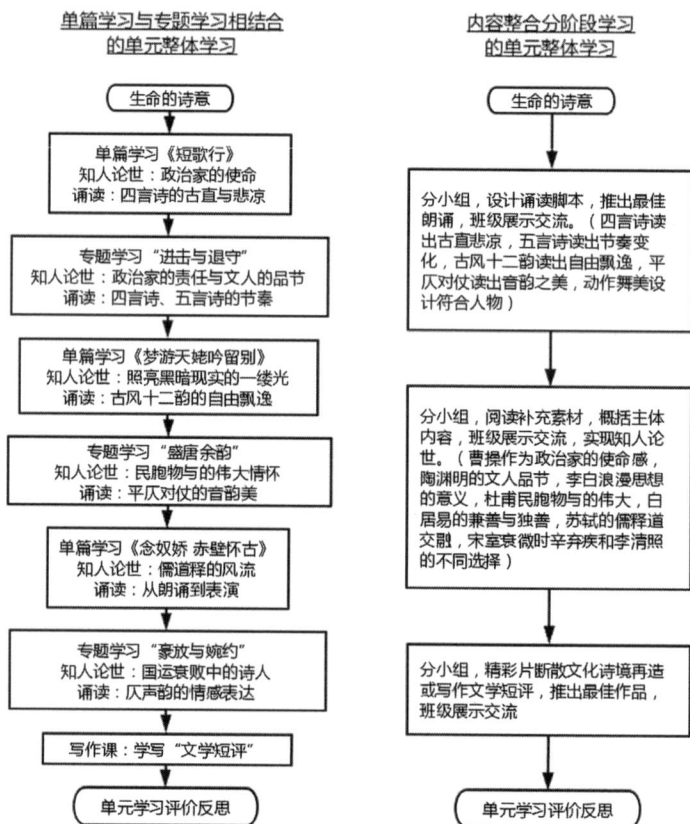

单篇学习与专题学习相结合的单元整体学习

生命的诗意

单篇学习《短歌行》
知人论世：政治家的使命
诵读：四言诗的古直与悲凉

专题学习"进取与退守"
知人论世：政治家的责任与文人的品节
诵读：四言诗、五言诗的节奏

单篇学习《梦游天姥吟留别》
知人论世：照亮黑暗现实的一缕光
诵读：古风十二韵的自由飘逸

专题学习"盛唐余韵"
知人论世：民胞物与的伟大情怀
诵读：平仄对仗的音韵美

单篇学习《念奴娇 赤壁怀古》
知人论世：儒道释的风流
诵读：从朗诵到表演

专题学习"豪放与婉约"
知人论世：国运衰败中的诗人
诵读：仄声韵的情感表达

写作课：学写"文学短评"

单元学习评价反思

内容整合分阶段学习的单元整体学习

生命的诗意

分小组，设计诵读脚本，推出最佳朗诵，班级展示交流。（四言诗读出古直悲凉，五言诗读出节奏变化，古风十二韵读出自由飘逸，平仄对仗读出音韵之美，动作舞美设计符合人物）

分小组，阅读补充素材，概括主体内容，班级展示交流，实现知人论世。（曹操作为政治家的使命感，陶渊明的文人品节，李白浪漫思想的意义，杜甫民胞物与的伟大，白居易的兼善与独善，苏轼的儒释道交融，宋室衰微时辛弃疾和李清照的不同选择）

分小组，精彩片断散文化诗境再造或写作文学短评，推出最佳作品，班级展示交流

单元学习评价反思

图 13 必修上第三单元"单篇专题相结合"及"内容整合分阶段"学习流程

在单元整体学习的过程中，基于语文学科学习规律和学生学习能力的差异，把选择学习任务、完成方式的权利还给学生，是尊重学生主体、尊重系统性规律的必然选择。"大观念"、"大任务"、"深度学习"、"项目式学习"等理论固然先进，但是，即便教师、学生这两个主体都积极拥抱这些新理论，对这些理论衍生的路径、策略、模式等都有深入的了解，即便教师学生都对所要学习的知识、技能、素养等有相当充分的认识，在缺乏"条件"支持的时候，还是要因时制宜、因地制宜、因人制宜。

3. 制定评价量规：学生参与量规要素指标、等级描述、使用时机的制定

教学的系统性特征要求教学目标、教学过程和教学评价的一致性。这就需要坚持学习任务的分层设计和学习过程、学习成果的量规指引相结合。在学生参与教学活动设计、选择学习任务及完成任务的方式的前提下，学习过程、学习成果的量规指引就是教学设计实施过程中最重要的内容。量规设计和使用的及时、适切、简便、友好，是多元主体全过程参与、互济共勉的基础和前提，是构建成长性评价体系的关键。

从概念上讲，"多元主体"指的是评价者，从过去的教师一元评价到自评、友评、师评，多元主体多视角，评价自然更全面。但是从操作上讲，评价者的多元却往往会使被评价者有一种众目睽睽之下无可遁形的羞耻感。所以，"多元主体"这个概念必须有所突破——要包含评价规则的制定者，甚至可以说更应该是评价规则的制定者。也就是说，评价量规的制定与完善要有学生参与。不论是教师制定学生讨论完善通过，还是学生制定师生讨论完善通过，就是一定要有学生的参与。只有学生参与评价要素指标的确定、等级标准的具体描述、评价时机方式等方面的设计，评价要素指标、等级标准等才能够更好地激励学习欲望、修正学习行为、提升语文素养，才会提高"自评"、"友评"的真实性和友善性，为评价者的参与和操作提供便利，为评价者和被评价者创造更多平等交互的评价情境。从而真正让评价活动成为学习活动的有机组成。只有这样，才能让学生在学习与评价的活动中建构起成长共同体，更好地认识语文学习与个人发展的关系，学会自我监控、自我管理，学会沟通交流、互济共勉。否则，没有被评价者参与意见的评价标准、评价行为怎么都脱不了"强奸民意"、"缺席审判"的嫌疑。

从理论上讲，"全过程"指的是教学活动的全过程。也就是说，所有的教学活动都应有评价，每一项学习活动都应有一个具体的评价量规，而且评价量规的要素指标和标准等级越准确越好。但是，操作上却必须有轻重取舍、精简友善。对于学生的成长来讲，要素指标的选择、等级标准的确立，既要有成长追求，又不能脱离学情好高骛远。最重要的量规有两类：一是促进学习态度、学习习惯的反思型量规（见表3），每节课每个学习活动的反思评价都可以用；二是具体学习任务的表现型量规（见表4），用来对学习的成果进行反思、改进。最重要的评价要素指标也有两类：一是指向育人目标的"发展核心素养"要素指标，二是指向学科关键能力的"学习成果"要素指标。分三个等级描述，从"需改进"到"优秀"是学生的提升和成长；三个主体，设"自评"、"友评"、"师评"是为了促进学生"社会人"属性的成长。

表3　指向发展核心素养的反思型量规

指标	优秀	基本达标	需改进	自评	友评	师评
学习状态	对所学内容兴趣盎然，积极参与学习，主动争取机会，为班集体的学习贡献智慧	具有选择性的注意，对所学内容的重要性有一定感知，参与学习的主动性较好，有兴趣	只有简单注意，对所学内容的重要性认识不足，参与学习的主动性不足			
主体任务	对学习任务有清晰认识，能够形成以情境主题为中心的学习任务框架描述，描述完整，理解准确，有修改阐发	对学习任务认识比较清晰，能够形成以情境主题为中心的学习任务框架，描述基本完整，顺序、关系理解存在细微不足	对学习任务认识模糊，对情境主题理解不准确，无法形成学习任务框架，仅有零碎的笔记和模糊的印象			

表4　学习成果的表现型量规

指标	优秀	基本达标	需改进	自评	友评	师评
朗诵	语音正确、语速语调恰当、节奏合适、轻重合理、情感自然、有感染力，台风大方稳健，形象设计、动作设计符合作者形象、创作背景，有亮点	语音正确、语速语调恰当、节奏合适、轻重合理、情感自然，有一定的感染力，台风自然大方，形象设计、动作设计比较符合作者形象、创作背景	语音基本正确，语速语调、节奏、轻重存在明显不合理，情感把握不准确，台风不稳，不自然，形象、动作设计存在较大误差			
思维导图	中心主题明确，形象突出；要素完整，关键词准确；层级科学，逻辑合理；布局合理，线条流畅，简洁清晰	中心主题明确，形象突出；要素完整，关键词比较准确；层级标准一致，逻辑基本合理；布局合理，线条流畅，简洁清晰	中心主题明确，形象不够突出；要素有明显残缺，关键词有错误；层级标准不一，逻辑有明显疏漏；布局不够合理，线条粗糙，有杂乱感			

四、结语

没有任何一种方法可以独立实现单元整体教学，但是当教师之间进行协作、分享，并拥有丰富的案例时，单元整体教学过程中遇到的问题就变得更容易解决。再多的计划也比不上边做边学，做得越好，学到的也越多。世界需要我们做出改变。

我们的研究也只是刚刚开始，基于情境主题的普通高中语文单元整体学习，将随着志同道合的人越来越多地汇聚，终将改变普通高中语文单元教学的现状，优化单元整体教学系统，优化学校教育教学系统，优化学区乃至全国的教育系统，更好地培养"德智体美劳全面发展的社会主义建设者和接班人"，更好地促进教师成长为"'四有'好老师"。

两部北京小说的历史背景研究

宋久峰

一、试析《骆驼祥子》的模糊年代

小说《骆驼祥子》的内容介绍，一般都说故事发生在 20 世纪 20 年代或 20 年代末。而电影《骆驼祥子》的开始字幕写的是 1920 年，即 20 世纪 20 年代初。两种说法相差了约十年。那么，故事到底发生在哪个时期呢？我们能不能推断出相对具体的时间段呢？我们来试试分析这个问题。

小说明确写到故事发生在北平，那么北京是什么时候叫北平的呢？

民国时期北京有两次被称为北平，第一次是 1928 年北伐战争之后，中国的首都迁到南京，北京改名为北平。1937 年七七事变后，日军将北平改名为北京。

第二次是 1945 年日本投降后，北京恢复原名北平。1949 年，解放军和平进入北平，改称北京市。

很明显，因为小说创作于 1936 年，所指的北平绝不可能是第二个时期，那就理所当然地是第一个时期了吗？

也许是。

我们来找几个依据：

首先是"北平"这个称谓，整部小说通篇写的是北平，"北京"二字一次也没有出现。

其次，1928 年，"北京"改称"北平"，因为首都南迁南京，所以北平还有一个称谓叫故都，比如郁达夫的散文名作《故都的秋》。在《骆驼祥子》中，故都这个词一共出现过三次，第一次出现在曹先生被侦探跟踪这一章，后两次出现在最后一章，这说明整部作品的时代基本都是北平时期。

> "长安牌楼"，新华门的门楼，南海的红墙，都戴上了素冠，配着朱柱红墙，静静的在灯光下展示着故都的尊严。

最后，小说还提到了中山公园。中山公园原本叫中央公园，为纪念孙中山先生于1928年改名中山公园。

> 再说，夏太太所去的地方不过是东安市场与中山公园什么的，拉到之后，还有很大的休息时间。

这些印记，都表明故事应该发生在20世纪20年代末，但又存在问题，《骆驼祥子》大致写了祥子前后四年多的生活，如果我们把这个时间段放到1928年之后会发现很不合理，原因如下：

首先，1928年至1933年，国民政府曾禁止国民过春节，而骆驼祥子里对春节的祭灶、春节庙会都有描述，可见故事不应发生在这一时期。

其次，小说里的长辛店大战之类内容在北平时期没发生过。

还有，迁都南京后北平经济衰落，而小说里北平还是透着热闹繁华。1929年年末爆发了北平人力车夫砸毁电车事件，这样一件大事，小说也丝毫没有提到。

而如果我们把小说的时间段放到1928年之前，情节就合理多了。

下面是我的猜想。

小说一开始祥子就被大兵抓走了，当时的背景是这样的：

> 外面的谣言他不大往心里听，什么西苑又来了兵，什么长辛店又打上了仗，什么西直门外又在拉伕，什么齐化门已经关了半天，他都不大注意。

长辛店打仗，这绝非老舍的虚构，而是确有其事。查查资料可以知道，袁世凯死后，北洋军阀发生了三次战争：

1. 直皖战争（1920年），直系和皖系因利益冲突发生内乱，直系联合奉系打败了皖系。

2. 直奉第一次战争（1922年），直系和奉系因利益冲突PK，直系又打败了张作霖的奉系。

3. 直奉第二次战争（1924年）。奉系张作霖、张学良父子，联合倒戈将军冯玉祥，打败了直系。

其中直皖战争区域涉及长辛店，但没发生什么战斗，而且时间是在公历7月。

直奉第二次战争区域不包括长辛店。

而直奉第一次战争爆发了著名的长辛店大战，时间是在1922年4月26日—5月4日。

记住这个时间，我们再看小说：

> 还没拉到便道上，祥子和光头的矮子连车带人都被十来个兵捉了去！
>
> 虽然已到妙峰山开庙进香的时节，夜里的寒气可还不是一件单衫所能挡得住的。

妙峰山进香是每年农历初一到十五，那么1922年的四月初一是公历哪一天呢？1922年4月27日，正是长辛店之战开战的第二天！

这样一看，不但时间段对得上，连细节都对得上。

而且我们可以推测出来抢走祥子车的应该是奉系军队，奉命前去长辛店一带支援，但奉系军的特点是"兵无斗志，且退却时沿途抢掠，私囊已足，更无效死之心"——林述栋，所以他们根本就没去长辛店，而是龟缩在西山一带，一有危险就逃进山里，平安无事还能回北京。

> 远处有了炮声，很远，但清清楚楚的是炮声。他不敢动，可是马上营里乱起来。他闭住了气，机会到了！他准知道，兵们又得退却，而且一定是往山中去。这些日子的经验使他知道，这些兵的打仗方法和困在屋中的蜜蜂一样，只会到处乱撞。有了炮声，兵们一定得跑。

至于那位孙排长，应该在奉系战败后借机当了逃兵，进城混进侦缉队当了侦探。

而孙侦探跟踪曹先生敲诈祥子的时间也很特别，在小说中发生在这个时候：

> 祭灶那天下午，溜溜的东风带来一天黑云。

祭灶，是在小年，农历二十三，也就是1923年的2月8日。

让我们翻开日历，去查阅那期间发生了什么。我们会发现一个著名的历史事件——二七惨案。

1923年2月7日，发生了镇压京汉铁路工人大罢工的二七惨案。而这个惨案的策划实施者，正是在直奉第一次大战中取胜的直系军阀首领吴佩孚。

7 日北洋军阀屠杀革命者，8 日孙侦探跟踪曹先生：

"没告诉你吗，有要紧的事！"孙侦探还笑着，可是语气非常的严厉。"干脆对你说吧，姓曹的是乱党，拿住就枪毙，他还是跑不了！咱们总算有一面之交，在兵营里你伺候过我；再说咱们又都是街面上的人，所以我担着好大的处分来给你送个信！你要是晚跑一步，回来是堵窝儿掏，谁也跑不了。咱们卖力气吃饭，跟他们打哪门子挂误官司？这话对不对？"

曹先生并非共产党员，但在这个北洋政府残酷镇压无产阶级的特殊时期，是可以以镇压乱党的名义制造冤案的，孙侦探正好借机进行他的敲诈活动。

这是不是巧合呢？我的看法是这样的：

老舍在《我怎样写〈骆驼祥子〉》一文中提道：

从何月何日起，我开始写《骆驼祥子》？已经想不起来了。我的抗战前的日记已随同我的书籍全在济南失落，此事恐永无对证矣。

记得是在一九三六年春天吧，"山大"的一位朋友跟我闲谈，随便的谈到他在北平时曾用过一个车夫。这个车夫自己买了车，又卖掉，如此三起三落，到末了还是受穷。听了这几句简单的叙述，我当时就说："这颇可以写一篇小说。"紧跟着，朋友又说：有一个车夫被军队抓了去，哪知道，转祸为福，他乘着军队移动之际，偷偷的牵回三匹骆驼回来。

老舍听到了这两个故事，构思将人物放在自己熟悉的北京，必然要为其找到一段合理的背景。军队抓车夫，在老舍的印象中比较深刻的应该是长辛店大战，不但在《骆驼祥子》里有，在话剧《茶馆》中也有：

时间与前幕相隔十余年，现在是袁世凯死后，帝国主义指使中国军阀进行割据，时时发动内战的时候。初夏，上午。

街上卖报的喊叫："长辛店大战的新闻，买报瞧，瞧长辛店大战的新闻！"报童向内探头。

报童："掌柜的，长辛店大战的新闻，来一张瞧瞧？"

王利发："有不打仗的新闻没有？"

不但战斗都发生在长辛店，连时令都是相同的：初夏，四月初一之后。

可见这场战斗给老舍留下了深刻的印象。有关资料显示，老舍在 1922 年春末夏初，正在北京西山卧佛寺一带休养，小说开篇有祥子被大兵裹挟到西山的情节，里面有不少文字是描写西山地理和夜间景象的，另外老舍有写日记的习惯，我猜想他在创作骆驼祥子时参考了那段时间的日记。

至此我们整理一下，从小说中祥子买第一辆车算起，到祥子最后的堕落，时间跨度大致是四年。小说表面上写的是北平时期的北京（1928年后），但真实背景其实是20年代初的北京，准确地说写的是1922年至1925年的北京。这里再提供两个佐证：一是1924年老舍离开北京去伦敦留学，归国后在济南工作，也就是说北京给他的最深印象是在1924年之前；二是老舍参考了李景汉先生的《北京人力车夫现状的调查》一文，这份报告反映的是1924年北京人力车夫的现状。

所以说，《骆驼祥子》应该是反映20世纪20年代中期北京人力车夫生活的作品，但作品又故意模糊了时代，特别是结尾特别强调了故都的衰落，很明显结尾的情节应该是在1928年之后，这是为什么呢？我猜想其中的一个原因是老舍不仅在展示人力车夫的个人命运悲剧，也是在展示北平这座衰落城市的命运悲剧。

二、探索《蒲柳人家》的通州往事

《蒲柳人家》是刘绍棠先生的中篇小说。刘绍棠（1936—1997），河北通县（今北京通州区）儒林村人。中国著名乡土文学作家，"大运河乡土文学体系"创立者，曾就读于潞河中学，故潞河中学现有绍棠路、绍棠书屋。其作品多以北运河一带农村生活为题材，乡土色彩浓郁。

小说《蒲柳人家》描述了卢沟桥事变前夕通县地区人民的革命意识和抗日救亡运动热情，歌颂了运河儿女的美好品德。

故事发生在1936年的通县，这个背景包含着通州一段特殊的历史。

1931年九一八事变爆发，日寇占领东三省建立伪满洲国，妄图快速灭亡中国。1933年日寇侵入华北，遭到中国军队的顽强抵抗，入侵计划受阻。但国民政府却与日寇签订了《塘沽停战协议》，将冀东22个县划定为非武装区，撤出了国民党军队。日寇于是改变了侵占策略，推行对华北地区的控制计划，想要在河北、山东、山西、察哈尔、绥远建立受他们操控的傀儡政府，搞起了所谓的"华北五省自治"运动。

1935年11月25日，大汉奸殷汝耕为配合日本"华北五省自治"的阴谋，举行"冀东防共自治委员会"成立大会，自任"委员长"；12月25日，殷汝耕正式宣布将"冀东防共自治委员会"改组为"冀东防共自治政府"，以通州为政府所在地。殷汝耕为"冀东防共自治政府"政务长官（主席）。

"冀东防共自治政府"管辖区域为通州、滦县、临榆、遵化、丰润、昌黎、抚宁、迁安、密云、蓟县、玉田、乐亭、卢龙、宝坻、宁河、昌平、香河、三河、顺义、怀柔、平谷、兴隆计22县和察哈尔的延庆、龙门、赤城3县，此外还管辖唐山市、塘沽、大沽、秦皇岛港等地。

"冀东防共自治政府"表面上是一个独立政府，其实是继伪满洲国之后的又一个汉奸傀儡政权。

在《蒲柳人家》中，有这样一段文字：

> 何满子听不大懂，可是他听说过殷汝耕这个名字。去年冬天，一个下大雪的日子，乡下哄传殷汝耕在通州坐了龙庭，另立国号，天怒人怨，大地穿白挂孝。寒假里周檎回来，大骂殷汝耕是儿皇帝，管殷汝耕叫石敬瑭，还给何满子讲了一段五代残唐的故事。

介绍了伪政府的成立时间，点明伪政府的傀儡性质，表达了中国人民的愤慨之情。

伪政府行政区大概在今天的新华大街以北闸桥往西一带，现在基本寻觅不到建筑遗迹，可以看到的是殷汝耕给自己祝寿修建的礼堂，现在改建为通州电影院。还有西海子公园，是当年殷汝耕下令改造过的，到今天也已改建过多次，看不到原始面目了。

小说中还有这样一段情节。

> "妈的，我差一点儿扔了这把老骨头，你还咒我！"这一回吵架，爷爷却不肯向奶奶低头服软儿，忍气吞声，"日本鬼子把咱们中国大卸八块啦！先在东三省立了个小宣统的满洲国，又在口外立了个德工（德王？？）的蒙疆政府，往后没有殷汝耕的公文护照，不许出口一步。这一趟，蒙疆军把我跟掌柜的扣住，硬说我们是共产党，不过是为了没收那几百匹马。掌柜的在牢房里上吊了，他们看我是个榨不出油水的穷光蛋，白吃他们的狱粮不上算，才把我放了。"

这里提到的"蒙疆政府"，是指伪蒙疆联合自治政府。它的前身是1933年7月由日军策动、部分蒙古王公参与组建的"蒙疆政府联合委员会"和"察东特别自治区"。1936年5月，在日寇的扶植下，这两个政权合并成伪蒙疆联合自治政府。这又是一个国奸傀儡政府。

因为这些伪政府的存在，东北日军开始向内蒙古、华北一带移动、驻扎，甚至集结到北平城外。1937年7月7日，爆发了著名的卢沟桥事变。

7月29日，"冀东防共自治政府"保安队4000多人举行起义，逮捕殷汝耕，史称通州事件。后来殷汝耕逃脱，之后伪政府迁移至唐山。

中国人民对这些伪政府切齿痛恨，无数爱国志士投身到轰轰烈烈的抗击侵略、铲除汉奸的斗争之中。

在这时候的唐山，正有一位优秀的共产党员为了拯救国家进行着英勇战斗，他的名字叫周文彬。

周文彬（1908—1944），原名金成镐，出生于朝鲜平安道新义州江南洞村，1914年随父到中国，侨居于河北省通县（今属北京），不久加入中国籍。

周文彬曾在潞河中学就读，18岁加入了中国共产党，并在学校积极发展党员，1927年秋，经中共北京地委批准，成立了中共潞河中学支部，周文彬任支部书记，这是通州建立的第一个党支部。

1936年夏，周文彬任中共唐山市工委书记。1938年4月9日，周文彬领导了开滦五矿同盟大罢工，为发动冀东抗日大暴动作准备。7月7月，动员7000多起义工人参加抗日联军，响应冀东抗日大暴动，在中国树立了一面城市产业工人武装起义参加抗日的光辉旗帜。后任地委书记兼八路军第一支队政治部主任，领导冀东东部地区的抗日斗争。1939年年底，任冀察热区党委冀东分委委员，参与开辟冀东抗日根据地。1942年主持建立军工厂，为冀东部队提供装备。

1944年10月16日，周文彬在河北丰润县杨家铺主持召开冀热边特委扩大会议，不幸被日伪军包围，在突围时头部中弹壮烈牺牲，时年36岁。

如今潞河中学最主要的一条大道叫文彬路，路旁有周文彬烈士的塑像，初中党支部称周文彬支部。在通州大运河畔矗立着一座花岗岩雕塑，记录着1927年中共通州第一个党支部建立的光辉业绩。

在《蒲柳人家》小说的结尾部分，出现了周文彬的身影：

麻雷子从嘴里拔出烟枪，说："自治政府警察厅，下来个十万火急的公文，悬赏缉拿京东共产党头子周文彬：赏金五百块大洋，一巴掌膘的油水！"

"够肥的！"花鞋杜四咂着嘴儿，"可是，大海里捞针，到哪里去摸姓周的影儿呢？"

麻雷子压低了声音，喊喊喳喳地说："周文彬这个共产党，原是八年前的潞河中学毕业生，跟你们村的这个周檎，算是大师兄和小师弟。头年冬天京东闹学潮，反对殷长官成立防共自治政府，主谋是周文彬，周檎也参加了。你想，他俩能不是同伙吗？"

水边传来轻轻的脚步声，低低的说话声。

"今后，你要跟周檎保持单线联系，保障他的安全。"

"请放心，文彬兄！"

"他们要打起民团旗号，建立秘密抗日武装，你要帮他们取得合法地位。"

"文彬兄，我一定办到。"

这个身影，让人在阴暗的背景下看到了希望的曙光。

适应时代发展的高中英语课堂教学

张丁丁

当今时代，英语教学进行着新一轮的变革。高中英语教师应该怎样教才能符合新课标中对他们提出的要求，才能实现新课标中阐述的总体目标，才能适应时代的发展，才能适应 21 世纪人才培养的需要？笔者通过对新课标的学习和领会，对相关理论的研读和把握，以及通过多年的新课改教学实践，对以上问题给出了自己的答案：以学生为主体，充分调动学生的学习积极性；在课堂上发挥学生的主体作用；充分利用信息技术手段；学习国外的先进经验，合理改善课堂教学模式。

几年前，教育部正式启动了新一轮基础教育课程改革。这次课改的目的是构建一个开放的、充满生机的和有中国特色的社会主义的基础教育课程体系。英语教学改革是新一轮基础教育课程改革的重要内容之一。新制定的《英语课程标准》将英语课程的总体目标确定为学生综合语言运用能力的形成，这一能力的形成是建立在学生的语言技能、语言知识、情感态度、学习策略和文化意识等素养的整合发展的基础之上的。这一目标的确定，将英语课程从仅仅关注知识与技能的培养，提高到对学生整体素质的培养，使学生既有较强的英语语言运用能力，又有自主学习能力和良好的个性品格，从而为终身学习和发展打下良好的基础。这就要求我们教师在总结经验教训的基础上，对英语教学的观念、目标、内容、策略、手段、评价等各方面进行重大改革，以适应时代的发展、以适应 21 世纪人才培养的需要。这不得不引起我们英语教学工作者的思考：当今时代英语应该怎样教？

一、以学生为主体，充分调动学生的学习积极性

（一）什么是"学生主体作用"

"学生的主体作用"，简单地讲，是指在教学过程中学生作为学习活动的主体出现。学生应是教学活动的中心，教师、教材、教学手段都应为学生的"学"服务。教师应引导学生积极参与到教学活动中去，并充当教学活动的主角，而不是把教学看成"教师灌、学生装"、把学生看成是被动地接受知识的对象。在教学过程中，学生是认识的主体，教师则是这一活动过程的组织者和指导者。教师水平、教学内容、教学方法、教学设备等对学生来说虽然重要，但外因再好，终究还要靠内因起作用。任何高明的教师，都不能替代学生学习。英语中有句谚语说道："You may take a horse to the water, but you can not make him drink."因此，调动学习者的学习主动性，并确立自身的主体作用意识已成为一项重要课题。

（二）学生主体作用的确立

学生是学习的承担者，是保障其主体地位的决定者。教师应努力做好以下3项工作。

1. 帮助学生明确英语学习的目的

当今时代是信息时代，而英语是信息的首要载体。对于我们中国人来说，学会英语就等于打开了世界之窗，使自己与世界联系得更为密切。学生们只有把英语学习的目的与自己全部生活的目标联系起来，才能把英语学习真正作为自己生活的一个组成部分，也才能真正增强自己的主体意识。

2. 指导学生正确认识自己在学习中的作用

学习是获取知识的过程。建构主义学习理论认为，知识不是通过教师传授得到的，而是学习者在一定的情境即社会文化背景下，借助其他人（包括教师和学习伙伴）的帮助，利用必要的学习资料，通过意义建构的方式获得的。因此，学生们必须认识到只有通过自己的努力方可获得良好的学习效果。

3. 使学生懂得要善于自我调动学习的主动性

学生要自觉地确立学习目标，制订学习计划，总结学习方法，建立认知结构。从学习知识、解决问题的过程中获得某种满足感，并以兴奋活跃的思维状态去面对英语语言知识和技能，在加强基础知识和基本训练的同时，使基础知

识转移为语言技能，并发展成运用英语进行交际的能力。

（三）以教师正确的教学理念促进学生主体地位的体现

要充分发挥学生的主动性和积极性，确立学生的主体地位，教师应做到以下 3 点。

1. 更新教学观念

首先，要具有新的人才观。21 世纪是高科技、高竞争的时代，对外语人才的要求显然与过去不同。21 世纪要求青年一代具有广阔的胸怀、丰富的知识、聪敏的智慧、开拓的精神、高尚的道德、完善的人格。虽然传授英语基础知识是教学过程中不可缺少的重要环节之一，但是还须在这个基础上发展学生的能力，能适应时代的要求。其次，要认识教师角色的转变。以往的英语课堂教学，教师多数扮演的是一种家长式的角色；而新课程课堂教学要求教师在教学方法方面作出最重要的改变是走出演讲的角色，成为学生的激励者、促进者、辅助者和协调者。

2. 确立为学而教的指导思想

教师要把以教为重心逐渐转移到以学为重心，把以研究教法为重心逐渐转移到以研究学法为重心，并做好教与学的最佳结合。以学为重心，其基本精神就是使学生爱学习，学会学习，养成良好的学习习惯。叶圣陶先生说："教是为了不需要教。"面对 21 世纪对人才的需求，"授人之渔"已成为师者的最高教育境界。

3. 激发学生的学习兴趣，帮助学生形成学习动机

爱迪生曾经说过："兴趣是最好的老师。"作为一名高中英语老师，我们的重要任务就是要激发学生学习英语的兴趣，充分发挥学生的主体地位，落实学生在快乐中学、在情景中说、在享受中掌握。对于学生来说，兴趣是一种学习的动力，学习英语的兴趣越浓，学习的积极性就越高，学习的效果就越好。课堂是教师激发学生学习兴趣、提高学生参与行为的重要场所之一，所以教师应该用各种办法和措施提高学生学习英语的兴趣。英语学习的兴趣产生之后，学生的学习态度和方法会逐步改善，继而产生强烈的参与愿望。学生在课堂教学过程中发挥出的主体作用反过来又促进了教师课堂教学质量的提高，教与学真正进入良性循环。

二、在课堂上发挥学生的主体作用

（一）创设最佳的学习环境和氛围

在模块 1 第 3 单元 *Travel Journal*（《游记》）教学中，我首先邀请暑假期间到外省市和出国旅游的同学用英语介绍他们的所见所闻及所感。这些同学利用多媒体手段介绍了他们在大连、青岛、海南、新疆、西藏、香港、澳大利亚、德国、美国、日本等地的参观和旅游经历，引起了同学们的浓厚兴趣。去澳洲旅游的那位同学介绍了澳洲的 "climate（气候），geography（地理），population（人口），people（民族），education（教育），properties（农场），cities（城市），kangaroos（袋鼠）and koalas（考拉）……" 我给了这些同学当教师的机会，而自己充当一名指导者、激励者、辅助者和协调者。由于同学们的积极参与，课上得生动活泼。特别是同学们问了许多有思想、有深度的问题，例如，"What are the features of Australian culture?"（澳洲文化的特点是什么？）"Have you noticed any differences between Australian English and American English?"（澳洲英语和美国英语的区别是什么？）"Will your trip to Australia make you determined to work harder at English?"（你的澳洲之行是否能促使你更努力地学习英语？）

在模块 1 第 4 单元 *Earthquakes*（《地震》）课文教学前，我精心安排以观看纪录片 *San Francisco Earthquakes*（《旧金山大地震》）为导入，使学生很快地就进入了最佳的语言学习状态。具有很强震撼力的电影画面及清晰易懂的解说词使学生对 "It seemed the world was at an end" "Slowly the city began to breathe again" 等有了更进一步的理解，更有助于把英语知识信息储存到学生深层的记忆中。

（二）强调语言的交际功能

英语教学的实质是师生之间、学生之间的交际，不是我教你学。英语教学就是通过这些交际活动使学生形成运用英语的能力。在交际过程中，师生双方的认识活动也是相互作用的。学生认识英语的进展离不开教师对教学规律的认识；教师对教学规律的认识也离不开学生在教师指导下学习的客观效应。教学就是为了促进这种交流。为了培养学生的交际能力，我注重交际策略的学习和应用，积极培育课堂真实交际的氛围，这就意味着语言教学课堂应当大量减少机械操作，尽量创造较为自然的语言交际条件，并按情景题材组织教学材料和教学活动，让学生在真实的或接近真实的环境中进行练习，大量使用信息转换、情景模式及角色表演等活动形式。

在模块 2 第 2 单元 *The Olympic Games*（《奥运会》）教学中，在课文整体理解和分段讲述之后，我要求学生围绕课文内容以多种方式做展开性的提高练习。我以记者采访的形式，让学生把所学到的语言知识在实际交际中运用。根据课文及相关内容，请四个学生分别扮演许海峰、姚明、张艺谋和一位 2008 年北京奥运会志愿者，其余学生均为记者对他们进行现场采访：采访许海峰，了解当他在洛杉矶奥运会上为祖国赢得奥运史上第一枚金牌时的内心感受；采访姚明，了解他在美国训练、比赛情况以及在北京奥运会上他率领中国男篮奋战美国男篮的经过及感受；采访张艺谋，了解他策划、执导北京奥运会开幕式和闭幕式的过程；采访奥运会志愿者，了解以她为代表的北京普通市民为奥运会的成功举办所作出的贡献。学生们对这一教学活动非常感兴趣，纷纷提问，使那四位"嘉宾"应接不暇。我们在其他一些单元的授课中也采用了类似的方法，如在第 1 模块第 5 单元的"输出"教学活动中模拟采访了 Nelson Mandela。

（三）训练学生的创新思维能力

以培养创新精神和实践能力为重点的素质教育是当今教育改革的主旋律，课堂教学则是培养学生创新精神及实践能力的主阵地。如何转变教育观念，弃旧汲新，培养出一代有扎实基础、有创新精神、有开拓能力的高素质人才是当今教师的首要任务。在英语课堂教学中，我特别注意学生思维训练、培养学生的思维能力，充分发挥学生的主体作用。要让学生丰富想象、积极探索求异、坚持独立见解，这就要求老师要善于挖掘教材中蕴含的创造性因素，通过创设情境，给予每位学生参与的机会，让学生积极运用所学的知识，大胆进行发散创造。在阅读课教学中，我注重设计新颖别致并能唤起学生共鸣的问题，让学生们在独立思考的基础上，再进行小组讨论，集思广益。也可以用所学的知识，让学生自由地求异发散，编写新的内容。如一篇文章学完之后老师在黑板上写出一些 key words（关键词），让学生选用其中的至少几个自己去编写一段文字，然后小组内或班内进行交流。这种做法达到了以创新意识来灵活运用语言知识的目的。

在学完模块 1 第 1 单元后，我让学生选用本单元生词表中的至少五个词或词组编写一段文章，内容不能与本单元课文雷同。十分钟后，大部分同学按要求完成了课堂练习，一位同学写了如下一段文字：

> Joe and her husband Alex fell in love with each other in 2001 and one year later they got married. Their first child was born two years after they married. In order to look after their baby whole-heartedly, Joe quit her job, which meant she would no longer return to work. The day she left, the co-workers she got along well with helped her pack up her belongings into boxes and load them onto her car. Joe felt upset to have to say Goodbye to her friends.
>
> Now Joe has been a stay-at-home Mom for four years, but her friends are all still concerned about her. They make phone calls, send her e-mails or even drop in, talking to her face to face.
>
> So who can deny the significance of friendship?

以上这段文字结构合理、语句通顺、措辞准确、语法无误，而且在很短的时间内完成，令我吃惊和高兴。

三、充分利用信息技术手段

近年来，信息技术的迅速发展和电脑的普及引起了教育的极大变革。利用技术改革传统的教学模式，让科学的教育理念和先进的教学手段走进课堂，是教育发展的必然趋势。信息技术手段在英语课堂教学中更能发挥重要作用：

新教材的实施给英语教学带来了巨大活力，以实际活动为特色的英语语言教学代替了传统的教学方式，而信息技术手段的出现和使用为现行教材所倡导的课堂交际教学提供了物质保障。

认知心理学的研究表明，人一生中所获得的信息有94%是通过视觉和听觉获得的，其中88%是通过视觉获得的，可见视觉器官是人类重要的获知器官。而信息技术手段则充分挖掘了人的视觉潜能，利用各种不同而又新颖的实物对人体视觉的刺激，来充分调动大脑及其他器官，以获得最佳认知效果。

在课堂教学中，信息技术手段的恰当应用与教师生动的教学艺术相结合能达到接近学生心理发展水平的最佳状态，从而能促进学生主动学习，充分发挥学生的主体地位，发展学生个性，提高学生的整体素质和能力。

信息技术手段的应用，能在有限的课堂时间内保证知识的拓展和信息量的增加，让学生开拓视野，提高学生的观察能力、训练能力、思维能力，同时又能活跃课堂气氛、缓解学生的疲劳、减轻学生的压力，从而提高学习效率。

四、学习国外的先进经验，合理改善课堂教学模式

几年前，作为交换教师，我到美国纽约工作一年，在一所中学教中文。繁忙的工作之余，我也听了不少课，包括本校的和纽约市的其他一些中小学的。这些课是：英语、历史、体育、AP数学、西班牙语、法语、家政、小学数学、小学历史等。和我国的课堂状况相比较，我认为美国的课堂教学有以下几个特点值得我们学习和借鉴。

（一）走班教学

美国学校学科教室固定，教室同时也是某一位或两位学科老师的办公室。没有课的时候，老师在里面办公。短短的五分钟课间，学生忙着"走班"到下一个学科教室。按照成绩和发展潜能学生被分为三个或四个层次。不同层次的课，教材不同，教学手段不同，作业也不同。学生和自己同层次的同学一起上课，没有压力，学习积极性也高，教师也能真正做到因材施教。

（二）内容丰富

美国课程内容丰富多彩，教师重视引导学生学习与社会经济、生活、科技发展密切相关的信息和知识，特别注重选择有利于培养学生实践能力和创造能力的教学内容。

（三）尊重学生

美国的课堂是学生的天下，他们可以自由讨论，随时发表自己的观点，老师不时地引导学生的思维向更深、更宽的方向发展。这样的课堂是对学生个性发展、独立思考和交流合作的尊重。

（四）方法指导

课堂教学活动中几乎没有教师的讲授。对于每一个教学环节老师都精心设计学习方法的指导：阅读方法、史料分析方法、计算方法、写作方法、上网查询资料的方法、论文修改方法、辩论方法。教师培养学生尊重事实、重视依据，不能凭空想象、臆断。通过指导学生论文的撰写，更是把此能力的要求提升到了一个新的高度并且训练了学生务实、严谨、理性的科研态度和科研方法。

（五）关系平等

美国课堂上处处体现出师生、生生关系的高度平等：学生可以走下座位去问问题和交流，老师穿行在学生的座位之间或蹲下或跪在学生的座位旁回答学生的问题，或和学生一起讨论问题。对于严重影响课堂教学的学生，教师只是善意地提醒他们。

（六）注重实践

美国课堂教学中的问题或者来源于实践，或者向实践延伸。比如一节小学数学课教百分比这一知识点时，有个题目是"45 比 80"。这个题目就是来源于生活：老师让学生调查了 80 个家庭的父亲，其中 45 位父亲为了养家有第二职业，占百分比是多少……这样的例子不胜枚举。

（七）激励学生

美国教师尊重学生，对学生更多是激励而不是批评。课堂上教师会留出很多时间让学生提问。教师鼓励学生敢于提问，敢于提出自己的观点。学生说错了，教师不会嘲笑、批评他们，而是启发他们换用别的方法思考。教学中教师不强调统一的标准答案，鼓励学生有不同的答案。教师经常根据教学内容提出一个宏观的、具有启发性的趣味性的题目引导学生开展研究性学习，让学生自己或以小组为单位制定问题的解决方案、查找资料搜集信息等，最终撰写研究报告、发表自己的见解。教师在整个过程中不做过多的干涉，只是组织者、协调者和领航者。

通过深入观察和思考美国的课堂，我发现它的信息情境、探索情境、猜想情境、求异情境的创设为每一个学生提供了广阔的思考空间；它的课堂教学充分尊重个体，让学生从已有的生活经验和知识经验出发，培养学生的参与习惯，质疑习惯，手脑结合、注重实践的习惯，多角度思考问题的习惯，整理知识、构建知识和反思等习惯，这些良好的学习习惯的形成是优化课堂教学、培养学生创新意识的重要基础，也正是我们需要借鉴和学习的地方。

新课程改革是一次深刻的改革。它的成败关键在于教师，因为教师是课程改革的实施者。为了完成好这一历史使命，我们必须全面、认真地学习和领会新的"课程标准"、潜心研读课改理论、更新教学观念，使自己的教学适应新的形势的发展，为培养新时代人才做出自己的贡献。

高中英语阅读教学中批判性思维能力研究①

李书梅

一、引言

《普通高中英语课程标准（2017 年版）》提出英语学科核心素养主要包括语言能力、文化品格、思维品质和学习能力四个方面。因此，培养学生的思维品质是当今高中英语教学的重要任务。思维品质指思维在逻辑性、批判性、创新性等方面所表现的能力和水平。因此，如何提高学生的批判性思维能力是培养学生思维品质的重要组成部分。

英语阅读是英语教学内容的组成部分，在英语学习中扮演着重要的角色，理应是培养学生批判性思维的重要途径。然而，目前的高中英语阅读教学正处在新旧理念的变革中，教师或者依然仅仅关注表层信息的获取导致对学生的批判性思维能力培养关注不够；或者对于批判性思维依然不甚理解，所进行的有限的批判性阅读依然处于盲目无序的状态。所以大多数高中学生缺乏批判意识，因此对所阅读的信息不加分析、毫无置疑地全面接受，很少提出自己的见解和观点。在信息爆炸的时代，培养高中学生批判性思维能力具有重要意义。

二、相关文献回顾

（一）批判性思维

批判性思维可以追溯到苏格拉底的"问答法"。他强调通过不断采取诘问

---

① 本文为首届北京市特级教师工作室项目研究成果，收录于《在研究中成长的中学英语教师》一书。

的方式引起学生对教学内容的深入思考，而不仅仅单纯地接受被普遍奉为真理的知识。

现代意义上批判性思维概念的提出，从杜威的反思性思维（reflective thinking）开始：大胆质疑、谨慎断言。Pasch 和 Norsworthy（2001）认为批判性思维是"思维的一种完整方式，解决问题、难题和数据的一种方式"，Aloqaili（2012）则认为批判性思维是"读者为建构意义而进行理性和反思性思考的过程"。Pasch 和 Norsworthy（2001）提出批判性思维涉及的核心能力有分析能力、综合能力和评价能力。Facione（1990）认为批判性思维是"一种有目的的、自我管理的过程，它包括解读、分析、评价、推断和解释"。从这个角度看批判性思维被当成一种不可或缺的能力，包含一系列的认知技能。关于批判性思维的相关研究提出：批判性思维包括批判性思维技能（critical thinking skills）和批判性思维倾向（critical thinking disposition）两个方面。批判性思维技能包括诠释、分析、评价、推理、解释、自我调节；批判性思维倾向则包括寻找真理、开放思想、分析能力、系统化能力、自信心、探究能力、认知成熟度。北京师范大学陈则航教授指出："发展批判性思维既要鼓励学生的批判性思维倾向（即批判精神），也要培养他们的批判性思维技能。使学生在日常生活中不盲从、盲信，而是具有批判性精神，对所遇到的事情以及所读到或听到的观点和方法等有自己的看法，并具有分析问题、形成观点和策略以及自我纠正等能力。"

（二）批判性阅读

批判性阅读是基于批判性思维的阅读模式。所谓的批判性阅读，Richard 在《批判性阅读，批判性思维》一书中明确指出：批判性阅读是"对文本的高层次理解，它包括释义和评价的技能，可以使读者分辨重要的和非重要的信息，把事实与观点区分开，并且确定作者的目的和语气。同时，要通过推理推导出言外之意，填补信息上的空白部分，得出符合逻辑的结论"。批判性阅读并不仅仅要理解文章内容、分析文章结构、总结主题思想，更注重判断、分析和评价作者的观点、论证过程、写作目的和语气，以此来明确作者要传达的观点并形成自己对某个问题的看法。Axelrod 提出了批判性阅读的六个主要策略：预测、评注、概述、总结、分析与评价。

陈则航教授指出：关注思辨能力培养的阅读就是批判性阅读。批评性阅读不是粗略接受、被动接受和记忆文本内容，而是对文本的高层次理解，是对观点、倾向、假设进行分析、整合和评析的阅读策略。批判性阅读有三个层面：

（1）文本内（Within the text）。包括信息加工与处理、理解大意、处理语言等。（2）文本外（Beyond the text）。与已有知识、自己的生活经验建立联系，思主人公所想、推断隐含的意义等。（3）文本赏析（About the text）。欣赏语言、分析结构、评价内容、思考作者意图、提出质疑。

（三）批判性阅读者

Axelrod 提出批判性英语阅读者所具备的能力：总结文章概要；对文章进行评价，从而判断文章所持观点的准确性、权威性和说服力；比较同一主题的不同文章中的观点并对这些观点进行归纳整理；形成自己对这一问题的总体看法。

综上所述，国内外英语教学对于批判性思维定义差别很大，但目前国内高中阶段普遍认为批判性思维技能包括：解释（interpretation）、分析（analysis）、评估（evaluation）、推论（inference）、说明（explanation）和自我校准（self-regulation）。批判性思维不能被片面理解为负面的、否定的批判，而是在辩证理性和开放精神指导下通过对事实客观理性的分析形成有理有据的判断。

三、批判性阅读教学的尝试

笔者结合自身阅读教学实践，尝试对如何在高中英语阅读教学中进行批判性阅读以提升学生的批判性思维能力进行研究，下面将从研究问题、研究步骤、研究反思分别讨论。

（一）研究问题

本研究聚焦于如何在阅读教学的各环节开展批判性阅读，将批判性思维中的解释（interpretation）、分析（analysis）、评估（evaluation）、推论（inference）、说明（explanation）和自我校准（self-regulation）六项技能应用到阅读的阅读前、阅读中和阅读后的教学任务中，从而提升学生的批判性思维能力。

（二）研究步骤

阅读教学可以分为读前、读中、读后三个步骤，每个步骤与批判性思维的六项技能紧密相关，下面具体介绍如何以高中课内外阅读材料为内容，在阅读的各个环节落实学生的批判性思维能力的培养。

（三）阅读前——积极预测、发散思维

文章的标题通常是对文章高度的概括，凝练着文本最为核心的内容，所以根据标题进行预测可以帮助学生快速把握文章主要内容。以人教版《英语》必

修 2 Unit 5 为例，其标题为 "The Band That Wasn't"。在阅读之读前，笔者让学生根据文章标题预测：这篇文章的主要内容可能是什么？为什么这个乐队被称为 "The band that wasn't"？通过读前预测活动，学生对"不是乐队的乐队"充满好奇，他们假设出多种原因，产生进一步阅读的强烈欲望。

再如，笔者在一篇有关社会传媒（social media）的议论文的教学设计中，阅读之前首先引导学生关注文章的插图（微信和 QQ 的图片），让学生以头脑风暴的方式预测文章可能谈及的话题，接着导入作者在驳论部分（第一段）的话题：The biggest criticism of social networking is that our young people are losing their offline friends to online friends。然后引导学生发表自己对于这一观点的看法，并要求学生用具体理由支持自己的观点。这样不仅学生的预测、论证能力得到了锻炼，也为阅读后评价作者观点打下基础。

可见，教师需要基于阅读材料的特点进行读前教学活动设计。可以通过文章标题、图片或者讨论、提问等途径预测文章内容、文体、出处、背景知识或者作者的观点等，并让学生表达自己对这一话题的看法和理由，由此可以培养学生推断、假设的思维能力，发展学生的想象力和对事物的敏感性，以便学生在阅读中、阅读后环节进行更深层次的思考。

（四）阅读中——多次阅读、深化理解

在学生对文章进行充分预测的基础上，读中环节可以采用"思维导图 + 问题链"的模式引导学生进行多次批判性阅读。

例如一篇介绍 VR 技术的说明文中，第一段引入 VR 的定义，第二段简述 VR 的发展历史，第三、第四段分别说明 VR 的应用和负面影响，第五段进行总结，为非常清楚的"总分总"结构，而且每一段都有明确的主题句（topic sentence）。基于本篇文章特点，教师首先给足时间让学生第一遍整体阅读，要求学生划出每段的主题句，之后提炼每段的关键词，以理解文章的表层信息并为下一步绘制思维导图进行铺垫。然后教师通过提问：How are these paragraphs organized? 让学生再次阅读、思考文章脉络，并绘制思维导图以呈现段与段、句与句的逻辑关系。在之后的分享展示环节，教师通过追问引导学生理解文章细节，例如通过上下文对生词 "desensitization" 的意义进行推测、解释。通过两次阅读学生不仅理解了文本，更通过思维导图将其对文本的理解表达出来，使其思维过程可视化，迅速看清作者思维及推理过程。

在帮助学生梳理完文章结构之后，教师设计如下问题链，引导学生再次进

行批判性阅读：

Why does the author ask a question at the beginning of the passage?

Why are the five people mentioned in para. 2?

How does the author explain the positive & negative effects of VR?

What is the writer's attitude towards VR?

What is the style of passage?

在以上问题链的引导下，学生再次阅读文本，通过关注作者的写作目的、观点态度、写作方法等来锻炼其提炼、归纳、比较、分析等批判性思维能力。

再如人教版《英语》必修 2 Unit 5 的阅读，笔者先让学生通过第一遍阅读填写流程图呈现普通乐队的成功之路，再让学生绘制流程图呈现门基乐队的形成和发展之路。借助两个流程图梳理文章表层信息之后，引导学生对比两个流程图，并进行第二遍阅读思考问题链：

What are the differences?

How do you understand the title "The Band That Wasn't"?

What helped the Monkees to become a real band?

What do you think of "The Monkees"? Choose the adjectives that you think best describe them. Give reasons.

这个问题链中的四个问题互为踏板、层层深入。学生思考问题 1 总结出门基乐队和普通乐队的诸多不同之后，能够更为充分地理解问题 2 也就是"课文标题的深层含义"，然后就会自然而然地思考问题 3 也就是"什么原因让门基乐队成为一个真正的乐队"。通过对比流程图，学生找出门基乐队成功的关键因素是他们严肃认真的态度（serious attitude）。此时学生对于门基乐队必然是心生崇拜，于是问题 4"对于门基乐队发表自己的看法"水到渠成。

读中环节为阅读课最为重要环节，学生需进行不同目的、逐层深入的多次批判性阅读。"思维导图 + 问题链"帮读者理清文本信息（within the text）的同时还获取文本外信息（beyond the text），使得学生对文本不断深入思考，学生分析观点、比较、解释、评价等能力得到训练。

（五）阅读后——评价创新建构表达

批判性阅读教学方法中，鼓励学生质疑和反驳课文内容被公认为批判性阅读的精髓，而议论文则是批判性阅读极好的阅读材料。例如，在关于社会传媒的这篇议论文的读后环节，笔者基于议论文的文体特征提出如下问题：Are you persuaded by the writer or not? Why or why not? 引导学生将作者的观点与自己的观点进行对比，评价作者的观点，并基于文本内容分析作者论证过程的逻辑性、合理性和连贯性等，从而有理有据地进行评价。之后，教师以家庭作业的方式给学生布置笔头输出任务，要求学生就本文所提论述的社会传媒这一话题发表自己的观点并阐述理由，使得学生的批判性思维结果可以得到清晰的体现，从而不断发展自己的批判性阅读能力和批判性思维。

另外，还可以结合社会热点话题对于语篇的主题意义进行讨论以提升学生的批判性思维能力。例如人教版《英语》必修 2 Unit 5 这一课所介绍的门基乐队是因为参加电视选秀节目而一夜成名，而我们当前也存在着选秀热潮，并为青少年所热衷，因此引导学生正确地看待选秀节目具有深远的现实意义。所以本节课的读后设计了访谈（interview）环节，让学生发表对"电视选秀活动是不是通往成功的捷径"的观点并进行具体论证。

可见，在读后环节，教师可以基于不同的切入点设计读后的批判阅读活动，通过精心设计问题引导学生进一步进行文本赏析（About the text）层面的批判性阅读，以提升学生分析观点、比较、解释、评价、反思、论证等能力。

（六）研究反思

经过多次反复的批判性阅读实践，笔者认为批判性思维的培养需要以正确的理念为导向，以思维训练为主线，以有效的问题为引导，以恰当的形式为载体，落实学生批判性思维的有效培养。

1. 教师转变观念，理解批判性思维，树立批判性阅读观念

目前，对批判性思维的误解依然存在，部分教师认为批判性思维等同于全面否定和批评。实际上，批判性思维不仅是一种方法，更是一种思考问题的习惯，培养的不是"争辩"的能力，而是多角度看问题的理念；批判性思维是谨慎反思和创造，强调的是不要盲目接受现成的观点，不要墨守成规。因此，教师要转变传统的阅读教学方法，从以关注词汇、语法的碎片化阅读教学转向关注思维品质培养的批判性阅读教学。

2. 批判性思维贯穿读前、读中、读后环节

必须认识到，批判性阅读并不仅仅是在阅读后设置一个开放性的问题让学生进行讨论而已，也不仅仅是让学生理解文章内容、分析全文的结构、总结主题思想，更要注重判断、分析和评价作者的观点、论证过程、写作目的和语气，以此来明确作者要传达的观点并形成自己对某个问题的看法。总之，批判

性思维的训练要落实于读前、读中、读后每一个阅读环节，学生进行英语阅读始终都应该运用分析、总结、推断、质疑、评判等方法来进行阅读。

3. 阅读教学中培养批判性思维能力，问题是关键

杜威指出："思维是由问题开始的。"Ping Shen（2012）采用个案研究的方法探究大学英语阅读课堂中教师的提问和学生的批判性思维培养，发现"过渡提问低层次的认知性问题不利于学生批判性思维能力的发展"。只有有逻辑、有深度的问题链才可以帮助学生搭建思维路径。而高质量的问题链来源于教师对文本内容的把握和解读。因此，教师需要深入解读文本，挖掘文本所蕴含的丰富信息，读出文本的逻辑关系、内在思想情感，通过设计一系列具有思辨性的问题链引导学生去挖掘内隐于文字背后的信息，而这类信息通常在文本中没有现成的答案，需要学生领悟作者的写作意图和品味文本的中心思想，并将自己的生活经验与实际问题相结合，通过质疑、分析和判断，再阐述自己的观点，从而形成批判性思维能力。

4. 思维导图帮学生搭建思维逻辑、提升批判性思维能力

思维导图能以可视化的图形将学生对文本的解读和其思维过程逻辑化地展示出来。通过思维导图的绘制，学生可以自主获取语篇的基本信息，理清句与句、段与段之间的逻辑关系，了解篇章的整体结构。在此基础上，教师可以引导学生进一步理解作者的写作意图，深入地分析和评价篇章的内容。在此过程中，学生批判性思维的培养得以实现。

四、结语

苏格拉底说过："未经审思的生活是不值得过的。"在核心素养的背景下和信息爆炸的时代，培养学生的思维品质尤为重要。教师应选择适当的阅读材料、创造轻松愉悦的课堂氛围，将批判思维方式应用英语阅读教学，打造批判性阅读课堂，培养批判性的阅读者，以逐步提升学生核心素养。思维培养是漫长过程，不能一蹴而就，需长久坚持形成思维习惯，高中英语教师任重道远。

核心素养背景下高中英语听说教学探究

徐维维

《普通高中英语课程标准（2017 年版）》提出，在培养语言技能的基础上，要关注学生核心素养的发展。为此，在听力教学中，教师应加强听力文本分析，充分解析语篇特点，如对话的主要内容和主题意义，发生场景、说话人之间的关系以及交际目的、语言风格、使用的交际策略等，并在此基础上，分层设定教学目标，系统设计教学活动。

一、问题的提出

王蔷教授（2015）指出，英语学科的核心素养由语言能力、思维品质、文化意识和学习能力构成，这四个方面不是彼此割裂开来、独立存在的，而是融入主题、语境、语篇、语用之中的。《普通高中英语课程标准（2017 版）》也提出，要在培养语言技能的基础上，关注学生核心素养的发展。在课堂内容方面，明确了主题语境，添增了语篇类型，语言知识方面增添了对语篇知识和语用知识的要求；在课堂教学上，提倡实践英语学习活动观，采用自主学习、合作学习等学习方式。

然而，笔者发现，尽管新课程理念指导下的教育教学改革实行多年，当前的高中英语课堂听说教学依旧存在着一些问题，如听说练习趋于模式化和碎片化，过于看重信息获取等技能训练，对材料所表达的主题意义缺乏探究和思考。多个教学活动对学生语言能力和思维能力的要求没有层次差异，虽然课堂容量较大，但缺乏课堂实效性。

为紧紧抓住听说课堂，以提高学生的语言基础和语言能力为载体，以训练学生综合语言能力为手段，实现学生学习策略、人文底蕴、文化认同、国际理解等诸多纬度素养的培养，教师应加强听力文本分析，充分解析语篇特点，如对话的主要内容和主题意义，发生场景、说话人之间的关系以及交际目的、语言风格、使用的交际策略等，并在此基础上，分层设定教学目标，系统设计教学活动。

二、核心素养背景下高中英语听说教学策略

（一）加强听力文本语篇分析，创设实际情景

语篇分析就是对表达完整意义的篇章，进行宏观和微观的研究，其在英语教学中的作用日益受到关注。语篇分析的目的是通过对语篇分析来还原作者写作的过程，从而实现对语篇进行整体理解；语篇分析的主要内容包括：语境分析、体裁分析、篇章模式分析与衔接和连贯。无论是阅读篇章还是听力文本，都是语言输入的重要一项。听力考查的是对口头语言材料的理解和处理加工能力。听力文本解读不是简单地看看录音材料，而是对听力文本的深入分析和理解，构建语篇结构图式，这对提升听说水平有极大的促进作用。

听力文本语篇分析应着重解析其主要内容和主题意义，创设主题语境，引导学生对听力材料进行主题意义探究。不同体裁的听力材料也具有不同的语言风格和交际策略，如新闻、歌曲、演讲、采访、纪录片，等等，这些不同体裁的英语资源，更直观地让学生理解和体会了不同语言情景下人们如何使用英语进行信息传递和情感交流的。

听力文本与阅读文本不同之处在于它的呈现模式涉及语音语调的特殊含义。因此在进行听力文本分析时，要注意分析语音语调的表意功能以及特殊的语音语调给学生获取信息带来的困难。

（二）分层设定教学目标，系统设计教学活动

基于语篇特征和学生情况分析确定教学目标时，要注意尽可能全面，既有语言能力、学习能力，也有思维品质和文化意识等维度，按照学习理解、应用实践、迁移创新的层次设计分层教学目标。听前和听中的活动一般为学习理解层面；听后说、读、写需要在充分理解听力材料内容的基础上进行，为应用实践层面；而迁移创新层面要求学生在新的情境中使用习得的知识或能力进行综合目标大的活动。

听说活动应该具有连贯性和逻辑性，应以主题意义探究为主线进行整体设计，前后互相关联，逐层递进。从听前背景信息的激发到对听力内容的预测，从听取大意到细节信息获取、处理和加工，感知、体验、内化语言的同时，对主题意义进行逐步深入的探讨和解读。

语言输入与输出保持一致性。在设计听力课堂活动时，听说活动应该在主题意义、语言内容、语言结构以及交际策略等方面保持一致，但要避免单一、程式化的操练，尽量设计与学生生活相关的情景进行语言内化活动。

（三）利用丰富的听力材料，关注文化意识和思维品质

课本中的听力材料紧密围绕单元主题，如 Book1 中 Unit 5 Nelson Mandela—A Modern Hero 或 Book 4 中 的 Unit 1 Women of Achievement 以 及 Unit 2 Working The Land，看似是伟大人物的介绍，但事实上是在通过这些为人类做出贡献的人物的故事从而来培养学生正确的价值观。再如，Book 4 中的 Unit3 A Taste of English Humor 或 Unit 4 Body Language，不正是跨文化的学习吗？所以，在英语的听力教学中进行文化意识和思维品质的培养是可行的，要求教师在丰富听力教材的同时也要用心选取听力材料。如利用文化意味浓厚的英文歌曲进行跨文化意识的培养，使用具有社会性话题的 TED 演讲进行社会责任意识培养，等等。

三、基于语篇分析的高中英语听说教学实践

（一）教学内容及学情分析

人教版高中课程实验教科书英语选修模块七 Unit 1 Living Well 以身残志坚为主题，单元内容主要包括残疾人马蒂在网上讲述自己的故事、一封写给电影院建筑师请求关注残疾人需要的信，以及本课的听力文本。本课为听说课，是第一单元的最后一课时，在两篇阅读的铺垫下，学生可以更好地理解本课内容。本课的听力文本为电台记者采访残疾人的对话，叙述了被访者身残志坚，勇爬乞力马扎罗的故事。对话涉及了爬山过程中的细节，尤其是与数字相关的细节，是该对话材料的核心内容。对话还体现了采访者如何运用恰当的功能句组织采访过程。

上课的班级是重点校高二理科普通班，学生英语学习主动性较强，在老师的鼓励下能积极地参与课堂，他们掌握了与残疾人生活相关词汇的语音和语

义，具有从听力材料中获取并记录信息的能力，但是在以采访形式输出学习内容时，学生可能会出现词汇障碍和逻辑问题。

（二）听力教学目标的设计

通过对文本和学生的分析，教师认为本课时的重点是学生能够围绕核心内容理解并使用有组织的功能句采访取得成就的人，而难点就会落在如何确定核心内容并合理运用功能句上。根据以上的所有分析，教师将本课时的目标定为：At the end of the class, the students will be able to 1. recognize the details in the interview；2. infer why the interviewer asks questions about numbers；3. recognize what functional sentences in an interview are used；4. interview people with amazing achievements.

（三）教学过程

1. 听前活动一：创设情境，激活已知

首先学生看到的是两幅图，学生要根据这两幅图谈论自己爬山的各种困难。然后教师出示第三幅图，并要求学生逐个观察人物特点，以此为基础，学生开始谈论残疾人爬山的困难，次活动采取的是由己及人，逐步引入话题的策略。

2. 听前活动二：预测内容，提升兴趣

在下一个活动中，教师要求学生结合图片和关键词预测听力内容，学生预测听力文本为两人对话模式，两人为采访者与受访者的关系，其中一人实力弱并爬上了乞力马扎罗山。通过此活动，学生对所听材料的形式、人物关系以及谈论的时间有所了解，也为后面的听大意活动指明了方向。

3. 听中活动一：听取大意，探究意图

听中的第一个活动要求学生听取大意，以检验预测是否正确。听后，学生知晓了人物关系及谈论的事件，这时，学生达到了"知其然"的状态，必然有"知其所以然"的需求，因此教师设计了下一个活动，即听取并记录爬山的目的，以练习学生听取意图的能力。此活动中，学生通过听"why"开头的问题及"for two main reasons"来定位，顺利听取受访者的爬山意图。通过分析爬山者的目的，即身残志坚，勇攀高山，学生对受访者的敬佩之情油然而生。

4. 听中活动二：听取采访细节，提升语篇意识

记者是如何做到通过采访问题引导听众关注采访对象的意志品质的呢？这是下一个听力活动要解决的问题。此时，学生除了敬佩 Barry 等人外，还注意

到了材料的一大特点，即数字特别多。教师根据次特点设计了听取数字的活动。完成这个听取细节的活动并不难，难的是听完后，教师引导学生就记着反复提问数字有关的问题进行分析，推断采访者的意图。经过讨论，学生得出结论，大量数据真实地呈现了残疾人爬山的困难并凸显出他们的意志品质。记者并不是随意提问，而是在采访前做足功课，准备好了合适的问题以突出采访主题。这个活动为解决"如何确定采访内容"这一难点提供了方案：事先准备好可以突出受访者事迹的问题。

5.听中活动三：听取和整理功能句，提升交际策略

在下一个活动中，教师要求学生听取、记录功能句并补全对话，引导学生关注交际策略。但如果仅仅是写下一堆功能句，对于学生组织采访语言的帮助不会很大。因此接下来，教师要求学生将听写下来的功能句按组织采访的功能分为五组，补充尽量多的同功能句式，以此达到理解、内化功能句的目的。学生在此活动中了解了采访者如何组织采访语言。进行此活动时，教师将学生的分类结果进行板书，这对后面的输出活动是有力支撑。

6.听后活动：迁移创新，在新的语境中使用采访策略

经过前面的听力练习及语言分析，学生已基本准备好运用所学来表达所想了。此处，教师设计了三个贴近学生生活的情境，要求学生两人一组任选一情景，按所学，在五分钟之内准备出采访对话。学生热烈讨论，针对所选情景提出合理问题并选择恰当的功能句组织了采访。

四、结语

高中英语听说课程作为英语学习的重要部分，对于高中学生来说是困难又必不可少的。教师只有重视听力文本语篇分析，结合学生的实际情况设计课堂教学活动，不断探索研究，勇于创新，才能更好地完成教学任务和教学目标，切实提高学生的听说水平，以及通过听说练习提高自身的语音能力和培养良好的学科核心素养。

通过差异性教学提升初中生英语阅读素养的教学实践

曾苗苗

《义务教育英语课程标准（2022 年版）》中指出，英语课程教学要坚持育人为本。教师要面向全体学生，充分尊重每一个学生，充分考虑学生的年龄、心理特征、认知水平、个性特点以及发展潜力，帮助每个学生在原有基础上实现发展。初中生英语阅读素养存在差异巨大，而在传统的阅读教学课堂教师容易忽略或难以兼顾学生在阅读素养上的差异性，学生差异性的价值没有在教学中体现其丰富的教育教学价值。本研究以通州区某中学初二的两个自然班 81 名学生为研究对象，通过差异化教学提升学生英语阅读素养的教学实践，重点探究在初中英语阅读课中的能提升学生阅读素养的有效差异化教学策略，从词汇学习、语法知识、语篇知识、背景知识理解、应用结构化视图梳理获取的信息、学习策略应用、复述性表达能力和创造性表达能力上有所提升学生英语阅读素养的途径，让每个学生的英语阅读素养在原有基础上实现发展。

一、研究背景和意义

学生作为学习的主体，每个人都具有鲜明的个性特征，其学习风格、学习基础、认知方式等都存在着千差万别的差别。学生的差异性既是英语阅读教学的宝贵资源，也对教师的课堂教学提出了巨大的挑战，教师能否在教学中关注并照顾到学生的差异性，直接影响学生学习质量和阅读课堂教学效率。

《义务教育英语课程标准（2022 年版）》在课程实施教学建议第一条中指出："教师要面向全体学生，充分尊重每一个学生，对学生抱有合理期待，让他们获得积极学习体验，感受学习的乐趣和教师信任，健康、自信、阳光地成长。"在课程实施评价建议中关于教学评价应遵循的基本原则有："教学评价应充分关注学生个体差异。在设计和实施评价时，教师应该根据不同学段的教学特点与评价目的，充分考虑学生的年龄、心理特征、认知水平、个性特点以及发展潜力，选用合理的评价方式，根据各因素的动态评价变化情况及时调整评价主体、内容和形式，注重对学生学习过程、认知过程和成长过程的评价，帮助每个学生在原有基础上实现发展。"

英语阅读教学是初中英语教学中重要的一环。在我国现阶段，大多数学校还采用的是传统的班级授课制。然而目前班级授课制下，初中英语阅读教学课堂教学往往忽视学生个体在英语阅读素养上的差异性，无法照顾学生差异性学习需求：统一的教学目标、教学方法和教学活动，统一的教学评价方式，统一的作业，忽略不同学习个体在阅读素养上的差异，导致优等生吃不饱、基础薄弱生吃不着；或者意识到学生存在阅读素养的差异性，但是没有把差异化教学思想深入贯彻到课堂教学的每个环节，多数学生的差异性没有在教学过程中得到充分的尊重，学生差异性的价值没有在教学中体现其丰富的教育教学价值。还有些差异化教学被简单粗暴地处理为让不同层次的学生完成不同层次的学习任务，如在英语阅读课中，基础薄弱生常常在课堂讨论时分配回答浅层次的、基于事实信息的问题，长此以往，学生的语言知识、学习能力、思维品质和文化品格都得不到充分的发展。

笔者所从教的潞河中学也一直采用大班额的班级授课形式。每个班都有40—45名左右的学生。每届学生初一刚入学的时候，学生通过分班考试，被平行分入10个班级中，每个班的学生的英语基础相差甚远，参差不齐。在上课时，同样的学习目标，不同的学生课堂参与度和完成度截然不同。有些学生表示课堂学习内容太浅吃不饱，很多的时间不知道用来干什么；也有学生表示老师讲的内容听不懂，跟不上，继而放弃学习，成为游离于课堂之外的旁观者。阅读教学是英语教学的重点内容之一。北师大版英语教材是按模块组织安排的，其中教材阅读课占了每个教学单元一半的内容。然而教材中阅读文本难度的增加，学生在课堂上学习参与的广度和深度上差异越来越大，有人学完不解渴，有人渐渐要放弃学习了。

笔者通过前期组织所教学生参加中国英语阅读教育研究院的中小学生英语分级阅读定级测试，并对学生进行了访谈和问卷。基于以上的初步调查以及对三种形式的问题确认，笔者认为不同学生的现有的英语阅读素养上存在巨大的差异，有差异性的学习需求。他们在英语素养差异主要表现在解码能力、阅读能力、语言知识、阅读理解能力、阅读习惯上。而老师一刀切的教学模式（包括课堂教学和课后延伸学习任务）貌似高效，实则无法关注每名学生，学生的学习过程无法兼顾知识、发展技能、拓宽视野、活跃思维、展现个性，从而无法最大限度地满足学习个体需求，获得最大化的整体教学效应。所以如何保持班级授课制授课环境不变的情况下，教师能关注到学生个体上的差异性，通过在课前预习、课中学习任务和学习过程、课后作业环节，基于不同学习个体差异，设计出差异性的学习任务，帮助差异性的学习个体获得必要的学习支持、补齐学习短板、延伸学习兴趣点，从而帮助不同学生个体取得基于自身原有水平上的学习增长和提高。由于学生的日常英语学习包含了听、说、读、写、看等五项主要内容，涵盖的范围很广，而研究者精力有限，故缩小研究范围，主要研究差异性教学模式在初中英语阅读教学的应用，如果有所突破，后续笔者会带领本校教研团队，对英语教学的听、说、写等其他课型也进行后续的研究。

二、文献研究

（一）差异性教学

国内外学者对差异化教学研究进行了深入的研究，取得了丰富的研究成果。例如，Coral Anne Tomlison（2003）认为，差异化教学是指教师根据学生的学习需要、学习风格、学习兴趣来调整教学的水平，不能以统一的标准评价全体学生。Daniel Heacox（2004）认为，差异化教学的核心是要求教师改变教学速度、教学水平或教学类型，以适应不同学习者的学习需求、学习风格或者学习兴趣。华国栋（2003）指出，差异化教学是在传统的班级教学中立足学生差异，满足不同学生的不同需求，从而促进学生在原有的基础上得到最优发展的教学。

虽然不同学者对差异化教学的具体定义略有不同，但是他们对差异化教学内涵的理解基本是一致的，都强调立足于学生的个性差异，不以统一标准来要求所有学生，要满足学生不同的学习风格、兴趣等需求，使所有的学生在其原有基础之上得到充分发展，要着重探讨适合每个学生特点的教学形式、教学内容、教学过程与教学结果。差异化教学的最终目的是促进学生自我教育，帮助每个学生在其原有的基础上得到最好的发展。故差异化教学既是一种教学思想，也是一种教学实践模式。差异化教学是相对统一化教学而言的，它把学生的发展而非课程内容放在教和学的中心位置，根据学生的需要来指引教师进行设计教学。

（二）英语阅读素养

阅读素养（reading literacy）指的是读者通过理解、运用、反思并积极参与文本互动以实现目标、发展知识和潜能并参与社会的能力。

张金秀、徐国辉（2017）提出，积极的阅读者的阅读素养包括阅读品格和阅读能力两个部分，可由 5 个维度 12 个方面组成（见图 1）。这和王蕾、陈则航（2016）建构的阅读素养框架体系中对阅读习惯、阅读体验两个维度的组成观点一致，不同的是，他们认为阅读能力至少包括解码能力、理解能力和表达能力 3 个维度，其中，解码能力包括语言知识、阅读流畅度两个方面，理解能力包括语篇理解、背景知识理解和策略运用三个方面，而表达能力则包括复述性表达和创造性表达两个方面。

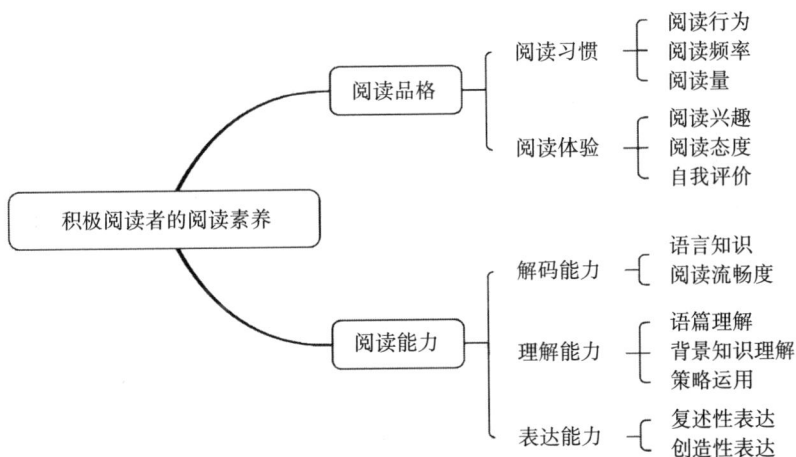

图 1 　积极阅读者的阅读素养

本文研究中的阅读素养引用了张金秀、徐国辉（2017）关于积极阅读者的阅读素养的定义。

三、差异性阅读教学的英语教学实践

（一）词汇知识的差异化指导策略

词汇学习是英语学习的重要环节，词汇量的大小直接影响学生对阅读文本的理解，学生的词汇知识是英语阅读素养的重要组成部分之一。针对中等学生和薄弱生提出的阅读文本看不懂，而课上老师又往往没有时间教授所有新词这一情况，差异性教学可以从词汇学习作为切入点。在第二周，首先在两个班里实施的是完成课前词汇预习案，即帮助学生尤其是中等生和基础薄弱生，在课前通过完成预习任务，对课文中的新授词的语音和词义有一个基本的了解。一个阅读文本中要学习的新词不少，一般在20—30个左右，如果所有的新词都放在课上学习，务必影响阅读的进度；而如果不提前处理词汇，对优等生的影响不大，但是对中等生尤其是薄弱生来说影响不小，故开始采取的具体做法是：结合课前学情分析，把本课要学习的新授词汇做成纸质版单词预习案（见表1），要求学生通过书后的词汇表和请教老师和同学的方法，写出单词的音标、中文词义、词性以及在阅读文本中的含有本单词的例句。

表1　北师大教材《英语》八年级上册第一课单词预习案

请写出下列单词的词性、音标、中文含义以及在第一课中的例句。				
	词性	音标	中文含义	文中例句
1.vacation				
2.reviewer				
3.score				
4.result				
5.movie				
6.actor				
7.fantastic				
8.deaf				
9.moving				
10.die				
11.bored				
12.earn				
13.adopt				
14.dinosaur				
15.climate				
16.channel				

　　而后，笔者通过课后小问卷和访谈了解第一版单词预习案的实施效果。学生表示：虽然这种预习方法在一定程度上能帮助自己提前了解生词的词义和词性，清楚生词在文本中的位置，发挥了一定的作用，但是对学习单词发音的帮助不大，因为虽然抄写了音标，也不代表一定能掌握正确的读音，也不一定能读好。另外，预习案中要书写的内容比较多，比如抄写例句，要写好几十个，复习负担比较大。针对学生反映的情况，笔者对词汇预习的内容和方式进行了改进。这一次，笔者把词汇预习从纸质作业改成了电子作业。通过"一起中学"APP，选定要预习的生词范围，要求学生通过软件进行单词跟读，例句跟读，中译英、英译中练习，单词辩图，音节排序，选词填空等形式多样的练习，达到对单词音、形、义多层次的练习。同时，借助该软件的实时学习效果反馈系统，教师能及时了解每个学生对词汇的掌握情况。优等生一般一次性可以通过测试，而中等生和基础薄弱生则可以自助选择增加跟读、练习和测试的次数来提高词汇掌握的熟练程度。结合基础薄弱的个别学生，教师还可以根据其学习反馈结果，通过微信、电话等形式进行一对一的难点点拨和指导。表2为经过改进后的智能单词预习案，得到了两个班同学的一致认可。其中优等生觉得自己可以做好选词填空，而基础薄弱生觉得单词跟读，例句跟读，中译英、英译中练习，单词辩图帮助更大。

表 2　智能单词预习案

（二）语法知识预习的差异化指导策略

语法知识的掌握情况也是影响学生英语阅读能力的重要因素之一。结合北大版教科书八年级（上册）的教学内容，教师确定了本学期学生要学习的重点语法知识：一般过去时的肯定句、否定句、疑问句；情态动词 must、can、have to 如何制定规则；过去进行时的肯定句、否定句、疑问句；比较级和最高级；状语从句。并和教研组的老师合作查找资源，收集或自制语法讲解的小微课。其中，每个微课 3—5 分钟，围绕一个小的语法点，讲解其用法。

北师大版八年级阅读 Unit 2 Lesson 4 Class Project。这篇阅读文本里涉及的主要语法知识分别是用情态动词 must、can、have to 制定规则。在学习第四课前，教师通过微信发布了情态动词 must、can、have to 用来制定规则的微课，告知学生根据学情自主选择观看，并反馈学习感受：（1）你觉得这个微课是否帮助你更好地理解了如何用 must、can、may、should 来提建议？（2）你觉得你喜欢这个微课的哪些地方？不喜欢哪些地方？为什么？这一节微课两个班的学生都观看了。从收到的 88 份反馈来看，52 名学生（70%）的学生认为该微课有助于自己了解用情态动词制定规则的用法，26 名学生（30%）的学生表示自己之前就已经知道这个语法知识，所以没有必要学习。这一部分学生主要是两个班的优等生。学生喜欢这个微课的理由是老师讲解得比较清晰，而且可以反复观看，也可以随时暂停。不喜欢的地方主要是基础薄弱生觉得微课时间有点长，7 分钟，如果更短一点会好，还有如果能加上老师答疑会更好。所以，教师决定把每个微课的时常限制在 5 分钟以内，在微课发布后的当晚 8：00—8：30 在微信上集中答疑。这个举动特别受到基础薄弱学生的欢迎。随着时间的推移，教师发现这些微课不但在课前学生会观看，而且后来部分学生还开发了一个新的功能：用来做月考、期中、期末考前复习，这是个意外的收获。但是微课制作费时费力，需要教师和备课组、教研组积极合作，在开学前做好分工，通过合作的方式，才能把语法微课做得又快又好，给不同的学生以及时的帮助。

（三）语篇知识的差异化指导策略

《普通高中英语课程标准（2017 年版）》指出，语篇类型是指记叙文、议论文、说明文、应用文等不同类型的文体，以及口头、书面等多模态形式的语篇，如文字、图示、各区、音频、视频等。语篇知识就是关于语篇是如何构成、语篇是如何表达意义以及人们在交流过程中如何使用语篇的知识，在语言理解和表达过程中具有重要作用。语篇中各要素之间存在复杂的关系，有微观和宏观组织结构。接触和学习不同类型的语篇，熟悉生活中常见的语篇形式，把握不同语篇的特定结构、文本特征和表达方式，不仅有助于学生加深对语篇意义的理解，还有助于他们使用不同类型的语篇进行有效的表达与交流。所以，掌握一定的语篇知识对学生加深对文本的理解十分有必要。通过初一一学年的学习，大部分学生对于记叙文、对话、访谈等篇章类型比较熟悉，但是没有系统地梳理过相应的语篇知识。

教师结合主要的阅读文本的文体特征，在预习案例中安排了记叙文和说明文的语篇知识学习。Unit 2 Lesson6 A Special Team 是一篇按时间顺序来行文的记叙文，所以教师在两个班的预习案例中安排了关于记叙文基本语篇知识的导学。通过微课和学案，介绍了记叙文的篇章特征和常见的写作手法，包括记叙文的六要素，记叙文常见的写作顺序，对人物描写的方式如语言、动作、心理活动等。Unit 3 Lesson8 Olympic Winners 是一篇介绍 2008 年北京奥运会中各种最极致的运动员的一些个人信息和获奖情况的说明文。故在课前预习中，教师安排了关于说明文语篇知识的学习，包括介绍说明文阅读要点，说明顺序，说明方法。有了这两种常见语篇类型和语篇知识的学习铺垫，学生在课上完成阅读任务时，顺利地关注和梳理出主要的信息。Lesson 6 主要梳理出地震的时间、地点、人物、事件的起因、经过、结果，并关注了对核心人物林先生的描写方式（包括语言、动作）和评价，还关注了记叙文背后要传达的主题意义——团队合作。

通过课后的问卷和访谈，教师发现，学生认为课前关于记叙文语篇知识的学习对课上获取重点知识、梳理故事脉络、评价任务、赏析故事传达的主题意义都有积极的意义。所以教师在开展阅读教学前，要提前熟悉文本，合理地根据阅读文本的语篇类型和篇章特点，布置预习内容帮助学生了解和熟悉相应的知识，并在阅读课上再次引导学生重点关注这些语篇知识。学生在课上已经能注意、识别、获取到相关的语篇信息，但是部分学生对于如何把获取的信息用合适的思维导图或概念图组织和表达出来，还比较欠缺，他们选择的图形方式不能很好地表现语篇中各要素之间存在的复杂关系，如语篇的微观和宏观组织结构，逻辑结构看上去比较混乱，不利于主题意义进行有效的表达与交流。

（四）结构化视图运用的差异化指导

针对学生在阅读课上利用概念图或思维导图梳理语篇信息时反映出来的问题，笔者及时调整了行动研究计划，把第8周的内容从课前背景知识的拓展途径调整为运用结构视图梳理语篇脉络的方法指导。通过微课的形式，指导学生学习了思维导图的特点和功能、概念图的主要类型以及每种类型概念图的主要功能、适合表现的文本类型。在这一周的学习中，学生通过微课，感知和学习了常见的概念图以及它们的主要功能。它们分别是：定义、（definitions）、比较（comparison and contract）、因果关系（cause & effect）、流程与次序（process & sequence）、问题与解决措施（problem & solution）、描述与分类（description & classification）、论证（introduction & reasons, opinion & facts）、时间轴（timeline）、事件地图（event map）、人物评价（something to think about the character）。

经过对学生课上的作品观察和课后的调查问卷和访谈访得知，80%的学生在用思维导图或概念图梳理阅读文本脉络时，能找到更合理的图形来组织获取的信息，更好地突出其文体特征和篇章特征，传达文章的主题意义，较之以前有很大的进步。

（五）如何查找阅读背景知识的指导

针对优等生在前期访谈中反馈出来的希望能在课前拓展更多的和主题相关的知识，教师安排了一次关于利用搜索引擎如何查找背景的指导的微课，主要是关于如何查找外国文化背景知识的方法。包括作者简介、故事背景知识。

通过系列微课的指导，不同的学生对于在阅读课前如何预习词汇、语法，准备语篇知识，如何利用可视化视图梳理呈现文章脉络，如何预习文章主题相关的文化背景知识有了一定的认识和运用；学生们也在一定程度上各取所需，提高优化阅读课的课前起点，为顺利开展阅读课，提升阅读体验，做好了差异性的准备，并对下一阶段的每次阅读课前预习时，充分熟悉运用，不断提升自主学习能力。

（六）自主学习和合作学习的差异化指导

教师还需要针对阅读课堂教学开展差异化教学。教师主要指导学生在读中利用思维导图梳理文章脉络时，通过环环相扣、形式多样的活动形式，来实现差异化的学习过程。当教师布置阅读任务之后，学生将围绕主线信息先独立完成结构视图的建构，之后自己对着自己的结构图通过"自言自语"（self-talk）

环节介绍自己的结构图，为下一步的同伴分享做好语言上和心理上的准备。接下来，教师要求学生开展"两人活动"（pair work），相互向对方介绍自己的信息结构图，并且给对方的信息结构图补充信息或给出自己的建议，然后各自再对自己的结构在进行二次修改 (self-improvement)。通过以上活动，学生已经从结构图的内容、语言组织和心理上都做了充分的准备，这个时候，教师邀请不同层次的学生到讲台借助实物投影或者通过钉钉平台的图像投影进行分享，给全班介绍自己的结构图。同时引导其他同学认真聆听，并对上台介绍的同学进行评价或者补充自己的看法或建议。此时，达到全班分享差异化的学习成果，赏析差异，相互学习、相互借鉴的效果。

经过访谈发现，同学们对这种开放的、自主度比加大的学习形式很认可，同时也很喜欢先进行"自言自语"，再进行"同伴互帮互助"，最后"全班分享"这个学习顺序，尤其是基础薄弱生觉得这样很安全，避免自己突然被老师点名却不会解答的尴尬。这一周也反映出一些问题：比如部分中等和薄弱学生认为自己画结构图的时候不太清楚究竟应该把哪些信息画上思维导图，给同伴提建议时也不太清楚标准是什么。

（七）阅读任务单的差异化设计

教师主要在课堂的读中环节尝试如何针对同一个学习任务，设计出不同的学案，给不同层次的学生搭配不同的台阶，通过不同的路径来达成同样的教学目标。以北师大版英语教材初二上第九课 "Together to the Poles" 为例。教师在读中环节，首先让学生找出文章的写作顺序，即时间顺序，然后第二个阅读任务是为文章概括段落标题。这个任务，对中等学生和基础薄弱学生来说比较困难，所以教师设计出两套学习方案供学生自主挑选完成。一种是自主为文章拟标题，另一种是给出每个段落的标题，要求学生就该段落标题和各答案进行匹配。很显然，方案 1 比方案 2 要难，大部分薄弱生和部分中等学生都选择了方案 2，而优等生都选择了方案 1。在学生各自独立完成了任务之后，全班进行分享。分享时，首先让拿着较难的方案 1 的同学说出自己拟定的段落标题，这些答案都比较个性化，然后让做了方案 2 的同学说出书上匹配的标准答案。最后，让全班同学讨论每个段落哪些标题拟得比较好并说出自己的理由。通过这个差异化的学案，老师让不同学生都能完成为段落归纳主旨、拟标题的学习任务，又充分尊重了学生不同的学习基础差异，同时通过不同方案的讨论，也让学生看到了差异，品鉴了差异，提升了多元思维的阅读素养。还是这一课，当学生归纳了段落标题之后，第三个阅读任务是用结构化视图梳理主人公 Janet 在不同时间做的事情以及感受。对于拿方案 1 的学生，他们这个学习任务是完全自主完成，教师不给任务支撑；对于拿方案 2 的学生，教师则提供了一个时间轴，他们可以根据时间轴上的提示信息来完成信息的梳理。相对于方案 1，教师为他们的任务搭设了一定的台阶，难度没有那么大，让基础薄弱生也可以借助台阶完成任务，减轻了焦虑，体会到成功的学习体验。在课后访谈中，所有的学生对这种可以自主挑选不同难度的学案的方法都表示很赞成，他们还提议教师最好不要用不同颜色的学案来区分难度，尤其是基础薄弱生不想让其他同学知道自己选择的是容易的学案，最好换一个方案来区分。

（八）阅读课中差异化的指导

对学生进行个性化指导的方法也很重要。在阅读过程中，让有指导需求的学生主动找老师辅导。教师在布置学生利用结构图梳理文章信息和脉络之前，告诉学生，在教室的角落设置了"帮助角"（helping corner），任何人都可以主动到"帮助角"找老师帮忙。"帮助角"的设置，受到了所有学生的欢迎，基础薄弱生和中等生觉得能减轻任务焦虑，有安全感，同时看到优等生照样会主动向老师寻求帮助，他们也觉得自己不需要为"自己不会"感受不好意思，而且不担心老师看不见自己了。

（九）差异化的课后作业

教师把日常作业分成三部分：必做题、选做题和加分题。必做题是全班必须完成的基础性练习，比如每日的口语任务、词汇复习任务；选做题则会结合阅读课的内容，设置难度不一样的复述或微写任务供学生自主选择；加分题，教师布置的是和阅读文本相对应的同话题的群文阅读，供全体同学选做，以达到开阔眼界、提升多元思维能力的目的。

对学生完成差异化课后作业的调查显示，将近 70% 的学生对于能在一定程度上选择做作业表示满意，有 15% 的学生则希望教师能再放开一点，完全自己选择作业则更好，有 15% 的学生希望能和老师商量作业内容（见图 2）。教师对此有些顾虑，故还需要进一步探究。

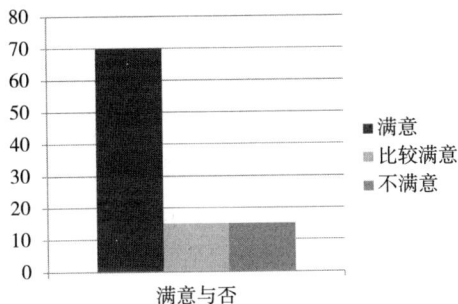

图2 学生对课后作业满意度调查结果

通过布置差异化的作业，学生对阅读学习的自我评价得到了提升。基础薄弱生多数选做复述性表达类的作业（如书面复述文本内容），80%的学生能较好地完成。而优秀生都选择了创造性表达作业（如续写故事、写读后感、发表看法等），也有部分薄弱生选择创造性表达作业，他们的作业中虽然有部分语言错误，但是不妨碍他们表达自己的想法。中等生则对两种作业的选择为一半对一半，在选择做创造性表达的学生的作业中，基于文本主题意义的见解明显比以前更丰富一些。

三、结语与教学反思

（一）不同学生现有的英语阅读素养存在巨大的差异，需要予以差异化的指导

不同学生现有的英语阅读素养存在巨大的差异，有差异性的学习需求，他们的英语素养差异主要表现在解码能力、阅读能力、语言知识、阅读理解能力、阅读习惯上。英语基础好的学生认识的单词多、语法掌握得好，尤其是时态、语态，语篇结构上不存在理解上的问题；这些学生在阅读文本题材、篇章结构知识上（语篇结构、段落结构）掌握得较好。反之，则在英语阅读上困难重重，需要教师给予各种学习帮助指导和学习支持。

（二）在英语阅读教学中实施差异化教学有诸多优点，值得教师借鉴和推广

一是差异性教学使得每个学生能得到基于个体的纵向充分发展，每个学生都能成长为最好的自己。

二是差异性教学使得学生的自主学习能力得到充分发展，如在不同学习环

节中自我决定不同学习策略的使用，自我学习监控。

三是差异性教学使得学生更好地学会尊重个体间的差异、欣赏彼此的差异，有利于帮助学生树立多元文化意识，形成开放包容的态度，发展健康的审美情趣和良好的鉴赏能力，树立正确的世界观、人生观和价值观，为学生未来更好地适应世界多极化奠定基础，符合课程标准对英语课程性质的描述。对学生的访谈结果表明，学生们更喜欢开放的，允许差异、尊重差异、欣赏差异的课堂。

（三）在英语阅读教学中实施差异化教学时要重点注意的关键环节

1.课前差异化导学

教师对词汇、语法、语篇知识、文化背景知识、阅读策略运用等知识的指导不要采用固定分层的形式发送给不同层次的学生，而要让学生结合下节课要学习的阅读文本，根据自己的学情和学习需求，自主决定需要补充哪些知识。

2.课中差异化阅读与阅读指导

教师在制定不同难度的学案时，不再用颜色做标记，都用同样颜色的学案。同时在课前，教师加强了对学生的思想指导，帮助学生意识到"闻道有先后"，适合自己的才是最好的学习方式，不要对完成不同的学案有思想负担。

在读中环节，学生用结构图梳理文章主要信息和脉络前，给出结构图的评价标准：一是信息完整；二是逻辑清晰。这个标准会指导学生完成和评价整个自主绘制结构图、两人合作互评结构图、全班分享结构图的全过程，从而实现教、学、评一体化。

3.课后差异化作业

在课后作业环节，通过智能化平台分享课堂作业的选择，让那些课堂没有机会分享介绍自己作品的同学有了一个机会来展示自己，也让更多的同学可以相互学习借鉴。教师并且会把每次的结构图作品做成作品集进行成果展示，对每件作业进行编号，让学生来投票选出最佳作品，并给予一定的物质奖励。学生很喜欢这个补充作业环节，在画结构图时，作品从内容的准确性到美工都有了大幅度的提升。

教师通过差异化的教学指导和设计，可以在班级教学中兼顾学生在阅读习惯、阅读体验（态度和自我评估）、解码能力（拼读能力）、语言知识（词汇知识、语法知识、语篇知识）、理解能力（信息提取、策略运用、多元思维）上的差异，关注到每名学生的学习过程和学习体验，兼顾知识、发展技能、拓展视野、活跃思维、展现学生个性，从而最大限度地满足学习个体需求，获得最大化的整体教学效应，使不同学生都能产生积极的阅读体验，并取得基于自身原有水平上的学习增长和提高，于学生个体的发展有很大的益处。

（四）目前研究的不足和继续研究的方向

一是差异化教学模式的实施需要教师在课前、课中、课后进行一系列针对学生差异化学习需求的配套指导和学习支持，需要教师付出大量的时间开展相应的工作。教师个人很难独立完成所有工作，如果有教研团队的支撑和合作，教师个人负担会小一些，教师团队成员之间若可以分工合作，工作开展得会顺利，也更容易形成系列体系。因此，教研组内，教师之间尤其是同年级的教师可以一起进行该研究。

二是差异性教学在英语阅读中的应用只是在英语教学中照顾学生差异性的教学尝试的开端，对于其他课型如听说、写作、复习课的借鉴意义还待研究。

三是课前、课中、课后相结合的差异性教学模式的开展只是差异性教学探究的一个尝试，还处于比较基础的起步阶段，对于学生个体差异性的学习需求的照顾还是比较粗线条的、不尽到位的，比如学生虽然采用了不同的学习路径和方式，体现了对差异性一定的照顾，但还是同样用相同的预习材料、学相同的学习内容、完成相同的学习任务，真正的差异性学习应该照顾到每个学生的细微需求，让学生在整个学习过程中都能自主决定学习内容、学习进度、学习方式和方法、学习的广度和深度。后期，教师还需要继续探究如何在课堂实现教授不同的教学内容实现相同的教学目标或不同的教学目标，让每个学生的差异性都能在英语学习中真正得到尊重，从而呈现差性之美，丰富世界的多样性，这将是我们继续前行的动力。

关于"洛仑兹力、电场力、介质阻力"的教学探讨

——基于学生问题让高三专题复习更有效

陈昱英

对于同一物理问题，常常可以从宏观与微观两个不同角度进行研究，找出其内在联系，从而更加深刻地理解其物理本质。从微观角度理解并区分电子所受"洛仑兹力、电场力、介质阻力"，将涉及力学、恒定电路、电磁学等知识，这对学生是易错点亦是难点，同时更是解决力电综合问题的关键点。本文将在"以学生为中心"的教育理念下，基于学生问题，通过模型建构、对比，通过多角度、多层次思考讨论、建构知识网络，做到知识的融会贯通，进一步落实学生科学思维的培养与提升。

高中物理学科核心素养中对科学思维的培养是这样描述的："通过高中阶段的学习，学生应具有建构理想模型的意识和能力；能正确运用科学思维方法，从定性和定量两个方面进行科学推理，找出规律，形成结论……能基于证据大胆质疑，从不同角度思考问题，追求科技创新。"

面对高三专题复习，在强化"以学生为中心"的教育理念下，如何围绕学生的"学"选择合适的教学方式，设计教学活动呢？我通过几十年的高中物理教学实践中逐渐体会到："基于学生问题"的教学设计永远是最有智慧并充满活力的，它能让学生的思维更发散，让复习更有针对性和实效性！

从知识的整合效果看，金属棒切割磁感线引起的电磁感应现象情境最丰富，历年高考也最热门，来自学生的讨论和质疑也最发散！而解答此类问题离不开粒子的"微观受力分析"，这是分析问题的出发点、难点和易混点！下面谈谈我是如何解决这一问题，带领学生进行知识整合的。

【环节 1】创设情境——引出"源于学生的问题"

对于同一物理问题，常常可以从宏观与微观两个不同角度进行研究，找出其内在联系，从而更加深刻地理解其物理本质。如图 1 所示：固定于同一水平面内的光滑、平行长直金属导轨处于竖直向下的匀强磁场中，导轨左端接有定值电阻。粗细和材质均匀的金属杆 MN 在与其垂直的水平恒力作用下，在导轨上匀速向右运动；金属杆 MN 始终与导线框形成闭合电路，其长度恰好等于平行轨道的间距，导轨电阻不计。已知定值电阻的阻值为 R，金属杆 MN 的电阻为 r，水平恒力为 F，某段时间内，金属杆 MN 向右运动距离为 x……

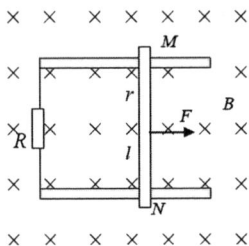

图 1

经典物理学认为，在金属导体中，定向移动的自由电子频繁地与金属离子发生碰撞，把定向移动的动能不断传递给金属离子，使金属离子的热振动加剧，因而导体的温度升高。在考虑大量自由电子的统计结果时，电子与金属离子的碰撞结果可视为导体对电子有连续的阻力。

请展开你想象的翅膀，给出一个合理的自由电子的运动模型，并在此基础上设置问题，分析并给出解答。

一、考核目的

这是电磁感应中常见的单棒切割模型，要求从微观角度构建电子的运动模型。原题为"求解阻力大小"，此处改为"由学生自主设置问题、分析解答"。

二、分析要点

建构电子的合理运动模型，从微观角度分析其受力（既是要点、又是易错点），从而使问题得到解答。

看起来不难啊！但高三学生经过一段时间的复习，已经积累大量模型，思维也足够发散，于是问题出现了。

三、产生问题

如何构建运动模型？如何理解区分自由电子所受"洛仑兹力、电场力、介质阻力"？何时、何条件下只考虑一个力、两个力、三个力的作用呢？

【环节2】模型类比——"解决问题"优于"解题"

在高三复习中，常规方法只能让学生学会"解题"。为真正地"解决问题"，我引导学生自主讨论、采用分析类比的方法，进行不同模型的多维度剖析，让思维更深入！于是，充满生机和内涵的专题复习就这样开始了。

一、只考虑一个力（以电子为例）

（一）教学活动设计

学生在思考、简述、补充……提出一些可能的运动情境。如：

1.电子仅在电场力作用下的运动（如电场中的直线、曲线运动等）

2.电子仅在洛仑兹力作用下的运动（如磁场中的匀速圆周运动等）

……

（二）教学后记

因进入专题复习，此部分内容学生已基本掌握，适合简述、归纳即可。

二、只考虑沿金属棒方向的两个力（以电子为例）

（一）教学活动设计

学生先独立思考、画出模型简图，再分小组讨论、补充、板演展示……在教师引导下完成下面模型1的分析过程，其他模型将交给学生完成，我只在必要时作简单点评。来自学生的、有代表性的模型如下。

1.模型1：金属棒 MN 垂直磁感线方向匀速运动，外电路断路（即 $R=\infty$）

（1）运动模型：如图2所示。

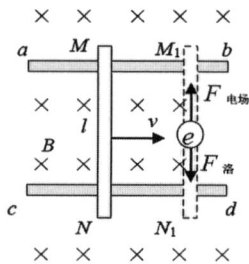

图2　匀速切割（无外电路）

设电子在金属棒内部，从静止开始，沿金属棒方向开始运动，使 MN 两端产生电势差，电子同时受到沿金属棒方向大小不变的洛仑兹力和逐渐增大的电场力作用，最终两力平衡，电子静止。

（2）受力分析：在金属棒内部，电子受两个力作用，即：电场力 $F_{电场}$、洛仑兹力 $F_{洛}$ 达到平衡状态时有 $F_{电场}=F_{洛}$

即 $e\dfrac{U_{MN}}{l}=eBv$ 得 $U_{MN}=Blv$ 两力方向，见图2。

讨论：推导结果说明什么？（答略）

（3）难点剖析：为何最终平衡时未考虑电子受到的介质阻力？

——因金属棒作切割磁感线运动过程中，外电路断路，电子最终达到平衡状态时，将保持静止状态，不与金属离子发生碰撞，即电子不受介质阻力作用。

2. 模型2：金属棒 MN 垂直磁感线方向匀速运动，外电路短路（即 $R=0$）

（1）运动模型：如图3所示。

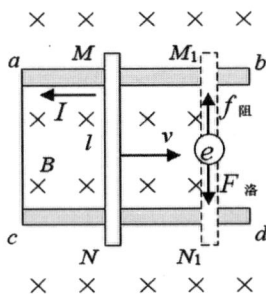

图3　匀速切割（外电路短路）

设电子沿金属棒方向，作匀速运动（运动方向向下）

讨论：为什么可以假设电子匀速运动？（答略）

（2）受力分析：在金属棒内部，电子受两个力作用，即：

洛仑兹力 $F_{洛}$、介质阻力 $f_{阻}$

两力平衡 $f_{阻}=F_{洛}$ 即 $f_{阻}=eBv$ 两力方向见图示（图略）

讨论：推导结果说明什么？（答略）

（3）难点剖析：

①为何不考虑电子受到的电场力？

——因金属棒作切割磁感线运动过程中，外电路短路，金属棒 MN 两端无电势差、即电子不受电场力作用。

②洛仑兹力做功了吗？

——学生讨论、交流，教师点评（解答略）。

3.模型3：含直流电源 E，金属棒 MN 静止，所在区域无磁场

（1）运动模型：如图4所示。

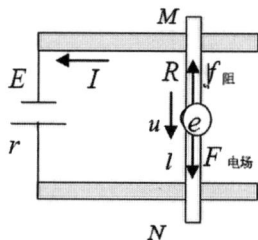

图4　有电源、无磁场

假设电子以速度 u 沿金属棒匀速运动

（2）受力分析：

沿金属棒方向，电子受两个力作用，即

电场力 $F_{电场}$、介质阻力 $f_{阻}$

两力平衡 $f_{阻}=F_{电场}$，即 $f_{阻} = e\dfrac{U_{MN}}{l}$ ，两力方向如图4所示。

（3）难点剖析：

①为何不考虑电子受到的洛仑兹力？

——金属棒所在区域无磁场。

②电压 U_{MN} 的含义？

——闭合电路的路端电压。

③影响介质阻力大小的可能因素有哪些？

——电子运动速度 u 大小（速度方向如图4所示）。如 $f_{阻} \propto u$、$f_{阻} \propto u^2$ 等。

（二）教学后记

这是本节课中，针对"源于学生问题"展开讨论、展示思维过程的重要教学环节，教师需要耐心倾听、让学生真正成为教学的主体，唤起学习的乐趣，让质疑、讨论成为习惯，教师只在必要时给予表扬或点评。效果非常好！

三、只考虑沿金属棒方向的三个力（以电子为例）

（一）教学活动设计

承上启下——模型源于"环节1"的引课内容（金属棒 MN 垂直磁感线方向匀速运动，内外电阻分别为 r、R）

小组讨论——学生自主设置问题、讨论并分析解答，整合并构建知识网络（学生问题较多，不可能在课上完成所有解析，需教师把握时间及内容，做重点解析即可）

模型4.回顾环节1中的示例（见图5、图6），进行多维度分析、讨论。

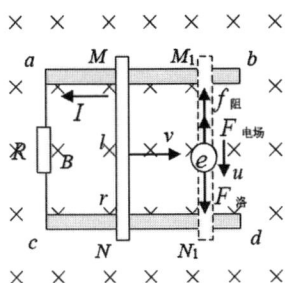

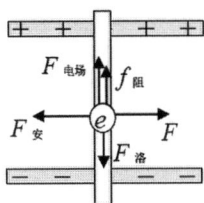

图5 金属棒匀速切割　　　图6 受力放大图（从宏观到微观）

1. 小组讨论质疑

组织学生分组讨论、写出问题、交流分享。下面列举一些学生的问题，如：

（1）建立合理的自由电子运动模型，说出原因。（学生讨论、分析）

画出金属棒中的电子受力图（图5）

（2）写出电动势表达式？给出不同的推导方法。

（建议推导方法：法拉第电磁感应定律、电动势定义、电子受力平衡、能量守恒等）

（3）在金属棒产生电动势的过程中，说明是什么力充当非静电力？写出其大小表达式。

（理解动生电动势的产生，沿金属棒方向的洛仑兹力提供非静电力）

（4）若电子沿金属棒匀速运动，写出其所受介质阻力的大小表达式。

（需要给出已知条件，从不同角度写出）

（5）从宏观看，金属棒作匀速运动的条件是什么？

（建议从受力、功能关系、能量转化等角度给出分析。如图6所示）

（6）在图示运动过程中，写出各力所做的功。

（提示：从宏观到微观，多维度分析、思考）

（7）在图示运动过程中，写出通过金属棒导体横截面电量大小、产生热量大小等?

（提示：注意理解电量、热量概念含义，分析解答）……

2. 多维度分析：重点解析举例 $f_{阻}=F_{洛}$

（1）动力学：当电子沿金属棒匀速运动时，受力平衡（如图 6 所示）

$F_{洛}=F_{电场}+f_{阻}$，其中 $F_{洛}=evB$，$F_{电场}=e\dfrac{U}{L}$ 代入得 $evB=e\dfrac{U}{L}+f_{阻}$

设金属棒整体含电子个数为 nLs（其中 s 为金属棒横截面积，n 为单位体积含电子个数）

对金属棒中的所有电子，受力平衡

$$(nLs)evB=(nLs)e\dfrac{U}{L}+(nLs)f_{阻}$$

（2）功能关系：若电子在金属棒内运动速度大小为 u，运动时间为 Δt，代入上式，得出金属棒中所有电子所受各力做功的关系式

$$(nLs)evB\cdot(u\Delta t)=(nLs)e\dfrac{U}{L}\cdot(u\Delta t)+(nLs)f_{阻}\cdot(u\Delta t)$$

3. 深层思考：上式中各项的物理意义? 分析如下

从微观角度理解电流大小 $I=\dfrac{\Delta q}{\Delta t}=\dfrac{(nLs)e}{\Delta t}=nesu$

从电动势定义理解电动势大小 $E=\dfrac{W_{非}}{e}=\dfrac{F_{洛}\cdot L}{e}=\dfrac{evB\cdot L}{e}=BLv$

代入后整理得　　$EI\Delta t=UI\Delta t+(nLs)f_{阻}\cdot(u\Delta t)$

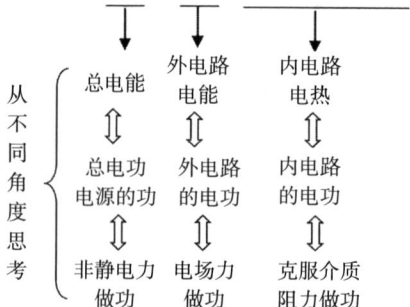

	总电能	外电路电能	内电路电热
从不同角度思考	⇕ 总电功 电源的功	⇕ 外电路的电功	⇕ 内电路的电功
	⇕ 非静电力做功	⇕ 电场力做功	⇕ 克服介质阻力做功

（二）教学后记

针对"小组讨论质疑"环节生成的问题，并不需要在本节课都得到解决，

但要求组长记录并在课下分享到班级的微信物理大群中，利用课余时间思考、讨论。这已成为高三复习课的常态，教师会及时关注学生在课上、课下尚未解答的问题，及时采用网络或其他方式进行答疑。

在"多维度分析"环节，既是对模型4中的难点突破、也是对学生规范书写的训练，此环节必不可少。

"深层思考"环节只有程度较好的学生能够进入，必要时需要老师引导进行，此环节为思维提升内容，可以选择使用或布置课下完成。

【环节3】思维拓展——有效提升科学素养

教师：除本节讨论内容外，还有哪些相似模型呢？

学生：课下思考，为下节交流讨论提供素材，提高学习兴趣。

例如：图5中的电阻R换成直流电源E（包括变换电极等）、换成电容器C……

总之，这是一节源于学生问题的专题复习课，要求学生敢想、敢问、敢做，并有解决问题的态度和意愿；能针对多角度、多层次的深度思考，并对问题给出合理的解释与解决。只有这样，才能深化学生对物理知识结构的理解，真正做好知识的融会贯通，由表及里，通过层层剖析，加强学生的深度思考和综合分析问题的能力，贯彻物理学科的课程理念，提升学生的科学思维水平。

半偏法测电阻

张　晓

在高中物理中，测量未知电阻的阻值有很多方法，最基本的方法是伏安法，用电压表测电压，用电流表测电流，然后根据欧姆定律公式进行计算，但伏安法测电阻这种方法，无论是电流表内接还是电流表外接，都不可避免地存在系统误差。电桥法测电阻的方法比较精确，但原理、操作和具体实施都很复杂，故高中教材一般都不作介绍。但教材中在学生分组实验"将电流表改装成电压表"的实验中，又介绍了一种测量电阻的方法——半偏法测电阻，在最近的各地的高考试题和各地的模拟试题中，均有半偏法测电阻的相关试题出现。因此，搞清楚这种测量电阻的方法很有必要。

半偏法测电阻有两种类型：电压半偏法和电流半偏法，下面分别介绍。

一、电压半偏法

1.电路图：如图 1、图 2 所示。

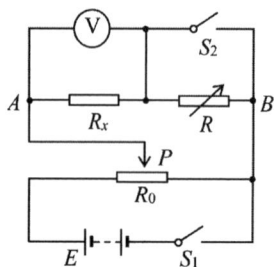

图 1

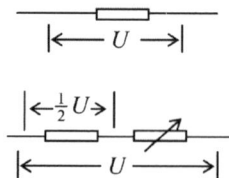

图 2

2. 操作步骤：

（1）连接好电路，开关 S_1、S_2 均处于断开状态，滑动变阻器滑片 P 置于最右端（被测电路 AB 间的电压最小）。

（2）闭合开关 S_1、S_2，调节滑动变阻器 R_0 的滑片 P 的位置，使电压表的示数达到最大值（满偏）。

（3）断开开关 S_2，调节电阻箱 R 的电阻值，使电压表的示数达到最大值的一半（半偏）。记下电阻箱 R 的示数。

（4）整理实验器材。

3. 实验原理：开关 S_1、S_2 都闭合时，电阻箱被短路，没有电流通过。开关 S_2 断开后，被测电阻 Rx 两端的电压变为原来的一半，若被测电路 AB 两点间的电压不变，则电阻箱 R 两端的电压也等于原来电压的一半，因此，被测电阻 Rx 和电阻箱 R 两端的电压相等，若电压表 V 内阻很大，是理想电压表，则电阻箱 R 的示数就等于被测电阻 Rx 的阻值。

4. 误差分析：误差主要来源于两个方面：（1）电压表内阻的影响。开关 S_2 断开后，电阻箱 R 的阻值应该和电压表 V 与被测电阻 Rx 并联的总电阻相等，因此，测量值偏小。（2）被测电路 AB 间电压变化带来的误差。开关 S_2 断开后，由于电阻箱的接入，使得被测电路 AB 两点间的电压增大，所以电阻箱两端的电压应高于被测电阻两端的电压，故测量值偏小。

为减小误差，电压表的内阻应远大于被测电阻的阻值，滑动变阻器就选择总电阻比较小的，应远小于被测电阻的阻值。

二、电流半偏法

1. 电路图：如图 3 所示。

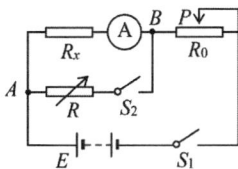

图 3

2. 操作步骤：

（1）连接好电路，开关 S_1、S_2 均处于断开状态，滑动变阻器滑片 P 位于最右端（电阻最大）。

（2）闭合开关 S_1，调节滑动变阻器 R_0 的滑片 P 的位置，使电流表的示数达到最大值（满偏）。

（3）闭合开关 S_2，调节电阻箱 R 的电阻值，使电流表的示数达到最大值的一半（半偏）。记下电阻箱 R 的示数。

（4）整理实验器材。

3. 实验原理：开关 S_1 闭合、S_2 断开时，电阻箱没有接入电路。开关 S_2 闭合后，电阻箱接入电路，通过被测电阻 Rx 的电流变为原来的一半时，若干路中的总电流不变，则通过电阻箱 R 的电流也等于原来电流的一半，因此，通过被测电阻 Rx 和电阻箱 R 的电流相等，如果电流表 A 内阻很小，可以忽略的话，则电阻箱 R 的示数就等于被测电阻 Rx 的阻值。

4. 误差分析：误差主要来源于两个方面：（1）电流表内阻的影响。开关 S_2 闭合后，电阻箱 R 的阻值应该和电流表 A 与被测电阻 Rx 串联的总电阻相等，因此，测量值偏大。（2）电路中总电流变化带来的误差。开关 S_2 闭合后，由于电阻箱的接入，使得被测电路 AB 两点间的总电阻减小，干路中的总电流增大，所以通过电阻箱 R 的电流应大于通过被测电阻的电流，故测量值偏大。

为减小误差，电流表的内阻应远小于被测电阻的阻值，滑动变阻器应该选择总电阻比较大的，应远大于被测电阻的阻值。

注意两种类型的不同，前者用滑动变阻器的分压接法，可以保证电压近似不变；后者用滑动变阻器的限流接法，可以保证电流变化不大。

如果用上述两种方法来测量电压表的内阻或者电流表的内阻，则误差会很小。电路图如图4、图5所示，原因是电表内阻带来的误差影响没有了。所以在教材中，在测量电流表的内阻时使用了这种方法，这是一种非常好的方法，简单易行，可操作性强，误差小。

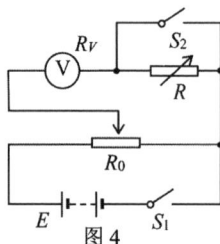
图 4

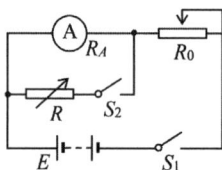
图 5

【例1】（2006年北京市东城区二模试题，21题，18分）下图是用来测

量未知电阻 Rx 的实验电路的实物连线示意图，图中 Rx 是待测电阻，阻值约为几 $k\Omega$；E 是电池组，电动势 6V，内阻不计；V 是电压表，量程 3V，内阻 $r=3000\Omega$；R 是电阻箱，阻值范围 0~9999 Ω；S_1 是滑动变阻器，S_1 和 S_2 是单刀单掷开关。

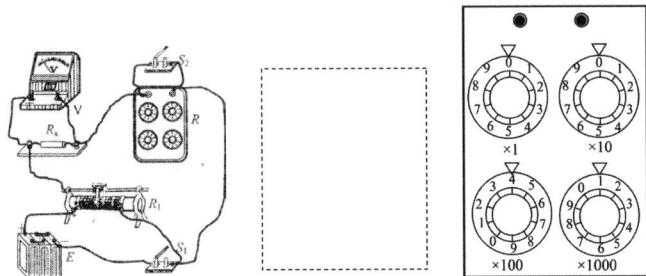

主要的实验步骤如下：

①连好电路后，合上开关 S_1 和 S_2，调节滑动变阻器的滑片，使得电压表的示数为 3.0V。

②合上开关 S_1，断开开关 S_2，保持滑动变阻器的滑片位置不变，调节电阻箱的阻值，使得电压表的示数为 1.5V。

③读出电阻箱的阻值，并计算求得未知电阻 Rx 的大小。

④实验后整理仪器。

(1)根据实物连线示意图，在虚线框内画出实验的电路图，图中标注元件的符号应与实物连线图相符。

(2)可供选择的滑动变阻器有：

滑动变阻器 A：最大阻值 100Ω，额定电流 0.5A

滑动变阻器 B：最大阻值 20Ω，额定电流 1.5A

为了使实验测量值尽可能地准确，实验应选用的滑动变阻器是 _____。

(3)电阻箱的旋钮位置如图所示，它的阻值是 _____。

(4)未知电阻 $Rx=$ _____。（2 位有效数字）

(5)测量值与真实值相比较，测量值比真实值。（填"偏大"、"相等"或"偏小"）

【例 2】（2001 年全国，29 题，20 分）实验室中现有器材如实物图 1 所示，有：

电池 E，电动势约 10V，内阻约 1Ω；

电流表 A_1，量程 10A，内阻 r_1 约为 0.2Ω；

电流表 A_2，量程 300mA，内阻 r_2 约为 5Ω；电流表 A_3，量程 250mA，内阻 r_3 约为 5Ω；

电阻箱 R_1，最大阻值 999.9Ω，阻值最小改变量为 0.1Ω；

滑线变阻器 R_2，最大阻值 100Ω；开关 S；导线若干。

要求用图 2 所示的电路测定图中电流表 A 的内阻。

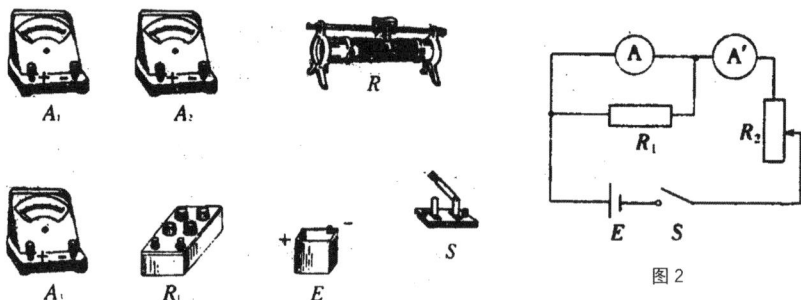

图 1

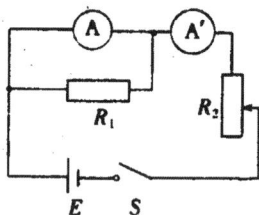

图 2

（1）在所给的三个电流表中，哪几个可用此电路精确测出其内阻？

（2）在可测的电流表中任选一个作为测量对象，在实物图上连成测量电路。

（3）你要读出的物理量是 _____。

（4）用这些物理量表示待测内阻的计算公式是 _____。

参考答案：1.（1）实验电路图如右图。（2）滑动变阻器 B。

（3）1400Ω。（4）$2.6k\Omega$。（5）偏大。

2.（1）A_2、A_3。（2）若测 r_3，实物图略。

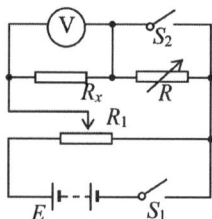

线性函数在高中物理实验中的应用①

马云荣

纵览高中物理实验，有很多都用到了图像方法处理数据，线性函数出现概率特别大，而学生对线性函数的理解程度并不是很好。原因是，课堂上讲的是经典实验、传统方法，而在题目中考查的往往比较灵活，很多时候简单的正比例函数就变成一次函数，给学生解决问题带来困扰。经过分析，笔者发现，正是因为对实验的细节没有真正理解，实验操作不规范，或是题目创新了情境，学生就无从下手了。本文例题的选取逐层深入，围绕一个主线梳理，又各有侧重点。通过思维程序训练，循序渐进总结方法，挖掘规律，给出线性函数在处理实验问题时的思维途径。希望学生逐渐养成科学的思维方式。

一、图像问题一定要弄清两个物理量间的函数关系，万万不可以套搬结论

（一）典例：某同学研究小车的匀加速直线运动

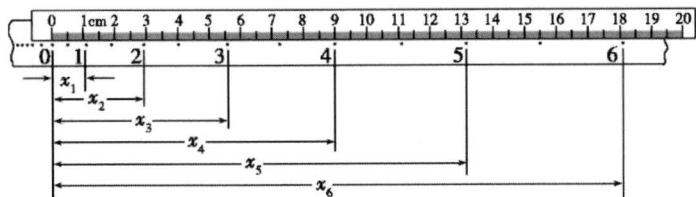

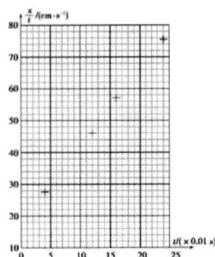

① 本文获得 2021 年北京市物理学会年度论文二等奖。

分别计算出 x_1、x_2、x_3…x_6 与对应时间的比值 $\dfrac{x_1}{t_1}$、$\dfrac{x_2}{t_2}$、$\dfrac{x_3}{t_3}$…$\dfrac{x_6}{t_6}$。以 $\dfrac{x}{t}$ 为纵坐标、t 为横坐标，画出 $\dfrac{x}{t}-t$ 图线。在打 0 计数点时，小车的速度 v_0=____m/s；它的加速度 a=____m/s^2。

看到一个题目，首先是联想所学，进行课堂复盘，思考在这个领域我做过什么，我会什么，我应该注意什么。

课堂复盘：学生对 $v-t$ 图像已经非常熟悉和认可，斜率是加速度。此题目中出现的却是平均速度与时间的关系图像，感觉一下子陌生起来。

题目中实际实验分析：平均速度对应一段时间，所取时间段不同平均速度就不同，那么平均速度与时间段具有怎样的函数关系呢？书写函数 $x=v_0t+\dfrac{1}{2}at^2$，平均速度 $v=\dfrac{x}{t}=v_0+\dfrac{1}{2}at$ 纵截距是初速度，图像斜率表示加速度的一半。

进一步引领学生想问题：我们课堂学的速度—时间图像其实是瞬时速度—时间图像。在匀变速直线运动中，一段时间的平均速度等于这段时间中间时刻的瞬时速度，即 $v_{\frac{t}{2}}=v_0+a\dfrac{t}{2}$ 一定注意，公式中的 t 不是与瞬时速度对应的时刻，所以图像不是瞬时速度—时间图像，斜率也就不是加速度。

（二）典例：利用单摆来测定重力加速度

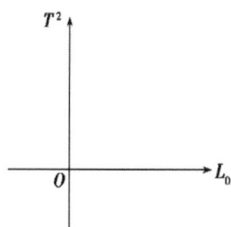

若在实验中无法测量摆球直径 d，只能测量出摆线长 L_0，请在图坐标系中画出 T^2-L_0 图像，并写出与横、纵轴的交点坐标。

课堂复盘：如果摆长正确测量，根据单摆周期公式 $T=2\pi\sqrt{\dfrac{L}{g}}$，可得图像是一条过原点的斜直线 $T^2=\dfrac{4\pi^2}{g}L$，T^2-L 图像是一条过原点的斜直线，根据斜率 $k=\dfrac{4\pi^2}{g}$，即可求出重力加速度。

题目中实际实验分析：在该实验中无法测量摆球直径 d，只能测量出摆线

长 L_0，横轴物理量不是摆长，而是摆线长，已有的函数就不能直接套用了，必须重新写出函数，写出 T^2 与摆线长 L_0 的函数。还是从周期公式切入。摆长 L 等于摆线长 L_0 加半径 $T=2\pi\sqrt{\dfrac{L_0+\dfrac{d}{2}}{g}}$，可得 $T^2=\dfrac{4\pi^2}{g}L_0+\dfrac{4\pi^2}{g}\cdot\dfrac{d}{2}$，$T^2$-$L_0$ 图像就必然是一条不过原点的斜直线。则图像与横轴交点坐标为（$-\dfrac{d}{2}$，0），与纵轴交点坐标为（0，$\dfrac{2d\pi^2}{g}$）。

引领学生会想问题：不要被已有的认知固化。认为测量的量不是原始实验讲过的，该同学就错了。这种认识不正确。探究两个物理量的关系是一个发散的课题，要敢于创新，敢于挑战权威。关键在于要明确横纵轴物理量的函数关系，数形结合，挖掘函数的物理意义可能会有新的收获。深入分析本题图像，不仅得到了重力加速度的数值，还意外收获了小球半径的数值。

二、认真书写一次函数可以有意外收获

（一）典例：探究在弹性限度内弹簧弹力与弹簧伸长量的关系

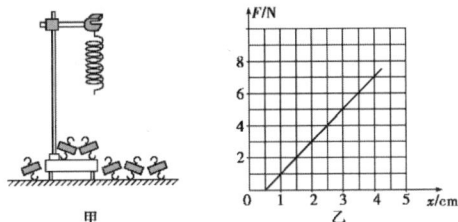

请分析 F-x 图线不过原点的原因是 _____。

课堂复盘：本实验要求竖直悬挂好弹簧，稳定时测出弹簧原长，也就是不挂钩码时的长度。然后依次挂钩码记录弹簧长度，通过描点法做出 F-x 图像，求得弹簧劲度系数。

题目中实际实验分析：初始长度应该是不挂钩码所对应的长度。如果水平测量，就会导致实际函数变化为 $F+mg=kx$，正比例函数 $F=kx$ 就变成一次函数 $F=kx-mg$。与横轴交点坐标为（$\dfrac{mg}{k}$，0），与纵轴交点坐标为（0，$-mg$），意外获得弹簧的重力大小。

引领学生会想问题：图像起点的意义挖掘，当钩码拉力为零时，弹簧就有了形变量。则一定是自身重力的作用导致的。

三、抓住特殊点坐标，回归情境探寻物理意义

（一）典例：某同学探究"加速度与力和质量的关系"

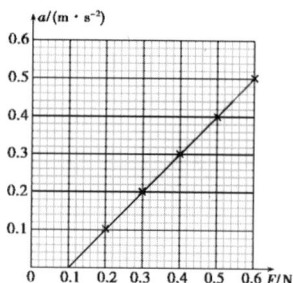

通过测量和处理实验数据，得到如图所示的 a-F 图线，发现图线不过坐标原点，请分析其原因是：_____。

课堂复盘：探究"小车的加速度与所受合外力的关系"时，通过测量和处理实验数据，得到的 a-F 图线过坐标原点。必须明确此实验的处理细节，探究加速度与合外力的关系，F 必须是合外力，为了保证绳子拉力是合外力，一个很重要的操作就是平衡摩擦力。而此项操作完成得如何，是导致图像过不过原点的必然原因。

题目中实际实验分析：如果 F 不是合外力，则画出的图像就是加速度与物体所受拉力的关系。加速度与拉力具有怎样的函数关系，就会有怎样的对应图像，到底过不过原点，关键看函数，数形结合思想是精髓。如果明白了这个道理，图像过不过原点就不是什么特别玄妙的问题了。根据实际实验情境，通过木板一端垫起一个小角度，来平衡摩擦力，函数就是 $F+mg\sin\theta-f=ma$，则 $a=\dfrac{1}{m}F+\dfrac{1}{m}(mg\sin\theta-f)$；如果没有平衡摩擦力（$mg\sin\theta=0$）或是平衡摩擦力不彻底（$mg\sin\theta-f<0$），图像将有负的纵截距；平衡摩擦力过大（$mg\sin\theta-f>0$），图像将存在正的纵截距。这两种情况都会导致图像不过原点。从函数可以看出，斜率是小车质量的倒数。函数思想，数形结合是最有保证的思维方法，是解决根本问题的途径，但最后尽可能再带着学生回到图像继续观察，因为只有明白了真实情境下的数学图像的物理意义才是学生心服口服的关键，才是物理核心素养的体现。

引领学生会想问题：当拉力 F 从零慢慢增加时，物体没有加速度。直到

拉力增加到 0.1N 时，物体才获得加速度。说明什么？没有加速度，说明合力等于零，说明拉力没有克服掉摩擦力，说明摩擦力平衡不彻底造成的。（反之：拉力等于零时，物体就有了加速度，这一定是平衡摩擦力过大造成的）这种方法是抓住特殊点的坐标，来分析物理意义，也能很好地引领学生把实验原理搞明白。

总结：考虑问题不可以固化，但一定要有程序。要循着思考的程序走，这样培养出来的学生就逐渐有了科学的思维方式，严谨的风格，自信的作风。

四、挖掘情境变化，书写合理的函数

（一）典例：利用自由落体运动进行"验证机械能守恒定律"的实验装置也可以测定当地的重力加速度

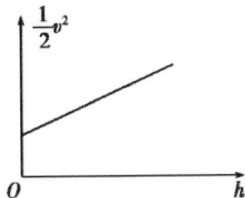

某同学打出了一条纸带后，利用纸带测量出了各计数点到打点计时器打下的第一个点的距离 h，算出了各计数点对应的速度 v，以 h 为横轴，以 $\frac{1}{2}v^2$ 为纵轴画出了如图所示的图线。图线没有过原点可能是 _____。

课堂复盘：根据机械能守恒定律，$mgh=\frac{1}{2}mv^2$，物体瞬时速度与下落高度满足，$\frac{v^2}{2}=gh$，图像中斜率就是加速度。很顺理成章的结论，怎么实际实验时又不过原点了呢？学生又被打蒙了。（解救学生于水火的最好方法就是自救：科学思维＋熟练技能）

题目中实际实验分析：自由落体运动是理想化运动，初速度为零，物体只受重力，而不受空气阻力。为了尽可能减小阻力，需要选用质量大体积小的物体做实验，实验操作中还应该注意将纸带竖直拉直，下落中尽量减小摩擦阻力，释放纸带时不对物体初速度为零造成影响，先接通电源，后释放纸带，也是为了物体下落初速度为零。一系列缜密的思维，如果学生没有注意，没有真正领会，那就会不断地被质问，被打击。考题中如果想鉴别一个真正有能力的人，出题时一定会高于课堂和教材。物体在空中下落，依动能定理，$mgh = \frac{1}{2}mv^2 - \frac{1}{2}mv_0^2$ 函数就变成 $2ah = v^2 - v_0^2$，$\frac{v^2}{2} = ah + \frac{v_0^2}{2}$。写完函数一目了然，纵截距的出现是因为初速度不为零造成的。原因可能是先释放纸带，后接通电源。如果不计一切阻力，斜率 k 等于 g，如果有阻力，斜率 k 小于 g。挖掘情境的变化写出合理的函数是解决这类问题的关键。

引领学生会想问题：看初始坐标，h 为零时就有了速度，h 的意义是各计数点到打点计时器打下的第一个点的距离，那一定是打第一个点时物体速度不为零。原因是先释放了物体，后接通电源。这是直接从初始点坐标分析物理意义得出的。

编　后

我写这篇论文的目的是想让学生找到图像题的解决方案。无非是找两个物理量的关系，实验题图像都是根据实验数据描点法而成的。难点在于有时和经典实验的图像有偏差，对于产生偏差的原因，学生往往一头雾水。我经过分析总结，发现了学生的问题。他们往往死搬硬套学过的结论，这明显是没有真的掌握本质。学习的过程是培养思维的过程，是掌握科学方法的过程。核心素养与关键能力没能到位。就题论题式的学习方式是不能转化为能力的，一定要挖掘一个题目的思维价值，真正吃透一个题目，小到知识点大到思维迁移、方法策略，这才是学习要达到的真正效果，启迪智慧，变成解决实际问题的能力，达到融会贯通、举一反三的目的。

优质课堂教学应富于激情与艺术

丁 云

优质课堂教学是指教师依据最新的教育理念，应用先进教学方法，为了促进师生共同发展，合理利用与开发教育资源，从而实现课堂教学效益最优化。具体而言，优质课堂教学要求教师根据本学科的课程标准，结合本学科教学内容及特点，综合分析学生基础和认知水平，有针对性地充分利用现有教育资源，尽其所能地开发新的教育资源，有效运用多种教学方法、手段和技艺，选择最佳教学方案，在规定时间内，实现教学过程和教学目标最优化，实现课堂教学效益最大化，促进学生的可持续性学习和发展。

在教学工作的反思中，教师们常有这样的困惑：为什么我们教师有时满腔热忱地走进课堂，有的学生听课却提不起精神，恹恹思睡？为什么我们有时费尽心思备课、教课，竭尽全力去完成教学过程的各项环节，而教学效果依然不理想？为什么我们教师把自以为是很好的东西毫无保留地塞给学生，学生的能力却依然平平？这其中固然有多种原因，但我认为是我们所教的内容，所采用的方法，没能与学生心中的弦对准音调，没有共鸣地在学生心中弹奏。学生的学习效果不理想，课堂教学不优质，究其原因，教师的教学激情与艺术的缺失是主要因素。

课堂教学就像一幅美术作品，课堂教学设计犹如对这幅美术作品精心巧妙的构思，教学激情和艺术就是这幅美术作品的色彩，具体而言，课堂教学好似画一棵树，课堂教学设计是画树干，教学内容及知识点好似一片片树叶，教学激情和艺术就是这棵树的色彩，赋予这棵树生命的意义。课堂教学是一种具有明确的教学目标、科学的教学原则和灵活的教学方法的实践性活动；是一种充满理想和情感、艺术和创造的学习性活动；是一种教学相长、学生主体参与活跃思维，教师魅力和智慧碰撞的过程。激情与艺术的教学是美的教学、优质的教学。如何才能使教师的课堂充满激情与艺术，实现优质课堂教学呢？

一、教师的思想境界和教育理想是教学激情的原动力

教育是情与爱的事业，事业的意义在于追求，追求有激情、有机智、有活力、有恒心的教育。正如华东师范大学叶澜教授所说："如果一个教师一辈子从事学校教学工作，就意味着他（她）生命中大量的时间和精力是在课堂中为了课堂教学而付出的，每一堂课都是教师生命活动的部分。"可见，课堂教学不是教师简单地完成教学任务，更重要的是体现教师的生命价值和自身发展。教师的激情源于教师良好的个人修养和高度的社会责任感；教师的教学艺术源于教师的专业功底。因此，注重个人修养、博览群书、知识结构全面的教师教课更容易吸引学生注意，学生学习有兴趣，凭借单一专业知识是很难做到课堂教学的精彩。每一个热爱学生、热爱自己生命、热爱生活的教师都十分珍重融入了自己生命的课堂教学，把每一节课当作一个教师体现自己的生命价值和自身发展的音符，一定会尽其所能地上好每一节课。美国学者理查德·威伍有句极为精彩的话："想要教好的教师可能在大多数情况下都是志向更高和激情奔放的。伟大至少一部分出自天赋，这是无法传播的。然而，伟大的教师一定是有激情的教师。"每一个富于激情与艺术的教师，在自己的教学生涯中，一定会竭尽全力地使每一堂课都成为富有激情的生命课堂，以教师特有的人格魅力，激发学生勤奋学习；以教师应具有的学术造诣，引导学生怎样学习；这样的教师用激情点燃了学生追求知识和真理的情感火花，教师和学生释放出的"正能量"构建了课堂特有的磁场，建构了鲜活的生命课堂，最大限度地体现了教育的意义和价值。所以说，教师的激情是教师优质课堂教学的重要精神武器，教师的思想境界和教育理想是教学激情的原动力。

二、教师内在的综合素质是教学艺术的集中体现

（一）善于启发学生思考，恰当引导探究式教学

学源于思，疑问促进思维。亚里士多德曾说："思维是从疑问和惊奇开始的。"在课堂上，教师要鼓励学生大胆质疑，提出与众不同的问题。优质的课堂教学，要体现出学生主体、教师主导作用。优质的课堂教学不在于讲授了多少知识点，而在于学生思考方式的不断变换、思考深度的不断提升。优秀的教

师善于启发，会导学，他们善于选择恰当的教学内容，创设有意义的教学情境，在合适的时机提出有针对性的问题，引发学生的积极思考，丰富学生的认知角度、认知深度，不断扩大学生的思维容量。

探究式教学给学生发挥主动性提供了足够的空间，探究式教学对教师的教学艺术提出了更高要求。爱因斯坦曾说："问题的提出往往比解决问题更重要。"课堂提问比不提问好，从提问质量可以看出思维深度。探究式教学针对有意义的问题，多层面地设计学生的自主探究活动，能促进学生养成勤于思考的习惯，活化学生所学知识，提升学生分析问题、解决问题的能力。课前提问、课中设问、课后留问，学生学得津津有味，铃响了，学生意犹未尽。因而，善于启发和探究的教师激发了学生上课的期待，营造了乐学的具体场景，确立了合理准确的教学目标，形成了明晰的课堂教学思路，渗透了基本的学习方法，形成了寓教于乐的教学过程，获得了理想的教育和教学效果，践行了优质课堂教学。

一节课教师启发什么、学生探究什么；教师怎样启发、学生怎样探究；什么时候启发和什么时候探究都要做到思路清晰，心中有数。课堂上，教师要考虑学生的能力基础、思维变化快慢，尊重学生的个体差异性，合理安排教学容量、掌控课堂教学节奏。还要考虑到启发和探究不只是提问和回答，更重要的是交流与探讨、独白与倾听、欣赏与评价。教师最重要的工作首先是将犹如奔腾河流的学科知识模块变成潺潺安静的小溪，这样的小溪，知识、方法、能力的起点低，启发和探究的问题是渐进而全面的密台阶，课堂节奏紧凑而给力，学生思维容量大教学效益高。当学生在这样的小溪中游刃有余时，然后教师再引导学生上升到犹如奔腾河流的学科知识模块甚至整个学科层面上，在更高层面上更进一步地再认识再学习，领悟学科本质、学科思想和方法。在这样的学习中学生产生了学习自信、探讨碰撞中产生了思想火花，学生的个体差异性给课堂教学带来了精彩。教师的启发和学生的探究构建了优质课堂的主旋律，启发和探究的最终和最高目标就是发明和创造。

（二）精于表达

教学语言最基本的要求是清楚，特别是重要的话，应使每一个学生听得明明白白。再提升就是语言恰当，用词准确。讲话的节奏快慢适当，语调不高不低，情绪不急不缓。在大部分时间里也能和风细雨，自然流畅，关键的时刻要能激情四射。最高层次是语言艺术，做到语言简洁、精辟、生动、幽默、有哲理；做到语言融知识性、趣味性、通俗性和艺术性于一体，使学生终生不忘。优秀教师的教学语言必然是幽默艺术，充满激情、令人振奋的。这样的教学语言需要教师在教学生涯中精心锤炼。

不仅仅是在课堂上呈现艺术性的教学语言，在备课的过程当中一定要备语言，避免在讲课、说课的过程中语言过于随意或条理不清、不恰当。讲课、说课，要用标准的普通话，语速不要太快，吐词清晰，抑扬顿挫，语调连贯、流畅无口误，并结合所讲内容恰当地使用肢体语言和面部表情。名师的课堂教学有一种内隐的"魔力"。诗一般的语言、丰富的表情、洪亮的声音，妙趣横生的课堂设计，一步一步把学生带入科学的殿堂。如果把课堂教学比作是一首交响曲，那么教学语言就是跳动着的音符。教学语言是课堂教学中最重要的教学技能和艺术，教学语言中蕴含着很多神奇的教育魔力，教学语言是直接影响着课堂教学优质与否的最主要因素。

（三）巧妙地表扬或激励

教学效果的好坏，不仅体现在知识的掌握上，还体现在学生被唤醒和被激励的程度上。德国教育家第斯多惠也认为："教学的艺术不在于传授本领，而在于激励、唤醒、鼓舞。"适时巧妙地表扬或激励能激发学生的学习兴趣，调节课堂气氛。教师表扬的方式要多种多样，不应简单地用"很好"、"特别棒"这样千篇一律的词语来表扬。要指出与其他人相比好的地方，并分析其中出现的不足，引发学生的进一步思考。教师表扬学生的语言要有感染力，激励学生的神情要有亲和力，鼓动学生的情感要有震撼力。教学中的表扬或激励应该兼顾或偏重有差异的学生，平时就缺少肯定和表扬的他们更需要教师鼓励。也许多年后学生可能不完全记得起老师在课堂上所讲的全部知识，但学生一定记得老师是怎么表扬他的。老师的表扬可能激励着他一生不断进取。巧妙而给力的表扬，激励和鼓舞着学生乐于参与教学不同环节的活动，让学生体会学习的快乐、成功的愉悦，树立起发现自我、创造未来的信心。让学生产生了渴望学习、可持续性学习的动力，这也是优质课堂教学的目的。

（四）设计赏心悦目的板书

板书是教师基本教学技能，是一节课重要的教学信息，代表一节课的重点和教学思路。板书又是要求学生必须掌握的书写和推理、演算过程。更重要的是培养和规范学生书写，让学生养成认真书写习惯。好的板书能吸引学生的注意力，加深学生对所学知识的理解和记忆，给学生以美的享受。板书首先是醒目，醒目是指要把屏幕或黑板上的字都能让学生看清楚。其次是合理构思，合理构思是指黑板上的字与图要大小协调，内容要简明扼要，布局合理。若使用色彩要协调，要有利于明确概念，突出重点和明晰教学思路。最后是艺术，板书的艺术是指字迹清楚秀丽，整块黑板设计考究，使人赏心悦目，给人以美的享受。在课堂教学中，有教师过于依赖多媒体课件的现象，板书写得很少或者根本就没有板书，认为课件里都有的内容就没必要在板书中呈现。课后，学生对主要的知识结构、重要教学内容模糊不清，教学效果不理想。板书作为一种重要的教学手段和技艺直接影响教学效果。

（五）善于制作多媒体课件

多媒体教学手段的运用是优质课题教学的重要组成，是体现教师课堂教学设计和组织课堂教学必不可少的现代教学技艺。例如，应用多媒体课件动静结合、图文并茂地诠释抽象概念；展示跨越时空的事物或事件；输出图像和数据信息，放大实验演示的效果，模拟有危险或复杂的演示实验，有针对性地突破教学难点等。优秀的多媒体课件抛开了学科表面的、次要的、非本质的因素，将内在的、重要的、学科本质、学科思想和方法表现出来。优秀的多媒体课件在课堂教学中给学生带来了视频冲击和思维碰撞，让学生产生震撼和遐想，触动人们去体会课件制作人所展示的课堂教学设计思想、学科本质、学科思想原理和方法。这样的多媒体课件中融入了教师与时俱进的教育理念和教学方法，展示了主题鲜明、佐证有力、丰富翔实、赏心悦目的教学资料。这样的多媒体课件是有思想、有灵魂、有高度的。相反，有的课件仅仅是将学科知识结构、知识重点做简单的重复，是将知识的 Word 文档移植到 PPT 课件中，机械地演示 PPT 课件文稿，将多媒体课件的使用泛化了。必须明确，不管多媒体的功能如何强大，在课堂教学中也仅仅是一种辅助工具，优质的课堂教学中，应该是多种教学手段的有机融合，只有我们老师不断革新教育观念和教学方法，执着苦练课堂教学基本功，不断提升教学技艺，才会使我们的课堂教学更加精彩，才会给课堂教学带来优质。

三、教师的外在素养是教学艺术的催化剂

（一）着装朴实而典雅

着装朴实典雅，精干大方、略带有个性映射出一个教师的外在素养，也体

现教师的内在气质。课堂是一个有独特内涵的地方，要求我们教师着装典雅，精神饱满。在符合职业装的前提下，尽量将自己打扮得阳光、活泼和有较强的亲和力。精力充沛又漂亮或标致的老师对学生有一种天然吸引，能吸引学生的注意力，有助于获得好的课堂效果。我们老师春夏秋冬如何着装，带着怎样的神情，以何种步调走进课堂，实验器材、教具等如何摆放，对课堂教学的效果都会产生影响。

（二）巧用肢体语言并面带微笑

自然的教态、恰当优美的肢体语言的运用不但能吸引学生的注意力，还能加深学生的印象，激发学生的想象力。丰富巧妙的肢体语言让教学生动、形象，富有感情，增强教学效果。上课时表情丰富，眼光经常扫视每一位学生，适当走下讲台讲课与学生进行心灵的交流。如果教师在课堂教学中课讲到精彩时自然地笑一笑，学生回答问题正确时油然一笑，遇到学生提出的难题时惊奇地笑一笑，看着学生在认真做练习时点头微微一笑。这样的课堂老师有笑容学生有笑声，课堂气氛轻松又欢快，课堂教学生机盎然。自然真诚的微笑对调节学生情绪、舒缓学习压力、催生课堂活力、增进师生友谊具有非常重要的作用。自然真诚的微笑给课堂教学带来了情感交融的催化剂。

课堂上教师科学的方法、幽默的言语、合理的节奏、恰如其分的启发点拨、温文尔雅的举止会让学生的学习如沐春风。灵活的教学方法、有效的教学手段、精湛的教学技艺让启发和探究式教学"如虎添翼"，既能养成学生良好的学习习惯，又能发展学生的能力；既能激发学生学习的积极性，又能启迪学生的智慧，活跃学生的思维。优质课堂教学要求教师要苦练教学基本功，并在教学实践中不断总结提升，具备强势的教学能力，从而形成教师自己的教学特色。一位古希腊哲学家说："教育是一个唤起每个人全部内在潜能的终身过程。"优质课堂需要教师的激情，教育的魅力源于激情，激情是一种激昂向上而温暖的情感，是一种真实冲动而理智的真爱，教师情感真诚炽热而高尚，学生的情绪深受感染，学生的年轻的身心倍受振奋。教师点燃了学生的青春激情，唤醒了学生沉睡的梦想，激发了学生的斗志，鼓励着学生勇敢地去挑战。为了实现优质课堂教学，实现中国的教育梦，需要我们今天的教师具备高超的教学艺术，需要我们今天的教师燃烧激情。

中学化学基于证据意识的学生学习方式的研究

孟祥雯

一、内容与方法

本课题"中学化学基于证据意识的学生学习方式的研究"于 2017 年 6 月由北京市教育科学规划领导小组办公室立项为北京市教育科学"十三五"规划课题。

（一）课题研究的背景

1. 课题研究的时代背景

（1）新的课程改革呼唤学生核心素养的提升。2014 年 3 月，由教育部签发的《关于全面深化课程改革落实立德树人根本任务的意见》明确提出"核心素养体系"的概念。2016 年 9 月，我国颁布了《中国学生发展核心素养》，标志着核心素养成为指导当前教育教学的主要思想和理念。同时，高中各学科课程标准的修订将核心素养作为教育教学目标。化学学科的核心素养主要体现在以下几方面：宏观辨识与微观探析、变化观念与平衡思想、证据推理与模型认知、实验探究与创新意识、科学态度与社会责任。《普通高中化学课程标准》也指出：要帮助学生在化学学习中，学会运用观察、实验、查阅资料等多种手段获取信息，并运用比较、分类、归纳、概括等方法对信息进行加工。实践表明，培养学生分析、处理数据，建立证据意识，学会获取信息、加工信息，对培养"证据推理与模型认知"、"实验探究与创新意识"等化学学科核心素养以及未来学生从事科学研究都有重要的作用。

（2）新的课程改革促进学生学习方式发生变革。中学化学新课程倡导学生自主、探究、合作的学习方式，通过以化学实验为主的多种探究活动，体验科学研究的过程。科学探究包括提出问题、猜想假设、设计实验、收集数据、评价交流等环节，而在这每一步中都包含了一个重要的因素——证据意识。因此，基于证据意识的学生学习方式是一种体现未来学习特征的新的学习范式。

2. 课题研究的理论背景

布鲁姆的发现教学；建构主义学习理论。

3. 课题研究的实践背景

基于解决"证据意识"模糊现状的需要。

证据是科学探究过程中材料、数据、原有认知的总称，是科学探究的根本，是用以认识和解释已有知识经验和客观世界的依据。证据意识是人们对于证据事物的认识和反映。科学是一种实证系统，不懂得科学的本质是"严谨和证据"，就不可能真正地学习科学。可证据意识在很多人的脑海里还是很模糊，甚至被忽视，且使用证据也常常有以偏概全的现象，收集、保存、运用证据的意识淡薄。因此迫切需要"基于证据意识的研究"改变这种现状。如果将基于证据的现代信息技术如数字化手持技术、大数据分析等应用于化学实验教学与研究性学习中，将对改变学生的学习方式和评价方式产生积极的影响。

（二）核心概念的界定

1. 证据意识

在现代汉语词典中，"证据"是指"判定事实的依据，用来证明的材料"，是科学探究过程中材料、数据、原有认知的总称，是科学探究的根本，是用以认识和解释已有知识经验和客观世界的依据。意识是属于人的主观领域的一个专有名词，特指与客观物质相适应的人的主观认识反映。证据意识是人们在社会生活和交往中对证据作用和价值的一种觉醒和知晓的心理状态，是人们在面对纠纷或处理争议时重视证据并自觉运用证据的心理觉悟。简单理解，就是人们对于证据事物的认识和反映。

证据意识的概念源于法律，是法律思维的一项重要内容。证据意识是以证据心态、证据观念、证据理论三个层次的心理活动的形成与结果存在的。教学中的证据意识问题始于历史学科。目前，在化学教学中提倡证据意识也开始引起人们的关注。

20 世纪 90 年代以后，美国颁布了《国家科学教育标准》，强调"使用证据和策略来发展或修正解释"、"视科学为论证和解释"、"沟通科学解释"，以及

"应用实验的结果到科学的论证和解释"。由此"论证"被提到了科学教育中相当重要的位置，并成为科学教育及其研究领域的一种新的发展趋势，也就是本文证据意识的前身。

2. 学习方式

学习方式是学生在完成学习任务时基本的行为和认知的取向，是学生在学习过程中，为达到某种学习目标而采取了作用于特定学习内容（对象、客体）的具体路径。

学习方式是影响学生学习的一个重要因素，学习方式的变革是目前我国教育教学改革比较关注的一个问题。学习方式有多种，其中自主学习、探究学习和合作学习是重要的学习方式。而考察学习方式有四个维度：学习对象是什么？学习者以什么样的方式与该种对象进行接触？学习所运用的信息媒体是什么？学习者所采用的信息加工方式或思维加工方式是什么？

3. 基于

在现代汉语词典中，"基于"的解释是"根据"。在本课题的研究中，"基于"是指建立在证据意识的基础上，研究学生的学习方式得出的结论、产生的结果。

（三）课题研究的主要内容

一是调查了解学生当前学习方式及学习过程中的证据意识，进行现状分析。

二是对证据类型进行重新梳理与归纳，明确哪些内容可以作为学生学习中的证据。

三是明确课题研究的意义，厘清培养证据意识的策略与方法，探索基于证据意识的学习方式。

四是选择合适的主题，设计促进学生证据意识的培养、转变学习方式的研究思路。

五是以具体主题为线索，以探究实验、手持技术以及阅读和信息处理等为手段，进行促进学生证据意识培养的教学实践。

六是对研究实施效果进行测查，分析学生的证据意识是否得到提升，学习方法是否有所改变。

七是进一步总结课题研究的设计思路、实施策略以及评价方式等，并将研究成果宣传推广，以便为教育工作者在培养学生学习方式时提供一点启示和借鉴。

（四）课题研究的目标

1. 学习目标

建立一套基于证据的学习思路与方法。通过证据意识的建立，促使学生在学习中具有求实精神，自觉主动地运用证据，建立基于证据的学习思路与方法，提高学习能力。

2. 态度目标

培养求真、求实的科学态度。证据意识在现代社会扮演着日益重要的角色，科学需要确切的证据，科学不仰仗权威，不过分依赖原有知识和经验。培养证据意识的意义，就是要培养学生实事求是的科学态度。通过培养学生的证据意识来培养质疑精神，把尊重事实作为一种科学的基本态度，让讲证据、相信证据成为一种课堂文化。

化学是一门基于实验的基础自然科学，化学学科之所以发展迅猛，在很大程度上取决于科学家们研究物质的科学态度。当实验结果和理论发生矛盾时，科学家们会采取实事求是的科学态度进行进一步的分析、探索、验证，从而不断完善认识，推动化学学科不断发展进步。在本课题的研究、实施中，通过组织学生进行化学实验、查阅资料、数据分析等多种形式的探究活动，培养学生的质疑精神和求证意识，有利于形成实事求是的科学态度。

3. 素养目标

通过基于证据意识的学习提高化学学科核心素养。中学化学新课程是以进一步提高学生的核心素养为宗旨，着眼于学生发展、社会发展和学科发展的需要。探究式学习方式是新课程提倡的主要学习方式之一，基于证据意识的探究式学习要求学生学会运用观察、实验、查阅资料等多种手段获取信息并善于对证据进行分析研究。化学学科素养之一就是"证据推理与模型认知"，培养证据意识的意义，就是要培养学生健全的人格素养。我们要把重证据的观点培养成一种意识，形成尊重事实、追求真理的优良学风。

（五）课题研究的主要方法

本课题研究思路是采用实证归纳的方法和行动研究的方法，通过自下而上的方法、从操作层面筛选、验证课堂教学过程中的方法、策略、模式等。区别于以往对课堂教学实践的研究采用自上而下的主观思辨和逻辑推论的方法，本研究将对大量的典型的课堂教学进行客观量化的观察分析，突破以往凭主观印象评价课堂教学的评课模式，从而提高学生的证据意识培养的策略研究。

在本课题的研究中，运用的主要研究方法有 4 种。

1. 文献研究法

利用图书馆和网络等资源，通过查阅相关的书籍文献，在知网等数据库以"证据意识"和"学习方式"等为主题进行检索，全面了解和把握国内外相关研究进展和状况，并为课题研究提供了必要的理论依据。

2. 调查研究法

设计相关调查问卷或通过访谈等形式，了解学生学习方式的现状，掌握丰富的第一手材料。进一步分类整理统计数据，提炼观点，为课题研究提供充足的事实依据。

3. 行动研究法

在文献研究和调查问卷分析的基础上，在教学实践中探索利于培养学生基于证据意识的学习方式的策略和方法，在实践中发现问题、解决问题，提高研究水平，在理论的指导下进一步总结、推广。

4. 案例分析法

对教学和研究中的典型个案进行研究，全面、深入地考察和分析，得出比较科学的结论。

二、结论与对策

（一）结论

1. 学习方式调查结果统计

课题研究前期的调查结果表明，学生的学习方式大多是传统学习方式，被动学习较多，主动学习（自主学习、合作学习、探究性学习、研究性学习）占一部分，主动获取知识的意识不强，主动获取知识的手段比较单一，在学习中证据意识也不太突出。

2. 证据的来源

化学学科的证据依据来源不同可以分为以下几类：（1）源于生活经验的证据；（2）源于自然现象的证据；（3）源于与生活有关的重大事件；（4）源于化学科学发展成就的证据；（5）源于化学科学应用的重大成果的证据；（6）源于化学史的证据；（7）源于化学实验事实的证据；（8）源于文献资料、报纸杂志、科学书籍中公认的化学结论、概念、原理等证据。

3. 学习方式的分类

按学习的信息化程度可分为传统学习方式和信息化（数字化）学习方式。

按学习的主动性可分为被动学习、主动学习（自主学习、合作学习、探究性学习、研究性学习）。

按学生学习场所可分为面对面学习、远程网络学习、混合式学习。

按学习借助的媒体可分为语言、书本、多媒体、试管实验、数字化实验等多种新的实验仪器与手段。

按知识的来源可分为程序性学习、经验性学习、体验性学习。

按新媒体新技术新理念的角度可分为多媒体课堂学习、网络学习、微课程学习、翻转课堂学习等。

4. 课题研究的意义

美国著名科学哲学家 G·萨顿在《美国百科全书》中把科学理解为"科学为系统化的实证知识"。我国学者郭湛在《中国大百科全书·哲学》中认为："科学是以范畴、定理、定律形式反映现实世界多种现象的本质和运动规律的知识体系。"众多对科学本质的理解中一致认同的是：科学认识是客观求实的过程。英国温·哈伦在其所著的《科学教育的原则和大概念》中也指出，科学教育应该致力于：（1）理解一些科学上有关的大概念，包括科学概念以及关于科学本身和科学在社会中所起作用的概念；（2）收集和运用实证的科学能力；（3）科学态度。

中学化学教学是以培养科学技术专业人才，提高全面科学素养为目的，重要的是让学生掌握科学概念，学会科学方法，培养科学态度。本课题研究的理论意义是：丰富学习方式的内涵；开发学习方式的评价工具，丰富评价系统等。本课题研究的实践意义是：培养学生的求证意识；以新的学习方式适应新的学习要求。

5. 培养证据意识、转变学习方式的策略和方法

（1）培养证据意识的策略："高度重视证据，全面寻找证据，合理解释证据"。

（2）培养学生证据意识的具体措施：创设有利于提高证据意识的教学情境；鼓励学生在解决问题时寻找证据；根据证据积极进行猜想；在进一步探究活动中培养证据意识。

（3）体验证据意识下的多样化的学习方式。

6. 研究实施效果测查

通过调查问卷、访谈等统计结果表明，课题研究内容实施后，学生的"证据意识"得到了明显的提升，学习方式也更加灵活。主动学习（自主学习、合作学习、探究性学习、研究性学习）的意愿加强。

7. 结论

通过学习，认识到化学学科知识体系的建立源于"证据"。问题的提出源于事实证据与认知的冲突；问题的分析与猜想源于理论的分析；猜想的证实或证伪需要寻找与借助证据；结论的提出需要依靠证据。学生在问题解决过程中逐渐建立证据意识，完成基于证据意识的学习方式的认知模型的建立。

学习方式的变革是时代发展的需要也是必然。基于"证据意识"的学习恰好迎合了这种新的发展趋势，是对传统学习方式的一种超越。在教育改革的过程中，学生的学习方式必然呈现从单一走向多元并存的总趋势。

（二）对策

1. 创设情境提高证据意识

情景教学是一种颇有成效的教学模式，通过设置合理的教学情境，能够让学生有身临其境的感觉，增强课堂体验，从而大大提高课堂参与程度。依托教学情境，提出合理问题，引导学生在思考以及解答的过程中去搜集和运用证据，突出了证据的重要性，提高了证据意识。

2. 寻找证据解决具体问题

培养学生的证据意识，首先要让学生养成独立思考、独立解决问题的习惯，在教学过程中，教师除了对学生进行必要的引导和推动之外，不再对学生进行其他方面的干涉，让学生完全在自己思想的引导下进行"证据"的寻找，思考什么是证据，需要从哪些方面寻找证据等，从而培养自身的证据意识，并用所得证据解决具体问题。

3. 开展证据意识下的多种探究活动，促进学习方式多元化

通过学科阅读，培养证据获取能力以及自主学习能力；通过手持技术等多种信息化手段的应用增强证据意识，运用于网络学习和信息化（数字化）等学习方式中；通过开展丰富多彩的化学课外实践活动，培养学生从学科课堂和课本之外获得生动的直接证据，促进合作学习、探究性学习、研究性学习等。

4. 调查访谈评价反思

（1）编制调查问卷了解当前学生的真实的学习方式。分别选择初三、高

一、高二共 3 个年级包括实验班和普通班在内的 253 名学生，从学习目标、课前准备、课堂学习、课后学习、学习方式五方面进行调查，样本全部收回。统计调查结果并分析学生最喜欢的学习方式后进行研讨，例如，从哪些方面可以加强基于证据意识的学生学习方式的培养，如何将证据意识与"自主、合作、探究式的学习方式"进行有效结合。

（2）据调查问卷设计课题研究的具体实施策略。

（3）利用课堂评价促进学习方式的优化。在案例具体实施过程中，采用课前和课后访谈等形式，分析学生的证据意识是否得到提升，学习方法是否有所改变。

三、成果与影响

（一）基于证据意识的"学"促进了学生学习方式的转变

学生的学习方式对学习结果具有决定性的影响，传统的应试教育强调死记硬背和机械训练，学生只能被动接受知识，严重束缚了学生的创新能力的发展。而未来学习是以学习者为中心的学习，核心素养视域下基于证据意识的学习强调学生的个性化表达和情感参与，强调学生的主动建构和动手操作，这种学习方式有助于培养其创新能力。基于证据意识的学习是一种体现未来学习特征的新的学习范式。

（二）基于证据意识的"学"促进基于证据意识的"教"

要实现学习方式的转变，教师必须具备与之相适应的教师角色观、师生关系观、教学任务观等教育观念。"基于证据的学习"主张教师引导学生通过自主探索获取证据并以此建构自己的知识结构，将经验转化为专业知识或者专业技能。"基于证据的学习"也反过来要求教师采用"基于证据的教学"。二者相互促进帮助学生更好地发现证据和解决问题，从而更好地落实基于"证据意识"的学习方式。

通过本课题的研究，促进了教师教学方法的优化，同时也将大量研究成果外显化。从 2017 年至今，课题组成员在践行基于证据意识的学生学习方式的推广中，自身的素养也得到了极大的提高，同时也有丰富的研究成果输出。课题的研究成果类型主要有：调查问卷、数字化实验与中学化学教学的深度融合之学生实验汇报、著作、论文、教学设计、教学案例研究、微课、课题研究报告等成果输出。

课题研究取得的具体成果有：（1）团队获得的荣誉。2018年8月，课题研究团队被中国化学学会化学教育委员会评为"2017年度全国基础教育化学新课程实施优秀教学团队"。（2）成果的转化与外显。出版专著《"证据推理"核心素养视域下学习方式的变革》；发表论文10篇，其中核心期刊论文3篇，普通期刊有7篇；获奖论文44篇；获奖教学设计13篇；获奖课例35节；各类研究课、展示课45节。此外还有微课等在北京市获奖。

（三）推广成果示范应用，带动区域科研发展

课题研究取得的成果采取期刊发表、论文评比、课例研讨、校本课程等方式组织推广应用。课题组教师还充分利用市、区、校级讲座及公开课展示等推广课题成果。2019年3月在"2017—2019届通州区兼职研修员第三届工作会"上作"研学共振促成长，团结协作创辉煌"工作交流和经验分享。2019年6月在全区高二化学"全学科阅读"研修活动中做题为《全学科阅读的实践》经验交流。课题组还多次邀请市区各兄弟学校教师参加本课题组的观摩活动和研讨活动，举行了多次说课和展示课等活动。通过将手持技术与高中化学"探究式学习"加以整合，凸显对证据意识的培养，展现了多样化的学生的学习方式。课题组还通过北京数字学校和国家教育资源公共服务平台等网络手段进行成果推广与应用。四位老师分别获得教育部"一师一优课，一课一名师"活动优课。名师工作室还吸纳了通州区其他学校的年轻教师，带动区域教科研的发展。

课题研究成果如：数字化实验与中学化学教学的深度融合、总结的教学策略及支撑案例已经比较成熟，具有推广价值；形成的论著、教学案例、论文、教学设计、微课等成果已发表或在全国、北京市、区教育教学成果评比中获得各类奖项。本校化学教研室成员20多位教师和三届毕业生近2000位初高中学生应用了本课题成果，取得了显著效果。

四、改进与完善

本课题研究的创新之处：一是前瞻性。比较前瞻地研究了在中学化学中基于证据意识的学生学习方式，体现了化学学科素养的重要性。二是系统性。课题研究内容涵盖初中、高中，采用手持技术、基础实验、史料分析、大数据分

析等多种手段的数据采集进行全面分析。三是辐射性。学习方式的改变必将对学习和评价知识体系产生积极的影响。

课题研究还遇到一些疑难问题，如学生对数据的严密性认识不够、证据意识的内化程度不够等问题。学生证据意识的培养不是一朝一夕能完成的，也许通过长期的课堂教学的渗透和课外实践活动的磨炼才能获得满意的效果。后期研究应进一步丰富获取实证的方式，引导学生将寻找证据、多角度分析证据以及运用证据内化成自己的学习习惯。

下一步计划继续研究和完善的是：一是进一步厘清"证据意识"和"证据推理"的联系、区别以及相互促进的关系。二是如何全面客观评价"证据意识"的提升。

经过3年多的努力，课题组成员相互合作、集思广益、切磋交流、实践创新，基本完成了课题"中学化学基于证据意识的学生学习方式的研究"的预定目标，取得了较为满意的研究成果。同时，课题的研究还有许多可以深入挖掘之处，值得我们在今后的教学中继续关注，进一步深入研究。

研究不停，探索不息，我们一直在路上！

新课标下高三化学总复习中课堂教学有效性的研究

王翠霞

本研究通过查阅大量文献和学习相关理论，结合多年的高三教学经验以及化学学科的特点，预寻求一种更加有效的高三复习策略，从根本上解决过去的教学疑难问题，切实提高高三化学总复习的课堂教学有效性。本研究在秉承以往成功做法的基础上，着重研究堆栈式构建知识的模式（即传统的复习方法）和层级式构建知识的模式（即核心概念统领下的概念复习）效果上的不同，经课堂观察、问卷调查、习题测试等对比分析，发现核心概念统领下的单元教学设计即层级式的构建知识的模式，较过去堆栈式的模式，对于突出新课标理念，优化学习过程，突破化学教学难点，使学生对化学概念形成持久理解，满足不同层次学生发展的需要，以及对学生终身学习的方法指引，进一步启智激趣等方面都具有更大的优势。

一、题目中关键词的内涵

（一）新课标

高中化学课程标准是实现课堂教学有效性的理论基础之一。新课标与旧大纲不仅在于名称上的不同和框架上的区别，更重要的是二者在理念上存在差异（见表1）。"大纲"和"标准"在评价理念上的差异如表2所示。

表1

序号	项目	化学课程理念的转变
1	课程观	从"以学科为中心"的课程观向"以学生发展为中心"的课程观转变
2	课程目标	从过分强调"双基"的化学课程向促进学生科学素养主动、全面发展的化学课程转变
3	目标取向	从面向少数人的化学课程向面向全体学生的化学课程转变
4	课程内容	从过分注重学科系统知识的化学课程向贴近社会、贴近生活、体现 STS 教育思想的化学课程转变
5	课程实施	从以接受式学习为主的化学课程向以探究式学习为主的化学课程转变
6	课程评价	从注重学习结果和知识获得的化学课程向既注重结果又关注过程，既注重知识的获得又关注科学过程与方法的掌握，关注科学态度、情感与价值观念的形成的化学课程转变

表2 "大纲"和"标准"在评价理念上的差异

	"大纲"	"标准"
评价主体	教师	教师管理者、教师、家长、学生
评价的目的	了解学生化学基础知识与技能的掌握情况	促进学生科学素养的发展
评价的功能	检查学生化学知识与技能的掌握情况，并加以区分或甄别作出教师获取教学反馈的手段	对学生科学素养的发展情况作出判断 是学生了解自己在科学素养发展方面的进步情况，明确进一步提高的方向
评价的方式	书面作业 书面测验和考试 实验操作考核	学生成长记录 活动表现评价 纸笔测试

理解了新课标的要求后，从教师设计教学的理念层面，不会有偏差，也为教师进行有效教学的行为指明了方向。

（二）高三化学总复习

任何学科，进入高三总复习时都必须将学生在高一、高二所学知识进行重新梳理归纳，帮助学生构建更加合理的知识结构，给学生一个清晰的复习思路。按照传统的方法，化学教师在高三总复习中将必修与必选教材中所学内容分为基本概念、基础理论、元素单质及其化合物、有机化学、化学实验、化学计算 6 类。很显然这是基于教学，特别是基于总复习所作的"知识板块"的重组。在每一板块的复习中，又习惯于以一个点为中心，将相关知识通过网络的形式堆栈在一起，大家把这种方法称作旧知识的整合，实际上这是一种堆栈式的复习方法。在本研究中，我们从知识建构和学生认知过程的角度对中学化学知识进行重新分类。分类结果是：事实性知识、概念性知识、规律性知识、原理性知识、理论性知识（含模型）、操作性知识。其中，规律、原理、理论相对独立，但它们均需要有概念予以表征；事实、概念、操作彼此相对独立，它们的关系是概念，是建立在事实基础上的。在研究中取两个实验班，分别采用新旧两种复习模式，并适时对这两种模式做对比分析。

（三）有效教学

国内典型的研究是以基础性和发展性两个维度来衡量有效教学，并达成共识。其内容主要包括：（1）是否能把握教学内容的定位；（2）教学中是否尊重个别学生的能力差异；（3）教师表达是否清晰；（4）教师是否有效整合教育资源，是否能灵活运用、选择和编制教学计划；（5）是否采用启发式方法引导学生积极投入到课堂教学之中（如开放性提问、适当的幽默、鼓励冒险精神等）；（6）课堂教学是否体现互动和开放的要求；（7）教师是否重视学生的个体差异、思维发展基础和心理承受能力，能否唤起学生的自律意识；（8）是否容许学生个体专长的课外开放；（9）是否具有科学思维和创造思维。

二、课题研究的内容

针对高三学生急需解决的问题是提高自主学习的能力，能迅速从书本中走出，并悟出化学学科的本质，能灵活地解决各类化学问题，本研究的主要内容是：层级式相对堆栈式构建知识的模式具有哪些优势；层级式构建知识的教学策略与设计思路；层级式模式指导思想与教学组织的一般程序；通过数据分析层级式构建知识模式的突出效果。在研究过程中着重对以下方面的内容进行了深入研究。

（一）核心概念的功能价值

核心概念的提法来自西方，英文是 big idea，直译为大的想法，通常译为核心概念。它是指居于学科中心，具有超越具体知识的持久价值和迁移价值的关键性概念、原理或方法，是对化学事实性知识的高度归纳和概括。核心概念教学是建构主义的发展，是指在学生已有的知识经验基础上通过充分的理解和提升，概括生成新的知识内容。

化学核心概念和理论是在丰富具体的事实材料中抽象概括出来的，它们的学习绝不能只是通过简单的记忆，而必须通过积极的思维活动去理解分析，通过表象认识到物质变化的本质。这样高思维量的学习过程，自然会促进学生思维能力的发展。同时，理解化学核心概念有助于学生形成可迁移的学科思维。关于迁移，研究表明，知识的概括化程度越高，越容易发生迁移。因此，核心概念的重要功能价值一方面在于它的构建过程以及在此过程中学生逻辑思维能力的提升。另一方面，在运用化学核心概念和原理去解释化学现象、解决化学问题的过程中，学生对物质的结构、性质和变化的认识也深入到了事物的本质，学生的抽象思维能力也得到了提高。重视化学核心概念和理论在学习中的指导作用，有助于改变学生的学习方式，发展学生思维能力和解决问题的能力。

（二）核心概念的特点

中学化学教学存在着三大问题：一是事实性知识繁杂琐碎，难学难记；二是所学知识在解决问题（答题）时用不上，即所谓学用分家；三是知识难度（包括深度、广度、综合度）与学段不相匹配，一方面事实性知识教学的认识水平低，另一方面又在配题上追求"一步到位"。这些都给学生的学习造成了极大的困难。我们应该本着解决这些问题的意愿去归纳核心概念的特点。有了这样的归纳，我们就能够找到提炼核心概念的原则，并对其进行评价，最终解决教学中存在的问题。核心概念具有如下特点。

1. 概括性

概念化认识是一种较高层次的认识水平。核心概念是对诸多较低层次的概念经过概括、整合、总结反思聚合而成，而处在最底层的概念又是在诸多化学事实的基础上经比较和归纳而形成的。因此作为核心概念，一定是对事实性知识的一种概括。具体知识再多，但道理只有一个，这个道理就凝结在核心概念之中。繁杂琐碎只不过是这个道理管辖之下的特例。核心概念是个纲，纲举目张。例如，如果学生建立了"能量守恒"的核心概念，他就会对常见放热反应、吸热反应、原电池原理、电解池原理等有一个统一的理解，"多"就会变"少"，以少胜多，认识也就更加本质。此外，不同层次上的核心概念其概括性也具有不同的水平。"知识的概括化程度越高，越容易发生迁移"。

2. 迁移性

所谓迁移性就是核心概念能在一定程度上解释、理解甚至预测新的科学事实，在面对新情境、解决新问题时发挥其指导作用。因此，迁移性是核心概念最具魅力的属性，因而受到人们格外的青睐。有人说能够迁移的知识是最有价值的知识，这是很有道理的。因为可迁移性解决了知识的"有用性"问题，所学到的有限知识通过核心概念这样一个桥梁，可以将其伸展到未知的新领域，解决新的问题，它所管辖的知识对象比教学中"学过的"知识要广阔得多。从教学的角度来讲这是极具价值的，利用核心概念解决新问题的过程是培养学生创造性思维的最好的平台。

3. 稳定性

核心概念是概念化、集约化的知识。例如上文提到的能量守恒，它所涵盖的具体知识多得不可胜数，但它本身容易成为学生知识结构中的"节点"，一旦形成就能容易"固定"在他们的头脑之中。随着时间的推移，与之相关的具体知识可能被逐渐遗忘，而由于核心概念会在随后解决实际问题的过程中不断得到应用，进而变得越来越清晰，越来越完善。

4. 层级性

从事实直接提炼出的概念处于最低层，多个这样的相关概念可聚合成高一个层次的概念即可称为核心概念，依此类推，直至超越本学科形成跨学科主题，直至形成最一般的哲学层次的认识。核心概念的层级与学生的认知水平和经验高度相关。一般说来，学习者的认知水平越高，知识和经验越丰富，越容易形成内容更完善、层次级别更高的概念。认识核心概念的层级性对教师进行教学设计具有重要的指导作用。较高层级概念的形成是以较低层级概念为基础的，基本概念越扎实，核心概念越牢固。如果缺乏必要基础，较高层次的核心概念就会成为空中楼阁，就会缺乏迁移性而变成"没有用的"知识。

5. 生成性

一般来说概念是抽象的，科学中的核心概念尤其抽象。因此人在接受和理解核心概念的时候通常要经历一个过程，甚至是一个艰苦的、反复的过程。如果要想达到对概念的掌握和应用水平，则还要经过大量的实践。也就是说，概念，特别是核心概念是在大量事实的基础上经过分类、归纳、提炼、抽象、练习等过程中"生成"的，而不是一蹴而就的。

生成性的另外一层意思是针对核心概念是否能有效迁移而言的。核心概念一旦形成，它就能在学科之中一定范围内，生成新的知识（包括理解释新的事实和新的概念），并且在条件满足的情况下，不同学科、不同领域间同样可以实现迁移生成，从而生成所谓"跨学科主题"。

（三）堆栈式与层级式构建模式的区别

一个优秀的教师通常会发出这样的疑问：什么知识最有价值？我最应该

教给学生的是什么？要想回答这个问题也许需要换一个角度，即通过你的教学，学生能够建立一个怎样的知识结构，因为在学生日后的社会生活中真正起作用的往往不是那些具体的知识，而是他具有更加合理的知识结构。北京教育学院李晶教授提出知识的两种典型结构，堆栈式和层级式（层级式由笔者概括）。

堆栈式好比仓库存储货物。一个管理得很好的仓库，首先要对货物进行分类，把相同的、相似的或相关的货物放在一起或相近的位置。分类可按货物性质、用途、来源、价格等不同的标准来进行，这实际上是一种编码过程。一个好的编码应该有利于货物的储存和提取。我们的教师多数采取这种方式来建构学生的知识结构。图 1 是对"氯气的化学性质"教学所作的总结。

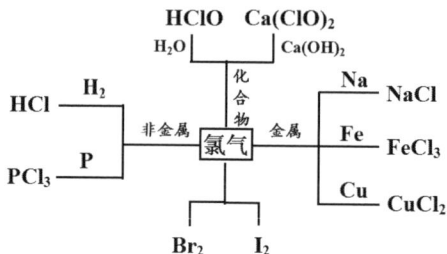

图 1　氯气的化学性质小结

这是一个典型的堆栈式知识结构。应该说带领学生做出这样的小结对学生梳理所学知识，并使其结构化的努力是可以理解的。此结构图对称清晰，分类标准为学生所熟悉，可谓编码合理，有利于学生记忆这些知识并在必要时提取应用。但是我们要问，这种知识结构除了方便记忆和易于提取之外，还有什么功能呢？这样的结构能够进一步提高学生对这些知识更加本质的理解吗？能够提高学生的认识论水平吗？能实现知识的迁移，从而对处理新知识提供有价值的启发吗？答案是否定的，主要原因在于这种结构的封闭性和缺少层级性。

层级式结构，该结构将知识分成不同层次的水平等级，首先是基础知识和基本技能，在这样的基础上形成对相关事物的基本认识，并要提炼出一个或若干个概念加以固定，从而提供一种认识问题的学科视角；这样的概念还应该放到更大的背景（例如自然科学、社会科学、思维科学等）当中去审视；认识的最高水平是哲学观点。层级式的知识结构如图 2 所示。

图2　层级式的知识结构

　　我国中学采取的是分科课程，目前研究的重点主要是第一步向第二步的跨越，即如何在基础知识和基本技能的基础上找到"核心概念"。这也是本文讨论的主要问题。

　　为了便于对比，我们重新设计上述氯气相关内容的教学，但将价值取向定位于建构层级式知识结构。图3是新设计的方案示意。

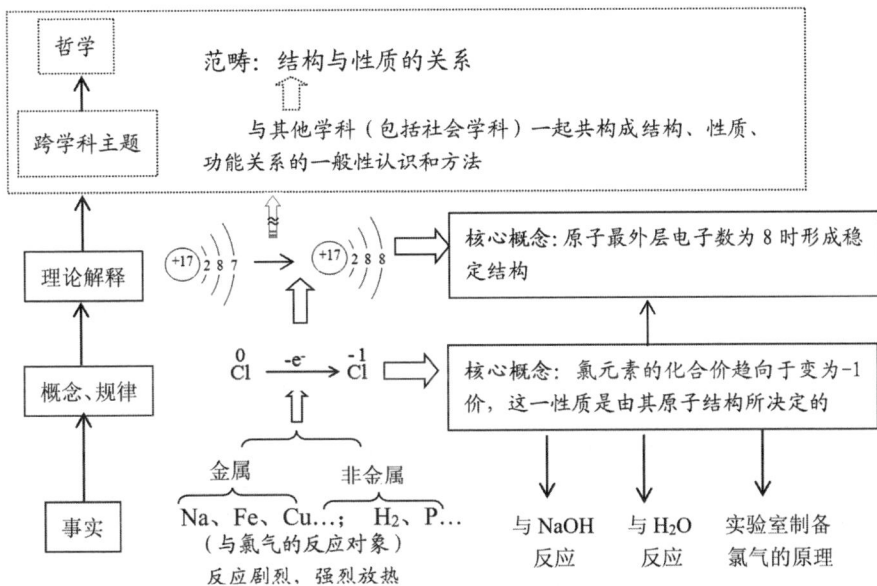

图3　基于层级性知识结构的教学设计思路

　　为了便于讨论，我们将图3所示的思路进行一般化的处理，可得图4。

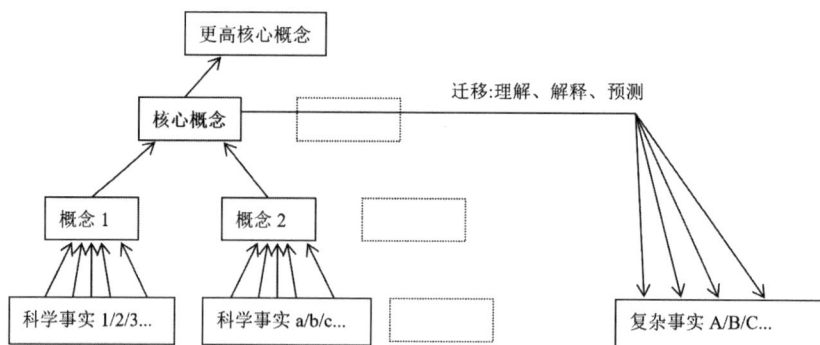

图 4　核心概念形成与作用示意

基于上述案例，我们对核心概念的涵义、特点及在复习教学中引入的意义应该非常清楚了。

（四）中学化学核心概念系统建构的路径

原则上说，作为"核心概念统领下的单元化学教学设计"的完整研究应该建构中学化学的概念系统，但由于时间所限，本研究很难完成这一任务。在这里仅就中学化学核心概念系统建构的路径提出笔者个人的设想。

图 5 是氧化还原反应单元核心概念及其相互关系示意图。

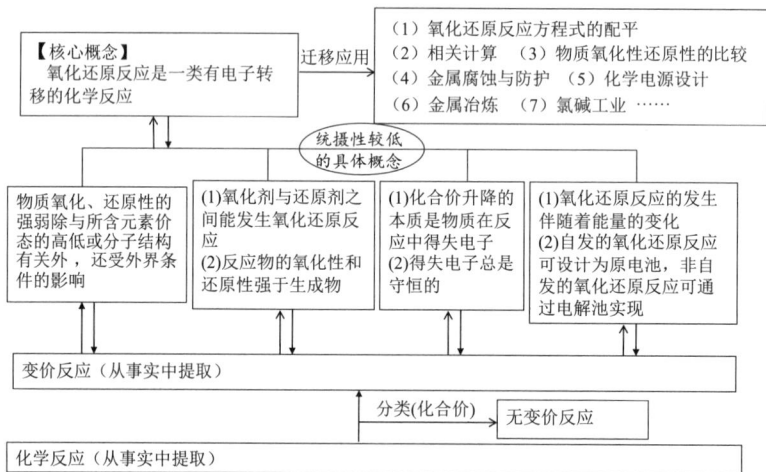

图 5　氧化还原反应核心概念构建图

1. 自上而下的路径

根据中学化学的板块分类，梳理学科内的核心概念，笔者估计这些概念大约在 20 个左右。然后将它们依此进行分解，直到学生掌握核心概念、概念或相关事实。最后形成图 6 所示的模式，并使其成为课时教学、单元复习设计的蓝图。这个路径要求教师对全部教学内容较为熟悉，并具有相对较为丰富的教学经验。蓝图一旦制定出来，就能够较好把握日常教学，做到心中有数。在日后的教学中，还要根据教学的具体情况加以改进。

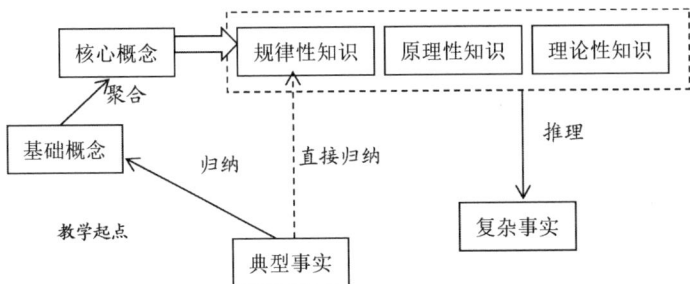

图 6 核心概念建构的教学组织的一般程序

2. 自下而上的路径

以教材顺序编制教学方案，从中提炼出各个层级的核心概念，再将它们进行分类表述，确定层级关系，最后形成如图 6 所示的关系图。这个路径具有较好的实践基础，所生成的蓝图也会比较成熟和符合实际，但其形成过程比较长。

能否做出一个具有普适性的关系图而一劳永逸吗？回答是否定的。一个学科的概念、核心概念的关系固然有一定的客观性，但教学却是充满个性的过程。教师认知方式、经验水平、文字特点各不相同，学生的学习能力、认知类型千差万别，不同学生群体的最终学习目标也不一致，这些都会使与特定学校、特定师生群体相适应的关系图具有很大差别。但也不排除生成一个相对稳定的粗线条蓝图作为教师个体创作时的参考，更不排除教师之间的相互借鉴。

（五）核心概念的教学组织程序

核心概念统领下的单元教学设计，需要一个与之相适应的教学组织程序，否则核心概念的建构会大打折扣。笔者所建构的程序为：典型事实→基础概念→核心概念→复杂事实。它们的相互关系如图 6 所示。

对教师进行教学设计有以下建议：（1）确定本课时或本单元所要建构的核心概念、基础概念。（2）选择支持概念建构的相关事实性知识并对其进行分类。一类叫作典型事实，用于提炼基础概念，进而形成核心概念；另一类叫作复杂事实，用于核心概念形成后所面对的新情境或新问题。（3）典型事实应尽量简单，应对概念形成提供强力支持；复杂事实应具有一定认识论水平，且与所选典型事实具有相关性，是能用核心概念加以解决的问题。（4）如果核心概念属于规律性知识，则该规律可有一系列相关事实直接得出。（5）由典型事实到基础概念的过程主要应用抽象与归纳的方法；由核心概念到复杂事实的过程主要应用推理和演绎的方法。

（六）研究同课异构的复习效果

说明：由于核心概念本身是一个难于理解的概念，所以在教学中不宜将"核心概念"一词引进课堂，教师在教学中只是应用这种模式组织学生复习即可。

通过课堂观察看复习效果。从课堂观察评价：前两节课都是元素化合物知识的复习课，前者侧重鼓励学生独立或帮助学生构建知识网络，强调具体知识的再现，设计问题倾向于记忆层面，学生因缺乏新鲜感而导致积极性不够高。后者侧重从学生已有知识、经验出发，通过递进式问题驱动引导学生逐渐寻找知识内部最本质最核心的概念，即结构决定性质，得出结论后再用于指导解决问题。一方面因问题设计具有挑战性使整节课课堂气氛相当活跃，学生表现出极大的兴趣，创造性得以激发；另一方面学生在提炼核心概念的过程中感受到了学习的价值，这种由具体到一般，再由一般到具体的思维方法有利于指导学生终身学习。而课例3突出了核心概念的统领价值和相对于一般建构思路的独特性，归纳如下：

（1）运用核心概念统领化学教学和以往的教学相比有以下几个特点：一是提高了课堂的实效性。化学学科的特点是概念繁多、内容纷杂。学生常常抱怨"记不住"。认知心理学认为"教学最重要的是建立学生的认知结构，促进学生的认知结构由低级向高级发展"。在教学中运用核心概念就是使学生通过"列举大量事实→形成对概念的基本认知→进一步概括提炼出核心概念"的过程，利用大量事实性知识为工具，学会超越事实进行思考。这样，概念的集中既有利于帮助学生整合知识体系，又大大增加了学生进行独立思考和用来解决问题的时间，提高了课堂的实效性。二是转变了概念教学的呈现方式。化学核心概念是对化学事实性知识的归纳和概括，因此基于化学核心概念统领下的教学法是指导学生在事实性知识的学习过程中逐步形成核心概念。基本概念的获取方式也是在大量事实的基础上。如热化学方程式的教学，教材是以直接呈现的方式给出的，在以往的教学中即使教师十分清晰地给学生罗列出热化学方程式和一般的化学方程式有什么不同，学生在书写热化学方程式时也常常会忘写状态、少些符号等。而我采取先由学生分析化学反应的反应热大小与什么因素有关（反应物的内因；反应物的量；物质的聚集状态；外界的条件；……），然后自己思考该如何表示出化学反应中的热效应。这时候学生就会总结出要关注三个方面：标热量、看状态、关注量。在以后书写热化学方程式时就不会出现丢三落四的现象。这样，一节课后学生"会用了"而不是"记住了"。

（2）核心概念的价值。持久价值：核心概念的建构过程是从事实到概念再上升到更上位的核心概念的过程，因此更有利于学生建构知识网络、培养思维能力和发展深层理解力，使他们于在校期间和毕业后能够运用这些理念和步骤迅速获得新的知识和技能。迁移价值：学生在学习构建一个反映中学化学核心概念的知识体系，领悟概念所反映的化学思想方法的真谛后，可运用核心概念解决新情境问题。同时，在以不同学科视角审视某一共同主题、焦点或问题时，能够形成跨学科思维。

（3）对教师的启示。化学核心概念的研究尚在起步阶段，这就要求我们教师在今后的教学中要善于提炼出各知识板块中的核心概念，关注教学效果，完善以核心概念统领化学教学的体系。

通过检测题对比两种模式的复习效果。数据来源方面，选取通州区永乐店中学2013届一班（实验班）、二班（对比班）高三四次化学成绩进行统计分析，对每次考试的两班数据进行初步的统计分析，并分别检验每学期两班的化学成绩是否存在显著性差异。测试情况数据分析如下。

第一次测试：学期初取两个平行的实验班用同一套试题测试其水平（试题选自近三年高考试题，题略）。两班初始成绩分布直方图如图7所示，实验班数据频率分布如表1所示，对比班数据频率分布如表2所示。

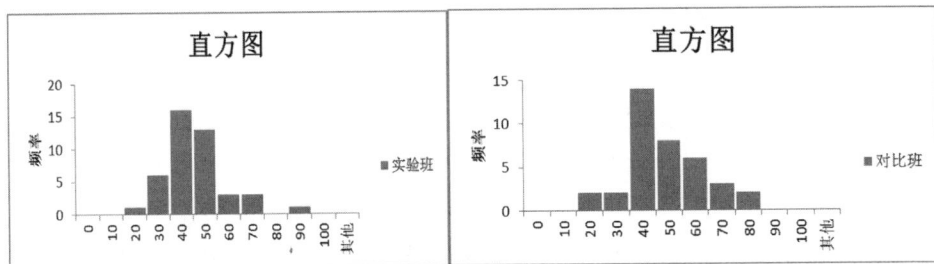

图7　两班初始成绩分布直方图

表1 实验班数据频率分布

0	频率	累积 %
10	0	0.00
20	1	2.38
30	6	16.67
40	16	54.76
50	12	83.33
60	3	90.48
70	3	97.62
80	0	97.62
90	1	100.00
100	0	100.00

表2 对比班数据频率分布

0	频率	累积 %
10	0	0.00
20	2	5.56
30	2	11.11
40	14	50.00
50	8	72.22
60	6	88.89
70	3	97.22
80	1	100.00
90	0	100.00
100	0	100.00

从统计数据上分析，实验班的平均分为43.486，对比班的平均分为41.906，将两班成绩数据的直方图作对比分析，如图8所示。

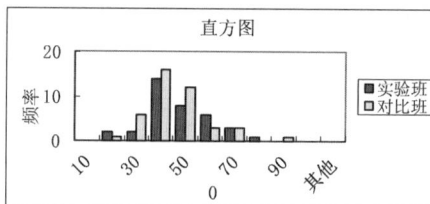

图8

从图中可以看到两班的平均分虽然有差异，但从整体分布上看可以看作是同一正态总体，为此对两班的数据作正态性检验和均值相等的假设检验。分组统计如表3所示。

表 3　分组统计

变量名	班级	记录数	均值	标准离差	均值标准误
成绩	对比班	43	41.9070	12.4419	1.8974
	实验班	37	43.4865	14.4138	2.3696

对两样本做单样本 K–S 检验，结果如下表 4 和表 5 所示。

表 4　对比班成绩检验分析结果

检验类型	P 值	D 值	Z 值
正态分布 均值 = 43.4865 标准差 = 14.4138	0.5211	0.1339	0.8142
均匀分布 极小值 = 12 极大值 = 75	0.1253	0.1935	1.1769
指数分布 lambda = 0.0230	0.0000	0.4017	2.4432

表 5　实验班成绩检验分析结果

检验类型	P 值	D 值	Z 值
正态分布 均值 = 41.9070 标准差 = 12.4419	0.2052	0.1627	1.0667
均匀分布 极小值 = 20 极大值 = 90	0.0000	0.4123	2.7036
指数分布 lambda = 0.0239	0.0000	0.4390	2.8789

由图表数据可以认为两班的数据均服从正态分布（见表 6、表 7）。

表 6　检验结果

变量名	条件假设	Levene 统计量	P 值	T 统计量	自由度	P 值（双尾）	差值的均值	差值标准误	下限（95% 置信度）	上限（95% 置信度）
成绩	方差相等	1.5585	0.2156	−0.5261	78	0.6003	−1.5795	3.0021	−7.5563	4.3973
	方差不相等			−0.5203	72	0.6044	−1.5795	3.0356	−7.6324	4.4734

表 7　成绩方差齐性检验结果

检验方法	统计量值	自由度	P 值
Levene 检验	1.5585	78	0.2156

成绩方差齐性检验结果 P 值为 0.2156>0.05，可以认为两班成绩的方差相等。

成绩假设检验结果。成绩假设检验结果如表8所示。原假设：H0：u1−u2=δ，δ=0.0000，方差 Var1=Var2 未知。

表8

备择假设	T 统计量	自由度	P 值
H1：u1−u2 ≠ 0.0000	−0.5261	78	0.6003

假设检验的结果：原假设 H0：u1−u2=δ，δ=0.0000，P 值为 0.6003>0.05，因此可以认为两班的数据没有显著差异，可以认定为平行班，为对比两种不同的教学方式提供了前提。

第二次测试：分别用两种不同的模式进行第一个单元复习后，取同样的实验班用同一套试题进行测试（试题选自近三年高考试题，题略）。两班第二次测试成绩分布如图 8 所示，实验班数据频率分布如表 9 所示，对比班数据频率分布如表 10 所示，分组统计如表 11 所示。

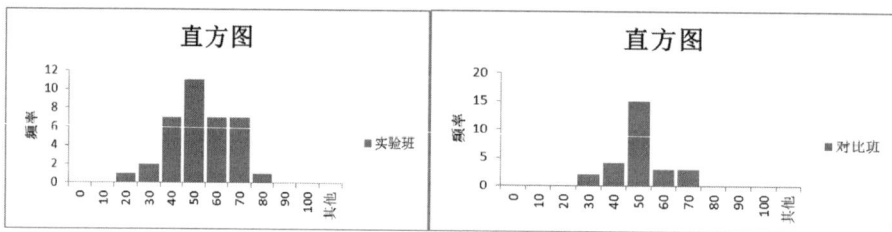

图9　两班第二次测试成绩分布直方图

表9　实验班数据频率分布

0	频率	累积 %
0	0	0.00
10	0	0.00
20	1	2.78
30	2	8.33
40	7	27.78
50	11	58.33
60	7	77.78
70	7	97.22
80	1	100.00
90	0	100.00
100	0	100.00
其他	0	100.00

表 10　对比班数据频率分布

接收	频率	累积 %
0	0	0.00
10	0	0.00
20	0	0.00
30	2	7.41
40	4	22.22
50	15	77.78
60	3	88.89
70	3	100.00
80	0	100.00
90	0	100.00
100	0	100.00
其他	0	100.00

表 11　分组统计

变量名	b	记录数	均值	标准离差	均值标准误
c	对比班	43	43.7442	11.0261	1.6815
	实验班	50	47.1600	12.9147	1.8264

从第一次考试的数据上来看，实验班的平均分 47.1600，对比班平均分 43.7442，实验班略高于对比班，下面从统计的角度对两班的成绩数据做进一步的分析。

对两样本做单样本 K–S 检验，结果如表 12、表 13 所示。

表 12　实验班 c 检验分析结果

检验类型	P 值	D 值	Z 值
正态分布 均值 = 46.4815 标准差 = 9.3803	0.7382	0.1316	0.6837
均匀分布 极小值 = 27 极大值 = 66	0.2954	0.1880	0.9771
指数分布 lambda = 0.0215	0.0000	0.4550	2.3641

表 13　对比班 c 检验分析结果

检验类型	P 值	D 值	Z 值
正态分布 均值 = 48.6944 标准差 = 13.2386	0.9939	0.0706	0.4238
均匀分布 极小值 = 18 极大值 = 71.5	0.0517	0.2253	1.3520
指数分布 lambda = 0.0205	0.0000	0.4114	2.4687

由图表数据可以认为两班的数据均服从正态分布（见表 14、表 15）。

表 14　检验结果

变量名	条件假设	Levene统计量	P 值	T 统计量	自由度	P 值（双尾）	差值的均值	差值标准误	下限（95% 置信度）	上限（95% 置信度）
c	方差相等 方差不相等	0.6830	0.4107	−1.3596 −1.3759	91 91	0.1773 0.1722	−3.4158 −3.4158	2.5124 2.4826	−8.4063 −8.3479	1.5747 1.5162

表 15　c 方差齐性检验结果

检验方法	统计量值	自由度	P 值
Levene 检验	0.6830	91	0.4107

方差齐性检验的结果为 0.4107，可以认为两班数据方差相等。

c 假设检验结果。c 假设检验结果如表 16 所示。原假设：$H0: u1-u2=\delta$，$\delta=0.0000$，方差 $Var1 \neq Var2$ 未知。

表 16

备择假设	T 统计量	自由度	P 值
H1: u1−u2 ≠ 0.0000	−1.3759	91	0.1722

从假设检验的结果可以看出：在原假设 $H0: u1-u2=\delta$，$\delta=0.0000$ 的情况下，P 值为 0.1722，尽管在统计意义上还不能认为两班数据有显著差异，但 P 值对比初始成绩已经开始减少，说明两班的成绩逐渐出现了分化，而这种趋势究竟如何，还需要进一步的数据验证。

第三次测试：还是这两个班，学期末参加全区统一阅卷、统一考试。两班第三次测试成绩分布直方图如图 10 所示，实验班数据频率分布如表 17 所示，对比班数据频率分布如表 18 所示，分组统计如表 19 所示。

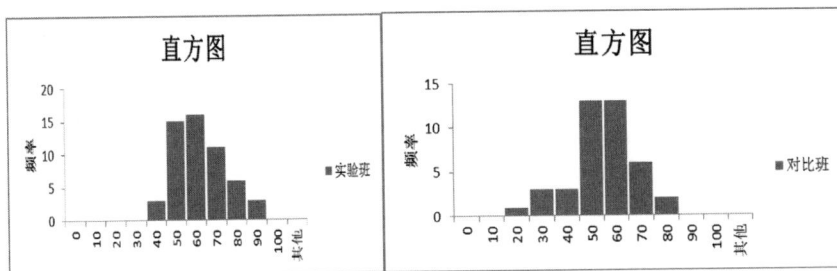

图 10　两班第三次测试成绩分布直方图

表 17　实验班数据频率分布

接收	频率	累积 %
0	0	0.00
10	0	0.00
20	0	0.00
30	0	0.00
40	3	5.56
50	15	33.33
60	16	62.96
70	11	83.33
80	6	94.44
90	3	100.00
100	0	100.00
其他	0	100.00

表 18　对比班数据频率分布

接收	频率	累积 %
0	0	0.00
10	0	0.00
20	1	2.44
30	3	9.76
40	3	17.07
50	13	48.78
60	13	80.49
70	6	95.12
80	2	100.00
90	0	100.00
100	0	100.00
其他	0	100.00

表 19　分组统计

变量名	班级	记录数	均值	标准离差	均值标准误
化学	对比班	41	49.7195	12.2674	1.9158
	实验班	54	57.6389	12.1440	1.6526

从第二次考试的数据上来看，实验班的平均分 57.1600，对比班平均分 49.7195。实验班成绩高于对比班较多，成绩已经开始大幅进步，下面从统计的角度对两班的成绩数据做进一步的分析。

对两样本做单样本 K-S 检验，结果如表 20、表 21 所示。

表 20　实验班化学检验分析结果

检验类型	P 值	D 值	Z 值
正态分布 均值 = 49.7195 标准差 = 12.2674	0.8369	0.0968	0.6199
均匀分布 极小值 = 20 极大值 = 72	0.0108	0.2523	1.6158
指数分布 lambda = 0.0201	0.0000	0.4217	2.6999

表 21　对比班化学检验分析结果

检验类型	P 值	D 值	Z 值
正态分布 均值 = 57.6389 标准差 = 12.1440	0.9609	0.0687	0.5046
均匀分布 极小值 = 38 极大值 = 81.5	0.3359	0.1284	0.9432
指数分布 lambda = 0.0173	0.0000	0.4828	3.5477

由图表数据可以认为两班的数据均服从正态分布（见表 22）。

表 22　检验结果

变量名	条件假设	Levene统计量	P 值	T 统计量	自由度	P 值（双尾）	差值的均值	差值标准误	下限（95% 置信度）	上限（95% 置信度）
化学	方差相等	0.2395	0.6257	−3.1344	93	0.0023	−7.9194	2.5266	−12.9367	−2.9021
	方差不相等			−3.1300	86	0.0024	−7.9194	2.5301	−12.9499	−2.8888

方差齐性检验的结果为 0.6257（见表 23），仍然可以认为两班数据方差相等。

表 23　化学方差齐性检验结果

检验方法	统计量值	自由度	P 值
Levene 检验	0.2395	93	0.6257

化学假设检验结果。化学假设检验结果如表 24 所示。原假设：H0：u1-u2=δ，δ=0.0000，方差 Var1=Var2 未知。

表 24

备择假设	T 统计量	自由度	P 值
H1：u1-u2 ≠ 0.0000	-3.1344	93	0.0023

从假设检验的结果可以看出：在原假设 H0：u1-u2=δ，δ=0.0000 的情况下，P 值为 0.0023，在统计意义上可以认为两班数据有显著差异，实验班的数据明显来自均值更高的总体，说明在分层式的教学策略中，学生的成绩、处理问题的能力都有了较大的提高，与对比班相比呈现出明显的差异。

通过访谈对比两种模式的复习效果。对实验班的部分同学不定期地进行阶段性复习后的访谈，同学们普遍认为：层级式的复习策略使他们对概念的本质理解更加透彻了，应用起来感觉更加自如了，遗忘率也大大减小了，同时多数同学学会了这种复习思路，并将这种方法应用到其他学科的学习上，效果很好。

正所谓"授人以鱼不如授人以渔"啊！

三、问题与展望

本课题在研究和实施过程中的重要意义前面已经描述得很清楚。存在的问题是，由于"核心概念"在国内引入的时间还很短，在化学课程内容中还没有正式引入，本研究处于实验试行阶段，其构建模式也没有统一的标准和答案，所以在研究过程中难免存在许多不足甚至不科学的一面。

教学的有效性是以内隐或外显的形式广泛存在于我们的课堂教学中，我希望本研究不仅能给新课堂的中学化学教学以启示和指导意义，同时给其他学科任何学段的教学以启发，能增强广大教育工作者"有效教学"的意识和能力，借助新课程改革的春风，唤醒改革意识，使我们的课堂教学焕发出新的活力。

另外，课堂教学是以学生为主体、教师为主导的一系列教学活动，这就说明，教师依然是影响教学有效性的众多因素中最重要的因素。因此，我们将继续在提高教师专业素养方面进行深入研究。换句话说，本课题研究的是核心概念的提炼过程与学生学习效果的关系，之后，我们将重点研究中学化学的教学内容中到底有哪些核心概念，并研究这些概念科学合理的构建框架。为了调动学生的学习能力、兴趣和积极性，我们有可能让部分学生参与课题的研究，这样更有利于充分了解学情，设计适合学生的教学方案。我相信，这项研究将使教师的专业知识与教学水平发生质的飞跃，并生长出更多的研究点。

基于真实问题情境的"糖类"教学

夏　添　何彩霞

化学科学与生产、生活和科学技术的发展有着密切的联系，在教学中，教师应重视 STSE 内容主题、跨学科内容主题的选择和组织，"引导学生在更宽广的学科背景下认识物质及其变化的规律，帮助学生拓宽视野，开阔思路，综合运用化学和其他学科的知识分析和解决有关问题，发展学生的科学素养"。

糖类是人类维持生命活动的重要物质和能量基础，与日常生活、工业生产尤其是食品工业有着紧密联系，其相关知识与生物、医疗等学科还有着非常丰富的交叉和融合。由于该部分内容为高考中的非重点知识，教师对必修阶段"基本营养物质——糖类"的教学研究长期处于忽视阶段，近年来鲜有文献资料；在日常教学中也常淡化处理，只对高考涉及的糖类基础知识简要介绍，而忽视了该部分知识背后承载的教学价值。

就必修阶段的"基本营养物质糖类"教学而言，课标要求不高（结合糖类的主要性质说明其在生活中的重要应用），教学的重心可放在真实问题情境的挖掘上，要让学生在实际问题的分析与解决过程中，发展学生学科核心素养，最终学会用化学的眼光看世界，用科学的观念指导生活。

一、知识分析与教学素材的选取

《普通高中化学课程标准（2017 年版）》关于必修课程"主题 4：简单的有机化合物及其应用"中明确要求：结合实例认识高分子、油脂、糖类、蛋白质等有机化合物在生产、生活中的重要应用，并结合这些物质的主要性质进行说明；能从有机化合物及其性质的角度对有关饮食、健康等实际问题进行分析、讨论和评价。在教学策略中提倡采用观察实验现象、联系生产生活实际、归纳总结等策略对典型的有机化合物的结构、性质及应用进行教学。在情景素材中建议开展：食物中的糖类、油脂、蛋白质在人体内的转化，常见体检指标中的有机化合物。课标为糖类有关素材的选取及教学策略指明了方向。

从学科知识的角度看，"糖类"涉及主要知识有糖的存在、糖的组成及结构、糖的分类、糖的检验、糖的性质、糖的用途等，相关知识的学习运用了从"组成、结构→性质→用途"认识有机化合物的认知模型。其中糖的性质、葡萄糖的检测相关知识的学习还与生物知识（糖的代谢）、医学知识（糖尿病诊断）有着紧密联系，跨学科知识融合式学习为学生研究问题提供了新的视角，有利于学生综合运用学科知识分析、解决实际问题。

鉴于学生对"糖"的认识有一定生活经验，为了增进化学知识与生活实际的联系，在教学时可以从生活实际中常见的问题入手，选择以"糖尿病患者的尿检"、"糖尿病形成原因"、"糖尿病的控制"等问题情境，帮助学生形成分析和解决实际问题方法，逐步建构葡萄糖的检测、糖的性质、糖的存在及分类等学科知识；开展"实验探究、文献查阅、社会调研"等多种学习途径，帮助学生认识糖类学习的社会价值，如"糖类在人体供能中的重要意义""应形成正确生活观念，选择健康生活方式"等。上述方法、方式途径、观念的形成迁移运用于其他物质的学习，有利于学生逐步学会用化学的视角去观察、分析和处理生活实践或社会事件。

基于上述分析，现按照真实情境⇌实际问题⇌化学知识的关联的思路来整合相关知识（见图1），即：促使学生学会从真实情境中提炼出实际问题，在解决问题的过程中，学习相关的化学知识，建构知识模型；最终能够综合运用所学知识认识、解释实际问题，进而指导日常生活，形成健康的生活观念和生活态度。

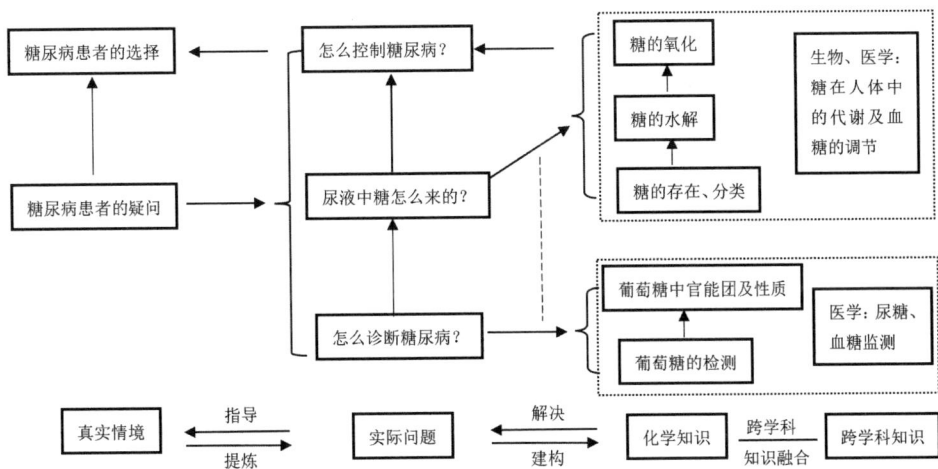

图 1 "糖类"知识与真实情境问题的关联分析

二、学情分析

课前，针对"糖的存在"、"维持人体生命活动最主要能量"、"是否依据营养物质摄入的平衡关系来选择食物"对 47 名同学进行了调查分析，调查结果分别如图 2、图 3、图 4 所示。

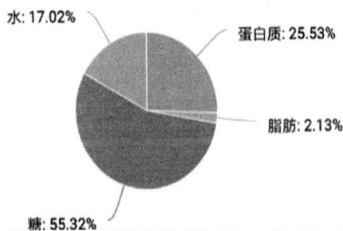

图 2 学生关于"糖的存在"的认识统计

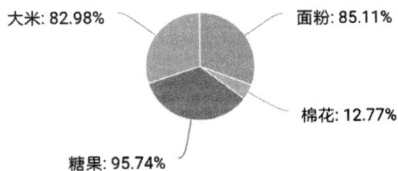

图 3 学生关于"维持人体生命活动最主要能量"的认识统计

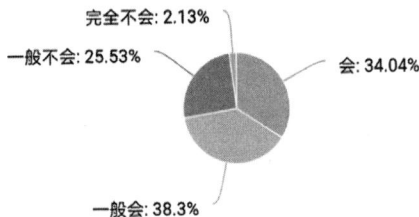

图 4 学生关于"是否依据营养物质摄入的平衡关系来选择食物"的认识统计

基于调查结果和教学经验分析，学生虽然在初中学习了基本营养物质（糖、脂肪、蛋白质、无机盐、维生素、水）的相关知识，知道了主食（米饭、馒头、面包等）、糖果中含有糖类物质，但不能指出棉花、木材、芹菜中也还有糖（纤维素）（见图2）；在生物必修1的学习中，了解了糖的分类，糖的菲林反应，但缺乏用化学视角认识事物的方法，未建构糖的组成、结构、性质、用途等化学知识体系，也未准确了解糖在人体供能方面重要意义（见图3）；不能正确认识和处理生活中饮食、营养、健康等日常问题，不能运用化学知识指导生活，未形成正确、健康的生活方式（见图4）。因此在教学中，还需将化学知识与真实情境紧密联系，促使学生学会从生活中学化学，并运用化学知识、观念指导生活。

三、基于真实问题情境的教学活动设计

（一）教学目标

鉴于上述分析，本节课的教学目标确定为：（1）从真实情境中提炼出"怎么诊断糖尿病"、"尿液中糖怎么来的"、"怎样控制糖尿病"等实际问题并进行文献、资料查阅，方案设计，实验探究；（2）了解糖的存在、糖的分类、糖的性质，初步认识食物中糖类物质在人体中的转化；（3）能从有机化合物及其性质的角度对有关饮食、健康等实际问题进行分析、讨论和评价，学会选择正确的生活方式。

（二）教学思路

教学过程分课前、课中两个环节展开。课前环节以教师引导下学生多途径的合作学习为主。学生分为多个小组，采用网络搜索、文献查询、社会调研、情景剧编排等形式，主要合作完成了：（1）制作调查问卷"您，真的了解糖吗"，并进行问卷调查；（2）寻找生活中常见食物中糖的存在形式并了解其提供的能量；（3）寻找并了解生活中常见代糖。学生在调查、调研后进行了数据的整合、处理、分析工作，为课上PPT展示、情景剧展演做好了前期准备。

在课堂上重点展开以实验探究、分析推理下的糖的检测、糖的性质的学习，并不断强化学生健康生活观念的形成，具体教学思路如图5所示。

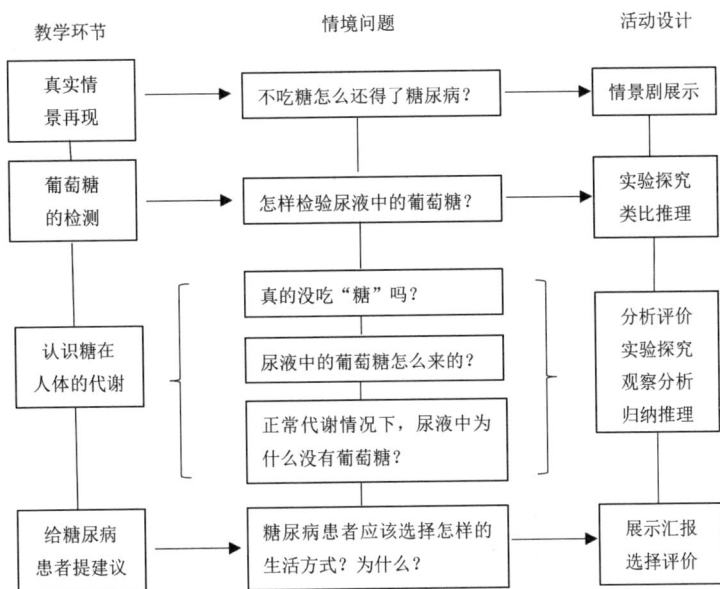

图 5 "真实生活情境"解决下的"基本营养物质糖类"教学流程图

（三）主要教学活动

环节一：真实情景再现

[学生活动 1]情景剧展示：（1）生活习惯展示；（2）去医院体检，拿到体检报告；（3）产生疑问，不吃糖怎么还得了糖尿病？

[设计意图]通过学生日常真实生活情景的表演再现，引导学生感知化学与生活的联系，激发学生的学习兴趣和探究欲望。

环节二：葡萄糖的检测

[问题 1]怎样检验尿液中的葡萄糖？

[学生活动 2]完成探究实验：葡萄糖与新制氢氧化铜的反应。

[问题 2]葡萄糖分子中有哪些官能团？与新制氢氧化铜反应的官能团是什么？反应后转变成什么官能团？（展示葡萄糖的结构简式）

[学生活动 3]分析葡萄糖中的官能团，对比乙醇的性质，判断其与新制氢氧化铜反应的官能团是醛基；并迁移乙醇氧化变成乙醛再变成乙酸的事实，推测葡萄糖的醛基被新制氢氧化铜氧化变成了羧基。

[问题 3]除了尿检外，医院还可以通过血糖检测诊断糖尿病。很多糖尿病患者也会购买血糖仪检测血糖，你知道血糖仪的原理吗？

[学生活动 4]推测血糖仪的原理类似于酒精检测仪，利用了原电池工作

原理。

　　[设计意图] 通过实验探究、类比推理了解葡萄糖的检测方法，认识葡萄糖中的官能团及转化。

　　环节三：认识糖在人体的代谢

　　[问题 4] 情景剧中的患者真的没吃"糖"吗？

　　[学生活动 5] 辨析食物中的糖。并通过阅读认识糖的分类，了解糖的组成。

　　[问题 5] 尿液中的葡萄糖怎么来的？

　　[学生活动 6] 模拟人体多糖代谢过程，分组完成蔗糖溶液、淀粉溶液水解实验。并通过展示汇报，了解蔗糖不具有还原性，其水解产物具有还原性；淀粉可以水解，其水解产物具有还原性。

　　[问题 6] 正常代谢情况下，尿液中为什么没有葡萄糖？

　　[教师演示] 手持数字化实验：葡萄糖在酵母菌作用下的代谢。手持数字化实验结果如图 6、图 7 所示。

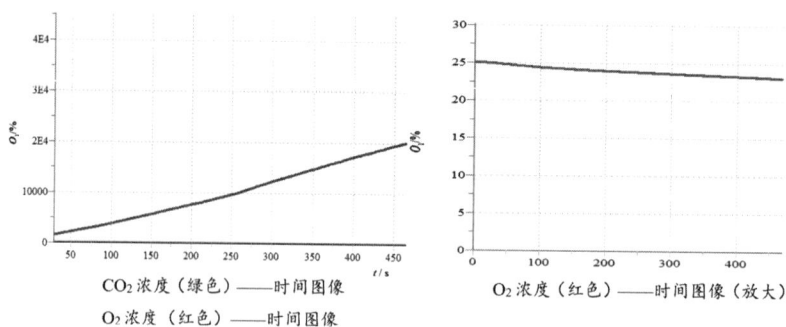

CO_2 浓度（绿色）——时间图像
O_2 浓度（红色）——时间图像

O_2 浓度（红色）——时间图像（放大）

图 6

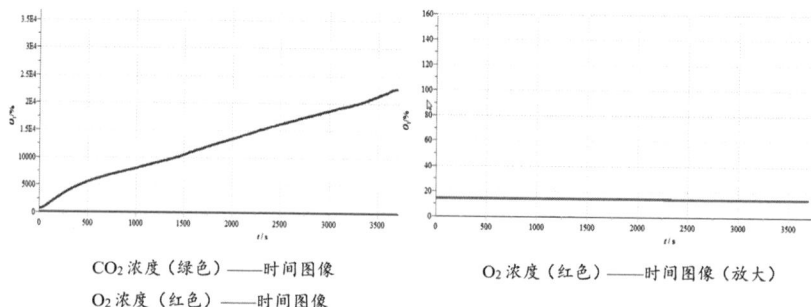

CO_2 浓度（绿色）——时间图像
O_2 浓度（红色）——时间图像

O_2 浓度（红色）——时间图像（放大）

图 7

[学生活动7]学生通过手持数字化实验结果（见图6）很快能够分析出，在氧气浓度较大情况下，往葡萄糖中加入酵母菌，氧气含量迅速减小，二氧化碳含量迅速增大，据此推断发生反应：$C_6H_{12}O_6$（葡萄糖）$+6O_2 \rightarrow 6CO_2+6H_2O$；通过手持数字化实验结果（见图7）很快能够分析出，在氧气浓度较低情况下，氧气含量几乎不变，二氧化碳含量持续增大，据此推断发生反应：$C_6H_{12}O_6$（葡萄糖）$\rightarrow 2C_2H_5OH+2CO_2\uparrow$。

[教师展示]糖在人体中其他代谢方式及血糖的调节。（见图8）

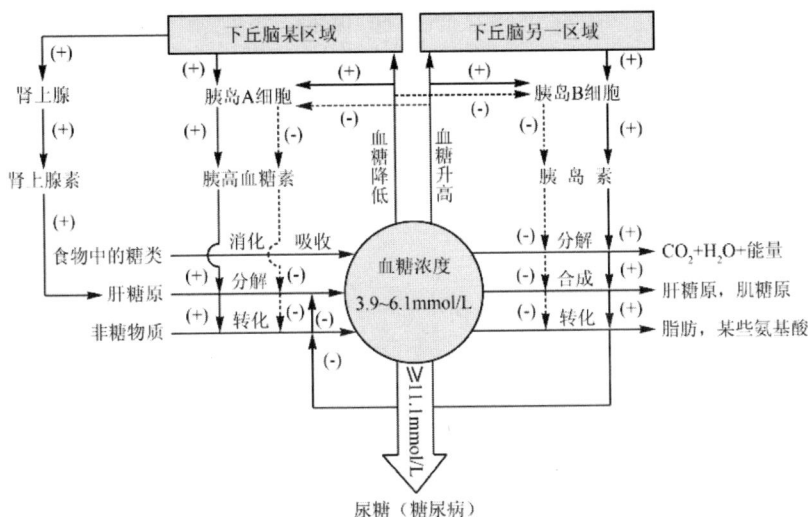

图8　人体中糖的代谢及血糖的调节

[学生活动8]通过观察，回忆了解糖在人体中其他代谢方式，结合生物知识，体会胰岛素在糖代谢中的重要作用。

[设计意图]通过对真实情景的逐层剖析，在真实问题的解决中，认识糖的分类，了解糖在人体中的代谢（多糖、二糖的水解，单糖的氧化等）。手持数字化实验的开展将葡萄糖缓慢氧化（有氧呼吸、发酵）的过程直观显示出来，强化了学生微观探析过程。

环节四：给糖尿病患者提建议

[学生活动9]学生分小组进行PPT展示汇报：（1）调查问卷：展示人们对糖的认识；（2）市场调研：生活中的糖；（3）市场调研：代糖。

[问题7]糖尿病患者应该选择怎样的生活方式？你有什么建议，为什么？

[学生活动10]从饮食、锻炼、医药等角度为糖尿病患者提简单建议，并说

明提这些建议的依据。如学生谈道：需要少吃糖，如淀粉含量高的食物，原因是淀粉在人体中能代谢生成葡萄糖；需要加强体育锻炼，因为体育锻炼能促进葡萄糖的氧化变成二氧化碳和水；服用药物，注射胰岛素等，因为胰岛素等在糖代谢中起着非常重要的作用。

[问题 8] 糖尿病患者少吃糖，那么能随便吃富含蛋白质、油脂的食物吗？

[学生活动 11] 学生课外查阅资料，了解三大基本营养物质（糖、蛋白质、油脂）之间的相互转化，并完善对糖尿病患者的建议。

[设计意图] 通过学生课前自主设计调查问卷，实地调研了解人们对糖、代糖认识的现状，感受运用化学知识分析、解决实际问题的快乐；并在解决实际问题的同时关注学生证据推理意识的强化训练。

四、教学效果与教学反思

学生通过课前分小组，完成了 PPT（"糖"的那些事、生活中的糖、代糖），并进行了课堂展演。从展演情况看，学生进行了合理分工协作，有效地进行信息的寻找、收集、分类处理、整合，并对相关材料进行了合理的分析与评价。从课后访谈及检测看，学生对开场情景剧、探究实验、糖的知识印象深刻；93.6% 以上的同学能够准确回答出糖的性质，葡萄糖的检测方法；100% 的同学都认识到膳食上要均衡营养，应选择正确的生活方式，基本达成了本节课的教学目标。

在整堂课的设计、组织过程中，有两点深刻体会：（1）要重视以"糖类"为代表的非重点知识存在的必要性。非重点知识不意味没有深入挖掘的价值，教学重点可以将对知识本体的挖掘拓展到对知识外延、知识形成过程、学科观念形成的挖掘上去。高中阶段尤其是高一的化学学习以通识教育为主，充分挖掘、整合非重点知识中与生活、生产相关的素材，层层深入地剖析、解决过程中出现的实际问题，不断激发、推动、强化学生的认知活动、情感活动和实践活动，最终促进学生化学视角的形成（用化学的眼光看世界，用化学的模型分析解决实际问题，用化学的观念指导生活）的教学实践活动值得我们不断去尝试。（2）在教学中可适当尝试进行跨学科知识的融合。学科交叉融合已是社会发展的大方向，在教学前调查学生生物学习中糖类知识储备情况，在教学中尝试将血糖检测、血糖控制（胰岛素作用）等生物知识、医疗知识整合融入教学中，是对促进学生多学科视角下分析、解决实际问题的新尝试。

　　当然由于课堂开放度非常大，对教师课堂驾驭能力、学生综合能力也提出了更高的要求和挑战，如何有效地把控课堂，合理运用各类学习材料，提高课堂效率，进行更深入的学习，还值得我们不断探索与尝试。

中学化学课堂教学引入环节学生活动设计研究

杨东清　　纪艳苹

在常规教学中，引入环节多以教师为主体，从教师的角度出发，学生的学习效果不理想。本研究从不同类别（如元素化合物、概念原理、与实际生活相联系等）中选取典型的教学内容，分析出课堂引入环节的作用，引入环节的时间安排，从而选择合适的素材，设计以学生为主体的引入环节活动。

一、问题的提出

《义务教育化学课程标准（2022 年版）》要求教师应"努力创设真实而富有意义的学习情景"。在新课程理念引领下，开发课程资源，巧设情景，精彩引入，已引起了一线教师的普遍重视。

引入环节是课堂教学设计的初始环节，是指教师在教学活动开始之时，为了激发学生的学习兴趣，启发学生的思维，引发学生的思考，利用各种教学媒体，创设良好的学习情境，促进学生主动追求新知而组织的一系列活动。

有效的课堂引入环节是一种创造，也是教师智慧的结晶。它可以承前启后，建立知识的联系，顺理成章地进入主题内容。设计巧妙的课堂引入方法，能够有效地吸引学生的注意力，激发学生的学习兴趣，创设生动活泼的学习情境，使学生能愉快地进入新课的学习。因此，在化学课堂教学开始，可依据教学内容的特点和学生的心理特征，遵循趣味性和针对性的原则，根据教材资源和学生的实际情况，设计有意义的学生活动引入课程。

二、已有研究基础

目前，针对课堂引入环节的研究主要分成三类：

第一类是对课堂引入方法的研究，比较典型的如王杰航提出，课堂引入的十个实例：复习引入、作业引入、目的引入、悬念引入、游戏引入、趣题引入、史话引入、故事引入、实践引入、讨论引入。

第二类是对课堂引入要求及注意事项的研究，如夏炎提出了评价课堂引入是否成功的四个标准：引入是否自然合理，既是前面知识的继续，又是后续知识的开端，以一定的积累为基础；引入能否引起学生的兴趣，使他们聚精会神地投入进来，在情感上与教师和教材贴得更近；引入能否让学生初步了解这节课的教学任务，无论是在操作层面上，还是思维层面上，做好迎接挑战的准备；引入能否让学生面临一个似曾相识、已有一些感性认识、但尚缺理性认识的问题，形成一个欲罢不能的追求目标。

第三类是对课堂引入活动设计的原则及途径的研究。如钟华文通过教学实验，提出课堂引入设计的五原则：循序渐进原则、针对性原则、启发性原则、发展性原则、可操作性原则。

这些研究，都指出了课堂导入环节的重要性，均是从教师的角度出发，选择教师在引入环节所用的素材，创设情境，主要涉及了教师的活动。很少有考虑引入环节学生活动的设计。学生活动的设计往往成了教师活动的附属品，很难体现出学生的主体地位。

本研究旨在突出学生的主体地位，从不同类别（如元素化合物、概念原理、与实际生活相联系等）中选取典型的教学内容，分析出课堂引入环节的作用，引入环节的时间安排，从而选择合适的素材，设计引入环节的学生活动。

三、不同类型教学内容引入环节学生活动的设计

（一）对课程内容的分类

九年级化学课程中，按照教学内容的性质，大体可分为以下几类：

1.化学概念原理，涉及物质的变化和性质、分子和原子、原子的结构、元素、化学式与化合价、质量守恒定律、如何正确书写化学方程式、燃烧和灭

火、溶液的形成、溶解度、溶质的质量分数。

2. 元素化合物内容，涉及空气、氧气、制取氧气、水的组成、金刚石、石墨、碳60、二氧化碳和一氧化碳、二氧化碳的实验室制取与性质、金属材料、金属的化学性质、常见的酸和碱、酸和碱之间会发生什么反应、生活中常见的盐。

3. 化学基本实验操作，涉及化学是一门以实验为基础的科学、走进化学实验室、水的净化。

4. 化学基本计算，涉及利用化学式和化学方程式的简单计算。

5. STSE 教育内容，涉及空气是一种宝贵的资源、爱护水资源、燃料的合理利用与开发、金属资源的利用和保护、化学肥料、人类重要的营养物质、化学元素与人体健康、有机合成材料。

（二）不同类型教学内容引入环节的作用分析

对于不同类型的教学内容，学生知识建构的过程不同，学生对于教学内容的认知顺序也有所不同，引入环节的作用也有所不同。

对于化学概念原理内容，一般是按照概念的形成、概念的巩固、概念的应用这样的顺序来完成相应的教学。在这样的教学内容中，引入环节一般起到的作用是造成学生的认知冲突，来为概念的形成服务。

对于元素化合物内容，一般是按照物质组成与构成、物质的物理性质、物质的化学性质、物质的用途的顺序来完成相应的教学。针对这样的内容，引入环节主要是联系学生的生活实际，展示物质的用途。

对于化学基本实验操作，一般是按照一个大的主题，来锻炼学生的操作技能。引入环节，最主要的是从学生的实际出发，提出问题，明确主题内容，来给学生布置任务。

对于化学基本计算，简单的计算主要是使学生具有基本的计算技能，形成从化学的角度来思考问题。引入环节主要是引起学生的思考，化学计算能有什么样的用途，能帮助学生解决怎样的问题。

对于 STSE 教育内容，主要是使学生体会到化学与自然、科学、社会、环境的相互关系，化学在这些领域的重要用途。引入环节主要是唤起学生的意识。

（三）不同类型教学内容引入环节的时间安排

由于针对不同类型的教学内容，引入环节的作用不同，时间安排也有所不同。一般说来，化学概念原理内容、元素化合物内容、STSE 教育内容相对来说时间稍长一些，一般安排在 5—8 分钟，对于化学基本实验操作和化学基本计算内容，引入环节主要是为了提起学生的注意，时间的安排可以相对减少，控制在 3 分钟以内就能达到目的。

（四）典型教学内容引入环节学生活动的设计

在上述五类教学内容中，笔者选取了典型的、学生比较关注的教学内容：物质的变化和性质、二氧化碳的性质、水的净化、利用化学式的简单计算、燃料的合理利用与开发，进行了引入环节的学生活动设计。

在物质的变化和性质的引入环节，安排 8 分钟的学生活动，设计学生的小组对比实验：（1）冰在加热的条件下融化成水。（2）加热水至沸腾。（3）用滴管向事先包有过氧化钠的棉花上滴加蒸馏水，滴水生火。

学生会观察到水的固、液、气三种状态的变化，看到棉花滴水之后突然起火这个神奇的变化，通过学生自己动手实验来引起认知冲突，并从不同的现象来引发学生对于本质的思考。前两个实验中，水仍然是水，没有本质的改变，而在第三个实验中，水从原来的灭火转变为生火，肯定是有新物质的生成。从而自然而然地初步形成了物理变化与化学变化的概念。

在二氧化碳的性质引入环节，安排 5 分钟的学生活动，设计了学生的小品表演：楼房失火，如何使用二氧化碳灭火器灭火，如何在火中逃生这一系列的表演。让学生在观看小品的过程中，体会到二氧化碳灭火的原理：不能燃烧也不支持燃烧，密度比空气大。同时给学生以安全教育，来应对生活中出现的危险。

在水的净化引入环节，安排 3 分钟的学生活动，提出探究的主题内容：如何使身边的协和湖水变成直饮水？引发学生的思考与讨论。学生联系生活实际，从自来水的净化过程中提取出杀菌消毒的作用，但不清楚起作用的物质及杀菌消毒的原理。从饮水机的净水原理中可以想到活性炭以及其他小颗粒对水的净化作用，但不能准确描述出吸附作用、过滤作用的名称。进而产生兴趣，自发地去查阅资料，进行过滤、吸附等实验。这样的学生活动设计，联系学生的生活实际，使学生体会到生活中处处蕴含着化学原理，化学能够很好地为生活服务。同时，将学习的主体有效地变为学生，使学生自发地去探索，真正地从"要我学"变为"我要学"。

在利用化学式的简单计算的引入环节中，安排 3 分钟的学生活动，主要是来交流讨论课前的小任务：搜集各种补钙产品的标签，通过阅读标签的各项内容，如何确定其中的 Ca 含量，从而为妈妈选择一款经济实惠的补钙产品。学生首先要会读标签，找到与"量"相关的各项内容，如净重、含钙量等，思考它们之间的联系性，如何从一片钙片到整瓶钙片。不是生硬地介绍几种利用化学式的简单计算类型，而是将这些计算融到解决实际问题中，使学生体会到计算的用途。

在燃料的合理开发与利用的引入环节中，安排 8 分钟的学生活动，让学生进行角色扮演展示，分别以煤、石油、天然气的身份，向其他同学进行介绍。煤家族主要介绍煤的产生历程、组成元素及其综合开发利用情况。石油家族介绍石油的产生历程、组成元素及其分馏。天然气家族主要介绍顶梁柱甲烷其物理性质、化学性质。这样的角色扮演，使课堂变得生动、活泼、趣味性强。

四、实施效果分析

通过在平行班中进行对比实验。实验班引入环节是以学生活动为主体的设计，而对比班则是常规的教师活动为主体的引入。通过调查问卷以及学生的访谈情况，发现绝大多数（95%）的学生非常喜欢这样的引入活动，很希望一直有机会进行这样的活动。他们认为，"让我自己来课前调查以及课上展示，特别有成就感；学习起来很有意思，在看表演的过程中不知不觉就学到了知识；我感觉化学真的很有用啊，能解决很多生活中的问题"。这说明在引入环节中设计以学生为主体的活动很有必要。

五、研究不足及展望

虽然引入环节以学生为主体的活动提升了学生的学习兴趣，但是在学生活动的设计上，类型还是比较少，主要是学生的分组实验、小组的展示与交流、学生的角色扮演，在学生活动的类型上还有待进一步的丰富。此外，对于学生活动的实效性还有待进一步的研究。

联合教研共同成长　力同心携手前行

——首师大与潞河中学历史联合教研系列活动小记

梁　然

2019 年 6 月，潞河中学正式成为首师大历史学院教学合作基地。在签字仪式上，我简要回忆了 5 年多来潞河中学历史教研室与首师大教师教育学院联合举办的一系列活动，引起了各位同仁的兴趣。现在粗略地将这些活动加以总结，希望借此为后面更多的类似活动提供一些经验借鉴。

一、从偶然到常规，历次活动经典回顾

最初只是一次偶然，没有想到 5 年来居然一路蹒跚走来，步伐越来越坚定，目标越来越明确，活动越来越精彩，影响越来越扩大。

2014 年开学初，潞河中学号召各个教研室积极开展"走出去，请进来"的教研活动，一筹莫展的我恰巧和在首师大教师教育学院的老同学杨朝晖教授聊起此事，没想到合作的事情一拍即合：她所带的本科生和研究生正需要多多走进中学校园，深入课堂，了解感受一线的教学情况；我们的青年教师需要进一步的理论引领，中年教师需要更多的任务刺激，打散日渐弥漫的职业倦怠，找到不断提升专业素养的动力。于是在这一年的 6 月，就有了第一次合作教研，初中杨连翠老师和高中赵卫峰老师分别上了一节研究课，是初二的《民族团结与祖国统一》和高二的《新中国外交》。首师大的 40 位本科生走进潞河校园，听课、研讨、参观，双方都感到收获满满，受益良多。就像那一次给活动取的名字一样，大家都感受到了"成长手拉手，学习共成长"，双方都有把类似的活动继续搞下去的强烈愿望。

之后有了第二次合作，在 2014 年 12 月成功举办了"全国中学历史教学高端学术研讨会"，潞河中学作为分会场之一，由王维老师和梁然老师分别执教了《元朝》（初一）和《王安石变法》（高二）现场展示课，在全国历史学界获得了一定程度的认可，突破了高校教研的圈子。

随后，一系列活动依次展开：第三次活动，2017 年 4 月，由熊洁婕老师执教《孔子》（高一），金晓洲老师执教《首都从这里开始——辽金元时期的北京》（高二校本课）现场展示课；第四次活动，2018 年 4 月，由张新梅老师执教《南宋与金的对峙》（初一）、刘艳萍老师执教《战后资本主义的新发展》（高一）现场展示课；第五次活动，2019 年 3 月，由刘艳萍老师执教《宋明理学》（高二）、金晓洲老师执教《雄关固金瓯，驼铃响古道》（高二）现场展示课；第六次活动，2019 年 5 月，由张新梅老师执教《外交事业的新篇章》（初二）、姜静老师执教《康熙皇帝与统一多民族国家的巩固》（高二）现场展示课。

5 年 6 次，教研室 12 人次老师先后做课，在学习交流中得到成长。

二、专家团队引领提升，悉心指导保驾护航

在每一次活动中，杨朝晖教授和她带领的团队，都不遗余力地引领指导，一次次修改教学设计，充分交流建议，不断提升教学立意。

姜静老师在准备《康熙皇帝与统一多民族国家的巩固》一课的时候，一开始的设计中有中西方对比，从而突出康熙帝落后于工业文明的时代潮流。杨朝晖教授指出：为什么要通过东西方对比突出康熙帝的"局限性"？我们要回到历史的现场中去，康熙帝绝大部分的言行都是从当时中国的国情出发的，我们不能以后人的眼光来苛求。同时，选入历史课本的这几位人物，都是我们的"老祖宗"，他们为中国统一多民族国家的发展做出了巨大的贡献，我们应该以敬仰的态度去看待他们。一分为二、辩证的观点固然可取，但不能每个人每件事都套用这样的模板。对于历史，后人应该心怀尊重和感恩，用一颗"温暖的心"去对待历史人物和历史事件，"有感情"地教授、学习历史。一番话醍醐灌顶，重新修改后的教学设计，将教学重点放在基于康熙帝在文治方面对于促进中华民族多元一体内在发展的历史贡献上。通过呈现 7 组材料，先将第一组材料作为范例讲透，接着让学生进行小组合作学习，对另外 6 段历史材料进行

分析总结，从不同角度加深对康熙帝运用不同文治措施维护多民族国家统一的理解，使生硬的措施显得鲜活起来，让维护国家统一不再是一句空话。最后，从康熙帝的具体武功文治措施引导学生学习康熙帝高尚的个人品格和高超的治国理念与智慧，让学生能够见贤思齐，以史为鉴。一堂课下来，核心立意得到张扬，主旋律分明。姜静老师深感受益颇多，在日后的教学中，举一反三，也逐渐学会巧妙适当取舍，把握精当，而不强求面面俱到，更深知客观地看待历史，绝非一句空洞的话。

王维老师在杨朝晖教授的指导下，也是数易其稿，最后立意的《元朝》一课，确立的是：统一的多民族国家多元一体，共同缔造。

每一次活动的课后点评环节更是鞭辟入里，精准到位。

在 2019 年 3 月，针对金晓洲老师《雄关固金瓯，驼铃响古道》这一节秦汉史复习课，杨朝晖教授特别肯定青年老师敢于挑战自我的工作热情。然后从复习课的特点开始分析，并提出应对复习课时的建议：（1）教师要跳上云端，整体把握课程，形成整体认知；（2）深化理解教学内容，教师和学生从对概念简单的认知深入到本质的理解；（3）尝试从新的角度带领学生重新认识已有的概念，巧妙地利用文化符号来体现秦汉时期的特征就是很好的尝试；（4）借助复习课的优势将三层历史影响（当代的、后世的、世界的）讲解透彻，尤其是要把历史人物和历史事件的积极影响展示给学生。这对高中的高考复习课有很好的引领作用。

杨朝晖教授接着提到刘艳萍老师讲授的《宋明理学》，分析了思想史教学时应该注意的问题：一是要重视对社会背景的介绍，理清思想史要和政治经济之间的勾连；二是建立思想脉络感，思想是一个不断发展的过程，前后对比、继承和发展要梳理清晰；三是凸显主要人物的全面丰满，重视思想人物的历史贡献和育人价值。

两节课分别尝试了以文化符号代史和以人代史，颇有新意，耐人寻味。杨朝晖教授还强调，教师在选择教学立意的时候，首先要增加学情意识，在应然和可行之间找到结合点，设立恰当的教学目标；其次是回到本课设计的出发点，教学活动要进行简化，给学生留出思考的时间。杨朝晖教授的点评每一次都令潞河中学的历史教师和首师大的学生对历史课的教学有了新的视角和感悟，从就课论课上升到了就课论道的层面。

从第二次合作活动开始，杨朝晖教授所带领的北京市中学历史教师的民间组织"成长沙龙"也参与其中，协助备课，提供资源，前来听课，等等，如西城十五中的赵博老师，海淀上地101中学实验学校的陈亚东老师，都对我们的合作活动给予了很大的帮助。活动更是始终得到通州区研修中的张启凤老师的大力支持。第五、第六次活动，北京市名师培养工程的部分历史老师也参与了进来。第五次活动，正在北京研修的入选国家"万人计划"的成都树德中学正高级教师郭子其老师也来到了潞河中学。郭子其老师结合自己多年的教学经验对研究课进行点评，特别提到教学设计要注意三点：一是要有时段感，明确所讲内容处于什么阶段；二是依托教材，要吃透教材；三是搞清楚内容的属性，是思想史、经济史还是政治史以及背后的方法差异。郭老师之后强调思想史教学中应注意到思想的"灵魂"、"路径"、"现象"，强调思想背后的原因一定要通过历史现象解释清晰，令参与活动的师生印象深刻。

三、一次活动多方受益，守正出新领航发展

每一次活动我们都是集中全教研室力量，群策群力集思广益。先是根据进度和授课人所长确定课题，再精挑细选，把握好教学立意，然后是一遍遍说课、一次次试讲，精心打磨，特别注意核心素养的落实培养。通过一系列活动，做课的8位教师，在活动中得到历练，青年教师褪去青涩逐渐蜕变成长，中年教师调整状态再度扬帆起航，近两年来几乎全部成长为市骨干、区骨干和区青年骨干，在通州区乃至全市有了一定的影响力。潞河中学历史教研室也被各级领导认为是一个能打硬仗、有凝聚力、有无限潜力的团结向上的集体。

在联合教研活动中，做课老师主动发展，追求卓越，进步神速。

金晓洲老师是一位高中毕业于潞河中学，2015年首师大硕士毕业后又回到母校任教的青年教师，学生时代，是随着导师来潞河听课的学生，后来又两次成为做课的老师，她的经历最好地见证了联合教研活动的意义。

谈及此事，金晓洲老师不禁感慨良多，她总结道：

2014年年底，正在读研究生三年级的我有幸参与到首师大与潞河中学联合承办的全国历史教学高端研讨会。当时，组内王维与梁然两位老师为来自全国各地的历史教师呈现出别具风格的两堂研究课。这两堂课，对正处于疲于面试、试讲的我而言，实在是受益匪浅。在大学课堂上，导师一直强调的"构建有意义的课堂"的教学理念，我总是理解不透。而正是

通过这样一种大学与中学联动教研活动，才让我们这些没有一线教学经验的研究生深切领悟到教学理念在课堂上到底是怎样被灵动地表现出来的。也正是通过这样的活动，坚定了我要扎根一线教学、实现自己教育梦想的信念。

转眼五年过去了，我回到母校执教。其间，已在联动教研活动中完成2次研究课展示工作。这两次研究课，是对我专业成长历程的最佳见证：它见证着我从一个"青椒"（青年教师、岗位焦虑）正逐渐向摸索自身教学风格的成熟教师迈进。这两次经历，也让我学会更自觉、更熟练地"构建有意义"的历史课堂。每次做课，都是对自己教学理念的梳理与升华。如果说，工作第二年（2016年）的那次做课（"首都从这里开始——辽金元时期的北京地区社会生活"）是以自我旨趣、自我展示为出发点去设计、准备，那么，2009年3月的这次做课（"秦汉时期的长城与丝路"）则是我在经过高三复习教学后，为提高学生学科素养、固化一轮复习效果的一种自发、自觉行动。从自我旨趣到围绕解决教学实际问题的自觉，我对联动教研活动的态度有着明显转变。

回首这几年，我是何其有幸！研究生期间能够遇到像杨朝晖老师一样求真务实、善于在理论与实践间搭建桥梁的实干型专家导师；工作以来能在母校潞河中学这样鼓励青年教师健康成长的单位就职，而且能一直有机会将求学时的教学理念得以在自己的历史课堂上加以贯彻落实，用实践例证理念，以理念指导提升实践，我想这大概就是"成长手牵手"给予我最大的感受与帮助吧！感谢身边鼓励、支持、提携的各位恩师益友，今后我会更加认真对待每一次联动教研机会，争取取得更快更大的进步。

如今的金晓洲老师，已经初步形成了自己独特的教学风格，得到老师和学生的高度好评。在2019年北京市历史教学年会上，她做了《小切口大视野——从"端方之死"探讨新政之果、辛亥革命之因》的展示课，博得了现场听课老师的高度好评，为潞河中学赢得了荣誉。

联合教研活动中，前来听课的首师大本硕学生也是获益颇多。从海淀到通州，几乎穿越了大半个北京城，但是每一届学生都克服种种困难，按时赶来，认真听课，积极思考，并且畅所欲言，踊跃表达自己的困惑和收获，每一次都比预计的评课时间长出不少还意犹未尽。即将走上讲台又尚未拥有实践经验，他们特别珍惜这样的机会。

2019 年 4 月份连续参加两次活动的首师大研三学生陈鑫铭回忆道：

在参加的潞河中学历史教学观摩研讨活动中，我对张新梅老师的《外交事业新篇章》留下深刻印象。张老师巧妙地将新中国外交关系的建立与发展问题，用微信加好友，建朋友圈的方式串联出来，缩小了学生和历史之间的距离。由于初二学生没有接触过世界史，不了解新中国所面临的国际形势，所以张老师就将学生分为资本主义阵营、社会主义阵营和第三方世界阵营三个小组进行课下自主学习，进行相关资料的查询，使学生对为什么周恩来总理对新中国外交有三大焦虑以及以周恩来为首的中国外交家们背后的努力有了一个清晰的认识与了解，最终让学生理解课程的教学立意：外交与政治、经济之间的互动关系和外交中历史人物因素的影响。怎样调动学生，怎样组织教学，怎样提高课堂实效，通过这样的教研活动，对我的成长有很大帮助，学到了好多课本上学不到的东西。

最后两次活动，杨朝晖教授给确立了更高的主题：守正出新，领航发展。大家认为，所谓守正就是守历史教育之本，一切以发挥历史教育的育人功能为出发点；就是做好最基本的知识教学，把该讲的概念讲透，把该交代的背景史实交代清楚，把该遵循的教学原则加以遵循；就是围绕教学立意展开教学；就是紧扣课题展开教学。守正出新就是以学生为本，一切创新都是以有效发生学习为目的，而不是为了创新而创新。

首师大与潞河中学联合，理论与实践结合，我们的活动越来越精彩成熟，渐入佳境。联合教研共同成长，勠力同心携手前行。为历史教育、为学生发展，为专业精进，我们永远在路上。

可持续学习课堂与传统课堂的对比研究

——以《区域环境与发展问题（宁夏旱灾）》教学设计和反思为例

刘　珍

经过多节可持续学习课堂的教学实践，作者对比分析了可持续学习课堂和传统课堂在"学生的学"、"教师的教"、"教学目标的达成"三大方面10个指标的区别。从结论可以看出，可持续学习课堂需要教师转变教学方式，优化教学内容，进行学科融合；引导学生拓展学习空间，主动积极地探究学习，最终才能更好地达成知识、能力、情感态度与价值观的教学目标。

一、可持续学习课堂的理论背景

联合国2030可持续发展议程提出了17项可持续发展目标。这些目标是全人类的共同目标，和我们的教育、学科教学有直接的联系。比如，与高中地理学习有关的主题有：可持续农业、能源、可持续工业、气候变化、生态系统恢复等。其他主题分别与化学、生物、政治、历史有着密切关联。我们的教育需要是支持可持续发展的教育，需要教育出具有可持续发展的知识、技能、价值观的个人，才能推动可持续发展目标的实现。联合国教科文组织于2003年批准了可持续发展十年教育议案。可持续发展教育是根据可持续发展需要而实施的教育，其目标是帮助受教育者形成可持续发展需要的科学知识、学习能力、价值观念与生活方式，进而促进社会经济环境与文化的可持续发展（杜越等，2012）。联合国教科文组织也制定了与17项可持续发展目标对应的可持续发展教育学习目标，包括认知学习目标、社会情绪学习目标、行为学习目标、学习方法建议、学习主题建议等。

落实可持续发展教育则要打造可持续学习课堂，可持续学习课堂的特点有：（1）确立可持续发展素养的主要目标——强化可持续发展价值观渗透教育；扎实培养可持续学习能力。（2）设计与实施可持续教学流程——指导预习探究—指导自主/合作探究—指导应用探究。（3）落实可持续教学"十六字"原则——主体探究、综合渗透、合作活动、知行并进。（4）实施可持续教—学方式，包括引导学生课堂学习过程迁移、指导学生做好学习探究作业报告、组织学生参与课堂评价与合作讨论、鼓励学生关心可持续发展实际问题并提出解决方案。

二、对传统课堂的反思和困惑

笔者在大部分课堂教学中，以教师的启发式讲授为主。虽然会尽量在讲解中提出一些有启发性的问题或问题串，试图提高学生的思考能力；给学生布置图文资料分析的任务或是小组讨论的探究问题，但是学生参与度不够，参与深度不够，思维深度不够，教学目标的落实不理想。例如，以往在讲高中地理人教版必修三《区域环境与发展问题》这一部分内容的时候，只讲授课本上的案例，即"西北地区的荒漠化和热带雨林的开发与保护"。但是只按照课本内容讲授，虽然增加很多图片、视频，但是仍然感觉学生兴趣不高，理解也不够深刻。因此笔者也一直在考虑如何改变这种局面，在实际教学中也进行了很多尝试。这次教学设计，是在学生学完了人教版教材必修三第二章"区域生态环境建设——西北地区的荒漠化和热带雨林的开发与保护"后，选取的我国宁夏农村地区的干旱缺水问题，主要目的是让学生用学过的方法解决一个新地区的新问题，进一步提升能力，落实课程标准。课题名称是《区域环境与发展问题——以宁夏旱灾为例》，教学目的是学生了解西北农村地区干旱的适应措施，学会解决区域环境与发展的思维方法，培养和提高学生的系统思维能力，引导学生关注可持续发展的实际问题（旱灾），从而认识可持续发展的理念和内涵，建立可持续发展的价值观。

若是传统的教学方式，过程如下：第一步，先让学生从气候、河流、农业发展需求角度分析旱灾多发的原因；第二步，给学生一些关于常见的旱灾解决对策的资料，要求学生读材料，归纳总结旱灾的适应措施，试图培养学生阅读资料获取信息的能力；第三步，分析旱灾的适应措施对社会、经济、生态可持续发展的积极意义。笔者会让学生记下本课的重点知识笔记，即旱灾的自然原因、人为原因和解决措施，并用课堂习题进行反馈检测。这样的课堂，笔者曾经自认做到了学生为主体，因为让学生去回答了很多问题，让学生分析了资料，让学生落实了基础知识，能力与知识并重。但是，真的达到了教学目的了吗？学生的感受如何？如果仔细去观察和思考，却会产生深深的挫败感。上课的时候，学生兴致不高，觉得枯燥，有人甚至打起瞌睡；下课后学生得在老师的不断督促下才去背这些知识，背完还总是忘，更不要提如何形成地理问题解决思路和方法。最关键的是，教学目标中非常重要的两点：一是解决区域环境与发展问题的方法，学生压根就没有掌握，因为课堂上是老师一步一步地让学生去做这做那的，学生就知道去完成老师交代的一个一个分支任务，却并未形成整体的系统思维，基础知识靠死记硬背，由于没有方法不会思考，背的也是支离破碎，只有碎片化的知识；二是可持续发展的价值观，学生会去背可持续发展的内涵，也认同区域应该选择可持续发展的措施，但是思想上并未真正形成自己的价值观，因为课堂所学的东西似乎距离自己很遥远，区域的发展似乎是大人的事情是政府的事情与自己无关。看到学生的这些现象，笔者感到深深的挫败感，也试图用增加视频、图片的方式，吸引学生的兴趣，用设置小问题增加课堂讨论和探究的方式给予学生思考的机会，然而，细枝末节的改变并未带来大的效果。

三、可持续学习课堂的教学设计和特色

作为一名教育工作者，笔者看到了可持续学习课堂模式和可持续发展教育学习目标，并认为自己是有责任和义务去践行这种可持续的教育方式。就这节课来说，对应的可持续发展目标是"应对气候变化及其影响"，在可持续发展教育的学习目标里，看到这样几点目标：（1）认知目标方面，学习者知道不同层次和不同情况下的预防、缓解和适应策略；（2）社会情绪目标方面，学习者能够和他人合作研发共同应对气候变化的策略，能够认识到保护气候变化是每个人必不可少的任务；（3）行为学习目标方面，学习者能够预见、估计和预判个人、地方和国家的决定带来的影响。据此，再加上这节课的地理学科课标的指导，笔者制定了可持续学习课堂的教学目标如下：课前收集宁夏旱灾的原因和措施资料；角色扮演模拟政府工作会议，以小组讨论形式，提出干旱的适应

措施，依次分析各项适应措施的财务成本、社会影响和环境影响，选择重点开展的适应措施，并阐述理由；多途径收集和筛选信息的能力以及归纳总结的能力；综合思维能力；与他人合作探究与解决问题的能力、决策能力以及准确、有条理的口头表达能力；通过逐步兼顾经济、社会和环境效益的探究，认识可持续发展的理念和内涵，建立可持续发展的价值观。若和传统课堂的学习目标对比，发现知识目标其实具有一致性，而能力目标除了综合思维之外，又增加了多项可持续学习能力，价值观的渗透更有力更深刻。

遇到可持续发展教育课堂，促使笔者大胆改变了传统教学的模式，也真的改变了学习的效果。可持续学习课堂主要教学过程如下。

1. 课前预习探究——角色模拟，信息收集

把学生分成4组，每一组成员的角色都变为宁夏中部某县的政府工作人员，有农业局、水利局、畜牧局、气象局、县政府等不同部门角色。目的是让学生体验各类角色的心理，从角色扮演中得到启示从而改进自己的思维和行为方式，也感受到地理知识就在我们身边。

布置预习作业：从自己的角色出发，去查找解决旱灾问题的对策并归纳总结，做课堂发言准备。

2. 课堂模拟会议：提措施，定方案

第一步，课堂上老师首先出示宁夏某县严重旱灾的视频和图片资料，让学生（政府工作人员）感受到全球气候变化影响下极度干旱和震撼的事实，认识到问题的严重性与采取积极措施应对的必要性。

第二步，会议目标：本课重要的学习模式是模拟政府工作会议，会议目标为解决旱灾带来的农村地区发展问题。在会议过程中，逐步给出有趣的虚拟资料和真实资料，意在激发学生的学习兴趣，让学习在有趣的活动中进行。

第三步，析原因，提措施，旱灾解决措施提案：会议人员分成各部门（学生角色），各部门要提出解决水资源短缺问题的措施，会议主持人（教师）将这些提案写在黑板上。

第四步，设计层层深入的探究活动，析可行，定方案：教师向学生逐步出示不同对策的财务成本（虚拟）、社会影响评估表（从当地农民那里得到的一些反馈意见）、环境影响（来自专家评估），让学生逐步思考并选择将采取的最终方案。第一次，仅仅考虑财务成本（只有10份资金），相同成本选择最多的措施。第二次，大家发现不能只考虑成本，出示社会影响评估表，小组讨论，

结合成本和社会影响进行选择，并阐述理由。第三次，告诉他们虽然已经考虑了成本和社会影响，但是还不够，现在又拿到了专家评估的环境影响评估表，综合考虑成本、社会影响和环境影响，小组再次讨论，重新选择措施并阐述理由。第四次，模拟会议最终需要确定一套区域干旱问题的适应方案，需要综合各小组即全班同学的意见，选出最终的重点适应措施。学生现场唱票，方式是利用计算机 EXCEL 软件，统计各项措施的票数（以组为单位投票），课堂上快速制作各项措施的票数柱状图。根据票数多少和财务成本，选出了四种重点措施为模拟会议最终的方案。这也体现了信息技术在地理学习中的应用。这样的学习过程更有利于培养学生解决问题的思路和技巧，最终形成社会、经济、生态环境效益兼顾的可持续发展的解决思路。通过以上议程，让学生体会可持续发展的三个内涵，建立起正确的可持续发展观念；培养学生合作学习和探究学习能力，也训练学生的陈述能力和表达能力，鼓励学生形成自己的观点。这个过程中信息逐步出示，探究任务层层递进，讨论难度逐步加深，学生的思维能力也逐步得到锻炼。在各组讨论结束后，教师引导学生进行互评：其他三组的方案有哪些优点和不足？你是否要改变本组的选择？学生观点不同，观点互评时课堂上出现辩论甚至争执，是学生思维的碰撞，教师则引导学生客观认识不同观点均存在利弊，尊重多种观点，学会根据需求侧重进行选择，这个环节可以提高对自己和他人的观点进行分析与评价的能力。

3. 回归现实

模拟会议结束，再与现实对比。出示宁夏地区实际采用的措施图片。让学生体会实际选择方案时，需要从地理学科的角度，同时考虑开源与节流，因地制宜原则，长远和应急结合。本环节培养地理学科思维，也给学生更形象的认识。

4. 总结提升

教师提问：这节课你学到了什么？引导学生认识到同时兼顾社会、经济和环境效益，才能实现可持续发展。这节课学生是带着角色和使命感参与进来的，也自然会认识到今后自己工作中遇到选择时，应该要从可持续发展的角度出发，自然而然建立起了可持续发展的价值观。

综上，本节课具有如下三大特色。

1. 情景模拟，激发学习兴趣

本课模拟宁夏某县的政府工作会议，学生角色为县领导和决策者，教师变为主持人，会议目的明确，各环节任务清晰。课前的预习作业相应定位为会议前的学习材料，课上会议议程一需要学生对区域干旱问题的适应措施进行提案，实质为预习作业的汇报；会议议程二需要小组讨论定方案，实质上为小组合作。

2. 信息逐步出示，探究任务层层递进

模拟会议的第二个阶段为"分析各种因素影响下各项干旱适应措施的可行性，选择重点措施制定方案"：第一步，仅参考财务成本进行选择；第二步，在财务成本基础上结合社会影响，小组讨论，选择措施，定方案；第三步，在前一步讨论的基础上再加上环境影响，再次讨论和选措施。信息逐步出示，探究任务层层递进，讨论难度逐步加深，学生的思维能力也逐步得到锻炼。

3. 可持续发展观的培养

通过层层深入的讨论过程，逐步兼顾经济、社会和环境效益，学生深刻理解了可持续发展的内涵，建立起正确的可持续发展观念。

四、可持续学习课堂和传统课堂的对比分析

通过多节可持续学习课堂教学的实践，与传统课堂在"学生的学"、"教师的教""教学目标的达成"三大方面10个指标进行了对比，对比结果如表1、表2、表3所示。

表1　可持续学习课堂同传统课堂对比一览表（a）——学生的"学"

对比项目 课堂类型	学生的"学"			
	学习内容	学习方式	学习空间	合作学习伙伴
传统课堂	重在教材中的已有案例 如《区域环境与发展问题》一课，教材上的内容为西北地区荒漠化，问题很大，措施偏理论	听讲、被动思考并回答教师提出的一个一个的问题	课堂	单一化：教师为主，同学为辅
可持续学习课堂	重在教材内外有关可持续发展实际问题的相关资料 如同一课题，选取宁夏某县旱灾等可持续发展实际资料，包括抗旱措施的成本、社会评估表、环境评估表、视频、图片等，案例更具有研究价值，也更具体生动	课前、课中、课后的自主、合作探究学习：听讲、收集资料、采访、调查、参观、做报告、提问、辩论等	课堂、图书、网络、社区、家庭、企业、博物馆等	多元化：教师、同学、家长、社区居民、社会人员等

表2 可持续学习课堂同传统课堂对比一览表（b）——教师的"教"

对比项目 课堂类型	教师的"教"		
	教学方式	教学准备	学科融合
传统课堂	讲授为主，辅以指导书面作业、启发式问答	教材、课程标准、教学课件	各学科单独授课
可持续学习课堂	做指导者、"领路人"为主；引导线上线下阅读、思考、发言、讨论、小组讨论、调查等，设计可持续学习情境	查找、选择教材以外涉及可持续发展的优秀教学资源、指导设计学生探究作业、及早了解学生作业质量、发现善于学习者学习经验	多学科融合的综合教育如可持续地理课堂会融合地理、历史、政治、科学、数学、生态等多个学科

表3 可持续学习课堂同传统课堂对比一览表（c）——教学目标的达成

对比项目 课堂类型	教学目标的达成		
	知识目标	能力目标	情感、价值观目标
传统课堂	注重落实学科类知识与技能	更多关注学科的基础能力，如计算能力、阅读能力、绘图能力、学科思维能力、记忆与部分逻辑思维能力	被学习状态难以形成真实情感体验、责任感与价值观养成目标；课后继续学习的兴趣和热情不高如：按传统教学方式学习了课本教学内容《区域环境与发展问题——荒漠化》一课后，学生认为可持续发展是国家、政府的事情，与自己关系不大，并未形成正确的价值观
可持续学习课堂	注重学科内外知识融合，以及知识学习与能力训练的紧密结合，利于学生形成较系统的知识结构与思维方式	更多关注训练多项可持续学习能力：筛选有价值信息并加工能力、准确有条理的口头表达能力；对他人观点进行分析评价的能力；团队合作探究能力；关注可持续发展实际问题并提出创新性解决方案的能力等	自主学习过程易于助力学生对可持续发展具体知识与问题理解深刻与真切体验，继而树立正确价值观与践行绿色行为方式

五、结论

从可持续学习课堂与传统课堂对比分析可以看出，可持续学习课堂需要教师转变教学方式，优化教学内容，积极进行学科融合；引导学生拓展学习空间，主动积极地探究学习，最终才能更好地达成知识、能力、情感态度和价值观的目标。记得《区域环境与发展问题——以宁夏旱灾为例》这节课结束之后，学生们都很兴奋，甚至下了课还在讨论各自的观点。学习热情之高，在以前从未出现过。最成功的教育，莫过于使学生产生继续学习的热情和兴趣，具备继续学习的能力，真正地改变行为方式。有个学生毕业后回校看老师时说："老师，上了大学后，高中阶段的很多的知识都不记得了，但是水资源解决会议那节课，到现在还记得，因为从上了那节课开始，我的家里就开始用桶收集废水并二次利用。"

听到这些，笔者的挫败感消失了，而变成了成就感。笔者由此想到新课程改革提倡的，正是这样的可持续学习课堂，这样的课堂，非常注重培养学生的创造力、合作学习、探究学习和自主思考，非常符合新课程的教学理念。然而，在国标课程的开设中，老师们却不敢这样设计课堂教学，很多老师还是讲授得太多，留给学生的空间太少，大部分老师是怕教学进度任务完不成，怕学生不能都参与进来，也有的教师，是害怕改变带来的新挑战。然而改革所需要的绝不是这样的畏首畏尾，需要的是大胆、坚定的创新。在日常的国家课程教学中，教师应每节课尝试设置至少一次学生可持续学习的探究活动，每星期至少组织一节完全以学生自主、探究的学习方式为主的可持续学习的课堂。相信坚持下来，最大的受益者，一定是我们的孩子们。他们会变得更加善于思考、善于学习，会表达、会有正确的价值观。

高中学生体能锻炼模式的实施策略与建议

徐　惠

　　《普通高中体育与健康课程标准（2017 年版）》指出"发展学生的运动能力、健康行为和体育品德三个方面的学科核心素养，需要通过体能、运动技能、体育文化和健康教育等内容的融合和有效教学来实现"，并将体能模块列为必修必学的教学内容，要求学生在高一第一学段必须修满 1 学分共 18 课时。同时指出"为确保体育与健康课的运动负荷，每节课最好安排 10 分钟左右的体能练习"。高中阶段要通过体能必修必学模块、体能课课练、体能锻炼课的教学以及课余体育训练，教授学生发展体能的知识和技能，培养学生对自身体能和健康的责任感，提高学生个性化身体管理和健康规划能力，助力运动技能掌握，实现终身体能教育，发展并保持积极健康的生活方式。

　　如何让高中生体能锻炼看起来简单、练起来有趣、做起来有效？锻炼模式可以说是解锁体能教学设计、全面发展学生体能的关键。基于北京市体能锻炼课的设计理念，经过高中体能模块和高中生课内外体能锻炼的实践应用，有效验证了运用多样化的体能锻炼模式，可以让体能锻炼变得"简单、有趣和有效"，避免体能锻炼的枯燥无趣，让学生爱上体能锻炼，并能积极主动参与体能锻炼。

一、运用体能锻炼模式的重要性

　　体能锻炼模式是基于体能训练理论和目前流行的体能研究成果，遵循青少年身心发展规律和体育运动规律，以全面发展体能、增强学生体质、促进身体健康为目标导向，在一定思想和理论指导下建立起来的较为稳定的参照性样式，也可以说是提升学生体能锻炼科学性和实效性方法与手段的总称，是一线体育教师进行体能理论研究与实践的重要方法之一。

科学实用的体能锻炼模式是构建高效体能锻炼活动的前提。将针对运动员和健身人群的体能训练模式，适切、灵活与创造性地运用于高中学生体能锻炼，可以承载、丰富、活跃体能锻炼内容和方式，提供学生简单、直观、有效的体能锻炼的辅助工具，可以有效指导和支持学生体能锻炼。当体能锻炼模式被体育教师不断地开发和转化，根据学生不同年龄、性别、身体素质、运动基础等差异，对体能锻炼相关变量，如：练习次数、完成组数、练习速度、间歇时间、负荷重量/强度、节奏等不断调整，并在制订锻炼目标、选择动作内容、确定评价方法、创设开放性教学环境等方面做专业化的设计和教学实施，可实现高中学生体能锻炼的多样态呈现，可实现高中学生体能锻炼兴趣激发和个性化需求的有效融合。

二、锻炼模式设计与实施

（一）高强度间歇锻炼模式

高强度间歇锻炼模式（High Intensity Interval Training，以下简称 HIIT），是在指定时间内全力以赴完成每一个动作，在开始下一轮动作之前让身体不完全恢复的体能锻炼模式。具有在短时间内达到锻炼效果、全面改善身体代谢系统、有助于养成坚持锻炼习惯等功能，有着训练持续时间短、训练强度大、间歇时间短等特点，可以减少大量重复性练习。在体能教学设计中，一般分为固定动作和组合动作的循环练习设计（见表 1）。HIIT 与练习内容或顺序无关，但对学生的体能基础要求较高。学生进行 HIIT 锻炼前，先进行每周不少于 3 次的中低强度有氧练习，坚持 4—6 周体能水平提高后，再开始 HIIT 模式锻炼，锻炼初期可先降低动作速度，延长间歇时间，待适应后再逐步提高运动强度。

表 1　高中学生体能锻炼运用 HIIT 锻炼模式的设计与实施示例

设计	设计 1：固定动作的循环练习	设计 2：不同强度组合动作的循环练习	设计 3：拓展—减脂循环练习
练习内容	开合跳、跨栏步单腿纵跳（左/右腿交替）、波比跳/退阶、立卧撑	交替侧弓步手触脚尖、平板支撑单手触膝/退阶、平板单手触肩、快速深蹲、屈膝四足俯撑踢腿/退阶、"鸟狗式"、滑冰式跳跃、侧向爬行	波比跳/退阶、走步式波比、W 型侧向跳+加速跑（标志盘）、负重猫式爬行（3—5kg 沙袋）、重物摇摆（8—12kg 壶铃）、3 次侧向跳（小栏架）+10 次高抬腿跑
练习方式	3 个动作为 1 组，每个动作练习 40s，休息 20s，共完成 2 组，组间间歇 1min	6 个动作为 1 组，每个动作练习 40s，动作间休息 20s，完成 3—4 组，组间间歇 1min	5 个动作为 1 组，共完成 5 组，组间间歇 1min；第 1 组：练习 40s，休息 20s；第 2 组：练习 45s，休息 15s；第 3 组：练习 50s，休息 10s；第 4 组：练习 55s，休息 5s；第 5 组：练习 60s，无休息
组织	学生集体练习	小组自主练习	小组学生进行站点式练习
场合	适合练习时间较短的情况，如，体能课课练、课间体育素质操等	适合练习时间相对充裕的情况，如，体能模块必修课、体能锻炼课、学校运动队训练、居家体能锻炼等	
评价	学生运动强度自我感觉 RPE 3—4（中高强度）	学生运动强度自我感觉 RPE 3—3.5（中等强度）	学生运动强度自我感觉 RPE 3.5—4.5（中高强度并接近极限）
教学建议	固定动作选择要有针对性，动作数量不宜超过 3 个	高、中、低强度动作循环，高强度练习之后进行低强度练习，有助于平复呼吸、高效进行下一次练习，动作数量不宜超过 6 个	对于追求难度或代谢效率需求的学生，可以借助重壶铃、哑铃、沙袋、药球、杠铃等健身器材，也可通过调整次数、组数、速度、练习负重、间歇等方法提高运动强度

（二）Tabata 锻炼模式

Tabata 是极高强度间歇训练方法，属于 HIIT 中的一种，可以在短时间内达到身体极限，是提高有氧效率和改善代谢调节系统最好的方法，具有训练时间短（20s）、间歇时间短（10s）、强度大的特点，适合具备较好体能基础的学生。Tabata 最常用的方法就是选择 8 个动作为 1 组，每个动作全力以赴练习20s，然后休息 10s，不间断地重复 8 次，练习 1 组 4min，选择练习 2 组共计8min；也可以拓展选择 2 个或 4 个动作，每个动作交替进行。如果选择 2 个练习，每个练习完成 4 组；如果选择 4 个练习，每个练习完成 2 组（见表 2）。

表2　高中学生体能锻炼运用 Tabata 锻炼模式的设计与实施示例

设计	设计1：8个动作组合	设计2：4个动作组合	设计3：拓展—强度与心肺提升
练习内容	开合跳、高抬腿跑、滑冰式跳跃、坐撑收腿、俄罗斯转体、俯撑转体、动态平板、登山跑	Tabata1：后踢腿跑、登山4个＋相扑蹲成站立；Tabata2：平板、侧平板（左/右侧交替）	快速交替踏跳（台阶、药球、三大球等）；侧向并脚跳（标志物、小栏架等）；半蹲跳；折返跑
练习方式	8个动作为1组，完成2轮，每个动作练习20s，休息10s	4个动作分成2组，每组2个动作，每个动作练习20s，休息10s，练习2—4轮后转换，组间歇1min	4个动作完成3轮，每个动作练习20s，休息10s；第1轮：每个动作练习2组后进行转换，休息1min；第2轮：每个动作练习2组后进行转换，休息1min；第3轮：每个动作练习1组后进行转换
组织	学生集体练习	学生集体练习，也可以分成2组或4组轮换练习	小组学生进行站点式练习
场合	适合练习时间较短的情况，如，体能课课练、课间体能素质操等	体能课课练	体能必修课、体能锻炼课、课余运动队训练
评价	学生运动强度自我感觉RPE 3—4（中高强度）	学生运动强度自我感觉RPE 3—4（中高强度）	学生运动强度自我感觉RPE 3.5—4.5（中高强度并接近极限）
教学建议	教师可根据练习目的选择4—8个不同功能、强度的动作进行搭配，通过调整组次和完成速率等变量来控制运动负荷，避免过度训练或运动损伤		适合于基础体能和健康水平较高的学生，可选择中高强度练习动作，交替进行不同方向跑、跳、单、双腿蹲、弓步、推、拉等不同动作模式，提高动作难度和运动强度

（三）CrossFit 锻炼模式

CrossFit 是综合了田径、体操、举重等多种运动方式的高强度、对间歇无明确要求、可自我调节的（团体性）功能性体能锻炼模式。可以发展有氧/心肺功能、耐力、力量、灵活性、爆发力、速度、协调性等体能，在有效时间内全面锻炼身体。多种以自身重量、负重为主的高次数、快速、爆发力的动作通过 CrossFit 锻炼模式，可以全面锻炼身体，适合更广泛地为其他运动提供身体素质训练；适合学生群体共同锻炼，相互鼓励打气，完成一个体能训练任务。CrossFit 模式的基本原则是2—4个不同功能或部位动作为1组，不间歇或者稍微间歇，一般有两种形式，一种是在规定时间下以最快的速度完成尽可能多的次数或组数，还有一种是在规定每个动作次数为一个循环，以尽量少的时间或在规定时间内完成更多循环（见表3）。

表3　高中学生体能锻炼运用 CrossFit 体能锻炼模式的设计与实施示例

设计	设计1：规定时间内完成尽可能多的次数	设计2：规定时间内完成尽可能多的组数	设计3：规定次/组数并以尽可能少的时间完成
练习内容	3min 波比跳	第1组：3个火箭推+3个重物摇摆+3个仰卧起坐；第2组：6个火箭推+6个重物摇摆+6个仰卧起坐；第3组：9个火箭推+9个重物摇摆+9个仰卧起坐……	10个空蹲；10个肩部推举；10个立卧撑/波比跳
练习方式	计算3min 内完成的最多次数	3个动作为1组，每组每个动作数量按3、6、9递增，时间上限为20min，记录完成最多的组数与次数	3个动作为1组，完成10组计时
组织	学生个人与团队进行挑战练习		
场合	搭配体能必修课、锻炼课，体能课课练等其他锻炼内容，或安排在最后比赛环节进行	体能必修课、体能锻炼课或居家体能锻炼	
评价	学生运动强度自我感觉 RPE：3.5—4.5（中高强度并接近极限）		
教学建议	要根据学生能力水平制订练习组次、间歇时间及练习总时长，为了让学生能够完成较多组数、提高练习挑战性，刚开始练习时重复次数不宜过多，循环递进采用较小的数量间隔；同样的练习内容与锻炼模式，可以用作个人或团队挑战比赛，也可以在学生锻炼一段时间后检测学生体能进步幅度，提升学生锻炼的自信心和对个人的身体认知		

（四）EMOM 锻炼模式

EMOM（Every Minute On the Minute）是每分钟完成一项练习，兼顾力量与代谢调节的一种练习方法。即在 1min 内完成一定重复次数的练习，如果完成规定的重复次数后时间有剩余，可利用剩余时间休息，然后进行下一项练习。EMOM 模式区别于其他体能锻炼模式与方法，主要是间歇时间由学生自主进行调控。如果以发展无氧耐力为主，采用 1min 练习更好。EMOM 模式可以 1 次只进行 1 种练习，也可以交替进行 2—4 种不同的练习（见表 4）。

表4　高中学生体能锻炼运用 EMOM 体能锻炼模式的设计与实施示例

设计	设计1：8min 开合跳快速哑铃推举	设计2：10min 自重练习	设计3：1min 伙伴合作练习
练习内容	第1min：25次开合跳快速推举；第2min：25次开合跳快速推举；第3min：25次开合跳快速推举……	第1min：20次快速下蹲；第2min：10次毛毛虫爬；第3min：20次快速下蹲；第4min：10次毛毛虫爬……	1min"一带一"单摇跳绳；1min 静蹲+高抬腿跑（交换）；1min 平板+侧向跳跃（交换）；1min 仰卧起坐击掌；1min"钻山洞"
练习方式	共8min 练习时间，每分钟完成25次开合跳快速推举，剩余时间休息	奇数分钟做快速下蹲20次，偶数分钟做"毛毛虫爬"10次，共练习10min，每分钟完成规定数量，剩余时间休息	5个动作为1组，共完成3—5组，组间休息1min
组织	学生个人或小组结伴的自主练习		学生2人一组结伴练习

场合	适合练习时间较短的体能课课练；若加长时间，如15—25min，也可用于居家体能锻炼和体能锻炼课等	体能必修课、体能锻炼课、居家亲子练习等
评价	学生运动强度自我感觉 RPE：3—4	
教学建议	EMOM 模式强调 1min 只进行 1 种练习内容，尽量选择上下肢复合型、力量与心肺全面发展的练习动作，如，波比跳、开合跳快速推举、花样跳绳等，避免身体局部疲劳；除进行以力量为主的锻炼外，发展心肺耐力的运动也可选择此方法，如，跑步、自行车、划船机等，在时间安排上可以 3min 为单位	

（五）30∶30 锻炼模式

30∶30 锻炼模式是指 30s 高强度的练习后休息 30s，或进行 30s 低强度的主动恢复练习，适合在有限的时间内进行有相当难度的核心力量或代谢调节训练（见表 5）。

表 5　高中学生体能锻炼运用 30∶30 体能锻炼模式的设计与实施示例

设计	设计1：利用哑铃/壶铃的核心力量练习	设计2：自重有氧＋核心力量练习	设计3：拓展—利用阻力带的力量练习
练习内容	高脚杯蹲、右臂过顶推举、左臂过顶推举、俯身右臂划船、俯身左臂划船	30s 交替侧弓步触脚尖 +30s 平板支撑触膝、30s 快速空蹲 +30s 屈膝四足俯撑踢腿、30s 侧向滑雪 +30s 侧向爬行、30s 走步式波比 +30s 休息	30s 下蹲划船 +30s 直臂平板支撑、30s 直臂下拉 + 侧撑（每侧各 15s）、30s 交替冲拳 +30s 臀桥
练习方法	共 5 个动作，每个动作练习 30s，休息 30s，练习 2—3 组，组间无间歇	4 组动作完成 3 轮，每组动作包含 1 个自重较高强度练习和 1 个低强度核心力量主动恢复练习，每个动作 30s	3 组动作完成 3—5 轮，每组动作包含 1 个阻力带练习和 1 个利用自重的灵活性或核心力量练习进行主动恢复，每个动作 30s
组织	学生 2 人 1 组结伴进行 30s 轮换练习	学生集体练习或小组结伴进行自主练习	学生自主练习，或 2 人 1 组结伴进行 30s 轮换练习
场合	体能课课练或在体能必修课中与其他练习内容结合起来锻炼	体能课课练；若增加练习轮数，也可用于居家体育锻炼	
评价	学生运动强度自我感觉 RPE：2.5—3（中低强度）	学生运动强度自我感觉 RPE：3—3.5（中等强度）	学生运动强度自我感觉 RPE：2.5—3（中低强度）
教学建议	可在学生基础力量得到显著提升时再利用哑铃、壶铃、弹力带、药球等进行一定难度的练习，但要注意负荷量循序渐进、因人而异		

三、高中学生体能锻炼模式运用的教学建议

"教学有法而无定法"、"教学有模而无定模"，采用体能锻炼模式是体育教师开展体能教学与训练活动必经的一个阶段，唯有先"走入模式"才能"走出模式"，创新生成新的模式。

（一）充分理解体能锻炼模式的功能和特点

虽然各类体能锻炼模式主要功能有所侧重、操作方法多样，但其共同特点是可在较短时间内能够进行大量的，以多关节、多肌肉群参与的复合式动作为主的高强度练习，有着提升代谢系统、发展核心力量、发展综合体能等功能。在进行动作设计与实施时，应注重全身性和整体性锻炼，注重有氧和力量训练的结合，注重功能性锻炼之间的平衡，以全面刺激学生身体肌肉群、神经系统和能量代谢系统，让学生体验到简单和有趣的体能锻炼，达到短时、高效的锻炼效果。不同体能锻炼模式的功能特点与创新运用如表6所示。

表6　不同体能锻炼模式的功能特点与创新运用

体能锻炼模式	主要功能			特点（练习—休息—间歇时间/s）	拓展与创新运用
	提升代谢系统	发展核心力量	发展综合体能		
HIIT	√			短时、高强度、高效（40—20—长间歇）	减脂循环
Tabata	√			短时、超高强度、高效（20—10—较长间歇）	强度与心肺提升
Crossfit	√	√	√	自重或负重，多次、快速、爆发力、团队练习，无间歇或短间歇	个人与团队挑战
EMOM	√	√		1min完成一项练习，自主控制休息与间歇时间	个人与团队挑战
30：30	√	√		短时、高效、高难度（30—30—无间歇）	按需做各种组合练习

注：不划"√"并不代表没有这项功能，而是表明不是其主要功能。

（二）根据学生体能发展需求选择与创新性运用体能锻炼模式

在选择、运用与创新各类体能锻炼模式过程中，需根据不同年龄、性别学生的体育基础和身心发展特点与规律，深入分析和全面把握不同学生的运动兴趣和体能发展需求。同时锻炼内容的设计要体现基础性、进阶性和针对性，体能目标制订要体现连续性、阶段性和发展性，教学方法设计要因材施教、循序渐进，强度安排上要根据锻炼内容与目标，达到不同年龄段学生中等强度及以上为主，让学生的体能知识、方法、技能、体质健康水平，情感与态度、行为与习惯方面得到全面发展。如同样的力量练习，高中男生更追求肌肉围度和形态，而女生关注如何减脂与塑形，所以在动作设计上要突出进退阶选择性，在练习量与强度上要体现群体差异性。虽然各类体能锻炼模式对运动强度有较高要求，但在运用之初不用过分讲究"运动强度"，在教学中多融入健康知识、动作原理与作用、锻炼态度、运动习惯等相关知识介绍，多融入体能小测试、小诊断、小挑战，激发学生求知欲、好奇心和锻炼兴趣，增强对自我身体的认知。当学生基础体能和基本运动能力恢复或有一定提升后，循序渐进地提高动作难度与运动负荷，并相应增加力量、爆发力、速度、快速灵敏性等练习比重。

（三）创设开放性的锻炼环境给学生提供沉浸式的锻炼体验

多元、有效、创新的体能锻炼模式运用，需要体育教师创设开放性的体能锻炼环境，给学生提供沉浸式的锻炼体验，以确保体能锻炼的趣味化和挑战性。如室内健身房或室外平整的健身场地，站点式的场地器材安排，采用哑铃、小栏架、小垫子、弹力带、跳绳、实心球、药球、标志盘、波速球等锻炼辅助器材，利用能控制练习与间歇时间和动感十足的背景音乐，提示练习路线和方法的动作视频等，保证锻炼活动的可操作性和可持续性。同时，还可以采用伙伴互助、伙伴鼓励的集体锻炼氛围，和伙伴一同欢笑、一同攻克难关、一同挥洒汗水、一同挑战极限，让学生感受锻炼氛围，从而提升自信心和责任感。

"律动潞河"健康体能课间操案例

张丰刚

2015 年以来，学校提出向课堂和课间操要质量要效率的要求后，体育组全体教师为提高学校课间操质量，对课间操形式进行了多次改革和创新。结合学校的场地器材、年级、班额、上操时间等实际情况，设计实施"活力热身操 + 集体长距离跑 +Tabata 体能操 + 放松伸拉操"相结合的"律动潞河"课间操模式。锻炼时长保持在 30 分钟，锻炼内容和锻炼形式更科学、更有趣。

一、"律动潞河"健康体能课间操设计方案

（一）"律动潞河"健康体能操：热身激活

设计思路：体能热身操主要以动态拉伸为主，使身体各关节的韧带、肌群和神经系统得到充分伸展和激活。时长 4 分 20 秒，在动感串烧音乐伴奏下学生集体练习，平均心率能达到 110—120 次 / 分。

第 1 节：头颈部运动

练习负荷：4×8 拍，每个动作练习 2 次。

练习目的：缓解学习疲劳，动态松懈颈部周围肌肉与韧带的紧张与不适。

第 2 节：伸展运动

练习负荷：4×8 拍，每个动作练习各 8 次。

练习目的：舒缓肩颈和胸背部位疲劳，扩展胸部，收紧上背部，预防圆肩驼背不良体态。

第 3 节："蝴蝶展翅"

练习负荷：6×8 拍，分解动作各练习 2 次，连贯完整动作练习 4 遍。

练习目的：舒缓肩颈和胸背部位疲劳，加强上背部肌群力量与控制，预防含胸驼背的不良体态。

第 4 节：腰背部运动

练习负荷：4×8 拍，每个动作正反方向共练习 4 次。

练习目的：动态伸拉身体的两个侧链、两个交叉链和后链，强化身体柔韧性和灵活性，缓解腰背部疲劳。

第 5 节：髋关节运动

练习负荷：5×8 拍，每个动作（外旋与内旋）正反方向共练习 10 次。

练习目的：通过提膝外旋与内旋动作，提高髋关节和髋关节周围肌腱、韧带与肌群的灵活性。

第 6 节：臀部激活

练习负荷：4×8 拍，每个动作正反方向共练习 4 次。

练习目的：通过分腿蹲和箭步蹲动作，激活臀腿部肌群，提高下肢力量。

第 7 节：臀腿部激活

练习负荷：8×8 拍，每个动作正反方向共练习 4 次。

练习目的：通过直膝勾脚有控制地做单腿向前、侧、后方的举腿，以及动态 T 字，进一步激活臀部和腿部以及核心部位肌群，提高身体控制力与平衡性。

第 8 节：动态拉伸

练习负荷：8×8 拍，每个动作控制 2—8 秒，正反方向共练习 2 遍。

练习目的：通过动态拉伸臀、腿、胸、腰、肩关节周围肌群，激活全身，提高动作协调性、灵活性与柔韧性。

第 9 节：跑跳运动

练习负荷：16×8拍，每个动作正反方向共练习16次。

练习目的：通过X步跳、前后交换腿跳、左右并腿跳，以及连续转体跳等一系列跑跳练习，提高神经系统的兴奋性和身体协调性、灵活性，增强心肺机能，为后续的运动锻炼活动奠定身心基础。

（二）"律动潞河"健康体能操：集体长距离跑

设计思路：在具有较强节奏感的跑操音乐伴奏下，各班成四至五列横队（每列8人），进行集体中速跑练习。集体跑步的队列，做到整齐入场、快速有效调队、整齐划一，展现出潞河学子积极进取、团结一心、奋发向上的精神面貌。时长9—10分钟，练习距离控制在800—1200米左右。该部分内容学生平均心率达到140—160次/分。

（三）"律动潞河"健康体能操：Tabata体能操

设计思路：在规定区域内，设计学生容易掌握的动作，包括上、下肢力量，核心区域力量，心肺功能训练等。时长4分钟，8个体能动作，每个动作练习20秒，间歇10秒，要求学生在动作规范的基础上，尽个人全力快速完成，该模块平均心率能达到160—170次/分。

动作1：开合跳

练习负荷：20—30次。

练习目的：发展心肺机能，提高下肢力量和上下肢协调配合能力。

动作2：高抬腿跑

练习负荷：20秒快速完成。

练习目的：发展心肺功能，加强跑的能力和上下肢协调性。

动作3：侧跨步接单脚跳

练习负荷：16—20次。

练习目的：发展腿部爆发力，提高身体灵活性和上下肢协调配合能力。

动作4：坐撑收腹

练习负荷：14—20次。

练习目的：发展腹直肌力量，提高核心控制能力与下肢和躯干的协同配合能力。

动作5：俄罗斯转体

练习负荷：24—30次。

练习目的：发展腹内外斜肌力量，提高核心控制能力和上肢与躯干的协同配合能力。

动作6：直臂俯撑转体90度

练习负荷：16—20次。

练习目的：发展上肢与核心部位力量，提高身体稳定性与控制能力。

动作7：动态平板

练习负荷：20—30次。

练习目的：发展上肢与核心部位力量，提高身体稳定性。

动作 8：俯撑登山

练习负荷：20—30 次。

练习目的：发展身体速度素质、力量素质和协调性，提高心肺功能。

（四）"律动潞河"健康体能操：放松伸拉操

设计思路：在《隐形的翅膀》音乐伴奏下，配合深呼吸进行静态拉伸放松练习，提高身体各个部位肌群、肌腱与韧带的伸展性，同时缓解运动疲劳，减低运动心率。时长 3 分 40 秒，该模块学生平均心率在 100 次 / 分钟左右。

第 1 节：坐姿大分腿上体下压

练习负荷：4×8 拍。

练习目的：拉伸身体后链肌群和大腿内侧肌群。

第 2 节：坐姿侧腰伸展式

练习负荷：8×8 拍 / 侧。

练习目的：拉伸身体侧链肌群和大腿内侧肌群。

第 3 节：束角式

练习负荷：4×8 拍。

练习目的：拉伸髋关节和膝关节周围肌群与肌腱、韧带，提高髋关节的柔韧性与灵活性。

第 4 节：前屈式

练习负荷：4×8 拍。

练习目的：拉伸身体后链肌群，舒缓下背部紧张。

第 5 节：坐姿扭转式

练习负荷：8×8 拍。

练习目的：拉伸大腿外侧肌群与肌腱、韧带，提高髋关节的柔韧性与灵活性。

第 6 节：简易鸽子式

练习负荷：左右侧共 8×8 拍。

练习目的：拉伸臀中肌和臀小肌、大腿股四头肌，舒缓髋关节周围紧张与不适。

第 7 节：简易坐姿拉伸上肢与肩带

练习负荷：8×8 拍。

练习目的：拉伸上肢与肩带的各个部位肌群、肌腱与韧带。

第 8 节：简易坐姿调息

练习负荷：4×8 拍。

练习目的：配合呼吸，身心放松，减低运动心率。

二、总结与反思

自健康体能课间操实施以来，我校学生的体质健康水平有力很大幅度提升。实践研究期间，对我校 2019 届和 2020 届高中学生一年一度的体质健康测试成绩进行跟踪调研，并定期对学生和任课体育教师、班主任老师进行访谈，发现问题及时调整方案，确保我校学生的各项身体素质逐步提高。

（一）运动负荷监测，适时了解学生锻炼效果

实践研究前期。借助运动负荷监测设备对我校课间操进行运动负荷监测，监测结果显示，体能锻炼环节平均心率达到 147 次 / 分钟，平均强度 60%，跑操环节整体平均心率达到了 168 次 / 分钟，学生显得有些疲惫，各个环节之间衔接得不够紧凑，队伍涣散。

根据前期运动负荷监测结果和课题组专家建议后，对整个课间操的流程安排和体能部分的锻炼内容进行重新设计，并经过一段时间锻炼后，学生逐渐适应了创新后的课间操模式，心率曲线平稳，平均心率在 134 次 / 分钟左右，但运动强度提高了 18%，运动负荷循序渐进递增，学生身体机能逐渐适应，完成整个课间操较为流畅和从容。从整体来看，各部分之间的衔接更为合理紧凑，体能热身操、集体长距离跑、Tabata 体能操和放松拉伸操四部分安排更加符合学生身心发展规律，并且各部分都配有特定的音乐，使学生身心在轻松愉悦的氛围中得到了锻炼与适应。

我校学生体测抽查平均结果表明，学生体质健康综合评定等级、平均分均有明显提高，肥胖率逐年降低，证明我校的课间操"天天练"模式设计的内容与方法对提高我校高中学生各项体能素质有明显提升。从开学初的优良率 24% 提升到 42%，不合格率从 19% 下降到 7.3%。

（二）锻炼方法有效，全面提高学生体质健康

我校开展的课间操活动存在许多优势：动作简单有效，使用弹力带提高动作难度、运动强度可调控、运动负荷实时监控，具体表现如下。

1. 动作简单有效

整套体能操使用的动作源于基础体能练习动作，动作简单易掌握，更好达到锻炼效果。同时后期可以配合弹力带的使用，结合上肢、下肢、核心区域的组合动作练习，循序渐进增加动作难度。

2. 使用弹力带

弹力带的使用是我校大课间体能操的一大亮点，创新的弹力带动作提高了动作的难度，使学生更科学、全方位地得到锻炼。弹力带易保管和使用，带动了同学们日常也利用弹力带进行体育锻炼。

3.运动强度可调控

整套健康体能操由固定的音乐节奏和单个的体能动作组成，现阶段体能操由 8 个动作组合，随着学生的体能素质提高，可随时加入更高阶的体能动作来增加运动强度，而不影响整套体能操的完整性。

4.运动负荷实时监控

借助运动负荷监控系统，对课间操学生锻炼的心率进行实时监控。心率监控数据分析可以使我们更合理地安排学生跑操的速度和距离，让学生在合理的心率区间内进行锻炼。数据分析还为我们科学设计准备活动、体能操、放松操动作的强度和时间提供了有效信息，包括准备活动的从弱到强的节奏、体能操的第二次心率波峰、放松操的心率恢复所需时间等信息。现阶段，我们使用心率监控和分析来观察同学们体能的提升情况，随时根据数据分析来提高运动负荷和体能操的动作难度，力求达到大课间最科学的锻炼效果。

基于学科核心素养背景下的初中音乐课堂
教学有效性研究

张　宏

　　课标中指出："学科核心素养是学科育人价值的集中体现，是学生通过学科学习而逐步形成的正确价值观念、必备品格和关键能力。"因此，音乐教师在进行课堂教学的过程中，要时刻本着体现音乐学科核心素养的前提下开展教学。音乐学科核心素养包括"审美感知、艺术体现、创意实践、文化理解"四方面的内容，笔者在教学实践研究中，深刻感受到四方面内容的交融与联系以及落实到教学步骤中对学生的影响。注重学科核心素养在课堂教学中的落实与体现，就必然会在有限的音乐课时中，最大程度地发挥音乐课堂教学对初中学生学习与生活的作用，真正实现音乐课堂教学的有效性。

一、了解学生学情是保证课堂教学有效性的前提

　　针对初中学生的音乐课堂教学必须在充分了解学生音乐学习情况的基础上进行教学内容的设计。初中学生已经接受过小学六年的音乐教育，但是由于学生在小学阶段学校与学校之间音乐教育的差异以及农村与城镇音乐教育的差异，就必然造成学生从小学升到初一年级后，每一个自然班里学生之间音乐基础的差异，例如五线谱的识读方面，通常在一个自然班里学生基础分为三类：第一类学生在小学阶段学习过器乐、声乐或参加过音乐社团，乐理基础较好，并且用固定调思维识读乐谱进行视唱；第二类学生只接受过小学音乐课堂知识学习，了解简单的乐理知识，五线谱视唱通常也是固定调思维；第三类学生接

受过小学音乐课堂教育，由于地区差异，已知乐理知识程度一般，五线谱视唱相对困难。通过笔者近几年教学实践的调查与研究，第一类和第二类学生比例在逐年上升，第三类学生比例在逐年下降。基于对初一年级学生学情的分类，音乐课堂教学内容的设定以及方法的选择就要特别巧妙，怎样使课堂教学面向全体学生是教师必须深度思考的，既要有教学内容的新授，还要注重小学到中学的衔接。初中音乐教学要求学生能够运用首调移动 Do 的方法识读五线谱进而能够进行视唱，笔者在实际教学过程中了解到三类学生对这种方法的运用都需要由简到繁、由浅到深的认知，只是在实际操作中，每一类学生的认知时长和反应速度不同，抓住关键，才能解决问题。因此，在课堂教学中，笔者会运用"用熟歌教方法"，首先让学生了解五线谱的线间关系，进而不断地在线间之间移动 Do 的位置，每移动一次，都迅速地确定 Do、Mi、Sol 和 Re、Fa、La 的位置，先不用强调调性的变化，练习过后，可以运用学生小学学习过的歌曲继续做转调练习，熟悉歌曲的旋律曲调学生可以在原调中很快地进行视唱，在此基础上，运用首调移动 Do 的方法，在五线谱上改变 Do 的位置，因为是熟悉的旋律，学生仍然可以较快地进行视谱演唱，打破所有学生对五线谱识读的畏难心理，学生逐渐可以感受到"我可以做到"，接下来进行新授课内容就会比较顺畅，同时要在每一节课进行复习巩固，让五线谱识读从初一年级音乐学习就有一个较好的开端。五线谱识读的过程看似是单纯的音乐技能训练，实则体现了音乐学科核心素养三方面的融合，学生在了解音乐艺术表现要素的同时具备了审美感知，通过视唱旋律实现了艺术表现，如果是视唱经典的民歌作品或大型作品的音乐主题，最终上升到对不同文化的理解。

二、教学目标设计的有效性

音乐教学目标的设计要有针对性，应该是针对本节课相应教学内容设计的教学目标，而不是"放之四海而皆准"的目标。教师要站在学生的角度思考教学目标，运用"学生可以了解"、"学生可以认知到"、"学生能够懂得"等这样的维度去设计一节课的教学目标。目标的制定要以全体学生可以接受为普遍标准，要有可行性和可操作性，不能为了表现教学内容的深度，而把目标设计得过高，避免大而空，而使大部分学生达不到。例如"四二拍的正确挥拍手势"、"背唱音乐中号角性的主题旋律"、"通过作品了解重复与变化重复两种旋律发展手法"等，目标明确、简洁明了且实践性强，同时具有检测性，充分体现学科核心素养中对艺术表现的阐述。

三、音乐学科教学过程的有效性

音乐学科是特别强调过程性的学科，关注过程有利于及时发现学生的问题，并且及时进行调整，关注过程就是在关注学生的发展与成长。音乐课堂，每天进行表现、感受、欣赏、律动、编创的活动，这些活动一进入过程，目标也就在其中了，学科核心素养也就非常凸显了。在初中学段，学生每周一节音乐课，如何让学生在一节音乐课中既巩固已学过的音乐知识又能很好地掌握新授知识，这更需要教师在教学过程设计上的用心良苦。笔者在多年的教学实践中，一直奉行在教学过程中"运用已知学未知、环环相扣"的生成性原则，让课堂教学过程切实有效。例如一节歌唱课的教学过程通常要有发声练习、节奏练习、视唱曲谱、填词演唱、表现歌曲几个基本的环节，发声练习虽然是为了学生能够正确歌唱在进行准备练习，但是最好教师能够编创既有曾经学习过的旋律片段又有新授歌曲中节奏和旋律片段的发声曲进行练习，在发声练习中除了解决学生歌唱正确用声的问题，也要既复习之前学习过的内容又预示本节课新授歌曲的内容，让发声练习的教学效果更加有效。在节奏练习中，可以把本节课新授课歌曲中的节奏难点与学生较熟悉的节奏型进行组合形成一条节奏练习，学生在做练习时，除了培养和提高音乐独特的表达方式之外，其实教学的过程已经在潜移默化中在解决本课的教学难点，当然节奏练习的方式是非常多样的，要让学生在掌握音乐技能的同时还能感受到音乐课教学的有趣。接下来学生在视唱曲谱的过程已经进入真正的新授环节，在这个环节中，无论是旋律还是节奏，学生在之前的发声练习和节奏练习中都有所涉及，因此视唱新授歌曲的曲谱时，学生可以比较顺畅地识读乐谱并进行视唱，学生的参与度也会非常高，同时也会更乐于去表现歌曲，在艺术表现中很自然就获得了审美感知。新授环节中填词演唱的过程，教师也会进行对歌曲创作背景的介绍，最后学生有感情地演唱歌曲，最终达到了对音乐作品的文化理解。

四、音乐学科教学方法选择的有效性

正所谓"教学有法、教无定法、贵在得法",音乐课堂的教学方法一定是采用多种教学方法融合的方式进行的,但是在选择教学方法的备课过程中要依据教学目标选择教学方法,才会使教学方法更有针对性和有效性,依据教学内容选择教学方法,教学的过程才会有方向。在依据教学内容选择教学方法的时候可以根据音乐基础知识选择教法。在这个过程中一定要考虑学生的心理和生理特征以及对音乐知识的认知规律,在实践过程中例如手势、图谱、趣味记忆、讨论、讲解等方法,都是进行音乐基础知识教学常用的有效方法,可以使相对枯燥的音乐基础知识学习充满乐趣。

可以根据音乐学习领域选择教学方法。例如民歌的学唱要注重"字儿、气儿、劲儿、味儿"充分感受。音乐欣赏表面看似学生应该是静态的聆听,其实在实际教学过程中,学生一定要有参与和体验最终上升到文化理解和认同。歌唱教学每一节课都应该涉及学生的"听、唱、写、创",或者是其中某两项或三项的侧重,不能单一,甚至在学唱的过程中还要有听唱法、模唱法、读谱视唱法以及口传心授。合唱教学可以通过多声部语言节奏、多声部打击乐节奏以及持续低音和简易分解和弦配置的多声部和声练习,培养学生对多声部音乐的听觉感受,进而在实际合唱作品的演唱感受中体验到音乐合作的独特魅力,提升审美感知,懂得在音乐活动中人与人之间的沟通和交流。

要根据学生特点选择教学方法。每一个学生都是独一无二的,在音乐教学中,教师既要考虑学生的整体特点,还要关注学生的个体特征,教学方法的选择要考虑是否适合孩子。学生学习的各个阶段的特点都要关注,例如对某一音乐知识学习的起点要怎样引入、初一初二年级学生生理和心理上的变化而导致的歌唱教学调整、变声期男孩在班级合唱中要怎样用声等,根据实际情况选择相应教学方法,才能达到事半功倍的教学效果。

五、音乐教师角色的有效性

音乐教师是音乐的传播者。一个具备较好歌唱能力和乐器演奏能力的人就能胜任音乐老师的工作吗?答案是否定的,音乐专业技能强的人,可能会成为一名好的歌唱家或演奏家，但他未必能成为一名很好的音乐教师，音乐教师是身兼音乐家、教师、科研研究者的三重身份。音乐技术能力是音乐教师必备能力，不可否认，音乐教师掌握的音乐专业能力越扎实、越宽泛，对音乐教学就越有帮助，但音乐教师的"音乐家"身份所不同的是，不光自己能够表现音乐，关键是让所教学生也能很好地表现音乐并喜欢音乐，不仅这样，音乐教师还要有丰富的文化底蕴，掌握教育学、心理学的相关知识。同时音乐教师还要有文化视野和与时俱进的思维模式。音乐教师要有全面的综合能力，课堂教学很好的掌控，课外社团高效的组织与活动，课程资源不断的开发，并且还要有较强的语言表达能力，语言表达流畅、有引导性、科学、机智、幽默，不断提升自己的艺术修养与文化修养。

音乐教师是学习的引导者。音乐学习的过程包括音响感知、想象联想、情感体验、理解认识等多种心理活动，教师要很明确地了解每一节课的教学目标，从而在课堂教学中关注学生各方面的反应与变化，并且不断进行调整，才能成为课堂教学真正的引导者。音乐教师要始终注重对学生音乐学习心理的了解、把握音乐学习的本质，成为音乐"美"的传播者，才能切实体现音乐学科的核心素养。

音乐是非语义、非具象的艺术，跟语文、数学等学科都不同，音乐学科突出音乐性、审美性和过程性，音乐学科特点决定了音乐课堂教学必须在以音乐学科核心素养背景下去研究、探索音乐教学内容的各个方面，只有这样，学生才能在有效的音乐学习过程中终身受益，学生才能在学校教育中获得可持续性的发展。

潞河中学
LU HE HIGH SCHOOL

德育实践

基于综合素质平台开展人格教育的实践研究

马剑涛

教育改革的最终目的是要实现学生的全面发展，而综合素质评价与这样的教育改革的最终目的是相符合而匹配的。在具体的实践过程中，怎样运用综合素质评价这一具体平台来达到实现学生人格教育的目的，如何使其具有可操作性、可行性、可持续性和范式的可推广性，这些都是值得深思的问题。

自 2007 年北京市高中一年级全面实施新课程改革后，北京潞河中学依据《北京市普通高中学生综合素质评价方案》，结合学校的办学理念和培养目标，对中学学生综合素质评价工作开始积极探索。

一、基于平台进行人格教育实践的实施过程

（一）统一对"平台"认识

初期，教师对于综合素质评价主要存在两大困惑：一是认为在探究新课标、完成新课改教学任务的同时，还需要班主任老师进行各种学生资料收集、评价和引导等工作，繁重的工作量能否收到实效；二是对综合素质评价的长效机制与时效性存有疑惑，因为学生与家长的关注度在于升学以及影响高考录取的因素，综合素质评价能否契合学生及家长的所需。

由于综合素质评价是新课程改革的重要环节之一，学校逐步开始推进该项工作。所有班主任教师开始共同学习高中综合素质评价的内容与方式，了解评价方案和电子平台的六项指标和九个栏目。在硬性指标的所限下，班主任老师很快完成了电子平台的填报，但积极主动性较低，单纯为了评价而评价，出现了仅仅是应付的情况。综合素质评价这项工作对于教育教学毫无推动作用及实

际效用体现。但在正式地开始了综合素质评价工作的探索后，上述问题逐步得以解决。

1. 根本上解决意识问题，提升对综合素质评价的认识和理解

为什么要实行综合素质评价？因为它使得学生评价内容从一元走向多元，由原来的终结性评价变为终结性评价和过程发展性评价相结合，它明确提出了学生发展目标，明确了教育或学生发展方向，也为学校提供了一个学生管理的新机制；它为人的自我完善和发展提供了一个制度保障，最终将内化成人的信仰。学校在组织全体班主任教师认真学习新课程理念和《北京市普通高中学生综合素质评价方案》的过程中，重点对综合素质评价的内涵和深远意义进行阐述，从根本上解决意识的困惑。

2. 充分理解综合素质评价的内容和方式，为实施奠定基础

充分理解综合素质评价的内容和方式方面，要求教师做到三个"充分理解"：一是充分理解综合素质评价的内容，实施多维度综合素质评价；二是充分理解综合素质评价的意义，把握其基本特征；三是充分理解综合素质评价功能，促进学生综合素质发展。同时，发挥电子平台功能，记录学生成长足迹。在上述"充分理解"的过程中，教师的积极主动性得以发挥。

（二）"平台"实施情况

具体实施中，利用个性化评语，激励学生，同时兼具引导性，促使学生提高；通过家长评价，充分了解学生在家的情况以及家长管理的能力，增强家校联系；利用小组互评管理班级课余时间，将新课程的理念、高中综合素质评价的思想与办学理念和"培养具有健全人格的潞河人"这一培养目标紧密结合，教师、家长和学生高度参与，呈现出相互融合、共同发展的良好趋势。

二、确定实施综合素质评价工作的基本原则及实例展示

（一）将综合素质评价工作与学校的正常教育教学工作紧密结合

将综合素质平台评价工作中的一些项目与学校的正常教育教学工作紧密结合，以之前已经开展的研究性学习及社区服务为例进行延伸及拓展。

1. 研究性学习展示

研究性学习是学生必须参与其中的重要活动，由专家向师生解读研究性学习的相关内容，对选题、开题、实施、研究进行指导。将以前学生做的案例进

行分析，开学初各班组织开题报告，3—5人自愿结组，制订活动计划，实施方案，记录过程，结果呈现。各班选出一个优秀小组参加年级开题报告评比，让全年级同学了解其他班级和同学开展的研究性学习情况；同时，利用研究性学习的中期汇报，让同学们及时交流研究性学习中出现的问题。最后，各班都有研究性学习的终期汇报和成果展示，同时年级还会组织专家进行年级的评优；期间，指导教师会对学生的研究性学习进行，全程的跟踪指导和评价。学生随时将自己的研究性学习的开题、中期汇报、研究结果填入综合素质平台，这样才能获得相应学分。

上述过程既能记录学生自主的研究过程，还能培养学生的实践能力、创新能力和合作意识。学生的能力得利了充分的展现，同时促进了学校正常的教育教学工作。

2. 社区服务展示

绝大部分学生只对其参加的服务活动进行简单的记录，并没有在活动后以个人或小组的形式对已完成的活动进行深入反思。而学生综合素质评价系统恰恰为解决这一问题提供了一个很好的平台。

首先，解决了学生认识不充分的问题，解决了是否有必要开展社区服务活动、参加服务活动会不会影响学习这样的疑惑。通过班会讨论使学生充分认识到，参加社区服务可以帮助自己进一步了解社会生活和社会环境，增长从事社会活动所需的知识，在与他人合作的过程中提高沟通能力，培养社会责任意识，为成为一名合格的公民做好准备。

其次，活动的计划工作得以创新。从过去的简单分组到更为专业化的操作模式，班主任先在班级中以自愿报名的方式确定了一部分学生作为"活动召集人"，由他们设计各种社区服务活动，并在班级公布。其他学生可根据自己的情况，向感兴趣活动的召集人提出加入申请，并由召集人决定是否同意，通过这样的"双向选择"最终确定社区活动小组的成员。小组确定后再对最初的活动计划进行细化和修改。在综合素质评价中，召集人应记录设计活动的内容、目的、可行性评估、小组成员标准等，其他学生要记录选择某项活动的原因、自我评估、对活动设计的修改过程等。通过这一过程使学生体会到活动的前期准备和计划的重要性。

最后，抓住了活动的核心价值——总结与反思。主要通过三个环节来开展总结与反思：一是组织小组展示活动。大多数小组都计划在寒假中完成社区服务活动，开学后的第一个星期，就以班会的形式展示了各组的社区服务活动情况。在展示过程中，学生通过文字、照片、视屏展示工作内容、历程故事，共同分享心得与感受。二是个人的总结与反思。学生在社区服务总结中谈及的对关爱、感恩的感悟，对责任和成长的思考成了自己最大的收获。三是小组内的互评。学生以小组为单位参加社区服务活动，在活动的各个环节都要与组内成员进行交流沟通，通过活动加深了认识，建立了友谊，能够更好地在综合素质评价中"他评"的项目中对其他同学做出客观、中肯的评价。

将素质评价平台与学校教育教学工作紧密结合，学生有所收获的同时，也能收到良好的教育效果。

（二）充分挖掘综合素质评价的教育因素，为我所用

1. 成长记录袋的运用

新课程倡导对学生的评价不但要关注评价的结果，更要注重评价的过程，强调学生在学习过程中的态度、情感、价值观，因而记录学生成长足迹的学生成长记录袋应运而生，成为综合素质评价平台中的重要项目。

运用成长记录袋的具体操作模式为：将成长记录袋应用在班级的日常管理中，班主任利用班级空间，先后建立了"表扬海报"、"成长记录墙"，将同学们的日常进步及时记录。班主任发动班级干部成为表扬海报和成长记录墙的主要管理者。班长和团支书牵头，设计成长记录墙的项目表格，张贴到班级的明显位置。并由班干部轮流负责一周的成长记录填写。班主任还每月组织学生总结自己的成长足迹，汇总以后交给班干部总结，填写到班级的成长记录墙上去。同时，设置奖励项目。学生自己整理的记录袋中被认为比较优秀的成果如作文、美术作品、获奖证书或作品等也可赋予相应的分值。例如，获得省级以上奖励的项目奖励15分以上；地市级以上的奖励10—15分；县市级的奖励5—10分；校级的奖励1—5分。这一规定有效地激发了学生学习及参加班级各项活动的积极性。

2. 班内成长记录墙记录的类型

根据综合素质评价的提示——道德品质、公民素养、学业成绩、学习能力、交流与合作能力、运动与健康、审美与表现等，成长记录也按照相应的条目收集整理，大体上分为以下4类：（1）成果类。收集展示学生的获奖表彰情况，常规管理中的卫生纪律等获得的评分情况。（2）展示类。一种激励性的终结性评价，用以展示学生在各个方面的成就与所长，主要收集学生最优秀或

最满意的作品，因此能够反映学生的个性与特长。（3）过程类。记录学生在学习某一领域的进步过程或轨迹，诊断学生在学习过程中所取得的成绩或存在的问题。收集的内容与时间多由教师根据自己的教学目标与学生的学习状况来确定，收集的作品包括学生的过程性作品和结果性作品，由学生按照教师的规定与要求把作品收集起来，同时要一步一步地检查在一定领域中取得的进步以及需要改进的地方，作为发展的证据，对自己的成长进步进行基本的思考与评估。如作文的草稿、修改稿和终稿；上课纪律的变化等。（4）目标思想类。主要培养学生自我监控学习的技能、自我反思的能力。展示学生在学期不同阶段的思想进步如"开学初的我"、"学期中的我"，尤其是学生的思想变化关键点如生活中的顿悟和重要反思。

3. 制定三年发展规划的运用

利用好"开学初的我"和"我的发展目标"，进行个人规划。所谓"从其大体为大人，从其小体为小人"。学生三年发展规划的制定，对于每个学生明确发展目标、促进自身发展具有重要作用。要求高一的全体新生开学初都要做高中三年发展目标规划与设计，利用高中的第一个班会在班里进行宣讲与交流活动，让学生在宣讲与交流中互相学习借鉴及勉励。要求学生撰写三年规划书、召开发展规划交流会，将本学期的目标张贴，利于学生之间的学习和交流，也能起到积极的鞭策作用。而期末的自我反思使三年发展规划有了阶段性的反馈成果。综合素质评价使目标有追求、发展有规划、过程有追踪、结果有反馈的教育理想成了现实。

4. 小组互评的运用

学期中段，各班召开小组互评的主题班会，然后填入综合素质平台。但是起初学生在开展"小组互评"时，班主任要向学生说明互评的要求：以班里的小组为单位，组长组织协调，每位同学按照"学生综合素质评价"的几个评价项目先进行自评，然后其他组员对这位同学展开评价，要求认真对待，公正客观，记录下小组成员的评价意见。说明要求之后就督促学生开始互评。

学生在体会中会自我完善发展。在小组互评之后，被评价的同学会进行反思，进行自我发展、自我进步、自我完善，这是评价体系中最为有价值的部分，非常有利于学生学会如何评价他人及正确的自我定位，促进正确价值观的形成及与他人的融洽相处。

三、反思与启示

在综合素质评价平台运用的过程中，伴随着探索与创新，同时也在进行总结与反思，不断完善该素质平台在学生人格教育方面的作用。

（一）综合素质评价工作需要进一步的制度化建设

就当下教育的趋势而言，采用单一的分数评价模式已经不能满足教育选才和促进个体发展的需要，正如 R. C·利伯曼（R. C. Lieberman）所言，制度变革产生于互不匹配的制度现状与理想模式之间的"摩擦"，当理想评价制度与现实评价制度之间的"摩擦"产生时，综合素质评价改革成了缩小二者之间差距的必然选择。虽然我国学生综合素质评价改革的很多方案与操作模式尚需进一步完善，但从长远来看，综合素质评价工作的制度化趋势会日益明显，促使综评工作成为相对稳定的规则系统和有组织的实践，在面对外界环境变化时能保持相对的韧性。同时，综合素质评价给管理提出了很高的要求，但就目前各地的现实情况来看，管理问题还比较突出，而有效管理的前提是制度的保障。

而综合素质评价工作是一项综合性工程，在探索过程中的实践与反思、经验总结尚未形成制度化的固化形式，而只有在探索与积累中形成的制度模式，才有利于该项工作的开展及培养全面发展的学生。

（二）综合素质评价工作需要进一步具体操作流程及范式规范

在实践中，综合素质评价工作在具体操作中产生了一些具体的操作做法，这些操作做法来源于实践而又反馈于实践，不断完善，在臻于成熟后，需要形成规范来促使这些具体的操作流程及规范固化，形成统一的标准而利于推广。如研究性学习、社区服务等开展实践较久、实践经验丰富的活动，在综合素质评价的过程中，有统一的规范性标准进行操作指导，形成一套操作性强，得以在更大程度上及更广范围中推广，必将对学生的健全人格教育产生积极作用。

（三）综合素质评价工作要注重以"人"为根本的核心价值

综合素质评价的根本目的在于对学生全面发展产生积极的作用，而对综合素质评价工作的认知、参与、探索、创新都离不开教师及学生作为"人"的主观能动性的发挥，而这种能动性的发挥最后作用的落脚点还是在"人"，"人"在该项工作中发挥着重要的作用。注重这种以"人"为根本的核心价值，就应当在综合素质评价工作中注重营造氛围、加强激励、鼓励创新，运用物质与精神的奖励措施，充分发挥"人"的积极作用，从而促进综合素质评价工作最大效用作用于人，进而产生的效果极大地促进人格教育的发展，而人格教育水平的提升及良好的效果反馈有利于综合素质评价工作的丰富和完善。

四、结语

综合素质评价工作是一项非常具有价值与意义的系统工程，有效地运用综合素质评价平台，充分发挥人的主观能动性，在教育实践中对人格教育的培养有着积极的作用，同时这种积极作用反馈于综合素质评价，对该体系经验的积累、内容的丰富与完善、操作流程的规范及推广、制度化的建立都有积极的作用及意义。随着综合素质评价工作的不断完善，必将在学生人格教育、全面促进学生发展等方面产生更为深远的价值及意义。

为他们种下优秀的品质

赵月灵

作为一名一线的教育工作者，我始终认为，教师应该有两方面的责任：教好书、育好人，两方面都非常重要。教师要注重学生综合能力的培养，关注学生核心素养的发展；还要引导学生学会自我管理、规划人生，学会认识自我、塑造健全人格，学会管理自己的情绪、强大内心；让他们真正拥有坚定的理想信念和正确的人生观、价值观，知责任、担使命……

正是对教师职业的理解，让我在教书的同时，时刻都有一种不断审视学生人格、思想和观念的意识，总在思考每个孩子身上今天的各种特质，在他们成人后会不会带来做人的问题，也总在反思自己的教育行为是不是真正在帮助学生走上正确的人生路途。

有人说，"我们这个时代最大的问题是训斥太多，教育太少"。我也在思考育人工作的本质是什么，是要不断地寻找和发现孩子身上的问题和错误，进行及时的批评，给予适当的建议和矫正吗？或许是，但也不全是。常年的育人工作让我也逐渐相信，除了被动地发现孩子的各种问题，更重要的工作是主动出击，为孩子播下优秀品质的种子，这包括拥有责任感、拥有梦想和学会爱等。有了这些品质，一个孩子不管他具体的个性如何，未来会有何种经历，都很难走上歧途。

一、责任

2000年我第一次接手一个高中新班。开学前一天晚自习，我走进教室，班内有20多个学生，地上很多纸屑，课桌摆放凌乱。我什么话都没说，拿起笤帚轻轻扫地上的纸屑，本想能带动他们一起为明天做准备，但20多个学生没有一个人起来帮助我。这是我们的高中生吗？那一刻我真失望！细细思考后我并没有生气，他们不是不能做，从小学到初中，一路上被动做事习惯了，没有指令不会做事，心中没有主动承担责任的念头。我第一次明确意识到，要让当代学生有责任、有担当是多么迫切和必要。

责任是一个人应该做的分内的事，这包括对自己的责任，但更多的是指要把对他人、集体或社会有益的事当成分内的事。责任感应该在集体生活中逐渐培养，要让学生明确，在这个班里什么是自己该做的，并且还要据此扩展开来，让他们意识到在家庭、学校、社区以及未来走向社会，明确该如何确立自己的责任边界，担当自己的责任。

我在班级管理工作中有意识地加入责任感的培养，慢慢地，我又发现，要想让孩子多为班集体着想，管理固然重要，比如要立好规矩、分好工，但更重要的是"信任学生"，做好"让他们拥有主人翁意识"这些相对"软"的工作。

一个班级是要管的，要管的地方很多，例如，制定班级的长期目标，把握班级工作的整体思路；培养一支得力的班干部队伍并加以指导监督；掌握学生的思想动态，做好思想工作，增强班级的凝聚力、向心力；协调多方面的教育关系，形成教育合力……但更多的是要"放"，要更多地信任学生，大胆放手，分工授权，建立以学生为主体、教师为指导，责任分明的班级管理体系。这样，每个人才能感觉到自己是班级的主人翁，从而会把班级的工作当成自己分内的事，产生对班级的责任感。

2005年我从高三接手某班的班主任工作，这个班不仅纪律差，而且成绩差。经过两周的观察我发现，这个班纪律差的主要原因是有十几个比较"各"的孩子（北京方言，个性强、不服管的孩子），其中几个学生还结成一个专门和老师对着干的小"团体"，而那个阶段当务之急就是维持好上课的秩序，保证教学顺利进行。我想，必须制定一个课堂规章。这时，我想到了"信任"和"主人翁"原则，就把如何保障教学秩序的问题抛给学生，让大家集思广益，共同想出一套有效的课堂规章。经过班会讨论，我让所有的学生都表达自己的意见，最终版本是大家都认同的一个版本。但说实话，这个课堂规章并不严谨，条款间的逻辑关系也有些混乱，更谈不上遵循科学管理原理，但几乎包含了每个学生的意见，是个大荟萃。我还特地主持了一个仪式，让所有学生都严肃地签了字。实践证明这份不严谨的管理规章是有效的，这个班纪律的改观有目共睹。我想，这并不全是因为规章制度本身产生的作用，而是因为它尊重了每个人，每个人都是规则的制定者，每个人都是主人，于是每个人也就都有一份维护班级秩序的责任。

我的班级管理工作还特别注重创造一种和谐氛围，从 2000 年那个桌椅混乱、地上全是纸屑的班级开始，我每接手一个新班，开学第一周均定为"爱班周"，第一个教育主题一定是"这是我们的家，我们都是一家人"，我要引导学生思考自己要在这个班级怎么度过未来的几年时光，是别别扭扭的，还是舒舒服服的。我用和谐家庭的一些特征来启迪孩子，怎么才能像在家中一样过得又舒服又有所收获，大家怎么才能更和谐地相处。一周内我想让孩子们自己得出一个结论，每个人多奉献一点点，每个人少自私一点点，这个"家"就会更适合每个人生活。我还适合点出"班荣我荣、班损我耻"的观念，点出"主人翁精神"的价值，我相信，团队意识、集体主义精神以及我心心念念的责任感都会悄悄地在孩子的心中萌生出来。

在班级日常管理中，我也走过了一段探索的历程，由起初的班主任"盯班管理"，过渡到"制度管理"，到后来我倡导的"文化治班"，最终到尽可能地让孩子自我管理。从服从管理的他律转化成自我管理的自律，我也逐步明白了责任感的本质，责任感这种内在品质是习惯、意识和道理的综合体：从习惯上讲，要培养学生能从他人、集体和社会的角度看问题的习惯，避免事事从自己出发；从意识上讲，学生眼里要常常能看到一些需要自己动手去做的公共事务，意识到那是与自己相关的；从道理上讲，学生要懂得自己是所属集体和社会的一分子，理所当然要为之付出一份力量。这三个方向都是责任感培养不能忽视的。

一个拥有相当责任感的孩子，他不会太自私，会为他人和社会着想，有一定的奉献精神，因而也很难走上歪路，他也将成为我们未来社会的中坚力量。

二、爱

爱是一种人际间的感情交流活动，也是人类平等主体间由衷的、互表善意的行动。爱多起来，社会就会变得更美好。"爱"的能力和"被爱"的体验也是学生成长路上最重要的东西之一。在走入社会前，学生应该学会付出爱、感受爱、表达爱。

"没有爱就没有教育"，而爱的这项"技能"必须通过人际间的日常交往慢慢习得，要靠行动、靠情感交流。作为班级中的长者，教师首先应该是爱的行动的付出者和示范者，而班主任更是班级之爱的第一责任人。当孩子感受到了教师的爱，就会观察你的行动，慢慢也就习得了爱，这条爱的习得路径也同样适用于家庭和社区乃至社会，家长和成年人要成为爱的第一责任人和表率。当一个集体、家庭和社会充满了爱的行为和氛围，每个人都会受到影响和感染，都不自觉地会成为拥有爱心的人、愿意付出爱的人。

教师的爱首先表现为关心和关怀。教师要善于走进学生的情感世界，去感受他们真正的渴望与需求，以心灵感受心灵。班上有贫困生，我会毫不犹豫地拿出一个月的工资为他垫付各种费用；学生生病需要照顾，我会把她接到自己家里悉心调养；孩子的父母离异，思想有负担，我会设身处地替他着想，每天都会谈心……每个学生都还只是一个孩子，会有各式各样的身心需要，当你针对他们的需要做出善意的举动时，他们会明显地感受到爱的力量，这也是最好的爱的教育，他们会在感动中第一时间向你学习，很可能在将来别人有需要时，付出他们的爱。

教师的爱还表现为尊重。有一本书中说，每一个在相互尊重的环境中得到引导和发展的人，他的人格结构一定会呈现出自然美丽状态。尊重的第一重含义是，学生们虽然比我们的阅历浅，不经事，但他们依然有独立的人格，不是成年人的附属，我们不能因此就轻视他们。他们有我们已经消失了的看问题的角度；他们更单纯，功利心弱；他们更有活力，更具时代感，这些都是我们没有的，是需要我们向他们学习的。尊重的第二重含义是，爱要对学生一视同仁，不听话的孩子更需要我们的尊重，学习相对落后的孩子也要尊重，每个人都不简单。

最后，我相信，爱是一种善意情感的交流，它不可能在没有任何交流的情况下发生或传递，因此，交流是必要的。只要有机会，哪怕只是几分钟的碎片时间，湖边、操场、办公室、走廊里都能看到我与学生谈话的身影。及时找到学生谈话，或鼓励，或激将，或提醒，或暗示，或者只是漫无目的地聊一些家常，我要了解他们的状态和需要，了解他们的所思所想，时刻准备着帮助他们。交流中我还会把心底的期待和自己的教育理念暗藏在话语中，悄悄地影响他们，让学生在无形中受到激励。这种谈话更是在表达我的关心与尊重，表达我的善意，通过这种方法让"爱"充满学生心中，教给学生学会"爱"，爱自己、爱他人，爱社会；去理解爱、感受爱、给予爱、传播爱。

三、梦想

2014 年我接受人民网记者的采访，记者问道：中学生最重要的品质是什么？最重要的？！我权衡着，我想到了责任、坚定、感恩……最后我想到了"还应有梦想"！人有了梦想才能有方向感，才能自律。一个有梦想的孩子，他的日常生活都会在有导航的状态下。梦想可以让学生管理自己、规划自己、激励自己，有梦想的人不会浑浑噩噩地混日子。

"教育的艺术不在于传授本领，而在于激励、唤醒和鼓舞。"（第斯多惠）。从教初期，我就意识到，梦想对一个人的成长是多么重要，我也在小心地发现、维护每个学生的梦想，帮助他们一点点接近梦想；我也看到，在追求梦想的过程中，每个孩子都能变得更出色。

按说所有的孩子在童年时代都应该有过梦想，但到了高中阶段真的就有不少学生不再有梦想了。我意识到是十多年学习生活消磨了他们的自信心，而我要做的就是通过不同的方式，在高中阶段重新激发他们的自信，有了充分的自信，梦想自然就会回来。

男生小张高一时是学校出了名的"捣蛋鬼"，成绩总是排在后面，更大的问题是他放弃了学习，上课还会影响到其他同学。我很快就意识到，在他"捣蛋"行为的背后是自信心的丧失，小小年纪生活就没有了梦想和目标，因而也找不到自身的价值只能靠"捣蛋"刷些存在感。我也做好了对他的转化工作非一朝一夕的心理准备。我仔细分析了他在学习能力上的特长，不断在对话中、作业批改中强调他的特长，两周后，我还找他进行了一次正式的谈话，点出他的闪光点和特长，同时也点出他的弱项和补救方法，但接下来的日子里他还是依然故我，学习和纪律都没有起色。我坚持着，不断在各种场合夸奖他的长处，但我对自己做法的信心也在慢慢消减。一个月以后，我又组织学生召开了题为"欣赏身边的风景"的主题班会，要求以赏识的态度看待身边同学，实际就是夸夸身边的同学。开班会前，我特地找了两个"托儿"，专门夸奖小张，客观公正地称赞了他鲜为人知的优点。在这之前同学从没有夸奖过他的，这次他真的受到了触动，表示一定好好克服自己的不足。他有了一些改进的意愿和行动，但旧的习惯和认识实在是积重难返，我也意识到如果学习成绩不能得到明显的提高，行为上的点滴进步更不可能牢固。所以我又联系了家长，制订了共同计划，负责他在家庭中的学习。这期间，我会把我对孩子的赞扬和期望通过家长间接地传达给学生，家长会在家里转述我的话："你们老师对你的期望很大，说你很聪明，很有潜力"；"今天老师打电话说你这一段作业完成得特别好，你进步很大，关键是要坚持下去"；等等。这种转述的效果比我向他直接表达更有力量，因为它已经是一种看似不经意的暗示了，按照皮格马利翁效应的原理，暗示传递的信息可能更会有影响力。当然在作业批改中、课堂上我的直接赞扬也没有断，我就这样或明或暗地坚持着我的激励工作，每次与他谈话后我都给他制定一个高一点的奋斗目标。由于经常收到来自班主任、任课教师、家长、同学的正向心理暗示，小张的自信心越来越高，后来他真的在学业上有了不小的进步，成绩也进入了班级前20名，不仅不再捣蛋了，而且还有了自己的人生目标和规划，进入了一种自律的状态。

高中阶段的学习生活是压力重重的，不少孩子在压力下会表现出气馁或放弃。这时，我会用尽可能自然的方式跟他谈话，通过谈话发现他的问题所在。对于放弃或气馁的孩子，我感到真实的励志故事是最有效的，根据每个学生的不同情况，我会跟他们讲不同的励志故事。比如女生小黄，她的问题是内向、自卑以及来自困难和单亲家庭，升入高手如林的高一时，一下她就失落了。我就跟她讲了邓亚萍和俞敏洪的奋斗故事，讲了他们即使出身寒门，即使天赋或能力一般，但依靠不放弃的精神，也有了相当的成就。我为不同类型的学生准备了很多真实可信的励志故事，再加上我和家人的坚定陪伴，很多孩子都在最艰难的时刻没有放弃自己的梦想，并为梦想做到了全力以赴。我特别享受学生对我这样的评价："赵老师特别能煽情"；"灵姐让我印象最深的话是，只要敢想、肯努力，就没有做不到的事情"；"灵姐是我情绪低落时的精神食粮"……一个个美好的梦想在我眼前熄灭是我难于接受的事。

梦想一定要变成适合自己的理想，最终才能实现。高中阶段要面临着人生最重要的一次选择，我会通过各种途径在班内积极开展"理想教育"，同时在班级中开展"目标管理"，并对学生进行结合了学生自身特点的人生规划。"人生规划"一式两份，家长一份、班主任一份。其实这些规划也不是将来一定要达到或能达到的，目的是让他们有目标有追求。同时学生在踌躇满志时写下自己的理想，自己写出来的东西对他们具有约束力，加强了学生的自我约束感。

谈到梦想，我还会向孩子展示一个更高级的梦想境界，作为时代的一分子，我们每个人的梦想一定要与集体、社会和国家的梦想相一致，才能更有价值，更有意义。培养什么人、怎样培养人、为谁培养人，这是教育的根本问题，如何在高中教育中落实这个命题，最适合的方法就是把这个根本问题的要求与孩子的梦想做好连接。还记得 2019 年我把那届孩子带到了高三，距离高考不到 30 天时我开了两个主题班会。一个是"赤子挑重担，为国开'天眼'"，当学生看到南仁东老先生带病在西南大山翻山越岭时，他的坚持、专注和奉献打动了学生，不少学生眼中噙着泪水；另一个是"祖国至上"，讲黄大年情系祖国、"国有召，身必回"，为了祖国的繁荣昌盛，为了祖国能在某一领域昂首挺胸，毅然放弃国外优厚条件，投身到祖国建设的重任当中。讨论发言时学生们表达了立志学好本领，做有理想信念、有责任、有担当、努力为祖国奉献的好儿女。我相信，这些伟大的心灵一定会给孩子们一些启示，什么样的梦想才是更有价值的，才是我们更应该去追求的，而我们在这种高尚的追求中，也一定会成为一个有正确方向的人。

困境与转型：班级文化建设中的人格教育[①]

梁莹莹

班级文化是班主任创设和利用班级的精神氛围、文化关系、文化环境等来熏陶和培育学生文化人格的一种教育活动。目前，班级文化建设中的健全人格教育，存在着"内容浅表化、方式灌输化、评价简单化"的倾向，陷入了形式主义的困境。大部分做法均以教师的主观意识为中心，忽视了学生的主体作用。因此，建设好班级文化，培养学生的健全人格，既是我们当前的必要工作，也是我们要长期肩负的重大任务。本文尝试从以下两方面进行探讨。

一、有形文化为基础、无形文化为核心

作为校园文化组成部分的班级文化，它既具有社会文化的共性，又具有自身的特色。是一个班集体乃至一所学校最具特色的组成部分。任何文化都是建立在一定物质条件之上，并且又通过具体物质文化展现出来的，离开一定的物质文化，一切文化都无从谈起。但是在有的班级建设中，出现了"重物质形式、轻精神引领"的错误倾向。班级文化内容浅表化，过于注重形式和美观的程度，内容也过于简单和幼稚。班级物质文化建设总体上应坚持"以人为本"的原则，以有形文化为基础、无形文化为核心，满足促进学生全面发展的需要。

① 本文系北京市教育科学"十二五"规划一般课题"以班级文化建设培养学生健全人格的实践与研究"（课题编号：DFB15203，课题负责人：荆爱玲）的研究成果。

（一）以物质文化建设为基础的要求

1.教室里必须具有符合安全要求，满足教育教学需要的各种现代化硬件设施

教室内的一切物品都必须达到安全标准，并具有充分的保障措施及标志说明。于此同时，一切教育教学设施都要给同学们以美的享受、美的熏陶，培养同学们的审美情感，"如果一个人从寻求它的方程式的优美这种观点出发，而如果他具有深刻的洞察力，那么他必然就是在一条可靠的发展路线上"。

2.教室应时刻保持整洁，室内布置合理有序，可以充分地利用教室的空间来展现班级的特色和文化气息

这样的布置，可以实现有形文化为基础、无形文化为核心的班级文化建设氛围。以形式浸润心灵，达到春风化雨、润物无声的效果。总之，教室的布置要达到苏霍姆林斯基曾经说的那样，"无论是种植花草树木，还是悬挂图片标语，或利用墙报，我们都要从审美的高度深入规划，以便提供潜移默化的育人功能，并最终连学校的墙壁也在说话"。

（二）营造高尚而先进的精神文化是核心

班级的共同价值取向是班级文化的主旋律，要建设好无形的班级文化，必须做到以下 3 点。

1.确立班级正确的共同价值取向，构建和谐班集体

共同的价值取向是学生寻求班级认同感的有力基石，是激励学生不断进取的内在动力。因此，以班主任及班干部为核心的班级骨干成员，确定以班级荣誉观为基础的正确价值取向是必要的。

2.开展丰富多彩的精神文化活动

可以开展"忠心、孝心、善心、恒心、雄心"的"五心教育"，让学生志向高远、品德高尚、气质高雅；可以开展"书法、棋艺、演讲、绘画、舞蹈、收藏"的"六艺教育"，帮助学生涵养品格、全面发展，培养健全人格。还有"生涯规划"课程，以深厚的内涵引领学生的个性发展。

3.确立正确的舆论导向

班级舆论是班级精神文化的风向标，它从内心深处制约着同学们的价值取向，从外在方面规范着他们的行事原则。班主任要将视线投向德、智、体、美、劳等各个方面，用身边的典型事例引导学生，使学生在潜意识状态下接受信息，获得感悟和启迪，从而塑造健全人格。

二、制度文化为保障、人格培养为目标

一切文化都是在人们的实践中产生和形成的，要广泛深入地被人们所接受，不仅要通过外在的教育灌输，还需要一定的制度加以规范和约束。马卡连柯认为："纪律是达到集体目的的最好方式，纪律可以美化集体。"班级制度文化作为班级文化的重要组成部分，既是班级文化的表征，又是班级文化的有效保障。但是在很多的班级管理工作中，班主任老师"重说教、轻规范"，忽略了学生的自主管理，限制了学生主体精神的发展。因此，建立规范的班级制度，有助于学生实现将班级制度文化从强制约束向自觉遵守的转化，实现健全人格的培养目标。对于班纪班规的制订过程可以采用如下方式实施。

1. 充分征求班上学生的意见

一方面，任何一种能够被真正落实的班纪班规必须为广大学生所认可和信服，只有这样才能变成学生的自觉行动；另一方面，广泛征求学生们的意见和看法能唤醒他们的班级主人翁意识，让班级成为培养未来社会合格公民的初级平台，为他们积极参与未来社会的公共事务及社会活动打下良好的心理基础。

2. 修订和完善班级班规

班主任组织班干部和学生代表集中讨论，对班级班规加以修订和完善。在此尤其要注意班级班规的可操作性，切忌不着边际的空话和套话，也要注意民主的氛围和对学生自主管理能力的培养。

3. 制度设置要奖惩分明

制度设置只有奖惩分明才能最大限度地发挥制度的导向作用，才能最大限度地激发学生的潜能，让全班学生各展所长，让每个学生都能增强自信，进行自我教育。这正如苏霍姆林斯基所说的，"没有自我教育就没有真正的教育，自我教育需要有非常重要而强有力的促进因素——自尊心、自我尊重感、上进心"。班级文化建设中提倡的"对人的教育"，就是要关注学生的兴趣和爱好，发展学生的个性，培养他们正确的人生观和价值观，培养他们的健全人格和基本素养。

爱山者仁，爱水者智。身边的环境犹如润物细无声的"春雨"，不知不觉中滋润、洗礼和塑造着人的心灵。班级文化建设，有助于陶冶学生的情操，培养学生正确的审美观，使班级形成强大的凝聚力和向心力，激发学生热爱学习、热爱生活、热爱班集体的积极情感。因此，我们要充分利用资源，加强班级的文化建设，把教室建设成一个"愉悦的场所"，给学生一种高尚的文化享受，从而实现全面而有个性的发展。

依托"遇见"课程　打造潞河初中立德树人卓越年级文化

侯志宏　牛　林　李玉顺

打造潞河初中立德树人卓越年级文化的初衷就是最大限度地发挥教育资源的合力，让隐性课程与显性课程互相促进，最大限度地发挥学生的主体价值。

一、"遇见"课程的实施背景

2018 年 5 月，习近平总书记在全国教育大会上强调，坚持中国特色社会主义教育发展道路，培养德智体美劳全面发展的社会主义建设者和接班人。北京市通州区潞河中学初一年级倾力构建适合学生发展的一体化课程——"遇见"课程，致力于打造立德树人卓越年级文化，即穆穆尚德、谦谦治学、立凌云志、成栋梁材。通过"遇见·潞园"、"遇见·班级"、"遇见·恩师"、"遇见·同窗"、"遇见·学科"及"遇见·活动"六大板块的课程实施，打造促进学生"五育"并举的立德树人卓越年级文化。

二、"遇见"课程的实施效果

（一）依托"遇见"课程，打造潞河中学初一年级德育卓越文化

"遇见·潞园"让初次踏进百年老校——潞河中学的初一新生感受潞园的古韵古风、校风校训，激发学生的爱国爱校情怀。在入德之门前感受潞河教育的初衷（见图 1）；在革命烈士纪念碑前感受战争年代潞河校友为祖国的不顾

一切（见图2）；在潞友体育馆前感受百年来潞河校友对学校无尽的爱（见图
3）；在校风校训纪念牌前大声喊出我们的校风校训，那声音震撼每个心灵，也
让美丽的潞园感受新生们的决心（见图4）。

图1　潞河新生在入德之门前　　　　图2　潞河新生在革命烈士纪念碑前

图3　潞河新生在潞友体育馆前　　　　图4　潞河新生诵读潞河中学校风校训

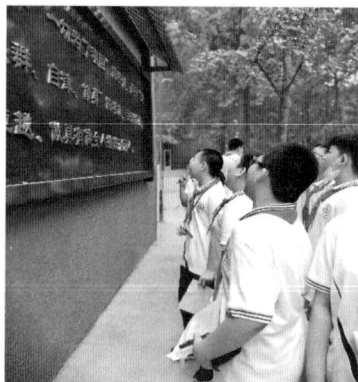

（二）依托"遇见"课程，打造潞河中学初一年级智育卓越文化

教育是一种引领，"遇见·学科"让新入学的潞河新生感受不一样的学科
课程之魅。以"让政治携手辩论"为例，全体初一学生在"顺境比逆境更有利
于成长"还是"逆境比顺境更有利用成长"的辩论中不断加深对此问题的认
知，最终形成自己的价值观。此外，年级还邀请10位科学工作者走进校园，
从学生最感兴趣的"人工智能"等10个话题入手带领学生感受科学之魅。

（三）依托"遇见"课程，打造潞河中学初一年级体育卓越文化

"遇见·活动"之年级拔河比赛，每班挑选10名男生、10名女生，然后
抽签对决，体重并不是决胜的关键，技巧与团结更意味着成功。一轮又一轮的

对决，让学生们感受更多的是班级凝聚力的提升，借着活动大家的心更齐了，同时也激发了学生们拼搏的斗志，这是体育精神，也是体育之美。

（四）依托"遇见"课程，打造潞河中学初一年级美育卓越文化

"遇见·班级"从第一天留下班级全家福起，一个班级渐渐形成了。为了促进班级凝聚力的增强，年级开始了班级文化展示活动，从设计班徽、诠释班徽、设计班章到展示班级文化，无一不体现班级对于"美"的诠释（见图5）。

图5　年级徽章及班徽

"遇见·恩师"及"遇见·同窗"引领学生发现生活中的美好，感受人间真情，激发自己对于"美"的追求，正如一位学生在自己的文中写道："在认识她之前，我只是班级里的一个小透明，没有丝毫的存在感，仿佛世界上没有我这个人。……直到那个人的出现。人们常说，黑暗中看到的那道光就是救赎。"

（五）依托"遇见"课程，打造潞河中学初一年级劳动卓越文化

"遇见·活动"之学雷锋活动，让学生对劳动有了别样体会。全年级每位同学都在尽自己的微薄之力让校园环境更美观、生活环境更温馨！有学生在活动感受中写道："我们学习雷锋，不仅仅学习他助人为乐，更要学习他热爱学习、热爱生活，争做新时代的小雷锋。"

三、开展"遇见"课程、打造潞河初中立德树人卓越年级文化的启示

潞河初中依托"遇见"课程，充分发挥了教育资源的合力和学生的主体价值，取得了良好效果。随着课程的推进，伴着学生的一路成长反馈，激励我们需要从课程设计、课程执行、学生的体验到课程反思更加系统化，同时也引领我们在显性课程中更加关注学生的主体作用！

科学引航　温暖助力　促学生主动发展

李玉萍

做班主任要始终以人为本，尊重成长。高尔基说"爱孩子们，那是母鸡也会的"，全国优秀班主任万平老师则认为"教育是温暖的"。初中生上承小学、下接高中，具有鲜明的身心发育特点，面对一个个灵动鲜活的学生时，我努力使自己的教育浸润温暖与科学，力求每一名学生身心健康、温暖快乐，主动发展。

一、助推一——班级文化熏陶人

荀子的"蓬生麻中，不扶而直，白沙在涅，与之俱黑"论述了环境对人的影响作用，苏联教育家马卡连科在"平行教育"理论中也阐述了集体力量的重要。初中班主任必须重视班集体的培养，注重班级文化的熏陶，引领学生明志笃学。接到一个新班级，班主任可以通过各种形式和学生接触，了解每个学生的个性特点、特长等情况。我会在开学前就结合校情、学情初步制定带班育人方略，明确班级文化建设方向。学生普遍懒惰，就激发其奋斗；学生缺乏信心，就强化他们的优点培养其自信；学生理想模糊，就清晰他们的思维，帮助其树立目标；学生冷漠，就带动他们为别人着想，温暖他们的世界。

2021年8月接初一新班，受新冠肺炎疫情限制不能线下家访。我拿到班级名单，就立刻开始了网上家访，综合了解到班级学生及家庭情况后，召开网上学生家长见面会，成立家委会，拟定初一（1）班带班育人方略：健康温暖，携手前行。开学第一天，展示班级名称——阳光一班。通过问题引导——为什么取名阳光，引领学生探讨阳光内涵、领会成长目标——健康、温暖、向上，实现了用班级文化推动学生思考和成长，使崭新的集体有凝聚力、有奋斗方向。

我们群策群力，集体设计班徽，制定班规班训，展开以小组为单位的量化评比，在每个月的主题活动中加上"践行班训"板块，班级在文化建设和熏陶下，形成了积极乐观、不懈进取的班风学风。学生明确志向，知行合一，在学校的各项活动中表现突出。

习近平总书记说过，教育要培养担当民族复兴大任的时代新人，培养社会主义建设者和接班人。激发学生"主动发展，追求卓越"的教育才具有推动力和后续性。只有努力营造这样的班级文化助力学生成长。班级才总是团结向上、奋进努力的。

二、助推二——家校沟通共育人

家庭和学校是学生教育的主阵地，老师与家长沟通合作好，教育效果事半功倍。

（一）及时家访达成准确对接

家访已经是班主任的必要工作，每接新班，我都要把家访做在前面，亲自走访每个家庭。向家长和学生具体介绍学校的教育观念、学习要求、作息时间，以及他们关心的社团、用餐、任教老师特点等情况。更是把通过交流、观察了解到的学生特长爱好、脾性优缺清晰地记录好，为以后的教育工作做准备。建议走访一个学生，就记一次笔记，写简要感受，每个班级一本，这些记录能为后来的班级工作提供帮助。同时，在家访中和家长彼此了解，建立良好的家校关系。我曾遇到一个患有严重"注意力缺失障碍"的学生，家访时孩子妈妈焦虑地对我说："老师您真是太不幸了，遇到我的孩子！"我鼓励她说："每个孩子都是宝贵的，咱们一起努力！"后来的三年里，这位家长一直特别配合工作。初中三年作为班主任虽然付出了极不一般的艰辛，但是因为对该生先了解且与家长沟通融洽，我总能把工作做在前面。毕业时孩子妈妈说："我做梦也没有想到我的儿子能毕业并且考上高中！"利用家访了解家长的需求并且正确引领家长的需求，是班主任工作的好的开始。

（二）尊重家长协同温暖互动

"教室就是出错的地方"，没有谁的成长是不犯错误的。面对一些学生的文化基础落后和行为习惯缺失，班主任一不能甩包袱、撇责任，二不要指责家长。我们应该理解家长的无奈和不容易，发自内心尊重每一位家长。任何事情都要换位思考。孩子有问题，我们就带领家长一起反思："不是孩子的错，是咱们老师和家长没有引导好！"孩子不听话，我们就对家长说："咱们一起想办法！"……长此以往，家长们不仅主动配合工作，发自内心的"言听计从"，还经常达到默契互动。例如一次家长会前，我为家长们准备好茶水，会后所有人自觉捎走用过的一次性纸杯。几年前我班级某同学的心理疾病需要全班配合，包括其父母在内的所有家长和我一起商讨如何帮助孩子。大家都主动做好自己孩子工作，三年，同学们默默给了这位同学无限的尊重与宽容，现在，那届学生都已经大学在读了，却仍共同保守着一个秘密——只有某同学不知道其他同学都知道他曾患病。这个读起来拗口的秘密至今仍是我和那届家长、同学们共同的骄傲！

（三）"任务驱动"引领科学育人

只有家长积极配合，才能使班级更科学地发展。每一学期初，精心做好教育计划后，就可以有条不紊地下"任务"，引领家长实施育人计划。例如，第一周引领家长道："各位，孩子真正的初中生活正式开始了！大家有紧张有不安，有期待有担忧。事实证明，初中是一个孩子改变的最佳时期（也很有可能是最后一个机会了）！事实也证明，一个优秀孩子的背后一定有默默关注、适时行动的优秀父母，请跟我一起行动起来！第一周请您：（1）严格帮孩子做好作息时间安排！（2）悄悄观察孩子的变化。"第二周引领家长说："各位好，上一周不少家长跟我联系，述说孩子成长的欣喜，祝贺！第二周请您和孩子有一次愉快的谈话，帮助他们制定具体的目标，包括学习、体育、个人成长等（我们已经召开了班会"有目标才能更快地成长"）。心有梦想，孩子会充满力量。"这样的任务驱动不仅很好地指导和带领家长有效教育，还增进了家长的合作意识。教育活动科学有序，家长配合才会尽心尽力。

另外，近年来学生心理问题不断涌现，班主任更要认识危机，涉猎相关书籍，提升"心"育能力。带班育人，必须坚持"成长比成绩重要"，助力学生健康发展。健康的身心才会带来学业的进步。

就像鸡蛋，从外部打破是食物，从内部打破是生命；人，来自外部力量是压力，内在的迸发才是成长。班主任作为学生成长的重要过渡阶段的最重要的校园引领人，更应主动了解与学生相关的一切，科学引领，温暖助力学生主动发展。

让综合素质评价成为学生自我发展的催化剂

蒋真铮

根据教育部文件《关于加强和改进普通高中学生综合素质评价的意见》，综合素质评价是指以学生成长记录为基础，通过描述和记录学生在校期间的学习行为和结果、日常表现以及参与社会公益活动、综合实践活动情况等，从德、智、体、美等方面对学生素质进行分析和评价，以发现和培育学生良好个性、促进学生全面发展的过程。开展综合素质评价是新时代背景下教育深化改革的迫切需要，是新课程改革和发展的必然需求，对于落实教育"立德树人"根本任务有重要意义。在此背景下，作为高中班主任，应该如何开展学生的综合素质评价工作，才能更好地发挥其在学生成长中的教育作用呢？结合日常工作中的实施情况，总结如下。

一、班级综合素质评价实施体系

（一）明确班级综合素质评价实施原则

一是发挥综合素质评价对学生成长的引领作用，通过创设和利用多种活动平台，从班级管理到课堂教学、从课上到课下、从学习到生活，开展过程性、个体性、激励性评价。

二是坚持及时评价、及时反馈原则。让学生在自我反馈中积极接纳自我，调整自我；在他人反馈中看到点滴的进步，听到肯定的赞许，感受到成长的快乐。

三是秉承客观公正、实事求是的态度，记录学生日常表现，引导学生在班级评价活动中客观地去评价他人，正确对待他人的评价，从而自我调节，自我激励，学会理解和尊重、合作和共处。

四是坚持以人为本，把促进学生健康成长作为综合素质评价工作的出发点和落脚点，注重学生身心健康和进步成长，实行个体差异性评价标准和适应性原则，确保评价能对学生发展起促进作用。

（二）制定班级综合素质评价实施策略

1. 根据综合素质评价要求，民主制定班级量化评价项目和规则，实行班级自主管理

学生综合素质评价包含思想品德、学业成就、身心健康、艺术素养、社会实践 5 个方面的内容，但在实际操作中，学生容易存在概念模糊、理解狭隘等情况。为使评价更具操作性和现实性，我班综合素质评价工作开展如下：

一是围绕综合素质评价 5 个方面内容，召开系列主题班会，民主商议、制定班级量化考核细则和加分扣分标准。如：思想品德细化为爱党爱国、遵规守纪、孝顺父母、诚实守信、热爱集体、团结合作、尊敬师长、文明礼貌、是非分明、勇于担当、勤俭节约；学业成就细化为成绩、预习、复习、课堂互动、认真独立完成作业、点滴进步、不偏科、定期总结经验方法、阶段目标和规划、课外阅读等。

二是以学生为主体，通过自荐或他荐的方式，推选班级 5 位责任心强、同学认可度高的同学担任小组长，各负责一个综评领域的记录和考评。

三是全员参与。组长根据工作需要，面向全班同学召集组员，分工合作完成本领域的记录考评工作，并在每周末、月末和期末时，利用班会总结汇报本领域学生的表现情况。全班就异议问题充分讨论，民主投票判定评价等级。

四是在此过程中，班主任发挥引导作用，引导学生用辩证的观点和客观公正、实事求是的态度认识自己、看待同学，达到互相激励的目的，最后进行评价总结。

2. 根据学生成长需要和班级存在的问题，及时调整评价的重点内容

高中三年，不同的阶段和不同阶段的不同时期，班级和学生都会呈现出不同的特点。因此，综合素质评价的重点项目也需要随班级和学生成长的变化而调整，从而更好地解决班级存在的问题，引领学生成长。如高一入学初期，学生对班级相对比较陌生，缺乏归属感，在设定考评项目时就需要多涉及热爱集体、勇于担当、团结合作等方面的内容，以尽快增强班级凝聚力；如果班级出现学习氛围不好的情况，在设定考评项目时就需多涉及课堂表现、作业质量、成绩、纪律等方面的内容。

3. 结合班级文化建设，设计综合性、过程性的学生成长档案袋，记录学生成长的足迹，为综合素质评价提供事实依据

班级内综合素质评价体系的建立在对学生的常规和基本素质进行评价以外，还应该充分尊重学生的个性发展。建立学生成长档案袋，实行过程记录评价，既能满足学生自我发展需要，又能激励学生积极健康向上发展，促进学生行为、习惯、能力的形成、深化和发扬。

我班的学生从进校第一周起，每周末都会填写一份成长单放入档案袋中。成长单主要包括"我收获"、"我难忘"、"我反思"三方面内容。"我收获"主要记录班集体或自己一周来取得的进步，比如获得常规评比标兵班、在学校各项活动中取得好成绩等；"我难忘"主要记录班级生活中的难忘瞬间，如同学情谊、好人好事、师生交流、遗憾不足等；"我反思"主要是从学校、家庭、社会生活等方面，结合老师、家长、同学的反馈对自己一周的情况进行小结和评价。

此外，成长档案袋中还会放入一些学生成长过程中的实物性材料，如一份工整的作业、一幅栩栩如生的美术作品、一篇精彩的作文、一张难忘的活动照片等。总之，所有展现学生成长轨迹的材料都会被收藏，成为综合素质评价的重要依据。

4. 拓展评价主体，邀请家长参与综合评价，发挥家校合力

为了改变学生"在家一个样，在学校另一个样"的状况，班级的综合素质评价活动积极邀请家长参与，发挥家庭育人的重要作用。如根据班级学生特点和前期调研，班级创设每周"七个一"家庭生活评价活动，即每周改进一个生活习惯、周末每天锻炼一小时、每周打扫一次自己的房间、每周学做一道可口的饭菜、每周与家长进行一次思想交流、每周共读一本书、每周合理规划在家时间。又如邀请家长以照片或视频的形式记录孩子日常生活中的成长瞬间，定期在微信家长群内上传；邀请家长在班会时间到班或网上连线进行评价总结和分享，从而培养学生的成长自信和健康向上的生活态度，使评价更加丰富、客观和立体。

（三）建立班级综合素质评价实施的制度保障

1. 建立班级评价公示制度

为了保证班级评价的客观公正和各评价主体的参与监督，我班会将综合素质评价的内容、程序、方法及结果的运用等问题向学生、任课教师、家长公示

并进行解释和说明。如有问题，任何一方都可以提出修改建议，班级会利用班会时间集体讨论研究是否需要进行调整。每周、每月、每学期评定结果出来后，评定为"优"的同学在班级文化墙上进行公示，接受同学和老师们的质询。

2. 建立班级评价信用制度

在班级综合素质评定过程或评价结果中，一旦发现有弄虚作假的行为，将在相应当事人的信用记录中予以登记。对于有不良信用记录的同学，视情况取消其班级综合素质评定小组成员和各类评优、评先的资格。

3. 建立班级评价举报和申诉制度

班级评价过程中，同学们和任课老师可以对评定过程和评定结果进行监督和质疑。如有异议，可向评价组长举报或提出申诉。如果对评定小组的答复或处理不满意，可以继续向班主任举报或提出申诉。班主任需根据学生反馈，及时了解情况，并给予明确的答复和处理。

4. 建立评价结果反馈、运用制度

综合素质评价是学生成长评价的重要组成部分，班级会定期将学生综合素质评价结果和成长档案袋反馈给学生和家长。同时，在学校各类评优评先、奖励表彰中，班级综合素质评价结果是班级推选的重要依据。

二、班级综合素质评价实施效果

（一）转变观念，综合素质评价让学生、家长、教师从只关注成绩转变到关注综合素质成长上来

过去，无论是家长、老师，还是学生本人，在进行学生评价时，无论在评价内容、评价标准还是评价方法上，都较为单一，对成绩关注较多，对身心的全面健康发展关注较少。实行评价内容多样化、评价主体多元化、评价要求过程化、评价结果个性化的综合素质评价较好地落实了"一切为了学生发展"的教育理念，使各方从只关注"分数"和升学，转移到关注学生的能力、道德、情感、心理健康等方面上来，引导学生全面发展。

（二）转变关系，综合素质评价让教师、家长以及学生之间关系更加和谐

因为班级在进行学生评价时不再只关注单一的分数，而是关注学生校园、家庭生活成长的方方面面，评价的方式由单一的教师评价变成多元的学生自

评、同学互评、家长评价以及教师评价，学生之间形成了互帮互学、师生之间形成了教学相长、教师与家长之间形成了互动协作的关系，学生自律意识逐步提高，师生关系不断改善，亲子关系更加和谐。

（三）提升能力，综合素质评价使学生潜能得以培养和开发，是学生自我成长的催化剂

班级综合素质评价不再单纯关注各科成绩，这种导向给学生提供了更为广阔的发展空间。对照评价结果，学生能够自发地审视自己，及时调整自己的心态和行为；能够客观审视他人，学习他人的闪光点，主动提升改进自己。关注评价内容，学生学会正确处理个人和集体、个人和他人、个人和家庭之间的关系；能够更加积极主动地参与篮球赛、"潞河好声音"、班级之星、志愿服务等各类活动，使个性得以展示，特长得以发扬，自信得以培养，潜能得以开发。

"桥"有两端 "心"至一始

刘 野

　　班主任是一个班级的组织者、教育者和领导者，是学生在学校的"家长"，他需要在学校指导学生在德智体美劳等方面全面发展，引导学生成为有理想、有道德、有文化、有纪律、身心健康的公民。然而，现实社会中，想要成为一名优秀的班主任并不容易，学校的压力、家长的不解、任课教师偶尔的抱怨、学生与教师之间的代沟，这些因素都可能会成为一个班级前进的障碍，此时班主任能否做好各方面的沟通，搭建一座"沟通之桥"就显得至关重要。

　　"沟通之桥"能让班主任更好地连通学校领导布置的教育任务和自己的管理理念。学校领导是一所学校教育教学的核心，处于统揽学校全局的核心地位，而班主任是学校政策的执行者，学校领导的助手。他们之间有效的沟通，不仅有利于学校教育教学工作的顺利开展，也能有效地促使学校领导对班级工作关心、鼓励和支持，使班主任能够全情投入到班级的建设当中，贯彻自己的教育理念。想要铸就这座"沟通之桥"，要做到的就是树立尊重和服务意识，认真理解学校的意图，坚决贯彻学校既定的政策。当然，学校领导和班主任各自的角色不同，所承担的任务、分工也各不相同，学校的统筹规划和班级的实际情况难免会有所出入，这时就需要及时跟领导进行沟通交流，摸清领导的意图，给出自己的建议，并换位思考，以达成共识，使学校和班级的工作能够顺利开展、完成。

　　"沟通之桥"能让班主任更好地连通科任教师之间、科任教师与班级之间的个性，促进个体之间的融合。班主任虽是班级的核心管理者，但并不能一人完成班级的全部教育教学工作，这时就需要班主任的"战友"——科任教师与自己共同努力。而班主任与科任教师之间、科任教师与科任教师之间、科任教师和学生之间的和谐相处就至关重要，班主任需要在这几方面的关系中建立起一座座的"沟通之桥"，使科任教师了解自己的管理理念，倾听科任教师的建议和反馈，营造科任教师之间的和谐氛围，帮助科任教师了解和接触学生，引导学生理解并喜欢科任教师，使班主任、科任教师、学生彼此心理相容，达成"共情"，这样才能有效地促进班级的和谐进步，以完成班级的教育教学目标。

"沟通之桥"能让班主任更好地连通学校和家长之间的合作，从而达到教育的共赢。学校是学生学习知识、提高修养的重要场所，但家长的性格和素质，以及对学生的关爱与引导对其成长也是至关重要的。学校教育和家庭教育两者的侧重点不一定相同，但教育的初衷是有很多共性的，他们都希望学生能够形成健全的人格，拥有高尚的品质，积累丰富的学识，展现过人的能力……这种共同愿望就为学校与家长的合作打下了坚实的基础。但由于认知观念、自身素养等不同，学校和家长之间难免在某些方面会出现不理解、不赞同，甚至偶尔出现些许矛盾，这时沟通的重要性就显而易见，而作为两者之间的相互纽带，班主任就需要利用"沟通之桥"进行疏导。在合适的时间地点心平气和地倾听家长的意见，解答家长的疑问，消除家长的顾虑，讲解学校政策的出发点，阐释学校、教师、家长的共同期望，求同存异，使家长和学校之间能够产生共鸣，相互理解、互相信任、互相配合，共同努力，让学生在人生道路上顺利前行。

"沟通之桥"能让班主任更好地连通自己和学生的心理，共同营造一个和谐向上的班集体。学生是班集体的主体，班主任则是班级的主要管理者，他们之间向来都是有矛盾的。如何化解这个矛盾，更好管理这个班级，这就需要在班主任的"管"与学生的"被管"之间架设一座"沟通之桥"，来实现班级的管理目标，满足管理要求，实现教育理想。师生之间利用"沟通之桥"如何沟通，沟通的质量如何，决定了教育具有多大程度的有效性。有效沟通有助于建立一个师生交往的通道，以便信息的有效传递，并使干扰控制到最低程度，能使班主任及时了解掌握班级的最新动态、学生的想法，在班级管理中知己知彼，游刃有余。同时也能使学生更好地理解教师，心甘情愿地接受班主任的管理。相反，若沟通不畅，轻者，班主任掌握不到班级内部的信息，管理工作中带着盲从，无从下手；重者，学生拒绝沟通，最后产生逆反心理，影响学生的健康成长，乃至班集体的和谐发展。如何建设这座心灵之桥呢？首先，班主任需要倾听学生的心声，尊重学生，以情感人。在师生的交流过程中，要引导他们说出内心的想法，不要轻易地否定或批评学生，对他们的不好的行为要用希望的语气说出来，让他们感受到来自老师的尊重，这样班主任才能更好地在学生心里树立威信，才会拥有更强的感召力。其次，班主任要爱护学生，以诚待人。人与人之间相处，爱和真诚的态度是获取彼此好感的桥梁，教师与学生沟通，更是如此。班主任在与学生谈话交流的过程中，注意设身处地为学生着想，能够让学生从你的语言中感受到拳拳爱心、对他们的殷切爱护，同时班主任要求学生敞开心扉的时候，自己也应该向学生敞开心扉，也要让学生走进教师的心里，让学生感受到教师的可亲可敬和教师的不容易，进而达到师生之间的"共情"。最后，班主任要注重沟通后的处理，对沟通中所得到的有效信息要及时整合，快速反应。若不及时作出应答或者置之不理，那么以后的沟通有可能进行不下去，也自然没了效果，同时班主任的威信也会一落千丈。孔子曾经说过，"亲其师，信其道"，而"沟通之桥"正是"亲"的重要手段。

"桥"有两端，"心"至一始。班主任的"梁"是连接各方的最核心部分，是支撑班集体和谐进步的关键，而一座座"沟通之桥"的耸立，也是班主任工作的巨大成就和一生的幸福。

选择相信　坚持不懈

赵宝环

《中小学德育工作指南》指出高中学段的学生要学会正确选择人生发展道路的相关知识，具备自主、自立、自强的态度和能力，初步形成正确的世界观、人生观和价值观；要有正确的理想信念，做自觉遵守爱国、敬业、诚信、友善的合格公民。我在班主任工作中坚持以"立德树人"为教育核心，以责任与爱为教育宗旨，不抛弃不放弃每一个学生，助力每一个学生的成长。

刚刚接过高三（9）班班主任工作的时候，小 H 的名字就被其他老师提及多次，总结下来就是这个男孩很聪明但是学习习惯很不好，上课常常睡觉，也曾跟任课老师发生过冲突，是一个让老师头疼的孩子。我了解这些情况之后，心中也有很多担心，本学年是学生冲刺高考的关键一年，不能因为少数同学影响整个班级的学习氛围。

开学初，迎来了全市范围内的定位考，学校要求考试结束后所有学生按照指定地点上自习。我在班里特别强调了学校的安排，不允许私自更换自习室。第一场考试后，检查自习的老师反馈我们班有 4 名同学没有到自习室上自习。我担心学生出现安全问题，急忙寻找他们，最终在本班级教室找到这 4 名同学，其中就有小 H。我问："你们为什么没有按要求去自习室上自习？"其他 3 个同学低头不语，这时小 H 满不在乎地说："我们以前就这样。"听到这句话，我意识到这几个同学没有规矩意识，必须要纠正。"你们知道吗？当我知道你们没有去自习室，心里很着急，不知道你们在哪里或者出了什么事！""老师，我们在您心里！"小 H 紧跟着说。听到这句话，我心里被触动了，不管他是为自己开脱还是讨好老师，都说明他是一个情商高的孩子，有转变的希望。当时，我只进行了简单的批评教育。但是，这件事并没有到此结束，我想通过这件事儿在班里引导同学们要有规矩意识，要遵守校规、班纪。

班会课上，我把跟小 H 的对话分享给所有同学，特别提到了"老师，我们在您的心里"这句话。我说："我觉得小 H 同学说的这句话特别好，就是因为你们在我的心里，我才会着急，才会担心，同学们一定要遵守学校的安排和要求，不要让我到处去找孩子。"听到最后，同学们都笑了，"找孩子"这样的语言拉近了我与同学们的距离。我注意到小 H 的眼睛里闪着光，这让我相信他是可以改变的。接下来我又强调了大家要遵守学校和班级的规定，时刻维护班级的尊严。在此之后的每一次考试，所有同学都按要求到指定的自习室学习，再也没让我着急。

虽然孩子们都已是高三学生，自暑期回到学校后还没有完全进入备战高考的节奏，尤其是小 H 同学。在家学习期间一直玩游戏，回到学校后依然散漫。开学初的交流是一个良好的开端，我认为要改变孩子散漫的习惯，必须要让他有目标意识。于是，在一次给他做学科辅导的时候问他将来想考哪所大学，他毫不犹豫地说："公安大学！"我笑着说："这个目标非常好啊！说明你有服务社会的意识，你是一个有责任感的人。但是，这所学校分数线比较高啊，你现在还达不到，这怎么办？"我把问题抛给他。小 H 不好意思地笑了笑，说："学呗。"我说："那好，既然你有目标、有动力，就要坚持！老师会帮助你、督促你。"就这样，我们之间达成了默契。

小 H 的学习状态不断改变，但是坚持一段时间就会放松，需要老师及时督促和提醒。我想光靠老师在学校的管理和教育是不够的，一定要跟家长开展有效的家校合作，才能全方位地帮助孩子进步。我主动联系他的家长，了解孩子在家的学习情况。在家里，孩子还是比较贪玩，不听家长的话，严重的时候会因为玩游戏的事情起冲突。我很理解家长的心情，于是在一次师生谈话的过程中，我问道："最近一段时间，你在学校表现挺好的，回到家还玩游戏吗？"小 H 说："在家有时候会玩会儿，然后学习。""你每天学习到几点？""12 点左右。""学到 12 点再洗漱睡觉，睡眠时间有点少啊。怪不得最近看你老犯困呢！如果把玩游戏的时间用来学习，还能早点睡觉，就能保证第二天的学习状态。""是啊。"我趁热打铁道："那我现在就给你家长打电话，要求你回家交手机，电脑也要管制起来。""行！"于是，我当着孩子的面就联系了家长，这样做是为了让孩子知道是老师要求家长管理他的手机和电脑，避免孩子和家长再起冲突。渐渐地，小 H 的学习劲头越来越强，习惯越来越好。

一年的时间里小 H 的成绩起伏不定，我一直没有放弃他，在他因某一科目学不懂、失去信心的时候找他谈心、鼓励他，在他因某次成绩上升沾沾自喜的时候指出不足之处，强调还须再接再厉。我始终相信，只要他持之以恒，定能实现理想！高三这一年，小 H 完成了由散漫到勤奋、由消极被动到积极主动的蜕变，高考取得了令人满意的成绩。

我选择相信小 H 是可以转变的，我的坚持不懈助他实现理想。陶行知先生说过："人像树木一样，要使他们尽量长上去，不能勉强都长得一样高，应当是：立脚点上求平等，于出头处谋自由。"每个孩子都是一个有思想的个体，作为老师只有将学生真正放在心里，才能切实帮助他们成为更优秀的自己！